33 MODULE ENGLISH

영어, 문장의 생성과 확장 원리만 터득하면 쉽게 정복된다!

최단시간 **영어 체득Mastery의 비법**을 제시한다!

33 MODULE ENGLISH

33개 문장유형 Module & 5,000개 수준 높은 예문

이희원 English Consultant & Education Programmer 지음

좋은땅

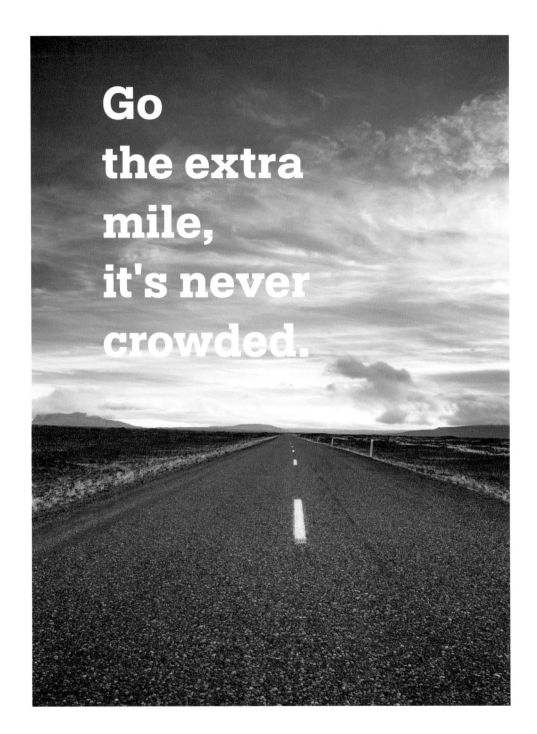

『몇 마일만 앞으로 더 나아가세요! 그곳은 절대 붐비지 않습니다!』

본 교재와 학습법의 소망과 목표

영어는 단어와 단어간 결합을 통해 쉼없이

명사화, 형용사화, 부사화를

추구하며 무한 확장해 간다.

본 교재와 학습법은 학습자로 하여금

그런 영어 문장의 생성과 확장 원리에 대한 이해를 도와

영어라는 한 언어의

대강big picture/scope과 구조scheme/structure를

깨우치게 한 후

다량의 예문을 통해

영어의 기술 방식과 표현 원리까지 알아

이후 학습자가 마음먹은 대로 영어를

구부리고 펴고 늘리면서 부릴 줄 아는

유창성fluency과 체득mastery의 경지에까지

도달하도록 돕는 것을

본 교재와 학습법의 최종 목표로 한다.

전 세계 모든 정보의 60%가 영어로 소통되는 이 시대에 영어가 왜 중요한지 왜 깊이 알아야 하는지 새삼 긴 설명이 필요하지 않을 것입니다. 최근 우리나라 젊은이들이 직구를 넘어서 미국의 주식시장을 넘나들며 주식투자에 나서고 있습니다. 이런 현상은 예전에는 상상조차 할 수 없는 것이었습니다. 그러나 이제 누구도 그런 움직임과 흐름을 이상하다 여기지 않습니다. 이것은 여러분 앞에 전개되고 있는 새 세상을 예표합니다. 시간이 갈수록 강도를 높여가는 한류Hallyu의 열풍 또한 그 시작은 K-Pop, K-Drama로 가볍게 시작되었지만 우리나라 국격國格과 국운國運의 상승과 함께 저와 여러분 그리고 이 나라가 전 세계로 나가 온 인류의 발전을 위해 더 큰 일을 감당해야 할 것을 강하게 예고하고 있습니다.

이제 영어는 각 개인의 차원을 넘어 국가 경쟁력의 한 핵심 주제로 떠오르게 될 것이 확실해 보입니다. 따라서 이웃 대만처럼 영어 공용화도 심각하게 검토해야 할 시점에 이르렀습니다. 이런 거대한 흐름 가운데 저는 우리 학습자들께서 영어가 중요하고 잘해야 한다는 막연한 당위성을 아는 것에 그치지 않고 '영어를 적당히 잘해서는 별반 도움이 되지 않는다는 것, 그 대신 영어를 아주 잘하면 우리 인생에 대반전을 일으킬 만큼 엄청난 힘이 있다.'는 사실까지 깨닫기 원합니다.

저는 우리가 살아가는 세상이 반드시 공평하다 생각하지는 않지만 영어만큼은 하기만 하면 모든 사람이 다 잘할 수 있어 누구에게나 공평한 멋진 친구요 동반자라고 믿어왔습니다. 영어는 수학이나 물리같이 특정한 두뇌를 부모로부터 물려받은 사람만이 잘할 수 있는 과목이 아닙니다. EQ가 혹시 영어 구사능력에 관여할지언정 IQ와 큰 상관없이 누구나 잘 할 수 있습니다. 다만, 게으르거나 끈기가 없어 못하는 것뿐입니다. 그런데 대부분의 학습자들은 영어와 죽자사자 한 판 붙어 본 적도 없으면서 "왜 난 영어를 잘 못할까?" 늘 탄식만 합니다. "그럼, 영어, 하기만 하면 나도 잘 할 수 있을까요?" "네, 그렇습니다!".

다만 예전처럼 어디로 가는지 모르면서 그저 시간만 많이 투입할 것이 아니라 이번에는 영어정복의 핵심 즉, 영어는 단어간 서로 쉼없이 결합해서 명사화, 형용사화, 부사화를 추구하면서 문장을 생성-확장해간다는 원리를 깊이 이해하는 계기가 되기 바랍니다. 그것을 바탕으로 제공해드린 많은 양의 예문을 통달함으로써 영어라는 한 멋진 언어의 표현 방식, 더 나아가 영어의 대강big picture/scope과 구조scheme/structure까지 깊이 체득하는 획기적 반전의 기회로 삼기 바랍니다.

그런데 우리나라 전체 영어구사능력 순위는 읽기reading 분야에서는 전 세계 200여 나라 중 38위로서 꽤 괜찮은 수준을 보이지만 능동적 표현 분야인 말하기speaking와 쓰기writing 분야에서는 127위라는 참담한 순위를 보입니다. 일 년에 영어 교육에 투자되는 사교육 비용만 15조 원을 넘는다는 사실을 볼 때 큰 아쉬움이 남습니다. 저 나름 우리나라 대입수능이나 TOEIC시험 결과와 그동안 수 많은 입사시험 면접 시험관으로의 체험을 분석할 때 우리나라의 영어 구사능력은 전체 영어학습자의 약 5% 정도만 읽기, 듣기, 말하기, 쓰기의 네 분야를 고르게 잘 구사하는 그룹인 것으로 추정합니다. 그 나머지 95%의 영어 학습자들은 외국인 앞에 서면 두서너 마디조차 이어 갈 능력이 없는 분들이라고 판단합니다. 본 교재와 학습법은 이미 영어를 터득해서 잘 구사하는 상위 5%보다는 나머지 95%의 대다수 영어 학습자들을 빠른 기간 안에 모두 탁월한 영어 구사자로 만들어 드리기 위해 준비했습니다.

저는 한평생 산업 현장에서 영어를 강도 높게 사용해 온 사람입니다. 3년 전 정년 퇴임 이후 제 Bucket-List 중 하나로서 부족하게 느꼈던 영어를 아예 처음부터 다시 시작하는 자세로 공부해 왔습니다. 그 과정에서 어느 날 한 가지 영어 학습법이 저의 눈에 들어왔습니다. 저는 그것이 우리나라 영어의 문제점을 해결하는 멋진 방식이 될 것이라 직감했습니다. 이후 지난 2년간 꼬박 이른 새벽부터 밤 늦게까지 심혈을 기울여 그 학습 원리를 본 교재에 담는 작업을 계속해 왔고 오늘 비로소 여러분 앞에 공개해 드리게 되었습니다.

제가 제안드리는 『33 Module English』 학습법은 모든 영어 문장이 동사를 중심으로 33가지 문장의 유형 즉, 33개 모듈module로 완벽하게 분류된다는 사실에 근거합니다. 이 분류법은 제가 개발한 것은 아니고 이미 오랜 세월 존재해온 동사중심 29가지 문장유형 분류이론에 근거합니다. 다만 분류방식을 기존의 29가지가 아니라 제 소견대로 뺄 것은 빼고 더할 것은 더해서 새롭게 33가지로 재구성했습니다. 저는 영어 문장유형 분류체계에 대한 정비에 멈추지 않고 제가 오랜 세월 영어를 공부하면서 수집해온 10,000여 개의 예문을 이 33개의 분류 틀에다 전부 넣어 봤습니다. 그 결과 영어가 어떤 언어인지, 나아가서 영어를 어떻게 효과적으로 공략할 것인지, 그리고 우리나라 기존 영어학습 방식에 어떤 문제가 있었고 무엇을 개선해야 할지를 통계적으로 제시해 주었습니다.

기존 문법 중심 영어학습법은 그 분류 조항이 너무 많고 복잡하다는 심각한 문제점을 지니고 있습니다. 아주 특출한 소수의 학습자가 아닌 경우 대부분의 우리 영어 학습자들은 마치 안개 짙게 낀 깊은 문법의 숲을 헤매다 길을 잃고 낙오자로 주저앉게 되어 있습니다. 이것이 앞에서 제가 구분한 두 부류의 영어 학습자 그룹 중 나머지 95%의 분들이 겪어온 영어 학습세계의 실체였을 것입니다.

그후 저는 어떻게 하면 이 『33 Module English』 학습법을 우리 영어 학습자들에게 쉽게 또 효과적으로 전해 드릴까 깊이 고심했고 그 결과 과거 어떤 영어 학습교재도 시도하지 않았던 여러가지 새 전달 방식들을 이 교재 안에 도전적으로 담는 시도를 했습니다. 저는 제 본 교재와 학습방식을 영어를 다시 깊이 공부하고자 하는 이 땅 우리 영어 학습자들에게 영어 체화-체득의 비법으로서 자신 있게 전해 드리려고 합니다. 이 33가지 분류 방식만 확실하게 이해하면 혹 단어나 관용어를 몰라 영어 문장을 이해 못하는 경우는 있을지 언정 영어의 구조를 몰라 영어 문장을 이해하지 못하는 경우는 있을 수 없게 됩니다.

전 세계에서 우리나라만큼 영어를 잘하기 위해 온 국민이 몸부림치는 나라도 없습니다. 저는 우리나라 영어는 대입 수능시험이나 TOEIC시험 결과를 놓고 볼 때 상당히 높은 잠재력을 갖고 있다고 확신합니다. 그래서 우리나라 영어 구사 능력의 향상에 제 남은 '제3의 인생'을 올인하는 대상으로 선택했습니다. 제 나이 또한 이제 내 나라 내 땅을 돌아보고 내 나라를 위해 해야 할 것을 찾아야 할 그런 때에 이르기도 했습니다.

이미 상위 5% 분들은 각자 영어 공부에 좀 더 매진하셔서 아주 탁월한 경지에 이를 것을 권장드립니다. 그곳은 참으로 멋진 곳입니다. 자유와 풍성함이 넘칩니다. 저는 이제 그 나머지 95%에 속해 계신 학습자 여러분들을 영어의 『유창성fluency』과 『체득mastery』의 경지까지 안내해 드리려고 합니다. 여러분 몇 마일만 더 나아가세요! 그 곳은 경쟁도 적고 절대 붐비지 않습니다. 저는 온 국민이 모두 영어를 다 잘하게 되는 그날까지 혼신을 다 바칠 것을 굳게 다짐합니다.

이제 다시 영어를 정복하기 위해 대장정을 떠나는 여러분에게 드릴 한 가지 Tip은 우리 주변에 영어를 탁월하게 잘 구사하시는 분들이 아직 그렇게 많이 보이지 않는다는 점입니다. 이것은 여러분들이 영어에서 탁월한 경지에 들어서면 여러분들이 어떤 분야로 진출하든지 또 어떤 일을 하게 되든지 여러분에게 아주 많은 기회가 열려 있음을 시사합니다. 물론 영어 공부가 지루하다는 어려움이 있긴 합니다만 미래를 내다보면서 기운 내시기 바랍니다. 젊은 날, 한번 깊이 체득한 영어는 여러분을 한평생 떠나지 않고 여러분을 돕는 강력한 평생 동반자가 되어 드릴 것입니다.

만약 본 교재를 일정 수량 이상 구입하기 원하는 단체가 계시거든 저에게 연락을 주세요. 제가 찾아가서 본 교재와 학습법에 대한 설명을 해드리도록 하겠습니다. 본 교재와 학습법을 통해 독자 여러분 모두 영어의 대가 Master/Guru들이 다 되시기를 마음 깊이 기도하겠습니다.

2021. 3. 30.
저자 이희원 드림

E-mail: hwlee2128@gmail.com

목차 Index

영어는 어떤 언어이고 어떻게 배울 것인가?

Ⅳ 동사중심 『33 Module 영어』의 세부 구성내용

V 33 영어 모듈 집중 탐구

3. 문장 형태별 분류 모듈 3가지

Ⅵ 모듈 적용 실전 분석

I

영어는 우리에게 무엇이고 왜 썩 잘해야 하는가?

정보가 돈이 되는 세상, 영어는 강력한 무기다!

전 세계 정보의 60%가 영어로 전달됩니다. 영어가 개인의 경쟁력을 결정 짓습니다. 오늘날과 같은 정보화 시대에 영어를 잘 구사할 수 있는 것은 남보다 앞서 최신 정보에 접근할 수 있도록 하는 강력한 무기입니다. 정보 격차digital divide가 바로 돈money인 세상, 특히 시간을 다투는 투자나 최첨단 사업 분야에서 한 발 빠르고 정확한 정보를 확보할 수 있다면 '성공success'과 '부wealth'가 이미 여러분의 것이나 다름없습니다.

저는 2000년 전후 3-4년간 매일 아침 KBS라디오에 출연해서 밤 사이 전세계 금융시장 변동에 대한 해설을 맡은 적이 있습니다. 당시 매일 아침 5시에 사무실에 나와 1-2시간 정도 Reuter와 Bloomberg뿐만 아니라 CNN, BBC, NBC 등등의 뉴스들을 모니터링한 결과를 가지고 청취자들에게 밤 사이 국제 금융시장 변화와 흐름을 분석해서 전해 드렸습니다. 그 과정에서 자연스럽게 당시 미국 실리콘밸리에서 일기 시작한 IT기업에 대한 거대한 투자 물결을 남보다 무려 1년여 앞서 감지하는 행운이 찾아왔습니다. 그 결과 청취자들에게 IT기업에 대한 투자를 적극 권유할 수 있었고 저 자신도 그것이 계기가 되어 남보다 빠르게 성장할 수 있게 한 소중한 계기가 되었습니다.

요즘 우리 젊은이들이 '영끌'해서 사고 있다는 부동산도 그 답은 사실 미국의 통화정책과 부동산 시장을 계속 추적 관찰하면 답이 잘 나와 있는데 그 방식으로 세계 부동산 시장의 흐름을 분석해서 설명하는 국내 전문가는 많지 않습니다. 제가 관찰해 온 바로는 미국 부동산 시장과 주식 시장이 우리 시장보다 정확하게 6개월에서 1년 정도 선행해서 움직입니다. 지난 10년 내 우리나라의 부동산 시장 최저점은 2014년으로 보는데 이는 미국이 2008년 프라임 모기지사태 이후 미국 부동산 시장이 본격적으로 회복을 시작한 시점과 유사합니다. 저는 이런 흐름을 늘 좇고 그 원리를 믿기에 2014년에 경매시장에서 부동산을 실제로 매입했습니다. 그 후에 가격이 크게 오르지 않는 채 바닥 다지기 기간이 3년여 더 지속된 후 시세 상승이 시작되었습니다. 자, 지금은 이미 수 년 동안 큰 시세를 내 준 부동산 시장의 하락을 감지하기 위해 다시 또 미국시장을 예의 주시하고 있어야 합니다. 부동산이나 주식의 경우 여러분이 살아갈 남은 시간 동안 적어도 3-4번 큰 시세를 내는 기회가 올 것이기 때문에 너무 초조해 하지 말고 차분하게 공부하면서 준비하고 때가 오면 준비한 대로 실행에 옮기시면 됩니다.

versus

오늘날과 같은 정보화시대에는 정보 격차가 바로 돈입니다. 저도 젊은 날 돈을 열심히 쫓아다녔습니다만 작은 돈이야 그렇게 해서 모을 수 있습니다. 그러나 성공과 큰 부를 거머쥔 분들의 공통점은 지식knowledge이나 예지력insight, 혹은 제품product에서 남이 나를 추월할 수 없는 탁월한 경쟁력을 갖추고 있다는 사실입니다. 미국의 Google, Tesla, 한국의 Naver, BTS 등 각 분야에서 Top를 달리는 분들을 보세요. 그러면 부와 명예는 제 발로 찾아옵니다. 그러므로 작은 돈을 좇는 데 시간을 낭비하기보다는 젊은 날 한 가지 분야라도 남이 따라올 수 없는 '탁월성excellence'과 '필살기lethal weapon'를 갖추는 데 더 많은 시간을 투자해야 합니다. 영어에 능통하면 그와 같은 격차를 벌리기 훨씬 수월해집니다. 여러분에게 한번 장착된 영어의 능력은 한평생 나를 도와서 더 많은 기회를 갖도록 돕는 매우 강력한 동반자요 또한 강력한 무기가 되어 줄 것입니다.

우리의 영어교육 현실

세계화 시대에 영어가 중요하다는 것을 모르는 사람은 이제 아무도 없습니다. 우리나라 학생들은 초등학교 3학년 때부터 고교까지 10년간 영어 교육을 의무적으로 받습니다. 대학 교육까지 합치면 무려 14년간 영어를 배웁니다. 우리 학부모들이 사랑하는 자녀들을 위해 영어에 기꺼이 투자하는 사교육비까지 합치면 그 규모가 연간 15조 원에 이릅니다. 이와 같은 엄청난 투자에도 불구하고 그 결과는 썩 만족스럽지 못합니다. 우리나라에 유학을 다녀온 분들이 적어도 100-200만 명은 될 텐데 우리 주변에 영어를 잘 한다는 사람이 생각만큼 많이 보이지 않습니다. '독해력' 측정이 중심인 TOEIC시험을 기준으로 우리 영어의 위상은 세계 38위이고 한중일 3국 중에서는 가장 좋은 점수를 받아 그나마 위로가 됩니다. 그러나 말하기와 쓰기와 같은 '능동적 언어능력' 분야는 국제전문기관의 조사 결과 전 세계 200여 나라 중에서 127위라는 참담한 결과입니다. 최소 10년 넘게 영어를 공부하고 천문학적 비용을 투자하는 것에 비하면 참담한 순위라 하겠습니다. 2020년 기준 우리나라 국민총생산GDP가 전 세계 9-10위 그리고 연간 무역 규모가 세계 6-7위 국가라는 위상과 비교할 때 더욱 더 큰 아쉬움이 남습니다.

제가 근무하던 다국적기업에서 저는 임원으로서 직원 채용 영어면접에 수없이 참석했습니다. 대부분의 지원자들이 어학연수 1-2년은 기본이고 TOEIC은 900점 이상이 차고도 넘칩니다. 그런데 이력서를 바탕으로 실시되는 1차 면접은 미리 준비해 온 대로 그런대로 잘 답하지만 자유로운 주제로 진행되는 2차 심층면접에 들어가 질문이 까다로워질 때 제대로 답변하는 지원자는 그리 많지 않았습니다. 또 저희 회사의 외국 임직원들이 수시로 한국을 방문해서 국내 대기업 직원들과 영어로 회의를 진행할 때 적극적으로 회의에 참여하는 임직원 분들을 만나기 쉽지 않았습니다. 수줍음이나 소극적인 성격이 원인일 수도 있지만 다 영어가 자신이 없어 생기는 현상입니다.

영어, 왜 해도 해도 잘 안 될까?

전 세계에서 우리나라 국민의 두뇌가 가장 우수하다는 평가를 받습니다. 그런데 왜 이런 안타까운 현상이 벌어지는 것일까요? 사실 그 근본 원인은 여러분의 탓이기보다는 홍콩, 인도나 싱가포르처럼 일상에서 영어를 사용할 수 있는 환경에 있지 않기 때문입니다. 그것을 뒷받침하듯 영어를 공부하는 목적에 관한 설문조사 결과, 현재 학업이나 맡은 업무 분야에서 영어를 실제 사용하고 있는 분들은 23%에 불과했습니다. 나머지는 영어를 현재보다는 장차 이직이나 학업에 준비하는 차원에서 영어를 공부한다고 응답했습니다.

또 한 원인으로 『영어 학습법』이 지목을 받습니다. 참으로 바삐 사는 이 시대 학습자들은 최단 시간 안에 높은 수준에 도달할 수 있게 하는 강도 높은 학습 프로그램이 있으면 좋겠다고 이구동성으로 말합니다. 그런데 우리 영어 학습계는 1960-1970년대 일본에서 도입된 전통적 문법학습방식 외엔 다른 대안을 제시하지 못했습니다. 세상은 이처럼 혁신을 추구하며 하루가 다르게 급변해 가는데 영어학습 분야는 지난 50-60년 동안 진화가 완전 멈춰진 상태였습니다. 하루 24시간 참으로 바삐 사는 학습자들은 현재 독해 중심의 학습방식 대신 말하고 쓰기 즉, 능동적 학습영역까지 한꺼번에 해결해 줄 수 있는 학습방식이 있으면 좋겠다고 말합니다. 무엇보다 이러다 언제 영어를 잘하는 경지에 오를 수 있을지 끝을 모르겠다며 한숨을 쉽니다.

저자의 입장에서 이 모든 문제들을 들여다볼 때, 우리나라 영어학습계가 시급하게 해결할 과제는 영어가 어떤 모습을 가진 언어인지, 어떤 대상인지 그 전체 숲을 보지 못한 채 안개 짙게 낀 숲 속 나무들을 더듬으며 이리저리 방황하고 있는 영어 학습자들에게 바른 길, 빠른 길을 제시해야 하는 것이라 생각합니다.

앞서 말씀드린 대로 우리나라에 해외유학을 다녀온 분들 조차도 영어가 시원치 않은 것은 유학을 떠나기 전 영어가 무엇인지 그 대강과 구조를 알고 떠나면 좋을 텐데 그렇지 않기 때문입니다. 유학을 가서 학문적인 실력은 부쩍 높아 가지만 구사하는 영어는 유학 전이나 유학 후나 큰 변화가 일어나지 않습니다. 영어회화학원을 등록해도 마찬가지입니다. 어학연수를 가는 경우도 마찬가지입니다. 외국에 나가 살고 또 외국인과 자주 대화를 나눈다고 해서 우리 학습자들에게 결여된 부분들이 치유되는 것은 절대 아니라는 생각입니다.

우리나라 영어 학습 방식에 대한 생각

영어를 공부하는 가장 바람직한 방법은 다량의 영어 책을 읽는 가운데 자연스럽게 영어라는 제2의 언어를 체득해 가는 방식입니다. 그런데 이 방법은 아주 이상적이긴 해도 시간이 많이 걸리는 어려움이 있습니다. 우리나라에서도 어린 나이부터 초등학교까지는 책 읽는 방식을 통해 영어를 나름 재미있게 배우기 시작합니다. 그러나 아이들이 중학교에 진학하는 순간 시험 점수의 덫에 갇혀 느슨한 형태의 학습법인 책 읽기 학습법은 즉시 용도 폐기처분 되고 맙니다. 그 대신 단어 암기와 문법 학습을 통해 주입식 학습법으로 바꿔 스파르타식으로 영어를 공부하기 시작합니다.

그런데 여러분, 우리 말의 경우에는 한번도 '국문법'을 깊이 공부한 적 없었지요? 그런데 우리는 왜 영문법을 통해 영어에 접근하는 걸까요? 우선 영문법이 책 한 권 분량으로 또 체계적으로 구성되어 있다는 큰 장점이 있습니다. 그 다음, 현실적으로 중-고교 내신 영어시험에 아직도 적지 않은 분량의 문법 문제들이 출제되고 있어 문법을 도외시할 수 없는 더 큰 이유가 됩니다.

그러나 사실 그 근본 원인은 문법이 정확한 영어, 수준 높은 영어를, 배우려는 학습자들에게 반드시 필요한 과정이기 때문입니다. 어린 나이에 영어권으로 옮겨가 생활하지 않고 이 땅에 앉아 영어에 빠르게 깊이 있게 다가가려 할 때 다른 대안이 없기 때문입니다. 저 또한 그것을 확신하기에 본 교재와 학습법 내용 또한 상당 부분 영어문법에 기반하고 있습니다.

다만, 우리나라에 도입된 영어 문법이 『**규범 문법prescriptive grammar**』이어서 "이건 맞고 저건 틀린다!" 과도하게 세분화되어 복잡하다는 문제점을 갖고 있습니다. 끈기가 적은 우리 학습자들이 '수백, 수천 개의 다리를 가진 괴물Kraken' 문법과 씨름하거나 혹은 무거운 문법의 짐을 짊어진 채 그만 **"We're going nowhere!"** 어디로 가고 있는지, 어디로 가야 할지, 방향을 잃은 채 주저앉고 맙니다. 게다가 한자를 잘 모르는 요즘 세대들에게 한자어로 도배된 문법용어는 그 자체가 극복하기 힘든 엄청난 짐입니다. 또한 얇은 한 권의 책 안에 최소 수백 가지 문법 규정들을 나열하려 하니 충분한 양의 예문이 제공되지 못합니다. 예문의 수가 충분하지 않거나 예문의 질이 낮을 경우 영어를 절대 깊이 이해할 수 없게 됩니다. 특히 기계식 영어 예문으로 도배된 기존 영어교재들은 학습 효과를 크게 떨어뜨리고 있습니다.

내 나라 내 땅 위한 새로운 영어 학습법을 고심하다!

저는 30년 넘는 세월, 많은 시간, 수많은 외국 사람들을 만나 상담하고 밀-당 협상하고, 또 수시로 해외 회의에 참석하여 토론하고, 때로 제가 국제회의를 직접 주재해야 하는 등 회사 업무 가운데 영어를 깊이 쓸 수밖에 없는 환경에서 일을 해 왔습니다. 영어가 얼마나 소중한지, 영어가 얼마나 나를 높여 주는지, 또한 내 영어에 어떤 점이 부족하고 어떤 점을 보완하면 더 잘할 수 있을지에 대해 수 많은 경험을 통해 잘 알고 있었습니다.

그리고 제가 전 세계적인 두 다국적 기업에서 일할 때 저와 같이 일하던 젊은 직원들이 사용하는 영어를 듣고 보면서 이 땅 미래의 주역인 우리 젊은이들이 영어를 쉽고 빠르고 깊이 공부하게 길이 없을까 계속 고심했습니다. 어떤 때는 맡은 업무는 잘 하는데 영어가 부족한 직원들을 직접 가르쳐 가면서 이런저런 학습 방식들을 시도해 봤습니다. 몇 년 전부터는 영어가 모국어 mother tongue가 아니지만 공용어로 사용하는 인도, 싱가포르 직원들과 일하는 기회가 생겼는데 그들이 영어를 마치 원어민처럼 유창하게 구사하는 그들을 보면서 은퇴 후 이 땅 우리 젊음이들과 우리나라 산업계의 전반적 영어구사능력 향상에 기여해 보자는 결심을 하게 되었습니다.

그런데 저는 20여 년 전 제 아이들 영어를 가르칠 때 사용했던 한 권의 평범한 영문법 책을 우연한 기회에 제 사무실 책상 위에 갖다 놓고 수시로 읽는 습관을 15년 가까이 유지한 적이 있습니다. 그러다 보니 지금은 250페이지 정도 되는 이 책을 한 번 읽어 내리는 데 2-3시간이면 충분할 정도가 되었습니다. 따져 보니 지난 시간 동안 아마도 200-300번은 읽었을 텐데 비록 높은 수준의 교재는 아니었지만 반복 학습이 가져다주는 효과는 참으로 놀라웠습니다. 저는 이 한 권의 문법 책 덕분에 나름 영어의 '대강' 즉, '큰 그림big picture'을 보게 되는 큰 행운을 누렸습니다.

그 정도의 교재만 가지고도 다양한 산업분야에서 또 여러 다른 직장에서 일하며 영어를 구사하는 데 아무런 어려움이 없었고 남에게 영어가 뒤진다는 생각을 가진 적이 거의 없었습니다. 다만, 그 책의 수준이 높지 않아 그 책만으로 고급 영어에까지 도달할 수 없었습니다. 그래서 틈틈이 국내 영자신문이나 Time지 그리고 TED나 영화, 영미 방송들을 청취해 가며 바쁜 직장 생활 중 공부해야 했습니다. 그러다가 정년 퇴임을 전후한 시기, 제 Bucket-List 중 하나였던 『영어, 처음부터 다시 공부하기』에 착수해서 지난 3년간 하루 15-16시간 전적으로 영어에만 깊이 몰입하는 참으로 소중한 시간을 갖고 있습니다. 그 기간 첫 1년 동안은 영영사전과 영한사전 각각 한 권씩 A부터 Z까지 각각 10 & 15만 전체 단어들을 들여다보는 참으로 멋지고 소중한 시간을 가졌습니다. 그 결과 영어 단어 전체의 구조가 눈에 보이고 어떤 단어도 낯설지 않게 되는 멋진 성과를 얻어 냈습니다. 그리고 영어가 예전보다 더 우리 말처럼 편안하게 느껴지는 현상을 경험하고 있습니다.

저는 그 과정에서 우리나라 영어 교육에 관련된 많은 책을 볼 기회도 가졌습니다. 모든 책들이 수많은 문제점들에 대해 잘 분석하고 있었습니다. 그러나 아쉬웠던 점은 그 문제들을 어떻게 해결할 것인가에 대해서는 피상적이고 원론적인 아이디어만 제시할 뿐 정작 실천 가능한 학습법이나 공부할 교재를 제시하는 경우는 없었습니다. 그래서 저는 이후 줄곧 "어떻게 하면 빠른 시간 안에 영어를 꽤 깊이 종합적으로 완성하게 해 줄 수 있을까?" 특히 저 자신이 평생 영어를 공부해 오면서 학습방식에 대해 아쉽게 느꼈던 것들을 되돌아보면서 고심했고 그 과정에서 터득한 33가지 영어 모듈 학습법을 여러분들에게 전해드리려고 합니다.

모든 영어문장은 완벽하게 33개 모듈module로 분류된다!

33가지 영어 모듈module이란 무엇인가? 우리들이 '한영사전'에서 동사를 검색하면 어떤 동사를 막론하고 먼저 그 동사가 '자동사'인지 아니면 '타동사'인지부터 구분되어 있지요? 곧이어 그 동사 뒤에 어떤 품사나 어떤 문장의 성분이 와야 하는지 꼼꼼하게 규정한 것을 볼 수 있습니다. 예를 들어 『~⊞목/⊞목⊞부/⊞목⊞전⊞명』, 또는 『~⊞목/⊞목⊞ to do』와 같이 그 동사 뒤에 어떤 품사, 어떤 종류의 구phrase, 혹은 절clause 또는 문장의 요소(성분)가 와야 하는지 아주 꼼꼼하게 규정해 놓지 않았습니까? 저도 영어사전을 수십 년 사용하면서도 그것들이 어떤 의미를 갖고 있는지 한 번도 깊이 생각해 본 적이 없었습니다. 그런데 그곳에 새로운 영어 학습법의 멋진 비밀을 간직한 채 깊이 숨어 있었습니다.

문법학자들이 동사 앞뒤에 오는 '문장 5요소(성분)' 즉, 주어, 동사, 보어(보충 설명어), 목적어, 수식어의 배열순서를 분류했더니 29가지 일정한 형태의 모듈로 분류될 수 있다는 사실을 밝혀 냈습니다. 저는 이 29개 동사중심 모듈 분류법을 제 나름 소견대로 뺄 것은 빼고 더할 것 더해서 모두 30가지로 재구성한 뒤 거기에다 3개 문장의 형태 즉, ①분사구문 문장, ②접속사 문장-소위 '중문重文', ③복문과 중문을 동시에 포함하는 '혼문混文, 세 문형을 더해서 최종 33개 모듈로 최종 완성했습니다. 그 다음에 제가 오랜 세월 작성해 온 영어 노트에 있던 예문들을 가져다 33개 모듈대로 분류해 봤습니다. 그랬더니 모든 예문들이 33개의 문장유형 즉, 모듈Module로 완벽하게 분류되는 것이었습니다.

생존하는 세계 언어학계의 태두 Noam Chomsky 전 MIT대 교수도 "인간의 언어 능력은 인간의 마음을 구성하는 여러 모듈module 중 하나다!"라고 규정하면서 인간의 언어는 **규격화** 그리고 **반복적인** 특징을 지니고 있다고 주장했습니다. 제가 영어의 모든 문장을 33가지 규격화된 **모듈module**로 분류한 다음 학습자들이 **반복repetition**해서 학습하도록 구상한 것도 바로 Noam Chomsky교수의 위 인간의 언어에 대한 정의와 그 맥을 같이합니다.

제 『33 Module 영어』 학습법은 영어의 중심 품사인 『동사』에 집중합니다. 동사는 문장의 화법 (Modal 혹은 Speech Act)을 관장합니다. 따라서 주어와 동사만 보면 그 문장이 어떤 말을 하려는지 대강 짐작할 수 있습니다. 그만큼 동사가 중요한데 영어 문법에서도 동사의 비중이 60-70%에 달합니다. 문법 책을 들여다보세요. 동사를 제외하면 명사, 형용사, 부사 정도만 남지요? 물론 이 품사들도 중요합니다만 그 내용이 그렇게 어렵지 않고 분량 또한 많지 않습니다.

앞서 설명대로 영어 문장은 '화자speaker'나 '필자writer'가 문장에 어떤 첫 동사(흔히 『본사main verb』라고 합니다.)'를 선택하는가에 따라 동사 뒤에 놓일 보어, 목적어, 그리고 수식어구의 배열순서가 결정됩니다. 그 다음, 문장의 중간중간에 동사를 변형시킨 『준동사』를 넣어 문장의 틀(뼈대)을 계속 구축해 가면서 그 사이 사이 명사, 형용사, 부사 단어나 그 구phrase와 절clause를 넣어 가며 확장해 가는 언어입니다. 여러분들이 문장의 틀과 뼈대가 되는 동사와 준동사를 중심으로 만든 이 33개 분류 체계를 깊이 이해하면 **『영어의 대강scope/big picture』**과 모든 **『구조 scheme/structure』**를 터득할 수 있게 되는 것입니다.

33개 문장 유형 모듈로 커버하지 못하는 영어 문장은 없습니다. 33개 모듈을 잘 이해하면 어떤 문장도 다 이해할 수 있어 학습자의 독해력이 급신장하게 됩니다. 혹 단어나 관용어 표현을 몰라 문장 이해가 안 되는 경우가 있을 수 있어도 문장의 구조를 몰라 영어를 모르는 경우는 발생할 수 없습니다. 또한 본 교재와 학습 방식은 33개 모듈 분류 체계를 이해하게 하는데 멈추지 않고 다량의 예문을 통해서 영어의 표현법까지 익혀 여러분께서 능동적으로 상당한 수준의 표현 능력까지 갖추도록 하는 두 마리의 토끼를 동시에 잡는 야심 깊은 학습 방식이라 말할 수 있습니다.

영어학습은 반복repetition이 답입니다

영어를 어떻게 배우는 것이 가장 바람직할까요? 그 답은 많은 양의 영어 서적들을 읽는 가운데 영어가 어떤 구조를 갖고, 어떻게 표현되는 언어인지 학습자 스스로 체득해 가는 것입니다. 그러나 참 바삐 사는 우리 학습자들이 영어에만 전념할 수 없습니다. 그래서 저는 여러분들이 긴 시간을 들여 많은 책을 읽는 대신 제가 수집해 온 예문들 중 5,000여 개 예문을 엄선 제시해서 여러분들이 그 예문들을 통해 『문장의 생성 원리』와 『영어의 표현 방식』까지 깨우쳐 체득하게 해 드리려고 합니다. 사실 제가 영어를 공부하면서 수집해 놓은 예문의 수가 10,000개 가까이 되었습니다. 다만 본 교재에 담을 수 있는 양이 제한적이어서 그중에서 본 학습체계에 최적의 예문 5,000여 개로 압축 엄선한 후, 모든 예문에 문장의 구조를 일일이 표기해 넣어 드렸습니다.

그런데 이 33개 모듈의 순서를 잘 보면 영미 아이들이 자기 모국어를 배워 가는 순서와 흡사하다는 사실을 알 수 있습니다. 모듈의 번호가 높아질수록 문장의 난이도 또한 높아집니다. 그뿐 아니라 예문의 길이 또한 대체로 문장의 난이도와 유사하기 때문에 각 모듈에 실린 예문 또한 길이에 따라 배열하여 우리 학습자들이 자연스럽게 난이도에 적응해 갈 수 있게 했습니다. 5,000개 예문이면 학습자들이 최소 4-5년 영어에만 깊이 몰입해서 공부해야 구할 수 있는 양입니다. 따라서 본 교재 한 권만으로도 여러분들이 상당한 수준의 영어에 도달할 수 있음을 저는 확신합니다.

이제 여러분은 지루함만 극복해 주시면 됩니다!

한 가지 어려운 점은 우리 학습자들의 '끈기'입니다. 여러분들이 영어를 빠르게 체화-체득master 할 수 있는 길은 오직 양질의 많은 예문을 반복해서 학습하는 방법뿐입니다. 저도 지난 3-4년간 어떻게 하면 우리 학습자들이 좀 더 쉽고 편하고 빠르게 영어를 정복하게 할 수 있을까 밤잠 설치며 고민해 왔습니다. 그러나 대단히 죄송스럽게도 특별한 대안을 찾아내지 못했습니다. 그래서 본 학습법은 조금 구태의연하고 진부하게 들릴지 모르지만 『읽고 또 읽고 보고 또 보고』를 학습 모토로 삼게 되었습니다.

영어 공부의 지루함은 흔히 피트니스workout에 비유됩니다. 이것이 좋은 예가 될지 모르겠습니다만 저는 특히 지난 3년간 운동을 전혀 하지 않은 채 하루 15-16시간 책상에 앉아 영어공부와 교재 준비에 몰두해 왔습니다. 그랬더니 원래 많지 않던 근육마저 다 녹아 내리고 복부 비만은 심각한 수준에 이르렀습니다. 그래서 굳게 결심하고 최근 석 달 동안 소식하면서 하루 1시간 실내 자전거타기와 근육 운동, 특히 6pack 복근운동을 지속해 오고 있습니다. 그랬더니 놀랄 정도로 몸이 빠르게 변해 가는 것을 체험하고 있습니다. 최근에는 10여 년 전에 다녔던 인근 광교산에 오르며 제 몸을 한번 시험해 봤습니다. 그랬더니 580미터나 되는 정상을 한 번도 쉬지도 않고 단숨에 오르는 것이었습니다. 상상도 못 했는데 얼마나 감사했는지요? 저는 이런 집중과 끈기가 우리 몸뿐만 아니라 우리의 삶과 미래를 변화시킨다는 확실한 믿음을 가지고 평생을 살아왔습니다.

여러분, 어떤 일이든 집중하고 노력하면 즉시 변화가 나타나기 시작합니다! 시작이 반이란 말이 있듯 세상 어떤 일이든지 하기만 하면 변화는 즉시 그리고 반드시 일어납니다. 영어 또한 마찬가지입니다. 바로 시작하십시오. 2-3개월만 지나도 여러분이 스스로 1차 변화를 뚜렷하게 느끼게 될 것입니다. 거기에서 몇 달만 더 밀어붙이면 엄청난 일이 일어납니다.

이 시대 영어, 해도 되고 안 해도 되는 대상이 아닙니다!

영어가 경쟁력인 시대를 살아갑니다! 학창 시절, 게을러서 혹은 머리가 나빠, 좋은 대학에 진학하지 못했더라도 심지어 사고를 쳐서 고교 과정을 다 마치지 못했더라도, 이 시대에 영어는 젊은 여러분들의 평생 절친이 되어야 합니다. 해도 되고 안 해도 되는 그런 대상이 아닙니다. 영어가 필수인 시대입니다. 특히 2년여 군복무기간 그리고 대학 시절 4년은 영어의 깊음에 도달할 수 있는 절호의 기회입니다. 그러나 정작 영어를 깊이 공부할 수 있는 대학 시절에 고교 시절 그렇게 지겹게 해 오던 방식 그대로 이번에는 TOEIC 시험 점수 높이기에만 몰두합니다.

저는 여러분에게 이제라도 2-3년 정도 영어에만 몰입해서 영어를 내 마음대로 부릴 줄 아는 고수의 반열에 오르도록 도전해 보시기 원합니다. 그 다음은 내가 남보다 잘할 수 있는 분야를 찾아 그 분야로 진출할 것을 권유드립니다. 왜냐하면 높은 수준의 영어를 구사할 수 있는 영어의 고수가 세상에 생각보다 썩 많지 않습니다. 그에 반해 영어의 대가들이 쓰일 곳이 이 세상에 너무너무 많습니다. 아무리 AI가 난리여도 깊은 언어 분야에는 쓸모 없습니다. Google사도 그것을 시인합니다. 구글 번역기로는 언어의 깊은 맛을 절대 낼 수 없습니다.

영어, 썩 잘하면 여러분 앞에 놀라운 일이 펼쳐집니다!

젊은 여러분께 너무 돈을 강조하는 것 같아 죄송합니다만 혹시 우리나라 스타 영어 강사들의 연봉을 아시나요? 유명학원 스타 강사들은 연 소득이 보통 30-40억 원대이고 100억 원을 넘는 분들도 꽤 많이 있다고 들었습니다. 이것은 영어가 가장 집중적으로 소용되는 한 분야의 효용가치를 계량화한 예입니다만 영어를 잘하면 여러분은 한평생 다양한 직종이나 삶의 영역에서 최고 상위권의 삶을 살아갈 수 있게 됩니다. 다만, 한 가지, 그런 반열에 오르려면 영어를 적당히 잘해서는 안 되고 아주 잘하는 경지에 가 있어야 합니다. 그러려면 최소 2-3년 정도 몰입의 시간이 필요합니다. 그곳은 여러분이 지금 계신 곳처럼 복잡하지도 붐비지도 않습니다. 그곳은 멋지고 여유롭고 풍요로운 곳입니다. 바로 지금부터 2-3년을 집중 투자하세요!

저는 또한 영어가 우리나라의 국부와 국운 그리고 국격國格 또한 크게 상승시켜 줄 것을 또한 믿어 의심치 않습니다. 저는 개인적으로 유럽의 작은 나라 네덜란드에 큰 관심을 갖고 있습니다. 네덜란드는 우리나라보다 땅도 인구도 1/3밖에 안 되는 작은 나라지만 무역 규모가 우리나라보다 오히려 앞선 전 세계 5-6위, 국가 GDP는 우리보다 약간 아래인 14-15위에 위치하는 나라입니다. 어떻게 이 작은 나라가 이런 강소대국이 되었을까 궁금하지요? 결론만 말씀드리면 네덜란드 국민의 탁월한 어학능력이 이 나라 GDP의 근간이 되고 있다는 사실을 추적 결과 알게 되었습니다. 그것이 네덜란드 관광산업과 전 세계를 상대로 하는 중계 무역업의 근간이 되었습니다. 저는 네덜란드 사례를 통해 우리나라 국민이 영어만 잘해도 국가GDP가 자연스럽게 20-30% 직 상승할 수 있다고 주장합니다. 20%면 현재 우리나라 자동차 산업이 국가 GDP에서 차지하는 18% 비중보다 더 큽니다. 그런 연유로 현실적 난관이야 많겠지만 우리나라도 이웃 대만처럼 중장기적으로 영어 공용화를 추진해야 한다고 주장합니다.

그리고 모든 것 이전에 사실 우리나라 영어교육에서 가장 근본적이고 중대한 문제점은 바로 중고교 영어 선생님들이 아닐까 생각합니다. 영어를 잘 읽고 어느 정도 들을 수 있지만 자유롭게 말하고 쓸 수 있는 선생님들이 그리 많지 않으니 그 선생님들로부터 배우는 우리나라 학생들이 영어에 어떤 문제점이 있을까는 굳이 더 물을 것도 없습니다. 다만 우리 선생님들께서 이미 영어의 기본을 다 갖추고 계시니 국내에 특수 영어훈련기관을 만들어서 1년 정도 원어민과 합숙 생활하게 하면서 말하고 쓰는 교육을 집중 이수하게 한다면 큰 예산을 들이지 않더라도 1년 정도면 충분히 유창성에 이르게 할 수 있을 텐데 그것이 그렇게 어려운 일인지 잘 이해가 되지 않습니다.

여러분, 다시 말씀드리지만 영어 공부에 왕도는 없습니다. 지금 우리 중 고교 학생들처럼 단어 수천 개를 억지로 외운 후 긴 지문을 읽고 출제자의 심리와 과거 출제 패턴을 간파해서 찍기로 시험 점수를 높여 본들 정작 영어를 내 마음대로 부릴 수 있는 경지에까지 이르지 못합니다. 영어는 많은 책이나 또는 예문을 읽는 사이 문장의 생성원리가 자연스럽게 이해되기 시작하고 부단한 반복 훈련을 거치면서 비로소 체화, 체득되고 완성되어 가는 학습 분야입니다. 분명 몹시 지루하고 힘든 과정인 것은 맞습니다만 영어가 가져다줄 혜택benefits이 너무 커서 그 어떤 투자보다 선행해서 이루어져야 하고 기왕이면 빠른 시간안에 완성될 수 있으면 더 좋을 것입니다.

다른 언어를 안다는 것은 또 다른 영혼을 소유하는 것이다!

샤를마뉴Charlemagne대제는 신성로마제국의 초대 황제(742-814)로서 오늘날 EU의 영토에 버금가는 제국을 건설한 왕께서 오래전 이미 언어에 대한 혜안을 갖고 위와 같은 아주 멋진 말씀을 남기셨습니다. 참 멋진 설파가 아닐 수 없는데 언어를 탐구하면 우리 인간의 마음 깊은 곳까지 다가가 소통하는 능력이 생깁니다. 우리는 영어를 통해서 온 세계 사람들의 마음을 읽을 수 있고 지구촌 사람들과 소통하며 하나가 될 수 있습니다. 전 세계 언어 소통의 60%를 차지하는 영어에 대한 시간 투자와 노력은 너무나 소중해서 더 이상 늦출 수 없는 절대 명제입니다.

자, 이제 여러분을 영어, 그 정상의 자리로 초대합니다.
이제부터 학습자 여러분의 차례이고 몫입니다!

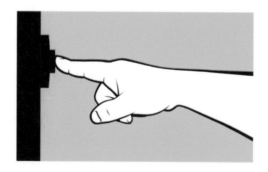

저는 이 교재를 집필하는 2년여 시간 동안 하루로 빠짐없이 하루 15-16시간 시간을 제 뼈를 깎고 온 혼을 불어넣어 이 교재를 완성했습니다. 저는 이 교재가 완전하다 할 수 없겠으나 우리나

라 영어의 문제를 해결하는 데 일조하고 또 많은 영어 학습자들의 책상 위에 늘 올려져 있는 책이 되기 소원합니다. 이제 제가 여러분들을 새로운 영어 학습의 세계로 안내할 것입니다. 이제 여러분을 영어의 정상summit으로 초대합니다. 체화-체득mastery의 경지로 안내합니다. 자, 이제부터 여러분의 차례이고 여러분의 몫입니다.

우리 모두 정상에서 만납시다!

여러분께서 몸으로 힘겹게 씨름하고 고민하고 품어 낸 것을 만드는 고단한 과정을 통과하지 않으면 이 교재 또한 제 것일 뿐 결코 여러분의 것이 될 수 없습니다. 여러분, 영어로 무장하고 세상을 향해 큰 꿈을 가지세요! 여러분도 최고 단계의 끈기와 인내심을 발휘해서 6개월 안에 본 교재를 가지고 넓고 깊은 영어의 세계에 입문하셔서 영어로 인하여 늘 성공적인 삶을 살아가는 여러분들이 다 되시기를 저자로서 간절히 기원드립니다.

II

본 교재 사용 시
참고 및
유의 사항

예문의 배열 기준과 학습 방식에 대하여

User Manual

- 본 교재는 영어의 모든 예문들을 철저하게 길이 순으로 배열했습니다. 문장의 길이가 대체로 난이도와 일치하는 경향을 보이기 때문입니다.

- 본 교재에 실린 예문들은 여러분들이 적어도 4-5년, 몸소 사전을 찾아가며, 공부할 때나 얻을 수 있는 적지 않은 양입니다. 무엇보다 일상에서 즉시 사용할 수 있는 살아 있는 표현들을 최대한 많이 올려드렸습니다. 물론 본 교재가 모든 것을 다 해결해 드릴 수 없습니다. 여러분들이 사전을 찾아가며 더 정진해 나가기 바랍니다.

- 학습자 분들의 현재 영어능력 정도가 다 다릅니다. 여러분들이 학습해 나가다가 어떤 예문이 어렵다 느껴지면 고민하지 말고 거침없이 다음 예문이나 혹은 다음 모듈로 넘어가기 바랍니다. 그 대신 본 학습법은 적어도 3-5회 빠른 반복 학습을 권장합니다. 이번에는 잘 이해가 안 되어도 돌아와 다시 공부할 때는 쉽게 느껴질 것이기 때문입니다. 본 교재의 예문수가 5,000개에 이릅니다. 예문은 충분하니 아무 걱정 마시고 쉽게 쉽게 아는 만큼 성큼성큼 진도를 나간 다음 다시 돌아와서 전에 비워 놓은 부분들을 메꿔 가세요! 10독, 20독, 50, 100독... 여러분의 학습 횟수가 쌓여가면서 여러분들이 영어를 마음대로 구부리고 펴고 휘고 돌려 부릴 수 있도록 준비했습니다.

글자 폰트 및 색조 표시에 대하여

User Manual

영어의 모든 문장은 5가지 요소(성분)로 이루어지고 각 요소(성분)는 끊임없이 단독 명사/형용사/부사 그대로, 또는 명사구/형용사구/부사구, 그리고 명사절/형용사절/부사절로 채워져 갑니다. 이것이 영어문장 생성의 기본 원리인데 이 원리만 확실이 이해하면 영어 정복의 절반은 달성한 셈입니다. 그래서 저는 모든 예문에다 학습자들이 그런 명사, 형용사, 부사 구조를 한눈에 파악할 수 있도록 아래처럼 Bold체나 기울임체, 그리고 다양한 색상을 이용해서 구분 표시해 드렸습니다. 그 결과 본 교재는 학습자 스스로 독학이 가능한 체제를 잘 갖추고 있습니다.

☑ 먼저, 영어 예문과 한글 해석 간 인쇄 폰트 차이를 두어 학습자의 눈에 큰 폰트의 영어 예문이 우선 머물도록 했습니다. 한글 해석이 때로 문장의 행간 배치 때문에 조사 같은 것들이 생략되기도 하는데 완벽한 한글 해석에 너무 집착하지 마시고 영어 그 자체로 느끼고 즐기시기 바랍니다.
☑ '일반 동사'는 적색으로, 현재분사, 과거분사, 구 동사는 대체로 진 적색으로 표시했습니다.
☑ 일반 '명사'와 단순히 단어만 나열된 명사구의 경우는 밝은 청색, 단, 명사구 중 '명사형 to 부정사',와 '동명사'의 경우는 진 청색으로 표시했습니다. 그리고 '명사절'은 대체로 진 청색입니다
☑ 명사구나 절을 특별히 구분해서 표시할 필요가 있을 때, [ ] 진 청색 괄호로 표시했습니다.
☑ 관계대명사는 기본적으로 진 청색, 관계부사절, 종속절은 진 적색으로 표시했습니다..
☑ 수식어 기능을 가진 형용사/형용사구와 부사/부사구는 녹색으로 표시했습니다.
☑ 수식어修飾語를 강조해서 표시해야 할 때는 [ ] 녹색 괄호로 처리했습니다.

한 가지, 예를 들어 혼문mixed sentence처럼, 한 문장 안에 다중 구분이 필요할 경우 위와 같은 표시원칙을 100% 그대로 지킬 수 없을 때가 있습니다. 그때는 어쩔 수 없이 그때마다 편의적으로 일시 변형된 표기 방식을 적용한 경우도 있습니다. 그러나 어떤 경우에나 학습자들께서 제가 왜 그렇게 표시했는지 금방 이해할 수 있는 범위에서 변형했으니 큰 우려는 안 해도 좋습니다.

그런데 이 폰트와 색조 작업이 너무 과할 경우 여러분의 시선과 집중력이 오히려 흐트러질 가능성이 있어 어느 선까지 작업을 할 지 그 산정에 어려움이 많았습니다. 제 나름 여러분께 예문마다 전달해 드릴 포인트들이 있어 표시한 것이니 혹 불편함이 있으면 알려 주시기 바랍니다.

원어민 AI 음원 청취에 대하여

User Manual

- 본 교재에 실린 전 문장을 원어민 AI 목소리로 유튜브에 올려 놨습니다. 전 교재를 42개로 나눠 올렸는데 유튜브에서 본 교재 제목인 **33 module English**를 대소문자 구분없이 검색하시기 바랍니다.

- 5,000개가 넘는 많은 양의 문장이어서 시간상 제약이 많아 문장마다 한 번씩만 발음을 넣었습니다. 또 여러분들이 반복 청취를 통해 빠른 시간안에 자연스럽게 암기 수준에 이를 수 있도록 빠른 템포로 준비했습니다. 5,000개의 예문 전체를 한번 다 듣는 데 **6시간**가량 소요됩니다. 교재 학습 시작 전후 또는 이동 중에 그리고 잠자리에 들기 전에 원어민이 읽어 주는 소리를 듣고 앞서 공부한 예문들의 구조와 느낌을 살려 소리와 함께 기억하도록 힘써 보기 바랍

니다. 만약 소리를 낼 수 있는 장소라면 여러분도 소리를 내어 발음해 주셔야 합니다. 여러분의 발음이 일정 수준에 도달하기까지는 어쩔 수 없이 흉내내기imitation를 할 수밖에 없습니다. 한 가지, 아나운서들의 음성이 미국인 여 아나운서의 AI 합성 발음인데 그 질이 전반적으로는 양호한데 중간중간 연음 발음이 불분명하거나 소리가 튀는 부분이 있어 불편한 점 양해바랍니다.

User Manual

게재 사진에 대하여

- 본 교재에 실린 사진들은 Shutterstock사가 제공한 사진을 사용했습니다.

- 지루함을 이기고 즐겁게 공부합시다!

- 언어는 문화이고 사고 방식이며 생각하는 틀이다!

우리들이 영어에 능통하려면 어휘력이나 문법 이외에도 서구 역사, 종교, 문화와 문명 그리고 시사 문제 등에 대한 폭넓은 이해를 필요로 합니다. 그것들을 **'문화적 해석능력cultural literacy'**이라 합니다. 여러분, 성경이 좋은 예입니다. 성경은 8,600단어로 이루어져 있습니다. 8,000-9,000단어면 우리나라 고교에서 다루는 단어 수준입니다. 그럼 고교를 졸업했다고 해서 영어 성경을 쉽게 읽을 수 있을까요? 절대 그렇지 않습니다. 영어 자체는 가능하지만 기독교에 대한 신학적 이해도, 옛 이스라엘이나 주변국의 역사와 문화 등에 대한 이해가 없을 경우 의외로 읽기 몹시 어려운 글이 됩니다. 이것은 문화적 해석능력이 얼마나 중요한가를 잘 설명해 주는 좋은 사례입니다.

저는 사진을 무척 좋아합니다. 왜냐하면 사진 한 장에는 천여 마디의 말이 들어가 있기 때문입니다. 저는 그리고 우리 학습자들이 서구인들의 사고 방식, 또 서구의 역사, 문화, 지리 및 글로벌 이슈들에 대한 시각을 갖도록 많은 사진들을 올려드렸습니다. 그리고 곳곳에 제가 멘토 입장에서 우리 학습자들을 자극하고 격려하는 글도 함께 올렸습니다. 또 사진 속 글을 통해서 지루함을 이기고 여러분 각자 삶에 대한 영감뿐만 아니라 학습 의욕을 높이 갖기 바랍니다. 사진 중 도시나 일정 지역 사진들은 대부분 제가 출장이나 여행을 다녀온 곳이지만 일부는 앞으로 가고 싶은 곳들도 있습니다. 여러 분들도 여행가고 싶은 곳이 많으시지요? 여러분의 꿈을 크게 키워 가세요!

문법 용어에 대하여

User Manual

우리 문법 책에 사용되는 문법 용어가 한자어여서 용어 자체부터 젊은 학습자들에게 큰 장애가 되는 것이 사실입니다. 물론 본 교재가 어려운 문법용어 사용을 최소화하기 위해 노력했고 문법 설명을 최대한 예문에 녹여 영어의 구조를 이해할 수 있도록 시도했지만 일정 부분 어려운 옛 문법 용어들의 사용이 불가피했습니다. 이점 양해하여 주시기 바라고 앞으로 더 연구해야 할 분야로 남겨 놓겠습니다.

본 교재가 미처 다 커버하지 못하는 문법 부분들, 예를 들어 명사, 형용사, 부사, 조동사, 동사 시제 등에 대해서는 여러분 책꽂이에 꽂혀 있는 문법교재 증 가장 맘에 드는 한 권을 골라 자주 읽으면서 보충하시기 바랍니다.

영어에서 정확성이 최우선일까요?

User Manual

- 이 점에 관해서는 전 세계 영어어법 책 중 최고 베스트셀러인 Oxford 대학 출판부 간 『Practical English Usage』의 저자 **Michael Swan**의 글을 그대로 옮겨 그 답을 대신하겠습니다.

"외국어를 사용할 경우 실수가 너무 많으면 의사소통이 힘들어지기 때문에 웬만큼 정확성을 기하는 것은 중요합니다. 하지만 완벽한 말하기와 쓰기가 의사소통의 필요조건은 아닙니다.(그리고 사실 외국어를 완벽하게 구사하는 성인은 매우 드뭅니다.) 크게 틀리지 않는 것, 이것이 영어를 배우는 사람들의 목표가 되어야 합니다. 정확성을 지나치게 신경 쓰거나 실수할 때마다 걱정을 해서는 안 됩니다. 세상에서 가장 중요한 게 문법은 아니니까요!"

- 저도 Michael Swan의 위 견해에 전적으로 동의합니다. 아주 늦어도 초등학교 이전에 유학을 가지 않는다면 완전한 영어를 구사하는 것은 불가능하다는 것이 정설입니다. 제가 과거에 증권사 국제부에서 근무할 때 많은 미국 교포 Analyst들과 함께 일하면서 그들의 분석보고서를 봤는데 이민을 간 나이에 따라 그들이 구사하는 영어에 많은 차이가 있음을 확연하게 느낄 수 있었습니다. 따라서 우리도 바른 영어를 구사할 수 있도록 최선의 노력은 하겠지만 너무 완전한, 또 완벽한 영어를 갈망하는 것은 공연한 스트레스가 될 뿐이라고 생각하고 즐쾌한(즐겁고 쾌활한) 마음으로 영어에 다가가는 것이 훨씬 바람직하다 하겠습니다.

특히 영어 구사능력을 높이려면 수줍음을 떨쳐 버리고 조금 나대는 자세에다가 수다쟁이가 되는 것이 낫습니다. 말수가 적은 분들이 확실히 영어 표현이 빠르게 늘지 않습니다. 성격이 수줍음이 많고 소극적인 분들은 힘이 들겠지만 영어를 공부하는 동안에는 의도적으로 오랜 습관이나 성격을 의식적으로 바꿔 보기 바랍니다. 적극적인 말과 표현이 사람의 성격까지 바꿉니다.

최선을 다했습니다만…

User Manual

- 지난 3년여 동안 오직 영어만 공부하면서, 외국에 나가지 않고 이 땅에 앉아서 영어를 완성해야 하는 우리 학습자들을 위해, 이 교재를 준비해 왔습니다. 저는 영어를 학문적으로 공부한 사람은 아니고 산업계에서 수 많은 외국인과 교류하며 나름 공부하고 터득해 가면서 영어를 구사해 온 사람입니다. 따라서 본 교재의 내용이 대단히 학문적이거나 이론적이기보다는 학습자들로 하여금 영어의 전체를 볼 수 있게 도와드리고 그래서 학습자들이 영어를 마음껏 부릴 수 있는 단계에까지 실용적으로 안내해 드리는 것을 목표로 합니다.

- 본 교재 집필을 위해 우리나라 영어학습자들로부터 사랑받고 있는 국내외 대부분의 영어학습 관련 교재들을 훑어봤거나 일부 좋은 교재들은 깊이 들여다봤습니다. 사실 지난 50-60년 시간 이 땅 어느 누구도 영어 학습법에 대해 어떠한 형태로든 혁신적인 대안을 제시한 분이 없었습니다. 모두 옛 문법교재를 바탕으로 한 교재이거나 기존 학습방식이나 표현방식을 보기 좋게 재구성해서 내놓는 경우가 대부분이었습니다.

제가 제시하는 이 동사중심 33가지 모듈화 학습방식도 "100% 혁신적이다" 또는 "100% 완전하다!" 말씀드리지 못합니다. 다만, 『문법은 그중 뼈대만 쉽고 간명하게, 표현 체험은 최대한 많이!』라는 두 마리의 토끼를 다 잡는 방식을 처음으로 시도했습니다. 또한 어떤 모듈이 영어에서 많이 쓰이는지 통계적으로 분석했고 그것이 제 학습 방식의 근간을 이루게 되었다는 것에 대해서 큰 자부심을 갖고 있습니다. 그 결과 우리가 등한시해 온 전치사와 부사를 오히려 더 중요하게 다루어야 했다는 사실을 알게 되었고 그것들이 본 교재와 학습법의 큰 특징이고 또 강점이 되었습니다.

- 예문을 해석할 때 한두 글자 차이로 그 줄이 다음 줄까지 넘어가야 하는 경우가 많이 있습니다. 그때에는 문장 의미에 큰 지장이 없는 범위에서 예를 들어 주어를 생략하거나 조사를 생략하면서 편의적으로 번역을 한 경우가 때로 있습니다. 여러분이 예문을 이해하는 데에는 큰 지장이 없도록 조심했으나 이 점 양해 부탁드립니다.

- 본 교재는 제가 오랜 세월 유지해온 영어 메모에 바탕하고 있어서 어떤 면에서 제 학습 노트와 같다고 생각합니다. 제 손때가 또 제 체온이 교재 전반에 그대로 남아 있습니다. 혹 제가 과문하여 번역에, 또 문법적 해석에 일부 오류가 남아 있을 수 있습니다. 그리고 예문 수가 5,000개에

달하는 관계로 오랜 수정 작업에도 불구하고 단순한 실수도 남아 있을 수 있습니다. 제가 첫 인쇄를 끝낸 이후에도 본 교재가 영원히 영어 학습자들의 사랑을 받을 수 있도록 계속해서 다듬어 나갈 것입니다. 혹 오류나 부족한 부분이 보이면 즉시 연락을 주시기 바랍니다. 더 나은 교재, 영원히 이 땅에서 영어를 배우는 후학 학습자들에게 사랑받는 교재로, 발전시켜 나가는 데 혼신을 다 바치겠습니다.

영어는
어떤 언어이고
어떻게
배울 것인가?

영어의 문장을 본격 공략하기에 앞서 영어 문장의 기초 부분을 잠시 살펴보려고 합니다. 여러분, 아래 설명은 여러분이 영어문장의 원리를 공부하는 과정에서 저와 공유해야 할 용어들이고 특히 본 33 영어 모듈 학습법을 이해하는 데 꼭 필요합니다. 저도 본 교재에 기존의 난해한 문법용어들을 최대한 적게 사용하려 노력했지만 현실적 한계가 있음을 실감합니다. 여러분, 아래에 있는 용어들은 여러분과 저의 소통을 위한 최소한의 공통어입니다. 이런 정도는 다 안다고 생각하지 마시고 새로 시작하는 마음으로 꼼꼼하게 읽어 주세요!

영어 문장, 무엇으로 이루어지는가?

영어의 8가지 품사

8가지 품사 즉, 명사, 대명사, 동사, 형용사, 부사, 전치사, 접속사 그리고 감탄사가 영어 단어의 전부입니다. 이들 8품사가 문장에서 담당하는 역할이 서로 다릅니다. 문장에서 의미를 주로 전달하는 단어들 예를 들어 명사, 동사, 형용사, 부사가 있는데 이 품사들을 『내용어content words』라 부릅니다. 나머지 8품사 즉, 전치사, 접속사, 대명사 (그리고 그 밖에 관사, 관계사, 조동사)는 문장에서 각 단어들 간의 문법적 관계를 표시하는 역할을 담당하여 이 품사들은 『기능어functional words』라 부릅니다.

내용어는 새로운 단어가 추가될 수 있어 'Open class'라 부릅니다. 그러나 '기능어'는 오랜 시간에 걸쳐 문법적으로 형성된 약속이고 새로 추가될 가능성이 없어 'Closed class'라 부릅니다. 아이들은 태어나서 먼저 '내용어'를 익히기 시작해서 시차를 두고 문법이 가미된 '기능어'로 옮겨 갑니다.

영어 문장의 구성 요소(성분)

영어 문장이란 8품사를 조합해서 전달하려는 내용을 글로 표현한 것을 말합니다. 영어 문장을 만들기 위해서는 정해진 규칙을 따라야 하는데 그 규칙을 '문법'이라 합니다. 이 문법의 규칙상 문장을 만들 때 단독 품사가 오는 경우도 있지만 대부분의 경우 2개 또는 2개 이상의 품사들이 모여 구phrase 혹은 절clause를 이룬 다음, 그것들이 문장의 요소(성분)인 **주어, 동사, 목적어, 보어 補語(보충어),** 그리고 **수식어**의 역할을 맡습니다. 이 다섯 가지를 『**문장의 5요소(성분)**』이라 부릅니다. 문장의 5요소(성분)는 다시 아래와 같이 주 요소leaders와 종속 요소supporters로 구분됩니다.

<u>주부(subject)</u> – **주어 (subject)**

<u>술부(predicate)</u> – **동사(verb), 목적어(object), 보어(compliment)**

<u>수식어구modifier</u> – **형용사(adjective), 형용사구phrase/절Clause, 부사(adverb), 부사구/절**
<u>연결어구</u> – **전치사 (proposition), 관계사 (relative), 접속사 (conjunction)**

구phrase와 절clause

문장의 각 요소는 한 단어일 경우도 있지만 대개 두 개 이상의 단어가 모여 **구phrase**나 **절clause**을 만듭니다.

'**구phrase**'는 'a small group of words'로서 주어와 동사가 없고 문장 안에서 다음과 같은 역할을 맡습니다.

명사구 – 주어, 목적어, 보어 역할
형용사구 – 명사를 수식하거나 보충하는 역할
부사구(전치사구 포함) – 형용사, 동사, 다른 부사(구)를 수식하고 **시간, 장소, 이유, 목적, 결과, 정도, 조건, 양보, 방향**을 표현하는 역할을 맡습니다.

'**절clause**'은 구와 달리 '주어'와 '동사'가 꼭 있어야 하고 절에도 '구'처럼 세 종류가 있습니다.

명사절 – 주어, 목적어, 보어, 동격절
형용사절 – 명사를 수식하거나 한정하는 소위 **관계사절 역할**
부사절 – **시간, 장소, 이유, 목적, 결과, 비교, 정도, 조건, 가정, 양보, 빈도, 양태 표현**

☞ 위 구와 절에 대한 설명에서 한 가지 중요한 사실이 감지됩니다. 바로, 단어(품사)가 모여 만드는 구와 절이 모두 명사화, 형용사화, 부사화를 추구한다는 점입니다.

영어 문장의 기본 틀과 배열 순서

영어 문장의 5형식이란?

 여러분! '**문장의 5형식**'이란 문법용어 자주 들어 보셨죠? 이 용어는 영국 Oxford 사전 편집자인 C. T. Onions(1873-1965)가 1904년 그의 저서 『An Advanced English Syntax』에서 문장 구조에 대해 제시한 개념인데 그의 일본인 제자에게 전수한 이 이론이 일본에서 신봉되었고, 일본에서 영어 학습법을 도입한 우리나라에서도 아직 자주 인용되는 영어 문장 구성방식에 대한 접근 개념인데 영어의 구조를 쉽게 이해하게 하는 나름 장점이 있습니다.

1형식: S   V

2형식: S   V   C (보어)

3형식: S   V   O (목적어)

4형식: S   V   IO (간접 목적어)   DO (직접 목적어)

5형식: S   V   O (목적어)   OC (목적 보어)

Onions박사는 영어 문장에는 위와 같은 5개의 틀(5형식)이 있다고 주장했습니다. 이 '5형식 이론'은 영어 문장의 각 요소(성분)가 문장 어디에 위치해야 하는지 즉, **'영어 문장의 구성과 조합의 틀'**을 쉽고 간결하게 잘 제시합니다. 위 각각의 틀 안에 어떤 '단어' '구'와 '절'을, 어떤 순서로 어떻게 만들어 넣어야 할지 그 틀과 방식을 규정한 것이 바로 '영어 문법'입니다.

한편 이 시대 가장 위대한 언어학자 Noam Chomsky(1928~) 전 MIT대 교수도 "문법이란 한 언어를 사용할 줄 아는 사람들이 공유하는 규칙에 맞게끔, 무한대로 랜덤 문장을 마구 만들어서 말해도, 서로를 이해할 수 있게 해 주는 공통적인 '틀'이다."라며 정말 멋지게 정의를 내려 주신 바 있습니다.

Onions박사는 이론의 간결성을 위해 '수식어'를 5형식 이론에 포함시키지 않았습니다. 그러나 실제 문장은 수식어를 포함해서 5가지 요소(성분)로 이루어지고 각 요소들은 문장에서 대개 다음과 같은 순서로 자리를 잡습니다.

	주어 S	동사 V	보어 C	(혹은) 목적어 O	수식어구 M

품사	명사
	명사구
	명사절
		본 동사
		조동사+동사
		구동사
			명사/구/절
			형용사/구/절
			부사/부사구
				명사
				명사구
				명사절
					형용사-형용사(구)
					    -형용사절
					부사 -부사(구)
					    -부사절

영어 공부는 명사화, 형용사화, 부사화 결합 과정을 이해하는 것이다!

여러분, 바로 위 표를 잠시 주목해 주세요! '동사'를 뺀 나머지 문장 요소(성분)의 자리에 들어갈 내용은 한결같이 『**명사/명사구/명사절, 형용사/형용사구/형용사절, 부사/부사구/부사절**』이지요? 앞서 강조했듯 영어는 단독 품사 그대로 , 또는 품사끼리 서로 합쳐 명사/구/절, 형용사/구/절, 부사/구/절을 만들어 내고 그것들을 각 문장의 요소(성분)에 넣어 확장해 가는 언어라는 사실을 말해 줍니다.

그런데 영어, 왜 그렇게 어렵기만 한가요?

만약 각 문장 성분의 자리에 한 품사 한 단어로 된 原原 명사/형용사/부사가 오는 경우라면 위 문장의 5형식의 틀에 한 단어씩 넣어 말하면 되므로 큰 어려움이 없을 것입니다. 그러나 영어 문장에 그러한 형태의 간단한 문장은 그리 많지 않습니다. 그래서 우리 학습자들이 큰 어려움을 겪습니다. 도대체 어떤 어려움들이 있을까요? 좀 더 구체적으로 알아 보겠습니다.

첫 번째 어려움은, 원래 영어 단어마다 많은 파생어가 있는데 우리 학습자들이 대개 한 단어에 한 두개의 의미 정도만 얕게 공부하기 때문에 단어들을 깊이 이해하고 마음껏 부리고 다루지 못합니다. 한 가지 예를 들어 볼까요? 다음은 Just라는 형용사 단어에서 파생된 단어들입니다. Justice-Justify-justification-justifiable-justifiableness-justifiably 자, 단어마저 끊임없이 명사화, 형용사화, 부사화를 추구하고 있지요? 그중 명사만 보더라도 justice-justification-justifiableness 세 개에다 반대말 injustice까지 4개나 됩니다. 같은 뿌리에서 나왔지만 justice와 justification, justifiableness간 의미 차이가 분명해서 잘 구분해서 사용해야 합니다. 영어라는 언어적 특징 때문에 파생어의 활용도나 중요성이 우리 말의 경우보다 훨씬 더 심대합니다.

위와 비슷하면서도 또 다른 어려움은 동의어duplicate 또는 이중어 문제입니다. 예를 들어 강우량은 구어체로는 쉽게 rainfall하면 되지만 precipitation이라는 라틴어에서 유래한 문어체 단어도 함께 쓰입니다. 영어 단어의 60% 정도가 프랑스와 라틴어에서 유래한 외래어여서 상당수의 영어단어가 이런 동의어들을 갖고 있습니다.(사실 이것은 우리 말의 경우도 꼭 같은데 한자어가 60% 이상 차지하고 순수 우리말은 30%에 불과합니다.) 이 동의어 현상은 사회 지배층과 일반 서민이 서로 다르게 구사하던 영어로부터, 또는 문어체와 구어체, 격식체와 비 격식체로 인한 이원화 등 역사적 배경과 사회적 현상을 바탕으로 오랜 기간에 걸쳐 이원화되어 온 것이었습니다. 게다가 한 단어에 한 단어의 동의어만 있는 것이 아니라 보통의 경우 2-3개 심지어는 7-8개가 넘은 대체 단어들을 갖고 있는 경우도 허다합니다. 이 이중어는 동전의 양면과 같아서 우리나라 영어 학습자를 몹시 괴롭히기도 하지만 동시에 한 가지 의미를 다양한 단어들을 활용해서 여러 다른 방식으로 다양하게 바꿔 표현할 수 있도록 허용하기도 합니다.

이런 배경으로 인해 영어를 깊이 공부하다 보면 대체로 그 끝에 어휘력 부족 문제에 봉착하게 됩니다. 그래서 저도 최근 사전 전체를 훑어볼 수밖에 없었던 이유가 됐습니다. 제가 영어사전을 관통하면서 보니 영어사전 한 권만 갖고도 영어를 충분하게, 또한 제대로 마스터할 수 있겠구나 생각을 갖게 되었습니다. 여러분, 지금부터 단어를 볼 필요가 생기면 단어의 의미 하나 달랑 보고 덮지 마시고 두루 여러 것들을 들여다보는 습관을 기르세요. 저 또한 지금도 잘 모르는 단어는 물론이고 아는 단어일수록 용법이 수 십 가지 길게 설명되어 있어 각 경우마다 관련 예문까지 일부러 시간을 내어 수시로 읽습니다.

세 번째 어려움은 앞서 설명드린 대로 여러 품사(단어)들이 서로 합쳐져 『**명사, 형용사, 부사 '구' 와 '절'**』을 만든 다음 문장의 각 요소(성분) 자리에 즉시 넣어 줘야 하는데 그 조합 방식에 관한 규칙을 깊이 있게 이해하지 못해 겪는 어려움입니다. 이 조합에는 기능 품사인 전치사, 관계사, 접속사 등이 관여하는데 본 학습법은 바로 그 부분까지 깊이 다룹니다.

네 번째 어려움은 특히나 추상성이 적은 동사마저 명사화, 형용사화, 부사화시켜 활용한다는 사실입니다. 흔히 **'준동사'**라 부르는데 준동사는 문장 맨 앞에 나오는 본동사를 도와서 한 문장 안에서 두 개 또는 그 이상의 여러 동작이 연이어 표현되도록 하는 역할을 맡습니다. 그런 준동사에는 ①to 부정사, 그리고 ②to부정사에서 전치사 to를 없앤 원형동사root infinitive, 그 다음은 ③동명사gerund와 ④현재분사present particle, 마지막으로 ⑤과거분사past particle의 다섯 가지가 있습니다. 여기 한 간단한 예문이 있습니다.

I want *to go* shopping. 나는 쇼핑하러 가고 싶다.

아주 짧은 문장이지만 그 안에 동사가 무려 3개(want, go, shop)나 들어 있습니다. 자, 먼저 첫 동사(본동사) want가 결정됩니다. 이 want 동사는 목적어를 취하는 성격을 가진 동사입니다. 그래서 동사 go를 '명사화'시켜야 합니다. 그것을 위해서 소위 'to부정사의 명사적 용법' 즉, 'to go'를 만들어 want 동사 뒤에 붙여 목적어로 사용합니다. 그 다음, 'to go' 다음에 놓일 마지막 단어인 shop을 처리해야 합니다. 'to go'는 비록 동사에서 명사로 그 신분이 바뀌었지만 동사의 기질이 여전히 살아 있습니다. 이 go동사 다음에는 야외 활동과 관련된 여러 단어들이 올 수 있는데 그때는 동사를 현재분사(혹자는 '동명사'라 부릅니다.)로 바꾸어 적용하는 규칙이 있습니다. 그래서 to go shopping을 써서 문장을 마무리했습니다. 참고로 go동사 다음에는 shopping뿐만 아니라 fishing/kiting/skating/skiing/snowboarding 등이 올 수 있습니다.

자, 이제 위 우리 말 번역문을 보시기 바랍니다. 우리 말로도 동사가 3개 들어 있지요? 그런데 우리가 이 말을 할 때 동사가 3개 있는지? 이 3개의 동사를 어떻게 조합해서 배열할지? 한 번도 깊이 생각하면서 말을 하지 않지요? 그저 입을 열면 저절로 흘러나옵니다. 우리의 영어 능력도 바로 그런 상태에까지 이르러야 합니다. 입을 열면 아무 생각없이 위와 같은 짧은 문장은 기본이고 그보다 훨씬 더 길고 복잡한 문장도 술술 풀어내는 경지에 이르러야 합니다. 이와 같은 것이 가능하게 되려면 준동사를 자유자재로 사용할 줄 아는 능력이 아주 중요합니다. 그래서 제가 조금 뒤, 한 문장 안에 몇 개의 본동사와 준동사가 들어가는지, 동사의 개수별로 여러 예문과 함께 자세하게 설명해 드렸습니다.

영어 공부가 어려운 수 많은 이유가 있습니다만 마지막으로 한 가지만 더 든다면, 영어는 관용어 표현idiom expressions이 대단히 발달한 언어입니다. 두꺼운 분량의 관용어 사전만 십수 종류에 이를 정도입니다. 수백 년간 고도의 문화와 문명을 꽃피워 온 유럽 여러 나라의 언어 습관이 영어에 녹아 들어 있고 특히 문학과 예술 분야에서 탁월성을 발휘해 온 나라의 언어 답게 수사법이 극도로 발달한 언어입니다. 그에 반해 우리 말은 수사법이 그렇게 필요하지 않은 특성을 가진 언어라서 근본적으로 영어에 대한 적응이 쉽지 않습니다. 영어의 어순이 우리 말과 정반대인 말을 배운다는 이 가장 높은 장벽은 아예 무색할 정도로 관용어 체득이 만만치 않습니다.

영어 문장의 생성과 확장의 원리 I

영어는 문장을 확장 시켜 나가기 위해서, 8품사 중 **대명사, 명사, 형용사, 부사**를 단독 형태로 4가지의 경우를, 또는 품사(단어)끼리 서로 합쳐 만든 **명사구/형용사구/부사구**의 3가지 경우를, 그리고 **명사절, 형용사절, 부사절** 3가지까지, 모두 10가지의 경우를 준비합니다. 그 다음 동사마저 명사화, 형용사화, 부사화시킨 후 대기시켜 놓습니다. 그것을 위해 **본동사**main verb와, **동사**를 변형시켜 만든 **준동사** 5가지, 즉 **to부정사, 원형부정사, 동명사, 현재분사, 과거분사**까지 모두 6가지를 추가로 대기시킵니다. 자, 이제 모든 경우를 합치면 16가지가 준비되었지요? 그 다음 이 16가지를 문장 5요소(성분)인 주어, 주격 보어, 목적어, 목적격 보어, 그리고 수식어 자리에 각각 배치됩니다.

영어 문장 생성원리 - 「56가지 구성 매트릭스matrix」

제가 위 16가지 경우가 문장의 5가지 요소(성분)의 자리에 어떻게 배치되는지 그 한눈에 볼 수 있도록 구성조합표matrix에 담아 봤습니다. 이 매트릭스에는 원래 모두 80가지(가로 5가지 × 세로 16가지 경우) 경우가 있는데 그중 아래 표 밝은 회색 부분, 56개의 경우에만 적용되고 나머지 색이 없는 부분은 적용되지 않습니다.

문장 요소	I. 주어	동사	II. 주격보어 (주어 보충 설명)	III. 목적어	IV. 목적격 보어 (목적어 보충설명)	V. 수식어
문장의 5가지 구성 요소에 쓰이는 단어(품사),구 나 절 **16가지**	①대명사		대명사	대명사	대명사	대명사
	②명사		명사	명사	명사	명사
	③명사구		명사구	명사구	명사구	명사구
	④명사절		명사절	명사절	명사절	명사절
	⑤형용사		형용사	형용사	형용사	형용사
	⑥형용사구		형용사구	형용사구	형용사구	형용사구
	⑦형용사절		형용사절	형용사절	형용사절	형용사절
	⑧부사		부사	부사	부사	부사
	⑨부사구		부사구	부사구	부사구	부사구
	⑩부사절		부사절	부사절	부사절	부사절
	⑪to부정사		to부정사	to부정사	to부정사	to부정사
	⑫원형동사		원형동사	원형동사	원형동사	원형동사
	⑬동명사		동명사	동명사	동명사	동명사
	⑭현재분사		현재분사	현재분사	현재분사	현재분사
	⑮과거분사		과거분사	과거분사	과거분사	과거분사
	⑯본 동사	본 동사	본 동사	본 동사	본 동사	본 동사

여러분, 여러분, 위 56개 옅은 회색 컬럼의 경우가 사실 영어의 전부라고 말할 수 있습니다. 이 표가 영어 문장의 **대강scope, big picture**이자 **구성원리scheme, structure**의 전부입니다. 혹자는 우리 인간의 언어를 '우주'에 비유하기도 합니다. 사람의 언어가 그만큼 깊고 방대하다는 뜻입니다. 그렇다면 위 매트릭스 표는 『**영어라는 소우주의 천체도**』라 말할 수 있습니다.

영어 단어 도대체 몇 개나 될까요?

영국의 Collins Cobuild가 1980년 이후 세상에 있는 모든 영어 단어들을 컴퓨터 처리를 해 왔는데 지금까지 등록한 파생어와 복합어, 학술어까지 다 합쳐 모든 단어의 조합이 무려 5억 2400만 단어나 된다고 합니다. 소우주로 부를 만하지요? 인쇄본 사전 중 가장 많은 단어가 실린 Webster사전에는 104만 단어가 수록되어 있습니다. 그러나 영어학자들은 그중에서 영미인이 평생에 한 번이라도 실제 사용하게 되는 단어의 수는 약 86,000

단어, 그리고 사용 빈도면에서 그 앞 43,000개 단어가 99%를 차지한다고 설명합니다. (즉, 86,000개 중 뒤쪽 절반 43,000개 단어는 실생활에서 사용되는 경우가 거의 없다는 얘기입니다.) 한편 Shakespeare는 16-17세기 당시 이미 44,000개의 단어를 그의 작품에 사용했는데 그중 수천 개의 단어는 단어의 부족으로 답답해진 본인이 스스로 만들어 작품에 사용했고 당대에 이미 그 단어들이 영어 단어로 채택되어 오늘날에도 영어에 널리 통용되고 있습니다. 그리고 여러분들이 도전하는 토익시험은 12,000 단어, Gre/GMAT시험은 약 23,000단어를 요구합니다.

그리스 시대에는 이 세상이 무엇으로 이루어져 있는지 그 답을 구하기 위해 큰 논쟁이 일어났는데 4원소, 5원소 이론 등 여러 이론이 분분했습니다. 이 지구 상에는 약 7,000여 개의 언어가 있습니다만 그중 영어라는 소우주를 이루는 언어의 구성 원소는 바로 **동사, 명사, 형용사, 부사,** 이 네 가지 원소라고 저는 생각합니다. 그 시각에서 보자면 영어 문법은 각 품사들을 어떻게 조합 후 동사화, 명사와, 형용사화, 부사화 시켜 문장의 요소(성분) 안에 넣어 줄 것인가, 그 규칙을 정한 것이라고 정의할 수 있습니다. 그래서 저는 본 교재에 실린 5,000개 예문 전부에다 이 문장이 어떤 동사적, 명사적, 형용사적, 부사적 구성 요소로 이루어진 가진 문장인지 빠짐없이 표기해드렸습니다. 여러분이 본 교재를 통해 5,000개 예문의 구조를 분석하는 훈련이 누적될수록 아무리 길고 난해한 영어 문장일지라도 읽는 즉시 그 구조를 간파해 내는 능력을 갖추게 될 것을 기대합니다.

영어는 이해한다고 잘할 수 있는 분야가 아닙니다

그런데 저는 유튜브에서 우리나라에서 내로라하는 여러 유명 영어강사들의 동영상 강의들을 살펴볼 기회가 있었습니다. 그분들은 각자 나름 오랜 강의 경험에서 터득한 영어의 체계를 아주 잘 설명해 주셨습니다. 그런데 그 강의에 참석한 학생들이 그 강의를 들으면서 마치 이제 영어를 전부 다 알게 되었다는 듯 흐뭇한 표정들을 짓고 있는 모습을 봤습니다. 저는 그때 우리 학습자들께서 혹시 영어의 원리나 영어공부 요령만을 찾아 이리저리 방황하고 있는 것은 아닌가 하는 걱정이 언뜻 들었습니다.

맞습니다! 영어 문장의 골격을 이해하는 것은 아주 중요합니다. 영어 문장의 조합원리를 아는 것은 사실 매우 중요합니다. 다만 아무리 영어가 무엇인지 잘 이해해도 학습자 본인이 수 많은 문장과 대화하고 매만지고 냄새를 맡으면서 그 문장들을 완전하게 내 것으로 만들지 않으면 실전에서 사용할 수 없습니다. 왜냐하면 그것은 아직 내 것이 아니고 여전히 그 영어 강사 분의 것일 뿐이기 때문입니다. 본 교재와 학습법은 영어 학습의 원리와 숙달 과정까지 종합적으로 담당해 드리려고 합니다.

영어 문장의 형태, 이것이 전부다!

이번에는 제가 위 종합표matrix에 맞춰 모든 예문들을 준비했습니다. 영어의 어떤 문장도 아래 예문의 범주 안에 다 들어 있습니다. 우리는 아래 예문들을 통해서 영어 문장이 어떻게 만들어지는지 생성원리까지 이해할 수 있게 됩니다. 영어 문장의 골격으로만 보자면 아래 9페이지에 걸쳐 있는 것들이 영어 문장 형태의 전부라 말할 수 있습니다. 영어로 말을 하고 글을 쓰는 영미인들도 위 표 그리고 아래 9페이지에 걸쳐 있는 예문의 틀을 넘어서지 않습니다. 이 골격들 위에 좀 더 표현의 살을 붙여 장식하고 늘려 나가는 것뿐입니다.

우리 학습자들께서 지금부터 9페이지에 걸쳐 제공해 드리는 해당 대표 예문들을 완전하게 이해하시기 바랍니다. 어떤 공부든 전체의 모습을 안 다음 시작할 수 있는 것은 큰 행운입니다.

여러분들은 이제 곧 본격적으로 33개 문장 유형(본 학습법에서는 『모듈Module』로 부릅니다.) 별 각론에 들어가게 됩니다. 이 33개 모듈은 아래 56개 문장의 형태를 다시 『동사』를 중심으로 재편 및 슬림화한 것입니다. 이제 학습자 여러분들은 동사를 중심으로 정리한 이 33개 영어문장의 뼈대를 깊이 이해하고 각 모듈마다 실린 5,000개가 넘는 예문마저 철저하게 여러분의 것으로 만들어 끝내 영어를 체득mastery하는 길을 가게 될 것입니다. 이것이 여러분들이 이 한 권의 교재만 갖고서도 영어를 완전하게 여러분의 것으로 만들 수 있는 근거요 이유입니다.

I. 얼마든지 길어질 수 있는 주어subject

I-①, ②, ③ 대명사, 명사, 명사구가 주어로 사용된 경우

☑ **It** depends. 그때그때 달라요~ (대명사)

☑ **Money talks.** 돈이 말한다. 돈이면 다 해결된다. (명사)

☑ **An apple a day** keeps the doctor **away**. 하루 사과 한 개를 섭취하면 의사가 필요 없게 한다. (명사구)

☑ **A fifteen-year-old girl** was among **the injured**. 부상자 중에는 15살 먹은 나이든 소녀가 있었다.

☑ **Factions and self-interest** appear to be **the norm**. 파당과 이기심은 늘 있어 보인다. (명사구)

I-④ 『명사절』이 주어로 사용되는 경우

☑ **What matters** is how they survive. 문제는 '어떻게 살아 남느냐'이다.

☑ **What is worth doing at all** is worth doing well.
해 볼 만한 가치가 있는 일이라면 잘할 만한 가치가 있다.

I-⑧ 『부사』가 주어로 사용되는 경우

☞ there, here는 소위 '유도 부사'라는 부사이지만 문장을 이끌어 내는 주어의 역할을 맡습니다.

☑ **Here** comes the train. (구어) 열차가 도착했다. (☞ 눈앞의 순간적 동작을 나타내는 표현할 때)

☑ **Here** is a message for you. 당신에게 메시지가 와 있습니다.

☑ **There** seems to be another problem. 또 다른 문제점이 있는 것 같군요.

I-⑪ 『to부정사』가 명사구로서 주어로 사용된 경우

☑ **To live out one's life** is to fight. 한평생을 살아가는 것은 투쟁이다.

☑ **To err or make mistakes** [during the process][of one's life time] would be indeed a part of life. 한평생 사는 동안 잘못을 범하거나 실수를 하게 되는 것은 진정 우리 삶의 모습일지 모릅니다.

I-⑬ 『동명사(구)』가 주어로 사용된 경우

☑ **Seeing** is believing! 백문이 불여일견!

☑ **Knowing** [too][much] will hurt you. 너무 많은 걸 알려고 하면 다쳐~

☑ **Making personal comment** [in public][like that] is not professional at all.
대중 앞에서 저렇게 사적인 얘기를 하는 것은 전혀 프로답지 못하다.

II. 얼마든지 길어질 수 있는 주격 보어

'보어補語 complement'란 주어와 동사만으로 말하는 사람의 뜻을 완전하게 전할 수 없을 때 동사 뒤에 문법 용어로 소위 '보(충)어補充語'를 붙여서 완전하게 문장을 완성하게 하는 문장의 요소(성분)를 말합니다. 그리고 여기 '주격 보어'는 주어의 의미를 보충한다는 말입니다.

II-①, ②, ③ 『대명사, 명사, 명사구』가 주어를 설명하는 보어로 사용된 경우

☑ Yes, it's **me**. 예, 접니다. (대명사)

☑ That's **life**! 인생이란 다 그런 거죠. (명사)

☑ **Enough** is **enough**. 이제 됐으니 그만해! 적당히 해라! (명사)

☑ There's **no rhyme or reason** in his proposal. 그의 제안은 전혀 조리가 닿지 않는다. (명사구)

☑ There is **much beast and some devil** in every men's mind. (명사구)
사람의 마음에는 여러 수심獸心(사나운 짐승의)과 일부 마귀魔鬼의 마음이 들어 있습니다.

II-④ 『명사절』이 주어를 설명하는 보어로 사용된 경우

☑ The issue is **whether he is a trustworthy attorney**. 문제는 그가 믿을 만한 변호사인가 하는 점이다.

☑ That's just **how I was raised.** 난 바로 그런 식으로 자라났다.

☑ The issue is **if the plan is safe and secure.** 문제는 그 계획이 안전하고 확고한가 하는 것이다.

☑ Now faith is being sure **of what we hope for**, and certain **of what we do not see**.
이제 믿음은 우리가 바라는 것들에 대한 믿음과 보지 못하는 것들에 대한 확신을 갖는 것입니다. (성경 말씀)

II-⑤, ⑥, ⑦ 『형용사, 형용사구』가 주어를 설명하는 보어로 사용된 경우

☑ Nothing great is **easy.** 위대한 일에 쉬운 것은 없다.

☑ She should be **old enough [to know** better]. 그 앤 철이 좀 들어야해~ (형용사구)

☑ My goal was is **to be a role model** for children. 목표는 아이들 위한 롤 모델이 되는 것이다. (형용사구)

II-⑧, ⑨, ⑩ 『부사, 부사구(전치사구), 부사절』이 주어를 설명하는 보어로 사용된 경우

☑ The kite (The mercury) is **up**. 연이 (수은주가) 올라가 있다. (부사)

☑ I'm **with you**. 나는 당신 편입니다. → I'm **on your side**. 당신을 지지합니다. (부사구)

☑ The company is **up against hard competition**. 그 회사는 힘든 경쟁에 직면해 있다. (부사+부사구)

☑ The time had come **when** we have to break through all the barriers *confronting* us.(부사절)

우리를 가로 막고 있는 모든 장벽을 뚫고 나가야 할 때가 마침내 왔다.

II-⑪ 『to부정사구』가 명사구로서 주어를 설명하는 보어로 사용된 경우

☑ My intention is **to take care of** the poor. 내 뜻은 가난한 사람들을 돌보는 것이다.

☑ It's always pleasant **to do [what you're good at doing.]** 잘할 수 있는 것을 하는 건 즐겁다.

II-⑬ 『동명사(구)』가 주어를 설명하는 보어로 사용된 경우

☑ **Seeing** is **believing**! 백문이 불여일견!

☑ His hobby is **[reading a horror fantasy novel].** 그의 취미는 무서운 판타지 소설을 읽는 것이다.

II-⑭ 『현재 분사』가 주어를 설명하는 보어로 사용된 경우

☑ That sounds interesting. **(interested)** 그거 재미있을 것 같습니다. (☞ interesting 동사의 형용사화)

☑ I sat watching television. 나는 앉아서 TV를 봤다. (동시 진행 현재분사)

☑ There is **a growing recognition** of the importance of early childhood education. (분사형 명사구)
조기 교육의 중요성에 대한 인식이 점차 높아지고 있다

II-⑮ 『과거 분사』가 주어를 설명하는 보어로 사용된 경우

☑ He looked *worried*. 그는 걱정되는 얼굴이었다.

☑ I *am* totally *exhausted*. 나는 완전 녹초가 된 상태입니다.

☑ She *was dressed* in a lively pink. 그녀는 산뜻한 핑크색 드레스를 입고 있었다.

☑ He got *sunburned* and his skin peeled off. 그는 햇빛에 타서 살갗이 벗겨졌다.

III. 얼마든지 길어질 수 있는 목적어

III-①, ② 명사, 대명사가 목적어로 사용된 경우

☑ Don't **flatter me.** 아부하지 마.

☑ Do you hear **me**? 내 말을 듣기나 하는 거니?

☑ The restaurant does not serve **alcohol.** 그 식당에서는 술을 팔지 않는다.

☑ This menu has no **vegetarian options.** 이 메뉴에는 채식주의자가 고를 음식이 없다.

☑ Children need **a variety of toys [to play** *with*.] 아이들은 갖고 놀 다양한 종류의 장난감이 필요하다.

☑ I've **a pile of washing-up [that** I don't know how I am going to do.]
세척할 것(세탁물, 식기)들이 잔뜩 쌓여 있는데 내가 어찌해야 할지 모르겠다.

a pile of wash/dishes

☑ I do **whatever my wife asks me to do**. 난 아내가 해 달라는 것은 뭐든 다 해 준다.

☑ Your success depends **on what you do** and **how you do it**.
당신의 성공은 "당신이 무엇을 하고 또 어떻게 하느냐?"에 달려 있습니다.

☑ I don't care **whether we go out to eat**, or **order** take-out dinner, or **make** something.
외식을 하든지, 배달 주문해서 먹든지, 집에서 직접 만들어 먹든지 난 상관없습니다.

☑ He pondered **how to resolve** the dispute. 그는 그 분쟁을 어찌 해결할지 골똘히 생각했다.

☑ I never want **to go back to being** a waitress. 나는 절대 식당 종업원 시절로 돌아가고 싶지 않다.

☑ Two parties agreed **to halve the expense 50:50**. 양 측은 비용을 절반씩 부담할 것을 합의했다.

☞ 원형동사를 to부정사에서 전치사 to를 뺀 형태이기 때문에 비록 전치사 to가 생략되었지만 명사구로 분류하는 견해를 따릅니다.

☑ If he dares **(to) leave the job**, I'll get him **another**. [☞ dare 동사가 (to) leave를 목적어로 취함]
자네가 과감하게 그 직장을 그만 둔다면 내가 다른 직장을 구해 볼 텐데.

☑ Closing the toilet lid before flushing will help **(to) prevent the spread of germs**.

변기 물을 내리기 전에 뚜껑을 닫는 것은 (변기에서 분출되는) 병균의 확산을 막는다.

III-⑬ 『동명사구』가 목적어로 사용된 경우

☑ Do you object to **my smoking**? 담배를 피워도 좋습니까?

☑ Would you mind **opening the window**? 창문을 좀 열어 주겠습니까?

☑ I felt ashamed for **not having visited him** for the last five years. (☞전치사 for의 동명사 목적어)
그는 지난 5년간 그를 찾아보지 못한 것이 부끄럽게 느껴졌다.

IV. 얼마든지 길어질 수 있는 목적격 보어

IV-①, ②, ③ 『대명사, 명사, 명사구』가 앞 목적어를 설명하는 보어로 사용된 경우

☑ This kind of talk will get you **nowhere.** 이런 대화는 아무 도움이 되지 않는다.(☞nowhere 부정대명사)

☑ We think him (as) **somebody**, but he's really **a nobody**. (☞ somebody, nobody 부정 대명사)
우린 그를 상당한 인물로 생각하지만 실제로는 별 볼일 없는 사람이다.

☑ The people crowned him **king**. 사람들이 그를 왕으로 추대했다. (명사)

☑ I'm going to make the rest of my life **the best of my life**. (명사구)
내 남은 생애를 가장 멋진 인생으로 만들려고 합니다.

IV-④ 『명사절』이 앞 목적어를 설명하는 보어로 사용된 경우

☑ She made me **what I am now**. 그녀는 현재의 나를 만들었다.

☑ He questioned me **whether (if) I'm in good condition.** 그는 내 컨디션이 좋은 상태인지 물었다.

IV-⑤, ⑥, ⑦ 『형용사, 형용사구, 형용사절』이 목적어를 설명하는 보어로 사용된 경우

☑ We ate oysters **raw.** 우리는 굴을 날로 먹었다. (형용사)

☑ The truth will set you **free!** 진리가 너희를 자유하게 하리라! (형용사)

☑ Have **your passport ready,** please. 여권을 미리 준비해 주세요. (형용사)

☑ Frozen rain made **driving extremely dangerous**. 비가 얼어붙어 운전이 아주 위험했다. (형용사구)

☑ I gave her **all the money** [**that I have**]. 내 수중에 있던 모든 돈을 그녀에게 주었다. (that 형용사절)

☞ 관계대명사절은 명사절인 동시에 관계대명사 앞에 있는 선행사 the money를 설명하는 형용사절 역할을 동시에 담당하고 있습니다.

IV-⑧, ⑨, ⑩ 『부사, 전치사구,부사구,부사절』이 목적어를 설명하는 보어로 사용된 경우

☑ The life buoy keeps **our body** <u>afloat in the sea</u>. 구명 동의는 바다 가운데서 우리 몸을 뜨게 한다.
[☞ 위 afloat 는 부사로 또는 형용사로 볼 수 있습니다.]

☑ He mistook **me** <u>for his brother.</u> 그는 나를 자기 형(or 동생)으로 착각했다.
[☞ for his brother 전치사구(부사구), mistake A for B]

☑ Her boyfriend deserted **her when she got pregnant**. 그녀가 임신하자 남자친구는 그녀를 버렸다.

[☞ when 부사절이 desert동사를 수식한다는 것이 보통 견해이지만 저는 내용상 her를 설명하는 것으로 봤습니다.]

IV-⑪ 『to부정사』가 명사구/형용사구로서 앞 목적어를 설명하는 보어로 사용된 경우

☑ I felt **the plan** [<u>to be not realistic</u>]. 나는 그 계획이 현실적이지 않다고 느꼈다. (형용사구)

☑ He took **an oath to give up smoking**. 담배 끊겠다고 맹세했다. [명사구, 형용사구 둘 다로 분류 가능]

☑ I want **you to take out the rubbish** on your way *out*. 가는 길에 쓰레기 좀 밖에 내다 줘. [명사구]

IV-⑫ 『원형 동사』가 명사구로서 앞 목적어를 설명하는 보어로 사용된 경우

☑ My wife helps **me** (to) **pack the baggage**. 집 사람이 내 가방 싸는 것을 도와주었다

☑ Gus Hiddink made **Ji-sung Park outperform his ability.**
거스 히딩크 감독은 박지성으로 하여금 자기 역량을 뛰어 넘도록 만들었다.

☑ <u>Psychedelic drugs such as LSD</u> make **you see things** [**that do not really exist.**]
LSD같은 환각제는 실재로는 존재하지 않는 것들을 보게 만든다.

IV-⑬ 『동명사』가 명사로서 앞 목적어를 설명하는 보어로 사용된 경우

☑ We call **it cheating.** 우리는 그것을 사기라고 부릅니다. - 동명사 보어

☑ Mary taught **her children swimming.** 메리는 아이들에게 수영을 가르쳤다.

IV-⑭ 『현재 분사』가 명사/형용사로서 목적어를 설명하는 보어로 사용된 경우

☑ I was able to smell **the bread baking.** 나는 빵 굽는 냄새를 맡을 수 있었다. [☞ baking 분사형 보어]

☑ We found **it** <u>much **tiring**</u> to listen to her.
그녀의 이야기를 듣는 것이 아주 지루하다는 사실을 알게 되었다.

IV-⑮ 『과거 분사』가 형용사로서 앞 목적어를 설명하는 보어로 사용된 경우

☑ Make mine *well done*. (스테이크 주문할 때) well done으로 해 주세요.

☑ I have only a little(few) money *left*. 돈이 아주 조금 밖에 남아 있지 않습니다.

Ⅴ. 얼마든지 길어질 수 있는 수식어구

'수식어'는 문장의 4대 요소(주어, 동사, 보어, 목적어) 반열에는 들지 못하고 5대 성분(요소)에 포함됩니다. 제가 위 종합표에 수식어를 문장 끝 부분에 위치하는 것으로 표시했지만 사실은 그 위치도 다른 성분에 비해서 자유롭습니다. 그리고 아래 예문 중에는 위에서 살펴본 위 예문들에 이미 설명된 경우도 있습니다. 다만, 영어 문장의 체계 설명을 위해서 한 번 더 올렸습니다.

Ⅴ-①.②,③ 『대명사, 명사, 명사구』가 수식어로 사용된 경우

☑ **All** the cups and saucers crashed on the floor. 모든 컵과 받침이 바닥에 떨어져 와장창 깨졌다.

[☞ All 부정 대명사, All of the cups and saucers에서 전치사 of를 생략 가능]

☑ We are seeing a rising war risk between two nations.

양국간 전쟁의 위험이 고조되고 있는 것을 보고 있다. (☞ war와 risk 둘 다 명사지만 병렬 배치되어 마치 war가 risk를 꾸미는 형용사 역할을 하는 것으로 봅니다.)

☑ We'll have a-two-hour layover in Dallas. (안내 방송) 우리는 달라스에 2시간 동안 일시 체류합니다.

☑ It's a once-in-a-lifetime opportunity. 그건 일생에 단 한 번밖에 없는 기회다. (명사구)

Ⅴ-④ 명사절 (and/or) Ⅴ-⑦ 형용사절 수식어로 사용된 경우

☑ **Anyone** [**who wants to come**] is welcome. 누구나 오고 싶은 사람은 환영한다.

☑ **Things** [**which seem to be alike**] may be different. (겉보기엔) 닮은 것 같아도 다를 수가 있다.

☑ This is an entirely computer operated system [**which is very** user-friendly].

이것은 사용자에게 매우 편리하도록 설계된 완벽한 컴퓨터 운용체계이다.

Ⅴ-⑤ 형용사 수식어

☑ What's *your preferred* genre of music? 당신이 선호하는 음악 장르는 무엇인가요? (명사 앞 수식)

☑ There's something different *about her*. 그녀에겐 뭔가 남 다른 데가 있다. (명사 뒤 수식)

V-⑥,⑦ 형용사구 수식어

☑ **A friend [in need]** is a friend indeed. 어려울 때 돕는 친구가 진정한 친구다. (형용사구)

☑ **The label [on the barrel]** reads "Olive Oil." 통의 라벨에는 '올리브 오일' 이라 써 있었다. (형용사구)

☑ **A house [divided against itself]** cannot stand. 같은 편끼리 싸우면 배겨낼 수 없다. (형용사구)

V-⑧ 부사 수식어

☑ Tomato **bruises** **easily.** 토마토는 쉬 상처가 난다. (☞ bruise 상처 나다 - **수동** 의미)

☑ I've never eaten **better.** 이 보다 맛있게 먹어 본 없습니다. (최고로 잘 먹었습니다!)

V-⑨ 부사구(전치사구) 수식어

☑ **Get** your elbows **off the table.** 식탁에 팔꿈치를 올려 놓지 말아라. (☞ Table manner 중)

☑ **To my disappointment**, the picnic was *cancelled.* (독립 부사구) **실망스럽게도** 소풍이 취소되었다.

☑ **In a wish to beg forgiveness**, I got down on my knees. 난 용서를 빌기 위해 무릎을 꿇었다.

V-⑩ 부사절 수식어

☑ The time will come **when you'll regret it.** 네가 후회할 그 날이 올 것이다.

☑ **However humble it might be**, there is no place like home. 비록 궁색해도 내 집보다 편한 곳 없네.

V-⑪ to부정사구 수식어

☑ Two hours is **a very long time [to be in mute].** 말 없이 보내는 두 시간은 무척 긴 시간이다.

☑ He made **a good pass [to help** (to) **score** the goal]. 그는 득점을 돕는 멋진 패스를 했다.

☑ Let's go to get **something [to relieve the hangover].** 자, 모두 (숙취 해소 위한) 해장하러 갑시다.

V-⑭ 현재분사형 수식어

☑ **The girl [sitting over there]** is my sister. 저기 앉아 있는 아이가 내 여동생이다.

☑ Manchester suffered **a sweeping setback.** MU는 완패를 당했다

☑ **With night coming on**, they started for home. 밤이 이슥해 가자 그들은 집을 향해 출발했다.

☑ Too *tired* with the homework, I soon fell asleep. 숙제로 너무 피곤해서 곧 곯아 떨어졌다.

☑ He came before a judge, *(being) accused* of stealing. 그는 절도 혐의로 판사 앞에 섰다.

자, 위 총 9페이지 내용을 다 이해했다면 영어의 모든 문제가 다 해결된 걸까요? 앞에서도 말씀드렸지만 아직 아닙니다! 앞서 이미 학습자들이 유명 유튜브나 학원 강사들의 강의를 잘 이해한다고 해서 우리 학습자들이 영어를 잘 구사할 수 있게 되는 것은 아니라고 말씀드렸습니다. 네, 그것은 여전히 그 강사분들의 것일 뿐입니다.

자, 이제부터 여러분들이 스스로 문장의 구성 요소(성분) 자리에 적정한 단어나 구와 절을 넣어 문장을 완성하는 단계에까지 가야 합니다. 본 동사중심 33모듈 학습법과 본 교재는 여러분들이 영어 문장의 생성원리와 구조를 깊이 터득하게 할 뿐만 아니라 실제로 문장을 조합할 수 있는 능력을 갖추도록 훈련시켜 드리기 위해 준비했습니다. 이번 기회에 꼭 거머쥐시기 바랍니다. 저와 여러분이 만난 것은 큰 행운입니다!

영어 문장의 생성과 확장의 원리 II

특히 동사, 준동사와 전치사구에 집중하자!

앞에서 설명드린 대로 영어 문장에서 동사가 문장의 중심 역할을 맡습니다. 특히 첫 동사인 『본동사main verb』가 문장의 요소(성분) 즉, '보어', '목적어' 그리고 '수식어' 등을 문장 기조를 결정합니다.

그중에서 '수식어구'는 대체로 문장의 뒤쪽에 위치합니다. 수식어구를 잘 만들려면 단어나 문장들을 잇는 '연결어'들을 잘 알고 있어야 합니다. 연결어의 기본은 '**전치사Preposition**'입니다. 전치사 다음으로 전치사보다는 사용 빈도는 덜하지만 상위 연결어인 '**관계사**' 즉, '관계부사'와 '관계사대명사' 그리고 '접속사'가 있습니다. 본 학습법과 교재는 문장의 형태를 결정짓는 동사와 영어의 표현력을 높여 주는 전치사, 나아가서 관계사와 접속사까지 깊이 다루려고 합니다.

동사와 준동사

동사는 영어의 중심 품사입니다. 그런데 동사 그 자체도 중요하지만 동사를 변형시켜 활용하는 이른바 '**준동사**'까지 깊이 이해하는 것이 필요합니다. 동사를 '영어의 엔진'에 비유할 경우 '준동사'는 동사의 성능이 50-100% 더 발휘되도록 하는 Turbo Charger와 같습니다.

우리 학습자들이 이 '준동사'를 모르는 것은 아닙니다만 어렴풋하게 알고 있어서 즉시 내 맘껏 휘두르며 사용하는 경지에까지 이르지 못합니다. 남이 쓴 글을 읽거나 남이 하는 말을 들을 때는 적당히 알아도 됩니다. 그러나 내가 말을 하거나 글을 쓸 때, 특히 말을 할 경우에는, 체화, 체득의 경지에 들어가 있어야 입에서 거침없이 흘러나옵니다.

전치사구(부사구)

저는 동사 다음으로 우리가 깊이 알고 있어야 하는 품사가 바로 연결어인 '**전치사**'라고 생각합니다. 전통 영어학습방식에서는 『전치사+명사』 즉, '**전치사구**'가 문장의 핵심 요소가 아니라며 홀대해 왔습니다. 그러나 저는 이 전치사구(흔히 '**부사구**'라 혼용해서 부릅니다.)를 아주 중요하게 취급합니다. 전치사구는 흔히 영어의 맛을 풍성하게 한다는 의미에서 『**영어 문장의 양념recipe**』이라 부르는데 동사를 도와서 문장의 상황을 이 전치사구가 섬세하게 표현해 냅니다. 영어 문장에 이 '전치사구'가 들어가지 않는 문장이 거의 없을 정도로 사용 빈도가 높습니다. 따라서 이 전치사구에 능통하지 않고서 영어의 말과 글에 유창성을 발휘할 수 있는 길은 없습니다. 그것이 본 교재가 '동사' 다음으로 '전치사구'를 비중 있게 다루는 이유입니다.

한 예입니다만 아래 문장에는 전치사구가 4개가 들어 있습니다. 4개나 되는 전치사구가 물 흐르듯한 번에 '죽' 하고 흐르는 참으로 좋은 문장입니다. 영어에서 **'호흡'**과 **'결'**은 아주 중요한 요소인데 좋은 문장이라 함은 운율이 살아 있어 소리의 흐름에 막힘이 없고 읽는 사람이 쉽게 즉시 그 의미를 파악될 수 있게 하는 문장입니다.

The bride <u>waited for</u> his man [<u>by the window</u>][<u>with a lamp</u>][<u>on her hands</u>][<u>at night</u>].
신부는 밤에 손에 등을 들고 창가에서 신랑을 기다렸다.

본동사인 wait for와 전치사구만 갖고도 참으로 멋진 문장이 되었지요? 본 동사 중심 『**33 Module English**』 학습과정을 마치고 나면 동사와 전치사구를 포함해서 어떤 표현이든 여러분 마음먹은 대로 자유롭게 표현할 수 있는 **'영어 문장 생성능력'**을 갖추게 됩니다. 모두 기대하세요!

정말 영어 문장에서 동사와 전치사구가 그렇게 중요한가요?

영어 문장이 비중 면에서 동사, 준동사, 그리고 전치사구에 의해 주도된다 말씀드렸는데 그 말이 과연 맞는 말인지 한 가지 예를 들어 설명드리려고 합니다. (여러분, 죄송합니다만...)아래 글은 제가 다니던 회사 화장실 문 안쪽에 붙어 있던 경고문입니다. (다국적기업이라서 화장실에도 영어를 사용합니다.) 좌변기에 앉을 때마다 이 글을 자연스럽게 마주할 수밖에 없었겠지요?

『**읽고 또 읽고 보고 또 보고**』 하다 보니 이 경고문이 붙은 후 얼마 지나지 않아 이 문장을 저뿐만 아니라 전 직원이 마치 애국가 1절처럼 '쫙~' 암기하게 되었습니다.

Please flush by pressing down the lever for at least 5 seconds.

Closing the toilet lid before flushing also help prevent the spread of germs.

Always flush with the lid down.

Thank you!

변기 손잡이를 최소 5초 동안 눌러 주세요. 변기 뚜껑을 닫고 물을 내리면 균이 퍼지는 것을 막습니다. 언제나 변기 뚜껑을 닫고 물을 내려 주세요. 감사합니다!

앞서 설명대로 영어에서 운율은 생명인데 이 문장 또한 읽을 때 흐름에 막힘이 없고 운율적으로도 한 호흡으로 죽 읽어 내릴 수 있어 좋은 문장일 뿐만 아니라 우리나라 영어 학습자들이 그토록 어렵게 여기는 영어 문법의 핵심 사항들이 마치 '명절종합선물세트'처럼 한꺼번에 들어 있는 문장이라는 사실에 감탄을 금할 길 없었습니다. 그럼 이 경고문 안 어디에 그런 문법적 요소들을 들어 있다는 말인가요?

---

1. 준 동사 → 분사형 전치사구 ← flush **by pressing** down the lever
2. 전치사구(부사구) ← for at least 5 seconds
3. 준 동사 → 동명사구 주어 ← Closing the toilet lid
4. 준 동사 → 분사형 전치사구 ← before flushing also~
5. 준 동사 → '사역동사+원형동사' ← help prevent the spread of germs
6. 전치사구(부사구) → with the lid down '변기뚜껑을 닫은 채'
7. 단순 부사 → please, down, also, always

화장실에 무심하게 붙여 놓은 문장인데 영어의 중심어법이라 말씀드린 **동사와 '준동사'** 그리고 **전치사, 전치사구(부사구)**와 부사로 꽉 차 있지 않습니까?

화장실 영어 학습법?

위 화장실 경고문은 우리들이 영어를 공부하는 방법에 있어 한 가지 매우 중요한 점을 교훈을 내어 줍니다. 바로 **"영어는 자주 읽고 보면 터득된다!"** 입니다. 여러분들은 본 교재 곳곳에서 『읽고 또 읽고 보고 또 보고』라는 구호를 자주 보게 될 것입니다. 많은 영어 학습자들이 영어를 쉽게 잘 할 수 있는 방법이 없을까 찾아 헤맵니다. 그러나 죄송하지만 영어를 완성하는 길에 특별한 왕도royal road나 마법magic은 없습니다.

매우 불편한 진실입니다만, 학교 선생님도 학원 강사들도 여러분들 눈치 보느라 바른 말을 제대로 못 하지만, 영어는 문장 구조를 이해한 다음 최대한 보지 않고 기억하려 노력해야 합니다. 그래야 내 것이 됩니다. 그렇지 않으면 늘 남의 것일 뿐입니다. 우리가 초등학교 이전에 영미권으로 유학을 가서 영어를 배우기 시작하지 않는 한, 자주 보고 의식적으로 기억하려 힘쓰지 않고서 영어를 잘 구사할 수 있는 길은 절대 없습니다.

문화 해석능력 Cultural Literacy의 중요성

제가 다니던 회사의 영국인 사장이 늘 잔소리처럼 변기 물을 내릴 때 변기를 통해 균이 올라오니 반드시 변기 뚜껑을 닫아야 한다고 강조했습니다. 본인은 부인했지만 위 화장실 문구도 아마 그 영국인 사장이 붙여 놓은 것 아닐까 생각이 듭니다. 어쨌든 저는 평소 "참 이상하다? 도대체 변기에서 무슨 균이 올라온다는 거지?" 궁금해하면서 늘 속으로 웃었습니다. 그러다 한참 시간이 흐른 뒤 비로소 영국 사장이 왜 그토록 변기 뚜껑에 대해 강조 강조했는지 이유를 알게 되었습니다.

중세 유럽에서 산업혁명과 함께 인구가 급증하는 등 도시화가 급속하게 진행되면서 당시 도시에서 배출되는 생활하수가 제대로 처리되지 않아 골머리를 앓았다고 합니다. 특히 영국 런던은 산업혁명기 때 도시가 급팽창하면서 1830년경 온 시내가 생활 폐수로 질펀했고 오폐수가 모여 만들어진 늪에서 발생하는 '독기miasma'로 인해 심한 악취와 온갖 콜레라 같은 전염병pestilence이 창궐했습니다.

반면 프랑스 파리는 지하 배수로와 상수도망이 완비되는 시기인 19세기 중반 이후 전염병이 급속도로 줄어들게 되었고 유럽의 귀족과 부유층이 파리로 몰려드는 계기가 되었다고 합니다. 지금으로부터 150-200년 전 있던 그 오폐수 공포가 영국인의 뇌리 속에 깊게 박혀 오늘날까지 전해 내려오면서 변기 물을 내릴 때 뚜껑을 반드시 닫아야 한다는 일종의 강박관념을 갖게 된 이유가 되었던 것이었습니다.

이런 역사적 배경을 알고 그 경고문을 읽어야 위 글이 더 실감나고 제대로 이해가 됩니다. 이렇듯 우리가 영어를 바르게 이해하려면 영어를 둘러싼 서구의 종교, 역사, 철학과 문화 그리고 과학 등에 대한 이른바 『**문화적 해석능력**cultural literacy』까지 갖추고 있을수록 좋습니다. 제가 본 교재에 많은 사진 이미지들을 올린 이유도 여러분들이 서구 문화에 친숙감을 갖게 해 드리게 하고 또한 비록 제한적이지만 여러분의 문화적 해석능력 또한 높여 드리고 싶은 제 욕심 때문입니다.

여러분도 공부하는 과정에서 영어라는 언어뿐만 아니라 영미 문화에 대해 욕심을 내도록 권장드립니다. 이와 관련해서 소중한 한 가지 팁tip을 드리면 잘 모르거나 관심이 가는 단어가 나오면 www.bing.com 혹은 www.wikipedia.com에서 해당 단어를 검색하세요!

단어와 연관된 사전적 의미뿐만 아니라 관련 이미지나 동영상까지 즉시 다 볼 수 있습니다. 이 시대는 여러분께서 영어에 관심과 의욕만 갖고 있다면 얼마든지 영어를 고도화해 나갈 수 있는 환경이 아주 잘 갖춰져 있습니다. 이제 여러분이 영어를 잘하고 못하는 것은 모두 여러분 탓이고 여러분의 몫입니다!

영어 문장의 생성과 확장의 원리 III

어떻게 한 문장에 여러 개의 동사를 겹쳐 넣을까?

문장의 중심 뼈대backbone인 동사가 한 문장에 한 개만 들어가는 간단한 문장도 있지만 보통은 두 개 이상, 심지어 4-5개가 들어가는 문장도 많습니다. 한 문장에 동사가 두 개 이상 겹쳐 사용될 경우, 대개의 경우 그 기본 조합은 '조동사+본동사', 그 다음은 ' 본동사+준동사', 이 두 가지 경우입니다. 이 조동사와 준동사를 거침없이 휘고 접고 늘릴 줄 알면 여러분의 영어 표현에 자유를 얻게 됩니다.

'조동사+본동사' 경우

아래는 영미인들이 가장 자주 사용하는 19가지 소위 'Speech Act' (☞ 말하는 이 즉, 『화자話者의 의도』 표시, 또는 'Modal(법法)'이라고 합니다.) 종류입니다. 조동사만 봐도 그 문장의 기조를 대번 알 수 있습니다. 모든 조동사에 시제까지 포함할 경우 모두 77가지의 Speech Act가 있다고 하는데 아래 표는 그중 가장 자주 사용되는 19가지 대표적인 Speech Act들입니다. 우리들 영어의 입이 잘 안 떨어지는 이유는 영어 지식이 머리로만 어렴풋하게 이해하는 데 머물기 때문입니다. "이 정도 이미 다 아는 것 아냐?" 하지 마시고 아래 19가지 정도의 스피치액트 정도는 완전히 내 것으로 만들어 언제나 즉시 꺼내다 쓸 수 있는 수준까지 체득해 두시기 바랍니다. 본 교재에서는 조동사를 깊이 다루지 않습니다. 사실 조동사는 섬세하긴 해도 그렇게 어려운 영역은 아닙니다. 어쨌든 여러분께서 갖고 계신 문법 교재를 가지고 꼭 한 번 점검해 주기 바랍니다.

우리 말 표현	[전]	동사	[후]	해당 문법
돕다		help		현재
도왔다		helped		과거
돕고 있다	be	help	-ing	현재진행형
도울 것이다	will	help		미래시제
도울 예정이다	be going to	help		근접미래시제
돕고 있다	have	help	-ed	현재완료형
도왔다	had	help	-ed	과거완료형
(전부터) 돕고 있었고 아직까지 돕고 있다	have been	help	-ing	현재완료진행형
(전부터) 돕고 있었고 그때도 돕고 있었다	had been	help	-ing	과거완료진행형
도움을 받았다	be	help	-ed	수동태
도울 수 있다	can	Help		조동사

돕게 될지 모른다	may	help		조동사
반드시 도와야 한다	must	help		
도움을 줄지 모른다/(과거에) 돕곤 했다	would	help		
도울 수 있었다	could	help		
꼭 도움을 주어야 한다	should	help		조동사
도움을 주었을 것이다	would have	help	-ed	조동사, 가정법
도움을 줬어야 했는데 그러지 못했다	should have	help	-ed	
도움을 줄 수 있었을지도 모른다	could have	help	-ed	

'본동사+ 준準동사' - 「동사의 변신은 자유다!」

『준準동사』에는 앞서 정리한 대로 5가지가 종류 즉, ① to+동사, ② 원형동사 ③-ing 동명사, ④현재분사, 그리고 ⑤과거분사PP가 있습니다. 문장 안에 한 개의 동사만 있는 경우도 있지만 대부분의 경우 한 문장 안에 '본동사'가 뒤에 '준準동사'를 거느리며 문장의 뼈대 구조를 만들어 가며 문장의 중심 역할을 감당합니다.

아래 예문들은 본동사와 한 개 이상의 준동사가 들어가 있는 문장들입니다. 동사마다 취할 수 있는 준동사가 이미 정해져 있어 우리 학습자들이 매우 힘겨워 합니다. 양해를 구할 것은, 아래 예문들의 난이도가 높고 각 준동사에 대한 각론에 아직 들어가지 않았음에도 이곳에 배치한 사실입니다. (☞ 세부 준동사 용례에 관해서는 뒤 모듈 12, 13, 14, 17, 19 각론을 참고하시기 바랍니다!) 앞서 잠시 준동사에 대해 설명드렸듯이 본 학습방식은 준동사를 매우 중요하게 취급합니다. 그런 취지하에 여러분들이 준동사가 어떤 존재인지 미리 감을 전달해 드리려는 것입니다. 만약 아래 예문들이 어렵게 느껴진다면 이번에는 "아! 준동사가 이런 것이구나!" 감을 잡는 기회로 삼은 후 넘어가기 바랍니다. 여러분들이 전체 33모듈에 대한 1회차 공부를 끝낸 후 되돌아와 공부할 때는 아래 정도의 문장들을 이해하는 것은 아무런 문제가 되지 않을 것입니다.

준동사 적용 사례

자, 이제 위 준동사들이 문장 안에서 어떻게 기용되는지 살펴보겠습니다! 그런데 사실 아래 제시된 예문 정도면 준동사의 전부라 말할 수 있습니다. 여러분, 절대 겁먹을 필요 없습니다. 영어, 아무리 어려워도 이 정도 수준입니다. 대단한 것 없습니다. 하면 되게 되어 있습니다.

I expect to have finished it by tomorrow evening. 내일 밤까지 그 일을 마칠 것으로 봅니다.

본동사 expect는 명사적 'to부정사'를 취하는 동사입니다. 전치사구인 by tomorrow evening의 내용을 볼 때 내일 밤 내가 그 일을 끝마칠 수 있을 것이라는 의미여서 '미래완료시제'가 필요합니다. expect와 완료형 have finished가 결합해서 『expect + to have finished』로 표현합니다. 본 교재 **'모듈13'** 관련입니다.

**Many adults regret having not studied hard during their school days.
나이 들면 학창시절 열심히 공부하지 않은 것을 후회합니다.**

본동사 regret는 '-ing 동명사'를 취하는 성격을 가진 동사입니다. 이 본동사 regret 뒤에 '~했어야 했는데 그렇게 하지 못했다'라는 후회나 아쉬움를 표현하는 『have+not+과거분사』를 넣으려고 합니다. 그래서 **'having** not studied'이 되었습니다. 본 교재 **'모듈12'** 관련입니다.

동사 3개 문장

I object to being charged for parking. 난 주차위반으로 벌금이 부과되는 것을 싫어합니다.

'구동사object to'는 명사나 동명사를 취하는 성격을 가진 (전치사 동반) 구동사입니다. 그런데 벌금의 경우 경찰에 의해 부과되는 것이어서 여기서는 수동태형 동명사를 만들어야 합니다. 즉, **being charged**가 됩니다. 그 다음 벌금이 나온 이유가 주차위반 때문이라는 원인을 나타내는 전치사 'for'가 오고 for전치사 다음에는 명사가 와야 해서 park동사를 동명사로 만든 parking을 넣었습니다. 본 교재 **'모듈 7'** 관련 예문입니다.

I don't want to risk *being misunderstood*. 난 오해 받을 위험 부담을 지고 싶지 않습니다.

본동사 want는 명사형 to부정사인 'to risk'를 취합니다. risk 동사 다음에는 '동명사'가 와야 합니다. 따라서 수동태 표현 '오해받다 be misunderstood'가 **'being misunderstood'**로 바뀌어야 합니다. 본 교재 **'모듈13'**와 **'모듈12'** 관련입니다.

His rudeness in the face <u>looked</u> *passed* *unnoticed.*
사람들이 그의 무례한 얼굴을 미처 알아 차리지 못한 듯 했다.

본동사 look은 소위 '연결 동사'로서 그 뒤에는 주어를 설명하는 '보(충)어'가 붙습니다. 보(충)어로 명사, 형용사, 부사구 또는 과거분사형 보어'가 올 수 있습니다. 이때 '지나쳐 갔다'라는 의미의 수동태 표현을 위해서 '과거분사형 보어'인 준동사 passed를 적용합니다. 이 'passed'는 과거분사형 형용사로 쓰였지만 여전히 동사의 기질이 남아 있습니다. 그런 pass 동사 뒤에 '알아 차리지 못한 채'라는 또 다른 수동태 표현인 unnoticed가 왔습니다. 본 교재 '모듈5'과 '모듈9'에 해당합니다. 과거분사형 보어 passed와 unnoticed가 연달아 나오는 난이도 있는 좋은 문장입니다!

> ### 동사 4개 문장

She <u>got</u> *irritated* **by being kept** *waiting.* 그녀는 계속 기다리게 되자 안절부절못했다.

'got irritated'는 '안절부절못했다'라는 수동태 표현 (get⊞과거분사형 형용사)입니다. got irritated 다음에는 원인을 나타내는 전치사 by가 왔습니다. 전치사 by 다음에는 명사나 동명사가 올 수 있겠지요? 그런데 그녀가 안절부절해진 것은 '누군가 그녀를 기다리게 만들어서'이므로 수동태 표현인 'be kept'가 **being kept**로 바뀌고 합쳐서 **by being kept**가 됩니다. 맨 끝 과거분사 kept 다음에도 'keep -ing'라는 준동사원칙에 따라 또 동명사가 올 자리여서 **waiting**이 왔습니다.

→ 본 교재 '**모듈9**', '**모듈7**', '**모듈12**'가 섞인 난이도 높은 문장입니다. 특히 한 문장에 수동태 동사 표현이 두 개 연속 들어 있어 상급자용 예문입니다! 이런 문장은 앞서 제가 화장실 경고문에서 예시한 대로 자주 읽어 외워 입에 담고 있어야 합니다. 그러면 유사한 상황이 닥칠 때 여러분들이 무의식적으로 즉시 대응할 수 있게 됩니다.

Do you <u>want</u> <u>to delay</u> **finishing** *writing* **the essay?** 글쓰기를 끝내지 않고 늦추기 원합니까?

본동사 want는 뒤에 명사형 to부정사인 to delay를 취합니다. 그 다음 동사 delay는 동명사 finishing을 취하는 준동사입니다, 그리고 세 번째 동사 finish 역시 동명사 writing을 취합니다. 본 교재 '**모듈13**'와 '**모듈12**'와 관련된 표현입니다. 동명사 두 개가 연이어 나오는 좋은 예문입니다. 마찬가지로 외워 입에 담고 있으면 좋을 참 멋진 예문입니다.

We will never <u>give up</u> **practicing** *finishing* **doing this jigsaw puzzle well.**
우리는 이 직소 퍼즐을 잘 맞출 수 있도록 계속해서 연습하는 것을 절대 멈추지 않을 것입니다.

첫 구동사 give up은 동명사 practicing을 취합니다. 그 다음 둘째 동사 practice 또한 동명사를 취하는 동사여서 finishing을 가져왔습니다. 마지막 셋째 동사 finish까지 동명사를 취하는 동사여서 doing이 왔습니다. 본 교재 '**모듈12**' 관련 문장입니다. 이렇게 동명사 3개가 연이어 배치되는 예문은 정말 흔치 않습니다. 참 멋지지요? 준동사의 특성을 잘 보여 주는 귀한 예문입니다. 마찬가지로 보지 않고 자꾸 되뇌서 완전히 내 것으로 만드세요!

 여러분! 위 예문마다 문장이 어떤 원리 아래 조합되는지 일일이 풀어서 설명을 드리고 있습니다. 한 마디로 동사와 준동사가 문장의 요소요소에 배치되어 문장을 받치는 기둥 역할을 하고 있다는 사실을 알 수 있습니다. 자, 아래 문장을 보세요! 제가 지금 무슨 말을 하고 있는지 금세 알 수 있도록 색상 표시를 해 놨습니다. 동사와 여러 준동사 기둥 사이사이에 파란 뉘임체 글씨로 표시한 『(단독) 명사/형용사/부사』, 또는 『명사구/절, 형용사 구/절, (그리고 부사구/절)』들이 배치되어 한 영어 문장을 썩 잘 완성해 놓은 걸 볼 수 있지요? 영어가 바로 이런 구조입니다. 별것 아니지요?

She **made** *her way to the kitchen* **hoping** **to find** *someone* **preparing** *dinner on her behalf.*
그녀는 누군가 자기 대신 저녁을 준비하는 사람이 있으면 하는 바램을 갖고 부엌 쪽으로 향해 갔다.

이와 같은 영어 문장 생성의 원리와 구조를 이해하는 사람들은 위와 같은 정도의 문장 정도는 하나도 망설임 없이 '즉석'에서 '바로' 조합해 낼 줄 아는 능력을 갖고 있습니다. 여러분도 본 과정을 다 마치고 나면 그런 경지에 도달해 있게 될 것입니다.

여러분, 아래 문장들 경우에는 제가 설명을 일일이 드리지 않겠습니다. 마찬가지로 문장의 곳곳에  동사나 준동사가 배치되어 문장의 곳곳을 떠받치고 있다는 사실을 알 수 있게 하는 예문들입니다.

Those who had **decided** **to remain** *neutral in the struggle* **found** *themselves* **required** **to take** *sides.* 경쟁에서 중립적 입장으로 남기로 결정했던 사람들이 이제는 어느 한쪽 편을 들지 않으면 안 된다는 사실을 알아 차렸다. [☞ (준)동사 5개 문장]

I **don't want** **to have to** **get** *her* **to start** **telling** *lies.* [☞ (준)동사 6개 문장]
나는 그녀가 거짓말을 시작하게끔 만들고 싶지 않다.

He **claimed** (that) *his case* **would be prejudiced** *if* *it* **became** **known** (that) *he* **was refusing** **to answer** *the questions.* 그는 자기가 만약 그 답변을 거부한다는 사실이 알려질 경우 자기 재판이 불리해질 것이라 주장했다. [☞ (준)동사 6개 문장]

영어 문장의 생성과 확장의 원리 Ⅳ

우리 말의 강한 특징은 소위 '교착膠着현상'입니다. 그래서 우리 말을 『교착어』라 부르는데 교착이란 풀로 붙이듯 형용사나 동사 등 단어의 어미를 이리저리 덧붙여 사용하기 때문입니다.

[Q] "너 그 회사에 입사원서 낼 거야?"

[A] "응, 그러려고 생각하긴 하는데, 입사조건이 까무러치게 복잡해서 대충 제출할 수도 없고 고민 중인데 쉽게 결정할 수 있는 사항은 아닌 것 같아. 일단 내일 제출할 수 있도록 준비는 어느 정도 해 놓긴 해 놓았다고 생각이 들지만 그렇다 해도 내일 어떻게 결정하는 것이 잘한 결정인지 아직은 잘 모른다 얘기해야 할 것 같아...

질문하는 사람이 짧게 물었는데 답을 하는 사람이 이런 식으로 말꼬리를 돌려 답을 합니다. 조금 극단적인 예이긴 해도 우리 말은 단어의 어미들을 약간씩 변형해서 풍성하게 표현합니다. 우리 말 자체에 위 예처럼 말 자체에 이미 함축성이 풍부해서 굳이 수사적 기법을 필요로 하지 않았습니다. 그래서 직유법 정도만 발달한 언어가 되었습니다.

그에 반해서 영어는 '분석어'라 부르는데 우리 말처럼 얼기설기 담아 표현하는 언어와 달리 우리가 앞서 공부한 문장의 요소(성분)들 즉, 주어, 동사, 목적어, 보어, 그리고 부사구들을 문법 체계에 맞게 꼼꼼히 나열해야만 비로소 의미가 통하는 언어입니다. 그래서 영어를 고지식하고 융통성 없는 아주 답답한 언어라고 말합니다. 그런 약점을 보완하기 위해서 우리 말과 달리 수사적 기법이 극도로 발달한 언어로 진화해 왔습니다.

영어는 설명 혹은 묘사 표현을 뒤쪽에 둔다

자, 이제 영어가 어떻게 표현되는 언어인지 그 특징 하나를 더 알아보도록 하겠습니다.

첫째로, 아래 예시한 영어 문장처럼 설명을 하거나 부가 보완하는 말들은 대상 단어 뒤에 오게 해서 마치 꼬리를 물 듯 연결해 가는 것이 영어의 문장 확장의 기본 원리입니다. 이처럼 영어는 앞 단어를 받아 말이 순차적으로 전개해 가는 까닭에 문장 전체의 의미가 흐트러지지 않는 논리적인 언어로 발전해 왔습니다.

I saw a policeman *chasing* a thief *having pickpocketed* one lady's bag, **immediately upon**

reported by an old man *passing* the site by.

우리말식 정식formal 해석

나는 [현장을 지나던 한 노인의 신고를 받고 어떤 한 여인의 가방을 털어 도망하는 도둑을 추격하는] 한 경찰관을 봤다.

영어식 해석 [직독직해, 직청직해]

나는 봤다! (무엇을?) 한 경찰관을, (어떤 경찰관?) 도둑을 쫓고 있는 경찰, (어떤 도둑이었는데?) 한 여성의 가방을 털어 도망하는 도둑, (어떻게 쫓게 되었지?) 한 노인이 현장을 지나다가 경찰관에게 알렸거든.

위 두 경우를 다시 보세요! 우선 영어와 우리 말의 어순이 완전히 반대라는 사실을 알 수 있지요? 사건의 상황을 설명하는 순서 또한 정반대입니다. 우리 말은 동사나 형용사를 휘고 구부려 사용하기엔 편리하지만, 부대 상황이나 배경들을 먼저 설명하기 때문에, 설명 내용이 길어질 경우 문장의 중심 전달 내용이 흐려지는 약점이 있음을 알 수 있습니다. 그에 비해 영어는 문장의 중심 메시지인 『주어I+동사saw+목적어a policeman』를 문장 맨 앞 쪽에 배치한 뒤 목적어 a police man 과 chasing을 수식하는 문구들은 뒤쪽에 배치하는 구조를 갖고 있습니다. 배열 순서 또한 중요도, 거리, 시간 등에 따라 순차적으로 전개되도록 하는 규칙이 있어 문장이 제법 길어졌음에도 불구하고 문장 전체의 뜻이 잘 유지될 수 있는 구조를 지닌 언어라는 사실을 알 수 있습니다.

위에서 알 수 있듯이 영어가 우리 말에 비해 체계적이고 논리적인 언어인 것은 분명합니다. 다만, 논리적이라고 해서 영어가 우리 말보다 우수하다고 말하지는 않습니다. 서로 사고체계가 다르고 언어가 만들어진 토양이 달라 생기는 것일 뿐입니다. 영어가 이처럼 논리적 언어 구조를 갖게 된 역사적 배경이 있습니다. 17세기 이전까지 유럽사회를 지배해온 지배층은 성직자와 귀족들이었습니다. 그들의 사용하는 글은 일반인들이 접근하기 힘든 라틴어였습니다. 그러던 중 신대륙의 발견에 따른 중상주의 발달로 거대 상업자본 세력이 부상하면서 옛 세력은 지배의 중심 세력에서 내려오고 대신 중인그룹인 부르주아bourgeois계급이 실질적인 사회의 지배층으로 급부상했습니다.

그 결과 과거 라틴어로 작성되었던 법률 서류나 상업거래 계약서와 같은 복잡한 서류들이 프랑스어, 독일어와 영어로 바뀌어 작성되기 시작했습니다. 당시 아직 언어의 체계를 완전하게 갖추지 못하고 있던 유럽 각국 언어를 가지고 라틴어처럼 논리적으로 복잡한 법률이나 철학적 개념들을 담아낼 수 있을까 논란이 일었지만 그 우려를 불식하고 『꼬리 물기Tailgating』 같은 라틴어의 장점들을 받아들여 문장 생성과 구성의 고도화를 이룩해 냈습니다.

어떤 경우엔, 문장의 요소 즉, **주어, 동사, 목적어, 보어** 자리에 한 개가 아닌 여러 개의 구phrase나 절clause이 들어가야 하는 상황이 있을 수 있습니다. 그때는 **꼬리 물기 Tailgating** 가지고는 부족해서 각 문장 요소마다 몇 개의 단을 올려 쌓아야만 하는 『**복층쌓기 Multi-Stacking**』방법을 통해 해결했습니다. 이런 문장은 특히 법조문이나 계약서, 과학 논문 등에서 자주 볼 수 있습니다. 제가 예전에 회사에서 검토했던 영문 계약서에는 한 문장이 심지어 반 페이지 가까이 끝나지 않고 계속되는 경우를 자주 봤습니다. 계약서가 원래 예상되는 모든 상황을 가정해서 계약 내용에 넣어 두려 하기 때문입니다. 그럴 때 한 문장을 논리적으로 또 문법적 하자없이 완성해 내는 것은 결코 만만치 않습니다. 사실 복잡한 계약서 작성은 영미인들도 힘들어하는 것을 자주 본 적이 있습니다.

Rivarol
Discours sur l'universalité
de la langue française

Ce qui n'est pas claire n'est pas Francais!
Which is not clear is not French!

특히 18세기 당시 프랑스의 라신느 Racine, 몰리에르 Moliere, 볼테르 Voltaire 같은 작가들은 프랑스어의 구조를 극도로 고도화시킨 주역들이었는데 그들이 영어에도 지대한 영향을 미쳤습니다. 그 시대의 프랑스 소설가 Antoine de Rivarole은 **"분명하지 않은 것은 프랑스어가 아니다. Ce qui n'est pas claire n'est pas Française."** (번역 **"What is not clear is not French."**)라는 자부심을 넘어 심지어 오만하게 느껴지는 이 유명한 말을 남겼습니다. 이처럼 프랑스어를 비롯한 유럽어가 갖고 있는 문장 성분간 분명한 논리체계가 유럽이 과학 문명을 주도하는 계기가 되었다고 주장할 정도로 정교합니다.

한 '문장sentence'의 길이가 길어지면 그 결과로 한 '단락paragraph'의 길이가 길이지게 됩니다. 몇 단락이 모여 한 '장chapter'를 이루고 장이 모여 한 권의 책이 완성됩니다. 그리고 한 문장은 그 문장에 포함된 관계사(관계대명사, 관계부사)의 유무에 따라 **'단문simple sentence'**과 **'복문 complex sentence'**으로 나누어집니다. 그리고 문장이 접속사로 연결되어 있으면 **'중문compound sentence'**, 관계사와 접속사가 다 함께 들어가 있는 문장은 **'혼문混文mixed sentence, compound-complex sentence'**이라고 부릅니다.

여러분 아래 예문은 영어 문장 중에서 제일 길고 복잡하다는 **혼문**의 한 예입니다.

The responsibility of beekeepers **which are too numerous to list** can be notably heavy, but the rewards of raising bees **could be also enormous** if you respect these industrious and precious tiny insects **around you.**

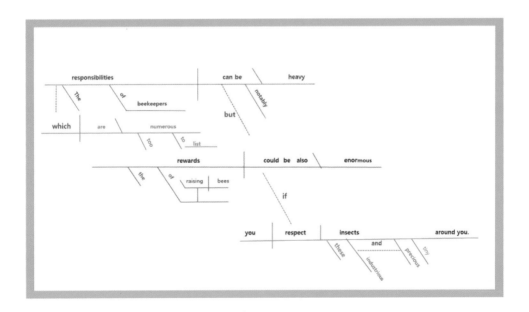

일일이 다 나열할 수 없을 만큼 많은 양봉업자의 의무는 막중할 수 있습니다만 만약 당신이 이 부지런하고 소중한 작은 곤충을 존중할 수 있게 된다면 벌을 키울 때 돌아오는 보상은 엄청나다 할 수 있습니다.

높은 수준의 영어문장 해석능력을 갖춘 사람들은 위 3단계 Fishbone Chart 와 같은 방식으로 문장의 구조를 한 눈에 휙 훑어 내립니다. 영어 문장의 생성 원리와 구조를 꿰뚫어 볼 수 있는 사람은 아무리 길고 어려운 문장도 깊은 물속을 들여다보듯 훤히 꿰뚫어 볼 수 있습니다. 그와 같은 능력은 본 교재에 실린 많은 다양한 예문들과 씨름하는 사이 자연스럽게 갖춰지게 됩니다.

끝으로 제가 지금까지 봤던 문장 중 가장 긴 '주어'를 가진 문장을 하나 소개합니다. 'Korea Times' 에 실렸던 기사입니다. 아마도 우리나라 기자가 쓴 글인듯 합니다. 만약 원어민 기자라면 이렇게까지 주어를 길게 쓰지는 않았을 것이라는 생각이 듭니다만 어쨌든 문장 구조면에서 매우 흥미로운 글이라서 여러분께 소개드립니다.

『**LG Group Chairman Koo Bon-moo's donation** [this week to the family of an Army soldier who was recently killed by a stray bullet on September 27 near a shooting range while returning to his base in Cheorwon after some construction work for a military installation] 』*is worthy of praise.*

『LG그룹 구 본무 회장이 9월 27일 모종의 군사시설 공사를 마치고 철원에 있는 부대로 귀대하던 중 인근 사격장에서 날아온 유탄에 맞고 숨진 병사의 가족에게 이번 주 기부를 한 것은 칭찬받아 마땅할 일이다.』

사용 빈도가 높은 534개 동사를 정복하라!

본 학습법은 영어의 중심인 동사를 깊이 다뤄 영어를 체득하게 합니다. 특히 활용 빈도가 높은 핵심 단어들을 집중적으로 훈련하는 과정입니다. 어떤 동사들이 자주 쓰이는 동사일지 궁금하셨나요? 아래는 영어에서 사용 빈도가 높은 3,000개 단어 안에 속한 동사 534개 명단입니다. 이 3,000개 단어는 영미 **일상어의 98%**나 커버하는 중심 단어들입니다. 따라서 이 3,000단어에 속한 동사 정도는 여러분들이 깊이 꿰차고 있어야 합니다. 그것도 시간이 안 되면 사용빈도 최고 1,000개 단어 안에 있는 172개 동사라도 여러분 것으로 깊이 있게 익혀 두기 바랍니다. 참고로 사용빈도 1,000개 단어는 일상어의 **85%** 정도를 차지한다고 합니다. 이 동사들은 여러분이 평소 앱 사전 등을 통해서 시간나는 대로 자주 보셔서 익히도록 당부 드립니다.

사용빈도 순위 3,000 단어에 포함된 동사 534개

아래 3,000개 단어면 표현 못할 말이 없습니다. 아래 적색 bold체로 표시한 15개 동사를 소위 '15대 동사'라 부릅니다. 이 15대 동사는 특별히 더 내 것으로 만들기 바랍니다!

빈도 순위 1-1,000에 포함된 동사 172개 순위

be, have, say can get would make know go think take come could like wait look use find give should become leave put keep help talk turn might show work play run move like live believe hold happen write sit stand pay meet continue set learn change lead watch follow stop create speak allow add grow open walk force love consider appear buy serve die build stay fall play reach kill suggest raise care pass sell require report decide show mind pull return report explain hope develop carry drive break thank review Join hit need eat teach cost phone cover clear describe test love open support catch draw choose cause look listen realize involve increase seek throw order drop plan push share rise shoot save protect lie occur sign accept prepare recognize indicate attack trade lay fall arrive present answer compare design act discuss check laugh guess study prove hang forget claim help close enjoy visit avoid imagine close finish talk contain apply play measure shake manage discover treat affect fear improve」

빈도 순위 1,001-2,000에 포함된 동사 180개 순위

Sign, reflect, heat, fall, sing, exist, step, beat, tend, smile, score, break, vote, relate, travel, debate, prevent, admit, suffer, reform, access, publish, like, own, stare, act, hurt, conduct, announce, examine, touch, attend, sleep, turn, replace, encourage, date, complete, define, scale, introduce, attempt, handle, return, survey, refuse, run, hide, increase, contact, express, target, ride, guard, demand, deliver, share, operate, contribute, settle, feed, collect, promote, marry, survive, jump, limit, fit, claim, spread, ignore, measure, demonstrate, review, engage, commit, blow, destroy, cook, charge, dress, promise, drive, extend, mean, demand, visit, fire, depend, contract, appropriate, cut, **will**, search, tie, progress, exchange, clean, damage, intend, abuse, shut, welcome, rain, respect, climb, lead, disappear, explore, obtain, surround, invite, predict, record, struggle, conclude, dance, like, mark, locate, recommend, profit, capture, prefer, select, declare, appreciate, defend, matter, mix, warn, guide, pursue, blame, estimate, investigate, address, kick, silence, solve, eliminate, host, trust, score, afford, fix, appeal, rely, complain, issue, range, attracct, bond, file, check. clear, mean, pour, stir, doubt, grant, account, stretch, rest, separate, copy, tip, aim, cite, divide, oppose, question, rush, rise, tie, employ,   witness, match, lack, flow

빈도 순위 2,001-3,000에 포함된 동사 182개 순위

waste, emphaisze, decline, invest, promise, expose, succeed, celebrae, drink, accuse, hand, land, reject, taste, escape, cast, convince, assess, lower, approve, live, acquire, compete, mind, list, regard, knock, wrap, offer, display, suspect, permit, graduate, drag, recover, arrest, wash, schedule, post, purchase, shout, supppose, perceive, slide, inform, link, consist, enable, gain, desert, **shall**, release, double, rule, hit, print, preserve, arrange, joint, reply, lock, deserve, pose, joke, contact, interview, quote, urge, breathe, elect, shift, pack, touch, advance, shock, inspire, adjust, retire, dominate, transfer, analyzer, attach, coach, exercise, impose, evaluate, accomplish, illustrate, concentrate, vary, command, stop, smell, pray, block, smoke, confront, shape, whisper, watch, swing, strike, resist, embrace, supply, assist, construct, date, secure, smoke, bind, weigh, install, mail. quit, negotiate, restore, advise, criticize, pack, assure, award, arise, dream, snap, wave, label, advocate, draft, yell, wonder, sweep, spin, rank, yield, paint, burden, taste, proceed, track, dispute, overcome, occupy, wipe, pay, retain, interpret, detect, balance, market, pause, withdraw, testify, imply, dismiss, bake, sink, evolve, transfer, justify, protest, crash, tap, lie, swim, assault, relax, hold, rub, fade, alter, squeeze, target, convert, load, appeal, pretend, split, violate, comfort, stress, flee

영어의 유창성Fluency과 체득Mastery 단계까지 도전한다!

학습자가 영어 문장을 빠르고 정확하게 해석해 내는 능력은 다음 세 가지 영역별 능력을 갖추었다는 의미입니다.

첫째, 문장을 구성하는 단어들에 대한 '**사전적 dictionary/lexical 의미**'를 안다는 것입니다.
둘째, 문장간 '**문맥 contextual 의미**'를 파악할 수 있다는 것입니다.
셋째, 문장을 둘러싼 상황과 여건 뒤에 숨어 있는 '**함축적 connotative 의미**'까지 충분히 파악한다.

이런 능력을 두루 갖추고 있을 때 영어 원서를 읽는 속도와 질이 몇 배나 높아집니다. 영어로 책을 읽고 이해할 수 있는 속도와 분량만큼 영어로 듣는 귀가 열립니다. 들리면 말을 할 수 있게 되고 말을 잘하게 되면 글로써 정확하게 표현할 수 있는 선순환적 능력이 생겨납니다.

저는 본 학습과정을 통해서 여러분들이 영어가 위 모든 단계에 걸쳐 '**유창성Fluency**'을 넘어 궁극적으로 **체화-체득Mastery**단계까지 도전하도록 도와드리려고 합니다. 그 단계에 이르면 영어 단어들과 영어의 구조 등 영어의 모든 지식이 우리의 온 몸과 오감에 연결됩니다. 어떤 문장도 쉽게 읽어 내린 후 이면의 깊은 의미까지 파악해 내고 또 어떤 상황에서도 내가 표현하고 싶은 대로 다 표현할 줄 알게 됩니다. 장소와 때에 따라 어떤 때는 격식formal을 차려서, 또 어떤 때는 재치와 위트가 넘치게 또 어떤 때는 격의 없이informal 자유롭게 표현할 수 있게 됩니다.

이처럼 한 언어의 결이 머리에 깊이 인지되어 문장의 구조가 눈에 저절로 들어오는 상태를 우리 전통 교육에서는 '**문리文理가 트였다**'라고 했습니다. 여기서 리理는 '**결**'이라는 뜻이 포함되어 있는데 장인 목수가 **목리木理**를 안다는 것은 도끼질이나 톱질을 할 때 나무의 결을 거스르지 않는 방향으로 맞춰 쓱쓱 쉽고 바르게 잘라 사용할 수 있는 능력을 갖추었다는 것을 뜻합니다.

피아니스트들도 처음에는 음표들을, 그 다음에는 악절을 이해하며 연습을 해 나가지만 결국 무대에 올라갔을 때는 악보를 굳이 기억하려 하지 않아도 공연장의 분위기를 온몸으로 느끼면서 관중과 호흡을 맞추는 무아 단계에 돌입하게 됩니다. 프로 골퍼가 150미터 밖에서 홀 컵을 향해 무의식적으로 볼을 날리더라도 홀 컵 반경 1미터 안에 갖다 놓는 능력은 오직 수많은 반복 훈련을 통해 온몸 근육에 새겨진 결과입니다. 그 경지가 바로 문리와 목리木理가 트였다는 것과 일맥상통합니다.

한국어 사고 패턴을 그대로 둔 채 영어를 유창하게 하는 건 불가능하다!

영어를 유창하게 하려면 마찬가지로 우리 뇌 속에 기존 한국말과 정반대 어순을 가진 언어인 **'영어의 방'**을 마련한 후 그 안에 충분한 양의 영어 자료들을 체계적으로 축적하는 피나는 훈련 과정을 거쳐야만 합니다. 장인, 목수, 피아노 명연주자, 프로 골퍼와 마찬가지로 영어의 목리木理를 아는 수준에 이르는 데 통상 5-10년의 피나는 훈련 기간이 필요합니다.

그럼 영어에서 목리를 아는 수준은 어떤 경지일까? 여러 기준으로 설명할 수 있겠으나 저는 문장을 읽을 때 '마디가 진다.', 매끄럽지 않다!', '입에 걸린다.' 같은 느낌을 갖게 되는 것은 영어의 목리를 아는 사람만이 가질 수 있는 느낌이라고 생각합니다. 그리고 자기가 표현하고 싶은 대로 말로 또 글로 쉽게 또 자유롭게 풀어 낼 수 있는 사람들입니다.

우리 옛 학자들은 우리 말이 아닌 한자를 그것도 중국이 아니 이곳 조선 땅에서 오직 글로써 배우고 익혀 중국 학자들을 능가하는 대 한학자의 반열에 올랐습니다. 그 경지에 오르기까지 사서삼경을 비롯한 여러 경전들을 셀 수 없이 소리 내어 읽고 또 읽어 그 결과 한자라는 중국의 글자에서 우러나오는 소리와 문자적 감각과 한학 지식을 뇌와 혀와 근육에 새겨 넣었습니다.

놀라운 것은 그 과정에서 대부분의 유생들이 상당한 분량인『사서오경四書五經』을 송두리째 암송하는 수준에 이르게 된다는 사실입니다. 그들은 비록 이 땅에서 오로지 책을 통해서 공부했지만 중국 한학자들과 당당하게 실력을 겨룰 수 있는 경지에 도달했습니다. 심지어 중국 본토 학자들의 학문 수준을 훨씬 뛰어넘는 많은 위대한 한학자들이 이 땅에서 여럿 배출되기도 했습니다.

같은 원리로 이 시대 우리들 또한 굳이 영국이나 미국에 가지 않고 이 땅에 앉아서 높은 영어의 경지 즉 유창성에 이를 수 있습니다. 물론 100% 영미인과 같은 능력을 갖추지는 못하더라도 그것에 근접할 대안으로서 영어의 특성과 구조를 잘 갖춘 많은 숫자의 문장들을 단기에 집중해서 소리 내어 읽고 또 읽고 만져 보고 그 결을 느껴 가면서 영어의 대강大綱과 구조를 체화體化-체득體得 mastery해 가는 가운데 이룰 수 있습니다.

다량의 예문을 반복해서 학습하는 방식이 정답이다!

기존 문법 교재에는 많아야 1,000-2,000개 예문이 실리는데 비해 본 교재에는 **5,000개**가 넘는 많은 양의 예문을 올렸습니다. 뿐만 아니라 여러분들은 다른 교재에서 볼 수 없는 살아 있는 예문들을 만날 수 있습니다. 이 예문들은 여러분들로 하여금 영어가 어떤 언어이지 자연스럽게 알게 하는 유의미하고 수준 있는 예문입니다. 여러분들이 본 교재를 한 번 마칠 즈음에는 영어의 대강과 기본 구조, 그리고 영어 문장의 생성원리를 이해하게 될 것으로 기대합니다.

세계적 실험 심리학자였던 Ebbinghaus 박사(1850-1904)는 인간이 얼마나 빠르게 망각하는지에 대해서 또한 어떻게 하면 망각의 속도를 늦출 수 있을지에 대해 깊이 연구한 학자입니다. 그는 우리들이 학습을 하고 나서 복습을 하지 않을 경우, 학습 후 9시간 만에 망각이 시작되고 약 한 달 정도의 시간이 흐르면 학습내용의 90% 가까이 잊게 된다는 사실을 실험으로 입증했습니다. 그는 또한 '반복적 과잉학습'을 통해 망각 속도를 현저하게 지연시킬 뿐만 아니라 90% 이상 고도의 기억 레벨을 유지할 수 있다는 사실을 실험을 통해 아래 도표와 같이 입증했습니다.

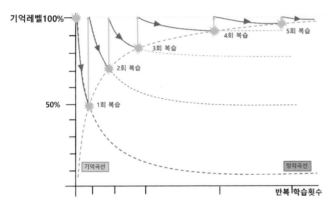

저는 학습자의 수준에 따라 다르겠습니다만 본 교재를 1회 정독 과정을 마치는 데 약 3개월 정도 소요될 것으로 추정됩니다. 각자 영어 역량 별로 **3-6개월** 정도의 시간 안에 본 교재를 총 **3-5회 정독-반복 학습**을 제안드립니다. 저는 Ebbinghaus 박사의 실험대로, 3회 반복 학습 때 80%, 그리고 5회 반복 때 90% 이상, 안정적으로 우리 뇌 속 장기 기억의 영역에 정착된다는 Ebbinghaus 박사의 위 실험 결과를 신뢰합니다.

한 가지, 본 교재에 예문이 많다는 부담이 있는 것 인정합니다. 다만 도입부인 영어와 영어 학습에 대한 개관 부분, 그리고 교재 전체에 실린 많은 사진의 분량을 제외할 경우, 본론인 33영어모듈 파트의 경우 다른 일반 영어학습 교재의 350-400페이지에 해당합니다. 게다가 예문에 짧은 문장들도 많이 포함되어 있고 대개 한 줄에 한 문장씩 올렸기 때문에 교재 구성에도 여유가 있는 편입니다. 어쨌든 분량의 무게를 느낄 수밖에 없겠지만 여러분께서 지난 5-10년 동안 아무리 노력해도 안 되던 영어, 6개월 정도 참고 고생하면 깔끔하게 해결될 텐데, 그 정도 어려움 극복 못할 것 없겠지요?

다시 강조합니다. 영어 학습의 비결은 『반복 학습repetition』입니다. 본 학습법은 제가 한 권의 영문법 책을 200-300번 공부했던 체험을 바탕으로 합니다. 여러분도 본 교재를 10독, 20독 50독, 심지어 100독, 200독에 이르면 영어를 **체화·체득Mastery**하는 단계에 이르게 됩니다. 체화·체득 단계란 영어를 내 마음대로 구부리고 휘고 늘리고 꺾는 경지에 이르는 것을 말합니다.

영어, 여러 교재 대신 한 권을 곱씹어 완전히 내 것으로 만듭시다!

로스쿨 대신 사법고시가 있던 시절, 고시 합격을 위한 비법은 바로 과목마다 자기에게 가장 잘 맞는 한 권의 교재를 골라 그 책만 수십 수백 번 반복해서 들고 파는 '단권화' 전략이었습니다. 이 반복과정을 거쳐 시험 장에 가면 어떤 문제가 나오더라도 문제를 보자 마자 주저함 없이 답을 써 내려가는 비법이 됩니다. "만약 문제를 받아 들고 조금이라도 주저하면 그 시험은 100% 떨어진다!"라고 말할 정도입니다.

마찬가지로 영어에도 이 책 저 책 여러 권 말고 단권화 전략이 좋습니다. 특히 영어로 대화할 때 이리저리 재고 망설이고 고민하면 안 되겠지요? 그 자리에서 거침없이 풀어 나갈 수 있어야 합니다. 누차 설명드린 대로 저는 아주 영문법 책 한 권을 200-300번 정독해서 그것이 얼마나 놀라운 효과를 발휘하는지 깊이 체험한 사람이기에 단권화 학습의 효과에 대해 확신을 갖고 권장드릴 수 있습니다.

영어는 단기에 집중해서 완성하는 방식이 바람직하다!

영어는 일단 단기간에 집중해서 완성한 다음 매일 복습을 하거나 새로운 내용을 보충해 가는 방식이 바람직합니다. 처음부터 매일 조금씩 공부하는 방식은 머리 속에 남는 것보다 잊는 것이 더 많아 효율적이지 않습니다. 그래서 저는 여러분께 다음과 같은 제안을 감히 드리려고 합니다.

- 대학을 1-2년 정도 휴학하더라도 영어만큼은 끝장을 내 보세요!

대학 시절 4년은 영어 완성에 절호의 기회이고 충분한 시간입니다. 그러나 저는 여러분 영어의 고도화를 위해 심지어 지금 하고 있는 학업을 휴학하거나 또 회사에 다니시는 분들은 현재 다니고 있는 직장(특히 일하면서 진한 기쁨과 감동이 느껴지지 않는 직장이라면...)을 그만 두고서라도 각자 일정 기간 오직 영어에만 올인할 것을 강력 추천드립니다. 영어에 대한 투자는 지금 여러분이 해야 할 투자 중에서 가장 중요하고 화급하다는 사실 꼭 기억하시기 바랍니다.

- 남성 분들은 군대에서 영어를 끝내도록 합시다!

특별히 남성의 경우 군 복무 중 본 교재 한 권을 독파하는 절호의 기회로 권장합니다. 특히 요즘 군대에서는 병사들이 저녁 여가시간을 효율적으로 이용하도록 권장하고 있기 때문에 하루 1-2시간씩 약 20개월의 긴 시간을 본 교재를 20-30회 반복 학습함으로써 군 복무 기간 중 영어를 정복하는 기간으로 적극 활용할 것을 추천드립니다.

- 부모님들도 영어를 다시 공부해서 자기 자녀들을 직접 가르칩시다!

우리나라 부모님들만큼 자녀 교육에 관심이 많은 나라는 전 세계에 없습니다. 이제 학창시절 이후 잊었던 영어를 재충전해 보시기 바랍니다. 이 교재를 독파하고 나면 아이들 영어 교육 또한 충분히 하실 수 있게 됩니다. 여러분, 뒤 본편 모듈 1에서 33까지 그 전개 순서를 잘 보시기 바랍니다. 본 학습법은 영미권 아이들이 각 가정이나 학교에서 영어를 배우는 자연적 언어습득 순서 체계와 매우 흡사합니다. 난이도를 포함해서 아이들 언어 발달 단계별로 잘 정비해 드렸습니다. 국제화의 흐름이 쓰나미처럼 몰려오고 있습니다. Covid19도 그 큰 흐름을 막을 수 없습니다. 특히 우리나라가 전 세계에서 선두국가로 치고 나가고 있는 모습과 흐름을 잘 보시기 바랍니다. 우리 부모님들도 비단 자녀 교육을 떠나서도 이제 영어에 도전할 때입니다!

동사 중심 『33 Module English』 학습법

본 학습법은 **3-6개월의** 시간 안에 5,000개 이상의 예문들을 눈으로, 귀로, 마음으로 쓰다듬고 기억하거나 암기하도록 강권합니다. 그 결과 영어가 어떤 모습을 가진 언어인지 또한 영어의 문장이 어떻게 생성되는지 그 원리가 자연스럽게 깨닫게 될 것을 기대합니다. 또한 기억한 예문들이 학습자 여러분들의 것이 되어 교재의 예문과 똑 같이 아니면 100% 똑같지 않더라도 영어 문법에 맞는 대체 표현을 자유롭게 만들어 낼 줄 아는 경지에 도달하게 해 드리는 것을 목표로 합니다.

현 시점에서 여러 학습자들의 영어구사 수준이 서로 다 다릅니다. 그래서 일단 모든 모듈마다 맨 앞 부분에는 중간 난이도를 가진 10개 전후의 '**표준 예문standard**'들을 배치했습니다. 본문에 들어가서는 모든 예문들을 난이도에 따라 또 다시 **기본basic→발전intermediate→심화advanced의** 세 단계로 나누어 추가로 제공해 드렸습니다.

어떤 분은 실력이 충분해서 교재 순서대로 33번째 모듈까지 한꺼번에 죽 밀고 갈 수 있으면 그렇게 하십시오. 그러나 본 학습법이 반복 학습을 원칙으로 하기 때문에 여러분 각자의 수준에 맞춰 유연하게 학습 방식을 짤 수 있습니다. 예를 들어 '기본 예문'만 가지고 모듈 1에서 33까지 학습 후 처음으로 돌아와서 다시 '발전 예문'을 가지고, 그리고 다시 돌아와 '심화 예문'으로 확대 발전시켜 나가는 나선형 학습 방식도 고려할 수 있습니다.

이렇게 4단계 예문 분류 체계를 둔 것은 중학생도 본 학습법에 입문할 수 있게 하기 위해서입니다. 그리고 제 학습법 모토와 같이 중고교-대학-사회인의 과정을 지나면서, 아니 한평생 『읽고 또 읽고 보고 또 보고』를 실제 구현할 수 있기 위함입니다. 그리고 이미 영어의 기초는 잘 닦여 있지만 입이 열리지 않아 어려움을 겪고 있는 학습자들을 위해서 본 교재에 실린 예문들의 상당 부분을 구어체로 올려드렸습니다. 이 정도 구어체 표현이면 일상의 대화를 넉넉하게 커버하는 수준이니 반복 학습을 통해 최대한 기억하고 실전에서 과감하게 사용해 보기 바랍니다.

책을 끝까지 관통貫通해서 끝내는 경험이 아주 중요하다!

여러분! 공부에서 가장 중요한 점은 일단 끝까지 관통해 가는 과정에서 지금은 짐작조차 할 수 없는 새로운 시야를 갖게 된다는 사실입니다. 이것은 비단 공부뿐만 아니라 세상의 모든 일에서 '관통貫通'이 내어 주는 후덕厚德함입니다. 책장에 있는 영어 책마다 대부분 앞 40-50페이지 정도 몇 글자 끄적거리다가 그만 둔 경우가 대부분이지요? 이번에는 힘이 들더라도 꼭 끝까지 밀고 나가기 바랍니다. 마라톤을 할 때 처음 3-4㎞ 구간이 가장 힘듭니다. 호흡조절을 잘 하면서 그 고비만 잘 넘기면 그 다음은 관성의 법칙으로 완주할 수 있게 됩니다.

모든 예문마다 짧든 길든 본 교재에 예문으로 채택된 분명한 이유가 있습니다. 그것이 제가 평생 영어를 공부하면서 느꼈던 바, 이런 문장이 영어를 배우려는 사람들로 하여금 영어가 어떤 존재인지 느끼고 깨닫게 할 것이라는 확신이 드는 문장들만을 골라서 올렸습니다. 그것이 문법적 특성일 수 있고 영어다운 표현의 특성일 수도 있습니다. 이런 양질의 예문들만이 학습자들의 뇌리에 잘 정착되고 장기기억의 영역에 남습니다. 그것들이 누적되어 학습자가 영어의 대강과 구조를 스스로 깨닫게 되고 결국 유창성을 갖추게 됩니다.

나아가서 제가 산업계에서 30년 넘는 시간 여러 다양한 일을 처리하는 과정에서 필요했던 표현들 혹은 수많은 외국인들과 대화하고 친교할 때 필요했던 대화 내용들, 심지어 제가 표현에 어려움을 겪었던 문장들까지 떠올리며 그것들을 예문에 담았습니다. 다만, 다른 교재에서 볼 수 있는 쉽고 기계적인 표현들은 제외했기 때문에 실린 예문들이 조금 어렵거나 까다롭다는 느낌이 들 수 있습니다. 그러나 본 5,000개 예문 상황 정도만 확실하게 이해하거나 기억한다면 영어 표현 면에서 더 이상 크게 신경 쓰지 않아도 될 것을 믿습니다.

다시 한번 당부드릴 것은 제가 모든 예문마다 문장의 구조를 한눈에 알 수 있도록 표시를 해 드렸는데 그래도 문장이 이해가 안 되는 경우에는 절대 고민하지 마시고 Skip하면서 쉽게 넘어가시기 바랍니다. 대신 전체를 자주 반복해서 읽도록 권장드립니다. 돌아와 다시 공부할 때는 그 사이 공부한 것들이 상승효과를 일으켜서 모르는 것이 없게 됩니다. 앞에서도 제 소중한 체험을 거듭 반복해서 말씀드렸지요? 한 영문법 책을 곁에 두고 약 15년 세월 동안 200-300회 반복해서 읽었을 때 상상할 수 없을 정도의 큰 효과를 체험했듯 여러분도 본 교재 한 권을 옆에 두고 자주 보노라면 아마 평생 영어에 관해서 큰 어려움이 없을 것을 확신합니다.

언어의 창의성과 그 신비한 능력

제가 이런 제안을 자신 있게 드릴 수 있는 이유는 '**언어의 창의성**' 때문입니다. 33개 모듈에 대해 충분한 이해가 되고 유창성 단계에 이르면 이 5,000여 개 예문이 스스로 맞물리고 자가 증식해서 50,000개, 나아가 100,000개의 새로운 문장을 생성해 낼 수 있는 능력이 생기게 되어 있습니다. 이것이 바로 **언어가 갖고 있는 신비성**입니다.

제가 본 교재에 착수해서 체계를 만들고 수정하는 지난 2년여 과정에서 본 교재에 실린 예문들을 적어도 100번은 다루었기에 모든 예문들이 아주 익숙하게 느껴집니다. 그렇다고 해서 저 또한 원문을 100% 다 기억하지는 못합니다. 다만 상당히 원문과 방불하게 기억합니다. 여기서 방불하다함은 원 문장과는 다르지만 문법적 관점에서 또 소통의 관점에서 하자가 없는 바른 문장을 만들어 낼 수 있는 능력을 갖고 있다는 의미입니다.

우리 인간의 그런 대체 표현 능력에 대해 『**엘레나 쇼하미 Elana Shohamy**』라는 언어학자는 어떤 사람의 말은 맞고 어떤 사람의 말은 절대적으로 틀렸다 할 수 없는 언어 표현에 있어서의 『**다양성**』과 『**가변적 속성**』에 대해서 아래와 같이 참 멋지게 설파한 바 있습니다.

> "언어는 개인적이고 개별적인 것으로 특이한 현상이며 언어를 사용하는 사람마다 극적으로 다 다르다. 정말, 어떤 두 사람도 정확하게 같은 말을 사용하지 않는다. 단어는 거기에 다 있지만, 단어의 선택과 표현하는 형식은 사람들 사이에 다 다르다. 마치 시간적으로 다른 장소, 다른 맥락과 영역, 그리고 다른 주제로, 다른 개인에 의해서 다르게 사용되는 것처럼, 개인들은 의식적으로 든 그렇지 않든 어떻게 언어를 사용할 것인지에 대해 단어, 문법 구조, 그리고 다른 언어 요소의 선택을 통해 끊임없이 선택해 간다."

계속되는 또 다른 쇼하미 박사의 정의입니다.

> "**Knowing a language means being able to produce new sentences never spoken, and even to understand sentences never heard before.** "
>
> "한 언어를 안다는 것은 한번도 말로 표현된 적 없는 문장들을 만들어 낼 수 있는 능력과 여태껏 들어 본 적 없던 말조차 이해할 수 있게 되는 것을 의미한다."

위 소하미 박사의 말이 실제 우리 언어에서 어떻게 적용되는가를 알기 위해 '**가다**'라는 우리 말이 어떻게 약간씩 다르게 표현될 수 있는지 아래와 같이 다양한 '화자의 의도Speech Act'들을 만들어 봤습니다.

가! (명령)	① Go! ② You must go (immediately). ③ Don't stay here. ④ Don't hesitate to go. ⑤ I'm asking you to go. ⑥ I told you (that you) go! ⑦ You'd better go.
가자(제안)	①Let's go(move). ② Shall we go? ③ May I propose you to go? ④ Would you please go there? ⑤ Would you mind going there? ⑥Is it acceptable for you to go there? ⑦ Will you say no if I say you go?
가봐(권유)	① Why don't you go? ② (Is there) Any reason for not going? ③ Are you ready to go? ④ What if I say you go? ⑤ What hinders(prohibits) you from going there?
갈게(복종,동의)	① I admit(said)(that) I will go. ② I don't object to going there. ③ OK, I will go. ④ I cannot but go. ⑤ I am forced to go. ⑥ I should like to go. ⑦ There's no other option to refuse to
가볼까? (불안감 공유,권유)	① Shall we try going there? ② What will happen if we go? ③ What if we go? ④ Would somebody mind our going there? ⑤ Who'll stop us from going there?

본 학습법의 궁극적 목적은 여러분들이 여기에 실린 많은 예문들을 기억하려 애쓰는 과정에서 터득하게 될 '**대체 표현 능력**'을 기르기 위해서입니다. 사실 누구도 5,000개나 되는 많은 예문을 그대로 다 기억할 수 없습니다. 그러나 그 과정에서 대체 표현 능력이 생겨납니다. 이 대체표현능력은 오직 **수많은 문장과 씨름하고 몸부림치는 과정에서만 생성될 수 있습니다!** 그동안 여러분들은 대부분 눈으로 영어를 공부해 왔습니다. 자전거나 수영, 골프의 달인이 되려면 많은 신체 훈련의 수고와 고통이 필요하 듯 영어 또한 상당한 고통 없이 문장 생성능력은 절대 생기지 않습니다.

지난 50-60여 년 우리나라 영어학습 역사에 어떤 새로운 방식도 출현하지 않은 것은 그만큼 혁신이 어렵다는 반증입니다. 저는 지난 3-4년간 영어에 올인하여 공부하는 과정에서 본 33개 모듈 방식의 새로운 영어학습법을 자신 있게 제안드리게 되었습니다.

다행히 여러분들은 현재 고교에 재학 중이거나 혹은 과거 대학입시 준비 과정을 통해 이미 상당한 수준의 영어에 도달해 있는 상태입니다. 저는 가끔 유튜브에서 미국이나 영국의 명문대 학생들이 우리나라 수능 영어문제를 풀다가 쩔쩔매는 장면들을 자주 봅니다. 자기 나라 말인데 만점은 커녕 잘해야 90점 정도의 점수를 받습니다. 그런데 우리나라 수험생들은 그처럼 난이도가 높은 시험에서 90점 이상, 소위 1등급이 전체 지원자의 7-8%가량 배출되고 게다가 만점도 수두룩,

그리고 수험생 전체 평균도 매년 70점에 근접하는 점수를 보인다는 사실에서 우리나라 영어가 높은 상향 발전가능성을 가지고 있다고 믿는 사람입니다. 따라서 새로운 방식의 본 학습법을 통해 『영어의 대강scope/big picture, 골격과 구조scheme』를 보는 눈과 대체 표현 능력만 길러진다면 우리나라 많은 사람들이 빠르게 유창성에 도달할 수 있게 될 것은 그리 어렵지 않게 단언할 수 있습니다.

왜 영어 입이 안 떨어지고 글이 생각같이 잘 써지지 않지요?

첫째 이유는, 소리 내어 공부하지 않기 때문입니다. 앞서 설명드렸는데 우리 선조들은 눈으로만 공부하지 않고 소리 높여 수없이 반복해서 책을 읽었습니다. 그 과정에서 과거 길에 오르는 유생들은 대부분 『사서오경』을 달달 다 외우는 경지에 도달했습니다. 또 멀리 이스라엘 유대인들도 그들의 율법서인 '모세오경'을 공부할 때 반드시 소리 내어 읽고 또 반복해서 공부했습니다. 아래 사진에 있듯이 예루살렘 '통곡의 벽 앞'에서 '모세5경'을 소리 내어 암송하고 있는 유대인의 모습을 보십시오. 저분이 읽고 있는 '모세오경'은 오늘날 성경에서 약 320페이지에 해당하는 분량이지만 대부분의 유대인들이 전 구절을 한 글자도 빼놓지 않고 죄다 암송합니다.

유대인들은 그것에 그치지 않고 한 걸음 더 나아가 모세오경의 해설서인 총 20권, 12,000페이지에 달하는 『탈무드』까지 수없이 중얼중얼 읽습니다. 특히 탈무드의 학습 방식이 문답으로 확인 과정을 반드시 요구합니다. 그래서 학습 후에는 반드시 두 학생이 짝을 이뤄 그날 배운 것을 놓고 서로 치열하게 논쟁을 벌이면서 깊이 체화하는 과정까지 거칩니다. 이것은 수천 년 세월 지속되어온 유대인만의 학습법이고 전 세계 인구의 0.3%도 안 되는 유대인들이 노벨상의 25%를 거머쥐는 비법이기도 합니다. 이 학습방식이 전세계의 금융finance과 부wealth를 쥐락펴락하는 근본 이유가 되었습니다.

영어 발음과 청취 어떻게 할까?

영어는 특히 단어마다 갖고 있는 고유의 악센트와 문장 요소(성분)별 고저와 강약이 정확해야 소통이 되는 운율성이 강한 언어입니다만 우리 학습자들이 눈으로만 공부하다 보니 발음에 자신 없어 합니다. 그러나 요즈음 앱 사전에 단어뿐만 아니라 긴 예문까지 모든 발음이 빠짐없이 잘 들어 있으니 부지런히 듣고 말하는 훈련을 계속하기 바랍니다.

우리가 일정한 소리를 내는 것은 수백 개의 입 주위 근육이 정밀하게 움직여 만들어 낸 결과물입니다. 이 근육은 어려서 부터 오랜 시간 발성 훈련의 결과로 만들어지기 때문에 훈련이 안 된 소리는 정확하게 낼 수 없게 되어 있습니다. 이제 말을 배우기 시작하는 어린 아이들을 보세요. '엄마'라는 소리를 낼 수 있기 위해 10,000번 이상 반복한다고 합니다. 그렇게 해서 엄마라는 단어를 말하는 입근육을 만듭니다. 경상도 분들이 'ㅆ' 발음이 안 되는 것이나 호남 분들이 '의'를 '으'로 발음하는 것은 그 음을 내는 근육이 발달되어 있지 않기 때문입니다. 그만큼 발음은 오랜 시간 훈련의 결과물입니다.

이런 이유로 영어는 우리 한국 말과 다른 입근육을 사용해야 제대로 소리를 낼 수 있게 됩니다. 따라서 지금부터 라도 영어만을 위한 입 근육을 만들어 가는 데 시간을 투자해야 합니다. 그리고 저는 개인적으로 음절마다 또렷하게 소리를 내는 영국식 발음을 추천드립니다. 더 좋은 것은 영국식 발음은 영미인들 사이에서도 고급스럽다는 대접을 받습니다. 사업에 성공한 미국인 사업가들이 제일 먼저 하는 것은 영국식 발음을 멋지게 낼 줄 아는 여성 비서를 채용하는 것이라고 합니다. 이제는 미국이 모든 분야에서 영국을 압도하지만 영어만큼은 뿌리 깊은 콤플렉스나 모국어에 대한 진한 향수nostalgia 같은 것을 느끼는 것 같습니다.

제가 여러분께 영국식 발음을 추천드리는 이유가 있습니다. 영국식 발음이 미국식 발음보다 우리 말의 발성 체계에 더 가깝습니다. 영국 발음에는 소위 미국식 빠다butter 발음이 없습니다. 우리의 구강구조와 입 근육이 오랜 세월 곡물과 채소를 소화하는 데 적합하도록 진화해 왔기 때문에 육식을 주로 하는 미국인의 기름지고 미끌미끌한 '빠다' 발음을 잘 낼 수 없게 되어 있습니다. 한편 영어는 대륙의 독일어와 프랑스어의 영향을 대단히 많이 받은 언어입니다. 여러분 독일어가 얼마나 딱딱한 언어인지 잘 아시지요? (☞ 영어는 지극히 부드러운 프랑스어 발음 또한 영어 곳곳에 배어 있어 딱딱함 속에 부드러움이 혼재하는 언어입니다.) 게다가 영국도 육식보다는 대체로 감자와 생선 즉 Fish & Chips에 육류라도 쏘시지 같은 비교적 부드러운 음식을 주식으로 했습니다. 음식이 발성 구조와 발음에 미치는 영향이 대단히 큰데 영국인의 구강구조나 입 근육은 고기를 주식으로 하는 미국인의 입근육과는 완전히 다릅니다. 그래서 영국식 발음이 미국식 발음과 현저하게 다르고 우리나라 사람에게 미국식 발음 보다는 영국식 발음이 더 맞는 이유가 됩니다.

저는 예전에 런던 금융가에서 3-4년 근무한 적이 있어서 당연하게 영국식 발음에 더 가깝게 발음을 냅니다. 영어의 발음은 3개월 정도만 집중해서 노력하면 금세 좋아질 수 있어 다른 학습 영역에 비해 상대적으로 쉽습니다. 다만 앞서 강조한대로 단어마다 갖고 있는 악센트 문제는 아무래도 여러분들이 앱 사전을 가지고 소리를 들으면서 직접 훈련을 해야 바로 터득 되는 영역이기 때문에 여러분이 앞으로 만나게 될 단어 중 발음과 악센트에 확신이 들지 않는 단어 위주로 한 단어씩 한 단어씩 확인해 가는 습관을 갖기 바랍니다.

그리고 영어 청취에 대해서 말씀드리겠습니다. 영어 청취에서 기본은 "아는 만큼 들린다!"입니다. 영미인들도 어떤 방송 프로그램이 예를 들어 '기후 변화'라는 어려운 과학적 주제를 다룰 때는 70% 정도만 알아듣는다고 합니다. 다시 말해서 내용을 잘 이해하지 못하는 소리는 우리나라 사람이든 영미인이든 모두 다 들을 수 없다는 말입니다. 이렇듯 일상어는 미드 같은 것을 반복 청취함으로써 청취 능력을 빠르게 늘릴 수 있습니다. 그러나 난이도 있는 콘텐츠의 경우는 그 주제에 대한 사전 지식이 있어야 들립니다. 따라서 평소 다양한 주제에 대한 글을 읽거나 영상물인 유튜브나 TED를 통해 소리와 함께 다양한 분야로 여러분의 관심을 확대할 것을 권해 드립니다.

저는 회사 생활할 때 오랜 기간 회사에서 구독하는 국내 영자신문 Korea Times지 같은 영자신문을 자주 대함으로써 큰 도움을 받았습니다. 정보화 시대, 여러분들은 다양한 주제를 다루는 인터넷 신문이나 방송매체를 통해 다방면의 지식을 확장해 가실 수 있습니다. 그리고 영어청취와 관련해서 한 가지 팁을 드리자면 말하는 상대방이나 방송프로 아나운서의 입을 꼭 보면서 듣는 훈련을 지속하시기 바랍니다. 여러분의 청취능력 향상에 큰 도움이 될 것입니다. 훈련된 맹인들은 상대방의 입모양만 보고 상대방이 하는 얘기를 거의 알아듣는다고 합니다.

둘째 이유는, 우리 영어 학습자들이 문장마다 담겨 있는 상황 같은 것을 깊이 있게 느껴 볼 겨를 없이 시간에 쫓겨 눈으로만 공부하기 때문입니다.

이 문제를 해결하는 방법은 반드시 문장마다의 고유한 표현 방식과 문장의 결을 느껴 가면서 공부하는 것 이외에 다른 대안이 없습니다. "아! 이 사람들은 이 상황을 이렇게 표현하는구나!" 수없이 체험하며 느껴 보는 수밖에 없습니다. 이 방식을 지속하면 국내에 앉아 공부하면서도 여러분의 영어가 원어민 수준에 도달할 수 있게 하는 확실한 방법입니다. 제 학습법은 철저하게 예문 중심이며 예문 학습을 통해서 영어가 어떤 언어인지 자연스럽게 터득하게 합니다. 그 결과 어떤 표현도 주저함없이 즉시 말할 수 있게 되고 글로 표현할 수 있게 해 드립니다.

입만 열면 영어가 그냥 흘러나온다는 말은 어떤 상태를 말하는 건가요?

영어를 제대로 마스터한 사람은 '이번 회의에서는 이런 생각을 갖고 내 의견을 전달해야지....'라는 큰 방향과 목표만 정하고 나면 나머지 세부적인 내용은 발표할 때 입에서 영어가 저절로 흘러나옵니다. 한 시간 두 시간 내가 원하는 대로 전혀 힘들이지 않고 말을 이끌어 나갈 수 있습니다. 같은 원리로 글을 쓸 때에도 우리 말처럼 거침없이 편안하게 글이 술술 써집니다.

영어가 고도화되면 심지어 복잡한 우리 글보다 영어를 더 쉽게 쓸 수 있게 됩니다. 이와 같은 상태까지 영어를 고도화하려면 영어의 문법 체계 등 영어의 기저 원리가 몸에 체득되어 있어서 억지로 분석하고 꿰어 맞추지 않아도 저절로 알도록 자신의 머리 속에 영어식 사고체계와 영어의 자료들이 학습자의 뇌 속에 충분한 정도로 내장embedded되어 있을 때에만 가능합니다. 그러기 위해서 일단 본 교재에 실린 5,000여 개 예문들을 쓰다듬고 만져 보고 느껴 가며 완전하게 내 것으로 만들기 바랍니다.

누차 강조하지만 이제부터 여러분들이 하실 일은 눈으로 또 머리로 읽지 말고 반드시 소리 내어 최소 3-5번(심지어 100독)까지 반복해서 정독精讀하고 기억하기 위해 노력하는 것입니다. 그 사이 모든 예문들이 스스로 여러분의 뇌 속에 소리와 함께 질서정연하게 또 체계적으로 자리 잡게 될 것입니다. 이 예문들이 서로 창조적으로 이합집산해서 상황에 맞는 새롭고 적절한 말과 문장을 여러분의 입과 손을 통해 거침없이 표현할 수 있게 해 줄 것입니다.

어느 영어번역 전문가와의 논쟁

제가 아는 분 가운데 지난 30년 세월, 100권이 넘는 영어 단역본과 대형 전집 해석서까지 방대한 분량의 번역을 하며 살아온 전문 번역가 분이 있습니다. 그런데 저는 그분과 논쟁을 몇 번 한 적이 있었습니다. 그분의 전반적 영어실력이야 참으로 탁월한 분인데 단 한 가지 영어로 말을 할 때 빠르거나 유창하지는 않다고 했습니다. 그러면서 "한국 사람이 영어로 말을 하려면 우리 말로 생각을 한 후에 그것을 영어로 번역하는 과정이 필요하다."라고 말했습니다.

그런데 그분의 말은 틀린 말입니다. 앞서도 말씀드렸지만 영어를 유창하게 말할 줄 아는 사람은 두뇌 속에 **'한국어 방'** 이외에 별도로 **'영어의 방'**을 갖고 있어 한국어 따로, 영어 따로 두 가지 언어를 즉시 구사할 줄 압니다. 한 예로서 "커피 한잔할까?"를 가장 간단하게 표현하는 방법은 "Coffee, okay?"일 것입니다. 이 말을 하기 위해 굳이 한국어를 거쳐 표현할까요? 이보다 훨씬 복잡한 표현들도 영어에 익숙한 화자speaker는 "Coffee, okay?" 정도의 감으로 우리 말을 거치지 않고 긴 문장이 입에서 자연스럽게 또 즉시 흘러나옵니다. 앞서 샤를마뉴 대제가 하신 말씀 즉, 다른 언어를 아는 것은 '제2의 영혼'을 갖는 것과 같다고 한 말은 제가 설명드린 '제2의 언어의 방'과 흡사한 말입니다. 외국인과 대화하는 데 일단 한국어로 생각한 후 영어로 번역하는 과정을 거치다 보면 이 말 저 말을 찾아 더듬거리게 되고 금세 입이 얼어붙게 될 것입니다.

한국 사람이기에 우리 말로 잠시 생각하는 것을 100% 배제할 수는 없을지 모르겠지만 제 경우를 보더라도 우리 말의 개입없이 영어로 즉석에서 말을 합니다. 그런데 제가 그 원리를 몇 번을 설명해도 그분은 끝내 이해하지 못했습니다. 영어 말을 들을 때도 마찬가지로 굳이 한국어로 번역하는 과정을 거치지 않고 영어 그대로 알아들을 수 있어야 합니다. 대부분의 우리 학습자들은 이 번역가와 비슷하게 눈으로만 책을 읽는 방식을 지속해 왔습니다. 매일 많은 양의 번역을 하면서도 그 내용을 가지고 남들에게 어떻게 말로 설명할까 고민한 적이 없었습니다. 내가 영어로 글을 써보겠다는 생각을 전혀 하지 않았습니다. 그래서 글 해석은 잘하는데 말로 글로 표현이 안 되는 기이한 현상이 발생하게 된 것입니다. 이 경우는 평소 학습 습관이 얼마나 중요한지 아주 잘 말해줍니다.

어느 영어청취 전문 강사의 케이스

학원에서 10년 가까이 영어 미드와 영화 그리고 영미 방송의 뉴스를 가지고 가르치시는 젊은 강사 분이 있습니다. 이분은 지난 10년 동안 수없이 많은 종류의 영상물을 접하고 공부하는 사이 이제는 모든 내용들을 대부분 다 들을 수 있는 경지에 이르렀다고 합니다.

사실 영어가 모국어가 아닌 사람의 경우에 모든 분야의 청취가 가능하기는 그리 쉬운 일이 아닙니다. 우리나라 수입 영화의 절반 정도 가까이 번역하는 유명한 이미도 작가도 영화를 처음 대사 없이 들리는 정도는 70% 정도에 불과하다고 고백한 기사를 본 적이 있습니다. 그만치 청취가 쉽지 않습니다. 그런데 이 젊은 강사 또한 위 번역작가와 마찬가지로 말은 어느 정도 하긴 하지만 아주 유창하게 하거나 자유 자재로 구사하지는 못한다고 합니다. 이분은 저에게 위 번역작가보다 더 이해가 잘 안 되는 케이스입니다. 영어 책을 읽고 번역하는 작업이 아니라 영상물을 통해 매일 엄청난 양의 청취 훈련을 하는 분인데 말입니다. 그런데 이것 또한 사실입니다. 결국 무슨 말입니까? 잘 들을 수 있다고 해도 말하기와 쓰기 훈련은 그와 별개로 훈련해야 한다는 의미입니다. 그리고 영어가 그렇게 만만한 것만은 아니라는 사실 또한 잘 시사해 줍니다.

매우 불편한 진실, 영어 학습은 기억하기(암기)다!

이처럼 입을 열면 영어가 술술 흘러 나오는 것은 반사작용일 뿐 깊은 사고의 결과물이 아닙니다! 이것은 자전거를 타거나 수영을 할 때 일일이 팔 다리의 움직임을 일일이 생각하며 동작하지 않는 것과 같습니다. 그저 본능적으로 또 기계적으로 움직일 뿐입니다. 그러나 그렇게 되기까지 수없이 넘어져 팔과 무릎에 상처가 난 사람만이 가능합니다. 짜디짠 바닷물을, 풀장의 진한 염소 chlorine 소독 물을 수없이 마셔 본 사람만 가능합니다.

영어는 학문study이 아닙니다! 수영이나 자전거를 배우는 것처럼 배우는learn 것입니다. 언어는 훈련입니다! **"Practice makes perfect!"**, 훈련 양이 많을수록 빠르고 멀리 잘 헤엄칠 수 있는 것과 같이 언어 훈련의 양이 쌓여 가면서 여러분의 뇌 속 '영어의 방 안'에 영어 데이터들이 축적되어 있는 분량만큼 여러분의 영어가 유창해집니다. 영어 학습량에 따라 자연스럽게 체계적으로 '영어의 방'이 만들어지는 것은 이른바 우리 인간이면 누구나 선천적으로 **언어습득장치(LAD-Language Acquisition Device)**를 갖고 있기 때문입니다.

[註 **LAD** – 언어학의 태두 Noam Chomsky 전 MIT대 교수는 그것이 무엇인지 규명할 수 없지만 사람은 태어날 때부터 언어를 자연스럽게 배울 수 있는 능력을 선천적으로 갖고 있고 그것을 LAD라 불렀습니다.]

여러분들이 본 33가지 모듈을 익혀 나가는 가운데 여러분의 뇌 속 영어의 방 안에, 영어 문장이 어떤 방식으로 만들어지는지, 또 어디에 어떤 방식으로 저장해야 하는지를 스스로 알게 됩니다. 문장 생성 원리와 기억 체계가 잘 갖추어집니다. 본 교재에 실린 5,000개 예문들을 기억하기 위해 씨름하는 사이 각자 영어의 방 안 저장고가 가득 채워져 갑니다.

외국에 나가지 않고도 높은 영어의 경지에 오를 수 있나요?

네, 있습니다! 이것은 비단 제 주장만이 아닙니다. 지난 수십 년 세월 우리나라 영어 학습계에 전설같은 한 말씀이 전해내려 오고 있습니다. 바로 **"장문의 기사나 에세이 50편, 영화 30편, 소설 5권을 3년 동안 집중해서 공부하면 영어는 정복된다!'**입니다. 이 말이 무슨 뜻일까요? 바로 이정도 분량을 공부하면 여러분의 '영어의 방'이 유창하게 말할 수 있는 수준까지 가득 채워진다는 것을 뜻합니다.

그런데 무작정 3년 동안 열심히 보고 읽으면 유창성에 이르게 될까요? 선천적으로 언어 감각이 뛰어난 전체 영어 학습자의 5% 정도는 가능할지 몰라도 나머지 대다수는 그렇지 못합니다! 영어의 대강大綱과 문법적 구조, 즉 영어의 방이 구축되어 있지 않은 분들은, 5년 아니 10년을 공부해도 그분들의 '영어의 방'이 제대로 채워지지 않습니다. 어학연수를 1-2년 다녀와도, 심지어 미국 유학을 다녀왔는데도 영어가 서투른 것은 영어의 대강과 구조를 모르고 다녀왔기 때문입니다. 영어의 구조를 모르는 분들은 많은 분량의 에세이, 소설, 영화를 읽더라도 그 가운데에서 무엇을 가져와 자기 뇌 속 영어의 방을 채워 갈지를 알지 못합니다.

우선 본 교재에 실린 문장 모듈 33개의 구조를 완전하게 이해하고 본 교재에 나온 5,000개의 예문을 곱씹어 체계화한 다음 여러분 각자 필요한 곳, 예를 들어 대입 수능, TOEIC, 공무원시험, TOEFL, GRE, GMAT 그리고 영어회화학원 등록 또 해외 언어 연수나 유학 등 각자의 목적지로 힘차게 달려가시기 바랍니다.

5,000개나 되는 많은 예문들을 암기해서 기억할 수 있나요?

- 물론 어렵습니다! 그러나 반드시 불가능한 것도 아닙니다!

앞서 드린 말씀대로 저도 본 교재에 실린 예문들을 100% 다 암기하지 못합니다. 다만 상당한 수준까지 기억하고 어떤 경우는 본문과 100% 똑같은 문장은 아니지만 문법에 어긋나지 않는 범위에서 대체 **'문장 생성능력'**을 갖고 있다고 말씀드렸습니다. 그런 대체 능력은 수많은 문장을 가지고 상당 기간 훈련한 후에나 가능하게 됩니다.

저는 감히 여러분들에게 본 교재에 실린 5,000여 예문만큼은 최대한 암기해 보도록 강권드립니다. 여러분들이 기억하려 몸부림치고 애쓰는 과정을 거쳐야 비로소 대체 문장생성 능력이 생성됩니다. 그런데 사실 문장을 외워 기억한다는 것, 전혀 엄두가 나질 않지요? 특히 요즘은 창의적 교육이 강조되는 시대여서 그 누구도 암기에 대해 강조하지 않고 할 수도 없는 분위기이지요?

- 영어 교과서를 한 자도 빠짐없이 다 암기하다!

저는 중학교 3년 동안 학교의 오랜 전통에 따라 3년 동안 영어교과서 6권을 단 한 자도 틀리지 않게 다 외운 적이 있습니다. 영어 교과서 분량이 아무리 적어도 권 당 200페이지는 되었겠지요? 3년간 6권, 분량으로도 1,200페이지나 됩니다. 저는 어릴 적 수업 시간마다 머리에 혹이 몇 개씩 부풀어 오른 덕분에 중학교 3학년을 마칠 때쯤 높은 수준은 아닐지라도 나름 영어의 전체 모습을 보는 눈이 열리게 되었습니다. 한 번도 영어회화학원을 다닌 적 없었지만 이미 중학생 때 길거리에서 늘 만나는 미국 몰몬교Mormonism 선교사들과 몇 분 정도 짧은 대화할 수 있는 능력이 자연스럽게 생겼습니다.

중학교 때 재미를 붙이고 그 후 탄력이 붙은 제 영어는 저를 떠나지 않고 평생 영어를 잘할 수 있게 해 주었고 한평생 좋은 직장에서 근무할 수 있는 기회를 갖게 해 주었습니다. 나중에는 우리나라 급여 생활자 중 최상위 연봉을 받는 사람이 될 수 있도록 이끌어 주었습니다. 요즈음 누구나 다 암기를 싫어하니 여러분들에게 한 가지 예를 더 들어 간곡하게 요청드리려고 합니다.

- 초등학교 교과서 십수 권을 완전 암기하다!

제가 초등학교 6학년 때는 중학교 입학시험이 있던 시절이었습니다. 당시 명문교 광풍(열풍보다 더한)이 있었고 명문 중학교에 진학하기 위해 국민학교 때부터 벌써 재수를 하던 그런 시절이었습니다. 당시 저희 담임선생님이 매일 매를 들고 들볶아 대시는지 저희 반 70여 명 반 친구들 중 10여 명 가까운 반 친구들이 당시 십수 권이 넘는 1-2학기 주요 과목 교과서들을 죄다 암기하는 것을 목격했는데 지금껏 큰 충격으로 남아 있습니다. 이 일이 놀라운 것은 6학년에 올라가 3월부터 입시 공부를 시작해 불과 5-6개월 뒤인 8-9월경 일어난 일이라는 사실입니다. 저는 당시 어렸지만 우리 인간의 능력이 얼마나 무서운지 깊이 깨달았습니다. 요즘 시대, 때리며 다그쳐 가르치시는 선생님들이 안 계시니 여러분이 여러분 스스로를 채찍질해서 여러분의 잠자고 있는 능력을 살리는 수밖에 없습니다.

이 경우는 위 중학교 시절 제가 영어 교과서를 암기했던 사례와는 사뭇 다릅니다. 뭐가 다를까요? 그때 제 초등학교 반 친구들은 담임 선생님이 책을 외우도록 강요해서 외우게 된 것이 아니었습니다. 당시 입시 문제가 극성 과외의 폐단을 없애기 위해 철저하게 교과서 위주로 출제되었습니다. 교과서만 철저하게 공부해도 좋은 점수를 받을 수 있던 때였습니다. 그래서 모든 학생들이 교과서가 너덜거릴 때까지 수 없이 읽고 또 읽고 보고 또 보고를 반복했습니다. 게다가 담임선생님이 매일 시험보고 틀린 숫자만큼 몽둥이로 때리니까 맞기 싫어 집중해서 읽다 보니 어느 날 자신도 모르게 다 외워져 있더라 하는 사실입니다. 이 사례는 매우 중요한 의미를 담고 있습니다. 즉, 우리들도 100번을 깊이 읽으면 우리가 미처 모르는 사이 다 기억하게 될 것이라는 사실입니다.

우리는 10년 이상 영어를 공부하는데 왜 실패하는가?

여러분도 본 교재에 실린 많은 예문마다 그 예문이 속한 모듈을 구별하고 또 표현의 특이점을 잡아 기억하기 위해 씨름하다 보면 몇 개월 뒤 높은 수준에 이르게 됩니다. 학습자 여러분의 시간을 절약해 드리기 위해 가능한 많은 설명들을 예문 뒤에 달아 드렸습니다. 제가 책 안에 넣어드린 발음용 QR코드에 접속해서 많은 예문들의 발음을 들어 보고 또 소리 내어 자주 읽으세요. 짧은 문장은 가급적 입만 열면 바로 튀어나오는 수준까지 노력해 보시고 긴 문장은 천천히 복기해서 보지 않고 말할 수 있는 데까지 힘써 보시기 바랍니다.

우리나라에 TOEIC 시험에서 900점 이상을 맞는 사람이 꽤 많이 나옵니다. 토익의 정의대로라면 영미 원어민과 같은 수준의 영어를 구사할 줄 아는 사람이어야 합니다. 그런데 900점대를 맞을 정도로 영어를 열심히 공부하고도 외국인 앞에 서면 입이 굳어 버리고 초라해집니다. 왜일까요?

우리 영어 학습자들은 10년 넘게 상당한 양의 영어를 공부하지만 대부분 눈으로만 공부하기 때문에 기름이 체에 잠시 머물다 그냥 흘러내려가듯 두뇌 속 영어라는 언어의 방에 남아 있는 것이 거의 없습니다. 가슴으로 문장을 품고, 손으로 문장의 결을 만져 가며, 코로 문장의 향기를 맡은 후, 입으로 소리 내어 곱씹고, 또 귀로 소리의 장단과 고저, 끊고 맺음을 느끼는 과정을 제때, 제대로, 갖지 못했습니다. 이런 오감五感을 통한 '체화'와 '체득' 과정이 쌓여야 영어의 전체 모습이 그려지기 시작하고, 어느 날 무릎을 '탁' 치면서 "아! 영어, 이런 거야?" 외치며 영어의 '대강scope'과 '구조scheme' 그리고 '문장의 생성원리'를 깨닫는 순간을 경험했어야 하는데 아직 그곳에 도달하지 못했습니다.

외국인을 만나도, 펜을 들어도, 서너 문장을 넘어 가지 못하는 것은 충분한 양의 영어 데이터가 우리 학습자들의 입 근육과 뇌 속 '영어의 방', 특히 '장기 기억의 영역'에 깊이 남아 있지 않기 때문입니다. 매일 학습을 통해서 적은 양의 영어 데이터가 입력되기는 하지만 잠시 '단기 기억의

방'에 머물다 얼마 후 아침 안개처럼 사라져 버립니다. 우리 학습자 대부분 영어의 저장 그릇은 언제나 휑하니 비어 있습니다.

여러분께서 한번 전 과정을 마치고 나면 교재의 처음으로 돌아가 전 과정을 3-5회 반복합니다. 그래도 안 되면 그 다음은 10번, 20번, 30번, 50번 심지어 100번, 될 때까지 읽고 또 읽으면서 기억하기 위해 몸부림치세요. 학습자 여러분의 현재 영어 실력 수준이 다 다르지만 중-상급 희망자들께는 5회 반복학습안과 관련 아래와 같은 학습일정을 제시합니다.

첫 3개월 이내   깊은 1독
그 뒤 4주 이내   깊은 2독째
그 뒤 3주 이내   빠른 3독째
그 뒤 3주 이내   빠른 4독째
그 뒤 2주 이내   빠른 5독째

이 과정 중 어느 때 영어의 전체 구조가 여러분 눈앞에 들어오기 시작하는 날이 있을 겁니다. 여러분 어려서 산수 시간에 '구구단'을 외우던 기억을 떠올려 보세요. 처음에는 막막하지만 그저 흥얼흥얼 두어 달 따라하다 보면 어느 날 머리가 또 눈이 뻥 뚫리듯 열리는 것을 체험한 적이 있지요? 영어도 꼭 같은 원리입니다. 학습자 별로 편차가 많을 것이지만 기본 능력은 3개월, 중-상급 능력은 평균 6개월 정도의 시간이면 충분합니다.

반드시 혼상-홀로-대화훈련(Self-Imagination & Talk)까지 필요하다!

여러분들이 본 과정을 마치고 나면 독해력 등 전반적으로 영어에 대한 자신감이 붙게 될 것입니다. 그러나 말speaking의 경우 바로 유창성에 이르지 못합니다. 여러분, 그래서 이 '혼상-홀로-대화 훈련'을 본 교재 수업과 병행해서 계속해야 합니다. 여러분이 본 교재에 실린 많은 예문을 수없이 읽고 또 읽고 보고 또 보고를 거듭해서 여러분 뇌 속 언어의 방에 체계적으로 잘 저장되었다고 칩시다. 여러분이 그것들을 가지고 바로 영미인과 대화할 때 저장된 내용들을 꺼내다가 유창하게 표현할 수 있을까요? 앞서 전문 번역가와 영어 뉴스교육 전문가의 경우에서 봤듯이 미안하지만 아직 그런 경지에 도달해 있지 않습니다. 정말 마지막 과정이 딱 하나 남아 있습니다. 바로 소위 **'혼상-홀로-대화훈련'**입니다.

저 자신도 그런 경험을 많이 합니다만 어떤 멋진 단어나 관용어 표현이 나오면 기억해 두었다가 나중에 적당한 자리가 생길 때 한번 멋지게 사용해 봐야지 벼르게 됩니다. 그런데 그 기회가 막상 와도 마음뿐, 그것들을 즉시 꺼내다 사용하지 못하고 머뭇거리다 마는 경우를 자주 경험합니다. 결국엔 오래 묵은 익숙한 옛 단어나 문장들을 사용하게 됩니다. 왜일까요? 우리들이 어떤 새로운 단어나 표현을 자연스럽게 할 수 있으려면 아무리 적어도 20-30번은 내가 직접 사용해 본 다음, 비로소 뇌 속 영어저장 창고에서 자유롭게 꺼내다 쓸 수 있게 된다는 말입니다.

이것을 언어학적으로 설명드리면, 제가 방금 한 단어를 외웠다 칩시다. 그 단어는 우리 뇌 속 영어의 방, 그중에서도 **'단기 기억의 방'**에 머물러 있게 됩니다. 수 차례 실제 사용해 본 후 그 단어가 비로소 내 영어의 방 중 **'장기 기억의 영역'**으로 넘어 갑니다. 그 다음부터 내가 이 단어를 마음대로 부릴 수 있게 된다는 말입니다. 앞서 말씀드린 대로 2-3살 아기들 경우 '엄마'라는 말 한마디를 완전하게 소리 낼 때까지 실제로 10,000번의 발화 훈련을 거친다고 합니다. 성인의 경우, 그 연습 회수는 물론 어린 아이에 비해 적어도 되지만 아무리 적어도 최소 20-30번 정도의 실제 혼상 훈련이 필요하다는 점을 말씀드립니다.

저도 대학시절, 길을 다니면서 눈에 보이는 대로 어떤 소재를 잡아 마치 실성한 사람처럼 영어 문장을 만들어 중얼거리며 다녔는데 그 효과는 참으로 놀라웠습니다. (그리고 그때는 제 주변에는 그런 친구들이 참 많았습니다.) 쉽게 얘기해서 혼자서 북 치고 장구 치는 『혼상-홀로-대화훈련』입니다.

영어회화 학원을 오랜 기간 다녀도 잘 안 되는 사람은 학원가서 외국인 강사와 그저 몇 마디 말하고 와서 본인은 막상 이와 같은 훈련을 하지 않기 때문입니다. 여러분이 본 교재를 완벽하게 독파한 후 어느 날 영미인이 말을 걸어 왔을 때 유창한 영어가 나오지 않는다면 그것은 더 이상 실력이 없어서 아니라 오직 실전 경험이 없기 때문입니다. 본 학습 후 해외로 어학연수나 유학을 가는 분을 제외하고 나머지 분들은 늘 스스로에게 묻고 답하는 이 혼상 홀로 시뮬레이션 회화 훈련을 지속하시기 바랍니다. 그 훈련만 갖고도 충분히 유창성에 이를 수 있습니다.

끝으로, 가끔 광고나 유튜브 상에서 우리 영어에 대해 이런저런 말이 많이 들립니다. "이거 미쿡 영어, 아니예요~" 또는 "우리가 배운 영어를 가지고 미국에 가서 보니 아무 쓸모가 없더라~" 등 등 입니다. 그런데 여러분, 그런 말에 절대 기죽지 마시기 바랍니다. 우리 땅에서 영어를 배우는 길이 책을 통해 격식 있고formal 문어체literary 위주의 영어를 배울 수 밖에 없어서 일어나는 현상일 뿐입니다. 여러분들이 절대 잘못 배운 것은 아닙니다. 우리 환경이 어쩔 수 없이 책을 통해 문어체 위주로 영어를 공부하게 되지만 깊이 있게 영어를 체득한 사람은 그 말들을 일상의 구어체colloquial 영어로 충분히 바꿔 표현하는 능력을 그리 어렵지 않게 갖추게 됩니다.

저는 문어체에 바탕을 두지 않고 가벼운 미드 영어 수준의 일상적 영어를 잘하는 것, 그렇게 높이 평가할 것까지 없다는 생각을 갖고 있습니다. 우리가 이렇게 고생하며 영어를 공부하는 것은 세상의 고급 정보와 깊이 있는 지식을 접하고 지금의 나보다 좀 높은 곳에 도약하기 위해서 아닙니까? 평범하고 그저 그런 친구 수준의 외국 사람을 만나 농담이나 몇 마디 가벼운 대화나 하려고 이 생고생을 하는 것 아니지 않습니까?

요즘 우리 젊은이들이 예전 세대는 생각지도 못한 미국 주식시장을 넘나드는 것을 보면서 경탄을 금하지 못하겠습니다. 투자에 어떤 근거를 갖고 임하는지 잘 모르지만 젊어 초기 Seed Money는 여러분에게는 생명과도 같습니다. 당연히 그러하겠지만 여러분 직접 인터넷이나 유튜브 이곳저곳을 잘 찾아다니면서 따져 보고 공부하면서 체계적이고 보수적인 투자에 임하시기 바랍니다. 젊은 시절 큰 돈을 잃으면 그것을 회복하는 데 평생의 시간이 걸릴지 모릅니다. 저는 투자업계에서도 약 15년 근무했지만 투자의 세계는 굉장히 냉정하고 무서운 곳입니다. 우리가 아름답다 감탄하며 바라보는 밤 하늘 저 먼 우주 또한 -200도의 차디차고 빛이 없는 암흑의 무서운 곳입니다.

제 경우도 구어체를 따로 공부하지 않았지만 지금까지 수없이 많은 영미 사람들과 대화하면서 구어체 영어에 능하지 않다고, 혹은 영어를 잘 못 한다는, 얘기를 들어 본 적 없었습니다. 문어체를 바탕으로 정확하고 유려하게 전달하고 격조 있고 풍성하게 표현할 때 그들이 오히려 일종의 경외심 같은 것을 보이며 더 경청해 주고 일도 잘 풀려 가는 경우를 더 많이 체험했습니다.

끝으로, 글쓰기writing인데요, 저는 개인적으로 영어에서 글쓰기가 가장 어렵다는 생각을 갖고 있습니다. 저도 오랜 세월 동안 회사 일을 하면서 아주 예전에는 Telex를 통해서 그리고 이 시대에는 e-Mail 등을 통해서 영어로 글을 쓰는 훈련을 오랜 세월 아주 많이 해 왔지만 여전히 글을 쓰는 것이 말speaking하는 것보다 훨씬 어렵다는 생각을 갖고 있습니다. 특히 말에는 휘발성이 있어 다소 문법적으로 또는 표현상에 오류가 있다 하더라도 잘 감지되지 않지만 글은 완전하게 남고 보는 사람도 깊이 읽는 경우가 많기에 사실 굉장히 조심스럽습니다.

어쨌든 쓰기는 말하기보다 훨씬 더 많은 훈련이 필요합니다. 영미권 학교에서 학생들에게 왜

Essay작성 훈련에 그렇게 목숨을 거는지 이해할 수 있습니다. 저는 본 과정에 여러분들이 글을 쓰는 데에도 크게 기여할 것임을 확실하게 말씀드릴 수 있습니다. 그 이유는 어떤 문장도 본 학습법 즉, 33개 문장유형 모듈 안에 다 들어 있기 때문입니다. 어휘력이나 표현의 난이도에 차이가 있을 수 있지만 문장의 기본 형태면에서 33개 이외에 어떤 다른 표현도 더 이상 없다는 사실을 꼭 기억하시고 기운내시기 바랍니다.

동사중심
『33 Module
영어』의
세부 구성내용

영어 문장의 형태는 동사의 종류에 따라 분류한 30가지 문형과 그 외에 문장의 형태로 분류한 3가지, 합쳐서 모두 33가지가 전부입니다. 33가지의 제일 큰 분류Category 기준은 **자동사 intransitive**와 **타동사transitive**로 구분합니다. 자동사와 타동사 각각 뒤에 놓이는 어떤 문장의 주요 요소(성분) 즉, **보어, 목적어, 수식어**가 어디에 어떻게 배치되는가에 따라 분류한 결과입니다. 마지막 모듈31-33은 문장의 형태를 기준으로 3개의 모듈을 더한 결과입니다.

아래 종합표를 여러분들이 첫눈에 다 이해하는 것이 쉽지 않습니다. 일단 개략만 흐름만 훑어본 뒤 모듈별 학습을 통해 더 깊이 이해하시기 바랍니다. 그 다음 처음으로 다시 돌아와 아래 종합표를 복습하면서 33개 분류체계에 대한 큰 그림을 파악하는 것이 바람직합니다. 이 과정에서 권장드릴 것은 너무 문법적 분석에 치중하기보다는 제공된 많은 예문을 즐기면서 33개 모듈의 특징, 나아가서 영어의 특징들을 여유 있게 이해하는 방식을 추천드립니다. 모듈 수가 33개로 일견 많아 보이지만 차근차근 공략해 가노라면 33개 안에 서로 간 연결고리와 흐름이 있어 그 대강을 파악하는 것이 어려운 것만은 아닙니다. 별도로 휴대용 종합표를 본 교재 맨 뒤쪽에 따로 더 준비했으니 적극 활용바랍니다.

그리고 아래 종합표 내용 중 각 모듈별 비중에 대해 설명을 드리겠습니다. 앞서 설명대로 보유하고 있던 10,000여 개 가까운 예문들을 33가지 모듈에 넣고 분류 작업을 해 봤더니 모든 문장들이 33가지 분류 체계대로 잘 분류되었습니다. 원래 이 예문들은 두고두고 볼 목적으로 오랜 시간에 걸쳐 수집해 둔 것이었는데 33개 모듈로 분류해 본 결과 저 자신도 놀랄 만큼 중요한 수치들을 보여 주었습니다. 무엇보다 영어가 어떤 특성을 가진 언어인지를 잘 보여 주는 무작위한random 양질의 표본이었습니다. 또 영어의 수많은 요소들 중 어떤 것들이 중요하고 어떤 문장의 유형(모듈)에 중점을 두고 가르치고 배울지를 잘 알 수 있게 해 주었습니다. 이와 같은 통계적, 과학적 접근법이 지난 50-60년간 진화가 없던 영어학습계에 신선한 바람을 일으킬 수 있기를 소망합니다.

동사중심 33개 문장 유형별 모듈Module 종합표

☑ 사전의 단어 설명 체계를 분석해서 아래 모듈1-30에 담았습니다. 거기에 문장의 형태 3개를 추가하면 이것들이 영어 문장의 전부입니다. 더 이상은 없습니다. 이 33개 문장의 대강scope과 구조scheme만 이해하면 아무리 긴 문장도 그 구조를 한눈에 꿰뚫어 볼 수 있게 됩니다.

☑ 문장의 5요소(성분)별로 확장해가는 과정을 확인하세요! 문장요소(성분)별 명사화, 형용사화, 부사화 과정을 확인합시다!

☑ 아래 표 안에 동사를 '동사', '자동사', '타동사'의 3가지로 구분 표기했는데 그 중 '동사'로 표기된 것은 자동사와 타동사 둘 다로 쓰일 수 있는 경우의 동사를 말합니다.

☑ 사용 빈도는 2% 이상만 표시했습니다. 모듈당 단순평균비중은 약 3% 정도지만 2% 이상이면 일상에서 비교적 빈번하게 사용되는 모듈로 봅니다. 사용 빈도가 2% 미만일지라도 모듈그룹에 포함된 것은 영어 전체의 대강scope과 구조를 이해하는 데 꼭 필요하기 때문입니다.

☑ 문법 용어들이 낯설고 어려울 수 있습니다. 용어에 너무 집착하지 마시고 영어를 어떻게 볼 것인가 관점에서 위에서 내려다보듯 접근하기 바랍니다!

1. 자동사 모듈 9가지 - 목적어를 취하지 않는 동사

모 듈	비중	예 문
1. 주어+(완전)자동사	3%	①**I googled.** ②**Who** cares? ③**What the boss says** goes.
자동사intransitive verb는 동사의 표현이 주어 자신에 머무는 동사입니다. 자동사는 모듈 9까지 계속됩니다. 본 모듈1은 '주 어+동사'로 된 가장 기본적인 표현입니다. 그럼에도 본 모듈의 사용 빈도가 표준치인 3%나 됩니다. '짧은 것이 아름답다!'는 말 그대로 비록 짧지만 영어의 진정한 멋과 맛이 듬뿍 들어 있으니 깊이 느껴 보시기 바랍니다.		
2. 자동사+부사	7%	①**The plan promises** well(ill.) ②**I can't let a chance like this go** by.
위 모듈1 기본 문장에 수식어인 부사를 첨가해서 '모듈1'의 확장을 꾀합니다. 본 모듈에서 부사는 앞에 있는 동사의 의미확장을 돕는데 둘의 관계가 얼마나 깊은지 동사가 부사와 결합해서 아예 '구동사phrasal verb'를 만들 정도입니다. 이 구동사는 구어체 표현에 많이 쓰입니다. 본 모듈의 사용빈도가 무려 8%나 되어 전체 33개 모듈 중 5위에 해당할 만큼 자주 사용되는 문장입니다. 이렇게 중요하고 매력적인 부사를 우리 기존 영어교육에서는 아주 가볍게 여겨 왔습니다. 그 결과 우리나라 사람들이 구동사와 구어체에 약한 원인이 되었습니다. 여러분, 이제부터라도 멋쟁이 부사의 매력에 푹 빠져 보기 바랍니다.		
3. 자동사 be+보어	7%	①**He is** fearless. ②**I am not** what I was used be.
서구 정신세계의 근간은 '나'라고 하는 '존재being'에 대한 끊임없는 탐구였습니다. 따라서 언어학자들은 영어 단어 중에서 be동사가 가장 근간이 되는 단어이고 이 be동사만 있으면 모든 표현을 다 할 수 있다고 말합니다. 그래서인지 사용빈도가 33개 모듈 중 세번째로 많은 9%나 됩니다. 자, 여러분을 풍성한 be동사의 세계로 안내합니다.		
4. 자동사 be/get+과거분사 보어	3%	①**I'm touched.** ②**When did you** get married?
처음으로 준동사가 등장합니다. 준동사인 과거분사가 '형용사화'되어 be동사의 보어로 쓰이는 수동태 모듈입니다. 우리 인생, 내 마음대로 다 되는 것 아니지요? '운7 기3', 아니 요즘에는 심지어 '운9 기1'이라고까지 말합니다. 그처럼 내가 스스로 성취하고 이루는 일보다는 어쩌면 주어지는 일 또는 운명적으로 받아들여야 할 일 더 많을지 모릅니다. 우리 말에 수동태 표현이 없는 것은 아니지만 영어만큼 넓게 사용되지 않기 때문에 우리나라 사람들이 이 수동태 표현을 힘들어합니다. 그런데 영어에는 우리가 생각하는 것보다 수동태로 표현하는 영역이 엄청나게 넓습니다. 공부하면서 아마 깜짝 놀라실 겁니다. 이제 시험 점수 받기 위해 억지로 공부하는 지겨운 수동태가 아니라 즐-쾌한 수동태가 되게 해 드리겠습니다.		
5. (연결) 자동사+보어	2%	①**Her makeup looks** fabulous! ②**Your idea sounds** great.
be동사와 유사한 자동사들이 있습니다. 바로 '연결동사linking verb'입니다. 이 연결동사도 주어와 보어를 연결해 주는 역할을 맡는 동사입니다. 다만, 연결 동사의 개수가 많지 않아서 사용빈도가 2%에 머물지만 구어체로 다양하게 사용됩니다.		
6. ①자동사+to be 보어	2%	①**He chanced** to be out **then.** ②**He seems** to be healthy **for his age.**

②자동사+(to be)보어		①**She** seems **(to be)** intelligent. ②**The evidence** proved sufficient.

두 번째 준동사 'to부정사 to infinitive'가 등장합니다. 자동사 뒤에 준동사인 'to be+명사/형용사/부사(구)'가 주어를 설명하는 보어로 쓰이는 모듈입니다. 본 모듈6에 적용되는 동사 중 seem 동사가 가장 많이 쓰이는 대표 동사인데 본 모듈에 해당하는 동사의 숫자 또한 그렇게 많지 않아 사용빈도가 2% 정도에 머물지만 이 모듈 또한 실제 문어체뿐만 아니라 구어체 문장에서 자주 사용됩니다.

7. 자동사+전치사+명사	**15%**	①**London** stands <u>on the Thames</u>.
		②**The ground** packs <u>after the rain</u>.

위 모듈2에 이어 두 번째 '수식어구modifier'가 등장합니다. 이 모듈은 자동사 뒤에 '전치사+명사'가 따라 붙여 문장의 상황을 설명하거나 동사의 의미를 보강합니다. 이런 '전치사+명사'를 '전치사구'라 하는데 흔히 '부사구'라 부릅니다. 이 모듈의 사용 빈도가 놀랍게도 15%나 됩니다. 33개 전체 모듈 중에 사용빈도가 가장 높습니다. 전치사는 그 종류가 많고 용도 또한 아주 다양합니다. 따라서 이 전치사구가 화자speaker나 필자writer가 문장을 확장해 가는 데 지대한 역할을 감당합니다. 그러나 보통 전치사가 쉽다며 깊이 공부하지 않았습니다. 그러나 본 교재와 학습방식은 전치사를 동사, 구동사와 더불어 영어의 핵심 기능어로 보고 아주 깊숙이 다룹니다. 전치사를 제대로 이해하면 여러분이 구사할 문장이 정교해지고 풍성해지기 때문입니다.

8. 자동사+전치사+명사+to do	**2%**	①**The weather is** <u>fit for us</u> **to go fishing**.
		②**I have arranged** <u>for a taxi</u> **to pick** you up at the airport.

앞 모듈7 뒤에 'to do부정사'가 또 등장합니다. 이때 전치사 자리에는 for나 of가 주로 쓰이는데 이 전치사구는 바로 뒤에 오는 'to 부정사'의 의미상 주어의 역할을 담당합니다. 예전에 문법책을 공부하면서 'It ~ for ~ to do 용법'이라는 말 많이 들어 보셨죠? 그 표현도 본 모듈 8에 속하는 활용도 높은 표현입니다.

9. 자동사+과거분사 보어	**2%**	①**He** stood <u>amazed</u>. ②**I** fell <u>off balanced</u>.
		②**Her error** passed <u>unnoticed</u>.

큰 분류상, 자동사의 마지막 모듈입니다. (다만, 이후에도 자동사가 일부 들어가는 모듈이 5개 더 있긴 합니다만) 본 모듈은 자동사 뒤에 준동사인 '과거분사'가 붙는 표현인데 짧지만 간결하고 고급스러운 문장입니다. 본 모듈에서 과거 분사는 수동태 의미를 갖는 형용사형 보어인데 위 예문에서 보듯 나에게 닥치고 주어진 상황을 간결하고 깔끔하게 잘 표현합니다.

2. 타동사 모듈 21가지 - 목적어를 취하는 동사

모 듈	비중	예 문
10. 타동사+목적어	**8%**	①**She can't** resist sweets. ②**Do you** know <u>what she has done</u>?

처음으로 타동사transitive verb가 등장합니다. 자동사는 그 행위나 상태가 주어 자체에 머물지만 타동사는 내가 아닌 타인이나 사물 등 목적어에 영향을 주며 연관을 맺습니다. 이 목적어 자리에는 명사/명사구/명사절이 옵니다. '모듈 1'이 자동사의 기본이듯 타동사의 기본 모듈입니다. 그리고 사용 빈도 8%로서, 33개 모듈 중 4-5번째로 많이 사용되는 모듈입니다.

11. 타동사+목적어+부사	**2%**	①**He** took his shoes off. ②**Please** put me off at the next bus stop.

이번에는 앞 자동사 '모듈 2'의 경우처럼 부사가 등장하는데 이번에는 목적어 뒤에 수식어로 부사가 옵니다. 부사는 동사가 목적어에 미치는 행위가 더 분명하게 표현될 수 있도록 돕는 역할을 감당합니다. 앞서 지적했듯이 우리나라 영어학습법에서 부사를 제대로 가르치지 않아 이 멋쟁이 부사를 마음껏 부리지 못합니다. 본 모듈은 2% 사용빈도를 갖고 있지만 영어다운 멋진 표현들이 많습니다. 여러분들도 앞으로 적극 활용하시기 바랍니다.

12. 동사+현재분사/동명사	**5%**	①**He** sat <u>watching television</u>. ②**He** quit <u>smoking</u>.
		③**Stop** <u>bulling me</u>!

본 모듈에서 세 번째 준동사인 '동사+-ing'가 등장합니다. 위 예문 ①의 경우는 본동사 sat뒤에서 '주어가 ~하면서'라는 의미를 지닌 진행형 '현재분사present particle'로 쓰인 경우입니다. 주어의 행동을 보충해서 설명한다는 의미에서 '**주격 보어**'라고 부릅니다. 그리고 위 예문 ②, ③은 '동명사gerund'가 목적어로 쓰이는 경우입니다. 계속 강조하듯 다섯 가지 종류의 준동사는 우리들이 아주 깊이 체득해야 할 핵심 문법 사항입니다. 준동사가 들어간 모듈은 영어 문장에서 **30%**나 차지하여 영어에서 가장 큰 비중을 차지합니다. 본 교재에서 준동사(사용빈도 30%)와 전치사(사용빈도25%)를 특히 더 깊이 다루는 이유입니다.

13. 동사+to do	**5%**	①**My goal is** <u>to become a famous singer</u>. ②**She loves** <u>to go skiing</u>.
		③**Her novel** deserves <u>to enjoy such a popularity</u>.

이번 모듈에는 예문 ①처럼 준동사구인 to become a famous singer가 주어인 my goal을 설명하는 보어로 사용되는 경우와 예문 ②, ③의 경우처럼 'to do' 준동사가 본동사의 목적어로 사용되는 두 가지 경우가 있습니다. 사용빈도가 5%로 높습니다.

14. 타동사+목적어+to do	3%	①He motioned <u>me</u> <u>to go out</u>. ②I have a favor <u>to ask</u> <u>of you</u>. ③The women pounded the grain <u>to make flour</u>.

위 모듈13의 sub-module로서 목적어가 추가되었습니다. 여러분 영문법 시간에 'to 부정사' 3가지 용법'이란 말을 많이 들었 지요? 소위 명사적 용법, 형용사적 용법, 그리고 부사적 용법인데 위 ①, ②, ③ 예문이 순차적으로 그에 해당합니다.

15. 타동사+목적어+보어	2%	①You are driving <u>me</u> <u>nuts</u>. ②What makes <u>her</u> <u>so happy</u>? ③She made <u>me</u> <u>what I am now</u>.

여러분 학교에서 '5형식 문장'이라는 말 자주 들어 보셨지요? 본 모듈이 바로 그 유명한 5형식 문장입니다. 목적어 뒤에 목적 어를 설명하는 보어가 오는데 이 보어의 자리에는 위 네 예문처럼 형용사, 명사 또는 명사절이 옵니다.

16.①타동사+목적어+to be보어 ②타동사+목적어+(to be)보어		①I admit <u>him</u> <u>to be a genius</u>. ②We know <u>him</u> <u>to have been a spy</u>. ③Let's assume <u>what he said</u> (to be) <u>true</u>. ④I felt <u>this</u> <u>necessary</u>.

앞 모듈15의 보어 자리에 'to be+형용사', 또는 'to be명사/명사절'이 목적어를 설명하는 보어 역할을 맡습니다. 이 경우에도 앞 '모듈6'처럼 'to be'가 생략되는 경우가 있습니다. 어떤 경우인지는
본문 세부 내용을 참고하기 바랍니다. 'to be'가 생략 된 후에는 위 모듈15와 꼭 같은 문장이 됩니다.

17. 타동사+목적어+do		①The smoke <u>makes</u> my eyes <u>water</u>. ②<u>Let me</u> <u>introduce</u> myself.

이번에는 목적어 다음에 또 다른 종류의 준동사인 'do 원형부정사' (또는 '원형동사'로 부르기도 합니다)'가 옵니다. 원형 부정 사는 본동사에 사역동사와 지각동사가 올 때 일반 동사들과 구분 표시하기 위해서 'to부정사'에서 전치사 to를 뺀 상태로 놓 는 것입니다.

18. 타동사+목적어+현재분사		①I noted her eyes <u>filling with tears</u>. ②I can <u>smell</u> something <u>burning</u>.

이번에는 현재분사형 준동사가 목적어 뒤에서 앞 목적어가 취하는 동작을 설명하는 '목적격 보어'의 역할을 하는 경우의 모듈 입니다. 본 모듈은 현재분사의 특성상 동작이 바로 앞 모듈 17의 원형동사 때 보다 역동적으로 행위가 일어나는 느낌을 표현하 기에 적합합니다.

19. 타동사+목적어+과거분사		①I <u>have</u> my hair <u>cut short</u>. ②I had my photograph <u>taken</u>. ③Can I <u>get</u> my steak <u>well done</u>?

이번에는 준동사인 과거분사가 바로 앞에 있는 목적어에게 발생한 수동적 상황을 설명하는 '보어'로 쓰였습니다. 본 모듈은 사 실 위 '모듈15'와 같은 식구인데 보어가 수동태형 과거분사가 오는 표현이 중요해서 모듈19로 별도로 다룹니다.

20. ① 동사+that절 ② 동사+(that)절	4%	①It seems <u>that she's fond of sweets</u>. ②I recall <u>that I met her</u>. ①It's odd <u>you don't know it</u>. ②I think <u>we'd met somewhere before</u>.

위 모듈19까지는 단어나 구phrase에 대한 모듈이었는데 처음으로 절clause이 등장합니다. 여기 that절은 주어를 설명하는 보어 또는 동사의 목적어로 쓰입니다. 이 that접속사는 관계사(관계부사, 관계대명사)와 함께 문장을 확정해 가는 데 크게 기여 하는 상위의 기능 품사입니다. 아래 모듈21까지 합치면 비중이 5% 정도나 되어 적지 않은 비중을 차지합니다. 그리고 흔히 'It ~ that 용법'이라 부르는 관용적 표현 또한 본 모듈에 속합니다.

21. 타동사+목적어+that절		The police man warned <u>us</u> <u>that the roads were frozen and icy</u>.

위 모듈20의 sub-module입니다. 위 예문에서 보면 that절은 '명사절'로서 us와 함께 warn의 목적으로 쓰였습니다. 결과적으로 목적어가 두 개 연속해서 나오는 형태의 모듈로서 큰 틀에서 아래 모듈15, 소위 5형식 유형의 모듈로 볼 수 있습니다.

22. 타동사+의문사+to do		①I can only suggest which to buy. ②I can't imagine <u>how to get to her house</u>.

처음으로 의문사가 등장합니다. 의문사가 to부정사와 만나 명사구를 만들고 이 명사구가 문장에서 목적어의 역할을 맡습니다.

23. 타동사+목적어+의문사+to do		①She advised <u>me</u> <u>which to buy</u>. ②It puzzled <u>him</u> <u>what to do</u>.

위 모듈22의 sub-module입니다. 'wh. to do구'는 명사구로서 동사의 목적어로 쓰였습니다. 이번에도 목적어가 두 개 연속해서 나 오는 형태의 문장이 된 셈이죠? 이 모듈 또한 큰 틀에서 아래 모듈2의 4형식 문장 모듈로 볼 수 있습니다.

24. 타동사+의문사절/관계부사절		①I don't recall <u>where I met her</u>. ②I doubt <u>whether he will succeed</u>.

관계 부사절(위 where I met her 처럼), 또는 의문 접속사 whether, if (~인지 아닌지), 그리고 what이 이끄는 명사절이 간접 의문 문을 만드는 모듈입니다. 다만 what는 아래 모듈 26 '관계대명사'에서 다룹니다.

25. 타동사+목적어+의문사절 or 관계부사절		①I want to remind <u>you</u> <u>why I said so</u>. ②I saw Hamlet <u>when it played in New York</u>.

위 모듈 24의 sub-module입니다. 여기 관계부사절은 문장과 관련된 상황을 설명합니다.

26. 동사+(선행사)+관계대명사절	5%	①I gave her <u>all</u> the money <u>that I have</u>. ②The ladder <u>on</u> which I was standing began to slip.

관계대명사는 앞에 나온 선행사를 다시 반복해서 사용하지 않고 표시할 수 있도록 하는 접속사 역할을 합니다. 영어의 또 다른 특징인데 단어를 중복없이 최대한 간결하게 표현하려고 애쓰는 언어임을 알 수 있습니다. 본 관계대명사가 들어가는 문장의 비중만 5%에 달합니다. 관계대명사에다 위 that 접속사 그리고 관계부사까지 다 합칠 경우 10% 이상 사용빈도가 됩니다. 그것이 본 교재가 동사, 준동사, 전치사구(부사구)뿐만 아니라 관계사에 집중하는 이유입니다.

27.타동사+간접 목적어+직접 목적어	2%	①I owe <u>you</u> <u>many thanks</u>. ②He motioned <u>me</u> a seat. ③He gave <u>a bug</u> a <u>flick</u> with his finger. ④I gave <u>him</u> <u>what little money I had</u>.

목적어 또는 목적절이 두 개 연이어 나오는 소위 4형식문장 모듈인데 소위 '수여 동사' 뒤에 '간접 목적어'와 '직접 목적어'가 연속 해서 따라붙는 유형의 모듈입니다.

28. 타동사+목적어+부사+목적어		I would like you to <u>bring</u> me <u>back</u> the papers.

위 모듈27의 sub-nodule로서 두 목적어 사이에 부사가 들어갑니다. 이때 부사는 앞 동사(위 bring)와 어울리는 파트너 부사 (위 예문의 back)가 붙습니다. 부사는 철저하게 앞 동사와 연관되어 움직입니다.

29. 타동사+목적어+전치사+명사	10%	①I beg(ask) a favor <u>of you</u>. ②I raced my dog <u>against his</u>. ③I looked her <u>into silence</u>. ④I congratulate him <u>on his new business launch</u>.

목적어 뒤에 전치사구(전치사+명사)가 와서 본 동사를 돕거나 앞 목적 명사를 설명함으로써 문장의 상황을 풍성하고 정교하게 표현합니다. 본 모듈의 사용 빈도만 10%나 됩니다. 앞 모듈7(자동사+전치사구)의 사용빈도15% 다음으로 비중 높은 모듈 입니다. 본 모듈29과 모듈 7의 사용빈도 합계가 무려 25%나 됩니다. 왜 전치사구(부사구)를 집중해서 공부해야 하는지 더 이상 설명할 필요 없겠지요?

30. 동사+전치사+명사+that절		The gym trainer suggested <u>to me</u> that I should work out every day.

본 모듈은 모듈 20과 21의 sub-module인데 본동사 뒤에 목적어가 바로 올 수 없는 경우입니다.

3. 문장 형태별 모듈 3가지 (☞ 문장의 형태여서 사용빈도 비중 계산을 하지 않습니다.)

모 듈	비중	예 문
31. 현재분사 & 과거분사 구문		①<u>It being fine</u>, I went hiking. ②<u>Completely lost</u>, the children walked on and on. ③He tackled a problem again, <u>using a new pitch</u>.

앞서 영어에서 경제성 특징에 대해 설명을 드린 바 있는데 본 본사 구문도 최대한 문장을 짧고 경제적으로 또 강조해서 표현하려는 영어의 특징을 잘 나타냅니다. 분사 구문은 그렇게 어렵지 않습니다. 그러나 문어체 문장에서 활용도가 매우 높습니다.

| 32. 접속사 구문(중문)
Compound Sentence | | ①Do in Rome <u>as</u> the Roman do.
②<u>If</u> the dog's hungry, feed him.
③Anne will be upset for a while, <u>but</u> it too will pass. |

절clause과 절이 접속사에 의해 연결되는 모듈입니다. 학습자들은 접속사 중에서 가정법 if절을 가장 힘들어합니다. 뒤 모듈 편에 상세하게 설명을 해드렸습니다.

| 33. 혼문(복문+중문)
Mixed Sentence | | ①Look about, <u>and</u> see <u>if you can find it</u>.
②He thinks <u>that he's somebody</u>, <u>but</u> he's really nobody.
③My father told me <u>when he was arriving</u>, <u>but</u> I've forgotten |

Never give up!
Great things take time!!

여러분, 절대 포기하지 마세요!

위대한 일은 시간을 들여야 성취됩니다!!

33 영어 모듈
집중 탐구

Module 01

 주어 **+** 완전 자동사

기본을 탄탄하게!
Minimalism, 단순한 것이 아름답다!
Brevity is the soul of wit.

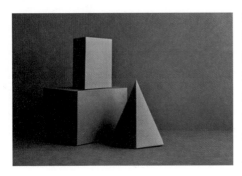

☐ 장황한 말 대신 두세 마디 짧고 간결한 표현으로 주변 사람들을 사로잡는 분들이 있죠? 대문호 Shakespeare는 'Brevity is the soul of wit.'(간결은 기지의 진수다!)라며 간결한 문장의 멋을 강조했습니다. 동양에도 '촌철살인寸鐵殺人'이란 말이 있습니다만 우리말조차도 그 경지에 도달한다는 것이 결코 만만치 않다는 사실은 여러분도 이미 잘 알고 계실 것입니다.

☐ 우리의 영어 실력은 사실 본 모듈1과 같은 간단한 영어 표현조차 만만치 않습니다. 미국무성의 어학전문기관인 Foreign Service Institute(FSI) 같은 세계적인 언어교육기관도 전체 교과 과정의 30-40%를 교육 초반부에 동사에 집중해서 가르칩니다. 특히 본 모듈1 '주어+동사'만큼은 완전하게 터득하게 한 뒤 다음 과정으로 넘어 간다고 합니다. 그래서 본 모듈1에는 비록 짧지만 간명하고 함축적인 멋진 표현들이 많이 들어 있습니다.

☐ 모듈1은 자동사 중에서도 '완전 자동사'가 들어가는데 동사 우측의 문장구조를 스스로 완성하기 때문입니다. 이 모듈에서 자동사intransitive verb는 주어의 동작이 다른 대상에 영향을 주지 않고 혼자 행하거나 스스로 이루어지는 동사입니다. 이제까지는 아무 생각없이 대했지만 이제부터는 앞 완전 자동사의 정의를 생각하면서 예문들을 꼼꼼하게 읽어 보세요! 이 자동사는 기본적으로 **'모듈9'**까지 진행됩니다. 그후 **'모듈12, 13, 20, 26, 30'**에 부분적으로 조금 더 나오기는 합니다.

☐ 그에 반해 타동사transitive verb는 주어의 동작 행동이 다른 대상에게 영향을 줍니다. 그래서

영향을 받는 대상 즉, 목적어object를 필요로 하는 동사입니다. 한 동사가 오직 자동사나 타동사 중 한 가지로만 쓰이는 경우는 그렇게 많지 않고 어떤 때는 자동사로 어떤 때는 타동사로 쓰이는 데 다만 각각 의미가 서로 다르게 쓰입니다.

Catchwords

표준 예문 Standard

예 **It works.** 정상적으로 작동된다.

예 **Let's roll!** 자, 시작해 봅시다!

예 **I googled.** 난 구글로 검색했다. 구글 메일을 보냈다.

예 **It never fails.** 그러면 그렇지! (반드시 그렇게 되게 되어 있어~)

예 **It hurts when I run.** 뛰면 여기가 아파요~

예 **My mouth watered.** 군침이 돌았다.

예 **Your age doesn't matter.** 나이는 중요하지 않습니다.

예 **Let's wait inside until rain stops.** 비가 그칠 때까지 안에서 기다립시다.

예 **Genie appears when Aladdin rubs his lamp.** 알라딘이 램프를 문지르자 Genie가 나타난다.

예 **A wireless mobile charger using radio will debut.**
라디오전파를 이용한 무선 이동 충전기가 출시될 예정입니다.

□ 아래 자동사들이 표현하는 영역들을 찬찬히 들여다보시기 바랍니다. 아래 동사들이 늘 자동사로만 쓰이는 것은 아니고 의미에 따라서 타동사로도 쓰일 수 있다는 점 참고바랍니다.

왕래, 발착: go, come, arrive, leave
일상행위: rise, sleep, eat, drink, smile, sneeze, meet, rest, study, swim
동작: walk, run, move, fly, laugh, cry, sing, wait, hurry, push, pull, work
자연현상: rain, snow, drizzle, shower, hail, sleet, thunder, lighten
언어사고: know, talk, say, speak, see, agree, understand, mind, worry
감각동사: listen, look, watch, ache, hurt, itch, smart, sting
상황, 형태의 변화: fail, succeed, break, help, talk, happen, pay
관용적 표현: I agree, if you insist

□ 자동사와 타동사 구분이 쉽지 않습니다. 우리 학생들은 동사마다 대표적 의미 한두 개 외우는 정도로 얕게 공부합니다. 그러다 보니 영어의 중심 품사인 동사를 깊이 알지 못하게 되고 그래서 동사를 마음껏 부리지 못합니다. 우리나라 사람들이 영어를 잘 못 하는 이유가 자동사와 타동사에 대한 이해가 부족하기 때문이라고 말하는 사람이 있을 정도입니다. 어쩌면 자동사와 타동사 구분 그 자체가 어려운 것이 아니라 그 정도로 얕게 공부한다는 점을 지적하는 것 아닐까 생각합니다.

한편 자동사나 타동사 어느 한 쪽으로만 사용되는 동사도 있지만 대부분의 경우 자동사와 타동사 함께 쓰입니다. 먼저 쉬운 예를 들어 비교해 보겠습니다.

(타동사) Let eat the meal. 음식을 먹자.　　　　　↔(자동사) Let's eat. 먹자.
(타동사) Paul is reading a book. 폴을 책을 읽고 있다.　　↔ (자동사) Paul was reading. 폴은 독서 중이었다.
(타동사) England team lost the match. 영국은 경기에 졌다. ↔(자동사) England team lost. 영국은 졌다.

이번에는 위 예보다 약간 복잡한 경우입니다만 drink 동사를 가지고 자동사-타동사로 각각 어떻게 다르게 사용되는지 더 들여다보겠습니다. 자, 아래는 사전 내용을 요약한 것입니다만 우리들이 왜 영어 단어를 지금까지보다 조금 더 깊이 공부해야 하는가를 잘 말해 줍니다.

자동사 표현 영역들

① (물이나 음료를 직접 마시는 표현은 아니지만) 물의 출처를 표현하는 경우

예 He drank out of a pail. 물통의 물을 마셨다.

예 They drank from a well. 우물에서 물을 마셨다.

② (어떤 술인지 밝히지 않고 그저) 술을 마시다 예 Don't drink and drive.

③ (~을 축하하여) 건배를 제안하다 (to~)

예 "I got a raise.", "Congratulations! Let's drink to that!"

"봉급이 올랐습니다.", "축하합니다! 자, (급여가 오른 것에 대한) 건배를 제안합니다!"

④ (비유)(~을) 맛보다 예 While he stayed in China, he drank deep of Chinese culture.
그가 중국에 머무는 동안 그는 중국 문화를 깊이 맛봤습니다.

타동사 표현 영역

①직접 물이나 수분을 흡수하는 표현에 쓰입니다.

예 He drinks beer. 예 A sponge drinks water. 예 A plant drinks moisture.

② 마셔서 ~의 상태가 되게 하다

예 Shall we drink a cup dry? 술잔을 비웁시다!

예 They drank the night away. 술로 밤을 새웠다.

예 He drank half his earnings away. 번 돈의 절반을 술을 마셔 없애 버렸다.

□ 여러분 핸드폰에 앱 영어사전이 깔려 있나요? 저는 잘 모르는 단어가 나타나면 즉시 앱 사전을 들여다봅니다. 이 앱 사전은 책으로 된 옛 사전과 비교하면 영어 학습에 있어 혁명에 가깝습니다. 여러분, 사전 안에 영어의 100% 모든 것이 다 들어 있습니다! 제가 2-3년 전 영한-영영사전을 독파할 때 보니 사전 한 권만 갖고도 영어를 충분히 정복할 수 있겠구나 생각이 들었습니다.

□ 자동사 문장들은 주어가 스스로 움직이는 표현이어서 다른 사람이나 힘에 의해 마지 못해 이루어지는 수동태 문장으로 바꿀 수 없습니다.

□ 자동사 중에서 일부의 경우 예를 들어 bake, cut, photograph, print, read, sell, shrink, translate, wash, write 같은 동사들은 다소 **'수동적 의미'**이거나 **'재귀적 의미'**를 갖는 자동사'로 쓰일 때가 자주 있습니다. 그에 해당하는 예문마다 "(수동 의미)"라고 별도 표기해 두었습니다.

예 This camera photographs well.

예 His book is selling well. (~~His book is selling itself well.~~)

예 Suddenly the door opened. (~~Suddenly the door opened itself.~~)

I **bet!** (I'll **bet.**) 틀림없어~, 확실해!　You **bet.** 물론, 당근이지!

It **hurts.** 진짜 아프네~ → 동일 It's **soring!**

It **stings.** 따끔따끔해요~

It **stinks!** 꼬린 내가 나는데~ → 유사 It **reeks!** 악취가 나는데~

→ 유사 That dog **smells.** 저 개에게서 악취가 난다. → This fish **smells.** 이 생선은 상한 냄새가 난다.

It **broke.** 고장이 났다. (☞ It's **broken.** 표현도 가능)

Let's **see.** 한번 볼까? → (유사) Let's **try.** 한번 해 볼까?

It **sleets.** 진눈깨비가 내린다. → 날씨 표현들 It **rains.** 비가 온다. → It **sprinkles.** 비가 부슬부슬 내린다.

It **drizzles** 이슬비(보슬비)가 내린다. → 유사 Honey **drizzles.** 꿀이 줄 흘러내린다.

It's **thundering.** 천둥이 친다. → Lightening **flashed.** 번개가 쳤다.

The fog **cleared.** 안개가 걷혔다.

I can **tell.** 그렇게 보이는데요~

Just **wait!** 너, 어디 두고 보자. → 유사 I'll **pay you back.** 내가 앙갚음해 주겠다.

You'll **see.** 두고 보면 알 거다.

This **sucks!** 이 짓도 지겨워 못하겠군! → My life **sucks!** 내 인생은 왜 이 모양일까?

Who **cares?** 무슨 상관이야? 내가 알게 뭐냐! → I don't **care.** 상관없습니다.

Don't **panic**! 놀라지 마세요!

All **change**! (열차) 종점입니다. 갈아 타십시오!

Day **dawns**. 동이 튼다. → 동일 Day **breaks**. 새 날이 시작된다.

I'm **coming**! 지금 갑니다~ (☞ I'm going!)

☞ 우리 말로는 'I'm going!'이 맞을 듯하지요? 그러나 그 뜻이 『나 외출합니다!』가 되어 아예 다른 표현이 됩니다. 여러분, 사전에서 come을 바로 찾아보세요. 첫 의미가 바로 **'말하는 사람이 있는 쪽으로 오다 (찾아 오다)'**로 되어 있지요? 제 앱 사전에는 come 동사의 용례가 무려 25개나 설명되어 있습니다. 그저 '오다', '가 다'로만 알기에는 아쉬움이 너무 많습니다. 사실 기본적인 단어일수록 더 공부할 것이 많고 어렵습니다. 이 come 동사를 보니까 말을 하는 '나'보다는 듣는 사람의 입장에서 단어를 사용하고 있구나 생각이 듭니다. 상대방을 배려하는 서구인의 마음이 들어 있는 표현이라는 생각이 듭니다. 영어 물론 쉽지 않지만 동양인과 다른 서구인의 사고방식 그리고 생활 습관을 하나씩 알아가는 재미 또한 아주 크다 하겠습니다.

Never **mind**. 괜찮아~, 신경 쓰지 마.

Honesty **pays**. 정직은 보응 한다.

Winter's **gone**. 겨울이 다 지나갔다.

Speeding **kills**. 과속은 생명을 앗아 간다. (kill 약이 치사량이 되다)

The roof **leaks**. 천장이 샌다.

Their eyes **met**. 두 사람의 눈이 마주쳤다.

The girl **snivels**. 여자 아이가 코를 훌쩍인다. 훌쩍훌쩍 울며 말하다.

It doesn't **work**. 효과가 전혀 없다! ↔ It works. 효과가 있다. 작동이 잘된다.

Anytime will **do**. 어느 때나 좋습니다. → 유사 Anything will do. 어떤 것도 좋습니다.

The vessel **sank**. 배가 가라앉았다. → 동일 The vessel **capsized**. 배가 침몰했다.

- 비유 His heart **sank**. 그는 낙심했다.

His head **ached**. 그는 머리가 아팠다. (☞ headache, toothache, stomachache)

What's **shaking**? 무슨 일이야? → What's up? (what is up?) → What's arrived? (← What has arrived?)

Can't **complain**! 그럭저럭 지내고 있지!

Don't **overdress**. 너무 지나치게 멋 부리지 마!

Any plan will **do**. 어떤 계획이라도 좋다. → 유사 Will this <u>do?</u> 이거면 될까요?

That won't **work**. 그거 안 되는 일이야~

A doorbell **rings**. 초인종이 울린다.

Poverty must **go**. 가난은 퇴치되어야 한다.

What **happened**? 무슨 일이지?

Will the ice **bear**? 이 얼음 밟아도 괜찮을까? (☞ bear 얼음이 깨지 않고 견뎌 줄까?)

[☞ 응용 How long could it **bear(last)**? 얼마나 견딜 수 있을까?]

That place **rocks**! (속어) 거기 물 좋다! → 유사 That place **kicks**!

That should **help**. 그거 도움이 될 겁니다. → 비교 Crying won't **help**. 울어도 아무 소용없다.

The road **ascends**. 길이 오르막이다. ↔ The road **descends**. 길이 내리막이다.

The pancake **rose**. 팬케이크가 부풀어 올랐다.

The class will **rise**! (반 학생 모두) 기립!

The storm **passed**. 폭풍이 지나갔다.

The rule still **goes**. 그 규칙은 아직 유효하다. → 동일 The law is still **valid (effective)**.

I'm just **browsing**. 그냥 둘러보고 있어요~ → Just **looking around**! 혹은 Just **looking**.

The door **opened.** 문이 열렸다

→ The door **slammed (shut).** 문이 쾅 닫혔다. → 동일 The door **banged (shut).**

You can never **tell.** 아무도 알 수 없는 노릇이지~

Nose wax **gathers.** 코딱지가 생기네~ (☞ 속어 **boogers** 코딱지, **ear wax** 귀지)

The fans **gathered.** 팬들이 모여들었다.

My clock is **ticking.** 시간이 부족해~ (시계가 째깍거리며 간다.)

How fast time **flies (passes)!** 세월이 쏜살같이 지나는구나! (감탄문)

The breeze **slacked.** 바람이 잦아 들었다.

You must not **hurry.** 서두르지 말아라.

You shouldn't have! 뭐, 이렇게까지~ (선물 받으며 의례적으로 하는 인사 ← You shouldn't have this much!)

The future unfolds. 미래가 펼쳐지다!

당신의 미래, 당신의 용기에 따라 다르게 펼쳐질 것입니다!

The razor won't **cut.** 그 면도기는 잘 들지 않는다. (☞ 수동의미)

Heaven only **knows.** 오직 신神만이 안다. (그 누구도 모른다.)

The tide has **turned.** 조수가 바뀌었다.

The engine **stopped.** 엔진이 멈춰 섰다. → 동일 The engine's just **died.** 엔진이 막 꺼졌다

The lock won't **catch.** 자물쇠가 잠기지 않는다. (☞ 수동 의미)

→ 비교 This match doesn't **catch.** 이 성냥은 불이 붙지 않는다.

His pulse **quickened.** 그의 맥박이 빨라졌다. (☞ 형용사 quick → 동사화 quick<u>en</u>)

Do your shoes **pinch?** 신발이 꼭 끼니?

His health **improved.** 그 사람 건강이 좋아졌다. → 동일 His health's **recovered.**

→ 응용 Still stabbing pain **returned.** 여전히 쑤시는 듯한 통증이 재발했다.

If you **pull**, I'll **shove. (push)** 네가 끌면 내가 밀겠다.

The door won't **open.** 그 문은 아무리 해도 열리지 않는다. (☞ 수동 의미)

Smoking (Anger) **kills.** 흡연(분 냄)이 수명을 단축시킨다. (☞ kill 약 등이 치사량이 되다)

- The plants **kill** easily. 식물은 쉽게 말라 죽는다. (☞ kill 수동 의미, 식물이 시들다)

The bus has **stopped!** (앗!)버스가 섰다! → [The bus **stops!** ← 문어체, 긴박함 표현이 상대적으로 덜함]

→ 비교 The bus **is stopping.** 버스가 막 서려 한다.

The brake did not **act.** 브레이크가 작동하지 않았다.

My heart is **knocking.** 내 가슴이 두근거린다.

The weather **worsens.** 기상이 악화되고 있다.

Look <u>before you leap.</u> 함부로 날뛰지 마! 누울 자리 보고 발 뻗어~

Why do stars **twinkle?** 왜 별들은 반짝거릴까요?

My stomach is **rumbling.** 배가 고파서 꼬르륵거린다.

Hydrogen **evaporates.** 수소는 증발한다.

My whole body **aches.** (몸살에 걸려) 온몸이 쑤신다. (삭신이 쑤신다.)

The table won't **polish.** 그 탁자는 광이 나지 않는다.

My laptop has **broken.** 휴대PC가 고장이 났다.

Will this material **wash?** (이 옷감) 물 빨래해도 되나요? (☞ 수동 의미)

→ 답 The wool shirt won't **wash**, it has to **be dry-cleaned.**

This stamp won't **stick. (to** the envelope) 이 우표가 (봉투에) 잘 붙지 않는다.

My gamble **succeeded.** 내 투기적 투자가 잘되었다. → 동일 He succeeded in **gambling.**

→ 유사 표현 He **speculated** in the real estate. 그는 부동산에 투기적으로 손을 댔다.

True friends never **part.** 진정한 친구는 결코 헤어지는 법이 없습니다.

Just say it. Don't **argue.** 그냥 그렇다고 해, 뭘 따져?

The storm (pain) **abated.** 폭풍(고통)이 잦아 들었다. → The pain is **abated.** (타) 통증이 잦아들었다.

I'll **go** if you don't mind. 네가 괜찮다면 그만 가겠습니다.

The carpet doesn't **stain.** 그 카펫은 때가 타지 않는다. (☞ 수동 의미)

How did your speech **go**? 연설은 잘되었나요?

My stomach is **rumbling.** 배가(고파) 꼬르륵거린다.

The proposal doesn't **suit.** 그 제안은 적합하지 않다.

My patience has **snapped.** 인내심이 한계에 다다랐다. (☞ snap 신경 등이 못 견디게 되다)

The asphalt road **stopped.** 아스팔트 길이 끝이나 있었다.

It never **rains** but it **pours.** 비가 오기만 하면 퍼붓는다. (☞ never ~but~)

My achilles' tendon **ached.** 아킬레스 건腱이 아팠다.

Barking dogs seldom **bites.** 짖는 개는 물지 않는다. (속담, seldom 부사 좀처럼 ~않다)

Without help, he'll not **last. (resist)** 도움이 없다면 그는 더 이상 버틸 수 없게 될 것이다.

The trade deficit **narrowed.** 무역 적자가 감소되었다. → 구어체 The trade deficit's **got narrowed.**

This memory will never **die.** 이 기억은 결코 잊히지 않을 것이다.

Her headache **disappeared.** 그녀의 두통이 사라졌다.

Call me when time **permits.** 시간 나거든 전화 줘!

The flies are very **annoying.** 파리는 아주 성가신 놈들이다.

That ship has already **sailed.** (속담) 버스 떠난 뒤에 손 흔들어 봐야 소용없다. 사후 약방문.

The pimple/balloon **popped.** 여드름/풍선이 터졌다.

[☞ 사진처럼 관심 주제에 대한 연관 단어들을 한꺼번에 익히는 방식이 어휘력 향상에 효과적입니다!]

The rainy season **has ended.** 장마가 이제 그쳤다.
Another example will **suffice.** (for its explanation.) 하나 더 예를 들면 (설명으로) 충분할 겁니다.

My driver license has **lapsed. (expired)** 운전면허가 만료되었다.
The moon **waxes and wanes.** 달이 차고 또 기운다.

I would rather **die** than **yield.** 항복하는 것보다 차라리 죽은 편이 낫다.
After spring, summer **follows.** 봄 뒤에 여름이 온다.

Winter was fast **approaching.** 겨울이 빠르게 다가오고 있었다.
He **worked** <u>until he dropped</u>. 그는 쓰러질 때까지 일했다.
How long does the show **run?** 공연은 얼마나 오래하나요?

Put down your load, and **rest.** 짐을 내려 놓고 쉬세요.
In the darkness, a stair **creaks. (squeaks)** 어둠 속에서, 계단이 삐그덕거린다.
When you heat water, it **boils.** 물에 열을 가하면 끓는다.

The summer is now **declining.** 이제 여름도 끝나가고 있다.
Man **plans**, the God **disposes.** 인간이 일을 계획하나 하나님이 주관하신다.
April is when the lilacs **bloom.** 4월은 라일락 꽃이 피는 계절이다.
Communists almost always **lie.** 공산주의자들은 거의 항상 거짓말을 한다.

She **fell** and bruised her knees. 그녀가 넘어지더니 무릎에 상처가 났다.
If Mike **quits**, I will take his job. 마이클이 떠나면 내가 그 자리에 앉게 될 것이다.

It **burns** when I go to the toilet. (의사에게) 화장실에 가면 (그곳이) 화끈거려요.
Huge number of fans **gathered**. 수많은 팬들이 모여 들었다.
The roof <u>leaks</u> <u>whenever it rains</u>. 비가 올 때 마다 지붕이 샌다.

The circumstances have shifted. (changed, altered) 상황이 바뀌었다.
Wool **shrinks** <u>when (it's)</u> <u>washed</u>. 양모는 물 세탁하면 준다. (☞ shrink 수동의미)
His way of making money **smells.** 그 사람 돈 버는 방식에 구린내가 난다. (☞ money laundering 돈세탁)

A passing dog would even **laugh**. 지나가던 개도 웃겠다~ (☞ would 추정 조동사 과거)
Several traffic accidents **occurred**. 몇 건의 교통사고가 발생했습니다.

If pain <u>continues</u>, see your doctor. 통증이 계속되면 의사의 진찰을 받으세요.
<u>The way of</u> **the wicked** will **perish**. 악인의 길은 망하리라. (시편 Psalms 1:6, the wicked 악한 자)
Paint the wall <u>where it has peeled</u>. 벽의 벗겨진 곳을 페인트 칠해라. (☞ 수동 의미)

The program's sponsors **withdrew**. 그 프로의 후원자들이 후원을 철회했다.
When night **falls,** the stars **appear**. 밤이 오면 별들이 보인다.
Her pantyhose <u>ran</u> and made a hole. 그녀의 팬티 스타킹은 올이 풀려 구멍이 났다.

Rarely does such a great **figure rise.** 그런 위대한 사람은 좀처럼 나오지 않는다.
[☞ 부사 강조 도치구문 **Seldom** would he write to his old mom. 그는 노모에게 편지조차 거의 하지 않았다.]
Since then, the political unrest **lulled.** 그 이후 정치 불안은 잠잠해졌다.

She dropped her eyes and **reddened.** 그녀는 눈을 내리 깔며 얼굴을 붉혔다.
When I think about him, it still **hurts.** 그 사람에 대해 생각하면 여전히 가슴이 아픕니다.

His words and actions do not **accord.** 그는 말과 행동이 일치하지 않는다.
A storm (A fire, The plaque) is **raging.** 폭풍우(화재, 페스트)가 맹위를 떨치고 있다.

There are few who have not suffered. 고통을 겪지 않은 사람은 없다.
The resources are gradually **shrinking.** 자원은 점차 고갈되어 가고 있다.

The two persons' stories didn't **match.** 그 두 사람의 이야기는 일치하지 않았다.
The economic prospects have **dimmed.** 경제 전망이 어두워졌다.

When the cat's away, the mice will **play.** (속담) 호랑이가 없는 골에 토끼가 날뛰는 법.
The glue (jelly, cement, mortar) has **set.** 아교(젤리, 시멘트, 몰타르)가 굳었다.

His courage **shook** when he heard of it. 그 소식을 듣자 용기가 나질 않았다.
She **looked** as if she had been weeping. 그녀는 내내 운 사람처럼 보였다. (☞ look 수동 의미)

He has to learn that gambling never pays. 그는 도박으로 절대 돈을 딸 수 없다는 사실을 알아야 한다.
Are you **attending** (to **what is being said**)? 들리는 말을 잘 따라가고 있습니까? (☞ attend to 경청하다)

(I did not find the book.) It just **happened.** (그 책은 찾아낸 게 아니다.) 우연히 눈에 띈 거야.
I phoned yesterday, but nobody **answered.** 어제 전화했는데 아무도 전화를 받지 않았다.

Love **lasts** as long as the money holds out. 돈 떨어지면 사랑도 멀어져 간다. (☞ hold out 남아 있다)
Situation seems terrible, but it will **pass** too. (상황이) 극악하지만 이 또한 지나가리라!
The number of people is rapidly **dwindling.** 사람의 수가 빠르게 줄어들고 있다.

She will **start** tomorrow if nothing prevents. 아무 지장이 없다면 그녀는 내일 출발할 것이다.
Everything's **finished.** Nothing **matters** now. 다 끝났는데 이제 아무려면 어때!
The wind died **away,** and a calm succeeded. 바람이 잦아지고 이어 고요가 찾아왔다.

(Never mind!) These (kind of) things **happen.** (걱정 마세요!) 이런 일들 다 일어나게 되어 있으니~
[**A house** *divided* against **itself**] cannot **stand.** 같은 편끼리 싸우면 배겨 낼 수 없게 된다.

After three very unhappy years, they **divorced.** 3년간의 불행한 결혼 생활 끝에 그들은 이혼했다.
I always **bathe** (take a bath) before I go to bed. 나는 자기 전에 항상 목욕을 한다.

We have two copy machines, but neither **works.** 복사기가 두 대 있으나 둘 다 작동하지 않는다.
I rubbed wax on the table so (that) it would **shine.** 나는 왁스를 발라 식탁이 광이 나도록 닦았다.

The dogs **cringed** when their masters raised whips. 개들은 주인이 회초리를 들자 몸을 움츠렸다.
My voice was **trembling** and my heart was **beating.** 내 목소리는 뛰고 내 가슴은 둥탕거렸다.
She **swam** and **sunbathed** at the pool every morning. 수영 후 매일 아침 수영장에서 일광욕을 했다.

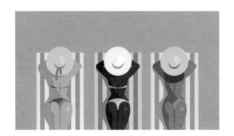 

(How pale that lady looks!) I think she's going to **faint.** (저 여자분 창백하군!) 곧 기절할 것만 같아요.
Both texture and condition of your hair should **improve.** 머리 결과 상태 모두 개선되어야 합니다.

I don't trust politicians. I never have, and I will never **will.**
나는 정치인들을 믿지 않는다. 이전에도 그랬고, 앞으로 그럴 것이다.
(What time do you leave home every morning?) It **varies.** 그때 그때 달라요. **대중없습니다.**
[☞ vary 동사의 활용도가 높습니다. 여러분이 직접 사전을 가지고 더 공부해 두기 바랍니다.]

I've looked up information **on-line**, but it's never **worked.** 온라인으로 정보를 찾았으나 얻지 못했다.
The wind was so strong, and some of the balloons **popped.** 바람이 엄청 강해서 풍선들이 터졌다.
"May I ask who is **calling**?" "This is Mr. Lee of TRW company. 누구신지요? 네, TRW 'Mr. Lee'입니다.

발전 예문 Intermediate

I **swear.** 맹세합니다! (→ 유사 I swear on a stack of bibles. 성경에 손을 얹고 맹세합니다!)

It **matters**. 그건 중요합니다. ↔ It doesn't **matter**. 문제없습니다. 아무거나 괜찮습니다.

→ Does size **matter**? 크기가 문제가 되나요? → Mindset **matters**. 마음 가짐이 중요합니다.

→ Your vote **matters**. 당신이 누구를 투표하느냐가 중요합니다.

2012년 2월 African American인 Travon Martin을 백인 경찰이 잔인하게 쏴 죽인 총격살인사건이 있었고 그 재판에서 무죄 판결을 나자 시작된 흑인 민권운동의 저항 구호입니다.

Black lives matter!
'흑인의 생명은 소중하다!'

It **depends**. 다 상황에 따라 다르지. 그때그때 달라요~ (예 Well, it depends! He may win the prize.)
Will this **do**? 이거면 될까요?

Tastes **differ**. 사람마다 취향이 다 다릅니다!
His eyes **fell**. 그는 눈을 내리깔았다.
Money **talks**. 돈이 말한다. (돈이면 다 해결된다.)
Time will **tell**. 세월이 약이다.

Don't **bother**. 신경 쓰지 마세요.
How did it **go**? 그 일, 어떻게 되었죠?
My skin **itches**. 피부가 가렵습니다.
The top sleeps. 팽이가 제자리를 잡았다. → 응용 His curiosity never **sleeps**. 그의 호기심은 끝이 없다.

☞ sleep, 영미인들도 이 장면에 대한 표현이 썩 쉽지 않았나 봅니다. ^^

People will **talk**. 세상은 말이 많은 법이다. → 유사 People are talking.

Prices **tumbled**. (plummeted) 물가가 폭락했다. ↔ Prices **skyrocketed**. 물가가 폭등했다.

This stuff **rocks**! 이거 기똥차다! [☞ rock 비 격식, 앞 위로 흔들이다; (흥분 감격으로) 동요하다. 감동하다]

The door **drags**. 문이 빡빡하다.

Everything **shows**. 다 티가 난다~

The plot **thickens**. 사건이 점차 복잡해 간다.

She doesn't **belong**. 그녀는 사교성이 없다. → She never **socializes**. 그녀, 남들과 결코 어울리지 않는다.

Then the door **pings**. 그때 문이 핑(확) 열린다.

Every customer **counts**! 모든 고객은 소중한 분들입니다!

Did your prayer **prevail**? 당신의 기도가 효험이 있었습니까?

This bird can **articulate**. 이 새는 분명하게 말할 줄 안다. (☞ articulate 똑똑히 말하다)

His health **deteriorated**. 그의 건강이 나빠졌다.

Tony's brave face **breaks**. (diminishes, disappears) 토니의 용감한 얼굴이 사라진다.

His fortune **accumulated**. 그의 재산이 늘어났다.

→유사 Dust will **accumulate** (gather) while you're away. 네가 떠나 있는 동안 먼지가 쌓일 거야.

What the boss says **goes**. 사장의 말은 절대적이다.

Whatever he does **prospers**. 그가 하는 일마다 다 형통하리라. (성경 말씀 중)

Go left **where** the road **divides**. 길이 갈라지는 데서 왼쪽으로 가세요.

You may **go** if nothing **interferes**. 지장이 없다면 가도 좋습니다.

It **happened** when I least **thought**. 그 일은 전혀 생각지도 못할 때 일어났다.

What matters is **how** they **survive**. 문제는 '그들이 어떻게 살아 남느냐'이다.

Time **flies** when you are having **fun**. 재미있으면 시간 가는 줄 모른다.

I'll by any manner of means **consent**. 난 **결코** 동의하지 않을 것이다.

Let's **roll before** the worst of traffic **hits.** 교통 체증이 극심하게 되기 전 떠나자.

Turn the heat down **so** the sauce **simmers**. 소스가 서서히 끓게 불 낮춰라.(☞ simmer 서서히 끓다)

In the Triassic period, dinosaur **proliferated**. Triassic기엔 공룡이 번식했다.(☞ proliferate 번성하다)

Can you help me? The handle won't **unscrew.** 손잡이가 돌아가지 않네. 도와줘!

Hopes of **reaching** an agreement **evaporated**. 합의에 도달할 것이란 희망은 물 건너 갔다.

Rub the ointment well **in**, and the pain will **go**.
연고를 (in - 안으로 스며들도록) 잘 바르세요. 그럼 통증이 사라질 겁니다.

As the politicians **haggle**, the violence **worsens**. 정치인들이 나댈수록 폭동은 더 악화되어 간다.

I can **smell** when we'**ve gotten** near the stables. 마구간 근처에 가까이 가면 냄새로 알 수 있다.

심화 예문 Advanced

Nothing **idealized**. 아무 것도 제대로 된 게 없다.

She seldom **speaks unless** (she is) spoken **to**. 그녀는 남이 말 걸지 않으면 말을 거의 하지 않는다.

Try **gargling** with salt water **as soon as a cough begins**. 기침 시작되면 즉시 소금물로 양치질해라.

It's impossible to predict **when an earthquake will happen.** 지진이 언제 일어날지 예측할 수 없다.

How about going on a picnic this afternoon? Now you're **talking.**
오후에 소풍 가는 거 어때? 당연히 너무 좋지! (강한 동의)

He believed **that**, *if he couldn't see something*, it didn't **exist**.
그는 그가 뭔가 볼 수 없었다면 그것은 존재하지 않는 것이라 믿었다.

The time had **arrived** at last **when** I need to *give up* **smoking.** 드디어 금연할 시간이 다가왔다.

It's *not* **how much you read** *but* **what you read** [that counts].
중요한 것은 당신이 얼마나 많이 읽었느냐가 아니라 무엇을 읽었냐 문제다.

It's often said that going to the country of the language **helps.**
그 언어를 사용하는 나라를 방문하는 것이 도움이 된다고들 말한다.

These glasses are *fragile*: they **break** if you merely look at them. (☞ fragile 깨지기 쉬운)
이 유리 잔은 자칫하면 깨진다. 네가 그저 쳐다보기만 해도 깨질 겁니다.

*A rumor was passing around **that** the president would soon **resign**.*
대통령이 곧 사임할지 모른다는 소문이 돌고 있다.

☞ A rumor는 '한 소문' 또는 '어떤 소문'으로 이해합니다. 만약 The rumor의 경우라면 어떻게 해석될까요? '(바로) 그 소문'이 됩니다. 영미인들의 사고구조에서는 A rumor 와 The rumor의 차이는 실로 어마어마합니다. 영어에서 이 정관사와 관사, 복수와 단수, 그리고 주어 동사의 수와 일치 등에 대해서 영미인들은 일종의 강박관념obsessive-compulsive neurosis을 갖은 듯 정확하게 표현하기 위해 대단히 집착하는 모습을 보입니다. 우리말에는 그런 표현 구분에 대해 그렇게 큰 중요성을 부여하지 않습니다. 그러나 이것들은 영어의 기본basic이면서 영어를 깊이 있게 이해하고 서구인의 사고구조를 이해하는데 매우 중요한 기초 개념을 제공합니다. 여러분 책 꽂이에 꽂혀 있는 아무 영문법책이나 열어 꼭 한번 정리해 두세요! 그렇게 어렵지 않습니다.

*It's often said **that** staying at the country of the target language **helps.***
배우려는 언어를 사용하는 나라에 머무는 것이 도움이 된다고 흔히 말합니다.
The baby will **nurse**, and *be satisfied at* her mother's **comforting breast**.
아기가 젖은 빨며 엄마의 편안한 품에서 만족할 것이다.

I dropped my glasses this morning, but **for a wonder** they did not **break**.
나는 오늘 아침 안경을 떨어뜨렸으나 신기하게도 깨지지 않았다.
Seriously – **in the huge sweeps of things**, **this stuff** doesn't that much **matter**.
정말 엄청난 일이 많이 일어나는 세상 속에서 이런 것 정도는 그다지 중요하지 않으니까 말이야~
The deaths **occurred when police acted to stop widespread looting and vandalism**.
경찰이 만연한 **약탈과 파괴**를 중단시키는 과정에서 사람들이 죽었다.

[Vandalism – 5세기 아프리카 왕국을 세운 반달인들이 로마를 침략할 때 보여 준 이유 없는 문명 파괴 행위]

Module 02

부사adverb와 멋진 춤을!

□ 문장의 요소 중 **'수식어modifier'**인 부사Adverb는 『add+verb』의 줄임말입니다. 말 그대로, 동사가 언제, 어디서, 어떻게 움직이는지 정교하고 풍성하게 표현되도록 돕습니다. 이 부사가 들어간 문장의 사용빈도 비중이 자-타동사 합쳐 **10%**가 넘지만 기존 학습법은 부사를 경시해 왔습니다.

□ 16-17세기 이후부터 인류의 활동영역이 급격하게 늘면서 동사를 포함한 새로운 단어의 필요성이 급증해 왔습니다. 그러나 문맹률이 높던 시절 매번 새 단어를 새로 만들어 사용하는 대신 동사의 경우에는 누구나 다 아는 기본적인 동사들 뒤에 off, on, out, up과 같은 **'부사'**나 **'전치사'**를 붙여 기존 동사의 의미를 약간 틀어만든 소위 『**구동사phrasal verb**』를 만들어 사용해 왔습니다. 구동사는 말을 편히 사용하게 하려는 자연스런 언어 활동의 결과물이며 언어가 편의성을 추구하며 진화해 가는 과정입니다.

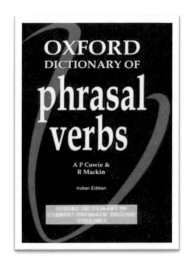

이런 구동사는 지금도 계속해서 새로 만들어지고 있습니다. 예를 들어 최근에 쓰기 시작한 'party out'은 파티에서 진하게 놀다'로, 'chicken out'는 '겁을 먹고 도망가다'의 뜻으로 쓰입니다. 구동사는 이미 그 숫자가 계속해서 늘어 옆 사진과 같은 구동사 전용사전이 있을 정도로 영어에서 차지하는 비중이 커졌습니다.

□ 본 '모듈2'에 일부러 많은 양의 예문을 올렸습니다. 왜냐하면 우리 학습자들이 부사가 들어간 구동사를 잘 구사하지 못하기 때문입니다. 그 이유는 우리 학습자들이 대부분 얕게 공부합니다. 따라서 구동사마다 들어가는 부사에 최소 3-4가지 이상의 의미 영역들을 갖고 있다는 것부터

힘들어합니다. 또 다른 이유는 이 구동사는 구어체에 주로 쓰이는데 우리들은 말보다는 책을 통해 문어체 위주로 공부해 왔고 그래서 대체로 구동사에 약한 편입니다. 따라서 본 모듈은 '구어체'를 능숙하게 구사하고 싶은 학습자들에게 꼭 필요합니다. 그 과정에서 부사에 대해 깊이 알 수 있게 됩니다. 우선 아래 두 예문을 통해 구어체와 문어체를 구분해 보겠습니다.

비 격식 구어체 What time are you planning to **turn up**? 몇 시에 도착 예정입니까?
격식 문어체 Please let us know when you plan to arrive. 언제 도착할 예정인지 알려 주세요.

비 격식 구어체 Just keep on till you **get to** the crossroad. 교차로가 나올 때까지 계속 가세요.
격식 문어체 Continue as far as the crossroad. 교차로까지 계속 가세요.

□ 이번에는 cut 동사를 가지고 이 동사에 off, out, up 부사가 붙을 때 어떤 의미 차이가 나는지 살펴보겠습니다. 아래는 네모난 색종이를 가위질해서 도려내는 세 가지 서로 다른 장면들인데 이 세 장면만 갖고도 구동사의 특성을 잘 파악할 수 있습니다.

예 **Let me cut off a corner of the paper**. 부사off는 분리의 의미. 색종이 일부를 잘라내는 장면입니다.
예 **Let me cut out a rectangle**.
부사 out은 '밖으로 빼다'. 색종이 한 가운데에서 직사각형 모양의 종이를 도려 내는 장면입니다.
예 **Let me cut this paper up**. – 부사up은 '완전하게', 색종이를 조각조각 완전하게 잘라내는 장면입니다.

□ 본 모듈에 실린 예문에는 '**부사적 소사 particle**'뿐만 아니라 well, downstairs 등과 같은 '**일반부사**' 그리고 **전치사구**까지 함께 올렸습니다. 왜냐하면 실전에서도 부사 단독이 아닌 이 일반 부사와, 또는 전치사구가 어우러져 함께 표현되기 때문입니다. 다만, 전치사구는 본 모듈에서는 맛보기 정도만 다루고 뒤 '모듈7 (자동사)'과 '모듈29(타동사)'에 가서 깊이 다룰 예정입니다.

□ '전치사구'는 원래 '부사구'와는 용어와는 분명 다른 구phrase입니다만 일반적으로 '부사구'로 구분없이 부릅니다.

예 전치사구 It's snowing. Let's **look out of the window**! 창 밖을 봐! 눈이 온다.
예 부사구 **On all accounts**, it was a total failure**. 어떤 면으로 보더라도 그건 완전 실패였다.
예 부사구 **In order to arrive on time**, we hastened. 시간에 맞춰 도착하기 위해 우리는 서둘렀다.

표준 예문 Standard

예 **Hold on!** 잠깐만요~

예 **Sold out!** 매진!

예 **I got laid off.** 나 (회사 사정으로) 정리해고 당했어. → cf. **I got fired.** 나 회사에서 (내 잘못으로) 잘렸어.

예 **It went pop.** '펑'하고 터졌다.

예 **Think twice!** (행동하기 전) 한 번 더 생각해 보세요!

예 **Here we go!** 자, 갑시다! 한번 해 봅시다!

예 **Stick around!** 물고 늘어져!

예 **There is about 70 in.** 안에 대략 70명 정도 있습니다.

예 **Let's run just in case!** 혹시 모르니까 뛰자!

예 **Don't talk back to me!** 내게 말대꾸하지 마!

예 **I blacked out last night.** 어제 밤 술을 마셔 필름이 끊겼다. 한 대 맞고 정신을 잃었다.

예 **The two friends babbled on for hours.** 두 친구는 여러 시간 재잘거렸다.

예 **Talk on if you will, I'll not be persuaded.** 네가 아무리 떠들어도 네 말에 넘어가지 않을 거다.

2-1 완전 자동사 + 부사적 소사 adverbial particle

핵심 문법 점검 Review on Core Grammar

□ 구동사에 대한 정확한 정의는 동사가 부사적 소사와 결합해서 '2어동사two words verb'를 만드는데 그 뜻이 동사와 부사 두 단어만 가지고는 뜻을 유추해 내기 어려운 새로운 의미를 나타내는 경우를 가리킵니다. 예를 들어, put off 연기하다, work out 운동하다, give up 포기하다 등과 같은 경우인데 work와 out 두 단어만 가지고는 '운동'이란 의미를 유추해 내는 것은 쉽지 않습니다. 그러나 요즈음은 굳이 새로운 의미 부여 여부와 관계없이 구동사로 통합해서 부르는 추세입니다.

□ 구동사 중에서 아래와 같은 기본 동사들과 **'부사적 소사adverbial particle'**들이 결합해서 만들어 내는 구동사에 특히 관심을 갖기 바랍니다. 이들의 조합만으로도 영어의 모든 표현들을 다 해낼 수 있다고 말합니다. 여러분, 예전 학교에서 하던 대로 '숙어'라고 해서 그저 무턱대고 외울 것이 아니라 제공해 드린 예문들에 감성적으로 접근해서 의미간 차이들을 잘 이해하고 실전에서 적극 활용해 보기 바랍니다.

기본 동사의 예 ('시현 동사'라고도 합니다)

break, bring, call, come, get, give, go, keep, know, look, make, pass, pull, put, run, take, turn

구동사에 자주 쓰이는 부사적 소사들

about, across, ahead, along, around, away, by, down, in, off, on, out, over, through,, up

원래 소사 particle의 정의는 관사, 전치사, 부사, 접속사 등과 같이 어형의 변화가 없고 단독으로는 쓰이지 않는 단어를 말하는데 위 소사 중 예를 들어 by, down, in, off, out, on, over 등은 부사로도 또 전치사로도 공용으로 사용됩니다. 그 때문에 동사 뒤에 놓인 소사가 부사인지 전치사인지를 구분하기 어려울 때가 있습니다.

뒤 '모듈7'에서 다시 다룰 예정입니다만 예를 들어 stand by, exist in, insist on 등과 같이 동사와 '전치사'가 결합해서 만드는 동사구는 『**전치사 수반동사prepositional verb**』라 따로 구분해서 불렀습니다. 다만 최근의 추세는 이 또한 딱히 구분하지 않고 '구동사'로 모두 통합해서 편히 부르는 점 참고바랍니다.

☐ 구동사에는 2어구동사(동사+부사)만 있는 것이 아니고 2어동사 뒤에 전치사를 추가해서 만든 아래와 같은 '**3어구동사**'들도 실전에서 자주 사용됩니다.

catch up with ~을 따라잡다, come down with 병에 걸리다, come out with 망설임 없이 맘껏 지껄이다, come up to ~에 도달하다, crack down on 강제 단속하다, do away with ~을 없애다, get away with (벌 따위를) 간신히 면하다, go back to 되돌아가다, get on(along) with ~와 잘 지내다, go through with 끝까지 해내다, keep up with ~에 뒤지지 않다, look down on ~을 깔보다, look out for ~을 조심하다, look up to ~을 존경하다, look forward to ~을 학수고대하다, put up with 참다, stick up for ~을 옹호하다.

◻ Stop talking and **get on with** your work! 이야기 그만하고 일 좀 하자!
◻ It's hard to **put up with** people who won't stop grumbling. 쉴 새 없이 투덜대는 사람들은 참기 어렵다.
◻ If you're on the road on Friday night, **look out for** drunk drivers. 금요일 밤 운전 땐 음주운전자들 조심해.

☐ 부사의 종류

단순부사 I've arrived just before. 방금 도착했습니다. - 시간, 장소, 정도, 양태 빈도 표시
의문부사 When did you get married? 장소, 시간, 이유, 방법 등을 묻는 기능
관계부사 This is the box where I will put the odd things. 이건 잡동사니를 넣어 둘 상자이다. (부사절)

☐ 일반 부사의 표현 영역
정도 barely, hardly, scarcely (셋 모두 부정 표현), almost, nearly, just, quite

방식 well, nicely, quickly, carefully, doubtfully, beautifully, quietly, just, seemingly
장소 inside, outside, upstairs, downstairs, here, there, everywhere, nowhere
시간 before, yet, still, already, lately, recently
빈도 always, not always, usually, often, sometimes, seldom, never
목적, 이유 to do, to avoid, to get, to remember, to be

□ 부사의 기능

① Alex will leave <u>tomorrow</u>. 톰은 내일 출발한다. ← **동사 leave를 수식**
② Situation seems <u>extremely</u> safe and secure. 상황은 아주 견조한 듯하다 → **보어 safe & secure수식**
③ He plays the golf <u>very well</u>. ← **부사 very가 다른 부사 well을 수식, <u>very well</u>이 동사 plays 수식**
④ Son is <u>quite</u> a famous player. 손은 아주 유명한 선수다. ← **quite가 명사구인 a famous player를 수식**
⑤ <u>Even</u> Tom can do it. 톰 조차도 그것을 할 수 있다. ← **even이 대명사 Tom을 수식**
⑥ <u>Probably</u> he can reach his goal 아마도 그가 자기 목표에 도달할 것 같다. ← **문장 전체를 수식**
⑦ She is a professor, <u>for crying out loud</u>! 맙소사! 그 여자가 교수라네 그려~ ← **문장 전체를 수식**

□ 부사/부사구의 나열 순서

부사(구)가 '수식어'여서 다른 품사나 문장의 성분과 달리 그 위치가 상대적으로 자유롭습니다. 그럼에도 불구하고 대개 다음과 같은 순서를 기본으로 합니다. 다만, 순서에 너무 민감할 필요 없습니다. 아래 큰 원칙들을 개략 이해한 후 본 교재에 실린 예문들을 읽고 읽는 사이 그 순서가 저절로 익혀지고 틀린 문장을 만나면 금세 느낌으로 오류를 감지해 내는 능력을 기르는 것이 가장 바람직합니다. 그런 오류 분별 감각과 능력을 앞에서 『영어의 문리文理』라고 설명드렸죠?

①일반적 순서: **방법(양태) → 장소 → 시간** [☞ 흔히 학생들이 '방-장-시'라 외웁니다!]

예 People reclined <u>peacefully</u> <u>on the grass</u> <u>in the afternoon time</u>.
사람들이 오후 시간에 잔디에 평화롭게 비스듬히 누워 있었다.

②'왕래 발착 동사'의 경우: **장소 → 방법(양태) → 시간** [☞ 흔히 '장-방-시'라 외웁니다!]

예 He went <u>to Chicago</u> <u>by air</u> <u>yesterday</u>. 그는 어제 항공편으로 시카고로 갔다.
예 He reached <u>home</u> <u>one hour earlier</u> <u>yesterday night</u>. 그는 어제 밤 한 시간 빨리 집에 돌아왔다.

③시간과 장소: 작은 단위부터 큰 단위, 작은 장소에서 큰 장소, 가까운 곳에서 먼 곳으로 표현
예 People poured <u>out of church</u> <u>into the street</u>. 사람들이 교회로부터 길거리로 쏟아져 나왔다.

예 I was born at <u>6 in the afternoon of August 15 in 1988</u>. 난 1988년 8월 14일 오후 6시에 태어났다.

예 A man came to paint <u>over the cracks in the wall of the reception room</u>.
한 남자가 응접실 벽 위 금이 간 벽을 칠하려고 왔다.

부사적 소사 통합 예문

About ①대략, 거의 ②~가까이에 ③방향을 바꾸어 ④여기저기에 ⑤~의 둘레에 ⑥~이 퍼져서 ⑦무료하게

Is anyone <u>about</u>? 근처에 누가 있나요? (~가까이에)

Influenza is <u>about</u>. 독감이 돌고 있다. (~이 퍼져서)

He is always <u>fooling about</u>. 그는 늘 빈둥거린다. (특별한 목적 없이 무료하게, 멍청하게)

What are you <u>driveling about</u>? 무슨 시시한 소리를 지껄이고 있냐? (☞ drivel 쓸데없는 소리하다)

They <u>searched about</u> for the lost letter. 그들은 분실한 편지를 두루 찾아봤다. (~의 둘레에, 여기저기)

Ahead ①앞 쪽에, 앞서서 ②장차, 앞으로 ③유리한 입장에

Go ahead! 먼저 하세요~, 먼저 말씀하세요~ (앞서서)

He **pushed ahead**. 그는 앞쪽으로 밀고 나아갔다. (앞 쪽에)

→ The deadline was **pushed ahead**. 마감일이 이틀 당겨졌다. (앞으로) (수동태 문장)

He stands **ahead** of others in the competition. 그는 경쟁자들보다 유리한 입장에 있다.

Along ①~을 따라서 ② (멎지 않고)앞쪽으로 ③(시간이나 일이) 많이 진행되어

Move along! (경찰이 군중을 향해서) 서지 말고 계속 앞으로 걸어가세요! (앞쪽으로 계속)

Come along! 이 쪽으로 오세요. (멎지 않고 계속 앞쪽으로)

The afternoon was well along. 오후 이슥한 시간이 되었다. (시간이 많이 진행되어)

Around ①~의 주위에 ②여기저기에 ③빙 돌아 ④방향을 바꿔 ⑤헛되이 시간을 보내며 ⑥의식을 회복하여

Stick around! 이 근처에서 잠시 기다리게! ↔ I can't stick around. 이제 그만 가 봐야 겠습니다.

He is always **nosing around**. (about) 그는 뭔가 냄새를 맡으려고 킁킁거리며 다닌다. (여기저기에)

Why are you lingering **around?** 왜 (안 가고) 배회하고 있어? (☞ linger 꾸물거리다, 오래 머무르다)

→ I linger **away** the afternoon at the poolside. 난 풀장 가에서 느긋하게 오후 시간을 보냈다.

If you don't know, you'd better ask **around.** 네가 모르거든 여기저기 물어보는 것이 좋다.

People crowded **around** to look at the wrecked ship. 난파선을 보려고 사람들이 구름같이 모여들었다.

At the threat of arrest, the witness came **around** and testified. (방향을 바꿔)

체포하겠다고 위협하자 증인이 생각을 바꿔 증언했다.

When Tom came **around**, he found **out** that he had a bump on his head. (의식을 회복하여)

톰이 제정신이 돌아왔 때 그는 머리에 혹이 난 것을 알게 되었다.

Away ①~에서 떨어져, 떠나서 ②다른 방향으로 ③(점차)사라져, 약해져 ④(쉼없이)끊임없이

He passed **away**. (격식) 그가 운명을 달리 했다. (사라져) → 유사 비 격식 **He died.**

The car roared **away**. 차가 굉음을 내며 사라졌다. (다른 방향으로)

They both looked **away.** 그들은 서로 외면했다. (다른 방향으로)

Politician's power melted **away.** 그 정치인의 힘은 점차 약해져 갔다. (사라져, 약해져)

The water will soon drain **away.** 곧 물이 빠질 것이다. (사라져)

The children merrily rattled **away.** 아이들이 명랑하게 재잘댔다. (☞ rattle away 계속 지껄이다) (쉼없이)

rattle snake 방울뱀   rattle toy

Spring flowers quickly **consumes away**. 봄에 피는 꽃은 빨리 져 버린다. (☞ 수동 의미)
Old soldiers never **die**; they only **fade away**. 노병은 죽지 않는다 다만 사라져 갈 뿐이다. (사라져)

McArthur 장군 전역 고별사

I just want to **drop** everything and **run away**. 다 내 팽개치고 도망가고 싶은 심정이야. (사라져)

By ①~의 곁에 ②~의 곁을 지나서, 지나가 버려서 ③~옆에, 제쳐 놓아 ④(미 비 격식) 남의 집에(으로)

Time **slips by**. 시간이 미끄러지듯 휙 지나간다.→ 유사 Time **glides on**. 세월이 미끄러지듯 지나간다.
→ The years **steal by**. 세월이 도적같이 지나간다. → **Swiftly** flies the days. 세월이 참 빠르게 가는구나.
Do it **when nobody is by**. 네 옆에 아무도 없을 때 해라. (~옆에)
An endless line of cars flowed by. 차량이 끝없이 줄지어 지나갔다. (지나가 버려서)

I can't afford to **let** a chance like this **go by**. 이런 기회를 그냥 흘려 보낼 수 없다. (~의 곁은 지나서)
They **dropped by** to say hello to me. 그들은 인사 차 잠시 내게 왔다. (☞ drop by 잠시 들르다)
Come **in** and see us if you **happen to be passing by**. 지나는 길이 있거든 잠깐 우릴 보러 들러요.
[☞ happen to do 우연히 ~하다, pass by 지나가다]

Down ①낮은 곳으로, 아래 쪽으로 ②앉아서, 누워 ③낮아져, 약해져 ④엷어져 ⑤마음을 쏟아 ⑥써넣어 ⑦모조리, 완전히 ⑧쓰러져, 엎드려 ⑨현금으로

It's **pissing down**. (속어) 비가 (오줌 내리듯) 쏟아져 내린다. (☞ piss 오줌을 싸다 → have a piss)
→ 유사 Rain **showered down**. 비가 샤워 물줄기처럼 쏟아져 내렸다. (위에서 아래쪽으로)
The car **broke down**. 차가 고장나 퍼져 버렸다. (약해져)
→ Negotiations have **broken down**. 협상이 결렬되었습니다.

He washed down a car. 그는 차를 말끔하게 세차했다. (완전히)

Let's get down to work. 자, 일을 시작하자. (마음을 쏟아) (☞ get down to 비 격식 ~일에 전념하다)

Most stocks went down. 대부분 주가가 내렸다. (낮아져)

My temperature has come down. 내 체온이 내렸다. (낮아져)

At last, the wind quieted down. 마침내 바람이 잔잔해졌다. (약해져)(☞ quiet 조용해지다, 안정되다)

He stepped down as president. 그는 사장직에서 중도 하차했다. (☞ step down 하직하다; 하차하다)

He stepped on a slippery stone and fell down. 그는 미끄러운 돌을 밟아 넘어졌다. (☞ fall-fell-fallen)

Whether you fly *first or economy class*, if the plane goes down – you go down with it.
일등석에 있든지 보통석이 있든지 비행기가 추락하면 당신도 그 비행기와 함께 떨어집니다.

In	①~안에, ~안으로 ② 집에, 출근하여, 감옥에 들어가 ③도착하여, 계절이 와 ④한창 제철인, 유행하는

Let's go in. 안으로 들어가 봅시다. (안으로)

He sneaked in. 그는 몰래 들어왔다. (안으로)

Please don't cut in. (운전 중, 말에) 끼어 들지 마라! (~안으로)

Thank you for dropping in. 들러 줘서 고맙네! (☞ drop in 지나는 길에 잠시 들르다) (~안으로)

Money comes in and goes. 돈은 돌고 도는 법 → 동일 Money is always changing hands. (~안으로)

My teacher just happened in. 선생님이 마침 그 자리에 계셨다. (~안에)

I've lost my key, so I can't get in. 키를 잃어버려서 안으로 들어갈 수가 없다. (~안으로)

When poverty comes in, love flies out. 가난해지면 사랑은 날아가(달아나) 버린다. (안으로; 밖으로)

Mother used to have a female servant [who slept in]. 어머니는 늘 입주 여자 하인을 거느렸다.

He then opened the bathroom door again and looked in. 욕실 문을 열고 다시 안을 들여다봤다.

Be동사 경우

Summer is in. 여름이 왔다. → 유사 Melons are in. 멜론이 한창이다. → 응용 My luck is in. 운이 좋았다.
→ 유사 The tide is in. 만조 상태다. 일이 잘되어 가고 있다.

Is John in? 존이 집에 있나요? (~집에)

What offence is he in for? 그 사람 무슨 죄로 복역 중인가요? (복역 중에)(← for what offence)

He asked his wife to phone the office that he would not be in. (☞ in 출근하여)
그는 아내에게 자기가 오늘 회사에 출근하지 못한다는 전화를 해 달라고 부탁했다.

Off ①떨어져서, 분리되어 ②어떤 장소에서 출발하여 ③(전기제품 작동이)멈춰 ④(어떤 장소,입장에서)떨어져 ⑤(사물을) 끝내어 ⑥(일, 근무를) 쉬고 ⑦온통, 완전히 ⑧할인해서 ⑨저하되어, 쇠퇴해서 ⑩실현되어 ⑪즉시, 단숨에 ⑫특정 동사와 함께 강조적 의미로서 ⑬나누어, 분할해서 ⑭(사건, 습관, 동작이) 중단되어

Stand **off**! 떨어져 있어라! (분리, 떨어져서)

I **feel** a bit **off. (up)** 내 몸 상태가 좀 좋지 않다. (↔ up 상태가 좋다) (저하되어, 쇠퇴해서)

Don't **goof off**! 농땡이 피지 마라! (동사 강조 off)→ (동일) Why are you **goofing off**?

[☞ goof (美 속어) ①큰 실수를 저지르다, ②농땡이치다 **예** He goofed **off** on his job. 일을 대충대충 했다]

Off went the light. 전등이 꺼졌다. (부사 off 강조 도치문)(전기제품 작동이 멈춰)

Hydrogen **boils off.** 수소는 데워지면 증발한다. (분리되어) → 동일 Hydrogen **evaporates.**

He always **shows off.** 그는 항상 뻐긴다. (동사 강조 off) (☞ show off 과시하다, 뽐내다)

The airplane **takes off.** 비행기가 이륙했다. (분리) → 유사 The rocket blasted **off.** 로켓이 발사되었다.

Many workers are **laid off.** 많은 근로자가 일시 휴직을 당했다. (근무를 쉬고)(☞ lay off 일시 해고하다)

The pain has **eased off.** 통증이 가라앉았다. (저하, 쇠퇴)

This meat has **gone off.** 이 고기는 상했다. (저하, 쇠퇴)

He **got off** at the station. 그는 그 역에서 내렸다. (장소, 입장에서 떨어져)

The meeting was ***put* off.** 모임은 연기되었다. (사건이 중단되어, postponed)

Back off, or I'll call security! 물러서라, 아니면 경비를 부르겠다! (떨어져)(☞ back off 뒷걸음쳐 물러서다)

Suddenly she just **walked off.** 그냥 (걸어) 가 버렸어. →비교 She suddenly **ran off.** 도망치듯 사라졌어.

This road **branches off to my house**. 이 길은 갈라져서 우리 집으로 향한다. (어떤 장소에서 떨어져)

Please wait until the soup **cools off.** 국이 식을 때까지 기다리세요. (저하되어)

If you are ready, let's **tee off** at once! 준비가 되었으면 바로 골프를 시작합시다! (~장소에서 출발해서)

The second button of your coat is **coming off.** 당신 상의의 두 번째 단추가 떨어지려 한다. (분리, 격리)

The jar's handle **broke off** when we all want coffee. (어떤 장소에서 떨어져 나와)

모두가 다 커피를 먹고 싶었는데 주전자의 손잡이가 떨어져 나갔다.

The boys hurried **outside**, climbed **into a car**, and drove **off**. (즉시, 단숨에)

사내 아이들이 급히 밖으로 나와서 차에 올라탄 후 운전해서 휙 가 버렸다.

The plane **took off** for LA, lost engines **as it climbed**, and crashed just **off the runway**. (분리, 격리)

비행기가 LA로 향해 이륙 후 상승 과정에서 엔진 하나를 잃어 활주로 벗어나 박살이 났다.

Be동사 경우

The holidays are a week off. 휴일이 일주일 앞으로 다가왔다. (시간적으로 떨어져서)

The invaders are **driven off.** 침략자들은 격퇴되었다. (격리되어)

He was **told off** for being late. 그는 지각했다고 대놓고 야단맞았다. (동사 강조off)(☞ tell off 야단치다)

On ①~위에, 표면에 ② 떨어지지 않고, 꼭 붙어서 ③어떤 방향으로 나아가서 ④어떤 동작을 계속해서 ④ (가스, 전기가)켜져서

Go **on!** 계속 해! (어떤 방향으로 계속 나아가서)

Hang **on!** (매달려서) 참고 견뎌! → **Hang on!** Business will soon get better! 경기가 곧 좋아질 거야.

Come **on~** 이봐, 자! 빨리빨리!, (응원) 잘한다!, 그만해!, (씨름할 때) 자, 덤벼! (어떤 방향을 행해)

Dream **on.** (반어反語 표현, 꿈이나 계속 꾸고 있어~) 꿈 깨! (어떤 방향을 향해)

Keep calm and carry on! 평상심을 유지하며 하던 일을 계속해 나갑시다!

☞ 1939년 세계 2차대전의 전운이 감돌 때 영국 정부가 독일과의 전쟁 움직임에 당황하던 국민들에게 평상심을 갖도록 제작한 유명한 대국민 홍보 문구입니다. 1940년 독일이 마침내 런던 공습을 개시했지만 이 구호의 영향으로 온 국민은 아무 동요 없이 일상을 잘 지켜 나갔다고 하는 유명한 일화를 남겼습니다. 이것이 on의 한 느낌입니다. 자, 이제 부사 on의 느낌이 예전과 다르게 다가오지요?

The peace talks <u>dragged on</u>. 평화회담이 질질 끌려 갔다. (어떤 동작을 계속해서)

Hold on, the road is **bumpy!** 길이 울퉁불퉁하니 꼭 잡아라! (떨어지지 않고 붙어서)

The final day was drawing **on.** 최후의 날(Dooms Day)이 임박하고 있다. (☞ draw on 다가오다)

The last day on earth

The box should not be **rained <u>on.</u>** 이 상자는 비를 (계속해서) 맞게 해서는 안 된다. (동작 지속)

We're sure <u>the movie will</u> catch **on.** 그 영화의 인기가 계속되리라 믿는다. (☞ catch on 유행하다) (지속)

<u>Talk on</u> as you will, **but** I won't be **persuaded.** 네 멋대로 계속 얘기해도 난 네 말에 넘어가지 않겠다.

He is **<u>getting on</u>** sixties. 그는 60살에 가까워져 간다. (어떤 방향을 향해)

→ 비교 He is <u>well on in his sixties.</u> 그는 60고개를 훨씬 넘어선 나이다.

What floor is **appliances <u>on</u>?** 가전 제품은 몇 층에 있나요? (☞ appliance**s** 가전제품) (~위에)

Out ①~의 밖에, 밖으로, 부재 중이어서 ②(더러움,얼룩이)제거되어, 뽑아내어 ③(자원,저축이) 소진되어, 유행이 지나서 ④완전히,끝까지 ⑤결과가 알려져서, 비밀이 탄로나서 ⑥정상에서 벗어나서, 정신을 잃어 ⑦밖으로 돌출하여, 내달아 ⑧분명히 큰 소리로 ⑨집 밖으로, 외국으로 ⑩(현역, 현직에서)떠나서

Get **out!** 나가라! 꺼져! → Get out of here! 썩 꺼져버려! → Get out of it! 거기서 손을 떼라! 참견 마라!

Look **out!** 조심! (밖으로) → The tree is falling, look out! → 동일 Watch **out!** 조심!

It will **<u>work out!</u>** 다 잘될 겁니다! (완전히, 끝까지)

Fashions **go out.** 유행도 한때. (시간이 가면 다 지나간다.)(유행이 지나서)

Andy's <u>fleshing out.</u> 앤디는 완전 살 찌고 있다.→동일 Andy's gaining(losing) weight. 체중이 늘다(줄다)

The flame <u>blew out.</u> 불꽃이 바람에 꺼졌다. (불이 꺼져서, 소진되어)

The part <u>rusted out.</u> 그 부품은 녹슬어 못 쓰게 되었다. (없어져, 소멸되어)

The shoes <u>wore out.</u> 신발이 닳아 신을 수 없게 되었다. (☞ wear - wore - worn) (없어져, 소진되어)

Please let me <u>go out!</u> (엘리베이터 등에서) 좀 나가겠습니다! (밖으로)

He <u>went out</u> for a walk. 그는 산책하러 나갔다. (집 밖으로)

Ink stains don't <u>rub out.</u> 잉크 얼룩은 비벼도 없어지지 않는다. (얼룩이 제거되어)

He <u>is out</u> for the season. 그는 이번 시즌에 결장하고 있다. (은퇴하여, 결장하여)

Floods of tears <u>burst out.</u> 눈물이 왈칵 쏟아져 나왔다. (밖으로) (→ turn into burst)(☞ burst-burst-burst)

The supplies have <u>run out.</u> 보급품이 바닥이 났다. (재고가 소진되어)

<u>Chill out!</u> It doesn't matter. 흥분하지 마. 문제될 것 없어. (완전히, 끝까지) → 동일 **Just relax!**

Tonight, the killer's luck <u>ran out.</u> 오늘밤 살인자의 운이 다했습니다. (검거되었습니다.)(소멸되어)

After the accident, I **blacked out.** 사고 후 나는 정신을 잃었다. (의식을 잃어)

→ 유사 After the earthquake, all electricity <u>blacked out.</u> 지진 후 전기가 끊겼다. (암흑이 되었다.)

No one can say how it'll **turn out.** 어떤 결과가 나올지 누가 알겠어~ (☞ turn out ~가 밝혀지다)

A hand <u>reached out,</u> and held me. 어떤 손이 쭉 뻗어 나를 잡았다. (밖으로 뻗어, 완전히)

His blood vessel <u>bulged out.</u> 핏줄이 불쑥 솟아 있었다. (밖으로)

The new car models had <u>come out.</u> 신형 차가 출시되었다. (출시되어)

It came out **that** he had been cheated. 그가 속아 왔음이 드러났다. (비밀이 탄로나서)

The colors of her works always <u>stand out.</u> 그녀의 작품 색채는 언제나 뚜렷하다. (☞ stand out)(돌출하여)

Teamwork is important, so don't try to **stick out.** 팀 단합이 중요하니 너무 튀면 안 된다. (~벗어나서)

Jack decided <u>not</u> <u>to go out</u> <u>as</u> <u>he was really tired</u>. 잭은 정말 피곤해서 외출 않기로 마음먹었다.

She <u>passed out</u> in shock when she heard the news. 소식을 듣고 충격으로 기절했다. (~에서 벗어나서)

Over ①~의 위쪽으로, 뒤덮듯이, 튀어나와 ②표면을 덮어 온통 ③도처에 ④이쪽으로, 사람이 말하는 곳으로 ⑤처음부터 끝까지, 완전히 ⑥넘어져서 ⑦되풀이해서 ⑧(과잉으로) 초과하여 ⑨다시 한번, 되풀이해서

The wall <u>fell</u> <u>over.</u> 벽이 넘어갔다. (뒤덮듯이)

The bathtub <u>ran over.</u> 욕조의 물이 흘러 넘쳤다. (초과하여)

The scene <u>misted over.</u> 그 풍경은 안개처럼 어렴풋해졌다. (표면을 덮어 온통)

The sky is <u>**clouding over.**</u> 하늘이 구름으로 뒤덮이고 있었다. (☞ cloud 동사 유의) (뒤덮듯이, 온통)

The stream <u>**was iced over.**</u> 개울은 얼음으로 덮였다. (뒤덮듯이, 온통)

Why don't you <u>come over?</u> 한번 건너오시지 않겠습니까? (사람이 말하는 쪽으로)

The good old days <u>are over</u>. 좋은 시절은 지나갔다. (초과하여)

See the window <u>**that projects over.**</u> (앞 쪽으로) 돌출되어 있는 창을 봐라. (☞ project 튀어나오다)

Through ①관통하여 ②끝까지 줄 곧 ③별 탈없이 ④완전히, 철저하게 ⑤남에게 연결되어

Coming **through!** 지나 갈게요! (길 좀 비켜 주세요!)(☞ ~~Going~~ through!) (관통해서)

The sun <u>broke</u> **through**. 햇빛이 (구름을 뚫고) 비쳤다. (관통해서)

Has the nail gone **through?** 못이 바닥까지 뚫고 내려갔나요? (관통해서)

I know you <u>would come</u> **through**! 난 네가 해낼 줄 알았다! (☞ would 추측 조동사)(끝까지 줄곧)

The stone hit the window, but did not <u>go</u> **through**. 돌이 창문을 맞혔지만 안으로 들어가진 않았다(통과)

"It's hard to <u>get</u> **through** to you.", "I know I'm always on the move." (남에게 연결되어)

당신과 연락이 닿기가 어렵군요. 그럴 겁니다. 항상 돌아다니니까요.

She opened the door and <u>stood back</u> to allow the man to <u>pass</u> **through**. (관통해서)

그녀는 문을 열고 그 사람이 지나갈 수 있도록 뒤로 물러섰다.

Up ①위쪽으로, 상공으로 ②똑바로(서서) ③기상하여 ④수평선상에 ⑤상류로 ⑥어떤 장소로 향해 ⑦경기에서 이겨서 ⑧뒤지지 않고 ⑨활동하여, 기운차게, 신경질나서 ⑩(보관)싼 상태에 ⑪완성된 상태에 (일, 소비가)완전히 ⑫정지 상태로 ⑬명령문에서 (with.~) ⑭눈에 보여, 실행되어, 화제 등에 올라

Shut **up**! 닥쳐! (명령문)

Hold **up**! 손 들어! (명령문)

Chin **up**! 머리를 드세요! 당당하세요! → 동일 Cheer **up**! 기운 내세요

→ cf. 명사화 <u>He did 10 chin-ups</u>. 그는 턱걸이 10개를 했다.

chin-ups 턱걸이 운동

Grow **up**! 철 좀 들어! (명령문에서) → 동일 **Act your age!**

Going **up**! (엘리베이터 안내원) 올라갑니다! (위쪽으로)

Prices are going **up. (down)** 물가가 오름세 (내림세)다. (위쪽으로)

He <u>stayed up</u> all night. 그는 밤 새도록 (꼬박) 잠을 자지 않았다. (기상하여, 잠이 깨어)

The valley <u>fogged up</u>. 골짜기에 안개가 (위까지) 차 올랐다. (☞ fog가 동사로 쓰이고 있지요?)

The wheat has come up. 밀이 싹터서 올라왔다. (위쪽으로, 표면으로)

The fish swam up for crumbs. 물고기가 빵 부스러기를 먹으려고 수면 위로 헤엄쳐왔다. (표면으로)

The lost paper have turned up. 잃어버린 서류가 발견되었다. (눈에 보여, 나타나서)

The car drew up at the entrance. 차가 입구에서 멈춰 섰다. (정지 상태로)

The couple suddenly broke up. 그 부부는 갑자기 헤어졌다. (정지 상태로)

The chairs scraped loudly as they stood up. 그들이 일어설 때 의자에서 바닥을 긁는 소리가 크게 났다.

What do you want to be when you grow up? 어른이 되면 어떤 사람이 되고 싶냐? (높은 쪽으로 증가해)

The cost of all small purchases mounted up. 자잘한 걸 샀는데 금액이 금세 불어났다.(위쪽으로 증가)

I keep up with what's happening in the sports. 스포츠계에 일어나는 일에 뒤지지 않고 따라간다. (추격)
(☞ keep up with ~와 경쟁하다, 최신 유행을 좇다)

Do we have to fix up to go to that restaurant? 저 레스토랑에 가려면 정장을 해야 하나요? (상향해서)

If any problem pops up, please do not hesitate to give me a call. (☞ hesitate to do ~를 망설이다)
갑자기 무슨 문제가 튀어나오거든 망설이지 말고 내게 바로 전화하세요.

Then in the last couple of years, the movement for democracy began to heat up
그 때 수 년간 민주화의 바람이 뜨겁게 불기 시작했다.

When the central heating system was installed, the fire place *was* completely *walled* up.
중앙난방 시스템이 설치되었을 때 벽난로에 벽을 쌓아 완전히 메꾸어졌다.

2-2 완전 자동사 + 한 개의 일반 부사(구)

이번에는 자동사가 부사적 '소사particle'가 아닌 아닌 '일반 부사'나 '부사구'와 만나 만드는 문장입니다. 제가 최근 영어사전을 완독하며 단어들을 죄다 분류해 보니 부사와 형용사는 그 단어의 수가 우리가 생각하는 것보다 그렇게 많지 않았습니다. 우리 중고등 학생들처럼 강제로 외워도 충분히 외울 수 있는 정도의 분량이었습니다. 그 파생어들도 그렇게 복잡하지 않아 하기만 하면 누구나 잘 구사할 수 있는 품사입니다. 부사와 형용사는 여러분의 표현을 풍성하게 합니다. 여러분의 표현력을 늘리는 기회로 삼아 보시기 바랍니다.

2-2 기본 예문 Basic

How come? 어떻게 그런 일이 생겼지? 왜 그런 결과가 나왔지? ← How (does this) come?
Stand tall! 당당하게 살아라!

파이애플 찬가

Here we go 자, 시작이다! → 유사 **Here goes!**
Go fifty-fitty! 반반 부담합시다!

Birds fly **high**. 새가 높이 난다. (☞ high는 원래 형용사지만 여기에선 '부사'
→ cf. **highly** 분 대단히 Your support will be **highly** appreciated. 도와 주시면 너무 감사하겠습니다.
- I think **highly** of my teacher. 난 우리 선생님을 높이 우러러본다. (존경한다).
It rained **heavily**. 비가 억수로 왔다. → 유사 It rained **pitchfork**. 억수로 비가 왔다.

pitchfork 쇠스랑

The suit <u>fits</u> **well.** 옷이 잘 맞는다. (수동 의미)

She <u>dresses</u> **well.** 그녀는 옷을 잘 입는다. (수동 의미)

Don't <u>look</u> **so sad.** 너무 슬픈 표정 짓지 마. (수동의미) (☞ 콩글리시 Don't ~~appear~~ so said.)

Her hair <u>sets</u> **easily.** 그녀의 머리는 세트가 잘된다.

Still water run **deep**. 조용히 흐르는 물이 깊다. (☞ 보어는 형용사로. ~~deeply~~)

The novel reads **well.** 이 소설은 재미있게 읽게 된다. (☞ 수동의미)

Rats multiply **rapidly.** 쥐는 빠르게 번식한다.

Here comes the train. (구어) 열차가 도착했다. (☞ 눈앞의 순간적 동작을 나타내는 표현할 때)

Porridge **digests well.** 죽은 소화가 잘된다. (☞ digest 수동 의미)

Tomato **bruises easily.** 토마토는 쉬 상처가 난다. (☞ bruise 상처가 나다 - **수동** 의미)

This paper prints **badly.** 이 종이는 인쇄가 나쁘게 나온다. (☞ 수동의미)

Haven't we met **before?** 전에 한번 뵌 적이 있지 않나요? ☞ I haven't seen you **once.** 본 적 없는데요.

The crops promise **well.** 풍작일 듯하다. → The plan promises **ill.** 전망이 나쁘다.

My skin sunburns **easily.** 내 피부는 쉽게 탄다. (☞ sunburn 수동의미)

The door opens **inward.** 그 문은 안쪽으로 열린다.

<u>The bell rope</u> <u>pulls</u> **hard.** 종치는 줄을 잡아당기기 힘들다. → He gave the rope **a pull.** 밧줄을 당겼다.

The pen **writes smoothly. (scratchily)** 그 펜은 부드럽게 (긁혀) 써진다. (☞ 수동의미)

No two minds think **alike**. 사람마다 생각이 다 다르다.

The paint hasn't dried **yet**. 페인트가 아직 마르지 않았다. (☞ not yet 아직 ~아니다)

I have been to Busan **once**. 부산에 한 번 다녀온 일이 있다.

You must not misbehave **so**. 그렇게 버릇없이 굴면 안 된다.

This machine handles **easily**. 이 기계는 조작이 쉽다. (☞ 수동의미)

Do these articles **pack easily?** 이 물건들은 쉽게 포장이 되나요? (☞ pack 수동 의미)

Vegetables do not **store well**. 야채는 저장이 잘 되지 않는다. (☞ store 수동 의미)

This dyestuff **dyes well/badly**. 이 염색재는 착상(염색)이 잘 된다/안 된다. (수동의미)

This cup does not **crush** easily. 이 컵은 잘 깨지지 않습니다. (수동의미)

This paint doesn't **apply** easily. 이 페인트는 쉽게 칠해지지 않는다. (수동의미)

US bank notes **goes anywhere**. 미국의 달러화는 어디에서나 통용된다. (수동의미- 통용되다)

On what business did he come? 그 사람 무슨 일로 왔나요?

The photos have **printed clearly**. 사진들이 깨끗이 나왔다. (수동의미)

The fish will not **keep overnight**. 생선은 내일 아침까지 신선도를 유지하지 못할 것이다.

The stock market opened **strong**. 증권시장이 강세로 시작했다. (☞ 부사 strong, ~~strongly~~)

He stepped **aside to let me pass**. 그는 내가 통과할 수 있도록 곁으로 비켜섰다.

The secret story will **unfold** soon. 그 비밀스러운 이야기가 곧 밝혀질 것이다. (☞ unfold 동사)

Which type of battery last **longest**? 어떤 종류의 배터리가 더 오래가죠? (☞ 최상급)

They were struggling to **stay afloat**. 그들은 물 위에 떠 있기 위해 몸부림쳤다.

It was breezing **onshore. (offshore)** 육지 쪽으로 (바닷가 쪽으로) 바람이 불었다.

A well-trained horse will **lead** easily. 잘 훈련된 말은 부리기 쉽다. (☞ 수동 의미)

Several traffic accidents **occurred yesterday**. 어제 몇 건의 교통 사고가 발생했다.

These two substances won't **bond together**. 이 두 물질은 서로 붙지 않는다.

He went **backstage** and **asked for** her autograph. 무대 뒤로 가서 그녀에게 사인을 부탁했다.

Be careful what you put on the table. It scratches **easily**. 탁자에 놓을 물건을 조심해. 쉬 긁히니! (수동)

2-2 발전 예문 Intermediate

Don't **go there!** (우리말로 "거기까지!") 민감한 문제는 건드리지 맙시다!

I'll **treat tonight.** 오늘 밤 내가 한잔 살게. → 동일 This is my treat!, This is on me!, Be my guest!

I think <u>otherwise</u>. 나는 달리 생각한다.

Easter draws near. 부활절이 다가오고 있다.

She <u>sticks</u> indoors. 그녀는 집안에 틀어 박혀 있다.

Old habits die **hard.** 세 살 버릇 여든까지 간다.

How should I **dress?** 옷차림 규정이 있나요? → 동일 Do you have **a dress code**?

He poses **athletically.** 그는 운동 선수처럼 포즈를 취한다.

I was *built* differently. 난 별종別種으로 자라났습니다.

This project **pays well.** 이 계획은 채산성이 좋다.

Time is running **short.** 시간이 없으니 서둘러 주세요. (☞ short 부사) (~~shortly~~ 곧, 간략하게)

The door swung **open.** 문이 활짝 열렸다. (☞ open 부사, cf. **openly** 공공연하게, 공개적으로)

I cannot do <u>otherwise</u>. 달리 할 수 있는 게 없습니다.

I've never eaten **better!** 이보다 맛있는 음식 먹어 본 없습니다! (정말 잘 먹었습니다!)

Monaco swings **all year.** 모나코는 일 년 내내 활기가 있다. [☞ swing (속어) 활기차 있다]

The Principality of Monaco 모나코 공국 (지중해 북쪽 해안의 작은 왕국)

You don't belong **here.** 여기는 자네가 올 곳이 아니다.

She photographs **well. (badly)** 그녀는 사진이 잘 받는다. (잘 받지 않는다)(☞ photograph 수동 의미)

Her eyes **set resolutely**. 그녀의 눈에 결연함이 서려 있다.

The oil spill washed **ashore**. 유출된 기름이 해변으로 쓸려 왔다.

It *couldn't have been* **worse**. 그보다 더 나빠질 수는 없었다. (최악이었다.)

He laughs **best who** laughs last. 마지막에 웃는 사람이 가장 잘 웃는 것이다.

Creaking doors **hang the longest**. (속담) 고로 롱 팔십. 쭈그렁 밤송이가 3년 간다.

2-2 심화 예문

Can you be there at six o'clock **sharp**? 6시 정각에 거기 갈 수 있어?

How far will science be able to **reach**? 과학은 어디까지 도달할 수 있을까?

(It wasn't very authentic.) It was good, **though**. (그것이 아주 완벽하지는 않았다.) 그래도 괜찮긴 했다.

Our friendship was falling **apart as time passes.** 시간이 가면서 우리 우정이 멀어져 갔다.

This meat **taints** quickly **if** (it's) not refrigerated. 이 육류는 냉장하지 않으면 쉬 상한다.

A personal note [written by your own hand] matters **far more than a few lines of typing into a window [so easily available** at your fingertips]. 당신 손으로 쓴 자필 편지가 당신의 손 끝으로 화면에 쉽게 입력할 수 있는 글자 몇 줄보다 훨씬 더 중요하다.

2-3 완전 자동사 + 2개 부사(구)

□ 앞 2-1에 이어 2개의 부사적 소사, 부사 혹은 부사구(전치사구)의 조합을 가진 문장입니다. 여러분도 이처럼 부사나 부사구를 만들어 연결하면서 문장의 길이를 무한대로 늘려 갈 수 있습니다.

2-3 기본 예문 Basic

Come **on in**. 어서 들어오세요! → 동일

It's **up to you**. 너에게 달렸다.

I don't **fit in here**. 저는 이곳 분위기와 어울리는 것 같지 않습니다. (☞ fit in ~환경에 잘 어울리다)

He ran **up to Seoul.** 그는 (지방에서) 서울로 올라갔다. ↔ He ran **down** to Busan. 부산으로 달려갔다

I must **ring off now**. 이만 전화를 끊어야 하겠습니다.

We **are off** to Canada! 우리 캐나다로 (여행을) 떠난다!

I'll be **over in a minute**. 곧 그쪽으로 가겠습니다.

He read **four times over**. 그는 네 번이나 (전체를 다) 읽었다.

He **got off** at the station. 그는 역에 내렸다. (↔ get on 승차하다)

How are you getting **on**? 어떻게 지내십니까? (☞ how 의문부사 ← You are getting **on how**?)

→ **How**'s your work **coming along**? 일은 순조롭게 잘 되어 가는지요?

You don't come **out great**. 네 상태가 좋아 보이지 않는데~

Are you eating **in tonight**? 오늘 저녁 식사 집에서 할 건가요?

Cheese **eats well** with apple. 치즈는 사과와 함께 먹으면 맛이 있다. (☞ 수동의미, 입에 잘 들어 간다)

Tears **welled up in her eyes** 그녀의 눈에서 눈물이 샘솟았다.

He writes **home every week**. 그는 매주 집에 편지를 쓴다.

He fell **asleep over the book**. 그는 책을 읽다 잠이 들었다.

Flies were crawling **all over it**. 파리가 그 위에 우글우글 기어다니고 있었다.

He went **the long way about**. 그는 멀리 돌아갔다. (☞ about 빙 돌아서)

She doesn't **go well with you**. 걔 너랑 잘 안 어울려~ (☞ go well with ~랑 잘 지내다, 어울리다)

The rain **came down in bucket**. 비가 억수로 퍼부었다. (☞ com along 일이 순조롭게 진행되다)

He's **somewhere about the yard**. 그는 마당 어딘가에 있다. (장소)

You look **much better in person**. 너는 사진보다 실물이 더 예쁘다.

Blessings **rained down upon him**. 그에게 축복이 물 붓듯 임했다.

My work has **paid off in the end**. 끝까지 일한 보람이 있었다. (☞ pay off 기대한 성과를 내다)

This color matches **well with blue**. 그 색은 파랑색과 잘 어울린다. (☞ match with ~와 어울리다)

I don't **work out during the week**. 난 주중에 운동을 하지 않는다. (☞ work out 몸을 단련하다)

→ 비교 Things will work **out all right**! 다 잘될 거야! (☞ work out 일이 잘되어 가다)

The path **runs even over the plain**. 그 길은 평지 위로 평평하게 뻗어 있다. (☞ **even** 평평하게)

Would you like to **go out with me**? 저와 데이트해 주시겠습니까? (☞ **go out with** ~와 데이트하다)

He didn't **show up** in the meeting. 그가 회의에 나타나지 않았다. (☞ show up 모습을 나타내다)

Her skirt ballooned **out** in the wind. 그녀의 치마가 바람에 뒤집혔다.

Milk **sours** quickly in the summer. 우유는 여름에 쉬 쉰다.

The moon walked **along beside me.** 달이 내 곁을 따라 나란히 걸었다.

The baby cried **off and on** all night. 아기가 밤새도록 **울다 말다** 했다.

His hopes dwindled **gradually away.** 그의 희망은 점차 사라져 갔다. (☞ dwindle away 사라져 가다)

Your tie and jacket **go well together.** 상의와 넥타이가 잘 어울립니다. (☞ go well with ~와 잘 어울리다)

Would you hold on or call back later? 기다리시겠습니까? 혹 나중에 다시 전화하시겠습니까?

I live a stone's throw away from here. 난 여기서 아주 가까운 데 살고 있다.

He pressed down on the brake pedal. 그는 브레이크 페달을 힘껏 밟았다.

Why don't you come over tomorrow? 내일 놀러 오지 않을래? (☞ why don't you~ 권유)

Car after car **goes by without stopping.** 차가 꼬리를 물고 쉬지 않고 지나간다. (☞ go by 지나가다)

A crocodile crawls about on all four legs. 악어가 네 발로 여기저기 기어다닌다.

A Mr. Park called twice during your absence. 박 씨라는 분이 당신 부재중에 두 번이나 전화했습니다.

He **jogs** everyday regardless of the weather. 그는 날씨에 상관없이 매일 조깅을 한다.

The cherry has branched **out over the garden**. 벚나무 가지가 뻗어 나와 정원을 뒤덮었다.

There were farmhouses **scattered** along by the road. 길을 따라 농가가 여기저기 흩어져 있었다.

All the guestroom doors **lock automatically in this hotel**. 호텔 전 객실 문은 자동으로 잠긴다. (수동)

This English expression doesn't translate well into Korean. 영어 표현은 한국어로 잘 번역되지 않는다.

2-3 발전 예문 Intermediate

Live **up to your name**! 이름 값 좀 해라!

Don't speak too soon. (생각나는 대로) 함부로 말하지 마라.

I've got to be off now. 이제 가야 한다 (☞ off를 형용사로 볼 수도 있음, have got to = must)

Fish will take **best after rain**. 물고기는 비가 온 뒤 가장 잘 낚인다. (☞ take 수동의미)

Where do we go from here? 이제부터 어떻게 하면 좋을까?

He got **off** from **the subject**. 그의 얘기가 주제에서 벗어났다.

It doesn't **settle** well **with me**. 뭔가 마음 한 구석이 찜찜하다.

Don't go back **on your words**. 한 말을 번복하지 마세요. (한 입으로 두 말 하지 마세요.)

He always **gets away with stuff**. 그 친구, 늘 요리조리 빠져나간단 말이야.

[☞ get away with 간단한 일을 해서 피해 나가다, 대충대충 때우다]

Nothing ever **goes right with me**. 뭐 하나 제대로 되는 일이 없군~

That worry loomed **large in mind**. 마음속에 걱정이 커졌다. (☞ 연결동사 loom +형용사 large ~~largely~~)

Let's start **off with gentle exercise**. 가벼운 운동으로 시작합시다.

The tea hasn't **drawn properly yet**. 차tea가 아직 제대로 우러나지 않았다. (수동의미)

Her eyes **brimmed over with tears**. 그녀의 눈에 눈물이 넘쳤다. (☞ brim over 물이 위까지 차다)

You'll have to come up **with Plan B**. 차선책을 생각해 둬야 한다. (☞ come up with ~을 생각하다)

He hurried across to the other side. 그는 서둘러 반대편을 향해 갔다.

Y varies directly (inversely) with X. Y는 X에 정비례 (반비례)한다.

She dresses well on very little money. 그녀는 아주 적은 돈으로도 옷을 잘 입는다.

Han river's frozen earliest in 70 years. 한강이 70년 만에 가장 빨리 얼었다.

She delivered two weeks prematurely. 아이를 두 주 빨리 조산했다. (☞ deliver 아이를 낳다)

Will you listen out for the bus arriving? 버스가 오는지 (out 귀 기울여) 들어봐 주시겠습니까?

The play builds slowly toward a climax. 그 연극은 천천히 절정을 향해 간다.

The paint has flaked off in some places. 페인트가 군데군데 벗겨져 떨어져 나갔다.

The apple doesn't fall far from the tree. (속담) 아이는 부모를 닮는다.

 vs.  부전자전父傳子傳

He pushed ahead despite the obstacles. 그는 여러 장애물을 무릎 쓰고 앞으로 전진해 갔다.

Passengers must change here for Detroit. (공항안내) 디트로이트행 손님은 여기서 갈아 타시기 바랍니다.

My spirit buoyed up by hopes of success. 난 성공에 대한 기대로 한껏 부풀어 있었다.

The stars peeped out through the clouds. 별들이 구름 사이로 살짝 얼굴을 내밀었다.

We were relieved that Ted was home safe. 테드가 안전하게 돌아와 안도했다.

The road to Inchon branches off from here. 인천으로 가는 길이 여기로부터 갈라진다.

Your explanation doesn't relate well with his. 너의 설명은 그의 설명과 잘 부합하지 않는다.

It's October and the days are drawing in now. 10월에 접어 들어 낮이 이제 점차 짧아지고 있다.

He was riding high in the public opinion polls. 그는 각종 여론조사에서 잘 나가고 있었다.

Don't skip around from one topic to another. 화제를 이리저리 건너 뛰지 맙시다.

The talk ranged widely over a number of topics. 그 회담은 광범위한 주제에 걸쳐 이루어졌다.

Mom and dad always dressed up every Sunday. 엄마와 아빠는 일요일에 늘 성장盛裝을 했다.

Daejeon is a city halfway between Seoul and Busan. 대전은 서울과 부산 중간에 있는 도시이다.

When I broke up with my ex, I could barely breathe. 옛 애인과 헤어지고 숨도 못 쉬게 힘들었다.

If you go on a little bit farther, you'll reach the station. 조금 더 가면 정거장에 닿게 됩니다.

She's just split up with her boyfriend, that's right, isn't it? 그녀가 남자친구와 헤어졌지, 맞지?

That new style is beginning to catch on with young people. (☞ catch on 인기를 끌다)
저 새로운 스타일은 젊은이들의 인기를 얻기 시작하고 있다.

Yuna leaps high into the air, and comes down in sitting position.
김연아는 공중으로 높이 도약한 후 앉은 자세로 내려온다.

2-3 심화 예문 Advanced

I tried to sneak up on her. 난 그녀에게 몰래 다가가려 했다.

A police car went by with its lights *flashing*. 경찰차가 불을 번쩍이며 지나갔다. (☞ by ~의 곁)

The story must have leaked out through him. 그 이야기는 그를 통해서 새나간 게 틀림없다.

[☞ must have + 과거분사 ~임이 틀림없다. 강한 추측]

Sorry! I overslept this morning as my clock didn't go off this morning. (☞ off 기계가 꺼진, turn off)
미안! 아침에 자명종이 꺼져 있어 (울리지 않아) 그만 지각하고 말았어요.

As the dress is too loose for your round the hips, I shall have to take in an inch(☞take in 잡아넣다)
그 옷은 네 엉덩이 부위가 너무 느슨해서 1인치 안으로 들여야 하겠다.

Both Spike and William are watching the TV intensively with their legs *stetche*d on the stool.
스파이크와 윌리엄은 스툴에 발을 죽펴 올린 채 TV를 집중해서 보고 있다.

2-4 완전 자동사 + 3개 부사(구)

2-4 기본 예문 Basic

How come are you so late? 어쩌다 이렇게 늦었어? (☞ 부사 3개, how come/so/late인 문장!)

Winter set in early this year. 올해는 겨울이 일찍 찾아들었다.

He read on late into the night. 그는 계속해서 밤 늦도록 계속해서 책을 읽었다.

I don't feel well about it, either. 나 또한 그 일에 대해 맘이 편치 않습니다.

Sales shot up by 9% last month. 지난 달 판매가 9% 급증했다. (☞ shoot-shot-shot)

He is away from school with flu. 그는 감기로 학교에 가지 않았다.

She grew up somewhere in London. 그녀는 런던 어디선가에서 자라났다.

They <u>went out on strike</u> on Monday. 그들은 월요일에 동맹 파업을 했다.

<u>Watch out for</u> children <u>while</u> driving. 운전 중엔 아이들을 조심하라. (☞ watch out for~주시하다)
The negotiations are <u>still up in the air</u>. 교섭은 여전히 공전을 거듭하는 상태다. (☞ up in the air 붕 뜬)
Let's go <u>the other way round this time</u>. 이번에는 딴 길로 돌아가자.

Sound travels <u>faster</u> *in air* <u>than</u> *in water*. 소리는 물 속보다 공기 속에서 더 빨리 전해진다.
The girl has walked <u>so quietly on tiptoes</u>. 그 소녀는 발끝으로 아주 조용히 걸었다.
The thief <u>got in by posing as a repairman</u>. 도둑은 수리공인 채 행세하고 잠입했다.

She has <u>thinned down a lot since last year</u>. 그녀는 작년 이후 체중을 많이 줄였다. (☞ thin down)
The town lies <u>north of the mouth of a river</u>. 그 도시는 강 입구 북쪽에 자리 잡고 있다.
The big balloon ascended <u>high up in the sky</u>. 풍선 기구가 하늘 높이 올라갔다.

Balloon Tour, Cappadocia, Turkey

The ship sank <u>3 miles off the coast of Busan</u>. 그 배는 부산 앞바다 2마일 밖에 침몰했다.
Let's <u>eat out tonight as I am too tied up with the studies</u>. 공부 때문에 시간이 없으니 외식합시다.
Spike is blithely heading <u>downstairs to the kitchen in just his underpants</u>.
스파이크는 즐거운 듯 팬티만 입은 채 계단을 내려가 부엌을 향해 간다.

2-4 발전 예문 Intermediate

She lay down on the grass to take a nap. 그녀는 낮잠을 자려고 풀밭에 누웠다. (☞ lie-lay-lain)
The politician came across to us as arrogant. 그 정치가는 우리에게 오만하다는 인상을 심어 주었다.

I looked back at the old days with mixed feelings. 난 착잡한 심정으로 옛날을 되돌아보았다.
Go straight through that door [under the EXIT sign]. 비상구 표시 밑 문을 통과해서 계속 가세요.
His ancestors came over to America on the May Flower. 조상들은 메이플라워호를 타고 건너왔다.

Mayflower호 모형

Mayflower호가 출발한 영국 Plymouth항 모습

He lagged far behind the other runners in the marathon. 마라톤에서 다른 주자보다 크게 뒤쳐졌다.
He backed off immediately when the ambulance approached. (☞ back off 뒷걸음쳐 물러나다.)
그는 구급차가 접근해 오자 즉시 뒤로 물러섰다.

She had been living there for ten years before she got married.
결혼 전까지 거기서 10년째 살아오고 있었다.
The slender spire of the church shows up well in the autumn sky.
교회의 가느다란 첨탑이 청명한 가을 하늘을 배경으로 뚜렷하게 드러난다.

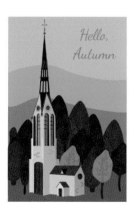

He shakes his head **again** **in** horror, and wanders **back** **along** the corridor **in** silence.
그는 두려운 듯 머리를 다시 흔들더니 조용히 복도 쪽으로 되돌아간다.

2-4 심화 예문 Advanced

I booked **right** **through** **to** Boston. 나는 직항편으로 보스턴까지 예약했다.
→ 동일 I booked a direct flight to Boston.

He **felt** **around** in his pocket **for** his key. 그는 호주머니 속을 **더듬어** 열쇠를 찾았다.
He **was** **partnered** **up** **with** her **in** a tango. 그는 그녀와 한 짝이 되어 탱고를 추었다.

He **got** **behind** **with** the rent **for** three months. 그는 석 달이나 집세가 밀려 있다.
He turned **off** the computer, but it turned itself **back** **on** **again**. 컴퓨터를 껐지만 또 다시 절로 켜졌다.

Then she wriggles **across** and re-settle herself, **tenderly,** **right** **next** **to** **him**. (wriggle 꿈틀거리다)
그리고 나서 (침대에서) 그녀는 몸을 뒤척이며 부드럽게 그의 옆으로 가 다시 제자리를 잡는다.
I worked **12** **hours** **a** **day** **for** *6 days* *in* *a* *row,* but I don't think I can keep **up** the pace any longer.
난 6일 연속해서 하루 12시간씩 일을 했는데 그 정도로 계속 일할 수 있을 것 같지 않다.

Twenty-one thousand children die **every** **year** **from** preventable causes **like** **malnutrition,** **malaria,**
and **polio.** 매년 21,000명의 아이들이 영양 실조나 말라리아, 소아마비처럼 예방 가능한 원인들로 사망하고
있습니다.
The race car overtook me **on** a corner, **and** then I had to cut **in** **sharply** **to** **avoid** the other car
(that was) [**coming** **from** the other lane]. 그 경주 차가 모퉁이에서 나를 추월했고 나는 옆 차선에서부터
들어 오는 다른 차를 피하기 위해 급하게 끼어 들어야 했다.

2-5 완전 자동사 + 4개 부사(구)

He made up for lost time by driving fast. 속도를 내어 지연된 시간을 만회했다. (☞ made up for)

We set(get) off for Bermuda at 2 tomorrow. 우리 내일 2시에 버뮤다로 출발한다.

We stopped over in Rome before continuing to Croatia. **크로아티아** 가기 전 로마에 일시 체류했다.

He finished second in the championship four years in a row. (☞ in a row 연속해서)
그는 선수권 대회에서 4년 연속 2위를 차지했다.

He gets along well with his men because he never talks down to them. (☞ get along with)
그는 부하들에게 말을 하대하지 않기에 그들과 잘 어울려 지낸다.

William emerges from house, a little *ruffled* from a night away from home, and heads off.
윌리엄이 다른 집에서 잤기 때문에 조금 엉클어진 모습으로 집에서 나오더니 곧바로 출발한다.

Module 03

'Being' 존재, 플라톤과 아리스토텔레스의 정신 세계

☐ '자동사'와 '보어'와의 만남 그 첫 번째 모듈입니다. 'Be동사' 뒤에 『주어의 상태』 표현하는 보충어, 즉, **보어**가 옵니다.

☐ Be동사는 영어 단어 중에서 표현 영역이 가장 넓은 동사입니다. 그런데 본 모듈에 실린 예문 정도의 분량이면 be동사 표현의 상당한 부분을 커버합니다. 이번 기회에 be동사 표현들을 꽉 잡으세요!

☐ Be동사는 영어가 만들어 낸 최고의 걸작품이라고까지 말합니다. 서양 정신세계의 중심은 철학자 데카르트가 남긴 아래 그 유명한 말처럼 서양 철학의 중심은 '나'라는 『존재being』에 대한 끊임없는 탐구 정신이었습니다. 서구인들은 동양인과 달리 전체보다는 나를 중시하는 개인 주의적인 성향이 강합니다. 그런 성향은 그들의 언어인 영어 곳곳에 배어들어 있습니다.

예 I think; Therefore I <u>am</u>. 나는 생각한다, 고로 나는 존재한다.

영어에서 이 be동사를 가지고 표현하지 못할 말이 없습니다. 우리들이 지금까지 이 막강한 be동사의 존재를 모른 채 영어를 공부해 왔습니다. 예문을 통해 평소 무심하게 생각했던 Be동사 활용법들에 깊이 들어가 보시기 바랍니다!

표준 예문 Standard

예 **Talk is** cheap. 말이야 쉽지.

예 **That's** history 그건 다 지나간 얘기야~

예 **It's** a real buy. 이거 정말 싼 물건이다.

예 **I'm** my own boss. 나는 자영업자입니다.

예 **She's fond of** display. 그녀는 겉치레를 좋아한다.

예 **It's all about** precision! (다른 것 없습니다. 그저) 정확하게 했을 뿐인데요~

예 **It ain't** over **till it's** over. 끝났다고 다 끝난 것이 아니다.

예 **My house is** your house. 내 집이라 생각하고 편히 계세요.

예 **It's a kind of** empty rhetoric. 공허한 미사여구일 뿐이네~

예 **There is** a time for everything. 모든 일엔 다 때가 있다.

예 **We 're on the same** wavelength. 우린 서로 죽이 잘 맞아요~ (같은 파장이다)

예 **It's** easy **to say, but** difficult **to do.** 말을 쉬운데 내가 하려면 어렵지.

예 **She's** shallow, rich, mean **and** bossy. 걘 얄팍하고 돈은 많은데 천박하고 뻐기는 애야~

예 **There's** no such thing **as a free lunch!** 세상에 공짜가 어디 있나!

핵심 문법 점검 Review on Core Grammar

□ 앞 모듈1과 모듈2는 동사만으로 주어의 뜻을 완전하게 전달될 수 있는 경우입니다. 그러나 Be 동사 경우 '~(상태)이다'라는 뜻이어서 Be 동사 그 자체로는 의미가 없습니다. 따라서 Be 동사에 형용사(어떠한 상태인가?)와 같은 '보충어'를 붙여 'be⊞형용사'가 되어야 비로소 의미가 완성됩니다. 이처럼 '보(충)어'를 취해야만 문장을 완결할 수 있기 때문에 본 '모듈3'에 쓰이는 동사는 앞 '모듈1'과 '모듈2'에 쓰인 완전 자동사와 구분해서 『불완전 자동사』라 부릅니다.

□ 본 모듈3의 보어는 '주격 보어(subjective supplement)'라고 부릅니다. 주어를 설명하는 역할을 맡기 때문입니다. 보어 자리엔 **명사, 형용사, 부사 혹은 상당어구 (동명사, 과거분사형 형용사, 진행형 현재분사)가 옵니다.** 여기서 '상당어구'란 꼭 해당 품사는 아니지만 그에 준하거나 상응하는 기능을 하는 어구를 말합니다.

□ 아래 표현들이 Be동사 대표 표현들입니다. Be동사하면 흔히 너무 쉽다면서 무시하는 경향이 있습니다만 이번 기회에 의미 영역별로 한번 점검을 해 보기 바랍니다.

1. ~이 있다, 존재한다

예 There is **no one** at home. 집에 아무도 없다.
예 **Here** you are 자, 여기 있습니다.

2. ~이다 (주어의 성질, 직업, 신분, 지위, 관계 표시)

예 I am **who I am**. 나는 스스로 있는 자이니라. (성경 출애굽기 3:13)
예 I am not **what I used be**. 예전의 내가 아니다.
예 He is not (such) **a smooth talking man**. 그 사람은 그다지 말을 잘하는 사람이 아닙니다.
예 **Which judges are assigned to a case** is always a bit of **lottery**.
어떤 판사가 재판에 배정될 것인가는 언제나 복권을 추첨하는 격이다.

3. ~이 되다

예 **His 20-year jail sentence** will be **over** soon. 그의 20년 형은 곧 만료될 것이다. (☞ over 형용사)
예 **What is [your ambition to be]** when you grow up? 커서 어떤 사람이 되려는 야심이 있는 걸까?

4. 『be+형용사+(전치사+명사)/(that절)』 ~이다, ~하다

예 I'm proud **of your passing** the bar exam. 네가 변호사 시험에 합격하여 자랑스럽다
예 I'm proud **that you pass the bar exam**. 상동上同

5. 『be+형용사+to부정사』
to부정사구가 앞에 있는 형용사를 수식(설명)한다. 본 문형의 사용 빈도가 대단히 높습니다.

예 I am **happy to have you** today. 오늘 당신을 맞아 기쁩니다.

예 It's **not easy to apply** the rule locally. 그 규칙을 현지에 적용하는 건 쉽지 않다.

6. 『be+과거분사/현재분사』 ~이다, ~하다

예 This book is **interesting.** 이 책은 재미있다.

예 I am *interested* in this book. 나는 그 책에 흥미를 느꼈다.

7. 지시대명사가 주어로 사용될 때

예 **That's perfect.** 저것은 완벽하군.

예 **This** is the reason [why I am here with you]. 그게 내가 여기에 당신과 함께 있는 이유입니다.

8. 부사나 부사구와 함께

예 School is over. 수업이 끝났다. (☞ 부사 over가 보어로 쓰임)

예 It's **beyond my control**. 내가 통제할 수 있는 상태가 아니다.

9. 의문사와 함께

예 **Who's next?** 다음 분?

예 **What's up?** 무슨 일이지?

예 **What stuff** is this *made* of? 이것은 어떤 물질로 만들어져 있나요?

10. 『명령문』 ~해라

예 **Be** my guest. 편히 하세요!

예 **Don't be** silly! 바보짓 하지 말아라

11. 진행형 - 가까운 미래 표현

예 I am **coming.** 제가 가고 있습니다.

예 My birthday is **coming.** 생일이 온다!

be동사는 '~한 상태이다', 그리고 일반 동사에 -ing를 붙이면 **현재분사**가 되어 '~하는' 또는 '~하고 있는'이라는 '형용사'로 쓸 수 있게 됩니다. 따라서 'be동사'와 '동사+-ing' 이 둘을 합치면 '~을 하고 있는 상태이다'라는 진행형의 정의가 자연스럽게 나옵니다. 이 원리를 이용해서 진행형 시제가 만들어졌습니다.

여러분! 영어 문법을 그저 외우지 마세요! 한 나라 말의 어법은 보통의 사람들까지 쉽게 수용할 수 있을 때 비로소 그 나라 언어의 규칙이 됩니다. 따라서 언어에서 이해하지 못할 고난도 이론은 없습니다. 한 가지 문제라면 영어를 설명하는 문법조항의 수가 최소 수백 개 심지어 수천 개에 이르러 너무 많다는 어려움을 제외하고는 누구나 다 어렵지 않게 이해할 수 있는 정도의 수준입니다. 그것을 가장 잘 대변하는 유명한 말이 하나 영어 학습계에서 널리 통용되고 있는데요 그것은 **"설명할 수 없다면 아직 모르는 것이다!"**입니다. 조금 난해한 문법이나 해석이 힘든 문장을 만나거든 차분하게 원리적으로 풀어가기 바랍니다. 학력이나 영어 실력의 고하와 관계없이 누구나 이해할 수 있는 범주 안에 다 있기 때문입니다.

12. 수동태 표현 - ~이 되다, ~이 되어 있다 ('모듈4'에서 수동태 표현들을 깊이 공부합니다!)

㉠ No one *was **expected*** to achieve the goal. 아무도 목표를 달성하리라 기대하지 않았다.
㉠ iPhone 12 phone will *be **released*** to the market tomorrow. 접이식 핸드폰이 내일 출시된다.

수동태의 기본은 '**be+과거분사**'인데 be동사는 위 경우처럼 '~한 상태이다'입니다. '과거분사PP'는 동사를 '형용사'로 사용할 수 있도록 동사의 시제를 바꾼 것을 말하고, 문장에서 '**수동**' 또는 '**완료**'의 의미로도 사용됩니다. 말 그대로 어떤 행위를 당한 결과, 또는 이루어져 있는 상태를 말합니다. 따라서 be done 은 '~을 당한 상태에 있다'로 해석이 가능합니다. 이것이 바로 수동태의 정의입니다. 쉽지요?

13. 『be + to부정사』 예정, 의무, 운명

예 My intention is **to take care of** the poor. 내 뜻은 가난한 사람들을 돌보는 것이다.

예 We are **to meet** at the ambassador's. 대사 댁에서 곧 만날 예정이다. (☞be to do 곧~예정이다)

질문3 - 왜 'be+ to do'가 가까운 예정, 의무, 운명의 의미를 갖나요?

'be동사'는 '~한 상태이다'입니다. 이제 'to do'에서 전치사'to'는 앞으로 전진하는 뜻을 지닌 단어여서 현재나 과거가 아닌 미래지향적인 느낌을 갖고 있는 어구입니다. 따라서 'to do'는 '~을 하려는'의 의미가 있습니다. 따라서 'be to do'는 '~하려는 상태이 있다' 라고 해석이 됩니다. 그래서 가까운 미래, 의무, 그리고 나아가 '~할 운명이다'의 의미까지 갖게 되는 것입니다.

질문4 - Have 동사 경우는 어떤 가요?

Have 동사의 경우도 위 be동사와 같은 방식으로 쉽게 설명이 가능할까요? 네, 맞습니다! 아래에서는 일단 맛보기 설명인데 개략 감을 잡으시고 깊은 것들을 뒤 해당 모듈에서 다시 다룰 예정입니다.

① Have to do ~해야 한다
Have 동사는 '~을 갖고 있다', '~을 먹다' 또는 '~의 경험을 가지다' 등의 뜻으로 쓰입니다. 그중에서 '~을 갖고 있다'를 취합니다. 그 다음 'to부정사'의 용법 중에서 **'~하는 것'** 또는 **'~할 것'**이라는 소위 **'명사적 용법'**과 결합시킵니다. 결과적으로 'have + to do'는 '~을 할 것을 갖고 있다' 즉, '~을 해야 한다'는 의미를 갖게 되어 조동사 should 나 must와 유사한 의미로 사용됩니다.

② Have + 과거분사
앞 과거분사는 위 설명처럼 이미 이루어진 **'완료'**나 **'수동'**의 의미가 있다고 했지요? 그러면 이번에는 '완료'의 의미를 취합니다. 이제 'have+과거분사'는 '완료한 상태를 아직도 가지고 있다' 즉, 과거의 '~한 행동을 아직 갖고 있는 상태다'라는 **'완료시제'** 문장이 됩니다.

③ 조동사(should, would, might)+have+과거분사 '~했어야 하는데 하지 못했다'
should는 '~해야 한다'는 의미. 그리고 'have+과거완료'는 위 설명과 같이 '완료한 ~상태를 아직도 가지고 있다.'이다. 따라서 'should have + PP'의 의미는 '완료한 ~상태를 가지고 있어야 했다'가 됩니다. 즉, '완료한~상태를 가지고 있어야 했는데 그렇지 못하다'의 의미로 확장해서 사용됩니다.

□ 영어가 어려운 근본 이유는 서로의 언어 사고 구조가 다르기 때문입니다. 아래 실수는 우리 사고 방식으로는 아무런 문제가 없지만 슬프게도 틀린 영어broken English가 됩니다.

He is **a staff** here (X)

He is **a** member of **staff** here. (O)

여러분의 영어가 깊이를 더해 가면서 영미인의 사고 구조까지 깊이 알아 가는 것을 느끼게 될 겁니다. 영미인들의 사고 특징 중 하나는 staff라는 단어의 속성이 참 많은데 어떤 관점에서 staff에 대한 이야기를 하는지 범주화categorize한 다음 전달하고 싶어 합니다. 제가 영어 사전을 공부할 때 이 범주화 표현을 모은 예문만 A4로 30장에 달했습니다. 여러분들은 영미인들이 왜 그토록 정관사와 부정관사에 집착하는지, 또 단수와 복수 즉, 수의 일치 규칙에 그렇게 매달리는지 잘 이해해야 합니다. 어떤 면에서 병적이다 싶을 정도의 일종의 강박관념 같은 것 조차 있는 듯합니다.

□ **주어와 동사의 일치** – 위에서 기왕 얘기가 나왔으니 주어와 동사 일치 문제에 대해 잠시 살펴보려고 합니다.

①**A** as well as **B** - A에 동사 수와 시제를 일치시킵니다. [☞ B보다 A가 중심이란 사실을 나타내기 위해서]

예 **I** as well as you **am** wrong. 너와 마찬가지로 나 또한 틀렸다.

예 **He** as well as you **is** right. 너와 마찬가지로 그 또한 옳다.

②A or **B**, either A or **B**, neither A nor **B**, not only A but also B - 후자 **B**에 동사를 일치시킵니다. [☞ A나 B나 상관없는 경우일 경우라면 자연스럽게 바로 동사 앞 인칭에 맞추도록 하기 위해서]

예 Either you or **she has** to stay at the entrance. 너와 그녀 중 한 사람은 입구에 남아야 한다.

예 Neither you nor **I am** rich. 너도 또 나도 부유하지 않다.

예 Not only you **but also** **he is** smart. 너뿐만 아니라 그 사람 또한 멋지다.

③**Every** A and B는 - '단수' 취급

예 **Every young and old was** invited to the ceremony. 모든 노인과 젊은이들이 행사에 초대되었다.

④외양은 복수인데 단수 취급

Twenty years is quite a long time. 20년은 꽤 긴 시간이다.

□ 본 모듈은 비교적 단순합니다. be동사와 **보어**가 만납니다. 보어로서 '형용사'가 제일 많이 오고 그 다음이 오는 어구는 **명사/구/절**, 그리고 **부사와 부사구/절** 정도입니다. 본 Be동사 예문에 특별한 문법적 분류 기준 없이 예문 선정기준을 놓고 고심했습니다. 꼼꼼히 올리자면 be동사의 표현 영역이 넓어 끝이 없고 간략히 하려면 너무 단조로운 문제가 있습니다. 고심 끝에 가능하면 일상에서 바로 사용할 수 있는 구어체 문장, 그 밖에 여러분의 표현력을 자극하고 일깨워 줄 창의적인 표현 중심으로 선발해서 올렸습니다.

□ 이제 내가 과연 아래 예문처럼 잘 표현할 수 있는지 문장에게 묻고 또 문장과 깊이 대화해 보시기 바랍니다. 그 과정이 쌓여 가면서 여러분들의 영어의 방이 체계적으로 구축되어 가고 살아 있는 예문으로 가득 차게 됩니다. 여러분들이 할 수 있는 데까지 기억하려 애써 보세요! 나머지는 모두 여러분 언어의 뇌 LAD에 맡기세요!!

기본 예문 Basic

I'm **on**! 좋아, 찬성이야! (☞ on 형용사, in favor of 찬성하고 있는; 참가하고 있는)
→ 확장 The TV was **on** all the time. 늘 TV가 켜져 있었다. (☞ on 부사 형용사 - 작동하고 있는)
It's **cool**. 참 멋지네~

What's **up**? 무슨 일? → What's **new**? 뭐 새로운 거 없어? → What's **wrong**? 잘못된 일이라도 있나요?
①What **a pity**! (정말) 가엾구나. ② What **a hunk**! (남성의 몸매를 보며) 몸매 죽여 준다!
③What **a nerve** (it is)! 참 뻔뻔스럽 구만~, 간 덩이가 부었나? ④What **a racket**! 왜 이렇게 시끄러워
⑤What **a shame**! 참 수치스러운 일이군!
⑥What's so **funny**? 뭐가 그렇게 웃기지? ⑦What was it **like**? 그거 어땠습니까? 그게 무엇과 닮았습니까?
⑧What **a nuisance**! 정말 귀찮군! (☞ nuisance 폐, 불유쾌한 것, 성가신 존재)

How **so**? 어째서 그렇게 되는 건데? ← How (is it) so?
That's **it**! 바로 그거야!

That's it? 얘걔 이게 다야? 너무 쉽네~ → 동일 **Is that it?**, That's all? → cf. That's **that**. 이걸로 끝이야~

Be quiet! 조용히 하세요. ← (You) Be quiet!

Could be! 그럴 수도 있지!

Time's up 시간이 다 되었어요.

That's life! 인생이란 다 그런 거죠~ (佛 C'est la vie! 쎄-라-비)

Be patient 조금 참아 보세요 → 동일 Have patience!

Was it you? 니가 그랬니?

I am broke. 저 무일푼입니다. → 심화 I'm flat broke. 저 완전 거지입니다.

Am I right? 내 말이 맞지?

It's amazing! (excellent, fantastic, wonderful) 멋지군~

Be punctual! 시간 좀 지켜라!→ 동일 Keep your time!

I'm off duty. 난 비번非番이다.

I am in need. 난 곤경에 처해 있어요.

→ 속담 Friend in need is a friend indeed. 곤궁할 때 도움을 주는 친구가 진정한 친구다.

I'm on a diet. 난 다이어트 중입니다.

Here it is. 자 여기 있다; 자, 이것을 주마.

Here we are. 자~ 다 왔다! 자, 여기 우리가 찾고 있던 것이 있군요.

Here you are! 자~ 여기 있다. (☞ 상대에게 무엇을 건네 줄 때)

It's your turn. 네 차례다.

The tent is up. 텐트가 쳐져 있다 (☞ up 형용사 보어)

Isn't she cute? 그녀가 깜찍하게 예쁘지?

It's up to you. 그 일은 너에게 달렸다.

Be right there! 금방 그쪽으로 가겠습니다.

That's enough. 그거면 충분합니다.

I'm sick of this. 난 이것에 완전 질렸어요! (☞ be sick of + 명사/동사-ing ~에 질리다)

That's too bad. 그거 참 안됐군요.

She is upstairs. 그녀는 위층에 있다. (☞ upstairs 부사 보어)

You're off base! 너 오산誤算이야!

→ You're off base if you think I'm going to do that. 내가 그거 할 거라 생각하면 오산이야!

He's so gullible. 그는 남의 말에 참 잘 속는다 (☞ gullible 속기 쉬운, 아둔한)

It's apt [to rain]. (미) 비가 올 것 같다. → 유사 It is likely to rain.

You're so brash. 너 얼굴 참 두껍구나~ [☞ brash 성급(경솔, 무모)한, 무례한)

Yeah, he's nasty. 그래~ 그 사람 성질 더럽다. (☞ nasty 성미가 고약한, 불결한, 불쾌한)

Are you serious? 그거 진심이예요?

It won't be long. 오래 걸리지 않을 겁니다. 곧 돌아오겠습니다.

How are things? 별일 없으시지요? 아무 일 없고?

You're heartless. 너 냉정(무정)하구나~

You're welcome. 별 말씀을! 천만예요! [(미) ☞ welcome (형) 환영 받는, 환영해야 할]

→ 동일 (英) Don't mention it! / Not at all! / Forget it!

Are you kidding? 놀리는 건가요? 농담이지요?

He is an airhead 그는 돌대가리다. (☞ a stone head)

It's my pleasure 해 드릴 수 있어서 기쁩니다.

This is not much. 약소합니다.

It's one comfort. 그것이 한 가지 낙이다.

It's **a tiny hiccup!** 약간 어려운 시기일 뿐이지~, (주식시장) 일시적 작은 하락이겠지!

There is **no rush!** 서두를 것 없다!

You're **mine** now! 넌 이제 내 밥이야! 이제 넌 내 꺼야!

Don't be **foolish** 멍청하게 굴지 마세요.

→ Don't be **absurd.**, Don't be **silly** 바보같이 굴지 마세요.

→ Don't be **gross.** 그런 하찮은 소리 집어치워! [☞ **gross** 무식한, 천박한; (구)싫은, 메스꺼운]

Don't be **modest.** (너무) 조심스러워 하지 마세요. → Don't be **a chicken.** 겁내지 말아요.

Don't be too **long.** 너무 시간을 끌지 마라. 너무 기다리게 하지 마라.

Don't be **so cheap.** 그렇게 치사(인색)하게 굴지 마라. → 동일 Don't be so **mean.**

You're **too much.** 당신 해도해도 너무 하는군.

How's **everything?** 다 잘되고 있지?

You are too **picky.(nitpicky)** 넌 눈이 너무 높아~, 너무 까다롭다. (☞ **picky** 가탈스런, 눈이 높은, 편식하는)

I will be **in touch.** 제가 연락을 드리겠습니다.

That's **big** of you! 너 정말 대단해! → That's **sweet** of you! 당신은 너무 친절하십니다!

It's **all or nothing.** 흥하든지 망하든지. 모 아니면 도!

Enough is <u>enough</u> 이제 됐으니 그만해! 적당히 해라.

It's not **a big deal!** 별것도 아닌데 웬 호들갑?

All systems are go. (로켓 발사 장치) 준비 끝! (☞ **go** 미국 영어에서 형용사로 사용, **ready**)

→ 비교 It's your **go.** 당신 차례입니다. (☞ **go** 명사, → It's your **turn.**)

That's **all for today!** 오늘은 (회의나 수업은) 여기까지!

You're **dead meat!** 넌 이제 죽은 목숨이다!

You must be crazy 넌 제정신이 아닌 게야~

What is the point? 요점이 무엇인가요?

It's nice seeing you 만나 뵈어 반갑습니다. → 동일 It's nice to see you.

My battery is dead. 배터리가 다 되었습니다.

Spring is in the air. 봄 기운이 완연하다.

He's a good talker. 그 친구, 말이 청산유수로군.

I'm crazy about her. 난 그녀에게 푹 빠졌다. [☞ be crazy about (over) ~열중하는, ~에 미쳐 있는]

He is really my type. 그 남자 정말 내 타입이야.

His nose is bleeding. 그는 코피를 흘린다.

We must be off now. 이제 작별을 해야 하겠습니다. 출발해야 하겠습니다.

Everything's a hassle. 모든 게 다 귀찮아~ (☞ hassle 들볶다, 말다툼하다; 말다툼, 소동)

How is that possible? 어떻게 그럴 수 있지?

I'm on a (strict) diet. 나 (절대) 식사조절 중이야.

Don't be so nervous! 너무 긴장하지 마~

Are you still with me? (말하는 거) 잘 따라오고 있는거죠?

My stomach is funny. (약한 통증) 속이 좀 거북하다

Why are you so blue? 왜 그렇게 우울해 보여? → 동일 Why is your face so long?

Why is my life like this? 내 인생은 왜 이 모양일까?

What's up over there? 그쪽에 무슨 일 있어? (☞ up 형용사)

What are you up to? 무슨 일이야? 무슨 일을 꾸미려는 거야?

What's that look for? 저 얼굴 표정, 뭐지?

What are your hours? 몇 시까지 영업하나요?

→ 동일 Until when (Till when, How late) are you open? 몇 시까지 문을 여시나요?

What's going on here? 여기 무슨 일이 벌어지고 있는 거야?

What's on your mind? 너 왜 사니? 너 뭐 생각하며 사는 거야?

What's this fuss about? 이게 도대체 무슨 난리야? (☞ fuss 야단법석, about 부사)

What grade are you in? 너 몇 학년이니?

What's it worth to you? 그게 너에게 무슨 소용이 있는데?

What's wrong with him? 그 사람 참 찌질하구먼~

That's a nice surprise. 이거 뜻밖에 멋진 일이네요~

He (She) is on my list. 그는 (그녀는) 내가 찜 했다!

You were up all night? 너 밤샌 거니?

He is out on business. 그는 일 때문에 외출 중이다.

You are a lucky chuck. 넌 참 행운아구나~

My neck's on the line. 내 목이 간당간당 해...

He is down with fever. 그는 열병으로 몸져누워 있다.

I am allergic to pollen. 꽃가루 알레르기가 있다.

→ She is allergic to jazz. 그녀는 재즈라면 질색이다.

(It) Couldn't be **better!** (than this) 이보다 더 좋을 수 없군!

He is real **mama's boy**. 그 애는 완전 마마보이야~

You're **a hopeless case**. 자네 참 대책 없는 친구군~

You'll be <u>sorry for</u> this. 너 나중에 후회하게 될 거야~

A little pot is soon **hot**. 소인은 쉽게 화를 낸다.

She's really **something!** 그녀는 정말 끝내 준다!

She's quite <u>a little **love**</u>. 아주 귀여운 여자아이구나! [☞ love 비 격식, 아주 매력 있는 사람(물건)]

This is totally **awesome.** 이거 정말 끝내 주는군!

Is no news **good news**? 무소식이 희소식이겠지요?

It's **time** [**to be moving**]. 그만 가 봐야 할 시간입니다.

→ 동일 **I've got to be moving!** (☞ get to do ~하기 시작하다)

I'm really **a light sleeper**. 난 깊은 잠을 이루지 못합니다.

I'm **in a bad mood** now! 나 지금 저기압이야.

I'm **a stranger to** London. 나는 런던에 초행 길이다.

London / night view of Thames River

비교 표현

You're just **as bad as** me. 너도 (못된 것이) 나 못지 않아~, 너도 만만치 않아~ (☞ 동등 비교)

→ 동일 You're just **the same as** me. 너도 만만치 않아~ (→ 너나 나나 다 문제야~)

A miss is **as good as a mile**. 오십 보 백 보 (조금 빗나간 거나 1마일 빗나 간거나 다 마찬가지다~)

Tom is **twice as tall as** Jerry. 톰은 제리보다 두배 더 키가 크다. (☞ 배수 비교 표현법)

This is **one fifth as large as** that. 이것은 저것 보다 1/5 크기다.

It's not **as tidy as normally is, though**. 글쎄요, 평상시처럼 깔끔하지는 않긴 합니다만..

That's **better than nothing.** 그게 어딘 데? 없는 것보다 낫지!

→ 유사 **Half loaf** is **better than nothing**. 반 쪽이라도 없는 것보다 낫다!

Two heads are better than **one**. 백지장도 맞들면 낫다.

I am **halfway through the book**. 난 그 책의 절반을 읽었다.

His style is **more apt** than yours. 그의 문체 (옷차림)가 자네 것보다 더 어울린다. (☞ apt 적절한)

숫자 관련 표현

☞ 여러분, 외국인과 대화할 때 숫자 표현하는 것이 생각만큼 쉽지 않습니다. 그렇다고 수치 관련 표현이 대단히 많은 것 또한 아니니 아래 정도 표현에 대해 숙달해서 익혀 두었다가 멋지게 활용해 보기 바랍니다.

Three and five is (makes) eight. 3 더하기 5는 8

Three plus two plus five is ten. 3더하기 2더하기 5는 10.

Three from fifteen is twelve. 15에서 3을 빼면 12이다.

Three times five is (makes) fifteen. 3 곱하기 5는 15. → **Multiply** 5 **by** 6. 5에 6을 곱해라.

25 divided by 5 is (makes) five. 25 나누기 5는 5. → Divide 30 **by** 5. 30을 5로 나누어라.

Seven divided by 3 is two, and remainder 1. 7 나누기 3은 2, 그리고 나머지는 1

Three squared is nine. 3의 제곱은 9다. → 동일 **The square of three** is nine.

Two is to six as three is to nine. 2:6 = 3:9

Count **by 10 to two hundred**. 10 단위로 200까지 세어 보아라.

He is **my senior (junior) by two years**. 그는 나보다 두 살 위(아래)다.

The final score was three to two. 최종 스코어는 3:2였다.

Our team won **by two goals**. 우리 팀은 두 꼴 차로 이겼다.

→ 유사 Giants lost **to Dodgers by three points**. 자이언츠는 LAD에게 3점 차로 졌다.

The Liberal party **won by a majority** of 70 against 30. 자유당은 70대 30표의 다수결로 승리했다.

It's **even odd** that he will win. 그가 이길 확률은 반반이다.

Our winning chances are in one out of five. 우리가 우승할 확률은 5분의 1이다.

I thought Trump has **a 90% chance (possibility)** of winning the election.
내 생각에 트럼프가 선거에서 이길 확률은 90%였다.

The profits are **up by 10 percent**. 이익이 10% 상승했다.

The stock market index fell **by zero-point-four percent**. 주식시장 지수가 0.4% 하락했다.

I take **size 260 shoes.** 나는 260 사이즈 신을 신는다.

I'm **on page 230** now. 난 지금 230페이지를 읽고 있는 중이다.

It's not worth a cent. 단 1센트의 가치도 없다.

The lake is 30 miles across. 그 호수는 직경이 30마일이다.

It's 2 seconds off the world record. 그 기록은 세계 기록에서 2초 뒤진 것이다.

It's only **a few minutes' run. (walk)** 뛰어가면 (걸어가도) 불과 2-3분 거리야.

She's been my friend **for 10 years**. 그녀는 나의 10년 지기다.

I've been **a regular** here for 7 years. 나 여기 7 년째 **단골**이야.

That Porsche has **a 5,000-cc engine.** 저 포르쉐 차는 엔진 배기량은 5,000cc다

His apartment is **196 square meters.** 그의 아파트는 196평방미터이다.

The registration is **first come, first served**. 등록은 선착순이다.

Would **about 3:30** be all right for you? 3시 30분경 시간 괜찮은가요?

It's **100 bucks a pop**, but it's so worth it. 개당 100달러지만 그만 한 충분한 가치가 있다.

[☞ buck 는 dollar의 속어, pop '1개' 혹은 '1번'의 속어]

A bird in the hand is worth two in the bush. 남의 돈 천 냥이 내 돈 한 푼만도 못하다.

His salary is **double what it was five years ago**. 그의 급여는 5년 전의 배다.

The newspaper has **a circulation of half million**. 그 신문의 발행 부수는 백만 부다.

There are still **two weeks [to go]** before the examination. 시험 때까지는 아직 2주가 남았습니다.

He *was awarded 2/3 (two-thirds)* of his father's properties. 그는 아버지 재산의 2/3을 상속 받았다.

I *was doing 150 kilometers per hour* when I *was caught* in a speed trap.
내가 속도위반 단속에 걸렸을 때 나는 시속 150km으로 달리고 있었다.

The kids are making [a 30-centimeter-tall, 10-centimete-wide, and 5-centimeter deep] box.
그 아이들은 높이 30㎝, 너비 10㎝, 깊이 5㎝의 상자를 만들고 있다.

English is worth learning. 영어는 배울 가치가 있다. (☞ be worth -ing ~할 가치가 있다)

All right! you're the boss. 너 잘났다. (비어, 니 똥 굵다!)

Is it part-time or fulltime? 시간제인가요 전일제인가요? → 응용 Is he a part timer or full timer?

We are in the same boat. 우린 한 배를 탔어요. (같은 운명이다.)

It's everyman for himself. 각자 알아서 해~, 각자도생!

My husband is a golf nut. 남편은 골프광이다.→ It means you're one of those golf widows. 골프 과부~

Her face is wet with tears. 그녀의 얼굴은 눈물로 범벅이다.

Be a little gentle with him. 그 친구 좀 봐줘 가며 살살 다뤄라~

Dr. Lee was approachable. 이 박사는 쉽게 다가갈 수 있는 분이었다. (☞ amicable 다정다감한)

Are you being a wise guy? 네가 그렇게 잘났어? 잘난척 좀 그만해라~

Hope was his only anchor. 희망만이 그의 유일한 지탱 거리였다.

How far is it to the beach? 바닷가까지 얼마나 먼가요? (☞ it 假 주어)

The new arrival was a girl. 새로 태어난 아기는 여자 아이였다.

Is she under-documented? 그 여자 불법 체류자입니까? (☞ under-documented 불법 이주한)

It's just around the corner. 엎어지면 코 닿을 데야~

Music is a salve for sorrow. 음악은 슬픔을 달래 준다. (☞ salve쌔브 연고, 고약, 달래 주는 것)

That guy is <u>a real odd ball</u>. 저 녀석, 럭비 공 같아서 어디로 튈지 몰라~, 저 친구 완전 괴짜다.

It's <u>at the tip of</u> **my mouth**. 입 끝에서 말이 뱅뱅 돈다. (☞ tip이 갖는 뾰족한 이미지들)

→ the tip of a cone (an iceberg) 원뿔의 꼭지 끝 (빙산의 일각)

Don't be a party-pooper! (→ 동일 **a wet blanket, a kill joy**) 분위기 썰렁하게 하지 마!

<u>The tuna catch</u> is **declining**. 참치 어획량이 감소 중이다. → 비교 The moon is waning. 달이 기울고 있다.

Walking is a great **workout**. 걷는 건 참 훌륭한 운동이다.

Don't be such a **worrywart**. 그렇게 걱정을 사서 하지 마! (☞ **worrywart** 사서하는 걱정꾼)

He is **a good match** for me. 그는 나의 호적수(좋은 적수)이다.

He's **a player** with the girls. 쟤는 바람둥이야~

It's so upset. I'm speechless. 기가 막혀 말이 안 나오네..

Your front porch light is out! 너 제정신이 아니구나! (가스 등불이 깜깜해지니...)

porch light

Why are you so upset today? 왜 그리 열 받아 있는 거니?

(Will this be) cash or charge (credit)? 현금으로 계산하시겠습니까? 카드로 계산하시겠습니까?

He is on leave until Thursday. 그는 목요일까지 (on, 계속해서) 휴가다.

There is no place for an idler. 게으른 자에게까지 차례가 갈 게 없다.

It's not a bad place to live in. 그곳은 살기에 나쁜 곳이 아니다.

What 's that between friends? 친구 간 그런 게 어디 있어?

→ 동일 Come on, what are friends for? 이봐, 친구 좋다는 게 뭐야~

Is he a pervert or something? 저 사람 변태나 뭐 그런 쪽 아닐까?

EXHIBITIONISM

The movie was fricking great! 그 영화 좔 나 대단해! (☞ fricking ← fucking의 완곡어법, 강조 목적)

Why are you always like that? 넌 왜 맨날 그 모양이니? (왜 그 모양으로 사니?)

She is very fashion conscious. 그녀는 유행에 민감하다.

There is a time for everything. 모든 일엔 다 때가 있다.

Let's be clear about one thing! 한 가지만은 분명히 합시다!

On all account, it was a failure. 모든 면에서 그것은 실패였다

The world is at your door's step. 세상이 바로 자네 앞에 있다 네. (세상이 다 자네 걸세!)

Are there any other comments? 다른 할 말 있습니까?

He is very easy [to get on with]. 그는 어울리기 쉬운 사람이다. (☞ get on with 어울려 지내다)

What's **the profit of doing that**? 그게 너에게 무슨 이득이 있지? → 동일 How will **that** profit you?

Every kind of rumor were _about_. 갖가지 소문이 돌고 있었다. (☞ be about 소문이 떠도는)

His sufferings will soon be **over**. 그의 고생도 곧 끝이 날 것이다.

Her mom and dad are *filthy* rich. 걔네 엄마 아버지는 열나 부자야~

This is just **between you and me**. 이건 우리 둘만의 비밀입니다.

What on earth are you afraid of? 도대체 뭘 두려워하는 건데? (☞ on earth 도대체; be afraid of)

Poverty is preferable to **ill health**. 가난이 병들어 아픈 것보다 낫다. (☞ be preferable to ~)

He is always several **moves** ahead. 그는 항상 몇 수 앞서 보고 있다.

I'm **on my way**. I'll be **there** soon. 지금 가는 중이야. 곧 도착해.

He is _no longer_ a boy, *but* a man. 그는 이제 더 이상 어린 아이가 아니고 어른이다 (☞ no longer ~ but)

Her tearful farewell was all **an act**. 그녀가 눈물을 흘리면서 헤어졌던 것은 모두 연기였다.

Are you going to be **off** tomorrow? 내일 쉴 거니?

It's **difficult** [**to live** on **love** alone]. 사랑만으로 살아가는 것은 아니다.

[※ 『It is 형용사+ to do~하는 것은 ~하다 』표현의 사용 빈도가 대단히 높습니다. 잘 기억했다 사용하세요!]

There is **little hope of his recovery**. 그가 회복할 가능성은 없다.

My position is very **uncomfortable**. 내 입장이 참 난처해~

He is terminally **ill with lung cancer**. 그는 폐암 말기 환자다.

This murder was **a crime of passion**. 그 살인은 **치정 범죄**였다.

We're *not* roomies, *but* soul mates. 우린 룸메이트가 아니라 맘이 깊이 통하는 친구다. (☞ roomie애칭)

My hat was **nowhere** [**to be found**]. 내 모자는 어디도 보이지 않았다.(☞ nowhere 아무 데도 없다)

Golf is now **within everyone's reach**. 골프는 이제 누구나 다 할 수 있게 되었다.

He is **predestined for** a businessman. 그는 타고난 사업가다. (☞ be predestined for ~)

Will you be **free** tomorrow afternoon? 내일 오후 시간 좀 내 주실 수 있나요?

What's your **preferred genre of music**? 당신이 선호하는 음악 장르는 무엇인가요?

There's **something different** about her. 그녀에게는 어딘가 다른 데가 있다.

I'm in favor of **helping the flood victims**. 수재민을 돕는 것을 찬성한다. (☞ be in favor of ~을 지지하다)

Is she the right person **for** that position? 그녀가 그 직책에 적합한 사람일까요?

The math examination was **a joke** for her. 그 수학시험은 그녀에게 너무 쉬웠다.

The meeting is **a big step toward** peace. 이 회의는 평화를 향해 큰 걸음을 내딛은 것이다.

The only thing [he care about] is **money**. 그가 관심있는 것은 돈이다. 돈독이 올랐다.

A malicious rumor was afloat around him. 그의 주변에 악의적인 소문들이 떠돌았다.

[Each place **we stopped** at] was beautiful. 우리들이 들렀던 모든 곳은 다 아름다웠다.

Is there an add-charge for a gift **wrapping**? 선물 포장하면 추가 비용이 드나요?

She should be old enough [**to know** better]. 그 앤 철이 좀 들어야 해~ (☞ be enough to do ~)

What's the difference [between spaghetti and noodles]? 스파게티와 국수의 차이점이 뭐지?

발전 예문 Intermediate

It's **no life**. 사는 게 사는 게 아니다.

I'm **clueless**. 전혀 모르겠네.

→ 동일 I don't have the **faintest (slightest)** idea.

Be **yourself**! 나이 값 좀 해라! → 동일 **Act your age**!

I'm **with you**. 난 당신 편입니다. → I'm **on your side**. 당신 지지합니다.

I'm **afraid so**. 그런 것 같습니다.

→ 실전 "Are we serious?", "I'm afraid **so**!" 너 진심이니? 아마도 그런 것 같아!

→ You're **taking me for** somebody else, I'm afraid.. 죄송하지만 사람을 잘못 본 것 같습니다..

→ I'm afraid **if it will rain tomorrow**. 내일 비가 올까 걱정이다. (☞ I'm afraid **if**~)

This is **insane**. (강한 어조) 이건 말도 안 돼! → 실전 This is insane, you've got the false information.

Who's go is it? 누구 차례지? → 유사 **Whose play(turn)** is it? 누가 할 차례이지?

It's **in the bag**. 이건 다 된 거나 마찬가지야!

Rules are **rules**. 규칙은 규칙이다. 약속한 것은 지켜야 한다.

That's **the limit**. 이제 그만해! 거기까지!

Life is **trade-off**. 인생은 얻는 것이 있으면 잃는 것도 있는 법 (☞ trade off 거래, 교환; 이율배반성)

Dinner is **on me**. 저녁은 내가 내겠다. → It's **on the house**. 식당이 (무료로) 제공하는 것입니다.

Don't be **mushy**. 안이하게 굴지 마라! (☞ mushy 비 격식, 지나치게 감상적인, 죽처럼 무른)

That's **irrelevant!** 그건 (이것과) 무관한 얘기야~

My leg is **asleep**. (한쪽) 다리가 저리다.

To dare is **to do**! 맞서 나갈 때 역사는 이루어진다! (☞ EPL Tottenham 구단 구호)

Tottenham's brand new Stadium (out & in)

He is **such a card**. 그 남자 분위기를 살리는 사람이지! → He is **a kill**. 그 사람 끝내 주는 사람이다.
→ He's **one of a kind**. 그 사람, 유일무이한 남자다. 멋쟁이다!

She's too **snobby**. 그 여자는 너무 콧대가 세다(도도하다)

He is so **stubborn**. 앞뒤가 참 답답한 친구일세! (☞ stick-in-the mud 꽉 막힌 사람 ← 진흙 창에 박힌 막대)

You're so **fired up**! 네 사기가 하늘을 찌르는구나.

Here's **bottom line**! 이게 핵심이다! 이게 최종 결론이다. (☞ The bottom line is that ~요컨대 ~이다.)

Ain't that **the truth**? 그거 당연한 거 아냐?

You are still worldly. 너 아직 세속에 묻혀 사는구나. (☞ worldly 세속적인, 처세에 뛰어난)

His nose is running. 그는 콧물을 흘리고 있다 → 동일 He has runny nose.

He is **history** to me. 그 사람은 저에게 이미 옛 사람일 뿐이에요~

Your idea is way off. 네 생각은 완전히(way) 빗나가 있다. (☞ off 부사 형용사, 벗어난)

Let's be responsible. (우리들이) 지킬 건 지켜야 해.

That will be **the day!** 그렇게 되면 (그런 날이 오면) 얼마나 좋을까~

Those are **my words**. 그건 내가 할 소리다.

Now you are **talking**. 이제야 말이 통하는군요~

She is nice <u>to talk to</u>. 그녀는 대화하기 편한 상대이다.

Where's your head at? 너 정신을 어디다 두고 사는 거야?

Don't be so arrogant. 긴방지게 굴지 마. (☞ arrogant 거만한, 도도한)

Nothing great is easy. 위대한 일에 쉬운 것은 없다.

The election was a fix. 부정 선거였다. (☞ fix 속어 매수, 야바위) → The election was *rigged*.

The steak was really it. 그 스테이크는 정말 최고였다. (☞ it - 이상, 극치 absolute perfection)

Hey! What's **the secret**? 이 봐, 대체 비결이 뭐 데?

The meat was a bit off. 고기가 약간 맛이 갔다. (☞ off 부사 형용사, 신선하지 않은)

You are so into English. 넌 너무 영어에 빠져 있어~ (☞ be into ~에 몰입하다, 푹 빠지다)

That's a lame(flat) joke. (농담이) 썰렁하군! → That is <u>such a lame excuse</u>. 참 구차한 변명이다~

(Is it) <u>For here</u> or <u>to go</u>? 여기서 먹을 건가요? 가지고 갈 건가요?

It's not **what you think!** 네가 생각하는 그런 것 아니야!

You're **no match** for me. 너 내 상대가 안 되는 거 알지~

That's <u>music to my ears.</u> 듣던 중 반가운 소리군.

I'm sitting <u>on the fence</u>. 이러지도 저러지도 못하고 있다. (☞ sit on the fence)

We're on **the same page**. 우리는 같은 입장이다.

I am <u>bad with directions</u>. 나는 길 눈이 어둡습니다.

How long is this on sale? 이거 언제까지 세일하지요?

She is forgetful of others. 그녀는 남의 일에 관심이 없습니다. 무심한 사람이다. (☞ be forgetful of~)

It has to be **an inside job**. 그건 내부자 소행임에 틀림이 없어~

(It's) **Better late than never**. 늦었다고 생각할 때가 가장 빠를 때다.

→ 비교 (It's) **Never too late for** miracle! 반드시 기적은 일어납니다!

I am **into different things**! 난 노는 물이 달라! → 동일 We're not **in the same league**.

It was **too good to be true**. 믿지 못할 정도로 너무 좋았다. (☞ too – to 너무 ~해서 ~할 수 없다)

→The chance is **too** good **to let by**. 그 기회는 멋져서 그냥 흘려 보내기 너무 아깝다.

That's the way of **the world**. 그게 세상 풍속이다. → That's always **the way with him**. 늘 그런 식이다.

The stew is **mouth-watering**. 그 찌게 때문에 입에 침이 고이네~

Beggars cannot be **choosers**. 거지에겐 선택권이 없다.

Appearances are **against him**. 형세는 그에게 불리하다. (☞ appearances 형세, 정세)

You're are **so money** *oriented*. 너 돈독이 올랐구나.

That's **a sure recipe for** failure! 망하려면 무슨 짓을 못 해! (☞ recipe 비결, 수단: 조리법)

There's always **room at the top**. 정상에는 언제나 자리가 있다. (성공을 다른 이들과 함께 누릴 수 있다!)

His marriage was **on the rocks**. 그의 결혼은 파경 위기에 처했다.

To will is **easy, to do** is **difficult**. 하려고 생각하는 것은 쉬우나 실행하기는 어렵다.

It was **a pleasure** [**meeting** you]. 뵙게 되어 영광입니다.

She <u>is well up on</u> current issues. 그녀는 시사문제에 대해 정통하다. (☞ be well up on~)

He's **mean** about money matters. 그는 돈에 관해 인색하다. → Don't be **mean**. 쩨쩨하게 굴지 마!

Are you <u>with me</u> or <u>against me</u>? 당신은 나를 지지하느냐, 반대하느냐?

Those guys are too **lovey-dovey**! 쟤들 닭살 커플이야! (☞ lovey-dovey 남녀간 애정이 달콤한)

<u>**Too much** is <u>as bad as too little.</u></u> 지나침은 모자람만 못하다. **과유불급過猶不及**

[**To remain as I am**] is impossible. 내 정체성을 지키는 것은 불가능하다.

Fighting is **a part** [of **growing up**]. 애들은 싸우면서 커 가는 거야~

There was practically <u>nothing *left*</u>. 실질적으로 아무것도 남아 있지 않았다.

What's <u>that white **stuff**</u> in the box? 상자 안의 저 흰 것은 무엇이냐? (☞ stuff 물건, 재료, 특성)

When were you in this house **last**? 네가 이 집에 있었던 마지막 시간이 언제였지?

Is this kind of music **to your taste?** 이런 음악이 취향에 맞으시나요?

The atmosphere here is very **tense**. 여기 분위기 엄청 살벌하구먼. (☞ tense ~으로 긴장한, 팽팽한)

There's <u>an air</u> of **mystery** about her. 그녀에게는 신비로운 데가 있다. (☞ an air of ~한 분위기)

He was <u>wrong from</u> **the beginning**. 그는 기본부터 돼먹지 않았다.

This is not **the season** [**for arguing**]. 지금은 말씨름이나 하고 있을 때가 아니야!

There is **no way** <u>round this subject</u>. 이 주제를 피해 갈 방법이 없다.

He is **the linchpin** of his organization. 조직에서 중요한 인물이다. (☞ linchpin 쐐기, 급소, 핵심 인물)

[☞ Kingpin (비 격식) 중심 인물, 볼링의 1번 핀 (headpin)]

Chuck Colson was <u>the self-made man</u>. 척 콜슨은 자수성가(self-made)한 사람이었다.

His being there is a complicated thing. 그가 거기 있다는 것은 참 묘한 일이다.

Be on your guard against pickpockets. 소매치기를 스스로 조심하세요!

It's difficult [to stomach their behavior]. 그자들의 행동을 참고 소화해 내는 것은 어렵다.

She was *born* rich, but has *gone* broke. 그녀는 부유하게 태어났지만 파산했다. (☞ be born, go broke)

You're, so to speak, a fish out of water. 자네는 말하자면 물에서 나온 물고기 같은 신세란 말이지..

He was always the target of nasty jokes. 그는 언제나 짓궂은 장난의 대상이 되었다.

When is the next train due [to get here]? 다음 열차가 언제 도착할 예정인가요?

You aren't the only pebble on the beach. 너만 그런 것 아니다. (자만하거나 비관할 것 없다~)

Syria and neighboring nations are tense. 시리아와 주변 국가들은 긴장 상태다.

An increase in pay is under consideration. 급여 인상이 고려되고 있다. (☞ be under consideration)

The chances are against (in favor of) him. 형세가 그에게 불리(유리)하다.

You're under arrest for attempted murder! 살인미수 혐의로 체포합니다! (☞ be under arrest for~)

That restaurant is one of his favorite resort. 저 식당은 그가 자주 가는 곳 중의 하나이다.

It's only a few minutes' drive to the airport. 공항까지 차로 수분 안의 거리에 있었다.

Is Google or Facebook the new Big Brother? 구글은 이 시대의 Big Brother인가?

She was <u>kind of</u> homely and strange looking. 그녀는 뭐랄까 못 생겼고 이상해 보이는 사람이었다.
Is there something suspicious <u>about that guy</u>? 그 자에게 뭔가 수상한 점이 있나요?

Every parent is blind to their children's faults. 모든 부모들이 자기 아이의 결점을 보지 못한다.
That's ridiculous, not to mention, impossible. 말도 안돼, 불가능한 건 말할 것도 없고..
His coat was wrinkled and his hat was askew. 그의 코트는 쭈글쭈글하고 모자는 비스듬했다.

The leaning tower of Pisa, Italy (the rightest)

Air is <u>not</u> a compound, <u>but</u> a mixture of gases. 공기는 화합물이 아닌 기체의 혼합물이다. (not A but B)
→ She was <u>not</u> merely beautiful, <u>but</u> (also) talented. 그녀는 아름다울 뿐만 아니라 재능도 있었다.
Dan's favorite outdoor activity is **doing rafting.** 댄이 좋아하는 야외 활동은 래프팅을 하는 것이다.

His business plan was detailed and achievable. 그의 사업 계획은 구체적이고 실현 가능했다.
Making mistake is <u>a part of the learning process.</u> 실수를 하는 것은 배워 가는 과정의 한 부분이다.

<u>The fear of the Lord</u> is <u>the beginning of wisdom</u>. 여호와를 경외함이 지혜의 근본이다. (성경 말씀)
<u>To find fault</u> is easy; <u>to do better</u> may be difficult. 결점 찾아내기는 쉽지만 더 잘해 내기는 어렵다.
The poet is known <u>for his superb sense of humor</u>. 그 시인은 뛰어난 유머 감각으로 유명하다.
→ 응용 Life is easier with a sense of humor. 유머 감각이 있는 사람은 더 평안한 삶을 살아간다.

There are **pluses and minuses to living** in a big city. 대도시에 사는 것에 장단점이 있다.

There are more than <u>a million Jews **[living in Europe]**</u>. 유럽에는 백만 명이 넘는 유대인이 살고 있다.

The Western Wall, Jerusalem (일명 통곡의 벽)

Political reform is <u>a key **controversial subject**</u> these days. 정치 개혁이 핵심 논란거리이다.

Sophisticated software should *not* be *necessarily* <u>hard **[to install]**</u> (☞ not necessarily 다 ~은 아니다) 정밀한 소프트웨어라고 해서 설치가 다 어려운 것은 아니다.

That's **a cheap question** and the answer is, of course, no comment. 저질스런 질문에 답할 필요 없다.

Going to crowded places such as the beach is not **my cup of coffee.** (**not my taste**) 해변 같이 사람이 분비는 곳에 가는 것은 내 **취향이** 아니다.

→ 유사 I'm not **a fan of** tomatoes. 난 토마토를 좋아하진 않아. (☞ be a fan of ~을 아주 좋아하다)

Moving up the economic ladder is everyone's **eager dream.** 경제적 신분 상승은 모든 사람의 간절한 꿈이다.

Mary's Hospital is **the center [for cutting-of the-edge medical research].** 매리 병원은 **최첨단** 의학 연구의 중심에 있다. (☞ cutting-of-the-edge 최첨단)

The tail of fish is **as sharp <u>as a scythe</u>** and almost **of that size and shape.** (☞ scythe 서양 낫) 그 물고기의 꼬리는 큰 낫같이 날카롭고 그 크기와 모양도 그것(낫)과 비슷했다.

Making personal comment [in public like that] is not professional at all.
대중들 앞에서 저런 개인적인 발언을 하는 것은 전혀 프로답지 못하다.

How's your new restaurant **doing**? "Well, it's not open yet. There's a lot of **red tape** *involved*."
새로 개업한 식당은 잘돼? "아니 아직 문도 못 열었어. 까다로운 행정절차가 너무 많아서~

심화 예문 Advanced

Where was I? 내가 어디까지 얘기했지?

So, **what if** I was a little late. 내가 좀 늦었는데 그래서 어떻다는 건데?

I've been **down** that road before. 나 그 방면에 아주 바삭해!

Why are you **being** so inquisitive? 왜 그렇게 꼬치꼬치 캐물어?

"May I come in?", "Are you **decent?**" (집 안으로) 들어가도 돼? 옷은 **제대로 입고 있어?**

It **could have been** worse than that. 그만하길 다행이다. (그것보다 더 나빠질 수 있었나.)

Bugger, this for **a bunch of bananas**. 이런, 이거 엉망진창이군. (☞ bunch of bananas 엉망진창 뒤죽박죽)

It's **such a weight** off my shoulders! 무거운 짐을 내려놔 홀가분하다.

Well, I think, um, 'goodbye' is **traditional**. (영화 Notting Hill 대사 중) 작별이란 늘 하는 거죠~

We're still **right on track** for the dead line. 우리는 여전히 마감 날짜에 순조롭게 맞춰 가고 있다.

There's **no rhyme or reason** in his proposal. 그의 제안은 전혀 조리가 닿지 않는다.

Why is he **so** into this bachelor party **thing?** 그 친구 왜 이 총각파티 같은 것에 푹 빠져 있는 건데?

→ 유사 My brother is so into computer games. 내 동생은 컴퓨터 게임에 푹 빠져 있다

To travel hopefully is better **than to arrive.** 들떠 여행을 하는 것이 목적지에 도착한 것보다 낫다.

Dreams, unfortunately, seems not **substantial**. 꿈은 불행하게도 현실성이 없어 보인다.

Irresolution is a **defect** in his perfect character. **우유부단함**이 그의 유일한 단점이다.

He was a born mechanic **with a flair for** design. 그는 디자인 '안목'을 갖춘 타고난 기술자였다.

There was **electricity** in the air at the rock concert. 록 콘서트에 격한 흥분이 감돌았다.

Good self-esteem is a prerequisite for a happy life. 충만한 자부심은 행복한 삶의 필수 조건이다.

The English test is partly *written*, and partly *spoken*. 영어시험, 일부는 필기, 일부는 구술시험이다.

The electricity poles with dangling cables are shown. 전선들이 건들거리는 전봇대가 보인다.

dangling

Trying doing something is better than doing nothing. 뭔가 하는 게 전혀 안 하는 것보다 낫다.

When it comes to math, he is second to none in this class. 수학에 관한 한 그가 반에서 최고다.

(☞ when it comes to ~에 관한 한)

Ad's the most effective way of getting your message across.

광고는 당신의 메시지를 일시에 알리기에 가장 효과적인 방법이다.

명사의 반복을 피하려는 문장 예

The new policy is better than that (the policy) of before. 새 정책이 이전 것보다 더 낫다.

The price of gold is higher than that (the price) of silver. 금값은 은보다 높다.

The ears of rabbit are longer than those (the ears) of a cat. 토끼 귀는 고양이 것보다 길다.

This year's rainfall is 200 mm over last year's (rainfall). 금년 강수량은 작년보다 200㎜ 더 많다.

→ 동일 This year's rainfall is 200 mm more than that of last year.

대명사 상관어구 - 앞에 한 대명사가 나오면 그 다음 대명사가 이미 정해져 있다!

I have two pets. One is a cat, and the other is a dog. 하나는 고양이고 다른 하나는 개다.

[☞ one ~ the other 둘 중 명확히 구분이 되는 경우]

There are three flowers. One is a tulip, another is a rose, and the other is a lilac.

세 꽃이 있는데 하나는 튤립, 다른 하나는 장미, 또 다른 하나는 라일락이다. [☞ one, ~ another, ~ the other]

I bought seven pens. One was expensive, but the others were cheap. (☞ 명확한 나머지 경우)

일곱 자루의 펜을 샀는데 그중 하나는 비쌌지만 나머지들은 저렴했다. (☞ one ~ the others)

Some boys like soccer, and others don't like it. (☞ some ~ others 막연한 경우)

어떤 아이들은 축구를 좋아하는데 다른 아이들은 좋아하지 않는다.

To be told is **one thing**, but **to hear** is **another**. 전해 듣는 것과 직접 듣는 것은 다르다

Knowing is **one thing**, and **doing** is quite **another**. 아는 것과 실행하는 것은 아주 다른 것이다.

[☞ one thing, ~ another ~과 ~는 별개이다]

I'm **sure** *he is a bit off* as **no one** [**on** his right mind] would say such a thing.
난 그 사람 정신이 약간 맛이 갔다 생각했다. 왜냐하면 제정신을 갖고는 그런 말을 할 리 없기 때문이다.

In Korea, there is a growing recognition **of** the importance **of** early childhood education].
한국에서 조기 교육의 중요성에 대한 인식이 점차 높아지고 있다.

Here are the most *watched, shared, commented, and tagged* U-tube sites from across the web.
이것들이 전체 웹에서 시청, 공유, 댓글, 그리고 접속이 가장 많이 된 유튜브 사이트들이다.

『어떤 일이든 이루어지기 전까지는 불가능한 것처럼 보인다!』

Module 04

자동사 be/get 동사 **+** 과거분사 보어

수동태 표현
세상만사, 내 마음대로 되는 것 아니니…

□ 제가 사전 전체를 훑어보는 동안 대단히 놀란 것 중 또 하나는 『**수동태 표현**』이 평소 생각보다 훨씬 많다는 사실이었습니다. 사실 우리 인생을 돌아보더라도 내가 주도적을 하는 경우보다는 운명적으로 되는 일도 더 많고 또 내가 직접 행할 수 없어 다른 사람이 대신해 줘야 하는 일들이 더 많은 것을 볼 때 어쩌면 당연하다는 생각도 들었습니다.

□ 본 수동태 표현에서 '과거분사'는 문장 성분상 '<u>보어</u>'가 됩니다. 그리고 본 모듈에는 '수동태' 표현만 있는 것이 아니라 '감정'을 나타내는 표현도 있습니다. 이때 쓰이는 '과거분사'는 동사 본연의 성격을 잃어 버리고 사람의 감정을 표현하는 '<u>형용사</u>'로 바뀐 채 문장 성분 상 '<u>보어</u>'로 사용됩니다. 이 표현 또한 본 모듈에서 다루려고 합니다.

□ 영미에서는 작문할 때 수동태를 가급적이면 쓰지 않으려 노력합니다. 학교에서도 Essay를 쓸 때 작문 선생님들이 빈번한 수동태 표현에 대해 감점까지 한다고 합니다. 그러나 그 일이 내가 주도적으로 한 것인지 아니면 수동적으로 그렇게 된 것인지에 대한 상황만큼은 분명하게 표현한다는 사실에는 이의가 있을 수 없습니다.

□ 우리나라 중 고교 학생들이 제일 어려워하는 문법이 바로 '**수동태passive**'와 '**가정법 subjunctive**'입니다. 본 교재의 성격과 체계상 여기에서 수동태에 대해 원론적인 문법적인 해설은 드리지는 않으려 합니다. 대신 수동태 표현이 어떤 느낌이나 냄새가 나는 표현인지 측면에서 예문 중심으로 너무 깊지 않게 그러나 수동태의 핵심은 충분히 느낄 수 있도록 설명을 드리려고 합니다.

예 **I'm** depressed. 기분이 울적해~

예 **I'm really flattered.** 정말 기분이 좋네~

예 **Could I** be excused? 실례해도 될까요?

예 **It cannot** be helped. 어쩔 도리가 없다.

예 **She had her** hair *cut* short. 그녀는 (미용사가) 자기 머리가 짧게 자르도록 했다.

예 **When did you** get *married*? 언제 결혼했나요?

예 **He is dead or** incapacitated. 그 (김정은)는 죽었거나 식물 인간 상태이다.

예 **I was stirred** by his strong will. 그의 굳은 의지에 마음이 흔들렸다.

예 **Paul was re-elected by 100 to 60.** 폴은 100표 찬성에 60 반대표로 재선되었다.

예 **I am** convinced **that he is innocent.** 그가 결백함을 믿는다.

예 **He was knocked** out **in the second round.** 그는 2라운드에서 KO패 당했다.

예 **The patient** was dieted with **only milk and egg.** 환자에게는 우유와 계란만 제공되었다.

예 **I prayed** to be given **the ability to finish the project.** 난 프로젝트를 끝낼 힘을 달라고 기도했다.

예 **A handsome bow tie** was bought for him by **his wife.**

이 멋진 나비 넥타이는 그의 아내가 그를 위해 산 것이다.

Karl Lagerfeld (ex- Channel Designer)

핵심 문법 점검 Review on Core Grammar

□ 수동태 표현은 다음과 같은 세 가지 경우에 주로 쓰입니다.

① **주어진 여건이나 상황** 예 I was *shocked* at the news. 예 My car got *stolen*.

② **이미 이루어진 일** 예 The book was *published* in 1777.

③ **남이 대신 해 줘야만 되는 일** 예 I have my hair *cut* at a hair salon.

□ 수동태로 표현하는 핵심 이유는 **'누가 주도해서 움직이는가'**를 드러내 표현하기 위함입니다.

I **partnered** her in a tango. 나는 (내 스스로) 그녀를 짝으로 택하여 탱고를 추었다
→ I **was** *partnered* (up) with her in a tango. 나는 그녀와 짝지어져 탱고를 추었다.

The realization that he had been **bribed** was a shock to all of us. 뇌물을 제공받은~
The realization that he had been **bribing** was a shock to all of us. 뇌물을 제공한~

Sold out! 매진 품절 – 고객들에게 다 팔려 나가 더 이상 재고가 없다! 간결한 수동태 표현의 멋.
Stand off! 접근 금지! – '당신의 발이 그 선을 넘어오지 말라는' 능동의 의미

□ 능동태 문장을 수동태 문장으로 바꾸는 방법은 아래와 같고 그 원리가 크게 어렵지 않습니다. 다만, 시제와 조동사modal auxiliary verb까지 다 바꾸는 것은 그리 만만치 않습니다. 이제 앞서 설명 드린 동사의 원리들을 생각하면서 아래 시제별 변형 표현들을 곰곰 들여다보시기 바랍니다. 이미 설명 드린 원리들을 두루 다 동원하면 꼭 어려운 것만은 아닙니다!

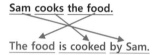

Sam cooks the food.

The food is cooked by Sam.

시제	능동형 Active Voice	수동형 Passive Voice
단순 현재	Sam cooks the food.	The food **is cooked** by Sam.
단순 과거	Sam cooked the food.	The food **was cooked** by Sam.
단순 미래	Sam will cook the food.	The food will **be cooked** by Sam.
현재 진행	Sam is cooking the food.	The food is **being cooked** by Sam.
과거 진행	Sam was cooking the food.	The food was **being cooked** by Sam.
근접 미래	Sam is going to cook the food.	The food is going to **be cooked** by Sam.
현재 완료	Sam has cooked the food.	The food has **been cooked** by Sam.
과거 완료	Sam had cooked the food.	The food had **been cooked** by Sam.
습관used to	Sam used to cook the food.	The food used **to be cooked** by Sam.
반복would	Sam would always cook the food.	The food would always **be cooked** by Sam.
'to' 부정사	Sam has to cook the food.	The food has to **be cooked** by Sam.
Modals	Sam should cook the food.	The food should **be cooked** by Sam.
	Sam should have cooked the food.	The food should **have been cooked** by Sam.

□ 아래와 같은 『**have/make/get+과거분사pp**』 표현은 수동태 중 상위 표현들입니다. 이 표현들은 뒤 '**모듈9**'과 '**모듈19**'에서 더 다룰 예정이어서 본 '모듈4'에서는 깊이 다루지 않겠습니다. 자, 아래 예들은 일단 맛보기입니다!

예 My car got _**scratched**_. 차에 기스(상처)가 났다.

예 I got _**tired**_ of this work. 저는 이 일에 질렸어요.

예 You could get _**cleaned**_ up. 깨끗이 씻을 수 있습니다.

예 He got **tangled (up)** in the affairs. 그는 사건에 휘말려 들었다

예 Oh, my gosh, They all got **sunburned** and their skin peeled off.
맙소사, 그들 모두는 햇빛에 데어 살갗이 벗겨졌다.

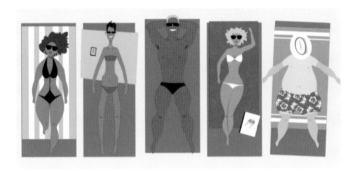

예 I had my hair _**cut**_ short. 나는 머리를 짧게 깎았다.

예 I have my appendix _**removed**_. 나는 맹장 수술을 받았다.

예 He can make himself _**understood**_ in five languages.
그는 5개국어를 구사할 줄 안다.

□ 예문마다 계속 입으로 소리 내어 읊조려 보세요! 무엇을 표현하려는 문장인지 어떤 문장 구조가 보이는지, 어떤 표현이 들어 있는지 생각하면서 눈을 감고 소리 내 되뇌어 보세요. 그 과정이 여러분의 **언어습득장치(LAD - Language Acquisition Device)**에 입력되고 축적되어 갑니다.

입력 횟수가 쌓여 가면서 여러분 스스로 영어 문장의 대강과 구조를 이해하기 시작하고 쌓인 예문 간 서로 창조적으로 이합집산을 시작합니다. 그때 여러분 영어가 비로소 '**창조적 유창성 creative fluency**'이 갖춰지게 됩니다. 본 학습법은 단기에 대량의 예문을 우리 두뇌 속 LAD 장치에 장착하는 학습법입니다. 그런 만큼 지루하고 힘들 수 있습니다. 그러나 본 방식이 어떤 학습법보다 가장 짧은 시간 안에 여러분의 영어를 완성시켜 드릴 것입니다. 모두 힘내세요!

사람의 감정을 나타내는 『Be + 과거분사pp』

□ 아래 많은 예문처럼 과거분사를 이용해서 표현하는 경우가 굉장히 많습니다. 이런 과거분사는 형용사로 간주되고 문장 성분상 '보어' 역할을 합니다. 영어는 이렇듯 단어들의 형태를 바꾸면서 까지 표현확장 노력을 한시도 쉬지 않는 부지런한 언어입니다. 이번 기회에 **'과거분사pp형 보어'** 표현들을 마스터해 두시기 바랍니다. 일상에서도 아주 많이 활용됩니다.

I am *ashamed* of [**being poor**]. 난 가난한 것이 부끄럽다.
→ I am ashamed as I am poor.

I am *ashamed* of [**having been poor**]. 난 내가 가난했던 것이 부끄럽다.
→ I am ashamed as I was/have been poor.

과거분사뿐만 아니라 현재분사도 '형용사'처럼 사용되고 문장에서 '보어'의 역할을 맡습니다. 둘 다 '형용사'가 되었지만 서로 다른 의미와 용도로 쓰입니다. 이 분사형 보어는 우리 중고등학교 시험에 자주 출제됩니다. 학교나 학원 선생님들은 복잡한 걸 싫어하는 아이들에게 『주어가 사물이면 -ing를, 주어가 사람이면 과거 분사를 사용하라!』며 단순화시켜 가르치기도 합니다. 그 설명이 문법적으로 적합하다 할 수 없지만 어쨌든 답으로는 맞습니다.

☑ This book is interesting.
☑ I am *interested* in this book.

위에 대한 올바른 문법적 설명은 『주어가 어떤 감정이나 자극을 일으키는 표현의 경우는 현재분사를 쓰고 주어가 어떤 감정이나 자극을 경험하게 될 때는 과거분사를 사용한다.』입니다. 이런 표현에 쓰이는 단어 종류가 아래처럼 상당히 많습니다. 또한 실제 아주 빈번하게 쓰이는 단어들이니 기억해 두시기 바랍니다.

관심, 흥미

interesting/interested 흥미를 가진, boring/bored 지루한, disgusting/disgusted 역겨운, exciting /excited 짜릿한, intriguing/intrigued 호기심을 끌게 하는, thrilling/thrilled 전율을 느끼는, charming /charmed 매력적인

즐거움, 기쁨, 실망

amusing/amused 흥겨워하는, delighting/delighted기쁜, disappointing/disappointed 실망한, pleasing

/pleased 기쁜, satisfying/satisfied, touching/touched 감동한, fascinating/fascinated 황홀한, 매력적인

놀람, 충격

Alarming/alarmed 놀라운,frightening/frightened 깜짝 놀란, scaring/scared 무서운, shocking/shocked 충격 받은, surprising/surprised 놀란, treeifying/terrified 놀라게 하는, amazing/amazed 놀랄 만한, frightening/frightened 무서운, scaring/scared 놀란 shocking/shocked 충격적인, stunning/stunned 아주 놀란 surprising/surprised 놀라운, terrifying/terrified 놀라게 하는, 무서운

짜증, 동요, 당황

annoying/annoyed 짜증스러운, confusing/confused 혼란스러운, disturbing/disturbed 불안해하는, embarrassing/embarrassed 난처한, 당황한, puzzling/puzzled 당황한, 어리둥절한

확신, 우려

convincing/convinced 설득력 있는, relieving/relived 안심하는, worrying/worried 걱정스러운, involved 연루된, prepared 준비된, reserved 삼가는, supposed ~하기로 되어 있는, tired 피곤한, unsolved 미해결의, refreshing/refreshed 상쾌한, relaxing/relaxed 긴장감을 덜어 주는, threatening/threatened 위협적인, tiring/tired 피곤하게 하는/피곤한, [☞ 주의, concerning/concerned ~에 관한(**전치사**)/걱정하는]

□ 제가 본 교재 곳곳에 우리나라 사람들이 왜 영어를 힘들어하는지 이유를 간간이 설명해 놨습니다. 이번에는 위에 있는 과거분사형 형용사와 관련한 예입니다. 이런 여러 조각들이 모이면 여러분들이 영어를 이해하는 데 도움이 것입니다.

I'm so stressful. (X) → 스트레스는 받는 것입니다. 그래서 내 스스로 stressful하다 표현하지 않습니다.
It's so stressful (for me.) (O) → stressful을 굳이 쓸 경우 이 'it 가주어' 표현을 쓰시면 됩니다.
I'm so stressed. (X)
I'm so **stressed out.** (O) → 과거분사형 형용사에다 '완전히'라는 뜻의 부사 out까지 넣어야 비로소 완전한 구어체 영어가 됩니다. 힘들지요? 그래도 앞 '모듈2'에서 부사를 깊이 공부한 효과를 느끼면 충분합니다.

기본 예문 Basic

I'm **touched. (moved, impressed.)** 감동받았어요!
He is **stunned.** 그는 깜짝 놀랐다. surprised, startled
I'm **frightened**! 깜짝 놀랐다!

I am **scared to death**. 무서워서 죽을 지경입니다.

You won't be **disappointed**. 섭섭치 않게 해 드리겠습니다. 잘해 드리겠습니다. (☞ 거리 상인의 유혹)

→ 비교 So far, the test result has been **disappointing**. 지금까지 실험 결과는 실망스러웠다.

He was **worried over** the situation. 그는 그 상황을 걱정하고 있었다.

You'll be **satisfied with** such a nice tutor. 당신은 그 훌륭한 가정 교사에게 만족할 것입니다.

I was **frightened to see** her strange behaviors. 그녀의 이상한 행동을 보고 깜짝 놀랐다.

She was **so** *shocked* **that** she could not speak. 그녀는 너무 충격을 받아 말을 할 수 없었다.

[☞ so +형용사+ that ~ not ~ 너무 ~해서 ~할 수 없다]

발전-심화 예문 Intermediate-Advanced

He *is* *worried* **if he won't pass history**. 그는 역사 시험을 통과하지 못할까 봐 걱정한다.

I'm *annoyed* **with** him **for** **doing that**. 난 그가 그런 짓을 하는 것에 화가 치빈나.

→ 유사 I'm annoyed with you for **[what you've done]**. 나는 당신이 한 짓에 대해 화가 납니다.

→ 응용 I'm annoyed *at* **having** *been* *made* **a fool of**. 내가 놀림을 받은 사실에 화가 납니다. (수동)

He was *terrified* of **being** *left* alone in the room. 그는 혼자 방에 남게 되어 공포에 휩싸였다.

She is *perplexed* about **what to do for her daughter**. 그녀는 딸을 위해 뭘 해야 할지 당황했다.

She was **too** *exhausted and distressed* **to talk about** the tragedy any more. (☞ too~ to 표현)
그녀는 너무 지치고 고통스러워 그 비극적인 일에 대해 더 이상 얘기할 수 없었다.

Peter's father was very *disappointed* **when** his son **dropped out of** the university.
피터의 아버지는 자가 아들이 대학을 중퇴하자 대단히 실망했다. (☞ drop out of ~ 중도 탈락하다)

일반 수동태 표현 문장

기본 예문 Basic

'수동태' 문장엔 늘 행위자를 표시하는 by가 등장해야 하는 것으로 알고 있지만 사실은 'by' 없는 경우가 더 많다는 사실을 아래 예문들을 통해서도 알게 됩니다. 수동태는 우리나라 영어 학습자들이 힘들어하는 몇 영어문법 분야 중 하나라고 합니다만 아래 여러 다양한 예문들을 통해서 수동태가 그렇게 어려운 표현이 아니란 사실도 알게 될 것입니다.

I'm **fired.** 나 해고당했다. → 동일 I'm **sacked**. I got **sacked**. 난 해고되었다.

I'm all **set** 준비 끝! → 동일 I'm fully **prepared.**

Be **seated.** 앉으세요. → Please take a seat. Please sit down.

Point **taken!** 일리가 있군! ← (Your) point (is) **taken.**

I'm **swamped.** 나 일에 파묻혀 지내. (나 헤매고 있어~)

Done is **done!** 이미 다 끝난 일! 후회해도 소용없어~

He is easily **led.** 그는 남의 말을 잘 듣는다. 마음이 쉽게 동한다. → 동일 He is so **gullible.**

You are **soaked.** 흠뻑 젖었군요.

I've been **licked.** 내가 졌다!

I'm **constipated.** 난 변비 증상이 있습니다.

I am **nearsighted.** 눈이 근시입니다.

I've been **screwed.** 난 속았다. (사기 당했다.)

I **was born** for **this.** 난 이 일에 타고난 체질이야.

The story is **made up.** 그 이야기는 조작된 것이다.

You've **been set back.** 너 물먹은 거다.

I am **built differently.** 난 특별 난 놈이야~

You are **dressed to kill.** 너 죽여 주게 입었네. (☞ 남의 시선을 끌기 위해 일부러 어울리지 않게 입은 상태)→ He was **dressed in black** 그는 검은 옷을 입고 있었다. (~을 착용하고)

The class is **dismissed!** (교사가 수업 종료를 알리는 상투적 문구) 수업은 여기까지! 그만 끝!

I am totally **exhausted.** 나는 완전 녹초가 된 상태입니다.

He was **killed outright.** 그는 즉사했다.

My fingers are **crossed.** 간절히 기도합니다.

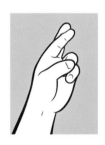

I **wasn't born** yesterday. 내가 어린 앤 줄 아니?

All men **are born** equal. 만민은 평등하게 태어났다.

The plan was **discarded.** 그 계획은 폐기되었다.

I **heard** my name *called.* 나는 내 이름이 (남에 의해) 불리는 것을 들었다.

He was **shot in the sigh.** 그는 허벅지에 총을 맞았다. (☞ 신체 손상 표현, in 내부까지 관통된 경우)

He was **shot in the back.** (the shoulder, the foot, the head) 등(어깨, 발, 머리)에 총알을 맞았다.

His dream was **shattered.** 그의 꿈은 산산조각이 났다.

She is being **swept** away. 그녀는 (무리 속으로) 휩쓸려 가고 있다. (☞ 현재 수동태 진행형 문장)

This work **is made** for me. 이 일은 나와 궁합이 잘 맞는다.

I'm **drained** because of you. 너 때문에 말라 죽겠다.

소재 재료 표현

What stuff is this made of? 이것은 어떤 물질로 만들어져 있는지요? (☞ 물리적 변화)

His house is built **of** wood. 그의 집은 목조다. (☞ 물리적으로 형체만 변화한 경우)

His heart is made **of stone.** 그 친구 강심장이군.

What is **butter** made **from?** 버터는 무엇으로 만듭니까? (☞ 화학적 변화)

This is made **from select** leaves. 이것은 정선精選된 (차)잎으로 만들어진다.

All things in the universe are **made up of** atoms. 우주 만물은 원자로 이루어져 있다. (☞ 구성)

I am not **made** of money! 너무 비싸다! 넌 내가 갑부인 줄 아니?

I'm not **concerned with** it. 그는 그것과 아무 관계가 없다. 내 알 바 아니다.

Many workers **are laid** off. 많은 근로자들이 일시 휴직을 당했다. (☞ lay off 일시 해고하다)

The boat **is washed** ashore. 그 작은 배가 파도에 쓸려 해변에 올려져 있다.

He is **engaged to** my sister. 그는 내 누이(여동생)와 약혼한 관계다.

I was **driven to dismiss** him. 나는 그를 해고하지 않을 수 없었다. (☞ be driven to do ~억지로 하게 되다)

→ 유사 I was **dragged into doing it.** 등 떠밀려 할 수 없이 그렇게 됐어요. (☞ be dragged into -ing)

The mortar (His face) is **set.** 회 반죽이 (그의 얼굴이) 굳어졌다.

We're **made** for each other. 우린 서로 천생연분이야.

The meeting was **called off.** 그 모임은 중단되었다.

He was **tied** hand and foot. 그는 옴짝달싹 (hand and foot) 하지 못하도록 묶였다(엮였다).

You're **stuck** in second gear. 너 물먹은 거야~ (☞ 비유적 표현 - 2단 기어에 걸려있다)

Files were **arranged** in order. 서류는 가지런히 정리되어 있었다.

The invaders were **driven off.** 침략자는 격퇴되었다.

Is this seat **occupied?** Yes, it is. 이 자리 누가 있나요? 네, 있습니다.

The meeting was **pushed back.** 그 모임은 연기되었습니다. (☞ put off, postponed)

You are **wanted on the phone.** 전화 왔어요~ → 동일 Someone wants you on the phone.

The child was **sexually abused.** 그 아이는 성적 학대를 받았다.

The murderer was **put to death.** 살인범은 사형에 처해졌다.

The room is **hung** with pictures. 그 방은 그림들이 걸려 있다.

I **got** my hair *cut* yesterday. 나 어제 머리 잘랐어.

→ I **got** my wisdom teeth *pulled out.* (치과에서)사랑니 뺐어.

→ **Get** it *done* first. 그것부터 먼저 끝내!

He was **given a polygraph test.** 그는 거짓말 탐지기로 검사 받았다.

→ 응용 She was **assigned new tasks.** 그녀에게 새 임무가 막 주어졌다.

→ 응용 He was **given** a three-year contract [with an annual salary of $10,000,000].
그는 3년간 연봉 1000만 불 조건으로 계약을 체결했다.

→ 응용 Employees are **assigned separate lockers.** 종업원들은 각자의 옷장이 주어졌다.

She was **presented (as) very shy.** 그녀는 아주 수줍음 많은 사람처럼 보였다.

The parcel was **labeled** "Fragile!" 그 소포에는 "파손 주의"라는 표가 붙어 있었다.

→ 유사 The essay is **headed** 'German Architecture.' 그 논문에는 '독일 건축'라는 제목이 붙어 있다.

Are you **done with my computer?** 내 컴퓨터 다 썼니? (☞ do with 처리하다, 끝내다)

She was **dressed in a lively pink.** 그녀는 산뜻한 핑크색 드레스를 입고 있었다.

The woman is very much **made up.** 그녀는 화장을 진하게 하고 있다.

I've been **done** for speeding again. 속도 위반으로 또 단속되었네~

It looks **like** his bed wasn't **slept in.** 그의 침대는 아무도 잠을 자지 않은 새 것처럼 보였다.

The soldiers were **killed** to the last man. 군인들은 마지막 한 명까지 다 살해되었다.

Term papers must be **turned in** by Monday. 기말 보고서는 월요일까지 제출되어야 한다. (☞ turn in)

He was **chosen over** three other candidates. 그는 다른 세 사람의 후보자를 제치고 당선되었다.

They were **reduced to begging or starving.** 그들은 구걸하거나 굶는 신세로 전락했다.

The movie was **filled** with **four letter words.** 그 영화는 욕설이 넘쳐 흘렀다. (☞ f-u-c-k 육두문자)

The hose is **stuffed (clogged) up** with leaves. 호스가 낙엽으로 막혀 있다.

Thirty people were **packed into** a small room. 30명의 사람들이 한 작은 방에 꽉 채워졌다.

The garden is **walled off** from the busy street. 그 정원은 번화한 거리로부터 담으로 격리되어 있었다.

They were **beaten to death** with baseball bats. 그들은 야구방망이로 죽도로 맞았다.

The path of tunnel is all **choked up with** soot. 굴뚝 통로는 검댕이로 그을려 있었다.

To my disappointment, the picnic was **cancelled**. (독립 부사구) 실망스럽게도 소풍이 취소되었다.

That by pass road was **built to alleviate** the traffic problems.
저 우회도로는 교통 문제를 완화하기 위해 만들어졌다.

Millions of computers are **linked up to the internet.** 수 백만 컴퓨터가 인터넷에 연결되어 있다.

70 percent of Korea is **composed of** the mountain**s**. 한국의 70%는 산지로 되어 있다.

The announcement was **broadcasted** over the radio. 그 성명은 라디오를 통해 방송되었다.

You're not **allowed to use** flash light in this museum. 미술관에서는 플래시 사용을 금합니다.

Full religious freedom must be **assured** to all persons.
완전한 종교의 자유가 모든 이에게 보장되어야 한다.

Hopes of reaching an agreement was **shattered** today. 합의체결 희망이 오늘 산산조각 나 버렸다.

He is Joe, quite young, smartly *dressed*, and *open-hearted*. 조는 어리고 옷을 잘 입고 개방적이다.

A planned street demonstration has been **called off** by its organizers.
계획된 거리 시위가 그것을 조직한 자들에 의해 취소되었다.

발전 예문 Intermediate

I am **done** with the woman. 난 그 여자와 끝냈다. (헤어졌다)

He is deeply **attached to** his wife. 그는 자기 아내를 깊이 사랑한다.

What is done cannot be **undone**. 엎지른 물은 주어 담을 수 없다. → 동일 **Done is done.**

They are **committed** to each other. 그들은 서로에게 헌신적이다.

I was **chilled** to the bone. (marrow) 뼈 속(골수)까지 추위가 스며들었다.

You're not **supposed** [to park here]. 이곳에 주차하면 안 됩니다. (☞ be supposed to do ~여겨지다)

[☞ 실전 "Are you coming?""Yes, I suppose **so**." 오시나요? 그럴 겁니다.↔"I don't suppose **so**." 안 갈 겁니다.]

I was **persuaded that** he is innocent. 그가 무죄라고 확신했다. → I persuaded myself that he was~

She was **left to face** the problem all alone. 그녀는 문제를 모두 다 감당해야 할 처지에 놓이게 되었다.

It **remains *to be seen*** whether you're right. 네가 옳은지 좀 더 지켜봐야 하겠다.

Is this picture **intended** to be Gogh himself? 이 그림은 고흐 자신을 그린 것입니까?

고소, 고발, 재판 관련 표현들

He was **charged with** **drunk driving**. 음주운전 혐의로 고발당했다.

→ He was **arrested** **on the (a) charge of** murder. 그는 살인죄로 체포되었다.

→ He is **suspected** **of appropriating** company funds. 그는 회사 자금을 **횡령한** 혐의를 받고 있다.

→ He has been **sentenced** to a total of 15 years **in prison** since 2015.
그는 15년 형을 받고 2015년부터 감옥에 투옥되어 있다.

The defendant is **presumed** innocent **until** (he is) **proved** (to be) **guilty**.
피고는 유죄가 확정될 때까지 무죄로 추정된다. (☞ **法 - 무죄 추정의 원칙**)

He was **found** **in possession of stolen properties**. 그는 도난품을 소지하고 있다가 발각되었다.

Many of diseases can **be attributed** **to stress**. 많은 병은 스트레스 때문일 수 있다.

The invitation will have been **sent out** by now. 지금쯤 초청장 발송이 끝나 있을 거다. (☞ **미래 완료**)

Officially they are not counted **as *unemployed***. 공식적으로 그들은 실업자에 포함되지 않는다.

The train's shrill whistle can be **heard** **for miles**. 날카로운 기적소리가 수 마일 밖에서도 들렸다.

Some of my friends **are wired** to Apple products. 내 친구 몇은 애플 제품에 완전 빠져 있다.

The painting was **authenticated** **as (a) Matisse's**. 그 그림은 마티스의 진품으로 입증되었다.

He was **attracted** to her, **like a moth to a candle**. 그는 나방이 촛불에 끌리듯이 그녀의 매력에 빠졌다.

He was **banned** **after testing *positive*** for drugs. 약물시험 결과 양성이어서 출전이 금지되었다.

What price (range of) gift are you **interested** **in**? 어느 정도 가격대의 선물을 생각하십니까?

You are **recommended** to defer **making** a decision. 당신의 의사 결정을 미루는 것이 낫겠습니다.

I am **indebted to** you **for** the situation [**I hold now**]. 지금의 상황은 모두 당신 덕분입니다.

→ 응용 I should be greatly **indebted** if you would go with me. 동행해 주시면 너무 감사하겠습니다

He was **made a scapegoat** for his supervisor's mistake. 그는 상사의 실수에 대한 **희생양**이 되었다.

Their education system is **modelled** on the French one. 그들의 교육시스템은 프랑스 것을 본 땄다.

The rock singer is well **known for** his unique stage antics. (☞ antics 익살, 장난기, 기괴한 행동)
그 록 가수는 특유의 무대 위 기괴한 행동으로 잘 알려져 있다. (☞ be well known for ~로 잘 알려져 있다)

Name-brand products are being **sold** at a discount there. (☞ 수동태 진행형)
거기서는 유명상표 제품이 할인된 가격에 판매되고 있다.

Michael was **put in a group of** students of average ability. 마이클은 중위권 그룹에 배치되었다.

Luxury items are usually **marked up** one hundred percent. 명품은 보통 100% 이윤이 붙여진다.

She was *too* deeply *committed* in the project *to* draw back.(☞ too~ to do 너무 ~해서 ~할 수 없다)
그녀는 그 계획에 너무 깊이 관여해서 빠져나올 수 없었다.

My own brother was **shot** dead in front of me this morning. 친형이 내 앞에서 총에 맞아 죽었다.

[**Neither** calculator **nor** study **books**] are **allowed** in the exam. 시험 중 계산기나 학습책은 불허된다.

The new measures are **aimed at** tightening existing sanctions. (☞ be aimed at -ing ~할 목적이다)
새 조치들은 기존 제재를 강화하려는 데 목적이 있다.

The virus is not **passed** *on* through **touching or shaking** hands.
그 바이러스는 접촉이나 악수를 통해서 전염되지 않는다.

Violence in school, either by teachers or students, should never be **tolerated.**
교사나 학생에 의한 학교 폭력은 절대 용납되어서는 안 된다.

Joe was **given a standing ovation and loud cheers** when he finished his speech.
조는 연설을 마쳤을 때 기립 박수와 큰 환호를 받았다.

The helmets are **designed to** withstand **impacts** [equivalent to a fall from a bicycle].
그 헬멧은 자전거를 타다 넘어질 때의 충격을 견딜 수 있도록 디자인되었다.

This new rule is **meant to** prevent some provable **mayhem** on school enrollment day.
이 새 규칙은 학기 등록일에 일어날지 모를 모종의 혼란을 방지할 것으로 기대됩니다.

심화 예문 Advanced

The game was **rained** out. 시합은 비 때문에 연기되었다.
→ 유사 The apple crop has been rained out. 사과 농사가 비 때문에 망쳤다.
I was **spellbound** the whole time. 난 온종일 뭔가에 홀려 있었다. (☞ spellbound 마법에 걸린)

The dangerous animals are **fenced** in. 사나운 동물은 우리 안에 가둔다.
The hillside was **stepped** for irrigation. 물을 대기 위해 산허리에 계단을 만들었다.

Criminals are **stoned to death** in Pakistan. 파키스탄에서 죄인들은 돌에 맞아 죽는다.
A two-thirds majority vote is **required** for approval. 승인을 위해서는 2/3의 찬성이 요구된다.

Andy has realized **how** happy he is **not** *being married.*
앤디는 결혼하지 않고 있는 것이 얼마나 행복한 것인지 깨닫게 되었다.
If I'm *permitted* a word, I *should like* to **raise** a few objections.
한 말씀 드릴 기회를 주신다면 몇 가지 반대 의견을 말씀드리고 싶습니다.

Tomorrow, today's papers will all *have been thrown* out to the bin.
내일이면 오늘 신문들은 쓰레기통에 죄다 버려져 있을 거란 거죠. (☞ 미래 완료시제의 전형)
Anyone [not appearing] is presumed **to have given up** their claims.
출석하지 않는 사람은 요구권을 포기한 것으로 간주됩니다. (☞ to have given up 시제차이 유의)
Social distancing is **expected to help deter** the spread of Corona virus.
사회적 격리는 코로나19가 전파되는 것을 저지하도록 도울 것으로 기대된다.

The sightseers were drenched (soaked) to the skin after a sudden rainfall.
갑작스러운 폭우로 관광객들이 비에 흠뻑 젖어 버렸다. [☞ be drenched(soaked) to the skin 비에 흠뻑 젖다]
World leaders are expected to sign a treaty [pledging to increase environmental protection].
전 세계 지도자들은 환경보호를 증진시키겠다 약속하는 조약에 서명할 것으로 예상된다.

The leader used to be heavily burdened down with all the decision-making responsibility.
지도자는 자기가 모든 결정을 내려야 한다는 부담에 짓눌려 지내곤 한다.
Barcelona Olympic 1992 was seen as a spectacular coming-out-party [for the Spanish port city].
1992년 바르셀로나 올림픽은 스페인의 한 항구 도시 바르셀로나가 그 존재를 온 세상에 알린 웅장한 파티로 받아들여집니다.

Barcelona, Spain → 100여 년 전 만들어진 계획 도시, 그리고 사진 우측에 100년 가까이 건축이 진행 중인 그 유명한 Anton Gaudi의 Basilica 대성당이 보이죠?

The system was rigged in favor of gigantic conglomerates, and small businesses would not survive.
그 시스템은 거대 재벌들에게 유리하도록 조작되었고 소기업들은 생존할 수 없었다.
[☞ 재벌을 뜻하는 conglomerate 대신 우리 말이 영어 단어로 등록된 'chaebol'을 써도 통용됩니다.]

Pyongyang is **expected to face** *a bumpy road* ahead **toward** the drive **due to** the ongoing nuclear issues. 북한은 핵문제 때문에 강력한 추진이 순탄치만은 않을 것으로 예상된다.

행위자 By 가 들어간 전형적 수동태 예문

우리가 흔히 수동태 표현의 전형으로 행위자 by가 들어간 문장으로 배우지만 제 예문집을 보면 그 숫자가 많지 않고 아래 정도에 불과했습니다. 따라서 by가 들어간 수동태 표현이 수동태의 전형이라 할 수 없다고 생각을 갖게 되었습니다.

She was **affected by pneumonia.** 그녀는 폐렴에 감염되었다. (☞pneumonia 발음유의, 뉴머니어)
She is **called Jamie** (by everybody). 모든 사람들은 그녀를 제이미라 부른다.

He was **dazzled** by the sight of her. 그는 그녀의 멋진 모습에 황홀해한다.
He can be **relied upon** (by everybody). 그는 믿을 만한 사람이다.
California is **watered** by the Hoover dam. 캘리포니아는 후버 댐의 물로 관개가 되고 있다.

The house was **swept away** by a sweeping tidal wave. 그 집은 엄청난 조류 파도에 떠내려 갔다.
I was deeply **affected (touched)** by the film. 나는 그 영화에 깊은 감명을 받았다.
The child was **warped** by constant punishment. 그 아이는 늘 꾸지람을 들어 성격이 **비뚤어졌다.**

A man was **run down** by a speeding car **as he crossed the street.**
한 남자가 길을 건너가다 과속 차량에 치여 죽었다.
He had been **mandated** by UN **to go** in and **to enforce** a ceasefire. (명사적-보어)
그는 UN으로부터 지명을 받아 그 나라로 들어가 종전을 종용하도록 지명 받았다.
The youngsters are **motivated** not **by a desire to achieve**, but **by fear of failure**.
젊은이들은 어떤 성취욕이 아니라 실패의 두려움에 의해 자극을 받는다.

Module 05

□ 앞서 살펴본 Be 동사 이외에 '**보어**'를 취하는 동사에는 『**연결자동사**linking verb』가 더 있습니다. 앞 '모듈3'과 마찬가지로 '**보어**' 자리에는 주로 **형용사**가 오며 **명사/구/절, 부사/구/절** 등이 오는 경우도 있습니다.

□ 『You look so nice! 너 아주 멋져 보여!』 우리 말로 '멋지게 보인다'여서 멋지게에 해당하는 부사 nicely가 와야 할 것처럼 느껴집니다. 그러나 멋있어 보이는, 대명사 '너'를 설명하는 것은 부사가 아니라 '형용사'가 오는 것이 맞습니다. 즉, You = so nice ≠ nicely의 관계입니다.

표준 예문 Standard

- 예 **I feel** heavy. 몸이 찌뿌드드하다.
- 예 **You look** down. 우울해 보이는구나.
- 예 **You look** trashed. 너 맛이 갔구나!
- 예 **I stand** 3rd **in my class.** 난 반에서 3등이다.
- 예 **Your idea sounds** great. 자네 아이디어가 좋아 보이네~
- 예 **My dream has come** true. 내 꿈은 이루어졌다.
- 예 **Her makeup looks** fabulous! 그 여자분 화장발 기가 막히네~
- 예 **This beer tastes** funny! **It went** flat. 이 맥주 맛이 이상해. 맛이 갔네~
- 예 **His new business totally went** bust. 그는 새 사업에서 완전 파산했다.
- 예 **He looks neither** surprised **nor** interested. 그는 놀라지도 또는 관심을 갖지도 않는 것처럼 보였다.

핵심 문법 점검 Review on Core Grammar

□ 본 모듈에 등장하는 연결동사의 종류 4가지

상태를 나타내는 연결동사　　　　– be
상태의 변화를 나타내는 연결동사 – become, get, turn, go, come, fall, make
상태의 유지를 나타내는 연결동사 – keep, remain, stay
감각의 상태를 나타내는 연결동사 – seem, appear, look, sound, smell, taste, feel

□ 영어문장 성분 별 명사화, 형용사화, 부사화 움직임이 과연 맞는지 확인바랍니다.

본 교재의 도입부 "영어란 무엇이고 어떻게 배울 것인가?" 주제의 설명에서 문장의 5대 요소(성분)
즉, 주어, 동사, 보어, 목적어, 그리고 수식어구 중 동사를 제외한 나머지 성분이 공히 단순 명사/
형용사/부사, 명사구/형용사구/부사구, 또는 명사절/형용사절/부사절로 이루어진다고 설명드렸습니
다. 여러분들이 이 원리 하나만 확실하게 이해해도 영어를 훨씬 쉽고 빠르게 터득할 수 있습니다.
위해서 제가 모든 예문마다 문장의 요소(성분)와 개략의 구조를 표시해 드렸습니다만 여러분도 예
문을 볼 때마다 같은 관점에서 명사, 형용사, 부사 구와 절이 어떻게 문장의 요소(성분)를 이루었
는가에 관심을 갖고 예문을 공략하시기 바랍니다.

┌───┐
│ 기본 예문 Basic   │
└───┘

Get real! 꿈 깨! → 동일 Not in your life time!

Keep cool. 진정해!

I feel light. 몸이 날아갈 것 같다. → I feel good! 가뿐합니다! ↔ I feel heavy. 몸이 찌뿌둥하다.

Play dumb! 모르는 척해~

I feel gritty. (뭔가) 찜찜하다. (☞ gritty ①모래가 들어 간 것 같은, ② 의지가 굳센, 대담한)

→ 응용 It tastes gritty. (음식이) 혀에 깔깔한 느낌을 준다.

You look pale. 당신 (얼굴이) 창백해 보인다.

Don't get nosy. 끼어들지 마! 넌 빠져~

I'm going **nuts.** 미치겠군! (돌아 버리겠네!)

I feel **nauseous.** 토할 것 같다. (☞ nauseous 노셔스 구역질나는, 불쾌한) → 동일 I have **nausea.**

I feel *exhausted.* 완전히 지쳐 버린 느낌이다.

It smells **terrible.** 몹시 냄새가 난다. ↔ It **smells delicious.** 향기로운 냄새가 난다.

She looks **happy.** (~~happily~~) 그녀는 행복해 보인다.

You look <u>**flushed.**</u> 얼굴이 벌게 보인다. (☞ 과거분사 flushed가 형용사 '보어'로 쓰인 경우)

You look <u>**trashed!**</u> 너 맛이 간 것 같다! (☞ trash 남을 완전히 파괴하다, ~을 혹평하다)

I feel such a fool. 내 자신이 몹시 바보처럼 느껴졌다.

The box **lay open.** 그 상자는 열린 채로 있었다. (☞ 자동사 lie- lay – lain)

She looks **friendly (cowardly)** 그녀는 상냥해 (비겁해) 보인다. (☞ friendly, cowardly는 형용사입니다!)

The line **came taut.** 실이 팽팽해졌다. [☞ taut (실이, 살이) 팽팽한, 탱탱한 ↔ slack 헐렁한]

That sounds **corny.** 썰렁하군! → 동일 That's a *lame* joke! 썰렁한 농담하지 마!

My blood ran **cold.** 피가 얼어붙는 것 같았다. 소름이 끼쳤다.

He looked <u>**worried.**</u> 그는 걱정되는 얼굴이었다.

Do I look <u>**that easy?**</u> 내가 그렇게 만만하게 보여?

He looked <u>**annoyed.**</u> 그 사람 짜증나 보인다.

Your suit **looks great.** 자네 정장이 참 멋지군~

Don't <u>**play innocent!**</u> 내숭 떨지 마!

He looks **prosperous.** 그 사람 신수가 훤해 보인다.

Your face **looks puffy.** 얼굴이 많이 부었어요.

My arm **feels** all **achy.** 내 팔이 온통 아프다.

Stay clear of that guy. 그 사람에게 너무 가까이 가지마. (다쳐!)

The paper feels rough. (coarse, gritty) 그 종이의 감촉이 거칠다.

Her cheeks flamed red. 그녀의 볼이 붉게 타올랐다.

Practice makes perfect. 연습만이 완벽하게 만듭니다.

That sounds interesting. (interested) 그거 재미있을 것 같습니다. (☞ interesting 형용사 역할)

The situation got worse. 상황이 더 나빠졌다.

Your makeup looks good! 화장 잘 받는다! → Your makeup doesn't look good! 화장이 떡이야!

She looked pale and tired. 그녀는 얼굴이 창백하고 피로해 보였다.

Silvia turned 16 in October. 실비아가 10월에 16세가 되었다.

A new broom sweeps clean. 새 비는 깨끗이 쓸린다. (☞ 비유 - 새 정당이나 조직은 개혁에 열중한다.)

The cops tried to look tough. 경찰들은 거칠게 보이려 애썼다.

I feel very close to my friends. 친구들과 정이 아주 많이 들었어요.

William is looking a bit uneasy. 윌리엄은 약간 불안해 보인다.

Painting became my great love. 그림 그리는 것을 지극히 사랑하게 되었다.

I don't feel good about it, either. 나 또한 맘이 편하지 않습니다.

The attempt **proved an abortion.** 그 시도는 실패로 끝났다. (☞ abortion 낙태; 실패, 좌절)

She **became _frenzied_** with despair. 그녀는 절망으로 미칠 듯 날뛰었다. [☞ frenzy 광란(시키다)]

He **felt** very **protective** against her. 그는 그녀를 보호하고 싶은 마음을 강하게 느꼈다.

The factory stood **idle** during strike. 그 공장은 파업 중 가동되지 않았다.

He became **rich** through hard work. 그는 열심히 일해서 부자가 되었다.

The bandage soon became **bloody.** 붕대가 금새 피로 물들었다.

She remained **single** until her death. 그녀는 죽을 때까지 독신으로 남았다.

발전 예문 Intermediate

Don't **get smart** with me! 나에게 건방 떨지 마!

They all have to stay **alert.** 그들 모두 긴장의 끈을 늦춰서는 안 된다.

I'm **feeling** a little **queasy.** 속이 울렁거린다. (☞ feel queasy 메스껍다)

You should have kept **quiet.** 가만히 있으면 중간이나 가지~ (넌 잠자코 있어야 했다.)

The drawer won't pull **open.** 서랍이 잘 (당겨) 빠지지 않는다.

His saying <u>turned out</u> **brittle.** 그의 말은 믿을 만한 것이 못 되는 것으로 판명되었다.

The trick has become **a cliché.** 그 상투적 속임수는 더 이상 안 통한다. (☞ **cliché**클리쉐이 상투어)

The gas gauge touched **empty.** 연료의 눈금이 밑바닥까지 내려갔다.

When the ship rolled, I felt **sick.** 배가 (좌우로) 흔들리자 멀미가 났다. (☞ **rolling** 좌우, **pitching** 앞뒤)

You look much **better** in person. 넌 사진보다 실물이 더 예뻐.

Floppy discs have become **obsolete**. 플로피 디스크는 쓸모 없게 되었다. (☞ obsolete 쓸모 없는)

Do you feel **guilty** about something? 뭐 찔리는 거라도 있는 거냐?
Iron goes **red** <u>when it gets very hot</u>. 쇠는 뜨겁게 달궈지면 빨갛게 변한다.

He has remained **abroad** since 2015. 그는 2015년 이후 계속해서 해외에 체류하고 있는 중입니다.
All look **yellow** to the jaundiced eye. 편견을 가진 눈으로 보면 모든 것이 삐뚤어져 보인다.
[☞ jaundice 황달; jaundiced 황달에 걸린; 편견을 가진 (slanted)]

The plane had been ***reported*** missing. 그 비행기는 실종된 것으로 발표되었다. (☞ report -ing)
Broken glass lay **scattered** on the carpet. 깨진 유리가 카펫 위에 산산조각 흩어져 있었다.
The patient fell <u>unconscious</u> on the floor. 환자는 의식을 잃고 바닥에 쓰러졌다.
'3D' means **dirty, dangerous, and difficult**. 3D란 더럽고 위험하고 힘든 일을 말한다.

Humanity is greater
than status

Let's face it! You can't stay **calm** all the time. 맞닥뜨려 보자. 계속 뒷짐지고 있을 수만은 없지 않은가~
Please feel **free** to mingle with the other guests. 다른 사람과 섞여 맘껏 어울려 봐요. (☞ feel free to do)
I moved **out of my folks' place when** I turned 18. 난 18살 되던 해 고향을 떠났다.

If you play the guitar out of tune, it sounds **terrible**. 기타 음정을 틀리게 연주하면 듣기 몹시 괴롭다.
The situation look **desperate**, but they didn't give up. 상황이 절망적으로 보였지만 포기하지 않았다.
The economic forecast **promises** quite **fair** for next year. 내년 경제 전망은 아주 밝다.

심화 예문 Advanced

She **sat motionless, waiting** for the emails. 그녀는 이메일을 기다리며 꼼짝 않고 앉아 있었다.
I shouldn't have fallen **asleep with the TV on.** TV를 켠 채 잠들지 말았어야 했다. (잠들고 말았다)
He remained **adamant, saying I didn't touch her.** 그녀를 건드린 적 없다며 단호한 입장을 취했다.

If I had practiced more, I would have sounded **better**. 연습을 했다면 더 나은 소릴 낼 수 있었을 텐데.
I feel partly **responsible for the problems** [we are involved in].
우리가 겪고 있는 문제들에 대해 부분적으로 책임감을 느낀다.
I felt _ashamed_ **for not having visited him** for the last five years.
그는 지난 5년간 그를 찾아 뵙지 못한 것을 부끄럽게 느꼈다.
I felt _refreshed_ after washing my sticky body in the shower booth.

샤워실에서 땀으로 끈끈한 몸을 씻고 나니 상쾌한 느낌이 들었다.

The **hues** of the leaves in autumn look **so beautiful** against a blue sky.

가을에 나뭇잎의 색조는 파란 하늘에 대조되어 참 아름답게 보인다.

The company looks *poised* [**to make** a significant breakthrough] in China.

그 회사는 중국에서 획기적 발전을 위한 준비 태세를 갖춘 것처럼 보였다.

[☞ poised to do~할 태세를 갖춘, make a breakthrough 난관을 돌파하다, 획기적으로 발전하다]

The fact [**that she is not coming today**] **makes** her grandmother feel **lonely and** *neglected*.

그녀가 오지 않는다는 소식은 그녀의 할머니로 하여금 외롭고 방치된 느낌을 들게 했다.

Women turned fiercely *outraged* **at the way** [the court dealt with the sexual harassment case].

여성들은 법원이 성 희롱을 다루는 방식에 대해 태도를 돌변하여 격렬하게 분개했다.

  Me-too campaign

Module 06

험한 세상 다리가 되어
To be a bridge over troubled water

☐ 앞 모듈과 달리 어떤 '자동사'는 『to be+보어』 형태의 보어를 취합니다. 그런데 어떤 때는 'to be'가 생략되어 순수하게 보어만 남기도 합니다.

☐ 여기에 해당하는 대표 동사에는 『seem to be, appear to be, happen to be, prove to be, turn out to be』 등이 있습니다. 자, 주어와 보어가 어떻게 연결되어 표현되는지 살펴봅니다.

☐ 이 문형에 해당되는 동사의 종류는 많지 않습니다만 일상에서 자주 쓰이는 표현들이니 잘 익혀 두세요!

표준 예문 Basic

예 **That seems** (to be) **great!** 저거 멋진데~

예 **He chanced** to be out **then**. 그는 그때 마침 외출 중이었다.

예 **She remained** (to be) **single**. 그녀는 독신으로 살아갔다.

예 **The rumor proved** to be true. 소문은 사실로 입증되었다.

예 **He promises** to be a great scholar. 그는 위대한 학자가 될 것이 확실해 보인다.

예 **There happen** to be nobody **inside**. 마침 안에는 아무도 없었다.

예 **His idea seems** to be leading nowhere. 그의 생각은 전혀 도움이 되지 않는 것 같다.

핵심 문법 점검 Review on Core Grammar

□ 『seem to be+'보어'』에서 '보어' 자리에는 바로 앞 모듈에서 봤듯 **형용사(구)**가 제일 많이 옵니다. 그 밖에 **명사/구/절, 부사/구/절** 등도 올 수 있습니다.

□ to be의 과거 시제는 'to have been'입니다.
예 They seemed <u>to be walking</u> for hours. 그들은 여러 시간째 걷고 있는 듯했다.
→ 과거 They seemed <u>to have been walking</u> for hours. 그들은 여러 시간째 걷고 있던 것 같았다.

□ **언제 'to be'를 생략할 수 있나?**

(1) **'정도gradable'를 나타내는 형용사**가 보어로 오는 경우에 to be를 생략할 수 있습니다.
She seems (to be) **a very old** woman. [☞ very old - 정도를 표시하는 형용사]
This seems (to be) **nice**. 이것은 멋져 보인다. [☞ nice도 마찬가지죠.]

(2) 단, afraid, asleep, awake 등과 같은 **서술 형용사predicative**가 오는 경우는 생략될 수 없습니다. 서술 형용사는 일반 형용사처럼 명사를 수식하는 기능은 없고 서술어로만 사용이 가능합니다.
She seems to be <u>afraid</u>. 그녀는 두려워하고 있는 듯하다. (☞ afraid 서술형 형용사)
She seems <u>to have been</u> <u>afraid</u>. 그녀는 두려워하고 있는 듯했다. (☞ 앞 문장의 과거 시제)

(3) 정도를 나타내지도 않고 형용사도 수반하지 않는 명사의 경우는 생략할 수 없습니다.
He seemed (to be) a **reliable** doctor. (O) → 정도를 매길 수 있는 형용사 생략 가능
He seemed a doctor. (X) → 이처럼 정도를 측정할 수 없는 명사가 올 때는 생략하면 안 됩니다.
He seems **a fool**. (O) 그는 바보인 것 같다. → 정도를 매길 수 있는 명사 fool 때문에 생략 가능

6-1 불완전 자동사 + to be + 보어

통합 예문 Combined

He **happened** <u>to be there</u>. 그가 우연히 거기 있었다.
How does **it feel** <u>to be 20</u>? 스무 살 되는 기분이 어때?
Sometimes boys pretend <u>to be asleep</u>. 때로 사내아이들은 잠자는 척한다. (☞ asleep 서술 형용사)
The problem remained <u>to be *unsolved. (unsettled)*</u> 그 문제가 해결되지 않은 채 남겨졌다.

The house doesn't seem <u>to be *lived* in</u>. 그 집은 사람이 살고 있는 것 같지 않다.
There seems <u>to be **no reason** [to wait]</u>. 기다릴 이유가 없는 것 같다.
Her offer seems **to have been *rejected***. 그녀의 제안이 거절당했던 것 같다. (☞유의 – 시제 차이)

Nature seems to **be constantly changing.** 자연은 쉼없이 변화하는 것 같다.

There appears to **have been an accident** then. 그 때 사고가 있었던 것 같다. (☞ 시제 유의- 과거 사건)

Factions and self-interest appear to be **the norm.** 파당과 이기심은 늘 있는 것처럼 보인다.

[The gun **found in the suspect's house**] turned out to be **a plot.**
용의자의 집에서 발견된 권총은 올가미였음이 드러났다.

6-2 불완전 자동사 + (to be) + 보어

☐ 'to be'가 생략되면 그 문장은 사실 바로 앞 '**모듈5**' 즉, 연결동사 본 문장과 똑같은 유형의 문장이 됩니다.

기본 예문 Basic

She seems (to be) **intelligent.** 그녀는 지적으로 보인다. cf. She spoke **intelligently.** 지혜롭게 말했다.

The street appeared ***deserted.*** 그 길은 황폐해 보였다.

He seemed (to be) ***possessed.*** 뭔가에 홀렸던 것 같았다. [☞ possessed (강한 감정, 초 자연력에) 홀린]

The report proved (to be) **false.** 그 보고서는 가짜인 것으로 판명되었다.

He seems (to be) **healthy for his age.** 그는 나이에 비해 건강해 보인다.

What he said turned out (to be) **true.** 그가 한 얘기가 진실로 드러났다.

My mother lived (to be) **101 years old.** 어머니가 101살이 될 때까지 사셨다.

She seems (to be) ***shocked*** at the news. 그녀는 뉴스에 충격을 받은 것 같다.

The evidence proved (to be) **insufficient.** 증거가 불충분한 한 것으로 드러났다.

A leader must not **become the tool of his advisers.** 지도자라면 조언자의 말에 놀아 나서는 안 된다.

Such behavior seems (to be) **repugnant to common decency.** (☞ repugnant 싫은, 용납되지 않는)
그런 행동은 예의 범절에 위반된다고 여겨진다. (cf. **social norm** 사회적 규범)

He seemed **unhappy** despite **being wealthy.** 그는 부자였지만 불행해 보였다.

They seemed *devoted* to each other and were openly affectionate.(☞ devote to ~에 혼신을 다하다)
그들은 서로 열렬히 사랑하는듯 보였고 드러내 애정을 표현했다.

Life did not quite **turn out** (to be) the way **(that)** *I thought* **it would.**
인생은 내가 생각한 대로 다 되는 것은 아니었다.

He seems (to have) *determined* [**to achieve** all his vigorous ambitions]. (☞ determined 과거분사형 형용사) 그는 자기의 모든 탐욕스러운 야망을 이룰 결심을 굳혔던 것처럼 보인다.

[Fears that the world *was about to* **run out of crude oil]** proved **groundless**.
이 세상에 원유가 곧 고갈될 것이라는 공포는 근거가 없는 것으로 판명되었다.

[The meeting of mind between the union and the employer] seems **impossible**.
ㄴ주와 사용자 간 완전한 의견 일치는 불가능한 것으로 여겨진다.

The problem **seems** very intricate, **as appears** from many recent discussions concerning it.
최근의 많은 논의에서도 드러났듯이 이 문제는 대단히 복잡한 것처럼 보인다.

Module 07

자동사 + 전치사 + 명사

최고 사용빈도 1위 문형

문장을 풍성하게 하는 만능 재주꾼, 전치사!

□ 전치사preposition는 크게 어려운 품사는 아니지만 섬세해서 까다로운 데가 있습니다.

이 전치사는 동사를 도와 문장의 주반 상황, 예를 들어 시간, 장소, 이유, 상태, 방법, 부대상황 등을 표현하는 역할을 맡습니다 문장의 표현을 확장할 뿐만 아니라 깊고 풍성하게 합니다.

□ 문장 안에 전치사와 명사가 만나 만들어지는 **'전치사구'**가 들어가지 않는 경우는 거의 없습니다. 이 전치사구는 '수식어구'로서 우리가 문장 생성능력을 키워가는 데 절대적으로 필요한 존재입니다. 한편 우리나라 사람들은 전치사들을 유연하게 사용하지 못합니다. 왜냐하면 우리 말은 명사 뒤에 '~로', '~와', ~에' 등 '조사助詞'를 붙여 쉽게 말을 만들어 가는 구조인데 비해 영어는 전치사라는 품사를 사용해서 표현해야 하는데 그 종류가 많고 의미 영역도 아주 세분화되어 있기 때문입니다.

□ 이 막강한 전치사군단, 내 마음껏 자유자재로 부릴 수 있도록 준비하세요!

□ 전치사의의 형태

① **단순전치사** He was dressed <u>in black</u>. 그는 검은 옷을 입고 있었다.

② **이중전치사**

He pressed <u>down</u> <u>on</u> the brake pedal. 그는 브레이크 페달을 눌러 밟았다.
He looked <u>out of</u> the window. 그는 창밖을 내다보았다.
The boy showed <u>up</u> <u>from behind</u> the curtain. 그 소년은 커튼 뒤에서 나타났다.

③ **구 전치사**- because of, in front of, out of, in the middle of, in spite of

Because of your help, I could succeed. 당신의 도움으로 성공했습니다.
In spite of the difficulties and frustrations of the moment, I still have a dream.
지금 겪고 있는 고난과 좌절에도 불구하고 내게는 여전히 꿈이 있습니다.

④ **분사형 전치사**- given, including, regarding, concerning, considering, excepting

---

표준 예문 Basic

예 **You stay** out of it. 넌 끼어 들지 마!

예 **Think** out of **the box**. 창의적으로 생각해 봐~

THINK OUTSIDE THE BOX

예 **We live** in a fishbowl. 누군가 우리를 (어항 속 보듯) 다 들여다보고 있어~

예 **He is** above **telling lies**. 그는 거짓말을 할 사람이 아니다.

예 **They prayed** to **God** for **mercy (pardon).** 하나님께 자비(용서)를 구했다.

예 **I'm anxious** about **being late** for **my flight.** 비행기 시간에 늦을까 노심초사한다.

예 **He does not study** except [under compulsion]. 그는 강제로 시키지 않으면 공부하지 않는다.

□ 맨 앞 모듈 종합표에 나와있는 것처럼 본 '모듈7'은 영어 전체 문장 중 가장 많은 비율인 **15%** 빈도를 갖는 문장입니다. 그 다음으로 많은 비중을 차지하는 것은 '모듈29'인데 본 '모듈7'과 비슷하나 이번에는 타동사에 전치사구가 붙는 경우로서 이 또한 10% 정도를 차지합니다. 결국 전치사가 들어간 '모듈7'과 '모듈29'의 비중이 **25%**에 달합니다. 따라서 여러분들이 전치사를 꿰차고 있지 않다면 영어를 능통하게 구사할 수 없다는 말이 됩니다. 본 학습법과 교재가 이런 전치사와 그 다음 약 30% 이상을 차지하는 '준동사', 그리고 10-15% 정도를 차지하는 '관계사'에 집중하는 이유입니다. 이 3개 영역이 무려 65-70%를 차지하지요? 이런 수치들을 들어 보신 적 있나요? 본 학습법이 영어학습계 사상 처음으로 통계 수치에 근거해서 과학적으로 또 효과적을 접근하고 있음을 말해 줍니다.

□ 전치사 뒤에는 **명사, 대명사, 동명사 및 여러 형태의 구와 절**이 옵니다. 여기서는 자동사와 타동사 구분없이 예시합니다.

[1] 명사(구)/대명사

She looked at me [with frost][in her gaze]. 그녀는 차디찬 눈초리로 나를 쳐다봤다.

[2] 동명사/구 (혹은 현재분사)

Wash your hands before *eating.* 식사 전에 손을 씻으세요.
He is **involved in _working out_** a puzzle. 그는 수수께끼를 푸는 데 열중하고 있다. (☞ be involved in)
What's the hardest things about **being** a talented actor?
재능 있는 배우가 되는 데 있어 가장 힘든 일은 무엇일까요?

[3] 명사절

Don't' worry about **[what he said].** 그가 하는 말에 대해 걱정하지 말아라.
I know nothing except **[that he lives next door].** 그가 옆집에 산다는 것 말고는 아는 것이 없다.
Men differ from animal in **[that they can think and talk]**.
인간은 동물과 다른 것은 생각하고 말을 하는 것이다.

[4] to부정사 및 원형부정사

She did nothing but (to) **cry**. (원형 부정사)(☞ 여기 but은 전치사) 그녀는 계속해서 울었다 .
She had no choice but **to laugh**. (to 부정사)(☞ but 전치사) 그녀는 웃는 수밖에 없었다.

⑫ 일반 전치사 but의 예문

It's nothing but a joke. 그것은 농담에 불과했다.

Who but Paul would do such a thing? 폴 말고 누가 그런 짓을 하겠니?

[5] 형용사 및 부사

I have met him since then. (☞ since 전치사, then 부사)

Things went from bad to worse.

□ 여러분, 위 [1]은 본 학습법이 대단히 중시하는 '구동사'와 관련되어 있습니다. 이 구동사에 대해 앞서 1 차 설명을 드렸지만 깊이 이해할 필요가 있어 아래와 같이 추가로 설명을 드립니다.

예1 She ①smiled. 그녀가 웃음을 지었다.

예2 The paint was ②coming ③off the wall. 칠이 벽으로부터 벗겨지기 시작했다.

예3 He ④got off the train.

위 예1의 ①smiled 동사의 경우는 완전자동사로서 이 예문은 '모듈1'에서 공부한 자동사 기본 문장입니다. 예2 ②come 동사는 뒤에 오는 전치사구 'off the wall'의 꾸밈을 받고 있지요? 그러나 예3의 ④got 동사는 전치사 off를 가져와 흔히 **『전치사 수반동사prepositional verb』**라고 부르는 2 어동사구 'got off'를 만든 후 the train이라는 목적어를 취했습니다.

자, 이번에는 동사가 전치사가 아닌 부사(엄밀하게는 '부사적 소사')와 결합해서 만드는 소위 **『구동사phrasal verb』** 경우를 보겠습니다.

예4 Please ①sit down. 앉으세요.

예5 He ②goofed off ③on his job. 그는 대충대충 하며 게으름을 피우고 있었다.

예6 I ④switched off the light in my room. 나는 방의 불을 껐다.

예4는 sit down은 '자동사+부사' 구조를 가진 **『구동사』** 기본 문장입니다. 예5는 goofed off라는 구동사 뒤에 전치사구 'on his job'가 온 문장입니다. 문장 구조상 off가 부사임을 쉽게 알 수 있습니다. 예6을 보면 이번에는 앞 자동사 switch가 'off부사'와 결합해서 'switch off'라는 '구동사'를 만든 다음 the light라는 목적어로 취한 문장입니다.

이제 예3와 예6을 비교해 보겠습니다. 똑 같은 off인데 예3에서는 전치사, 그러나 예6에서는 부사입니다. 이처럼 전치사로도 또 부사로도 쓰일 수 있는 예를 들어, by, down, off, on, up 등이 들어간 경우 그 동사구가 '전치사 수반동사'인지 '구동사'인지 구분이 참 어렵습니다.

다행인 것은 최신 문법 추세가 편의성을 추구해서 '전치사 수반동사'와 '구동사'를 애써 구분하지 않고 그저 단순하게 '구동사'로 통합해서 부르는 추세를 보이고 있다는 사실입니다. 따라서 위 예문 예3, 5, 6 모두 '구동사'로 구분없이 불러도 무방합니다. 따라서 저 또한 앞으로 구분없이 모두 '구동사'로 부르도록 하겠습니다. 다만, 여러분께서 『전치사 수반동사』와 『구동사』를 구분해서 알고 계시도록 부탁드립니다.

여러분, '전치사 수반동사'와 '구동사'에 대해 아주 장황하게 설명을 드렸습니다. 다른 일반 교재에서는 이런 것까지 굳이 다루지 않습니다. 설명이 길어 여러분들이 혼란스러워 하지 않을까 걱정이 되기도 하지만 우리 학습자들이 제 학습방식인 33 모듈체계뿐만 아니라 영어의 전체 대강과 구조를 이해하는 데 중요하다고 판단해서 자세하게 설명을 드렸습니다.

제가 교재 예문에다 위 예2처럼 'A vase sat on the table.'로 밑줄 표시했다면 'on the table'이 그저 단순한 '전치사구'라는 것을 표시한 것입니다. 그러니 이런 경우는 구동사와 무관하겠지요?. 만약에 제가 예3 (또는 예5, 예6) 처럼 'She looked at me ~.'로 표시한다면 이 'looked at'은 me를 목적어로 취하는 '구동사'라는 사실을 강조해서 표시해 드린 것으로 이해하시기 바랍니다.

자동사와 전치사가 만나 펼치는 멋진 공연을 즐기세요!

□ 전치사의 폭넓은 쓰임새

전치사는 단어와 단어를 연결해서 문장을 확장해 가는 교량 역할을 담당합니다. 마치 사람의 관절이나 기계의 이음 축처럼 단어와 단어를 간결하게 그러나 멋지게 결합시킵니다.

학생의 공부의 진전 the progress of a student in his studies
핵무기 사용 금지 제안 a proposal for a ban on the use of nuclear weapon
성장 전망이 좋은 기업 a company with good prospect for growth
총을 어깨에 매고 with a rifle across one's shoulder

□ 전치사는 다양하고 섬세한 품사입니다. 그 종류 수도 많습니다. 전치사는 문장의 조미료recipe 로서 문장의 맛과 깊이를 더하게 합니다. 왜일까요?

예 A fly on the ceiling

사람이 아래에서 올려다보기에 어찌 보일지 몰라도 파리 입장에서 보면 자기는 분명 다리를 천장에 꽉 붙이고 있는 형상이어서 전치사 on을 사용해야 합니다. 다른 경우들도 보겠습니다.

He came in at the front door.
→ at 통과지점을 강조해서 표현하려는 의도
He came in by the front door.
→by 경로를 강조 표현하려는 의도
He came in through the front door.
→ 뚫고 지나온 구간을 강조해서 표현하려는 의도

He blundered through the hall. 그는 (우물쭈물) 홀을 통과해서 지나갔다. (전치사)
He blundered into a lady's room. 그는 (깜빡하고 순식간에) 여자용 화장실로 들어갔다. (전치사)
He blundered against (into) the wall. 그는 벽을 향해 (거세게) 들이받았다. (전치사)
He blundered along. 그는 (앞으로 쭉) 나아갔다. (along 부사)
He blundered about (around) in the dark. 그는 어둠 속을 (이리저리) 헤맸다. (부사)

Hot off the press. 방금 언론에서 퍼온 따끈따끈한 뉴스
He tumbled off a ladder. 그는 사다리에서 뚝 떨어졌다.
He tumbled over a cliff. 그는 낭떠러지에서 (앞쪽으로 휙) 떨어졌다.

I had to use the screwdriver to pry the lid off the paint can.
페인트 통에서 뚜껑을 (툭 분리해서) 벗겨 내기 위해 스크류 드라이버를 사용하여야 했다.

He plunged overhead into the river. 그는 머리로부터 물속으로 뛰어 들었다
→ Overhead는 '머리로부터'라는 뜻의 부사이죠? '~안으로 쏙' 느낌을 가진 into와 조화를 이루어 머리부터 물속으로 입수하는 장면이 눈에 선하게 보이지요?

I heard of him, but I've never heard about him.
나는 그가 있다는 말은 들었지만 그에 관해서 자세하게 들어본 적은 없었다.

→ 전치사of는 him의 '존재'를 나타내고, about는 him에 관한 정보를 나타내어 의미상 큰 차이가 납니다.

아래 문장들도 같은 원리를 사용해서 그 의미 차이를 구분해 보기 바랍니다.

How did you learn of our product? 우리 제품이 있다는 것 (**제품의 존재**)을 어떻게 아셨습니까?
How did you learn about our product? 우리 **제품의 성격(특징)**에 대해 어떻게 알고 있습니까?

She hungers after luxury. 그녀는 사치에 굶주려 좇아 (헤매고) 다닌다.
She hungers(craves) for food. 그녀는 (그저) 음식을 갈구한다.

He pushed the door. (타동사) 그는 문을 열었다. – **문이 그의 힘에 의해 저항없이 쉬 열린 경우**
He pushed against the door. (자동사) 그는 문을 힘껏 밀었다. – **문이 쉬 열리지 않는 상황 표현**

Mother shouted to me. 엄마는 내가 들을 수 있도록 큰 소리로 말했다. - **그저 소리가 들리도록.**
Mother shouted at me. 엄마는 나를 큰 소리로 꾸짖었다. – **내가 말을 듣지 않아 큰소리 꾸중이 들리도록..**

신체 접촉이나 타격에 관한 표현 들

I gave him a blow on the brow (on the cheek, on the nose). 그의 이마(뺨, 코)를 한 대 때렸다.
I gave him a blow in the face (in the eye). 그의 얼굴(눈)을 한 대 때렸다.

He got a bullet in the back. 그는 등에 총알 한 방을 맞았다. (in 신체 깊숙이)
He caught (dragged) me by the arm. 그는 내 팔을 붙잡았다. (잡아끌었다)
He lead her by the arm. 그는 그녀의 손을 끌고 갔다.

☞ 이마, 뺨, 코 등은 일반적으로 볼록 튀어나온 것이 연상되어 on을 사용합니다. 반면 신체 내부, 얼굴이나

눈 따위는 약간 움푹 들어간 느낌이 드는 부위여서 이번에는 on 대신 in을 사용합니다. 또 총알을 맞은 경우에도 총알이 몸에 박혀 있을 것이므로 on전치사를 쓰는 것보다 in을 적용합니다. 끝으로 by는 동작의 대상이 되는 신체 접촉 부위를 표현할 때 사용합니다.

□ **부사구를 읽는 방법**

전치사가 들어간 부사구를 읽을 때는 아래 해석의 방법처럼 단어가 나열된 순서대로 쭉, 즉 **'동사 → 전치사 → 명사'** 순으로 그냥 읽어 내려가면 됩니다.

The cup **fell** off the table onto the rug. 컵이 테이블에서 넘어져 카펫 위로 떨어졌다.
The cat hopped off the branch onto the roof. 고양이가 나뭇가지에서 뛰어 지붕에 내려 앉았다.
The ice slipped off the counter to the floor. 얼음이 카운터에서 미끄러져 바닥 위에 떨어졌다.

□ 우리말 느낌상 아래 동사들이 목적어를 취할 때 전치사를 필요로 하지 않을 듯한데 동사마다 옆에 괄호로 넣어드린 대로 전치사를 필요로 하는 자동사들입니다. 시험에 자주 출제되지요?

Agree(to/with), apologize(to/for), belong(to), consent(to), occur(to), complain(of/about), deal, experiment(with/on), look, object to, refer to, speak of(about), graduate from

---

> **About** 장소, (대략, 개략) 수치나 정도, 추상적 속성(~에 관해), 행동 및 과정 (이제 막 ~하려하다)

Be 동사

He is about my size. 그는 내 몸 크기와 비슷하다. (수치)
They are **about to leave**. 그들은 막 출발하려고 한다.(☞be about to do 막 ~하려 하다)(행동 과정)
She's crazy about Reality TV. 그녀는 리얼리티 TV쇼에 광분한다. (추상적 속성) (☞ be crazy about)
I'm sorry about (for) not **ringing** back. 전화를 못 드려 미안합니다. [☞ be sorry about(for)명사/동명사/분사]
It's **about time** [**(that) you are in bed**]. 이젠 잠 잘 시간이다. (개략 정도)

일반 동사

What are you **talking about**? 무슨 소리를 하는 거야? (← You are talking about what?)
He doubts about everything. 그는 모든 것을 의심한다. (~에 관해, 속성)
He travelled about the country. 그는 나라 여기저기를 여행했다. (정도, ~의 주변을)
We **talk about going on a picnic**. 소풍을 가자고 의논했다.

→ Watch him, as he talks about you behind your back. 그가 네 험담을 하니 조심하기 바랍니다.

The two parties agreed about **[what to do].** 실행 방식에 대해 쌍방은 합의했다.

He bet everything **[(that) he had about him].** 그는 자기가 갖고 있는 것을 몽땅 걸었다. (~의 신변에)

I browsed **about** the secondhand bookshops. 중고 책방 여기저기를 둘러봤다. (~의 주변에)

Stop **beefing about** your pay and do some work. 월급 적다는 불만은 그만하고 일 좀 합시다.

Let's think about hobbies like **photographing or painting.** 촬영, 그림 같은 취미에 대해 생각해 보자.

He goes about the rural areas **lecturing** on the evil of drink. (추상적 속성, ~에 관해)
그는 음주의 폐해에 관해 강연을 하면서 시골지역을 두루 다닌다.

He complained about **having been ignored** by his supervisor. 상관에게 무시당한 걸 불평했다. (수동)

The nature of his business **enables** him **to go about** the world **a great deal.** (☞ about 여기저기)
그 사람 직업의 특성으로 인해 전 세계를 두루 여행가는 것을 가능하게 했다.

Our neighbors said **that** *if we made any more noise,* he'd **complain** about us to the police.
우리 이웃은 우리가 더 이상 시끄럽게 한다면 경찰에 신고하겠다고 말했다.

Above (위치,수,양, 능력, 지위)~보다 위에, ~보다 상류에, 비난을 받지 않는, 초월해서

Health is above wealth. 건강이 부한 것 보다 귀하다. (가치 판단, ~보다 위에)

He lives above his means. 그는 가진 것보다 돈을 많이 지출한다. (가치 판단) (☞ means 재력)

San Francisco is above Los Angeles. SFO는 LA 위에 있다. (수평선 상 위)

Golden Gate Bridge, San Francisco

His magnificent behavior is above all praise. 그의 훌륭한 행동은 아무리 칭찬해도 부족하다.

There was a woman's voice [*rising* shrilly above the barking]. (수직선 상 위)
개 짖는 소리 너머로 한 여인의 날카로운 목소리가 들렸다.

Across ~을 건너서, ~의 맞은 편에, ~을 건너, (신체 일부에) 걸쳐서, ~의 지역에 걸쳐서

That plant once ranged across the Americas. 저 식물은 한때 남-북미 대륙에 걸쳐 서식했다. (~걸쳐)
Roughly 7,000 cars a day run across the border. 일일 약 칠천대의 차량이 국경을 넘어간다. (~건너)

US-Mexico Border in Arizona

Diane lived **diagonally across the street from** my house. (☞ ~맞은 편에, diagonally 대각선으로)
다이안은 우리 집에서 대각선 맞은편에 살았다.
The policeman sprinted across the street after *the **fleeing** robber*.
경찰은 도주하는 도둑을 쫓아 길거리를 가로질러 전속력으로 질주했다.

After ~의 뒤에, ~후에, 반복, (인과 관계)~했기 때문에, ~을 본떠서, (추적, 추구)~을 따라, ~에 관해, ~에 대하여, (우열,등급)~의 다음에

I shouted after him. 난 그를 향해 외쳤다. (☞ after 자기로부터 멀리 떨어져 있는 사람을 향해)
He aspires after fame. 그는 명성 얻기를 갈망한다. (추적, 추구)(☞ aspire after)
My mother asked after you. 엄마가 네 안부를 물으셨다. (추적, 추구) (☞ ask after 안부를 묻다)

The ground **packs** after the rain. 비 온 뒤에 땅이 굳는다. (~한 뒤에)
He limped **after his skiing** accident. 그는 스키 사고 때문에 절뚝거렸다. (~후에)
His name came **after mine** in the list. 명부 상 그의 이름은 내 뒤에 있었다. (~의 뒤에)
The rehearsal continued after **a ten-minute break**. 10분 휴식 후 리허설은 계속되었다. (~뒤에)

Against ~에 반(대항)하여, ~에 대비하여, ~을 향해서, 흐름에 거슬려, ~을 배경으로, ~교환해서

Luck goes against me. 나는 운이 나쁘다. (~에 반하여)
He plotted against the regime. 그는 정부 전복을 모의했다. (~거슬려)

He rebelled **against the establishment**. 그는 기성체제에 반항했다. (~에 거슬려)

He struggled against all kinds of **adversity**. 그는 온갖 역경에 맞서 싸웠다. (☞ **adversary** 적수, 적국)

Raindrops patter against the windowpanes. 빗방울이 창 유리를 후두두 치고 있다. (~을 향해)

→ 유사 **Fat drops of rain** rattled against the window. 굵은 빗줄기가 창문을 후두두 때렸다.

The populace murmured against the heavy taxes. 서민들은 너무 과중한 세금에 대해 투덜거렸다.

Are you against **[allowing** girls **to join** our team]**?** 소녀들이 팀에 합류하도록 하는 것에 반대합니까?

He argued against the abolition of death penalty. 그는 **사형제도 폐지**에 반론을 제기했다.

Father was against his daughter [*marrying* too young]. 아빠는 딸이 너무 일찍 결혼하는 걸 반대했다.

[☞ 이런 표현은 아주 어려운 표현은 아니지만 우리 입에서 바로 튀어나오지 않습니다.]

He swam against (with) the stream (the current, the tide). 조류를 거슬려 (흐름대로) 수영했다.

Along ~을 따라, ~을 끼고, ~의 끝까지 쭉, ~도중에, (방향, 방침에)따라서

They walked along the Fifth Avenue. 그들은 (뉴욕) 5번가를 따라 걸었다.

Manhattan, New York

The bus bumped along the street. 버스가 덜컹거리며 길을 따라갔다.

He plodded along the road with great fatigue. 그는 탈진한 몸을 끌고 길을 따라 터벅터벅 걸어갔다.

Let's proceed along the schemes [(that) I suggested]. 내가 제시한 구조대로 쭉 진행해 봅시다.

Among (위치, 장소)(셋 이상에 대해서) ~ 사이에서, ~에 섞여서, (분배)~사이에서 각자에게

He is among the best skiers. 그는 최고 스키선수 가운데 한 명이다.

He ranks high (low) among them. 그는 그들 중 높은(낮은) 지위를 차지했다.

He ranks among the best seller writers. 그는 인기 작가들과 어깨를 겨룬다.

A fifteen-year-old girl was among the injured. 부상자 중에는 15살 먹은 나이든 소녀가 있었다.

That was among the things [(that) he proposed to me]. 그것은 그가 내게 제안한 것 가운데 있었다.

I was lucky to be brought up among people [who read and wrote a lot].
나는 많은 양의 글을 읽고 글을 쓰는 사람들 틈에서 자라난 것은 행운이었다.

Around ~주위에, 빙 둘러, 여기 저기를, 대략, ~을 돈 곳에, ~을 에워싸고, (곤란을) 피하여

We serve around the clock. 저희는 24시간 영업합니다. (빙 둘러)

The earth goes around the sun. 지구가 태양 주위를 돈다.

He likes to travel around the world. 그는 세상 여기저기 여행하기를 좋아한다.

Bees are buzzing around the flowers. 벌들이 꽃 주변을 붕붕거리고 있다.

The boxer swaggered around the ring. 권투선수는 뽐내며 링을 돌았다. (☞ swagger 거드름 피며 걷다)

Students lingered around the coffeeshop. 학생들이 커피 숍에서 죽치고 있었다.

Six man sat around the table *playing* poker. 여섯 명의 남자들이 포커를 하며 테이블에 둘러 앉았다.

as를 취하는 동사에는 **act**(~의 역할을 하다), **appear**(~로 출연하다), **class**, **classify**(분류되다), **rate** (등급 매기다), **come**(~로 오다), **count**(~로 간주하다), **die**(죽다), **regard**, **think** 등이 있습니다. 이때 as 뒤에 명사는 '**주격 보어**' 역할을 합니다.

 as 다음에 특히 **관직, 자격, 지위, 직능, 역할 등 기능적 내용**을 나타내는 가산 명사 가 올 때는 **부정관사**를 붙이지 않습니다!

기본 예문 Basic

She **arrived** **as** a writer. 그녀는 작가로서 성공했다.
I resigned **as president**. 나는 사장직을 사임했다. (☞ 무 관사 관직)
Salt acts **as preservative**. 소금은 방부제 역할을 한다. (☞ preservative 물질명사 – 무無관사)
He masqueraded **as** Chaplin. 그는 채플린으로 분장했다.

He classes **as** a true believer. 그는 신실한 신자로 분류된다. (☞ 수동 의미)
The paragraph reads **as follows**. 그 단락은 다음과 같이 쓰여 있다. (☞ 수동 의미)
→ 응용 Your silence will be **read** **as consent**. 당신이 침묵하면 찬성 표시로 해석됩니다.
[☞ 위 read는 '~라 써 있다'는 자동사로, 아래 문장 read는 '~을 읽다'라는 타동사인데 '수동태'로 표현됨.]

The soldier was posted **as missing**. 그 군인(배)은 실종된 것으로 게시되었다.
He **doubles** **as** a producer and director. 그는 제작자와 감독을 겸하고 있다.
He is a child, and he is treated **as such**. 그는 어린 아이이고 또 그렇게 취급받는다. (☞ such 대명사)
The boy was pointed at **as** an example. 그 아이는 모범적인 소년으로 지목받았습니다.

He is not **up to** his father **as** a musician. 그는 음악가로서 아버지의 역량에 미치지 못한다.
The painting has been **denounced as** bogus. 그 그림은 가짜라 비난받아 왔다. (☞ bogus 가짜)
The results came **as** a surprise **to** many people. 그 결과는 많은 사람들에게 놀랍게 받아들여졌다.
This disease begins **as** minute points **on** the skin. 이 병은 피부 작은 반점으로써 시작된다.

발전 예문 Intermediate

He ranks **as** one of the best guitarist**s of** all time. 그는 시대를 통틀어 최고의 기타 연주가로 손꼽힌다.
It's acknowledged **as** the finest restaurant **in** London. 런던에서 가장 고급 식당으로 받아들여진다.

Thames River, London

Failure in economy may **emerge as** a political issue. 경제 실패는 정치적 문제로 대두될 수 있다.
This is a picture **[that** can be passed **as** a genuine **Monnet]**.
이것은 진품의 모네 작품으로 받아들일 만한 그림이다.

I've been around **for more than 5 years as** a **2nd rate singer**. 난 2류 가수로서 5년째 기웃거리며 산다.
Hamlet is considered **as** an example of a Shakesear's tradegy.
햄릿은 세익스피어 비극의 한 대표적 작품으로 받아들여진다.

The first lady will **appear** as a guest on a children's TV program.
대통령 영부인이 어린이 TV 프로그램에 초대 손님으로 출연할 것이다.

The term is sometimes **used** as a derogatory synonym for megachurch.
그 단어는 간혹 초대형 교회에 대해 경멸적으로 표현할 때 동의어로 사용된다.

심화 예문 Advanced

Stress *is widely perceived* as **[contributing to coronary heart disease]**.
스트레스가 '관상 동맥성 심장병'을 일으키는 것으로 널리 받아들여진다.

A man [(whom) I easily recognized as Ted's father] sat with a newspaper on his lap.
내가 바로 테드의 아버지임을 금세 알아 차린 남자분은 무릎 위에 신문을 놓은 채 앉아 있었다.

Their action raised the question of **[whether they should be treated as war criminals]**.
그들의 행동은 그들을 전범으로 취급되었어야 했는지에 관한 의문점을 제기했다.

He *is seen as having made* a significant contribution **towards the eradication of corruption**.
그는 부패 척결에 지대한 공헌을 한 것으로 여겨진다.

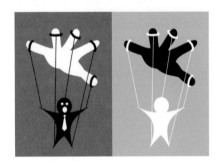 

It **emerged** as one of global hot issues (of) **[how to preserve the tropical primitive forest in Brazil]**.
원시 열대림을 어떻게 보전할 것인가가 하나의 뜨거운 주제 중 하나로 부상했다.

A big size screen TV now emerged as a family's third largest purchase after the house and the car.
대형스크린 TV가 집과 차 다음 큰 가정의 구매 품목으로 등장했다. (☞ after: ~에 뒤이어)

At ~의 (장소, 시간, 때)에, (능력, 성질)~의 곳에서, (정도, 비율, 방법, 양태)~으로, (목적, 목표)~을 향하여,
~에서 활동하여(소속), ~의 상태(상황, 입장)에, (원인, 이유, 근원)~을 보고(듣고 알고), ~의 면에서(능력)

기본 예문 Basic

Look at you! 얘 좀 봐라~ (니 꼬라지를 알라!)

Let it go at that! 그쯤 해 둡시다!

He rang at the door. 그는 입구의 벨을 울렸다.

[☞ 우리 식 언어 개념으로는 'He rang the doorbell.'이 더 쉽고 가능하지만 위 표현이 더 영어적입니다.)

He pulled at a rope. 그는 로프를 (세게) 잡아당겼다. (~을 향하여)

She winked at a man. 그녀는 한 남자에게 윙크했다. (~을 향하여, 집중 느낌)

Will they sell at a loss? 그들이 손해 보면서 팔까요? (상태)

She yelled at her child. 그녀는 자기 아이를 향해 고함쳤다. (~을 향해, 집중)

His dog snapped at me. 그의 개가 나를 덥석 물었다. (~항하여, 집중)

He is a student at Oxford. 그는 옥스포드 학생입니다. (~에서 활동하여, 소속)

Oxford University, England (90 km North-West of London)

She pecked at her husband. 그녀는 남편을 향해 잔소리로 쪼아 댔다. [☞ (목표)~을 향해서]

What's showing at the theater? 극장에서 무슨 영화를 상영 중이니?

The train calls at every station. 그 기차는 모든 역에 정차합니다. (☞ call at 정차하다, 정박하다)

He beefed at extra night work. 추가 야간 작업에 투덜거렸다. (☞ beef 비 격식, 불평하다)

I don't really look at it that way. 난 정말 그런 식으로 생각하지 않는다.

The thermometer stands at 40°c. 온도계는 40도에 머무르고 있다.

He got at the heart of the matter. 그는 그 문제의 핵심을 꿰뚫고 있다.

Two gardens join at the hedge wall. 두 정원은 '쥐똥나무 담장'을 사이에 두고 접해 있다.

She got *melted* at his so sweet words. 그녀는 그의 아주 달콤한 말에 눈녹듯 녹아 버렸다.

The ball landed at the **far side** of the line. 공이 금 밖에 떨어졌다.

She likes a dress [**that hooks at the front**]. 그녀는 앞섶을 후크로 채우는 드레스를 좋아한다.

The baby was **nursing** at *its* mother's breast. 갓난 아이가 엄마 품에서 젖을 먹고 있었다. (장소, ~에서)

Can you get at the book on the top of shelf? 선반 맨 위에 있는 책에 손이 닿을 수 있습니까?

She knocked at the door, but nobody answered. 문을 두드렸으나 아무런 응답이 없었다. (장소)

The curtain **rises** at 9:00 a.m. and **falls** at 6:00 p.m. 개장은 오전 9시 폐장은 오후 6시입니다.

발전 예문 Intermediate

He frowned at me **for laughing**. 그는 내가 웃었다고 인상을 썼다.

→ 유사 He raged at his son **for telling** a lie. 그는 자기 아들이 거짓말하는 것에 격분했다.

Don't laugh at me **because I'm fat.** 뚱뚱하다고 비웃지 마라.

Stick at it, and you'll pass the exam. 끈질기게 물고 늘어져라. 그러면 시험에 합격할 거야.

The news **leaped at** me **from** the board. 알림 판에서 그 뉴스가 내 눈에 확 들어왔다.

She wondered at **his not coming** sooner. 그녀는 그가 좀 더 일찍 오지 않는 것을 의아해했다.

A drowning man will **catch (clutch) at** a straw. (속담) 물에 빠지는 사람 지푸라기라도 잡으려 든다.

Temperatures fluctuate at the change of seasons. 환절기에는 기온이 오르내린다.

People of various backgrounds intermingled at the party. 파티엔 여러 계층의 사람들이 뒤섞여 있었다.

He [**who would climb the ladder**] begins at the bottom. (속담) 천리 길도 한 걸음부터.

심화 예문 Advanced

I can't look at him **acting like he is all that.** 자기가 다인 양 잘난 척하는 꼴 눈뜨고 못 보겠다.

[☞ 접속사 like는 구어체 단어로서 just as, as, as if 등의 의미로 사용됩니다]

Tom stared at her **in disbelief**, *shaking* his head. 톰은 불신에 차 머리를 흔들며 그녀를 노려봤다.

He snapped at the opportunity [**to study** abroad]. 그는 해외 유학의 기회를 낚아챘다.

Fortune knocks at least once at **every man's gate.** 행운은 누구에게나 한 번은 찾아와 문을 두드린다.

That guys are <u>at that</u> again! They're always fighting. 저 녀석들 또 저 짓 하네! 맨날 싸움박질이야..

The One [enthroned in heaven] laughs; the Lords <u>scoffs at</u> them. (성경 Psalms 시편 2:4)
하늘에 계신 이가 웃으심이여 주께서 그들을 비웃으시리로다.

The head chef **used to shout** at the staff **to encourage** them **to work** harder.
수석 주방장은 스텝들이 더 열심히 일하게 독려하기 위해 소리를 지르곤 했다.
[☞ to부정사 세 개 (to shout, to encourage, to work)가 한 문장에 연속 나오는 귀한 예문입니다!]

Before ~의 앞을, ~앞에서, (시간)~전에, ~의 장래에, ~에 우선해서, (폭력 등에) 밀려, 미포함 금액

He went <u>before me</u>. 그는 나보다 앞서갔다.

Pride goes <u>before destruction</u>. 교만은 패망의 선봉이다. → Pride will have a fall. (성경 잠언 16:18)

A great future lies <u>before him</u>. 그에게 멋진 미래가 펼쳐져 있다.

They're <u>before 10 percent VAT</u>. 그것들은 10% 부가세(value added tax) 이전 금액이다. (☞ 미포함 금액의)

He would die <u>before surrendering</u>. 그는 항복하기 보다는 죽음을 택할 것이다.

The sailing boat **drove** <u>before the strong wind</u>. 그 배는 강한 <u>순풍을 받아</u> 질주했다.

The troublemakers were called <u>before the principal</u>. 문제아들이 교장 선생님 앞에 불려 왔다.

He came **before a judge**, (*being*) *accused* of **stealing**. 그는 절도 죄명으로 판사, 앞에 불려 왔다.

The snow <u>will *have disappeared*</u> before the end of March. (☞ 중요! 미래 완료시제에 대한 이해)
3월 말 이전에 눈은 사라져 안 보이게 될 것이다.

Good health comes **before money in order of** importance. 중요도 순위에서 건강은 돈보다 앞선다.

90% of a child's brain development happens **before age 5.** 유아 두뇌의 90%가 5살 이전에 완성된다.

Below 공간의 아래 쪽의, (계급, 지위, 양, 비율, 수준)~의 이하의

Her work is **below** comment. 그녀의 작품은 논평할 가치가 없다.

Rain fall has been **below** average. (이제껏) 강수량이 평균 이하다.

The sun had already sunk **below** the horizon. 해가 수평선 아래로 졌다.

Romeo waited **below** the window **until she opened it.**

로미오는 그녀의 창문 아래에서 그녀가 창문을 열 때까지 기다렸다.

Verona, Italy – 사진 속 장소는 소설 'Romeo and Juliet'의 배경이었다는 곳입니다.

Between ~의 사이에, 협력하여

You shouldn't eat **between** meals. 너는 간식을 먹어서는 안 된다.

Angry words passed **between** two gents. 두 신사 사이에 거친 말이 오고 갔다.

I had to choose **between getting** *married* and **taking up** a career. (☞ between A and B)

난 결혼을 하든지 직장 생활을 하든지 둘 중 하나를 택해야 한다.

Beyond ~의 저편 너머로, (시간)~을 지나서, (범위, 한도)~을 넘어서, (우월)~보다 뛰어난, ~이외는

Love is **beyond** all human control. 사랑은 인간이 통제할 수 있는 범위 그 너머에 있다.

He is quite **beyond** hope of recovery. 그는 회복될 희망이 전혀 없다.

It's **beyond** me **why he did not succeed.** 그가 왜 성공하지 못했는지 이해하지 못하겠다.

→ 유사 The theory is **beyond** the reach of my understanding. 그 이론은 이해할 수 있는 범위 밖이다.

The paintings were beyond my expectations. 그 그림은 내가 기대한 이상이었다.

The downtown has **changed** beyond recognition. 중심가가 몰라보게 변했다.

By ~의 곁에서, (경유, 운수 수단)~을 통과하여, (기간)동안에, ~까지는, (정도 차이)~만큼, (근거)~에 의해서, (관계)~에 관해서는, (연속) 연속해서, (수단, 방법, 원인), (매개)~로 인해, (수동태 동작)~에 의해, 단위, **(come, drop, stop과 함께), (견해)~의 생각으로는**

It's okay by me. 나는 좋습니다. (견해, ~의 생각에는)

We met by accident. 우리는 우연히 (사고가 나서) 만났다.

I'm paid by the week. 나는 주급으로 받는다 (단위)

By how did you come here? 여기엔 어떻게 (교통수단 질문) 오셨나요?

→ I came here by car (bus, train, ship, sea.) 그는 차(기차, 배, 해상으로) 로 갔다. (☞ 교통수단은 무관사)

The ship sailed by an iceberg. 그 배는 빙산 옆을 지나갔다. (~의 곁)

Drop by my house this morning. 오늘 아침 우리 집에 좀 들러라! (☞ drop by 지나는 길에 잠깐 들르다)

→ 유사 We'll only have time [to drop in] for a moment at his party. [☞ drop in (by) 불쑥 방문하다]
우리는 그의 파티에 잠시 얼굴을 내밀 정도의 시간밖에 없습니다.

→ May I **stop by** your house for a drink on my way home? 퇴근길, 자네 집에 한잔하러 들러도 될까?

I'll be here by this time **tomorro**w. 내일 이맘때 여기 있을 거다. (☞ 미래완료 시제)

These animals sleep by day and hunt by night. 이 동물들은 밤에는 자고 낮에 사냥한다.

They were farmers by occupation, and protestants by religion. 직업은 농부, 신앙은 개신교도이다.

Despite ~임에도 불구하고 (in spite of 와 같은 말이지만 간결을 요하는 신문 등에서 많이 사용)

I failed the test despite studying all the nights. 여러 밤을 새워 공부했음에도 시험에 떨어졌다.

The National Health Service has visibly deteriorated despite **increased spending**.
NHS는 더 많이 지출했음에도 불구하고 눈에 띄게 악화일로에 있다. (☞ NHS 영국의 의료서비스제도)

Down (높은 곳에서)아래로, (신분, 지위) 낮은 쪽으로, (흐름, 풍향을 따라)강의 하류에, ~이래 계속해서

Chills ran down **my spine.** 등골이 오싹했다.
She **poled** down **the slope.** 그녀는 스틱을 사용해서 스키장 사면을 따라 내려갔다.
He marked down the prices. 그는 가격을 낮춰 표시했다.

She tumbled down the stairs. 계단에서 굴러 떨어졌다.
He always scowls down his wife. 그는 항상 무서운 얼굴로 아내를 위압한다.
The whole plan went **down the drain**. 모든 계획이 수포로 돌아갔다.

He is **climbing** down **the ladder.** 그는 사다리를 내려온다. ↔ He's climbing up the ladder.
[☞ climb down (손발을 써서) ~에서 내려오다, (차에서) 몸을 굽히고 내리다]
Tears **roll** down **my cheeks** during the wedding. 결혼식 중 눈물이 굴러 떨어졌다.
The **train** of the wedding dress swept **down the aisle**. 신부의 의상 자락이 통로를 쓸고 갔다.

An ambulance, [with its lights **flashing** and its siren **on**], raced down the street.
구급차가 번쩍거리며 경광 등을 켠 채 사이렌을 계속 울리며 경주하듯 길을 내려갔다.

During ~동안(내내), (특정 기간의)처음부터 끝까지, (특정 기간의) 어느 때에, ~동안에 몇 차례

The bear **sleeps (hibernates)** during the winter. 곰은 겨울 잠을 잔다.
A Mr. Clark called twice during (in) your absence. 클라크라는 분이 부재중에 두 번 전화했습니다.
Sand storms are common during Saudi Arabian winter. 겨울에 모래 폭풍이 사우디에서 발생한다.

Except ~을 제외하고, ~이외에는, (부사 구/절을 수반하여)~을 제외하고

Nobody was hungry except me. 나만 배가 고팠다.

I'm free every day this week except Friday. 금주는 금요일 빼고는 다 시간이 있다.

Except for you, I think I should *have failed*. 네가 아니었으면 난 실패했을 것이다. (Without you,~)

He's always cheerful except [when he is penniless]. 그는 무일푼일 때를 빼곤 늘 명랑했다.

For 목적, 교환, 대리 대신, 대가, 착각, 원인 이유. 추상적 교환관계, 비례, 기간, 목적지, 환산

기본 예문 Basic

Go for it 시도해 보세요. → 동일 Give it a try!

He went for a ride. (a walk). 승마(산책)를 나갔다. (목적)

He yelled (jumped) for joy. 그는 좋아서 환성을 질렀다. (펄쩍 뛰었다.)(☞ for 요구하는 대상)

→ 유사 He shouted for a nurse for help. 그는 소리쳐서 간호사를 불러 도움을 청했다.

He left for Chicago. 그는 시카고로 갔다 (목적지, 방향)

Chicago, Illinois – 전 세계 건축가들이 가장 잘 설계된 도시라고 평가하는 도시입니다.

I'm dying for a smoke. (속어) 담배를 피우고 싶어 죽을 지경이다. (이유 원인)

→ 응용 Work is **a drug** for him. 일이 그에게는 마약과 같다. (교환) → 동일 He's too workaholic.

Let's hope for **the best.** 낙관적으로 생각합시다. (목적)

He rang for a secretary. 그는 벨을 눌러(or 전화해서) 비서를 불렀다. (목적)

He stretched for a book. 그는 책을 잡으려고 팔을 죽 폈다. → Ted reached for the butter. (목적)

His action calls for praise. 그의 행동은 칭찬받아 마땅하다. (추상적 교환관계)

Would you care for coffee? 커피 드시겠습니까? → 격식 Would you like to have a cup of coffee?

You'll **pay for** your laziness! 자네 게으름 피우다 혼날 줄 알아! (이유)

Are you seeking for **trouble?** 너 맛 좀 볼래? (☞ 싸움 걸 때 쓰는 상투적 표현)(☞ seek for 숙어)

He blushed for (with) **shame**. 그는 부끄러워 얼굴을 붉혔다. (이유 동기)

He plotted for a coup d'état. 그는 쿠데타를 도모했다. (목적)(☞ plot for ~을 꾸미다, 작당하다)

They clamor for **higher wages.** 그들은 임금 인상을 부르짖는다. (지지, 교환)(☞ clamor for 숙어)

You may be craving for **fresh air.** 당신에겐 신선한 공기를 꼭 필요한 것 같습니다. (☞ crave for 숙어)

The thief whined for **forgiveness.** 도둑은 용서해 달라고 안쓰럽게 말했다. (교환)(☞ whine for 숙어)

I stand for(against) **free trade.** 나는 자유 무역을 지지(반대)한다. (찬성, 지지, 교환)(☞ stand for 숙어)

A dollar exchanges for ₩1,110. 1달러가 1,110원에 교환된다. (교환)

The pain will persist for a couple of days. 통증이 2-3일 더 지속될 것이다. (기간)

What do the initials WHO stand for? 대문자 약어 WHO가 무엇을 뜻하나요? (☞ stand for 나타내다)

The facts account for **his ignorance.** 그 사실들은 그가 무식하다는 것을 설명한다. (☞ **account for**)

Comic account for 80% of the story. 이야기의 80%가 코미디로 구성되어 있다.

Import from Thai accounts for 30% of **the total.** 태국으로부터 수입이 전체의 30%를 차지한다. (환산)

He **alibied** **for** **being** late. 그는 지각한 핑계를 짜 맞추어 댔다. [원인, 이유; alibi 변명하다; 현장부재증명]

Where are you heading for? 어디로 가는 길인가요? ← You're heading for where?

You'll act **for me** *while I'm gone*. 내가 없는 사이 자네가 내 대신 일을 맡아 달라. (대리)

A million girls would **kill** for this job. 수많은 여성들이 이 일 자리에 목숨을 거는 걸요~ (교환)

The jury **found** **for(against)** **the plaintiff**. 배심원단은 피고에게 유리한(불리한) 평결을 내렸다.

→ 소송이나 재판 관련 법률 용어가 어렵습니다. 위와 같은 이미지를 이용해서 기본 용어들부터 익혀 보세요!

The desert stretches **for hundreds of miles.** 그 사막은 몇 백마일이나 뻗어 있다. (목적지, 환산)

Everybody is calling **for** **sweeping reforms**. 모든 사람들은 **전면 개혁**을 원하고 있다. (목적, 교환)

Are you **looking for** something [in particular]? 뭐 특별하게 찾는 물건이 있습니까? (교환)

Phd. students usually look for jobs in academia. 박사 학위소지 학생들은 학계에서 일을 찾는다.(교환)

The meeting was arranged **for Monday morning**. 모임은 월요일 아침으로 정해졌다. (교환)

What do you do **for exercise**? I **jog** in the morning. 무슨 운동을 합니까? 아침에 조깅합니다. (교환)

Accommodation is free – all you pay for is breakfast and dinner. 숙박 무료, 점심 저녁은 자기 부담.

You shouldn't be merely sitting and waiting for someone [to help you]. (☞ 구동사 wait for)
그저 앉아서 누군가 널 도와줄 사람을 기다려서는 안 된다.

심화 예문 Advanced

Three members are lacking for a quorum. 정족수에 3명이 부족하다. (교환) (☞quorum 정족수)

Don't blame anyone, as you've asked for it. 남 탓하지 마라. 네가 자초한 일이니까. (교환)

This shirt sells for ten dollars like hot cake. 셔츠는 10달러에 날개 돋친 듯 팔리고 있다. (교환)

Herod is searching for the child to kill him. 헤롯이 그 아이(예수)를 찾아 죽이려 한다. (목적)

This girl is unusually articulate for a seven-year-old. 7살 소녀 치고는 별나게 말을 똑똑하게 한다.
[☞ articulate 발음이 정확한, 관절이 있는, 사상 등이 다른 부분과 깊이 연관된]

He was prosecuted for concealing facts [material to the investigation]. (이유)
그는 수사에 중대한 영향을 주는 사실들을 감춘 혐의로 검찰에 기소되었다[☞ material (형)중요한]

"We had a very boring trip.", "Speak for yourself. I had a wonderful time."
(구어) 이번 여행은 지루했다. 그건 네 생각이고~ 난 너무 재미있었거든.(☞ for oneself자신 힘으로)

- The boy carried a big bag by himself. 혼자 힘으로 큰 가방을 옮겼다. (☞ by oneself 혼자 힘으로)

- The door opened by itself. 문이 저절로 열렸다. (☞ by itself 저절로, 자연히)

- Making money is not evil in itself. 돈을 버는 것은 그 자체로는 악한 것은 아닙니다. (☞ in itself)

From (시간, 장소 수량, 기점)~에서, (유래 기원)~로부터, (선택의)범위, 차별 구별, ~에서 떨어져서, 분리 해방 억제, 차이 구별, 원료 재료, 원인 동기 판단의 근거,(시점, 관점, 판단의 근거)~로 봐서

He works from home.
그는 재택 근무를 한다. (☞ accrue 자연증가로 생기다. 이자가 생기다)
Interests accrue from loan.
대출에서 이자가 발생한다. (☞ accrue 이자 이익이 생겨나다)
He withdrew from politics. 그는 정계에서 물러났다.
Dew dripped from the tree. 이슬이 나무에서 흘러내렸다 (~로부터)

She recovered from his cold. 그녀는 감기에서 나았다. (유래 기원)
I've been suffering from jet lag. 난 아직도 시차증으로 고생하고 있다. (~로부터)(☞ suffer from)

Fear always springs from ignorance. 공포는 언제나 무지에서 생겨난다. (유래 원인)
Don't digress from the main stream. 본류(주제)에서 벗어나지 말기 바랍니다. (~로부터)(☞ digress from)

I'm borrowing from Peter to pay Paul. 난 빚을 내서 돌려 막기를 하고 있다.
Steam billowed from under the bonnet. 수증기가 본넷에서 소용돌이치며 올라왔다. (☞ 복합 전치사)

He differs from me in his basic manner. 그는 기본 예절에서부터 나와 다르다. (☞ differ from)
His illness stemmed from a car accident. 그의 병은 교통사고에서 시작되었다. (유래 원인 ☞ stem from)

The butterflies flutter from flower to flower. 나비가 이 꽃에서 저쪽으로 날아다닌다.
As a vegetarian, I abstain from fish and flesh. 채식주의자로서 생산, 고기를 안 합니다. (☞ abstain from)
The quarrel originated from misunderstanding. 싸움은 오해에서 비롯되었다. (유래 기원)

The economy rebounded from a long recession. 경기가 장기 불황에서 반등했다. (~로부터)
Do your homework, or you'll hear from your father. (기점, ~로부터)(☞ hear from 야단맞다)
숙제를 해라. 그렇지 않으면 아버지한테 야단을 맞게 될 거다.
His ears were ringing from severe scolding [he took]. 그는 세게 야단을 맞아 귀가 멍멍했다.

기본 예문 Basic

Keep **in touch**. 계속 연락합시다. ← (Let's) keep in touch!
Get **in the line.** 줄을 서세요.

It **runs** in the family. 가문(혈통)의 문제다. (환경, ~안에)
Pity **stirred** in her mind. 연민의 정이 그녀의 마음 속에 요동쳤다.

You should **get** in shape. 몸매에 신경 쓰는 게 좋겠습니다~
My foot **caught** in the hole. 발이 구멍에 빠졌다. (~안에)(☞ catch 손, 옷, 발이 ~에 걸리다)
→ 유사 A kite **caught** in the power cable. 연이 고압선에 걸렸다.

The log **split** in the middle. 통나무 한가운데가 쪼개졌다. (☞ split ~으로 쪼개지다, log house)
Fate **works** in strange ways. 운명이 이상한 방향으로 흘러간다. 사람 팔자 참 알 수 없다..

A thought **rose** in his mind. 한 생각이 그에게 떠올랐다. (☞ rose → occurred)
How do I **look** in this dress? 내가 입은 이 옷 어때요? (☞ look 자동사로서 수동 의미)

His dream **ended in smoke**. 그의 꿈은 허무하게 끝이 나고 말았다.
His house **perished** in flame. 그의 집이 화염에 쌓여 사라졌다. (~한 상태에) (☞ perish 사라지다)
The piston **plays** in the cylinder. 피스톤이 실린더 안에서 왕복 운동을 한다. (~안에서)

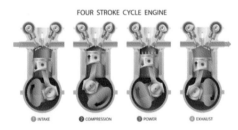

FOUR STROKE CYCLE ENGINE

Intake – Compression – Power – Exhaust

This raincoat **comes** in all sizes. 이 우비는 전 사이즈가 구비되어 있습니다.

The party **sticks** in my memory. 그 파티가 뇌리에 박혀 떠나지 않는다.

The path **rises** in a gentle curve. 그 길은 부드럽게 커브를 그리는 오르막길이다.

I **room** in a dormitory at college. 나는 대학 기숙사에서 생활한다.

The flight **originates** in New York. 그 항공편은 뉴욕발이다. (~에서)

New Jersey & New York

This rule doesn't **apply** in this case. 이 규칙은 이 경우에 적용되지 않는다.

Paul swam in the 100-meter freestyle. 폴은 100미터 자유형 수영시합에 출전했다.

At night, danger **lurks** in these streets. 밤엔 이 거리에 위험이 도사린다. (☞ lurk 숨어 기다리다)

These kinds of things **happen in series.** 이런 일은 연속해서 일어난다. (☞ in series 연속해서)

Trees and flowers **bud** in the springtime. 나무와 꽃은 봄에 싹이 튼다.

Fall **pervaded** in merely a couple of days. 단 며칠 만에 가을이 깊어졌다.(☞ pervade 퍼지다, 배어들다)

Black athletes **starred** in many professional sports. 흑인선수들이 많은 프로경기에서 활약했다.

More than 10 million people pack in this small land. 천만 명 이상이 이 땅에서 비좁게 살아간다.

The leader of the orchestra bowed in a pompous manner. 오케-지휘자가 거만한 태도로 인사했다.

발전 예문 Intermediate

Jealousy inheres in love. 사랑에는 질투가 있기 마련이다. (☞ inhere in ~안에 자리잡고 있다)

He **majors in** economics. 그는 경제학을 전공하고 있다. (☞ 일반 전공)(종사 활동, ~에 관해서)

→ 비교 He **specializes in dermatology.** 그는 피부학을 전공하고 있다. (☞ 전문의 등 세부 전공)

He believes in Christianity. 그녀는 기독교를 믿는다. [(☞ believe in 교리(예수)를 믿는다.)]

A fishbone stuck in my throat. 목에 생선 가시가 걸렸다. (☞ stick-stuck-stuck 자동사 걸리다)

30% replied in the affirmative. 30%가 긍정적으로 답했다. (~한 상태로)(↔ in the negative 부정적으로)

Musical talent runs in her family. 음악적 재능은 그녀 집안의 내력이다.

He often slips in English grammar. 그는 종종 영어 어법을 틀린다. (☞ slip 깜빡 빠뜨리다, 놓치다)

English abounds in (with) idioms. 영어는 관용어가 풍부하다. (☞ abound in 풍부하다)

Happiness consists in contentment. 행복은 자족함에 있다. (☞ consist in ~에 존재한다)

The blue vein showed in his forehead. 이마에 푸른 핏줄이 보였다.

His campaign strategy is still in embryo. 그의 선거전략은 아직 태동단계에 있다. (☞ embryo 씨눈, 배아)

He always behaves in a self-centered way. 그는 늘 독불장군식으로 행동한다.

It will cost in the region of $300 [to fix it]. 그것을 수리하는 데 300달러가량 들 것이다.

All the evidence makes in the same direction. 모든 증거가 같은 방향으로 모여든다.

A bench stood in the shade of the apple tree. 사과나무 그늘 아래 긴 의자가 놓여 있었다.

We increase in age, but not always in wisdom. 나이가 많아 진다고 반드시 지혜가 늘진 않는다.

I'm backpacking in Spain and Portugal, and will return home in about two weeks.
난 스페인과 포르투갈에서 배낭여행 중인데 두 주 정도 뒤에 귀국할 예정이다.

심화 예문 Advanced

A few people succeed in their efforts [to stop smoking]. 일부 사람만 금연에 성공한다. (☞ succeed in)

Student must persist in their efforts if they wish to do well. (☞ persist in)
학생들은 공부를 잘 하고 싶거든 끈질기게 노력해야 한다.

Have you all you guys **turned in** your homework assignment? 자네들 모두 과제물을 제출했나?
Whenever anything good **happens** in my life, I'm just afraid **I'm gonna lose it**.
내 삶에 좋은 일이 생길 때마다 그것을 곧 잃게 되지 않을까 두렵다.

The manufacturing economy **contracted in October** for the sixth **consecutive months**.
제조업 경기가 10월 들어 6개월 연속 축소되고 있다. [☞ 동일 for six months in a row (in series)]
Research opportunities **exists in** a wide range of pure and applied areas **of entomology**.
순수 또는 응용 곤충학의 광범위한 분야에 연구의 기회가 남아 있습니다.

His work as a consultant **consisted in** [**advising** foreign companies] **on** the **siting of new factories**.
컨설턴트로서 그의 일은 외국기업들이 새 공장을 설치하는 데 필요한 조언을 해 주는 데 있다.
[The quality of education [[(**that) a student gets in a college**]] lies in the performance of the
student **rather than** in the prestige of the school. 대학에서 학생들이 얻게 될 교육의 품질은 그 학교의
명성보다는 그 학생이 어떤 것을 수행했는가에 달려 있다. (종사, 활동 ~에 소속하고)

┌───┐
│ **Into** (장소 방향)~의 안 방향으로, (충돌, 만남)~에 부딪혀, (삽입)~에, (입회, 참가, 포함, 직업, 행위, 소유, 수 │
│ 락)~에, (상태, 형상의 추이변화)~으로, (시간 공간)~까지, 나눗셈 │
└───┘

┌───┐
│ 기본 예문 Basic │
└───┘

Acid **bit** into metals. 산이 금속을 부식해 들어갔다. (☞ into '물성'의 근본적 변화, bite-bit-bit)

→ 비교 The traffic light turned **to** red. 교통신호가 적색이 되었다. (☞ 단순 '색'만 바뀌는 경우 to로 표현)

→ 유사 Water turned **into** ice. 물이 얼음이 되었다. (☞ 화학적 변화는 아니지만 형태가 변한 경우)

I **ran into** Smith earlier. 난 앞서 스미스를 우연히 만났지~ (☞ run into 우연히 만나다, come across)

Don't **get into** trouble. 괜히 끼어들지 마세요. (☞ get into ~에 끼어들다)

→ 응용 This has **grown into** a troublesome situation. 이것이 곤란한 상황으로 번져갔다.

They **piled into** the car. 그들이 차에 떼 지어 탔다. (☞ pile into ~에 난입하다, 쇄도하다)

It fell **into** enemy's hand. 적의 수중에 떨어졌다.

Dust deepened **into** night. 땅거미가 깊어 밤이 이슥해졌다.

The ball **rolled into** the pond. 공이 데굴데굴 굴러 연못에 빠졌다.

The door **opens into** the kitchen. 그 문을 열면 부엌으로 통한다.

Caterpillar **turned into** butterflies 애벌레가 나비가 된다.

→ 응용 A caterpillar **transfer** itself **into** a butterfly. 애벌레는 나비로 변신한다.

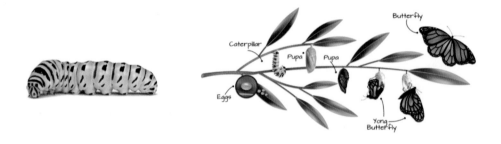

She **grew into** her mother's dress. 그녀는 엄마의 옷이 맞을 정도로 성장했다.

The students **packed into** the gym. 학생들이 체육관을 빽빽하게 채웠다. (☞ 수동의미)

The Han River **falls into** the Yellow Sea. 한강은 황해로 흘러 들어 간다.

The dazzling light **pierced into** his eyes. 현란한 빛이 그의 눈을 파고들었다.

Her influenza **developed into** pneumonia. 그녀의 독감은 폐렴(발음 뉴모니아)으로 발전되었다.

A thought **popped** (leaped) **into** his mind. 그 생각이 문득 그의 머리에 떠올랐다.

He **slipped (sneaked)** into the room. 그는 방으로 살짝 들어갔다.
The breakwater **projects** into the sea. 방파제가 바다 쪽으로 뻗어 있다. (상동)

A thought **popped (leaped)** into his mind. 그 생각이 문득 그의 머리에 떠올랐다.
Paul's recently **got** into the habit of **cracking** his knuckles. 폴은 최근 손마디를 꺾는 습관이 생겼다.
Many American English have **percolated** into British English. 미국 영어가 영국 영어에 스며들었다.

He **happened** into the classroom **when** we're talking about him. (☞ happen into 뜻 밖에 나타나다)
그 사람에 대해 얘기를 하고 있을 때 그가 마침 교실 안으로 들어왔다.
The children of **the immigrants** assimilated quickly into an alien culture. (☞ assimilate 받아들이다)
이민자의 자녀들은 빠르게 이국 문화에 동화되었다.

In **answer to** reporters' questions, John said they are **looking into** the cases. (☞ look into 꼼꼼히
보다) 존은 기자들의 질문에 답을 하며 자기들이 그 사건(재판)을 깊숙이 들여다보는 중이라고 말했다.
One promising start up company passed into the hands of the corporate hunters.
한 유망 신생회사가 기업 사냥꾼들의 손에 넘어갔다.

Merger & Acquisition 기업인수합병 M&A

It looks **like rain**. 비가 올 것 같다.
That's just **like him**. 과연 그 사람답다.

I feel **like resting**. 쉬고 싶다. (☞ feel like -ing ~하고 싶다)
What's your job **like**? 어떤 일을 하십니까?

I feel **like a wet rag.** 몸이 천근 같다.
I feel **like a sardine** 콩나물 시루 같네요!
☞ 영어에서는 정어리sardine 통조림을 가지고 표현하네요! 쨈을 갖고 하는 표현도 있습니다. jam packed)

It **sounds like a desk plan.** 탁상공론같이 들린다.
The rumor sped **like wildfire.** 소문은 들불처럼 빠르게 퍼져 나갔다. (☞ speed-sped-sped, 동일 spread)

I slept **like a rock (log)** today. 아주 깊은 잠을 잤습니다. → I swim **like a rock.** 난 맥주병이에요.
It feels **like [how** love should be]. 사랑에 빠지면 어떤 느낌인지 알 수 있을 것 같아요.

He tried to **look like somebodies.** 그는 대단한 사람처럼 보이려고 애썼다.
It **feels like a needle [poking me].** 바늘로 꼭꼭 찌르는 것 같다. 마치 가시방석 같다.

She trembled **like an aspen leaf.** 그녀는 사시나무 잎 떨 듯했다.(☞Aspen 바람에 잎 소리가 큰 특성)
They look **like rats [*deserting* the sinking ship].** 어려움이 닥치면 배를 버리고 떠나는 쥐 떼와 같다.
His aftershave smelt **like an explosion [in a flower shop].**
그의 면도 후 바르는 스킨에서 꽃가게에서 나는 향기 같은 냄새가 진동했다.

Of (지점 방향 거리 시간 위치)~으로부터, 분리 제거 박탈, (유래 기원, 출처 요구의 상대)~출신의, (동기 이유 원인)~때문에, (재료 구성 요소) ~로 된, (부분 선택) ~가운데, 수식 비유, 주격 관계, (소유 소속)~에 속하는, 목적격 관계, 동격 관계, (관련 한정) ~의 점에서, (성질 특성)~이 있는

『자동사 + of 』구 동사 문장

자동사에 전치사 of를 결합해서 만든 구동사는 다른 전치사 경우보다 까다롭습니다. 그래서 여기 '**모듈7**'과, 또 뒤 '**모듈28**', 두 곳에 전치사 of를 취하는 여러 동사들의 예문들을 집중해서 올려 놨습니다. 최대한 수집해서 올려드린 것으로 생각합니다. 이번 기회에 충분히 여러분의 것으로 만들기 바랍니다.

He died of leukemia. 그는 백혈병으로 죽었다. (☞ die of 병, 굶주림, 노쇠 등 원인으로 인한 사망)
→ 비교 He died from bullet wounds. 총탄을 맞아 죽었다. (총탄 등 외상의 경우는 from을 사용함)
→ I'm dying of thirst. 목이 말라 죽겠다.→ He nearly died of **laughing.** 우스워 죽을 뻔했다.
→ 참고 I'm dying for a smoke. 담배피우고 싶어 죽겠다. → I'm dying to see you. 널 보고 싶어 죽겠다.

Have you ever heard of the new boss? 너 새로 부임하는 사장에 대한 소문을 들어 본 적 있어?
I was disappointed **to hear of** his failure. 그의 실패 소식을 듣고 실망했다. (☞ hear of ~의 소문을 듣다)

The committee **consists of** five members. 그 위원회는 5명으로 구성된다. (☞ consist of~으로 구성되다)
→ 유사 **Three-quarters of the traffic on the network consists of** emails.
→ Most cars are ***composed of*** more than 25,000 components. (☞ *be composed of* ~으로 구성되다)
자동차는 25,000개가 넘는 부품으로 이루어진다. → 25,000 components comprise a car. (타동사 comprise)

She couldn't think of any reason [for **not going**]. 그녀는 가지 않을 이유를 생각해 내지 못했다.
Let's **think** of the Chernobyl disaster [**which** irradiated large part of Europe]!
유럽의 상당 지역에 방사능을 오염시킨 체르노빌 참상을 상기하자!

He can play almost any instrument [**that** you can think of] and moreover several [**that you can't**].
그는 당신이 생각할 수 있는 모든 악기들을 연주할 수 있고 네가 생각하지 못할 악기까지 연주할 수 있다.
My father did not approve of public displays of **affection, emotion or anger.**
아버지는 밖으로 사랑, 감정이나 분노를 드러내는 것을 좋게 여기지 않으셨다. (☞ approve of 찬성/인정하다)
I **approve of** his choice. 난 그 사람의 선택이 옳았다고 생각한다.
→ The president approved **his budget plan**. 사장은 그의 예산안을 승인했다. (☞ 이때 Approve는 타동사)

Christian ethics **disapproves of suicide**. 기독교 윤리는 자살을 허용하지 않는다.
[☞ disapprove ~을 불가하다고 하다, ~에 불찬성을 주장하다]

I suspect of **her lying**. 나는 그녀가 거짓말을 한다고 의심한다.
He never doubts of victory. 그는 승리를 확신했다. (☞ doubt of ~에 의심을 품다, 수상히 여기다)
→ 비교 No one doubted **his ability**. 누구도 그의 능력을 의심하지 않았다. (☞ 여기 doubt는 타동사)
The dish tastes of garlic. 이 요리는 마늘 맛이 난다. (☞ taste of ~한 맛이 나다)

The school laboratory reeked of ammonia. 학교 연구실은 암모니아 냄새가 흘러나왔다.
The document smells of forgery. 그 문서는 가짜라는 느낌이 난다. (☞ smell of '~의 기미가 있다')
The railway carriage smelt of beer and old socks. 철도 객차에서 맥주와 양말 고린내가 난다.

☞ 제가 근무하던 다국적 자동차부품 회사에서 일어났던 에피소드입니다. 한국에서 한 자동차 기술연구소와 세미나가 있어 전세계 중역들이 대거 한국에 방한했고 그날 저녁 그들과 한정식으로 저녁 식사를 할 때였습니다. 메뉴 중 냄새가 아주 고약한 '홍어삼합'이 나왔습니다. 그 냄새는 사실 한국 사람조차 견디기 어려울 정도여서 제가 순발력 있게 '홍어삼합'에 대해 상세하게 설명을 하지 않을 수 없게 되었는데 사실 그 설명이 그리 쉽지 않았습니다. 그러다가 그 냄새가 진한 암모니아 냄새와 비슷하다는 생각이 떠올라 큰소리로 'Ammonia Fish!'라고 소리쳤더니 모든 사람들이 다 공감하면서 파안대소 박수를 쳐가면서 엄청 좋아하는 것이었습니다.

그러던 중 맨 마지막 코스 요리로 얼음 물에 말아 먹는 흰 밥과 보리굴비가 나왔습니다. 이 보리굴비 냄새가 홍어삼합만큼은 아니어도 꽤나 꼬리 꼬리해서 또 다시 외국 중역들의 얼굴에 거북함이 역력했습니다. 안 되겠다 싶어 제가 다시 이 보리 굴비를 어떻게 만드는지 그리고 한국 사람이 왜 이 음식을 좋아하는지에 대해 상세히 설명했습니다. 그랬더니 한 미국 중역이 제 설명 말미에 "Oh~ Sock Fish!" 크게 소리쳤습니다. 양말에서 나는 꼬린내 같다는 소리인데 그 자리에 있던 모든 외국 중역들이 박장대소하면서 깔깔대고 웃었습니다.

우리는 외국인들과 대화를 할 때는 사전에 나오는 단어대로 정확히 아는 것도 좋지만 이 두 예처럼 재치 있게 표현하는 것도 참 멋진 일이라 하겠습니다. 그날 저녁 자리는 이 두 마디의 말로 모두 하나가 되는 분위기였습니다. 얼굴이 다르고 눈 색깔이 달라도 사실 사람의 생각과 느낌은 다 같습니다. 이제 저는 여러분들의 영어가 문법적이고 교과서적인 차원을 넘어 한 단계 더 깊이 들어가 이런 응용 단계에까지 이르기 원합니다. 그리고 한 가지 아주 중요한 Tip! 외국인들과 깊은 관계를 맺고자 할 때 우리 음식에 대해 상세히 알고 상세하게 설명을 할 수 있으면 아주 좋습니다. 그들은 최근 한류열풍으로 한국 문화 특히 한국 음식에 대해 아주 깊은 관심을 갖고 있습니다. 평소 우리 전통음식 재료나 조리법, 건강과의 관계 등에 대해 폭넓게 알아 두면 인기를 한 몸에 받게 되니 미리 두루두루 공부해서 잘 준비해 두시기 바랍니다.

Nothing **remains of** old Seoul. 옛 서울의 모습은 남아 있지 않다. (☞ remain of ~남아 있다)

When did you **learn of** his death? 그의 죽음을 언제 알게 되었습니까? (☞ **learn of** 알게 되다)

That **disposes of** your point. 그것으로 네 주장이 해결된다.

[☞ 자동사 dispose of 문제를(최종적으로) 처리하다, 쓰레기를 치우다, 음식을 먹어 치우다.]

How will you **dispose of** these trashes? 폐기물을 어떻게 처리하실 건가요? (☞ dispose of 처리하다)

It **permits(admits, allows) of** no delay. 한순간도 지체할 여지가 없다.(☞ permit of ~여지가 있다)

This space **allows of** a billiard room (to be) **included.** 이 공간에는 당구대를 넣을 정도의 여유가 있다.

She **brags of(about)** his rich father. 그녀는 부자인 아버지에 대해 허풍을 떨고 있다.

His attitude **partakes of** disrespect. 그의 태도에는 건방진 데가 있다. (☞ partake of ~의 성질을 띠다)

She **complained of** **not having enough [to do]**. 그녀는 할 일 많지 않다고 투덜거렸다.

[☞ complain은 '푸념을 늘어 놓다' 의미로서 전치사 of 외에 about, against도 취할 수 있다.]

I don't know well **what to make of** his last remarks. (☞ **make of** 해석하다, 생각하다)

나는 그의 마지막 발언을 어떻게 해석해야 할지 잘 모르겠다.

I became *convinced* of **the need** [for cheap editions][of good quality English study book].
나는 양질의 영어 학습서를 저렴한 가격에 보급해야 하는 필요성에 대한 확신을 갖게 되었다.

Off (고정된 것에서)떨어진, 거리상으로 떨어진, (옛 기준에서)벗어나기, 쉬고 태만하기, 할인하여, 상태가 나빠서, ~의 소유로부터 나와서, ~에 의존하여, 해안에서 떨어져, 분할

The cup fell off the table onto the rug. 컵이 식탁에서 양탄자 위로 떨어졌다. (☞ 순서대로 해석합니다.)
The second button is coming off your coat. 상의의 두 번째 단추가 (곧) 떨어지려 합니다.

On (장소)~의 표면에, (접촉 부착)~에 접촉하여, (소지, 착용)~의 몸에 지니고, 소속, (지점, 기초, 토대)~에 지탱되어, (근접)위치적으로 접촉하여, (방향, 대상)~을 향하여, (수단, 방법, 도구)~을 타고, (상태 경과)~하는 중, (근거, 이유, 조건)~에 의지하여, ~의 이유로, (때, 날, 기회)~때에, ~하자 마자, (행동의 목적, 추구)~의 도중에, (주제, 관계)~에 대해서, (공격과 폐를)끼치는 대상, (부담)~의 비용으로

기본 예문 Basic

He fell on his head. 그는 머리가 땅에 처박혔다. (방향, ~을 향하여)
→ He fell on his back. 등으로 넘어졌다. → He fell on his knees. 그는 무릎을 털썩 꿇었다.
→ He fell on his buttocks. 그는 엉덩방아를 찧었다.
He lies on his back. 그는 마루에 등을 대고 누워 있다

He lies on his face (**stomach**). 그는 얼굴을 대고 (배를 깔고) 엎드렸다.
He walked on tiptoe. 그는 발끝으로 걸었다 (~에 접촉하여)
→ 동일 He walked on the tips of his toes. 살금살금 발끝으로 걸었다. → He walked atiptoe (부사)
→ 유사 My dog can stand on her hind legs. 개가 뒷다리로 설 수 있다. (☞ hind 뒤쪽의, 후방의)

toe shoes

He **stood** on his hands. 그는 팔로 물구나무서기를 했다. (~에 접촉하여)

Life turns **on a dime**. 삶은 순식간에 변합니다. (☞ **on a dime** 즉각, 한 치 앞도 내다볼 수 없는)
He acted **on impulse**. 그는 충동적으로 행동했다. (~에 의지하여)

The wheel turns **on** its axis. 그 바퀴는 축을 중심으로 회전한다. (기초, ~에 지탱되어)
A girl scraped **on** a violin. 한 여자 아기가 바이올린을 깽깽거리며 켰다. (도구)

A smile **played** on her lips. 미소가 그녀의 입가에 감돌았다. (장소, ~의 표면에)
The sun **plays** on the water. 태양이 물 위에 반짝이고 있다. (장소, ~의 표면에)

London **stands** on the Thames. 런던은 템즈 강가에 자리잡고 있다. (근접, 위치적으로 접하여)

→ 유사 A vase **sits** on the table. 식탁 위에 꽃병이 놓여 있다. (~의 표면에)

→ 유사 The bridge **rests** on four pillars. 다리는 4개의 기둥에 의해 지탱된다. (토대, ~에 지탱되어)

→ 유사 The hotel **stands** on a high hill, so it **commands** an excellent view.
　　그 호텔은 높은 언덕 위에 위치하고 있어 전망이 뛰어나다. (장소, ~위에)

The House of Parliament 영국 국회의사당

London Tower Bridge

The dishes crashed on the floor. 접시들이 바닥에 쨍그랑 쏟아졌다. (장소, ~의 표면에)

A bird perches on the twig (wire). 새가 나뭇가지(줄)에 앉아 있다. (~에 접촉하여)

Fortune (Luck) smiled on us, then. 그때 행운이 우리에게 미소를 지었다. (방향 대상, ~쪽으로)

발전 예문 Intermediate

You can **count on me.** 넌 날 의지해도 돼~(~에 의지하여)

He **drew on** his gloves. 그는 장갑을 (잡아당기듯) 꼈다. → 일반적 표현 He puts on his gloves.

Stay **on a diet, will you**? 다이어트(식사 관리) 계속해라, 그럴거지? (근거, 조건 ~에 의지하여)

→ 유사 Let's stay on a diet, **shall we**? 다이어트 하자, 그럴거지? (상동)

Aspirin **acts** on the heart. 아스피린은 심장에 효과가 있다. (영향을 끼치는 대상)

→ The pill **worked** on me quickly. 그 알약이 내게 빠르게 효과를 보였다.

Tigers **prey on living animals.** 호랑이는 산 짐승을 먹이로 한다. (수단, 도구, ~으로)

If I go to Africa, I'll go on safari. 아프리카에 가면 난 사파리를 보러 가겠다. (행동의 목적, 추구)

→ 유사 He went **on a picnic. (journey)** 소풍(여행)을 떠났다. (행동의 목적, ~용건으로)

→ 유사 How often do you go on a vacation? 얼마나 자주 휴가를 가세요? (행동의 목적, 추구)

He **puts on** an air of **innocence.** 그는 결백한 척한다. (☞ 숙어 put on an air of ~하는 척하다)

The policeman **drew on the thief.** 경찰관이 도둑에게 총을 빼서 겨누었다. (방향, 대상)

→ 동일 The policeman **pulled (out)** a gun **on the thief.** 경찰이 도둑에게 총을 빼 들고 겨누었다.

He depends on writing for living. 그는 글을 써서 생계를 꾸려 간다. (근거, ~에 의지하여)

Where do you **stand on that case**? 그 재판에 대한 당신의 입장은 어떻습니까? (주제 ~에 대해)

I blew on my hands to warm them. 입김을 불어 시린 두 손을 녹였다. (장소, ~의 표면에)

We can't live on such mean wages. 우린 그런 형편없는 봉급으론 살아갈 수 없다. (~의 비용으로)

Our plan got **stuck** on that problem. 우리 계획은 그 문제로 인해 교착상태에 빠졌다. (원인, 이유)

Mike and I don't agree on everything. 마이클과 내가 모든 일에 관해 의견이 일치하는 것은 아니다.

→ Two parties agreed about **what to do**. 무엇을 해야 하는가에 관해서 쌍방은 합의했다.

→ I don't agree with you on that issue. 그 일에 대해 네게 찬성할 수 없다. (☞ agree with+ 사람)

→ I agree with you **that he is wrong**. 나는 그가 나쁘다는 점에서 동의한다.

→ 응용 **This copy** does not agree with the original. 이 사본은 원본과 합치하지 않는다.

→ I agree to your proposal. 나는 당신의 제안을 찬성한다. (☞ agree to+ 사물)

→ 응용 He agreed to **John's marrying Julie**. 그는 존과 메리의 결혼에 찬성했다.

→ 응용 He agreed **to introduce** John to Julie. 그는 존을 줄리에게 소개하는 일을 승낙했다.

It doesn't **get on my nerves** anymore! 더 이상 마음에 꺼림칙한 것이 없다. 속이 다 후련하다!

He pounces on my words like a lawyer. 그는 마치 변호사처럼 말꼬리를 물고 늘어졌다. (~향하여)

The writer's genius lives on every page. 모든 페이지에 작가의 천재성이 살아 있다. (~의 표면에)

I called on him (at his house) last night. 난 어제 밤 그를(그의 집을) 방문했다. (↔ drop by 지나던 길에)

The students sat on either side of them. 학생들은 그들 양쪽 편에 각각 앉았다. (방향)

A poster of Bob Marley hangs on the wall. 밥 말리 포스터가 벽에 걸려 있다. (접촉, ~에 접하여)

Reports **varied** on the extent of the damage. 그 피해 규모에 대한 보고들이 서로 달랐다. (주제, 관계)

This TV program **went on** the air 20 years ago. 이 TV방송은 20년 전 첫 방송을 탔다.(☞ go on the air)

I can't concentrate on my work when I'm hungry. 난 배가 고프면 집중할 수 없다. (☞ concentrate on)

The professor talked on current trends in economics. 교수는 경제학의 최근 동향에 대해 강연했다.

5th Avenue, New York Stock Exchange 미국 뉴욕증권거래소   Bull (강세 시장) & Bear(약세 시장)

They have been sitting on my protest letter for two weeks. 내 항의 서한을 2주째 깔고 앉아 있었다.

Success depend on **what you know**, not **whom you know**. (☞ depend on)

성공은 누구를 아는가에 달린 것이 아니라 네가 무엇을 알고 있는 가에 달려 있다

A patient usually listens to the doctor's advice, and act on it. (근거, ~에 의지하여)

환자들은 통상 의사의 충고를 경청하고 그를 따른다.

심화 예문 Advanced

Your lies **rebound** on you. 거짓말은 자기 자신에게 되돌아온다. (영향을 끼치는 대상)

→ Our acts **recoil** on ourselves. 우리 행위는 우리 자신에게 되돌아온다. (방향 대상, ~을 향하여)

Would you **elaborate** on it? 그것에 대해 자세하게 설명해 주시겠습니까? (주제 관계, ~에 대해)

One of **the pickpockets informed** on his partners to the police. (주제, 관계, ~에 대해)

한 소매치기가 그의 패거리들을 경찰에 밀고했다.

"I'm sorry. I can't go to the movies with you.", "What? Are you trying to rain on my parade?"

"미안한데 너 하고 영화구경 못 가!", "뭐라고~ 너, 내 기분 망치려 작정했냐? (너 초치려는 거니?)"

Out of (창문 출입구의) 밖을(으로), ~을 따라 밖으로

Get out of it! 쓸데없는 소리하지 마~, 농담하지 마!

Get out of here! 여기서 나가! 썩 꺼져! → You stay out of it. 넌 끼어 들지 마!

Get out of the way! 비켜 주세요! 방해하지 말아 주세요. → 동일 Keep out of my way!

We are out of coffee. 커피가 바닥났다.

→ 고객센터 "Emergency Road Service! May I help you?", " Yes, I ran out of gas." 휘발유가 떨어졌습니다.

He **dropped** out of sight. 그는 시야에서 사라졌다. → He just disappeared.

He looked out of the window. 그는 창밖을 내다봤다.

His shirt **worked** out of his trousers. 그의 셔츠가 바지에서 빠져 나왔다. (☞ 이런 표현 쉽지 않지요?)

He **flunked (dropped)** out of school. 그는 (낙제해서) 학교에서 **퇴학당했다**.

He will soon **grow** out of [**sucking his thumb**]. 그는 곧 (손가락이나 빨던) 어린 아이 티를 벗을 것이다.

→ 유사 She has grown out of her jackets. 그는 자라서 자켓을 못 입게 되었다.

He started getting mean, so I got out of there. 그가 무례하기 굴기 시작해서 그곳을 나와 버렸다.

Hundreds of stalls appeared out of nowhere, **filling the road** right up to **Notting Hill.**

어디서 왔는지 수백 개의 노점상들이 노팅 힐까지 이르는 모든 길을 가득 메웠다.

☞ 이 문장은 Julia Roberts 주연의 〈Notting Hill〉에서 가져온 글입니다만 저는 위 'out of nowhere'라는 표현을 처음 대하는 순간 그 표현이 너무 멋져 입에서 감탄사가 절로 흘러나왔습니다. 저나 여러분이 아무리 열심히 내어 영어를 공부해도 이런 영어적 표현이 나에게서 자연스럽게 흘러나오는 것은 결코 쉽지 않습니다. 이것은 사실 우리들이 아주 어려서부터 영미권에 가서 성장하지 않는 한 극복하기 어려운 간극gap입니다. 그래서 저도 낙심이 될 때가 많습니다만 그래도 계속해서 더 도전해 볼 생각입니다.

> **Over** ~를 뛰어 넘어서, ~을 가로질러서, ~에 걸려서; 기간 내내, ~으로 쭉, (수단)~을 통해서, 매체로 해서; ~에서 떨어져서 위를; (지배, 우월)~의 상위에, ~에 우선하여; ~을 나누어; 접촉 면을 덮어서, ~의 여기저기에, (관련) ~에 관해서, (종사)~하면서; ~의 저편으로, ~의 위까지 차서, 곤란을 극복하고, (수량, 정도)~을 넘어서

He **fell** over a rock. 그는 돌부리에 걸려 넘어졌다. (~에 걸려서)

A big cliff hangs over us. 우리 위에 큰 절벽이 하나 서 있다. (~너머로)

He **goes nuts** over pizza. 그는 피자라면 사족을 못 쓴다. (~에 관해서) (☞ go nuts 머리가 돈다)

They chatted over the cigars. (coffee) 시가를 피워 가며 (커피 마시며) 한담을 나누었다. (~에 종사하면서)

→ He used to *do business* over lunch. 그는 점심 식사를 하면서 거래를 하곤 한다. (수단, 매체)

(You go) **Over** my dead body! 내 눈에 흙이 들어가기 전에는 절대로 안 돼!

Please **go** over that part again. 그 부분을 다시 설명해 주세요. → Let's **go over** it one more time.

You have **no authority** over me. 네가 내게 이래라저래라 할 권한이 없다(지배, 우월, ~의 상위에)

The canoe **glided** over the lake. 카누가 호수 위를 미끄러지듯 지나갔다.

The argument lasted over 10 years. 그 논쟁은 10년 넘게 지속되었다.

The pebble **skipped** over the water. 돌멩이가 물 수제비를 뜨며 날아 갔다. (~위를 넘어서)

→ **play ducks and drakes** 물수제비 놀이를 하다

A look of fear passed over her face. 공포스런 표정이 그녀의 얼굴에 스쳐 지나갔다. (~위에)

Leafy branches arched over the road. 잎이 무성한 나무가지들이 도로를 아치 형상으로 뒤덮었다.

Covid19 spread over the whole country. Covid19는 전국에 만연되었다. (~의 여기 저기를)

A rainstorm **swept** over the countryside. 폭우가 교외 지역을 휩쓸었다. (☞ sweep–swept-swept)

→ 유사 A wave of **hatred** swept over the country. 증오의 물결이 나라를 뒤덮었다.

Don't get *upset* over his thoughtless remarks. 그가 생각없이 하는 말에 대해 기분 나빠 하지 마라.

They **haggled** over a small amount of money. 그들은 잔 돈푼을 놓고 옥신각신 하고 있었다.

We slid over the problem **without mentioning it.** 문제에 대해 언급하지 않고 지나갔다. (slide-slid-slid)

He pored over the strange events [of the preceding evening.] (~에 관해서)

그는 전날 밤 일어난 이상한 일들에 대해 곰곰 생각해 보았다.

Round ~동안 내내, ~쯤, ~의 둘레에, ~을 돌아서, ~의 도처에, ~을 한 바퀴 돌아, (문제를)피하여

They rallied **round his standard.** 그들은 그의 깃발 주변에 모여들었다. (☞ standard 왕의 깃발)

WALES

영국 국왕 기

We went round the town in search of a hotel. 우린 호텔을 찾아 시내를 돌아다녔다.

Through (관통 통과)~을 통과하여, ~을 뚫고, (공간)~을 두루 샅샅이, (시간)내내 (수단 매개)~에 의하여, (기간)~의 끝까지, (종료, 경험)~을 끝내고, (원인 동기 이유) ~ 때문에, ~의 이유로

I raked through the old papers. 나는 옛 신문들을 샅샅이 뒤졌다. [☞ rake (갈퀴로) 샅샅이 훑다]
↔ He skipped (thumbed) through the magazine. 그는 그 잡지를 건성건성 읽었다.
Through the fog, a ship loomed. 안개 사이로 배 한 척이 어렴풋이 모습을 드러냈다.

The shot echoed through the hills. 총성이 언덕 너머까지 울려퍼져 나갔다.
I motored all through the country. 나는 전국을 차로 누비고 다녔다.

Water percolated through the sand. 물이 모래 사이로 스며들었다.
→ His shirt was saturated (soaked) with perspiration. (sweat) 그의 셔츠는 땀으로 흠뻑 젖었다.
Fever raged through (in) the country. 열병이 온 나라로 미친 듯 퍼져 나갔다.
The news swept through the country. 그 뉴스는 온 나라에 삽시간에 퍼져 나갔다.

Why you go through all the troubles? 너 왜 사서 고생하냐?
These trousers bind through the hips. 이 바지는 엉덩이가 꽉 낀다.
We zipped through customs in no time. 우리는 쏜살같이 세관 검색대를 거쳐 지나갔다.

Her beauty shone through her humble clothes. 그녀의 아름다움은 보잘것없는 옷을 입어도 빛이 났다.

Bad odor penetrated through the building. 악취가 온 건물에 퍼졌다.

Our car's light cannot shine through the fog. 차 불빛이 안개를 뚫고 비추지 못한다.

I looked through the manuscript for misspelling. 원고에 오자誤字가 없는지 샅샅이 살펴보았다.

To 방향 (도착점)으로, (방향)쪽으로, (호의, 권리)~에 대한, (목적)~위하여, (반응)~에게 있어 **접촉** (상태, 환경, 변화의 방향)~에, (작용 효과) 결과, (도달점 범위 정도)~에 이르는, (부가 부속)~에 속한, (집착 고수)~에게, (적합, 일치, 반주)~에 맞게 **접촉+방향** (접촉)~에 대고, (시간)~의 끝 **대비** (비교, 대비)~에 비하여, ~보다, (상대)~에 대하여, (비율, 구성)~에 대하여

기본 예문 Basic

Get to the point! 요점만 말해!

The song got to me. 그 노래가 날 감동시켰다. (☞ get to 비격식 감동시키다)

Good talking to you! 말씀을 나누게 되어 즐거웠습니다!

They danced to music. 그들은 음악에 맞춰 춤을 추었다.

The clock points to ten 바늘이 10시에 가 있다.

What happened to him? 그에게 무슨 일이 일어났냐?

He goes to school on foot. 그는 걸어서 학교에 간다.

This relates to your mother. 이것은 자네 어머니에 관한 것이다. (☞ relate 관계가 있다, 부합하다)

What club do you belong to? 무슨 클럽 소속이지요?

His house looks to the south. 그의 집은 남향이다.

The coat comes to her ankles. 코트가 그녀의 (두)무릎까지 내려온다.

(☞ 무릎들까지 내려온다. - 영어는 정확한 단-복수 표현에 목숨을 거는 언어입니다!)

I've been to hell and back again. 지옥 갔다 왔어요. (☞ 비유 - 온갖 산전수전 다 겪었다.)

Agony

How do I get to the Plaza Hotel? 플라자 호텔에 가려면 어떻게 해야 합니까? (☞ get to~에 이르다)

He applied to a bank for a loan. 그는 은행에 융자를 신청했다.

This key admits (you) to the room. 이 열쇠로 방에 들어갈 수 있다.

He returned to [reading a magazine]. 그는 다시 잡지를 읽기 시작했다.

The lake lies to the south of the city. 호수가 그 도시의 남쪽으로 놓여 있다.

The expenses reached to a vast amount. 비용이 막대한 금액에 이르렀다.

The door crashed (down) to the ground. 문이 땅바닥으로 와장창 넘어졌다.

The underpass leads to the subway station. 그 지하도는 지하철 역으로 통해 있다.

The team marched to the beat of the band. 그 팀은 밴드의 장단에 맞춰 행진했다.

In the end, it recurred to the matter of cost. 결국에는 비용의 문제로 귀결되었다.

(☞ recur 다시 발생하다, 생각이 떠오르다; ~로 돌아가다)

→ Past experiences recurred to their mind. 과거의 경험이 그들에게 되살아났다.

→ 유사 Let's recur (return back) to our previous topic! 앞 화제로 되돌아갑시다!

We'll return to this topic in the next chapter. 다음 장에서 다시 이 주제를 다루겠습니다.

Jack applied to several colleges [in the U.S.A]. 잭은 몇몇 미국 대학에 입학원서를 냈다. (목적, ~을 위해)

He gladly(reluctantly) consented to a request. 그는 기꺼이(마지 못해) 응했다. (상동)

We all listen (sing) to a piano accompaniment. 모두는 한 피아노 반주에 맞춰 노래를 듣는다. (부른다)

A full moon changes to a waning(crescent) moon. 보름 달은 하현달(초승달)로 변한다.

The needle of a compass points to north.(the north) 나침반의 바늘이 북(북쪽을) 가리킨다. (방위)

[☞ 나침반의 바늘은 needle로 부르고, 시계 바늘은 hand로 부릅니다. 영어 공부, 참 힘들죠?]

His parents have never been to any foreign countries. 그의 부모는 외국에 다녀온 적이 전혀 없다.

→ 비교 He had gone to China. (and never returned). 그는 중국으로 가 버렸다. (돌아오지 않았다.)

발전 예문 Intermediate

Has it come to that? 일이 그 지경에 이르렀단 말이야?→ 유사 Why (How) does it come to that?

Don't jump to conclusion! 너무 성급하게 결론을 내려 하지 마세요!

The cold really gets to me. 난 추위를 엄청 탑니다.

The car screeched to a stop. (halt) 차가 끽~하며 급정거했다.

The door will yield to a push. 그 문은 밀면 열린다. (☞ yield 굴복하여 움직이다, 양보하다)

→ 응용 She yields to no one in beauty. 그는 미모에서 그 누구에게도 뒤지지 않는다.

He rides to work on a bicycle. 그는 자전거로 출근한다.

He always looks to us for help. 그는 도움을 받기 위해 늘 우리 쪽을 바라본다.

The dishes crashed to the floor. 접시들이 바닥에 떨어져 산산조각이 났다.

→ 유사 The car crashed into the train. 차가 열차를 들이받아 박살 났다. (☞ 대상이 위 to 보다 구체적)

→ 유사 He crashed into the room. 그가 돌진하듯 방으로 들어왔다.

The airplane dwindled to a speck. 비행기는 멀어지더니 작은 점이 되었다. (상태 변화, ~에까지)

The line AB is at right angles to CD. 선분 AC는 CD에 직각(right angles)이다.

→ 비교 AB is parallel to CD. 선분 AB는 선분 CD에 평행이다.

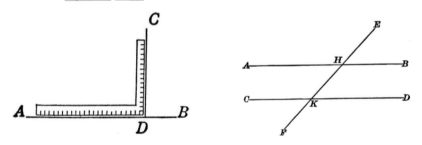

This town comes to life after sunset. 이 도시는 해가 진 뒤 생기가 돈다. (☞ come to life)

She worked to the best of her ability. 그녀는 힘이 닿는 데까지 최선을 다해 일했다.

The airplane plummeted to the earth. 비행기가 지상으로 곤두박질쳤다. (☞ plummet 곤두박질치다)

His bribery case lead to his dismissal. 뇌물 수뢰사건 때문에 파면되었다. (☞ lead to ~에 이르게 되다)

She replied to my greeting with a smile. 그녀는 내 인사에 웃으며 대했다.

They all agreed to Andy's marrying Julie. 그들 모두는 **앤디가 줄리와 결혼하는 것**에 동의했다.

I haven't spoken to him for three months. 그 사람과 말 안 하고 지낸 지 석 달째입니다.

We *are looking forward* **to seeing you** soon. 곧 뵐 수 있기 학수고대합니다 (☞ look forward to -ing)

The service extends to [**wrapping and delivering**]. 그 서비스는 포장과 배달까지 포함된다.

He **sticks to** the facts and **adheres to** the principles. 그는 사실에 집착하고 원칙을 철저히 지킵니다.

A rise in taxes will lead to decrease in consumption. 증세는 소비 감소를 야기할 것이다.

Would you please rush to the mail box with this letter? 이 편지를 서둘러 우체통에 넣어 주겠니?

심화 예문 Advanced

He spoke to nobody if he could help it. 그는 할 수만 있다면 그 누구에게도 말을 걸지 않았다.
[☞ 비교 I can't help it! 나도 어쩔 도리가 없다!]
He pointed to chair, *signaling* for her to sit. 그는 그녀가 앉도록 손가락으로 의자를 가리켰다.
The students resorted to **cheating** on the test to avoid failure. (☞ **resort to** ~에 의존하다)
그 학생들은 낙제를 면하기 위해 부정 시험에 매달렸다.
→ 유사 If you fail in **negotiation**, **the labor union** will have to **resort** to **a strike.**
만약 협상에 실패하면 노조는 파업을 통한 해결에 의존하게 될 것입니다.
→ He knows **no one** (**whom**) he could *resort to* for help. 그는 도움을 청할 만한 사람이 아무도 없다.

While I'm **jogging in the morning**, I listen to a news podcast on my smartphone.
난 아침에 조깅하면서 나는 내 스마트폰에서 뉴스 전용 팟캐스트를 듣습니다.
[The crowd of the people **waiting** outside the door in a long que] attests [to this young star's popularity]. 문 밖에 길게 줄을 선 장사진은 이 젊은 스타의 인기를 입증한다.

Toward ~을 향하여, ~쪽으로, ~ 하는 경향으로

The leopard was crawling toward its prey. 표범이 먹잇감 쪽으로 살금살금 기어갔다.
His political beliefs tend toward socialism. 그의 정치 신조가 사회주의로 기우는 경향이 있다.

Artistic and intellectual people tend toward left wing views. (☞ 단-복수 구분 ~~view~~)
예술적이고 지적인 사람들은 좌경화로 기우는 경향이 있다.
The country *is heading* **toward** elections [**which** may break the ruling party's **long hold on power**].
그 나라는 집권당의 장기적 권력 집권이 끝날지 모를 선거를 향해 달려가고 있다. (☞ head toward)

He escaped <u>under cover of night</u>. 그는 야음을 틈타 달아났다.
(☞ under the cover of)
The ice cracked <u>under</u> the weight. 무게 때문에 얼음에 금이 갔다.

He passes <u>under the name of Alfred</u>.
그는 Alfred로 통한다. (☞ under the name of)
Johnson goes <u>under the alias of Jones.</u> 존슨은 존스라는 가명으로 통한다. (☞ **alias** 가명, 별칭)

He served <u>under Washington</u> in **the Revolutionary war**. 독립전쟁 때 워싱턴 휘하에서 활약했다.

the Revolutionary War 미 독립전쟁 1775-1783, George Washington 초대 대통령

Up 높은 쪽으로, (도로를)따라서, (강의)상류로

He rowed **up the creek**. 그는 배를 저어 내를 거슬러 올라갔다.
→ He swam **with (against) the current**. 물 흐름 방향으로 (거슬러) 헤엄쳐 갔다.
The car grunted <u>up</u> the hill. 차가 쿠렁쿠렁 소리를 내며 언덕을 올라갔다.
They are walking <u>up the alley</u>. 그들은 오르막 골 길을 따라 걷고 있다.

Upon on과 대체로 같은 용도로 쓰이지만 on보다 예스럽고 좀 딱딱한 느낌을 주기 때문에 덜 선호되나 특히 문장의 운율과 음조를 고려하여 선택되는 경우가 있습니다.

Indians <u>raided **upon**</u> the settlers. 인디언들이 개척자들을 기습 공격했다.
You may rely <u>**upon (on)** his coming</u>. 그는 틀림없이 올 것이다.

Cause and effect <u>react upon</u> each other. 원인과 결과는 서로 작용한다. (동작 강조)

[How much **it costs**] depends upon [how much **you buy**].

얼마의 금액이 필요한가는 얼마만큼 사느냐에 달려 있다.

> **With** (동반 동거)~와 함께, (일치)~에, 비례하여, ~과 동시에, (소유 휴대)~을 가지고, (부대 상황)~하는 상태로, (조건) ~이 있으면, (양보) ~에도 불구하고, (양태)~을 가지고, (대상)~와, ~에 맡겨, (도구 수단 재료)~을 사용해서, (원인 이유)~때문에, (입장)~로서는, (분리)~과 떨어져, ~에 반대하여

기본 예문 Basic

She dresses <u>with flair</u>. 그녀는 세련되게 옷을 입는다. (☞ flair ① 세련미, 멋 ② 높은 안목, 육감)

Can't argue <u>with that</u>! 그것은 논란의 여지가 없다! (양태, ~을 가지고)

I **split** <u>with my girlfriend</u>. 난 여자 친구와 헤어졌다. (대상, ~와) (☞ split-split-split)

He answered <u>with a nod</u>. 그는 고개를 (한번) 끄떡이며 답했다. (부대 상황, ~하는 상태로))

Her heart pulses <u>with joy</u>. 그녀의 가슴은 기쁨으로 두근거렸다. (동반, ~와 함께)

I agree <u>with **all my heart**</u>. 나는 전적으로 동의합니다. (부대 상황, ~하는 상태로)

She **rooms** <u>with her sisters</u>. 그녀는 여동생들과 한 방을 쓰고 있다. (☞ room 동사, 남과 한 방을 쓰다)

The door **shut** <u>with a bang</u>.(**thud**) 쾅 소리 나며 문이 닫혔다. (부대 상황, ~하는 상태로)

The wine **improves** <u>with time</u>. 와인은 시간이 갈수록 맛을 더해 간다. (동반)

The first word begins **with** <u>an **S**</u>. 맨 처음 단어는 S로 시작한다. (동반)

His pocket **bulged** <u>with an apple</u>. 그의 주머니는 사과로 불룩해졌다. (양태)

His face was **running** <u>with sweat</u>. 그의 얼굴에 땀이 흐르고 있었다. (동반)

Our sense of duty grows <u>with age</u>. 나이를 먹어 가면서 의무감이 더해 간다. (일치, ~에 비례하여)

His jaw <u>tingled</u> <u>with (from) the blow</u>. 그는 얻어 맞은 턱이 욱신거렸다. (이유 원인, ~탓에)

Good luck <u>alternates with</u> **misfortune**. 행운은 불행과 번갈아 찾아온다. (동반, ~더불어)

→ 유사 Day <u>alternates with</u> night. 낮과 밤이 교차한다. (동반, ~와 더불어)

발전 예문 Intermediate

She radiates with charm. 그녀는 매력으로 빛이 난다. (☞ radiate with 사람이 ~으로 빛을 발하다)

Don't speak with your mouth full. 입에 음식을 가득 넣고 말을 하지 마라. (☞ with 전치사구→병행 상황)

He played with food on the plate. 그는 쟁반 위 음식을 갖고 깨작거렸다. (양태, ~을 가지고)

He drove with his parking brake on 그는 사이드 브레이크를 채운 상태에서 운전했다. (☞ 병행 상황)

I can't agree with you on the matter. 난 그 일에 관해 당신에게 동의할 수 없다. (일치, ~에)

A bad workman quarrels with his tools. 장인匠人은 연장을 탓하지 않는다. (양태, ~을 가지고)

She was standing with her arms across. (*crossed*) 그녀는 팔짱을 끼고 서 있었다. (☞ 병행, ~한 상태로)

She's reconciled with her former bestie. 그녀는 예전 절친과 화해했다. (☞ besti 애칭 ← best friend)

The cupboard crawled with cockroaches. 찬장에는 바퀴벌레가 우글거렸다. (☞ crawl with 우글우글하다)

The flexibility of the lens decreases with age. 수정체의 유연성은 시간이 갈수록 줄어든다.(비례)

To every attack, he reciprocated with a blow. 공격을 받을 때마다 그도 한 방씩 되받아 쳤다.

Flood and ebb tide alternates with each other. 만조와 간조는 번갈아 찾아온다. (동반)

Health consists with the virtue of temperance. 건강은 절제 덕분이다. (☞ consist with 일치하다.)

→ Health does *not necessarily* consist with intemperance. 건강은 무절제함과 꼭 일치하지는 않는다.

The vote passed with 100 in favor, and 55 against. 투표 결과 찬성 100 반대 55로 통과되었다. (비례)

→ 유사 Our team won the game with a score of 5:2 우리 팀이 5:2로 그 시합에 이겼다.

In general, the power <u>increases</u> **with their numbers**. 대체로 세력은 사람의 수에 따라 불어난다. (비례)

Stir well <u>with a spoon</u> **until** the sugar has dissolved. 설탕이 녹을 때까지 스푼으로 잘 저어라. (동반)

American baseball games <u>open with</u> **the national anthem**. 미국 야구경기는 애국가로 시작한다. (동반)

The evening **finished** <u>with</u> [**the welcoming** <u>of</u> three new members]. (부대상황)
그 날 밤은 세 명의 신입회원을 환영하면서 마감했다.

He laughed <u>with</u> pleasure **when people said** *he looked like his dad*. (부대상황; 이유)
그는 사람들이 아빠를 닮았다는 얘기를 듣고는 기뻐 웃었다.

The entire house <u>was spinning with</u> <u>the preparation for the wedding</u>. (부대상황)(☞ be spinning with)
온 가족이 결혼 준비로 정신이 없었다.

spinning의 종류 들

Skipping breakfast <u>interferes with</u> student's **concentrating** <u>during class</u>. (~원인이 되어)
아침을 거르면 학생들이 수업에 집중하는데 지장을 준다.

The labor union **negotiated** <u>with</u> the company **about (over) wage increase**. (대상)
노조는 회사측과 임금 인상에 관해 협상했다.

심화 예문 Advanced

The verb must <u>agree with</u> its subject *in* **person and number**. (일치, ~과)
동사는 '인칭'과 '수'에 있어 주어와 일치해야 한다.

You can **get away** <u>with</u> a phone call, but it's better to meet her *in person*.(☞get away with 때우다)

전화로 때울 수 있겠지만 그녀를 직접 만나는 것이 더 낫다. (☞ get away with 적당히 때우다)
Our road safety record **compares** favorably _with that of_ **other EU countries**. (일치, 비교)
우리의 도로 안전에 관한 자료는 유럽 연합의 것보다 나은 것으로 비교된다. (단수)
→ ⑲ Housing cost in New York is far higher than those in its neighboring states like New Jersey.
뉴욕의 주거 비용은 뉴저지와 같은 인근의 주와 비교해 상당히 높습니다.

Times Square, New York

[**What he has said just before**] conflicts with [**what he told us two days ago**]. (일치 비교, what 절)
그가 방금 말한 것은 그가 이틀 전 얘기한 것과 상충한다.

Within/Without

This falls **within(outside)** the field of mechanics. 그것은 기계학 분야에 들어간다. (들어가지 않는다)
He stood there **without knowing** [**what to do**]. 그는 무엇을 해야 할지 몰라 거기 서있었다.

In 90 per cent of cases, the patient will **relapse within** six months. 90% 환자에게서 재발한다.

한 문장에 얼마나 많은 전치사구가 들어갈 수 있을까요?

한 문장에 여러 전치사구(부사구)가 어울려 멋지게 확장되어 갑니다. 우리들은 앞 '**모듈**2'에서 이미 부사와 전치사구(부사구)가 많게는 4개까지 들어가는 예문들을 봤습니다. 부사나 전치사구(부사구)가 문장 확장에 매우 중요한 역할을 하기 때문에 이번에는 대체로 전치사구(부사구)를 위주로 한 번 더 깊이 들여다볼 수 있기 바랍니다.

전치사구 나열 순서

부사구의 나열 순서는 동사와 단짝을 이루는 전치사구나 부사를 **동사** 뒤에 놓습니다. 그 다음은 앞 '**모듈**2'에서 설명드린 것처럼 『**방법(양태)→장소→시간**』, 『**작은 것에서 큰 것**』, 그리고 『**가까운**

곳에서 먼 곳」을 원칙으로 삼으면 됩니다. 그러나 대부분 문장 상황이 참으로 변화무쌍해서 일률적으로 규정하기 어렵습니다. 그러니 위 큰 원칙은 기억하되 다양한 예문들을 자주 읽는 가운데 그 순서가 자연스럽게 터득해 가는 것이 더 바람직합니다.

2개 전치사구 (부사/부사구 포함)

I am in love with her. 나는 그녀와 사랑에 빠졌다.
Jeff drifted into view behind. 제프가 뒤쪽에서 스치듯 얼핏 스쳐갔다.

He stayed in bed with a cold. 그는 감기로 병상에 누워 있었다.
They lived in Korea for 10 years. 그들은 (※ 한때) 한국에 10년간 살았다.
→ 비교 They've lived in Korea for 10 years. 그들은 10년째 한국에 살고 있다. (※ 현재도 계속해서)
→ 비교 Next year, they'll have been living in this city for more than 10 years.
(☞ 주의 미래 완료 진행 시제) 내년이면 그들은 10년째 이 도시에서 사는 것이 됩니다.

He prays to God for mercy. 하나님에게 자비(용서)를 구한다.
→ 유사 He wrote to his father for money. 그는 아버지에게 돈을 보내 달라고 편지를 썼다.
→ 유사 They all look to him for wise words. 그들은 지혜의 말씀을 들으려고 모두 그를 쳐다본다.
→ 유사 You must apologize to him for your rudeness. 당신은 그에게 한 무례를 사과해야 한다.

I looked out the window at the river. 나는 창 밖으로 강을 바라보았다.
My eyes fixed on a hole in the ceiling. 내 시선이 천장의 한 구멍에 고정되었다.

What can I expect from a hog but a grunt? 돼지에게 꿀꿀거리는 것 말고 뭘 기대할 수 있을까?
We walked for miles without seeing anyone. 우리는 몇 마일을 가는 동안 한 사람도 보지 못했다.

The car struck against the wall with a bump. 차가 벽을 '쿵' 하고 박았다.
→ He fell to the floor with a thud. 그는 마루에 '쾅' 소리와 함께 떨어졌다
High boots came into vogue among youngsters. 높은 부츠가 젊은이들 사이에 유행이다.

He graduated in metallurgy at Cambridge University. 그는 캠브리지 대학에서 금속학을 전공했다.
→ 비교 He graduated from Cambridge in 1980. 1980년에 캠브리지 대학을 졸업했다.
→ By around 2022, I'll have graduated from university. 나는 2022년경 대학을 졸업하게 될 것이다.

Cambridge University, 90 km North of London

Tipping etiquette far varies from country to country. 팁 에티켓은 나라마다 아주 다릅니다.

[☞ 미국이 잘사는 이유 중, 팁 문화가 거론됩니다. 그들의 조상들이 미국 땅에 도착해서 겪은 어려움을 기억하면서 자기 위해 봉사한 사람에게 감사하는 마음에 음식값의 20% 정도를 기꺼이 추가해서 지불합니다. 이런 배려 때문에 미국 그 땅에 하늘의 축복이 임한다고들 말합니다. 저도 식당에 가면 날 위해 serving해 준 종업원에게 5,000원이나 10,000원 정도를 기부하는 습관을 지켜 왔습니다. 제 주변에 성공한 분들이 꽤 있는데 대부분 선한 일들을 많이 하시고 소액이라도 기부하는 습관을 가지고 있습니다. 축복을 받으려고 일부러 그러는 것은 아닙니다만 그런 마음과 정성이 하늘로부터 내려오는 축복의 통로 역할을 하는 것 아닐까 생각해 봤습니다.]

The grand prize (grand-prix) was a weekend for two in Hawaii.
최우수상은 두 명을 주말에 하와이로 보내 주는 것이었다.

Mother is looking at her child with his arms *folded.* 엄마는 팔짱을 낀 채 아이를 보고 있다.
She can **change into** a different outfit in two minutes. 2분만에 다른 옷차림으로 바꿀 수 있었다.

Railway lines **radiates** from the station in every direction. 철도가 그 역에서 사방으로 뻗어 나간다.
The lightening flashed, **and the rain poured** on us in torrents. 번개 치고 비가 억수같이 퍼부었다.

She is **sitting** on the bench with her hair **blowing in the wind.**
그녀는 바람에 머리를 휘날리며 긴 의자 위에 앉아 있었다.
The pump compresses the air, **forcing** it through a tube into the tire.
펌프가 공기를 압축한 후 관을 통해 타이어로 강제 주입된다.
The reversing alarm has been changed **from a beep to a birdlike tweet.** (☞ from A to B)
후진 경고음이 '삐-' 하는 소리에서 '새 소리'로 변경되었다.

3개 전치사구

She looks [at the baby][with a smile][of pure joy]. 그녀는 순수하고 기쁜 미소로 아기를 바라본다.
Stocks were [up 10 points][in today's market][at 2,680]. 시장은 10pt 상승해 2,680으로 끝났다.
He's always preaching [at me][about **my being late**][for school].
그는 늘 내가 학교에 지각하는 것에 대해 잔소리를 한다.
You are listening [to **the hottest hits**][on the radio][on 97.3 FM].
당신은 FM 97.3MHz 라디오 상에서 가장 인기 프로그램을 청취하고 계십니다.

My grandson picked [up a cold][from a child][in a playing house].
손자가 **어린이** 집의 한 아이에게서 감기에 옮았다.
[Four years][after **declaring** war][on pollution], China is winning **the streak**.
4년 전 공해와의 전쟁을 선포했던 중국이 승기를 잡아 가고 있다. (☞ win the streak 승기를 잡다)

The papers were full [of praise][for the quick action][of the fire department].
신문에는 소방서의 신속한 행동을 칭찬하는 글이 가득했다.
They asked the Pope to intercede [with the king][for mercy][on **their behalf**].
그들은 교황에게 자기들을 대신해서 왕에게 자비를 구하도록 개입해 줄 것을 요청했다.

We chose this house [because of its proximity][to the school][for **my children**].
우리는 아이들이 다닐 학교와 가깝다는 이유로 이 집을 선택했다.
Let's begin [by **planning**][on three two-hour reviews][with four chapters per lesson].
한 과정 마다 네 장훑씩, 두 시간에 걸쳐 세 번의 복습을 하도록 계획을 수립하는 것부터 시작합시다.

☞ 앞 '모듈3' Be동사 파트에 숫자 관련 표현법에 관한 예문을 올려 드린 바 있습니다만 위와 같이 수치들을 집약해서 표현하는 것이 결코 만만치 않습니다. 다음에 필요할 때 응용력이 발휘되도록 위 문장을 잘 기억해 두시기 바랍니다.

The Times deeply apologized [to Joe][for **omitting** his name][from last week's article.]
타임지는 조에게 지난 주 기사에 그 사람의 이름이 누락된 것에 대해 정중히 사과했다.
Students used the death [of political activists][as a rallying point][for anti-government protests].
학생들은 정치 운동가들의 죽음을 반정부 저항을 결집시키는 요소로 활용했다.

4개 전치사구(부사구)

Several local officials are [in jail][on charge][of **colluding**][with the Mafia].
몇 공직자들이 마피아와 공모한 죄목으로 투옥되었다.
She was hiding [in a plain sight][**working** as a salesgirl][in a store][frequented by Nazi troops].
그녀는 나치 군인들이 자주 드나들던 평범한 장소에서 판매원으로 위장한 채 숨어 있었다.

It is **vital that** people are made aware [of the possible risks][associated **with smoking**][on the health][of children]. 어린이 건강에 영향을 줄 수 있는 흡연과 관련된 위험성을 사람들에게 알리는 것은 매우 중요합니다.

Automatic navigation system was discovered [in a bid **to nib** mistakes][made by pilots][because of tiredness][in the long flight].
자동항법장치는 조종사들이 피로감으로 인한 실수를 미연에 방지하기 위해 궁리하던 중 발견되었다.

Those who do not hustle
will never prosper!

어떤 일이든 적극적으로 나서지 않는 사람은 어떤 일도 성취할 수 없다!

제가 오랜 세월, 직장 생활을 하면서 수없이 많은 사람들을 만나 봤습니다. 그중에서 성공하고 남보다 잘나가는 분들은 모두 활달하고 적극적인 성격을 가진 분들이었습니다. 소극적이고 남 탓이나 하고 안 되는 핑계만 대는 사람들은 어떤 일도 성취해 내지 못했습니다. 여기에는 제 오랜 인생 경험상 단 한 번도 예외가 없었습니다.

Module 08

It- for one -to-do '잇-포-트두'

□ 자동사 모듈은 모두 9개인데 오늘은 여덟 번째 모듈을 공부합니다. 눈을 감고도 33(30+3)가지 문형의 순서가 그려지도록 맨 뒤에 드린 **'종합 예문표'**를 갖고 다니면서 수시로 들여다 보는 방식을 추천 드립니다. 여러분들이 영어 전체의 대강과 구조를 빠르게 터득할 수 있도록 도울 것입니다.

□ **늦다고 생각할 때가 가장 이른 때입니다.** 인생은 긴 마라톤입니다. 사실 살다 보면 좋은 일보다 힘든 일이 더 많습니다. 그러니 일희일비하지 말고 앞으로 나아가세요. 집중하며 때를 기다리는 사람은 자기에게 찾아오는 행운을 느낄 수 있습니다. 그때는 꼭 붙잡고 절대 놓지 마세요!

Catchwords

당신이 꿈을 이루는 데 절대 늦은 때는 없습니다! 공부 또한 마찬가지입니다. 지금 바로 시작하세요!

예 **He** signed _to_ him **to stop** talking. 그녀는 그에게 말을 그만하라고 몸짓을 했다.

예 **I** longed for him **to say** something. 난 그가 뭔가 얘기하기를 간절하게 원했다.

예 **We** arranged for her **to live** near us. 우린 그녀가 우리 근처에 살도록 주선했다.

예 **It's** naïve _of you_ **to believe** everyone. 모든 사람들을 다 믿다니 네가 참 순진하구나.

예 **The weather is** fit for us **to go fishing**. 날씨가 낚시 나가기에 딱 좋다.

예 **She** shouted for him **to come** upstairs. 그녀는 그에게 2층으로 올라가라고 소리쳤다.

예 **I'll** appeal _to_ him **not make a rash decision**. 조급한 결정을 말도록 당부해야 하겠다.

핵심 문법 점검 Review on Core Grammar

□ '모듈8'은 앞 '모듈7'의 확장 형인데 모듈7의 『전치사+명사』 뒤에 'to 부정사'를 붙여 『전치사+명사+to부정사』 구조를 취합니다. 이때 '전치사+명사'가 문장에서 **'의미상의 주어'** 역할을 합니다. 이때 전치사 자리에는 대개 'for'와 'of'가 오지만 본동사의 종류에 따라 그 외의 다른 전치사들도 올 수 있습니다. 그에 해당하는 예문도 아래에 함께 올려놨습니다.

□ 33문형 중 to 부정사不定詞가 처음으로 등장합니다. 앞서 설명드린 대로 영어는 여러 품사들을 조합해서 명사화, 형용사화, 부사화를 추구하는데 동사까지도 전치사 to와 결합시켜 **『명사적, 형용사적, 또는 부사적 기능』**을 맡도록 했습니다. 이처럼 일정한 동사의 원래 신분 대신 정해지지 않은 다양한 기능을 맡겼다 해서 **'부정사不定詞'**라 부릅니다. 어떤 문법학자는 좀 과장되게 표현해서 **'무한사 infinite'**라 부르기도 합니다. 이 'to 부정사'는 영어 문법의 핵심 중 핵심입니다.

□ to 부정사의 역할

명사적 기능	**To see** is **to believe.** 백문이 불여일견	to부정사가 '명사적 기능'을 부여 받아 주어와 보어로 쓰임
형용사 기능	**Do you have** a pen [to write with]? 필기할 펜이 있나요?	to write with가 앞 a pen을 수식하는 '형용사적 기능' 담당
부사적 기능	**I'm so** pleased [to have you] tonight. 오늘 당신과 함께할 수 있어 너무 기쁩니다.	to have you가 pleased의 이유를 설명하는 '부사적 기능' 담당

□ 본 모듈은 아래와 같은 원리로 이해하시면 됩니다.

예1 This program is easy **to install**. 그 프로그램은 설치하기 쉽습니다.
예2 This program is easy [(**for us**) **to install**]. 그 프로그램은 **우리들이** 설치하기 쉽다.

예1 표현 형식 즉, 『주어+be동사+형용사+to부정사』, 이 표현은 여러분들이 앞으로 가장 자주 만나게 될 표현 중 하나가 아닐까 생각됩니다. 문법적으로 굳이 풀이하자면, 'to install'이 소위 'to부정사'의 형용사적 또는 부사적 용법으로서, 형용사 easy 뒤에서 무엇이 쉬운지를 설명하는 역할을 맡았습니다.

이제 위 **예1** 문장에 전치사구 'for us'를 추가한 문장이 **예2** 문장입니다. 이때 'for us'를 문장 앞 주어와 구분해서 '해석상의 주어'라 부르는데 '(이 프로그램은) <u>우리가</u> 설치하기에 쉬운 프로그램이다'로 해석합니다. 아래 몇 다른 예문들을 살펴보겠습니다. 이 때 'for us'는 모든 사람들에게 해당하여 굳이 쓸 필요가 없어 생략 가능합니다.

예 The weather is fit (**for us**) **to go fishing**. 날씨가 (<u>우리들이</u>) 낚시하러 가기 알맞다.
예 We're anxious <u>for him</u> **to return** home safe. 우리는 <u>그가</u> 무사히 귀가하기를 간절히 바라고 있다.
예 It's too expensive a toy **for children** **to play with**. 그것은 애들이 갖고 놀기 너무 비싼 장난감이다.
[(유의) such **an** expensive toy; so expensive **a** toy]

For 혹은 of 전치사를 사용하는 예문

이 모듈에서 전치사 for를 취하는 형용사와 of를 취하는 형용사가 엄격하게 구분됩니다. 학교시험에도 자주 출제되지요? 전치사 'of'의 경우는 특별히 **사람의 성질, 태도**를 나타내는 소위 '성질 형용사' 경우에 적용됩니다.

'For'를 취하는 형용사 **예** appropriate, compulsory, crucial, difficult, essential, easy, hard, imperative, important, impossible, (un)necessary, obligatory, proper, strange

'of'를 취하는 '성질 형용사' **예** brave, careful, careless, dishonest(honest), foolish, kind, nice, polite, impolite, cruel, generous, silly, stupid, thoughtful, rude, wise, wrong

It was <u>mean</u> *of* **you** **not to invite** her. 그녀를 초대하지 않은 것은 비겁한 것 같다.
It was <u>reckless</u> *of* **you** **to go** there alone. 네가 거기에 혼자 간 건 무모한 일이었다.
It was <u>polite</u> *of* **her** **to concede** me her seat. 그녀는 내게 자기 자리를 양보할 정도로 친절했다.

It's almost impossible for you to marry Jane. 제인과 결혼하는 것은 거의 불가능하다. (marry ~~with~~)

It's absurd of me to think **that you loved me**. 당신이 나를 사랑하는 줄 알다니 내가 어리석구나.

It's rather eccentric of you **to do** such a thing. 그런 짓을 하는 걸 보니 너 되게 괴짜구나~

It's illegal (for you) **to sell** cigarettes to **minors**. 미성년자에게 담배를 파는 것은 불법이다.

It seems impossible for him to lose 5 kgs in a week. 1주일 만에 5kg를 감량하는 건 불가능해 보인다.

It's important for you never to overdo new exercises. 처음 하는 운동은 무리하지 않는 게 중요하다.

Its' essential for the papers to be ready before Friday. 금요일까지 꼭 서류가 준비되어야 한다.

It was thoughtful of her to make way for the ambulance.
그녀가 구급차에게 길을 내어 준 것은 사려 깊은 일이었다.

It's polite of you **to yield up** your seat **on** the bus **to the old.**
당신이 버스에서 노인에게 자리를 양보하는 것은 예의 바른 일이다.

It was too wasteful for them to buy so luxurious things on impulse.
그들이 그렇게 충동적으로 고가품을 사는 것은 너무 낭비가 심한 것이다.

It's time for media to stop fixating on Ko's possible win every Nobel season.
언론은 노벨상 시즌만 되면 고은 시인의 수상 가능성에 **집착하는 것**은 이제 멈춰야만 한다.

It was fatiguing sometimes (for us) to try to measure up to her standard of perfection.
그녀가 요구하는 완벽성의 기준에 맞추려고 애쓰는 것은 때로 피곤한 일이었다.

It can be very difficult for you to think rationally when you're feeling so vulnerable and alone.
당신이 불안과 외로움을 느낄 때는 당신이 합리적으로 결정을 내리는 것은 심히 어려울 수 있다.

---

for/of 이외의 전치사를 사용하는 문장 예

한 문장에서 동사와 결합할 수 있는 전치사는 이미 결정되어 있습니다. (한 동사에 딱 하나의 전치사만 결합할 수 있는 것은 아닙니다. 문장 속에서 동사의 의미가 다양하여 그때마다 달라집니다.) 수 많은 동사마다 또한 문장 속 의미 따라 어떤 전치사를 취할까 일일이 다 외울 수는 없습니다. 자주 읊조려서 뇌와 입 근육에 친숙하게 되도록 하는 것이 최선입니다. 그게 가능한가요? 네, 가능합니다. 그래서 영어는 시간이 필요한 훈련입니다.

She signed _to_ me to stop talking. 그녀는 내게 말을 그만하라고 신호를 보냈다.
You may depend _on_ Ted to help you. 너는 테드가 널 도울 것을 믿어도 된다.

Didn't it occur _to_ you to write to him? 당신, 그 사람에게 편지를 써야겠다는 생각 들지 않던가요?
I appealed _to_ him in vain to help me. 나는 그에게 도움을 요청했으나 그가 들어 주지 않았다.
She waved _at_ the driver to stop the car. 그는 운전자에게 손을 흔들어 멈추라고 신호했다.

Lawrence will appeal _to_ Jane to marry him. 로렌스는 제인에게 결혼해 달라고 간청하려 한다.
The police appealed _to_ the crowd not to panic. 경찰은 군중에게 겁먹지 말도록 호소했다.

You can depend _on_ me to help you with your homework. 내가 네 숙제를 도와줄 테니 날 믿도록 해.
The demonstrators called for the president to step down. 시위대가 대통령이 하야를 요구했다.
My friend shouted _at_ me to come over to him immediately.
내 친구가 자기에게 즉시 와 달라고 소리쳤다.

20 gallons of gas would <u>suffice for my car to get</u> home. 내 차로 집에 가는 데 20갤론이면 충분하다.

We have <u>arranged for a black cab to pick you up</u> at London Heathrow Airport.
런던 택시가 당신을 런던 히드로공항에서 태워 가도록 조치했다.

Icons of London

London taxi – 'Black Cab'

I travel *not* to escape my life, *but* <u>for life to escape me.</u>
여행은 내가 삶을 벗어나는 것이 아니라 삶이 나를 벗어나게 하는 것입니다.

It took a few seconds <u>for the eyes to adjust</u> to the darkness.
눈이 어두운 곳에 적응하기 위해서는 몇 초간의 시간이 필요하다.

NGO groups <u>pressed for action to be taken</u> against the drug problems. (☞ 수동태 표현까지!)
시민 단체들은 마약문제에 대해 조치를 취해지도록 압박을 가했다.

본 모듈 및 앞 모듈3과 연관된 『**be동사+형용사**』 표현은 형용사의 특징에 따라 다음 세 가지 경우의 구문으로 분화됩니다. 이 세 가지 표현들은 사용 빈도가 아주 높습니다. 기억하시고 활용에 적극 활용하시기 바랍니다.

①형용사+전치사+명사 (← 앞 '모듈7')

예 He is much **fond** *of sweets*. 그녀는 단 것을 아주 좋아한다.

예 This bus schedule is **subject** *to change*. 버스 운행시간은 변경될 수 있습니다.

②형용사+to부정사구 (← 본 '모듈8')

예 It seems **safer** **not to go.** 가지 않는 것이 더 안전해 보인다.

예 It's **not good** **to live alone**. 독신으로 사는 것은 좋지 않다.

예 It's **essential** **to give yourself** time [to study regularly].
규칙적으로 공부할 시간을 스스로 갖는게 중요하다.

예 From the look of the sky, it looks **most likely** **to snow.**
하늘을 보니 눈이 꼭 올 것 같다. (☞ likely 형용사)

예 It's **difficult** **to remember** facts thoroughly if you don't write them down.

③형용사+that절 (← '모듈20')

예 *I'm* *sure* *that* he will join the dinner. 그가 틀림없이 저녁 식사에 올 것이다.
→ 본 예문처럼 사람을 나타내는 명사를 주어로 하는 형용사에는 sure 외에 **certain, confident, sure** 가 있습니다.

예 *We are* *proud* *that* we served in the army. 우리는 육군에 복무했음을 자랑스럽게 여긴다.

예 *It's* *true* *that* he is the ablest man in the organization. 그 조직에서 가장 유능한 사람임에 틀림없다.
→ 형식 주어 it를 주어로 하는 형용사에는 true 외에 **apparent, certain, clear, evident, (un)likely, obvious, (im)possible, well-known 등이 있습니다.**

예 *It's* *necessary* *that* he (should) attend the video conference tonight.
그가 오늘 밤 영상회의에 참석해야만 한다.

예 *Its'* *unlikely* *that* you'll be comfortable speaking in English aloud at first.
영어를 처음부터 큰 소리로 말하는 것이 편할 수는 없다.

Module 09

자동사 + **과거분사 보어**

주어진 대로, 되어 가는 대로~

□ 자동사가 **모듈12, 13, 20, 26,30**에 부분적으로 들어 있긴 하지만 큰 범주에서 볼 때 본 모듈이 자동사의 마지막입니다.

□ 앞 **'모듈5(연결동사)'**과 유사한 문장 패턴을 갖고 있는 표현입니다. 다만 자동사 뒤 보어 자리에 **'과거분사'**가 온다는 차이점이 있습니다. 여기 과거분사는 모양은 과거분사지만 실제로는 '**형용사**'로서 주어에게 일어난 상황 또는 어떤 결과를 표현하며 흔히 **'주격 보어'**라고 부릅니다.

□ 자동사는 다른 사람이나 물건에 영향을 미치지 않습니다. 자동사는 주어가 어떤 상태인지, 어떤 모습인지? 주어가 어떻게 느끼는지? 어떤 상황에 처해 있는지" 등등의 상황들을 표현합니다. 그에 반해서 타동사는 남과 더불어 살아가는 것을 표현합니다. 따라서 자동사 문장은 타동사 대비 문장의 구조도 단순하고 모듈 숫자도 적고 상대적으로 쉽습니다. 자동사 관련 모듈 숫자도 총 30개 모듈 중 10개로 비중이 작지 않습니까? 영어 전체로 볼 때에도 자동사 표현이 1/3 정도 차지하고 나머지 2/3이 타동사 표현이 아닐까 추정합니다.

□ 모듈9 표현은 단순하지만 고급스런 표현입니다. 이런 표현들은 보기에는 쉬어 보여도 정작 내가 만들어 쓰기는 쉽지 않습니다. 영어의 입이 트이려면 드린 예문들을 소리 내어 흥얼거리며 『읽고 또 읽고』하면서 문장들이 여러분 입에서 절로 나올 때까지 씨름해서 결국 나와 하나가 되게 하는 길 이외에 죄송하지만 다른 대안은 없습니다.

□ 여러분이 본 교재 예문들을 읽고 또 읽는 가운데 여러분의 뇌 안에 있는 '한국어 방'과 별도로 '영어의 방'이 생성됩니다. 본 교재에 실린 예문마다 여러분들이 영어를 완성하는 데 필요한 여러 요소들을 담고 있습니다. 이 작은 조각 조각들이 당신의 뇌 속 영어의 방을 채워 갑니다. 예문마다 문장의 상황들을 스스로 상상해 보세요. 내가 각 예문의 상황에 실제 들어가 있다고 생각하세

요. 그리고 내가 그 상황의 주인공이 된 듯 읽고 혼상 (혼자 상상)하며 말을 만들어 해 보세요. 가능하면 앞에서 배운 다른 예문들까지 다 불러내어 합성해서 멋진 말들을 만들어 보세요! 틀리면 어떻습니까? 남의 나라 말이니 틀리는 게 당연합니다. 적극적이고 나대는daring 자세가 영어를 빠르게 배우게 합니다. 나아가서 여러분의 인생을 바꿉니다.

□ 본 33모듈 학습을 완주하고 나면 여러분께서는 아주 신기한 일을 체험하게 될 것입니다. 영어 책이나 인터넷 영문 기사를 보다가 또는 심지어 TED나 CNN 방송을 들을 때 문장마다 "아! 이거 4번 모듈, 아! 저 문장은 모듈28!" 이런 식으로 문장 속에 들어 있는 문장의 구조를 맑은 물속 보듯이 들여다볼 수 있게 됩니다. 그날이 반드시 오게 되어 있습니다. 힘들어도 계속 나아가세요! 언어 학습의 특성이 원래 상당한 수준의 인내심을 요구합니다.

표준 예문 Standard

Well done! 잘 했어요!

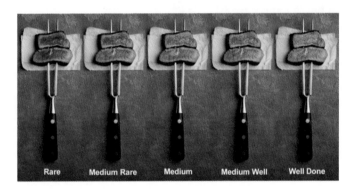

예 I got _gypped_. 난 사기 당했다. (☞ gypped 사기 당한 rooked, cheated, screwed)

예 I got _canned_. 나 회사에서 잘렸다. (☞ 깡통처럼 걷어 차였다 can 美 비격식, 동일 fired)

예 He stood _amazed_. 그는 놀라 서 있었다.

예 I fell _off-balanced_. 나는 균형을 잃은 채 쓰러졌다.

예 Let's get _messed up_ tonight! 오늘 밤 망가지자! (맘껏 마셔 보자!)

예 The rope got _entangled_ in the propeller. 밧줄이 프로펠러에 감겼다.

예 You'll get _hurt_ if you try to know too much! 너무 많을 걸 알려고 하면 너 다친다!

예 The treasure lies _hidden_ somewhere in this island. 보물이 이 섬 어딘가 숨겨져 있다.

예 How could you become _involved_ with a woman like that? 어째 저런 여자와 사귀는 거지?

I got *lost*. 난 길을 잃었어요. (☞ get lost 길을 잃다)

Never be *scared*. 절대 놀라지 마라.

☞ 앞 수동태 문장들을 '모듈4'로 분류해서 우리가 이미 공부를 다 마쳤는데요. 수동태도 본 모듈에 속한다고 말할 수 있습니다.

She looked *bored*. 그녀는 심심해 보였다.

The door blew *shut*. 문이 바람에 닫혔다. → The gate swung *shut*. 문이 휙 돌며 닫혔다.

→ The door banged *shut*. 문이 '쾅' 하고 닫혔다. → The door snapped *shut*. 문이 '찰깍' 하며 닫혔다.

Ann sat *cross-legged*. 앤은 책상다리를 하고 앉아 있다. (cf. four-legged animals 네 발 달린 동물)

My car got *scratched*. 차에 기스(상처)가 났다.

The knot came *untied*. 그 매듭이 풀렸다.

She then became *puzzled*. 그때 그녀는 어리둥절해 했다.

He remained *undisturbed*. 그는 평온을 유지했다. → 동일 He stayed calm.

He returned *empty-handed*. 그는 빈손으로 돌아왔다.

Her error passed *unnoticed*. 그녀의 실수는 모른 채 지나갔다.

The mystery ended *unsettled*. 그 미스터리는 미제로 끝이 났다.

Many people looked *shocked*. 많은 사람들이 충격을 받은 것처럼 보였다.

The mistake rests *uncorrected*. 그 오류는 시정되지 않는 채 그대로 고착되었다.

Don't go away, and stay *tuned*. (방송 채널을) 딴 데로 돌리지 마시고, 계속 이 채널에 맞춰 주세요!

The city sprawls out *uncontrolled*. 그 도시는 무분별하게 확장되어 나간다.(☞ sprawl out 퍼져 나가다)

Los Angeles, U.S.A.

My car **get** *stolen* on the weekend. 주말에 내 차를 도난당했다.
I didn't **get** *blamed* for the mistake. 나는 실수한 것에 대해 꾸중을 듣지 않았다.

He **died** *surrounded* by his children. 그는 자녀들에 둘러싸인 채 세상을 떠났다.
She **get** *dressed* up for a dinner party. 만찬에 참석하기 위해 정장을 차려 입었다.
He **get** *mixed* up in his friends' affairs. 그는 친구들의 일에 휘말렸다.
The **trunk** of the plan **remained** *unchanged*. 계획의 뼈대는 변한 것이 없었다.

Chris **looks** *embarrassed* with the test result. 크리스는 실험 결과에 당황한 것처럼 보인다.
He **get** *advanced* from lieutenant to captain. 그는 중위에서 대위로 승진했다.
We **get** *invited* to some of the neighbors' parties. 우리는 이웃들의 파티에 초대받았다.
They **get** *lost*, and their main objectives was **to survive**. 그들은 길을 잃었고 생존이 당면 과제였다.

발전 예문 Intermediate

You *might as well* **get** *used* **to** it! 네가 그것에 익숙해지는 것이 낫다. (☞ 동일 You'd better get p.p.~)
I'll **eat my hat** if she **gets** *elected*. 그녀가 당선된다면 손에 장을 지지겠다.
He **get** *tangled* (up) in the affairs. 그는 그 사건에 휘말려 들었다.

Why don't you two **get *acquainted***? 두 사람 서로 사귀어 보는게 어떨까? (☞ 동일 How about getting~)

Tell me anytime when you **feel *tired***. 피로감을 느끼면 바로 얘기해 달라.

He **got *pinched* for** parking violation. 그는 주차위반으로 체포되었다. (☞get pinched for ~으로 체포되다)

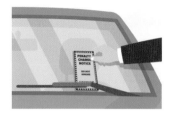

I **felt *annoyed*** at **what he mentioned**. 그가 언급한 것에 대해 화가 났다.

I **got *stolen*** of my car on the weekend. 주말에 차를 도난 당했다.

She **stood *riveted*** to the spot in horror. 공포에 질려 그 자리에 옴짝달싹하지 못하고 서 있었다.

You **got** five minutes to get ***dressed*** (up). 당신은 5분 안에 옷을 차려 입어야 했다.

What if I **got *caught* *cheating*** in the exam! 내가 시험 중 커닝하다 걸리면 어떤 일이 벌어질까?

We are **growing *tired*** of his childish antics. 그의 우스꽝스러운 행위에 점점 짜증이 나려 한다.

No theory can **stand *unchanged*** for all time. 어떤 이론일지라도 언제까지나 불변할 순 없다.

I **got *bored*** doing the same things over and over again. 같은 것을 계속 해야 하는 일에 질렸다.

The chairman **remained** drastically ***opposed*** to the project.
회장은 그 안에 대해 극단적으로 반대하는 입장을 견지했다.

I went out and **got *drunk* (*hammered, loaded, slammed, smashed*)** upon I got ***fired***.
난 회사에서 해고당하자마자 밖으로 나가 곤드레만드레 취해버렸다.

In order to solve the problem, she eventually had to **get *involved***, and arbitrated it successfully.
문제 해결을 위해서 그녀는 마침내 개입을 했어야 했고 성공적으로 중재를 했다.

심화 예문 Advanced

His rudeness in the face looks ***passed unnoticed***.
그의 무례한 얼굴을 사람들이 눈치채지 못하고 지나치는 듯했다.
[☞ 앞서 이미 공부한 문장입니다만, looks passed unnoticed 수동태 두 개 연속되는 고급 문장입니다.]
Since when **did you get *interested*** in gourmet foods? 언제부터 미식美食에 관심 갖기 시작했지?

[The suitcase left on the carousel] remained _unclaimed_.
수화물 컨베이어 벨트에 남겨진 그 여행가방은 주인이 나타나지 않았다.

carousel

His frequent absence from work didn't **go _unnoticed_**. 그의 빈번한 농땡이는 들통이 나고 말았다.
[The journal she had begun] lay _neglected_ on her besides table.
그녀가 구독을 시작한 신문이 쪽 탁 위에 **방치되어** 있었다.

Their chances to win went up in smoke when Maradona **got _suspended_**.
마라도나가 퇴장당 한 후 그들이 이길 수 있는 기회는 사라져 버렸다.
He left his car in a non-parking zone and found later **it got _towed_** away.
그는 차를 비주차지역에 두고 떠났는데 나중에 견인된 것을 알게 되었다.

Module 10

반갑다, 처음 등장하는 타동사 친구!

□ 첫 **타동사** 모듈을 소개합니다. 본 '모듈10'은 **타동사**의 첫 모듈이면서 타동사의 기본 모듈입니다.

□ 타동사는 자동사와 달리 목적어를 갖습니다. 타동사를 이해한다는 것은 '두 사람이나 사물 사이에서 발생하는 행위를 이해한다.'라는 말입니다. 이제부터 타동사가 앞서 모듈9까지 공부한 자동사와 어떤 점이 다른지, 또한 타동사가 목적어(들)와 어울려 어떻게 표현을 확장해 가는지 비교하면서 하나하나 장악해 가시기 바랍니다.

□ 본 모듈도 앞 '모듈3' be동사 경우와 마찬가지로 타동사의 기본 문장이어서 예문의 수가 꽤 많습니다. 여러분들이 지루하지 않을까 염려가 됩니다만 이번에는 영어의 특성과 재미를 느낄 수 있게 하는 예문 위주로 선별해서 올렸습니다. 물론 구어체 표현 확보에도 신경을 많이 썼습니다.

□ 여러분들은 본 교재를 공부하는 동안 내내 내가 과연 여기 실린 예문처럼 말하거나 글로 쓸 수 있을지 관점에서 스스로 점검하시기 바랍니다. 만약 내가 잘할 수 없었다면 어떤 점이 부족해서 그런 현상이 나타나는지 점검해가면서 앞으로 나아가시기 바랍니다.

표준 예문 Standard

예 **(I) Got it!** 감 잡았다! 잘했어요!

예 **I doubt it.** 그렇지 않을 걸~

예 **I know what!** 내게 좋은 생각이 있어!

예 **I got a hunch.** 나 감 잡았어요!

예 **You deserve it!** 넌 그럴 자격이 있어!

예 **It makes** sense! 말되네!.

예 **I taught** myself. 혼자 익혔어요.

예 **I didn't mean** it. 그러려고 했던 건 아니었는데..

예 **He needs** a lesson. 쟤, 손 좀 봐 줘야 하겠네!

예 **You've made** your point. 자네가 무슨 말을 하려 하는지 알겠네~

예 **I'm going to** google his name. 그 사람 이름을 구글에서 검색하려고~

핵심 문법 점검 Review on Core Grammar

□ 본 모듈10부터 타동사가 등장합니다. **타동사는 목적어를 필요로 하는 동사입니다.** 목적어 자리에는 명사, 대명사, 또는 명사구 혹은 명사 절節clause 등이 목적어로 올 수 있습니다.

□ 본 '모듈10'의 타동사들은 목적어만 있으면 완전하게 의미를 전달할 수 있어 '**완전 타동사**'라 부릅니다. 반면 『동사+목적어』 뒤에 **보어**까지 와야 비로소 문장이 완전해지는 경우가 있는데 그 모듈에 속한 타동사는 달리 '**불완전 타동사**'라 부릅니다. 뒤쪽 모듈에서 다시 설명드리겠습니다.

□ 그 외에 타동사에는 자신과 같은 뜻의 명사를 목적어로 취하는 **동족동사**, 재귀 대명사를 목적어로 취하는 **재귀동사**, 그리고 make use of (~을 이용하다)와 같이 동사와 명사가 만나서 이루는 **타동사구**가 있습니다.

동족 동사

동사와 동일한 형태의 명사 혹은 동사의 파생어를 넣어 만든 동사구를 '**동족 동사**'라 합니다.

breathe a breath 숨을 쉬다, dream a dream 꿈꾸다, fight a battle 싸우다, laugh a laughter 웃다, live a life 살다, pray a prayer 기도를 하다, run a race 달리다, tell a tale 이야기를 하다

재귀 동사

주어에 부합하는 oneself를 목적어 자리에 넣어 주어가 자기 스스로에게 하는 행위를 강조해서 표현하는 동사구를 '**재귀동사reflexive verb**'라 합니다.

absent oneself from 결석하다, adapt oneself to 적응하다, adjust oneself to 적응하다, apply oneself to 전념하다, blame oneself for 자책하다, commit oneself to 전념하다, content oneself with 만족하다, devote oneself to 전념하다, distance oneself from 멀리하다, (un)dress oneself 옷을 차려 입다(벗다), express oneself 의견을 말하다, hide oneself from 숨다, introduce oneself 소개하다

타동사구 동사

make **use** of (~을 이용하다)와 같이 몇몇 대표 동사(예, make, take, get, put 등) 뒤에 '동작'이나 '상태'을 나타내는 명사'를 넣어 행위나 동작을 표현하는 동사구입니다.

catch sight of 찾아내다, find fault with 흠잡다, make the best of 최대한 이용하다, make a shot at 겨냥해 쏘다, make a comment 한마디 하다, put an end to 끝내다, take notice of 주목하다, give a call 전화하다, give a kiss 키스하다, give a hug 껴안다, give a try 한번 해 보다, give a pull 잡아당기다, give a push 한번 밀다, give a blow 한방 날리다, have a shower 샤워하다, take photographs 사진을 찍다.

□ 완전 타동사는 목적어를 거느리면서 우리말로 보통 '-을'로 해석됩니다. 그러나 아래와 같은 동사들의 경우 '-와/-에' 등으로 해석되어 우리말 감각상 마치 동사 뒤에 전치사를 넣어야 될 것 같은 느낌이 듭니다. 그러나 아래 동사들은 타동사여서 전치사와 함께 쓰면 틀린 영어가 됩니다!

Marry, discuss, enter, reach, resemble, approach, await, leave, mention, follow, obey, survive

예 Obama **married** Michelle Robinson. 오바마는 MR과 결혼했다.
예 Don't **mention** it! 천만에요~ (주의 Mention 동사, 자동사로 오인되기 쉽습니다! mention ~~about~~)
예 A hearty welcome **awaits** you. 성대한 환영식이 널 기다리고 있다.

□ 이번에는 위와 반대로 다음 동사들은 타동사로 여겨지기 쉬우나 자동사들이어서 목적어를 취할 때 반드시 전치사를 필요로 합니다.

Apologize to, arrive at(in), get to, graduate from, lead to, listen to, reply to, wait for 등등

□ 목적어의 종류

"목적어, 까짓것 뭐 대단한 거 있나? 다 아는 거 아냐?" 여러분, 그런데 그리 만만치 않습니다~

1. The dog dug **the ground**. 개가 땅을 팠다. – **동작의 직접 대상**

2. I dug **a grave.** 내가 무덤을 팠다. – **동작의 결과** (← 땅을 파고 두루 모양을 갖추니 무덤이 되었다.)

3. He absented **himself** from school. 나는 학교를 결석했다. – **재귀 목적어**

4. They love **each other** 그들은 서로 사랑한다. – **상호 목적어**

5. He <u>wiped off</u> **the table.** 그는 탁자를 말끔히 닦았다.

☞ **환유 목적어** - 탁자를 닦는 것은 실제로는 탁자 위 먼지나 얼룩 the dust on the table을 닦는 거겠지요?

6. He sent **me** **a letter**. 그는 내게 편지를 보냈다. – <u>'방향' 목적어</u> (또는 '간접 목적어'로 부른다.)

→ He sent a letter **to** me.

7 He bought **me** **a new bag**. 그는 내게 새 가방을 사 주었다. – **'이해' 목적어** (또는 '직접 목적어')

→ He bought a new bag **for** me.

□ 목적어의 형태

목적어 자리에는 **명사, 대명사, 명사구(to부정사, 원형부정사, 동명사구), 명사절**이 올 수 있습니다.

1. He gave me **a book.** – me 대명사, a book 명사

2. Everybody wishes **to succeed** in life. – **'부정사구' 목적어**

3. He always avoids **making mistakes**. – **'동명사구' 목적어**

4. 명사절이 목적어로 쓰이는 경우

- I know **that he is honest.** 나는 그가 정직하단 사실을 알고 있다.

- Do you know **when she will come?** 그녀가 언제 올지 아는지요?

- I seriously don't know **what came over me.** 내가 왜 그런 행동을 했는지 정말 모르겠다.

- I don't know **if (whether) he will come here.** 그가 올지 잘 모르겠다.

Do 동사

동사의 시작은 'Be동사'와 'Do동사', 그리고 'Have'동사'가 아닐까 생각합니다. 이 세 동사는 조동사로서 의문문과 부정문을 만드는 중요한 역할을 맡습니다. 우리는 앞에 '자동사' 파트 모듈3&4를 통해 Be동사에 대해 깊이 공부했습니다. 여기서는 막강한 'Do' 동사를 살펴보겠습니다. 왜냐하면 Do 동사 뒤에 명사 목적어를 붙여 동작을 표현하는 동사구가 아래처럼 참 많기 때문입니다.

Do동사를 통해서 영어의 재미를 느껴 보세요! 제 경우는 영어 공부가 너무 재미있습니다. 하루 20시간을 공부해도 즐겁습니다. 여러분, 앞서 "다른 한 언어를 아는 것은 다른 한 영혼을 소유하는 것이다!"라는 말의 깊은 의미를 새겨 보시기 바랍니다. 내 말이 아닌 다른 언어를 원어민 수준까지 구사할 수 있다는 것은 먼 우주를 여행하는 것에 비유할 만큼 멋진 일입니다. 영어가 전세계 언어 소통에서 60%를 차지하는 언어라면 그 중요도나 힘은 더 말할 것 없겠지요? 영어는 여러분이 한 번도 가 보지 못한 미래를 열게 하는 마스터 키입니다.

"English is a Master Key enabling you to unfold the limitless future!"

숙어

Do business 장사를 하다.
Do a Chaplin 채플린 흉내를 내다.
Do 10 chin-ups 턱걸이를 10번 하다. (☞ chin-up 턱걸이)
Do a Christmas tree 크리스마스 트리를 만들다.
Do cooking (shopping, washing, a laundry) 요리(쇼핑, 세척/세차, 세탁)을 하다.

Do the dessert 디저트를 만들다.
Do the dishes 설거지하다 → cf. **Do the wash** 세탁하다.
Do (someone) **a favor** ~의 부탁을 들어주다, 은혜를 베풀다. → Would you please do me a favor?
Do (someone) **good** ~에게 좋은 일을 하다.
↔ **Do harm to** ~에게 해를 끼치다. 예 Too much exercise will **do** you **harm.** 지나친 운동은 해가 된다.
Do the grand (the big, the swell) 잘난 척하다.
Do the high-jump (the pole vault) 높이뛰기 (장대 높이뛰기)를 하다.

Do one's heart good ~의 마음을 기쁘게 하다.

→ I normally go camping by myself. It really **does my heart** good!
나는 혼자 캠핑을 가는 편입니다. 정말 마음이 편해지거든요!

Do homage to ~에게 경의를 표하다.

Do the homework 숙제를 하다.

Do the jitterbug 지르박 춤을 추다.

Do a leading role 주연을 하다.

Do a message 심부름 가다. → **go on** an errand, **run** a message

Do a moonlight (a flight) 야반 도주하다.

Do the office of ~의 직무를 맞다.

Do a painting 그림을 그리다.

Do a parcel 포장하다, wrap up a parcel

Do the polite (구) 애써 품의 있게 행동하다.

Do one's porridge (영국 속어) 옥살이 하다, 콩밥을 먹다.

Do repairs 수리를 하다.

Do a search on the internet 인터넷으로 검사하다.

Do a trip 여행하다.

Do a twirl 패션쇼 등에서 입고 있는 옷을 보여 주기 위해 한 바퀴 휙 돌다.

Do the downtown/the sightseeing 거리를 돌아다니다/관광을 하다.

Do one's hair/one's face/one's nails 머리/얼굴을 화장하다/손톱을 깎다.

Do the flowers 꽃꽂이 하다. – arrange the flowers

Do 예문

Do the math! 생각 좀 하면서 살아라!

He did Hamlet. (the leading role, the host role) 그는 햄릿 역(주연, 주연 역)을 했다.

Let's **do the lunch!** 만나서 점심 식사나 같이 하자!

I **did the garage**. 차고를 청소했다.

He **did the dishes.** 그가 접시를 닦았다.

Will 25 dollars **do**? 25달러면 될까요? → Fifty dollars will **do** to me. 난 50달러만 있으면 됩니다.

I did law at school. 나는 법학을 공부했다.

Do you <u>do special icings</u>? (케이크에 장식용으로 크림을 입히다.) 케익에 특별한 크림 장식을 하나요?

She did nice water colors. 그녀는 멋진 수채화를 그렸다.

He did only 10 miles today. 그는 오늘 10마일을 나아갔을 뿐이다.

He did a novel about her life, 그녀의 생에 대한 소설을 썼다

He did five years <u>for forgery</u>. 그는 위조 죄로 5년을 복역했다.

Do you know <u>who does this song</u>? 이 노래 누가 부르는지 아나요?

I am thinking about <u>doing a course</u>. 난 강좌를 하나 들을까 생각 중이야.

Each person is expected to <u>do his share</u>. 각자는 자기 몫을 다해야 한다.

If you can't <u>do the time</u>, don't <u>do the crime</u>. 감방살이 못하거든 죄를 짓지 마라.

Spike <u>heads for</u> the toilet and undoes his zip. 스파이크는 화장실로 향했다. 그리고 지퍼를 내린다.

The storm <u>did</u> extensive <u>damage</u> to the distrcit. 폭풍우가 그 지역에 심대한 타격을 입혔다.

Let's first <u>do a rundown</u> on the more obvious ones. 먼저 더 뻔한 것들부터 간추려 보자.

I cannot do anything without worrying about calories. 난 무엇을 먹든 칼로리를 꼭 생각하게 된다.

Ted is doing the research <u>for a book</u> <u>on the Middle Ages</u>. 중세에 관한 책을 조사하고 있다

Exercising the body <u>does a great deal</u> to improve one's health.
운동을 하는 것은 우리 건강 증진에 지대한 힘이 된다.

He was <u>doing well over 100 mph</u> <u>when he lost control of the car.</u>
그가 자동차를 조정할 수 없게 되었을 때 그는 시속 100마일을 훨씬 넘는 속도로 달리고 있었다.

Police **pulled** him **over** [*doing* 120km/h, *making* rapid changes, and *tailgating*]. (☞pull~ over세우다)
경찰은 그가 시속 120㎞로 과속했고 급 차선 변경, 전방차량 꼬리 물기 등의 위반으로 그의 차를 세웠다.

The university is paying him to <u>do the research</u> **[(that)** he has always wanted to do**]**.

대학은 그가 늘 원하던 연구를 할 수 있도록 자금을 지원해 주고 있다.

10-1 타동사+목적어

기본 예문 Basic

Skip it! 다음으로 넘어갑시다!

Stop it! 그만 좀 해~ → 동일 Quit it!

Hold it! 잠깐 기다려!

I did it! 제가 해냈어요! → 동일 **I made it!**

Sue me! 내 배 째라!

Forget it! (사과, 사례에 대해) 이제 괜찮아, 마음 쓰지 말게, 천만에

→ 대화 예, "Forgive me for being late." "Forget it, bud!" 늦어서 미안해. 괜찮아, 친구야!

Take care! 몸 조심하구~, 잘 지내~

I hope so. 저도 그러길 바랍니다. (☞ 여기서 so는 대명사)

Have fun! 재미있는 시간 보내세요!

Say when? 원문 예, Say when I'm supposed to stop. 내가 중단해야 할 때가 되면 말해 주세요!

Say cheese (스마일링 사진 찍을 때) 치즈(김치~) 하세요!

→ Get <u>into the pose</u>, please. (사진 찍을 때) 포즈를 취해 주세요!

→ **Please hold that pose!** (사진 찍을 때) 지금 그대로 움직이지 마세요!

Excuse me. 실례합니다. → Pardon me. 실례합니다만. 다시 한번 얘기해 주세요.

You said it! 지당하신 말씀!

Take a hike! 꺼져! 저리 가! (산책이나 가! ← 친구들 사이 가벼운 말) → 유사 Beat it!

You've **hit it**. 정답입니다.

Guess what? 뭔지 알아 맞혀 봐!

He **has class**. 그 사람 격조가 있군.

I don't **get it**. (→ Please explain again.) 이해가 안 되는데요. 설명을 다시 해 주세요!

Who **said so**? 누가 그렇게 말하던가요?

Do I **know it**? 그거 금시초문인데요?

Take a guess. (한번) 맞혀 봐요.

Suit yourself! 좋을 대로 하세요.

I can't **help it**. 나도 어쩔 도리가 없다. → 동일 It cannot be helped.

You **started it**! 그건 네가 자초한 거다!

Rust **eats iron**. 녹은 쇠를 삭게 한다. → 유사 Acid **affects** metals. 산은 금속을 부식시킨다.

Who **left who**? (답 She left me.) 누가 누구를 떠난 거예요? (그녀가 나를 버렸지요~)

Help yourself! 마음껏 드세요!

I've still **got it**! 내 실력 아직 안 죽었거든~, 까불지 마!

You **played us**. 네가 우릴 갖고 놀았구나.

I have **no clue**. 짐작조차 못 하겠습니다. → I have **no idea**. 전혀 모르겠군~

You **flatter me**. 나를 우쭐하게 만드시네요. 아부하지 마세요!

It **makes sense**. 말 되네요~ ↔ It doesn't make sense. 그건 말도 안 돼!

Don't **knock it**! (이제부터 하는 말을) 트집잡지 말고 잘 들어라.

I **need a shine**. 구두를 닦아 주세요. → 유사 These shoes need **shining**.

Mind the step! (지하철에서 승차할 때 틈이 있으니) 발을 조심해서 내딛으세요! Mind the gap!

I have **a rash.** 두드러기가 났어요. I have **no appetite.** 식욕이 없습니다.

I **have asthma**. 난 천식증세가 있어요~ → 동일 I am **asthmatic.**

I **had the runs**. 난 설사를 했다. → 동일 I'd got **diarrhea**.

I have **arthritis**. 난 관절염이 있어요. → 유사 I have **rheumatism**.

I have **insomnia**. 불면증이 있어요. → 유사 I can't sleep well at night.

I have **an allergy** to egg. 난 계란 알르레기가 있습니다.

I have a **toothache (headache, stomachache)**. 이(머리, 배)가 아프다.

An idea **hit me**. 내게 한 생각이 떠올랐다.

What did I say? 내가 뭐라 했냐? 내 말대로 되었지? (☞ what이 목적어임)

Take your time! 서두르지 마세요. 침착하세요!

I don't **think so**. 난 그렇게 생각하지 않습니다.

I didn't **mean it**. 그런 뜻은 아니었어요~

You'll **get yours**! (잘하는지) 어디 두고 보자!

Walls **have ears**. 벽에도 귀가 있다. 낮말은 새가 듣고 밤말은 쥐가 듣는다.

Mind my words. 내 말을 명심해라. (☞ mind ~하도록 주의하다; ~을 싫어하다, ~을 꺼리다)

Let's **take a rest**. 잠깐 쉽시다. → Let's **take** a breath (brake)! 잠깐 숨 좀 돌리자!

Ted, **meet** Laura! (소개할 때) 테드, 이쪽은 로라야!

Behave yourself! 예의를 갖춰 주기 바라!

Charge it, please. 신용카드로 지불하겠습니다! ↔ I'll pay **in cash**. 현금 지불할게요!

Got the picture? 잘 이해했나요?

Hold the onions. (음식을 주문할 때) 양파(마요네즈)는 넣지 마세요.

→ 유사 Give me a hamburger, (but) hold the pickle. 햄버거 주세요. 피클은 **빼고요.**

☞ 중국의 시골지역을 여행하다 보면 음식에 향채를 너무 많이 넣어 먹기 어려운 때가 참 많았습니다. 제가 중국어는 못하지만 Survival English 차원에서 Bu pang Shang chai! (향채를 넣지 마라!) 이 한 마디는 잊지 않고 늘 외우고 다녔습니다.

He **scaled a fish.** 물고기의 비늘을 벗겼다.

You can't **hide it.** 숨기지 말고 다 말해 봐~

Don't **overdo it.** 너 너무 오버하지 마!

Don't **flatter me.** 아부하지 마.

Do you **hear me?** 내 말을 듣고 있는 거니? → 유사 Did you get me? 내 말이 이해됩니까?

Don't **bother me.** 제발 날 좀 괴롭히지 마~

Don't **mention it.** 천만에요~ (mention ~~about~~ 전치사 주의!)

A lie **begets a lie.** 거짓말은 거짓말을 낳는다.

He **pitched a stall.** 그는 노점을 폈다. → 유사 He pitched a tent. 그는 텐트를 쳤다.

He **acted Hamlet**. 그는 햄릿 역을 했다.

Fear **assailed her.** 공포가 그녀를 엄습했다.

Let's **hit the road.** 이젠 가 보자. 자, 출발합시다.

Keep the change! 잔돈은 가지세요!

Let's **split the bill**! 각자 계산합시다!

Poverty aged him. 가난이 그를 늙게 했다.

Grapes **yield** wine. 포도에서 와인이 생산된다.

He **poised** a spear. 그는 창 던질 자세를 취했다.

the javelin (육상경기종목) 투창

Take it, or **leave it**. 선택의 여지가 없다! → No choice!

You've **beaten me.** 내가 자네에게 졌네.

He **drew** a curtain. 그는 커튼을 쳤다.

I've **got your back**. (걱정 마!) 내가 있잖아~ → 유사 I'll be **behind you**. 걱정하지 마!

I **beg your pardon**. 다시 한번 얘기해 주시겠습니까? 뭐라고요?

He **lacks** flexibility. 그는 융통성이 없다.

An old car **eats** oil. 낡은 차는 기름을 많이 먹는다. (☞ consumes 격식어)

I **admit** that much! 거기까지! (더 이상 말하지 마!)

We've **got no alibi.** 뭐라고 변명할 말이 없다. [☞ alibi (법) 현장에 있지 않았다는 증명]

Oh, I almost **had it**! 에이, 좋다 말았네!

I have **had enough**. 저는 그만 됐습니다. 충분합니다!

He **deserves** praise. 그는 칭송을 받을 만하다.

He bobbed "Hello". 그는 고개를 까딱하며 '안녕' 인사했다. (☞ bob 머리를 까닥 움직이다)

He needs a lesson. 쟤, 손 좀 봐 줘야 하겠다.

This coat binds me. 이 코트는 내 몸에 꼭 달라붙는다.

He has good looks. 그는 잘 생겼다.

Chance governs all. 운이 모든 것을 좌우한다.

The coat fitted him. 그 웃옷은 그에게 꼭 맞는다. ↔ The coat misfit him. 옷이 내게 맞지 않는다.

Just bring yourself! 그냥 몸만 와라!

He picked his nose. 그는 코를 후볐다.

You are teasing me? 저를 놀리시는 거죠? (☞ tease동사는 사전에서 한 번 더 확인하세요!)

Let's skip that topic. 그 주제는 건너뜁시다.

You live large scale! 당신, 통 크게 사는구먼!

It slipped my mind. 깜박 하고 잊었다~

My gut's killing me. 속이 막 뒤틀린다.

I feel the same way. 나도 같은 생각이야~

She craves chocolate. 그녀는 초콜릿을 먹고 싶어 못 견뎌 한다.

Well, let's face facts. 자, 현실을 직시하자.

Don't hit my nerve! 내 성질 건드리지 마!

Brandy affected him. 그는 브랜디로 거나해졌다.

A spider spins a web. 거미가 집을 짓는다.→ 참고 She spins wool into yarn. 그녀는 양모로 실을 잣는다.

I feel the same way. 저도 똑같이 느꼈어요. 공감합니다!

You don't scare me! 나 하나도 겁 안 나!

He's got a bad cold. 그는 지독한 감기에 걸렸다.

Don't play the baby. 어리광 부리지 마.

Don't miss the boat! 기회를 놓치지 마세요!

May I interrupt you? 실례해도 될까요?

He plodded his way. 그는 (터벅터벅, 묵묵히) 앞으로 나아갔다.

Her glance killed me. ①난 그녀의 눈짓에 침몰당했다 ②그녀의 눈초리에 화가 났다.

The news hushed us. 그 소식이 우리 입을 다물게 했다.

Mind your language. 말조심해라!

Commit no nuisance! (경고문) 소변 금지!

→ 비교 What a nuisance! (구어) 아이 귀찮아! (☞ nuisance 폐, 불유쾌한 일/사건, 성가신 존재)

Take care of yourself! 자, 그럼 잘 있어!

He pretended illness. 그는 꾀병을 앓았다.

She outlived her son. 그녀는 아들보다 더 오래 살았다.

He bowed his thanks. 그는 고개 숙여 감사의 인사를 했다.

He looked his thanks. 그는 눈으로 감사의 뜻을 표했다. (☞ 타동사 look의 용례 주의)

I got the smaller half. 내가 더 작은 쪽을 가졌다. 내가 양보했다.

He pulled the trigger. 그는 방아쇠를 당겼다.

He popped a shutter. 그는 셔터를 찰칵하고 눌렀다.

He has sticky fingers. 그는 도벽이 있다.

They pulled two oars. 그들은 두 노를 저었다.

Death quits all scores. 죽음은 모든 것을 원점으로 돌린다. → 동일 Death squares all.

→ 유사 Death levels all classes. 죽음 앞에 만인은 평등하다. 죽음 앞에 계급 없다.

He unraveled a riddle. 그가 수수께끼를 풀었다. (☞ unravel 실타래를 풀다, 문제를 해결하다)

Jesus raised the dead. 예수께서 죽은 자를 살리셨다.

His criticism hit home. 그의 비평은 통렬했다. (☞ home 심금, 급소)

Let's drop the subject! 그 얘기는 그만하자!

Don't disturb anybody. 남에게 폐가 되지 않도록 해라.

Don't spoil the mood! 분위기 망치지 마! → 동일 Don't rain my parade. 초 치지 맙시다!

Do you have the time? 지금 몇 시나 되었습니까? (시간 좀 내 주시겠습니까?)

He kept regular hours. 그는 (시간적으로) 규칙적인 생활을 했다.

I'm dating her brother. 난 그녀의 남동생과 데이트하고 있다. (☞ date with)

She raised five children. 그녀는 다섯 아이를 키웠다.

Never mind the dishes. 설거지 걱정은 하지 마!

He **lived** <u>an austere</u> **life**. 그는 검소한 생활을 했다. (☞ 앞 '동족 동사' 참조)

His picture **has no soul.** 그의 그림에는 혼이 깃들어 있지 않습니다.

He **staked tomato vines**. 그는 토마토 덩굴을 기둥으로 받쳐 주었다.

→ 유사 He **staked a goat** in the back yard. 뒤 마당 말뚝에 염소를 매어 놨다.

My work **ties me** (**down**). 난 일에 얽매어 산다. → 동일 I'm **tied** (**down**) **to** my work.

Would you **like a coffee?** 커피 한잔하시겠습니까? → **답** I wouldn't say no. Yes, please.

My shoe<u>s</u> are **killing me.** 신발이 너무 끼어 아파 죽을 지경이다. → 동일 The tight shoes **hurt me.**

The clouds **promise rain.** 구름을 보니 비가 올 것 같다.

I **nearly** <u>made</u> **a mistake.** 하마터면 실수할 뻔했습니다.

Do you **follow(hear) me?** 내 말을 알아듣고 계신거죠?

Do you **have** any **cabins?** 민박할 방 있나요?

I **bombed** my final **exam.** 기말 시험을 망쳤다.

He **shrugged his shoulders.** 그는 어깨를 으쓱했습니다. (☞ 계면쩍거나 마땅한 답을 못할 때 하는 행동)

Pepper **bites the tongue.** 후추가 혀를 쏜다. → 유사 Pepper **pricks** the tongue. 혀가 얼얼하다.

He **gave** a vague **answer.** 그는 애매하게 답했다.

The music really **gets me.** 그 음악은 정말 감동을 준다.

He **has** a lot of **charisma.** 그 사람 정말 매력이 넘친다. (☞ charisma 남을 끌어당기는 매력)

He has few, if any, faults. 그는 결점이 있다 해도 거의 없다. (☞ 삽입구 if any 있다손 치더라도~)

I **wanna see** the real you. 네 맨 얼굴을 보고 싶다. 네 민낯을 보여 줘!

비 격식 줄임 구어체 동사들

위 예문의 wanna처럼 미국 영어에서 혀를 바로 앞 발음 자리 근처의 위치에 붙여 놓고 연음으로 쉽게 발음하려는 경향이 아주 강하게 나타납니다. 아래 약식 표기가 그런 것들 중 하나인데 특히 구어체 청취에 있어 중요합니다.

gonna (going to), wanna (want to), gotta (get to), outta (ought to), kinda (kind of), betcha (bet you) shoulda (should have), woulda (would have), coulda (could have)

Stop your(the) **nonsense.** 시시껄렁한 소리 집어치워.

Did you **skip your lunch?** 점심을 건너뛰었나요?

Mind your own **business.** 참견 말고 네 일이나 잘해라. → 동일 It's none of your business.

She isn't **walking the dog.** 그녀는 개를 산책시키지 않는다. [☞ 타동사 walk 개 따위를 산책시키다]

He swam **the backstroke. (breaststroke, sidestroke)** 그는 **배영(평형, 횡형)** 수영을 했다.

The trees **broke the wind.** 나무들이 바람을 막았다. (☞ 응용 breakwind 방풍림)

She **pulls her face (faces).** 그녀는 얼굴을 찡그린다 → 동일 She scowls.

→ 응용 She frowned **her displeasure. (disapproval).** 얼굴 찡그려 불쾌감을 (거부 의사를) 표시했다.

This question **puzzles me.** 이 문제는 나를 헷갈리게 한다.

He'll show **his true colors.** 그는 자기 본색을 드러낼 거야.

I had **such enormous fun.** 정말 재미있었어요!

I'd like to **make a deposit.** 예금을 하고 싶은데요 ↔ I'd like to **make a withdrawal.**

The thief **pleaded poverty.** 도둑은 가난을 내세워 용서를 청했다.

He knows **all the answers.** 그는 만사에 능통하다, 약삭빠르다.

Worry affected her health. 근심이 그녀의 건강을 해쳤다.

The play had the long run. 그 연극은 장기 공연을 했다.

His opinion carries weight. 그의 의견에는 무게가 있다.

The road parallels the river. 그 도로는 강과 나란히 달린다.

The little island allured me. 그 작은 섬이 나를 사로잡았다.

You have pleasant worries. 행복한 고민이시네요~

I can't see the end of this. 도대체 끝이 안 보이는군~

Why are you accusing me? 너 왜 나에게 그래? 왜 나게 뭐라하는 건데?

Have you salted the meat? 고기에 소금을 쳤나요?

→ Have you marinated the meat? 고기를 (불고기처럼 액체)) 양념 소스에 담갔나요?

He survived (suffer) a fall. 그는 추락했는데도 살았다.

You could hear a pin drop. 핀 떨어지는 소리가 들릴 만큼 조용하다.

He thumbed the magazine. 그는 잡지를 대충 훑어봤다. (☞ 엄지 손가락으로 넘기며 대충 읽다)

His conscience pricked him. 그는 양심의 가책을 느꼈다.

Can I have your autograph? 싸인 부탁드려도 될까요?

Fine clothes make the man. 옷이 날개!

The woman makes the man. 남자는 여자하기 나름이야~

He pocketed all the profits. 그가 모든 이익금을 가로챘다. (☞ pocket→ 격식 표현 appropriate 유용하다)

The medicine induces sleep. 그 약은 졸리게 한다.

Early bird catches the worm. 부지런 새가 먹이를 더 먹는다. 부지런해야 길이 열린다.

The news made a great stir. 그 소식으로 큰 동요가 일어났다.

Two islets parts the stream. 두 작은 섬이 물 줄기를 둘로 나눈다.

You can't help her, can you? 자네가 그녀를 도울 수 없지? 그렇지? (☞ 부가 의문문, 숙달 필요합니다!)

Where does it concern you? 그것이 어떤 면에서 당신과 연관이 있는 걸까요?

How do you find New York? 뉴욕이 어떻습니까? (뉴욕이 맘에 드나요?)

Don't press(push) your luck! 복 나갈라, 오두방정 떨지 마라.

The rain has upset our plan. 비 때문에 계획이 망쳤다.

I can't afford even a bicycle. 난 자전거조차 살 여력이 없다.

Do you have a breath mint? (입 냄새 없애는) 박하사탕이 있나요?

What brings you here today? (무슨 바람이 불어서) 오늘은 여기 오게 되었나요?

He signed his disagreement. 그는 몸짓으로 반대 의사를 표했다.

The sign says "No Smoking." 게시판에는 '금연'이라 쓰여 있다.

This gadget has various uses. 이 장치는 여러 용도로 쓰인다. (☞ gadget 편리한 신 고안 제품)

Don't **make a mess, will you**? 소란을 피우지 말아라, 알아들었지? (☞ make a mess 소란 피우다)

Why don't you **act your age**? 너, 철 좀 들어라! → (간단) Act your age!

You'd better **consult a lawyer.** 변호사와 의논해 보는 것이 낫겠다. (☞ consult ~~with~~)

He <u>barely</u> escaped the death. 그는 <u>간신히</u> 죽음을 면했다. (☞ barely 간신히)

Every cloud **has a silver lining.** (격언) 너무 비관할 것 없다. 쥐구멍에도 볕들 날 있다.

어느 허름한 가게에서 창업해 대박을 낸 최초 핫도그 창업자의 성공에서 유래한 격언으로 알려져 있습니다. 여러분도 늘 소망 가운데 앞으로 나아가시기 바랍니다. **가장 중요한 것은 여러분들이 남보다 잘할 수 있는 것이 무엇인가를 정확하게 아는 것입니다.** 치밀하게 준비하면서 그곳에서 승부를 내시기 바랍니다!

Why don't you **have some sleep**? 눈 좀 붙이지 그래?

You **go your way**, I'll **go mine**. 각자도생各自圖生, 각자의 길을 가자!

Success has **inflated his pride**. 그는 성공하자 거들먹거렸다. (☞ arrogant, pompous manner)

The audience **packed the hall**. 청중들이 홀에 꽉 찼다.

I don't **believe either of them**. 나는 그들 중 누구도 믿지 않는다. → 동일 I believe **neither of them**.

She **assumed** a look of **horror**. 그녀는 겁먹은 표정을 머금었다.

He **commands** seven languages. 그는 7개 국어를 구사한다.

Do you **sell monthly magazine**? (서점에서) 월간지 있습니까? (☞ sell 판매하고 있다, 취급하다)

Many difficulties **confronted us**. 많은 시련이 우리에게 닥쳤다.

Violence **dominates his novels**. 그의 소설에는 폭력이 난무한다.

He **anchored a news program**. 그는 한 뉴스 프로를 맡아 진행했다.

The wind **waved** the branches. 바람이 나뭇가지를 뒤흔들었다.

You've **got the wrong number**. 전화 잘못 거셨어요.

A good cry **lightens the heart**. (유대인 속담) 실컷 울고 나면 마음이 밝아진다.

Disease **follows intemperance**. 병은 무절제에서 발생한다.

The dog **awaits the blind man**. 개가 맹인을 기다리고 있다. (☞ await 동사 - 無전치사 주의, await ~~for~~)

Rights **imply** huge **obligations**. 권리는 막대한 책임을 내포한다.

It **hit** a new **all-time low(high)**. 최저(최고) 신기록을 갱신했다.

His deeds **reflect his thoughts**. 그 사람의 행동은 그 사람의 생각을 반영한다.

She **has a multiple personality**. (**a split personality**) 그녀는 다중성격 (이중성격)을 가졌다.

It doesn't **make any difference** 전혀 차이가 없습니다. (☞ make difference)

His homerun <u>decided</u> **the game**. 그의 홈런으로 그 시합을 결정지었다.

He is **talking** absolute **nonsense** 그는 말도 안 되는 소리를 지껄이고 있다.

I cannot **stomach** such **injustice**. 그런 불의를 참을 수 없다(☞ **stomach** 참고 견디다, 맛있게 먹다)

Don't **ignore your subordinates**. 네 아래 사람들을 무시하지 마라. (☞ ignore, maltreat)

Alex's going to **divorce Susanna**. 알렉스는 수잔나와 이혼하려 한다. (☞ divorce ~~with~~)

Too many cooks spoil the broth. 사공이 많으면 배가 산으로 간다. (☞ broth 묽은 죽)

"We have too many cooks in the kitchen."

The accused pleaded ignorance. 피고는 자기는 몰랐다고 변명했다.

[☞ 법정용어: the accused 형사 사건의 피고인; defendant 민사 소송의 피고소인↔ plaintiff 원고, 고소인]

I couldn't <u>sleep a wink</u> last night. 난 지난 밤에 한숨도 못 잤다.

Bio industry <u>made big advances</u>. 바이오 산업이 큰 진전을 이루었다.

He **excels** <u>all other</u> living **writers**. 그는 현존하는 작가들을 능가한다.

The pillars carry the main arches. 기둥들이 주 아치들을 받치고 있다.

Everyone enjoys a bit of scandal. 누구라도 조금은 남 험담 듣기를 좋아한다.
Our room overlooked the beach. 우리 방에서 해변을 내려다볼 수 있다.

Dover, England

Lightening accompanies thunder. 번개는 천둥을 동반한다. (☞ accompany를 자동사로 알기 쉽습니다)
The number approximated 3,000. 그 수가 3,000에 근접했다. (☞ approximate 숫자가 ~에 근접하다)

A pestilence overhangs the land. 한 전염병이 그 나라를 위협하고 있다.
He tapped the rhythm of a song. 그는 탁탁 치며 노래 박자를 맞추었다.

How much do you make a month? 한 달에 얼마를 버느냐?
The hospital held a charity bazaar. 그 병원에서 자선 바자회를 열었다. (☞ hold-held-held)

The sale gathered many shoppers. 세일이 많은 고객을 끌어들였다.
The spring rains quicken the earth. 봄비가 대지를 소생시킨다.

The scarlet curtain killed the room. 그 자주색 커튼이 방의 분위기를 망쳤다.
The war has entered its third week. 전쟁이 3주째로 접어들었다.
I've got a school outing to Gangreung. 나는 강릉으로 학교 MT를 갔다.

They **performed a piece** by Mozart. 그들은 모짜르트의 한 곡을 연주했다.

Salzburg, Austria – 모짜르트의 탄생지, 옛 영화 The Sound of Music 영화의 배경 도시

Spike **makes a thumb-up gesture**. 스파이크가 '엄지 척'을 해 보인다.
Why are you always **making a face**? 너 왜 늘 우거지상이냐? (☞ make a face 인상을 쓰다)
→ 동일 Why (do you **have**) **the long face**? 얼굴이 왜 우울해 보여?

No one **but the critics** noticed him. 비평가 외에는 아무도 그를 주목하지 않았다.
Her sparkling wit **engaged everyone**. 그녀의 번득이는 재치가 모든 이를 사로잡았다.
Mountain top **offers a splendid view.** 산 정상에서는 멋진 경치를 볼 수 있습니다.

I **haven't the slightest (faintest) idea**. 저는 전혀 아는 바 없습니다. 어찌해야 할지 모르겠습니다.
Drop everything and come right away. 만사 제쳐 놓고 즉시 오세요.
The police can **arrest drunken drivers.** 경찰은 음주 운전자를 체포할 수 있다.

Consider your **surroundings**, you fool. 이 바보야, 분위기 (상황) 파악 좀 해라!
I need a pair of **socks. /pants. /mitten.** 양말/바지/벙어리 장갑 한 켤레 주세요. (☞ 켤레 복수표현)
The racing cars **raised** a cloud of dust. 경주차들이 먼지 구름을 일으켰다.

The illustration **quickened my interest**. 그 삽화는 나의 흥미를 일깨웠다.

She wears chic and expensive clothes. 그녀는 멋지고 값비싼 옷을 입는다.

It's too outrageous, I can't **find a word**. 너무 기가 막혀 말문이 다 막힌다.

His eyes **reflects his gentle disposition**. 그의 눈은 온순한 성향을 나타낸다. (☞ disposition 기질, 성향)

The river sometimes **overflows its bank**. 그 강은 때로 방파제를 넘어 범람한다.

Prague, Czech Republic 체코의 프라하

The restaurant does not **serve alcohol**. 그 식당에서 술을 팔지 않는다.

The general **demands** blind **obedience**. 그 장군은 맹목적인 복종을 강요한다.

The restaurant **uses** fresh local **produce**. 그 식당은 신선한 현지 식자재를 쓴다.

Neither sports nor exercise **interest** me. 스포츠 경기도 운동하는 것도 둘 다 관심이 없다.

We **had** a few **mishaps**, nothing serious. 우리는 몇 재난을 맞았지만 심각한 것은 아니었다.

Larry upped the price of the spare parts. 래리는 수리부품가격을 인상했다. (☞ 부사 up을 동사화)

Where have you been **keeping yourself?** 어디 갔었는데 얼굴 코빼기도 볼 수 없는 거야?

The book **describes** his deceased **father**. 그는 그 책에서 돌아가신 아버지에 대해 썼다.

The back seat will hold three passengers. 뒷좌석엔 3명이 탑니다. (☞가능, 능력의 will 사용 경우)

He has **an easy-going and cool attitude**. 그는 성격이 털털하고 시원시원하다.

He **boarded** a 13-hour flight to Australia. 그는 13시간 걸리는 호주행 항공편에 탑승했다.

He used to **get *drunk*** and abuse his wife. 그는 자주 술이 취해서는 아내를 학대했다.

The scandal **ended** his political **ambitions**. 추문으로 그는 정치적 야망을 접어야 했다.

The **rarity** of an object increases its value. 물건은 희소성이 클수록 그 가치가 커진다.

Labor cost **ate** more than **half the budget**. 예산의 반 이상이 인건비로 먹혔다. (☞ eat – ate -eaten)

You've **blown** your chance of **getting** a job. 넌 일자리를 얻을 기회를 날려 버렸다!

[The money *collected*] aggregated $3,000. 모금된 총계가 $3,000가 되었다. (☞ 동일 summed up to)

Can you imagine **their doing such a thing**? 그들이 그런 짓 하는 것을 상상이나 할 수 있는가?

In some of the villages they **lack electricity**. 몇몇 마을에는 전기가 들어가지 않는다.

How large do you **make** the congregation? 그 집회 인원이 얼마나 된다고 생각하십니까?

Above all, I would like to **thank my parents**. 무엇보다 보모님께 감사함을 표합니다. (☞ thank ~~to~~)

For Peter's sake! Don't you **have any pride?** 맙소사! 넌 자존심도 없냐?

I **treasure** every moment [**we had together**]. 우리가 함께한 모든 시간들을 소중히 여깁니다.

The divorce **affected** every **aspect** of her life. 이혼은 그녀의 삶 모든 영역에 나쁜 영향을 미쳤다.

Currently we're **experiencing** visual difficulties. (방송 중) 화면이 고르지 못합니다. (죄송합니다!)

The age of rock **has succeeded** the age of jazz. 재즈에 이어 록의 시대가 되었다.

We **stock** the whole **range** of **electrical goods**. 우린 전기 제품의 전 종류를 구비하고 있습니다.

An odometer **indicates** the **distance** [*traveled*]. 주행거리계는 주행한 거리를 나타낸다.

Good food doesn't have to **cost** a lot of **money**. 좋은 음식이라고 다 비싼 것은 아니다. (☞ 부분 부정)

My investment have **yielded huge(small) returns**. 내 투자 수익률이 시원치 않다.

University of Texas **graduated** 5,000 students every year.
텍사스대학은 일 년에 5,000명의 졸업자를 배출했습니다.

→ He graduated (from) **University of Texas.** 그는 텍사스대 출신이다. (미국에서 from을 빼는 경향)

→ He came (was) from NYU. 그는 뉴욕대를 졸업했다.

He **kicks some old shoes** under the stairs, **bins an unfinished pizza**, and **hides a plate of breakfast** in a cupboard. 신발을 계단 밑에 처넣고, 먹다 남은 피자를 쓰레기통에 집어 처박고, 그리고 아침에 먹던 것은 찬장에 숨긴다.

발전 예문 Intermediate

You **deserve it.** 쌤통이다.

→ 동일 You've <u>asked for</u> it. 그건 다 당신이 자초한 일이다!

You just **name it.** 말씀만 하세요.

I **rang the hours.** 나는 종으로 시간을 알렸다.

BIG Ben & Westminster Palace, London

Don't **play dumb.** 시치미 떼지 마라.

It **cuts both ways.** 그건 양날을 가진 검이다.

You are **telling me.** 완전 공감합니다!

It **gave the creeps.** (대체어 **goose bumps, goose pimples, flesh crawl.**) 오싹해서 소름이 돋았다.

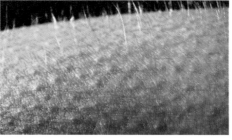

I have **had enough.** 이미 많이 먹었습니다.

I **grudge** his **going.** 나는 그를 보내고 싶지 않다. (☞ grudge +-ing ~하는 것을 싫어하다)

Who shall I say, Sir? (손님을 맞는 안내인이) 누구이시지요?

I've **got the picture.** 나 감 잡았어!

That **alters matters.** (the cases) 그럼 얘기가 달라지지~

Go (and) fly a kite! 가서 애나 봐! (☞ 한가한 사람이 즐기는 연 날리기나 낚시 등에 비유하는 말)

I haven't **got all day.** (시간이 없습니다.) 서둘러 주세요.

I'll **turn other cheek!** 용서해 줄게. 봐 줄게 (성경의 왼쪽 뺨 오른쪽 뺨에서 유래)

Do **what you're told.** 시키는 대로(들은 대로)만 해.

We've **got no choice.** 선택의 여지가 없다.

You can **say that again.** 지당한 말씀이십니다~

Salt **seasons all things.** 소금은 모든 것의 양념이다. (☞ season 양념을 치다)

She **announced dinner.** 그녀는 식사가 준비되었다고 알렸다.

→ 유사 The steward **announced** Mr. and Mrs. Joseph. 집사는 조셉 씨 부부의 내방을 알렸다.

He **feigned friendship.** (indifference). 그는 우정을 가장했다. (짐짓 무관심한 척했다.)

He **has many contacts.** 그는 연줄이 많다.

→ 유사 He has **a lot of pull** in the movie industry. 그는 영화업계에 막강한 영향력을 갖고 있다.

She's **got some curves.** 와우, 몸매 죽이는데!

He **has no dress sense.** 그는 옷에 대한 감각이 없다. 옷을 입을 줄 모른다.

Love me, love my dog. (속담) 아내가 예쁘면 처갓집 말뚝보고 절한다.

I cannot **help laughing.** 난 웃지 않을 수 없다. (☞ cannot help + -ing ~하지 않고는 못 배기다)

Are you **pulling my leg?** 너 날 놀리는 거니?

Would you **like a taste**? 맛 좀 보시겠습니까? → 동일 Would you **like a sip**? 한 모금 맛보기

She can't **resist sweets**. 그녀는 단과자라면 사족을 못쓴다.

Where does it **say that**? 무슨 근거로 그런 말을 하는데?

Sorry, I **have no excuse**. 면목 없습니다.

The cat **arched its back**. 고양이가 등을 활처럼 굽혔다.

A magnet attracts **iron**. 자석이 쇠를 당긴다. → a magnetic (gravitational) pull 자력(중력)

It **defies** every **criticism**. 비평의 여지가 전혀 없다.

She **wears no make-up**. 그녀는 화장을 하지 않는다.

He is putting on **weight**. 그는 체중이 불고 있다. → He is **gaining** weight.

What did you **say**? 뭐라고요? **What** do you **do**? 직업이 뭐죠?

What do you **know**? (도대체) 네가 아는 게 뭐냐? **What** do you **mean**? 그게 무슨 뜻이야?

What brings you here? 어떤 일로 왔어? What **nerve** you **have**! 너 어떻게 그렇게 뻔뻔스럽니?

He really **knows his job.** 그 사람 정말 일 잘해!

I didn't **mean any harm.** 악의가 있던 것은 아니었습니다.

That bar **has a real tone**. 저 술집은 정말 품위가 있다.

I've **opened Pandora's box.** 많은 골치거리가 생겨났다.

She **made the headlines.** ① 기사 제목에 이름을 올렸다. ② 유명인이 되었다 (☞ make headlines)

Did my eyes **deceive me?** 내가 무엇에 홀렸었나?

We cannot <u>un</u>do the past. 우리 과거를 없던 것으로 되돌릴 수는 없다.

The dress **transformed her.** 드레스를 입고 나니 그녀가 다른 사람처럼 보였다.

Would you **like a raincheck?** 나중에 (같은 우대 조건으로) 구입할 수 있도록 해 드릴까요?

☞ rain check - 우천시 보통 3-4주 안에 같은 관람을 할 수 있도록 교부해 주는 권리 표시 쪽지slip

X **represents the unknown.** X는 알려지지 않은 미지의 것을 상징합니다. (☞ the + 형용사)

His remarks **lack the point.** 그의 말엔 핵심이 없다.

He **overstayed his welcome.** 그는 너무 오래 머물러서 눈총을 맞았다.

Women naturally <u>outlive</u> men. 원래 여성이 남성보다 장수한다.

 vs

Some people have <u>a lot of go</u>. 기운(추진력)이 왕성한 사람들이 더러 있다. (☞ go 기운, 에너지, 추진력)

Like a fool, I **bought his story.** 바보처럼 난 그 사람의 말을 믿어 버렸다. (☞ buy 받아들이다)

I've read [<u>what **books I have**</u>]. 내가 가지고 있는 책은 죄다 읽었다. (☞ what 관계 형용사, 가진 모든 것의) → 유사 I gave [<u>what **comfort** I could to him</u>]. 내가 할 수 있는 한 모든 위로를 해 주었다.

Many of his poems **lack polish.** 그의 많은 시詩는 다듬어지지 않았다. (☞ polish 광택; 세련, 품위)

I solemnly **professed Christianity.** 나는 엄숙하게 기독교에 대한 신앙을 고백했다.

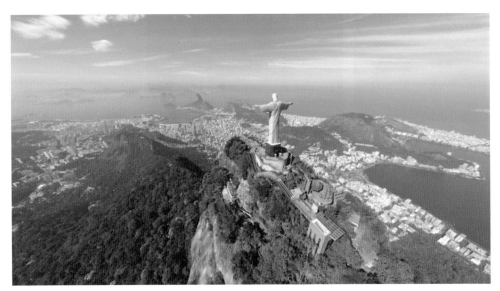

Rio de Janeiro, Brazil

What do you say to **taking a rest**? 잠깐 쉬는 게 어때요?

[☞ 권유 표현 what do you say to **taking a rest?** → *How about* **taking** a rest?

Which song can you **sing** the best? 당신의 18번(노래가)이 뭔가요?

She **possesses** personal **attractions.** 그녀는 사람을 휘어잡는 매력이 있다.

This **makes my fourth trip** to Korea. 이번이 네 번째 한국 방문이 됩니다.

Lookers-on see **most of the games.** 구경꾼(훈수꾼)이 더 잘 본다.

Adversity makes strange **bedfellows.** 역경은 낯선 동숙자를 만든다 – 오월동주吳越同舟

This menu **has** no **vegetarian options.** 이 메뉴에는 채식주의자가 고를 음식이 없다.

This case **admits** no other **explanation.** 이 경우는 달리 설명할 방도가 없다. (☞ ~~explanations~~ 불 가산)

I doubt that we can make the last train. 막 열차 시간에 맞출 수 있을지 모르겠다.

[**Who** holds the purse] rules the house. 권력은 돈에서 나온다. 금고 열쇠를 쥔 사람이 지배한다.

You have **no idea** [how much this hurts]. 넌 이게 얼마나 아픈지 모른다.

My watch **gains** several minutes [a week]. 내 시계는 일주일에 몇 분씩 빠르게 간다.

Being fat can adversely **affect your heart.** 비만이 당신의 심장에 안 좋은 영향을 미칠 수 있다.

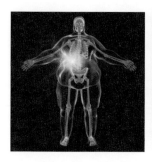

How much water does this bottle **contain**? 이 병엔 물이 얼마나 들어갈 수 있나요?

The theater can **seat** one thousand people. 극장은 천 명을 수용할 수 있다.

→ 유사 This theater **admits** (**accommodates**) 300 persons. 이 극장은 300명을 수용한다.

[All who once loved her] have **deserted her.** 그녀를 한때 사랑한 모든 사람들이 그녀를 저버렸다.

He has three female **dogs** and four male **ones.** 그는 3마리의 수캐와 4마리의 암캐를 갖고 있다.

I couldn't **help myself,** and **burst out** laughing. 난 도저히 참을 수 없어 웃음을 터뜨렸다.

The book **underwent** a lengthy editing process. 그 책은 장시간 편집 과정을 거쳤다.

Covid-19 vaccines could **upend** the drug industry. 코로나 치료제가 제약업계를 뒤바꿀 수도 있다.

He **shouldered** a heavy **burden** of responsibilities. 그는 막중한 책임을 어깨에 짊어졌다.

The guest speaker then **addressed the audience.** 초청연사는 그때 청중에게 연설했다. (☞ address to)

Marriage **entails cooperation and understanding.** 결혼 생활은 협조와 이해를 필요로 한다.

The book **studies** the psychology of **a series killer.** 그 책은 **연쇄 살인범**의 심리를 연구한다.

How much do you **weigh?** I **weigh** about 80 kilos. 체중이 얼마나 나가세요? 약 80kg입니다.

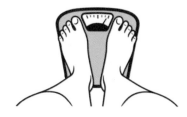

Does the country **violate the ceasefire agreement?** 그 나라가 **휴전 협정을** 위반했나요?

The United States of America **comprises 50 states.** 미국은 50개 주로 이루어진다. (comprise of)

Ten dollars a day **would suffice** your living **expenses.** 하루 10달러면 생활비로 충분하다고 봅니다

Our bodies **use oxygen** and <u>**give off**</u> carbon dioxide. 우리 몸은 산소를 쓰고 Co2를 방출한다. (구동사)

Some players **use foul language** <u>when playing</u> sports. 일부 선수들은 경기를 하면서 욕을 한다.

One only can understand <u>**the things [that** <u>one</u> **tames]**</u>. 사람들은 자기에게 익숙한 것들만 이해한다.

I **wear (have)** three **hats** – wife, a mother and a nurse.
난 아내로서, 엄마로서, 간호원으로 일인삼역을 맡는다.

Plastic and rubber won't **conduct** electricity, but copper **will.**
플라스틱과 고무는 전기가 안 통하지만 동은 전기가 통한다.

When a chance **offers itself**, please boldly **make your move.** 기회가 찾아오면 과감히 행동해 봐요!

All of us **anticipated** much pleasure from our trip to Scotland next week. (☞ anticipate~기대하다)
우리 모두는 Scotland 여행이 대단히 즐거울 것이라 기대했다.

인류 최초 골프 코스 St. Andrew GC, Scotland

Scotch Whisky

Edinburgh Castle, Scotland

Our food products do not contain **any additives** or **preservatives.**
우리 식품은 **첨가물**과 **방부제**가 들어 있지 않습니다.

심화 예문 Advanced

The label on the paint said, "Stir well before **applying."**
페인트 깡통 라벨에는 "사용 전 잘 저으시오."라고 쓰여 있었다.
The machine can only approximates the sound of a human. 기계는 사람 목소리에 근접할 뿐이다.

We need to **admit** some **discomforts** [incidental to a journey]. (☞ incidental ↔ accidental 우연의)
여행에 필연적으로 수반되는 불편들을 받아들여야만 한다.
My parents can't **afford the expense** [of sending me to college].
부모님은 날 내 대학 학비를 댈 여력이 없다.

The labor union **claimed a pay rise** [worth four times the rate of inflation].
노조는 물상 상승률보다 4배나 많은 임금 인상을 요구했다.
[The thought of *them* getting her possessions when she dies] agitated her.
그녀가 죽으면 그녀의 재산을 가지려는 그들의 생각이 그녀를 초조하게 만들었다.
The Renaissance period **saw** the emergence [of some really great artists in Italy.].
르네상스 시기에 이탈리아에서 몇몇 위대한 예술가들이 등장했다.

르네상스시대의 중심지 피렌체 Florence, Italy

10-2 구동사 phrasal verb

우리는 앞서 '모듈7'에서 동사가 부사(부사적 소사) 또는 전치사와 만나 2-3 단어로 된 **구동사 phrasal verb**'에 대해 깊이 살펴본 적이 있습니다. 그런 구동사 중에는 두 단어의 동사가 마치 한 단어로된 타동사처럼 목적어를 취하는 경우가 있는데 그중에서 특히 off, out, up 같은 부사나 전치사가 들어간 '2어구동사' 예문들을 이곳 '모듈10' 타동사란에 모아 올립니다.

> **Off** (고정,부착 상태에서)분리되어, 격리되어, 어떤 장소를 떠나서, 중지해서, 일을 쉬고, 온통, 완전히, 쇠퇴하여, 품절되어, 줄어서, 서둘러서, 단숨에, 동사를 강조해서, 분할해서

Get off me! 날 건들지 마! 날 놔둬! → 유사 Get off my tail(back)! 나 (내 꽁무니) 좀 그만 따라다녀!
Keep off the lawn! 잔디밭에 들어가지 마시오!
I sweated off 5 kg. (belly fat) 나는 땀을 흘려 5kg(똥배)를 뺐다.

Back off a few feet! 2-3피트 뒤로 물러서세요! (☞ back이 동사로 쓰입니다. 뒷걸음치다, 후원하다)
He got off the train. 그는 열차에서 내렸다. ↔ He got on the train.
→ cf. What time do you get off work today? 오늘 몇 시에 퇴근하십니까?
I finally paid off the debt. 난 드디어 빚을 다 상환했다.

The police blocked off the street. 경찰은 길을 완전 봉쇄했다.
→ 유사 He boxed (caged) off the wild animals. 그는 야생동물을 상자(우리)에 넣어 격리했다.
→ 유사 The farmer roped off the vegetable garden. 농부는 채소 밭을 줄로 구획을 그었다.
The company laid off the workers. 회사는 인부들을 해고했다. (☞ lay off 회사 사정으로 인한 일시해고)
His armpits give off a cheese-like smell. 그 사람 겨드랑이에서 치즈 같은 냄새가 난다
→ The males give off odor before mating. 수컷들은 짝짓기 전 냄새를 풍긴다.

You need to **blow(cool) off** some steam. 그만 열 받고 진정해.

The swim suit <u>shows off</u> her figure well. 수영복이 몸매를 돋보이게 했다. (☞ show off 과시하다)

He couldn't wait <u>to show off</u> his new **BMW Z4.** 자기 BMW Z4차를 자랑하고 싶어 견딜 수가 없었다.

They **kicked off** two weeks of tour to Santorini. 그들은 2주 산토리니로 여행을 떠났다.

Santorini, Greece (전 세계 신혼 여행지 선호도 1등 섬입니다!)

The judge **let off** the traffic violator **with a fine**. 판사는 벌금을 내게 하고 교통 위반자를 석방했다.

He **takes off** the headphones **and puts** them **gently down.** 그는 헤드폰을 벗어 조용히 내려놓는다.

We went out for a while **to walk off** some of our heavy dinner. 잠시 밖에 나가 걸어 과식을 해소했다.

→ 유사 I **slept off** a cold. (a headache, hangover) 푹 자고 나니 감기(두통, 숙취)가 나았다.

Jessica was extremely happy **when she brought off** the seemingly hopeless project.

제시카는 겉보기에 희망이 없던 프로젝트를 성사시켜 너무나 행복했다. (☞ bring off 비격식 훌륭히 해내다)

Out - (창문, 출입구) 펼쳐서 밖으로, 바깥 쪽의, 예상을 빗나가서, 관통해서, 끝까지 완수하는

Live out your dreams. 네 꿈을 (활짝) 펼쳐라! (☞ 꿈을 하나만 품는 사람은 없겠죠? 영어의 논리성)

Flatten out the dough. 반죽을 납작하게 눌러서 넓게 펴라.

Open out the umbrella. 우산을 활짝 펴라.

He **combed out** his hair. 그는 머리를 (끝까지) 빗어 내렸다.

He **puffed out** his cheeks. 그는 바람을 불어넣어서 볼을 불룩하게 했다.

She **hanged out** the wash. 그는 빨래를 펴 널었다.

They **laughed out** his ideas. 그들은 그의 생각을 비웃으며 무시했다.

She really **fills out** her dress. 그녀는 살이 쪄서 드레스가 꽉 끼게 되었다.

She **crossed out** misspelling. 그녀는 오자를 X자로 지웠다.

He **struck out** the best batter. 그는 최고 타자를 스트라이크 아웃으로 물러나게 했다.

→ 유사 He **knocked out** his opponent. 그는 상대방을 때려 의식을 잃게 했다.

→ 유사 The referee **counted out the felled boxer.** 심판은 쓰러진 선수 향해 10까지 센 후 아웃시켰다.

She **dished out** the vegetables. 그녀는 야채들을 접시에 나누어 담았다.

They **ruled out** the possibility. 그들은 그 가능성을 배제했다.

Try to **figure out** [**how to do it**]. 그것을 어떻게 하는지 알아내도록 해라.

He **rounded out** his meal **with desert**. 그는 후식까지 먹으며 전체 식사 코스를 끝마쳤다.

Pound out the silver **until it gets thin**. 얇아질 때까지 그 은을 두들겨 펴라. (☞ pound 두들기다)

He **shoots out** a stream of **witty words**. 그는 재치 있는 말을 계속 쏟아 냈다.

The boy **blew out** the candles **on the cake**. 그 소년은 케익의 촛불을 입으로 휙 불어서 껐다.

Can you **make out** [**who is standing there**]? 저기 누가 서 있는지 알 수 있냐?(☞make out 판별하다)

He **spread out** the tools **on the workbench**. 그는 연장을 작업대 위에 펼쳐 놓았다.

I **sat out** the film **even though** I did not like it. 나는 영화를 좋아하지 않지만 끝까지 앉아 관람했다.

They **rang out** the old year **and ring in** the new. 종을 울려 묵은 해를 보내고 새해를 맞아들였다.

The police **pieced out** the whole story of the crime. 경찰은 범죄의 전모를 끝까지 짜맞추어 냈다.

Up 낮은 곳에서 위로, 똑바로, 기상하여, 수평선상에, 상류로, (가치, 신분, 속도, 음량) 밝은 쪽으로, 경기에서 이기고, 뒤처지지 않고, 기운차서, 흥분하여, 화제에 올라, 완전히, 얼굴이 위쪽으로

He **drew up** a contract. 그는 계약서를 작성했다. → 유사 He **drew up** a will. 그는 유서를 작성했다.

They **cooked up** an excuse. 그들은 핑계거리를 꾸며 냈다.

I **patched up** the leaky roof. 나는 비가 새는 지붕을 (뭔가를) 덧대어 수리했다.

The nurse **banded up** the cut. 그 간호사가 상처를 붕대로 감았다.

11 members **made up** a team. 선수 11명이 하나의 팀을 구성했다.

He **finished up** a plate of food. 그는 음식 한 접시를 꿀꺽 해치웠다.

He **made up** his mind **to leave** town. 그는 마을을 떠나기로 마음먹었다. (☞ make up one's mind)

Would you please **hang up** the phone? 전화를 끊어 주시겠습니까?

Morning glory **ran up** the side of the house. 나팔 꽃이 집 옆면을 타고 올라갔다.

You need to **dig up** dirt [**on your opponent**]. 넌 상대의 추문들을 캐내 봐야 해~

The company has plans to **beef up** its production. 그 회사는 증산할 예정이다.

He **ended up** a famous actor **after** all those rough days. 어려운 시절을 견딘 후 끝내 유명배우가 되었다.

We don't know **what**'s what. 우리는 자초지종을 알지 못한다.

I'll send **what was promised.** 약속한 것을 보내겠다 (☞ what~ 목적 명사절)

Who do you think **you're talking to?** 네가 날 도대체 뭘로 보는 거냐?

← [Do you think?] + [Who you're talking to?]

"Who do you think I am?" 너는 날 누구라 생각하느냐?

→ The God said to Moses, **"I am who I am."** 나는 스스로 있는 자이니라. (성경 출애굽기 Exodus 3:13-14)

We always covet **what we can't have.** 우린 우리가 가질 수 없는 간절히 가지고 싶어 한다.

You're only hearing **what you want to.** 넌 듣고 싶은 얘기만 들으려고 해~

Can you locate **where we are on this map?** 이 지도에서 우리가 어디 있는지 아십니까?

He said **what** everyone expected he would. 그는 모든 사람들이 기대했던 바로 그 말을 했다.

Words can't express **how much** we miss her. 그녀를 얼마나 보고 싶은지 말로 표현할 수 없다.

What would you recommend the places I see on Seoul? 서울에서 볼 만한 곳을 추천해 주시겠습니까?

Night view / Seoul, Korea

They did not reck **what may become of him.** 그가 어찌되든 상관하지 않았다. (☞ become of ~이 되다)

Have you **decided yet what you're going to do?** 이제 뭘 할 것인지에 대해 벌써 결정했니?

I will now demonstrate **how this machine works**. 이 기계가 어떻게 작동하는지 시연해 보겠다.

The language we use tells **who we actually are.** 말은 사람의 됨됨이를 그대로 나타낸다.

Don't **put off** till tomorrow **what you can do today.** 오늘 할 수 있는 일을 내일로 미루지 마라.

MRI vividly shows **what**'s **going on** within the body.

MRI는 몸 안에서 일어나고 있는 것을 선명하게 보여 준다.

I **have** the faintest **notion** [of **what he is talking about**]. (☞ notion 관념, 개념, 생각)

그가 무슨 말을 하고 있는지 도대체 모르겠다.

He **pick-pointed out how important it is to observe law.**

법을 지키는 것이 얼마나 중요한지 꼬집어 지적했다.

The graph clearly **demonstrates how air travel has increased since 1960.**

그 도표는 1960년 이후 항공 여행이 어떻게 증가해 왔는지를 분명하게 보여 준다.

After months of haggling, they **recovered** only three-quarters [of **what they had lent**].

몇 개월 옥신각신한 끝에 그들은 빌려준 돈의 3/4을 되돌려 받았다.

Module 11

Voulez-vous dancer acec moi?
부사여! 나와 다시 한번 멋진 춤을!

□ '모듈11'은 한 번 더 동사와 찰떡궁합 파트너를 이루는 '부사적 소사adverbial particle'에 관한 내용입니다. 부사적 소사는 '모듈2', 그리고 바로 앞 '모듈10'에서도 다룬 바 있습니다만 이번에는 목적어를 갖는 '타동사'의 경우입니다.

□ 본 교재에 실린 예문들은 우리 학습자들이 영어의 구조를 제대로 이해하고 빠르게 체화-체득하는 데 꼭 필요하다고 판단되는 문장들을 신문, 잡지, 영화, 방송 그리고 예문 사전 등에서 엄선해서 이곳에 올렸습니다.

반드시 소리 내어 『읽고 또 읽고』 해 보세요! 각 모듈 별 문장 특성을 생각하면서 영어 문장의 구조를 익히고 영어가 어떤 식으로 만들어지는 언어인지, 특히 각 문장 성분들을 명사화, 형용사화, 부사화 관점에서 접근 분석해 보시기 바랍니다. 그 다음 예문 상황마다 내가 주인공이 되어 '혼상(혼자 상상)학습'을 계속해 가기 바랍니다. 예문과 동일한 상황이 언제나 내게 닥칠 수 있다고 생각하고 그때 나라면 어떻게 표현할까 고심하면서 공략해 나가기 바랍니다.

표준 예문 Standard

예 **Zip it up!** 조용히 해! (입 지퍼를 올려 닫아!)

예 **Give it up!** 그만 둬! 헛수고 마!

예 **Can I try it on?** 이거 입어 봐도 되나요?

예 **We sent him off.** 우리는 그를 배웅했다.

예 **Keep your chin up!** 기운 내세요!

예 **He snapped the radio** off. 그는 라디오 스위치를 '탁' 껐다.

예 **Don't try to butter me** up! 알랑거리지 마!

예 **Stop twisting my words** around. 말꼬리 잡지 마!

예 **Just wait! I'll get (pay) you** back. 너 어디 두고 보자!

예 **Why so blue? Emma** stood me up. 왜 우울해 보여? 엠마에게 바람 맞았어.

예 **Her sweet smile** melted **my worries** away. 그녀의 예쁜 미소에 내 근심은 녹아 사라졌다.

예 **I** asked **Kate** out, **but she** turned **me** down. 케이트에게 데이트 신청했다가 딱지 맞았다.

예 **I will** pick **them** up **on my way to the airport.** 공항 가는 길에 픽업해서 가겠습니다.

예 **I always** remind **him** back **when I think he is wrong.** 그가 틀렸다고 생각되면 늘 일깨워 준다.

핵심 문법 점검 Review on Core Grammar

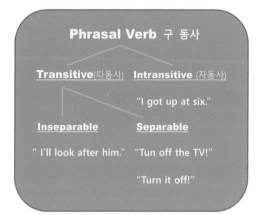

□ 앞 '모듈10'에서 살펴봤듯이 '구동사phrasal verb'에는 두 종류가 있습니다.

첫 번째는 목적어가 없는 '자동사' 경우입니다. "I got up at 6:00."에서 동사 got 다음 up은 '**부사**'이고 두 단어가 합쳐져서 'get up' **구동사**를 만들었는데 뒤에 목적어가 없는 문장입니다.

두 번째는 목적어를 취하는 구동사인데 마치 '타동사'의 역할을 하는 경우입니다. "Turn off the TV."처럼 'turn off'가 구동사로서 the TV를 목적어로 취하는 경우입니다. 여기에서 새로 설명드릴 것은 부사의 위치입니다. 위 예문에서 off는 **부사**이기 때문에 위치 이동이 자유로워 "Turn the TV off."로 쓸 수 있습니다. 그런데 만약 목적어 the TV를 대명사인 it로 바뀔 경우에는 어떨까요? 이 때는 "Turn off it."이 아니라 반드시 "Turn it off."의 형태를 갖추어야 하고 이런 부사 동반 구동사를 '분리 가능한 구동사'라고 구분해서 부릅니다.

한편 위 'I'll look after him.' 문장에서 after는 부사가 아닌 전치사입니다. 전치사는 부사와 달리 위치 이동이 자유롭지 않아 위 경우와 달리 'I'll look him after.'로 쓸 경우 틀린 문장이 됩니다. 위 분리 가능한 구동사와 달리 '분리 불가능 구동사'가 되었습니다. 구동사에서 전치사인지 부사인지 구분이 쉽지 않다고 말씀드렸는데 이런 구분법이 100% 완전한 것은 아니지만 활용하시기 바랍니다.

통합 예문 Combined

아래 각 부사별 적용 영역은 앞 '모듈2'에 기재된 내용을 참고하기 바랍니다.

A-로 시작되는 부사

He treats everybody alike. 그는 모든 사람들을 차별없이 대한다.

He raced his property away. 그는 경마로 재산을 날렸다.

Leave him alone. He'll eventually stop it. 내버려 둬. 그냥 그러다 말겠지!

Stop twisting my words around. 말꼬리 잡고 늘어지지 마!

You have to keep a child away from fire. 아이들을 불에서 멀리 떨어져 있게 해야 한다.

Back

I'll ring you back. 내가 나중에 다시 전화하겠습니다.

I put the clock back (↔ forward, ahead) 시계를 뒤로(앞으로) 돌리다.

Don't leave your stuff behind! 각자 소지품 잊지 말고 챙기세요! (☞ stuff, belongings)

Are you hiding something behind? 너 뭐 찔리는 거라도 있냐?

Your education will pay you back well later. 네가 받은 교육이 앞으로 당신에게 충분히 보상할 겁니다.

Down

Don't let me down. 나를 실망시키지 마세요. [☞ let sb down 실망시키다, (sb - somebody의 약어)]

→ 실전 "We are going to eat out at a fancy restaurant." "Really! I knew you wouldn't let me down."

They voted him down. 그들은 투표를 통해서 그를 낙선시켰다.

My work **ties** me <u>down</u>. 난 일에 얽매어 산다.

He **stared** me <u>up and down</u>. 그는 나를 아래 위로 훑어봤다.

I **paid** part of the price <u>down</u>. 나는 물건 값의 일부를 현금으로 지불했다. (☞ down 현금으로)

Please **keep** your voice <u>down</u>. 음성을 좀 낮춰 주세요.

He **snapped** the toilet lid <u>down</u>. 그는 변기 뚜껑을 탁하고 내리쳤다. (뚜껑이 탕하고 닫혔다.)

The mother **quieted** the baby <u>down</u>. 엄마가 아기를 달래 조용하게 했다.

The tedious job really **getting** me <u>down</u>. 이 지루한 일은 날 정말로 지치게 한다.

Would you possibly **turn** the radio <u>down</u>? 라디오 볼륨을 좀 줄여 줄 수 있을까요?

It's a great job offer; however, I'll **turn** it <u>down</u>. 멋진 일자리 제안이지만 나는 거절하려 합니다.

You should **prune** the speech <u>down</u>. It's too long. 자네의 연설을 다듬어야 해, 너무 장황해.

One advertising company offered her a job, but she **turned** it <u>down</u>. (☞ turn down 기각하다)
한 광고회사가 그녀에게 일자리를 제안했지만 그녀는 거절했다.

Forward

Don't **put** yourself <u>forward</u>. 몸을 앞으로 내밀지 마라. 나서지 마라.

A sudden stop plunged the passengers <u>forward</u>. 차가 급히 멎자 승객들을 앞으로 쏠리게 했다.

In

Shall I **ask** him <u>in</u>? 그 사람 들어오라고 할까요?

I **rang** the maid <u>in</u>. 나는 벨을 눌러 종업원을 불렀다.

Martin **pops** head <u>in</u>. 마틴이 머리를 불쑥 들이민다.

You might not have **plugged** **it** **in** correctly. 자네가 전원을 제대로 꼽지 않았을 수도 있어.

Tom sent an email to John and **copied** **me** **in**. 존에게 메일을 보낼 때 나를 (참조 란에) 끼워 넣었다.

(It started to rain.) Will you **get the washing in**? (비가 오기 시작한다.) 빨래 좀 걷어 줄 수 있어?

Off

He **wrote** the report **off**. 그는 단숨에 보고서를 써내려 갔다. (즉시, 단숨에)

Just **drop** me **off** here. 날 여기 내려줘.

I'm **taking the day off**. 하루 쉬고 있습니다.

He **snapped** the radio **off**. 그는 라디오를 '탁' 하고 껐다. → 비교 **He snapped his fingers.**

snap button

We **have** every Fridays **off**. 매주 금요일마다 쉰다.

He **tried to laugh** his mistake **off**. 그는 자신의 실수를 짐짓 웃어 넘기려 했다.

What's the point of **seeing** him **off**? 그를 배웅하는 게 무슨 의미가 있을까? (☞ see off 배웅하다)

→ 응용 My friends **gave me** a warm **send-off.** 친구들이 따뜻한 작별 인사를 해 주었다. (send-off 전송)

Why don't you **finish** the work **off**? 왜 일을 (깔끔하게) 끝내지 않느냐?

The best way to cure cold is to **work it off.** 감기 치료의 최선의 방법은 운동해서 떨쳐 내는 것이다.

To top it all off, I **put on** weight of 30 kilos. 설상가상으로 30kg나 살이 쪘다.

It really **pisses** me **off** when you say like that. 네가 그렇게 얘기할 때 정말 짜증나.

He **bought** the coffee machine 10 percent off the average market price.
시장 평균 가격보다 10% 싸게 커피 기계를 샀다.

Is any of your decision to **take a year** off *anything to do with* the rumors [about Jeff and his partnering lady]? 당신이 1년 쉬기로 한 것이 제프와 관련된 소문들이나 그의 연기 상대 여인과 관련 있나요? (☞ have anything to do with ~와 관계가 있다)

On

Can I <u>try it on</u>? 이거 입어 봐도 되나요?

<u>Keep your shirt on.</u> 열받지 말고 진정해. (웃통 벗지 말고..)

He <u>has nothing on.</u> 그 사람은 아무것도 걸치고 있지 않다.

He <u>has suspenders on.</u> 그는 바지 멜빵을 걸치고 있다.

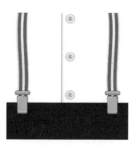 

Two cars <u>crashed head on.</u> 두 자동차가 정면으로 충돌했다.

He <u>switched the water on.</u> 그는 스위치를 켜서 물이 나오게 했다.

She <u>puts some lipsticks on.</u> 그녀는 입술연지를 약간 발랐다.

Rock music really <u>turns me on.</u> (비유) 록 음악은 정말 신이 난다.

Through

He <u>read the book through.</u> 그는 그 책을 단번에 다 읽었다.

Several PMs <u>pushed a bill through</u> 몇 국회의원들이 한 법안을 밀어붙여 통과시켰다.

Out

<u>Wait it out</u>! 이거 끝날 때까지 (참고) 기다려!

It <u>freaked me out</u>! 정말이지 (완전히) 끔찍했다!

<u>Hear me out,</u> please. 제발 끝까지 내 말 좀 들어봐요!

She <u>cried herself out.</u> 그녀는 울다가 녹초가 되었다.

He <u>rolled a carpet out</u>. 카펫을 굴려 (끝까지) 펼쳤다.

I <u>tried to draw him out.</u> 난 그 사람 속에 있는 얘기들을 (죄다) 끌어내려 했다.

Please **fill** the form **out**. 그 양식을 (모두) 다 기재해 주세요.

The guard **waved us out**. 경비가 손을 흔들어 우리에게 나가라고 했다.

You've **gotta help** me **out**. 자네, 날 좀 끝까지 도와줘야 한다. (☞ gotta→ got to → had to→ should)

I have **run** the games **out**. 나 산전수전山戰水戰 공중전空中戰까지 다 겪은 사람이야!

The children **tired me out**. 아이들 때문에 (완전히) 녹초가 되었다.

I couldn't **make** it **out** at all. 나는 전혀 이해할 수 없었다. (☞ make out 이해하다, 파악하다)

They decided to **fight** it **out**. 그들은 끝까지 싸우기로 마음먹었다.

Would you please **say** it **out**? 자초지종을 다 말씀해 주시겠습니까?

We will be able to **sort** it **out.** 그 문제를 (끝까지 다) 해결할 수 있을 겁니다.

He **plucked** the white hairs **out**. 그는 흰머리를 (죄다) 뽑아냈다.

Why are you **taking** it **out** *on me*? 왜 내게 (다 들어내며) 화풀이야?

I tried **not to think** about it, and I **blacked** it **out.**

그것에 대해 생각하지 않도록 애쓰다 결국 머리에서 (깨끗이) 지워 버렸다.

She turns around and **sticks** her tongue **out** at Sam. 그녀는 돌아서서 샘에게 혀를 쪽 빼 내민다.

In spite of the heavy rain, we **played** the match **out.** 비가 왔지만 그 경기를 끝까지 끝냈다.

"Are you gonna go hiking with us on Sunday?" "No, **count me out** this time."

"이번 일요일 우리와 함께 하이킹 갈래?", "아니, 이번에는 날 좀 빼 줘!"

Over

Why don't you **ask** them <u>over</u>? 그 사람들이 이리로 오도록 요청하시지요?

Thank you <u>for having</u> me over. 초대해 줘서 고마워요!

Let's hurry and **get** the job <u>over</u>. 서둘러 그 일을 끝내도록 합시다!

Will you please **pull your car over?** (교통 경찰관이) 차를 (길가에) 정차해 주시겠습니까? (☞ pull over)

A blast of wind **keeled** the yacht **over.** 돌풍이 배를 뒤집어 놓았다.

keel 용골 (요트 맨 아래 균형잡이 돌출부)

He **handed** his property <u>over</u> to his children. 그는 자식들에게 재산을 양도했다.

Up

<u>Fill</u> her <u>up</u>. (주유할 때) 자동차의 기름 통에 가득 채워 주세요! (☞ 자동차를 여성 her로 표현하고 있지요?)

Let's **wrap it up!** 자, 여기까지! (이제 그만 정리하자!)

Back me **up** here. 이쯤에서 맞장구 좀 쳐 줘!

She **stood** me **up**. 그녀가 날 바람 맞혔어요. → She turned me **down**. 난 그녀에게 딱지 맞았다~

I <u>tore</u> the letter <u>up</u>. 나는 편지를 갈기갈기 찢었다. (☞ tear-tore-torn)

I **gave** him **up** *for lost.* 나는 그가 실종된(죽은) 것으로 단념했다.

Can I **top** the drink **up**? 그 잔을 가득 채울까요?

She trimmed herself **up**. 그녀는 말쑥하게 차림을 했다.

Make sure sunny side **up**. 이쪽 면(노른자)이 반드시 위로 오게 해 주세요!

I will **pick** you **up** at the hotel. 호텔로 데리러 가겠습니다.

We have to round **the things up** now. 이제 (ex. 기자회견을) 그만 끝내야 하겠습니다.

He **raised** himself **up** from **the ghetto**. 그는 빈민가(harlem)에서 노력해 출세했다.

He **skims** the book and **summed it up**. 책을 대충 읽고 간단하게 요약했다.

Perhaps a cup of coffee will sober him **up**. 커피 한 잔이 그 사람이 (술에서) 깨어나게 할 거다.

Fate snatched **him up** and made him a star. 운명의 여신이 그를 낚아채서 스타로 만들었다.

Can you **help** me clean **the toilet up** please? 내가 화장실 청소하는 것을 도와 주시겠습니까?

Would you please **put** the cup **upside down**? 그 컵을 거꾸로 놔주시겠습니까?

I'll **let** you **off** this time but don't do that again. 이번엔 봐 주는데 다음에 그러지 마.

Which is why we have to **round things up** now. 그래서 이제 그만 끝내야 하는 겁니다.

Take <u>the **white** of several eggs</u> and **whisk them up**. 계란 흰자 몇 개를 분리한 후 휘저어라.

Shall I **pick you up,** or shall we meet at the restaurant? 내가 데리러 갈까? 아님 식당에서 만날까?

He is pointing straight at <u>William, **who has his hands up**</u>. 손을 들고 있는 윌리엄을 가리키고 있다.

I <u>ought to **seal** the box up</u> <u>as I don't</u> want the books falling out.

책들이 쏟아지지 않게 하기 위해서 상자를 봉해야 하겠다.

The woman, maybe she's just trying to use you to **set someone up.**

그 여자는, 아마 누군가를 모함하기 위해서 당신을 단지 이용하려는 걸 겁니다.

When everything was going smoothly, he stepped **in** and **fouled things up.**

모든 일이 잘되어 갈 때 그가 끼어들어 일을 망쳐 놓았다.

『한 걸음씩 한 걸음씩 가다 보면 꽤나 먼 길을 가게 된다!』

Module 12

[타동사] + [현재분사/동명사]

특명, 『준동사 4인방』을 확실히 정복하라!

1. 현재분사 & 동명사 (모듈12 & 18)
2. To부정사 (모듈13 & 14)
3. 원형동사 (모듈17)
4. 과거분사 (모듈9 & 모듈19)

첫 번째 준동사 - 현재분사 및 동명사

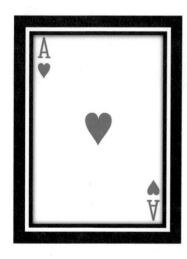

□ 본 '모듈12'부터 '준동사'를 본격적으로 다룹니다. 준동사는 영어 문법 중 핵심입니다. 본동사main verb 뒤에 준동사 중 어떤 것이 놓이는가는 '본동사main verb'의 성격에 따라 결정됩니다. 따라서 내 임의대로 고를 수 있는 것이 아니고 그 규칙이 이미 정해져 있습니다. 그 규칙에 대하여는 앞서 이미 설명을 드렸으니 여기서는 예문을 가지고 깊이 여러분 것으로 만드는 작업을 하시기 바랍니다.

□ 본 '모듈12'에서는 첫 번째 준동사로서 두개의 준동사 즉, '현재분사participle'와 '동명사(gerund)'를 한꺼번에 다룹니다. 여기 현재분사나 동명사는 문장에서 '보어' 또는 '목적어'의 역할을 맡습니다.

□ 본 모듈의 사용빈도가 5%나 됩니다. 실전에서 아주 자주 만나게 되니 이번 기회에 완전히 정복하세요!

예 I love **traveling.** 난 여행을 아주 좋아합니다.

예 It stopped **raining.** 비가 그쳤다.

예 He remained **standing.** 그는 우두커니 서 있었다.

예 She enjoys **taking selfies.** 그녀는 셀카 찍기를 좋아합니다.

예 Quit **flogging a dead horse.** 헛수고하지 마라!

예 Stop **acting like you are rich.** 있는 척 그만 해!

예 I got used to **living in the city.** 나는 도시에 사는 데 익숙해졌다.

예 Let's stop **playing word games.** 말 장난 그만 합시다!

예 Try **putting yourself in my shoes.** 입장 바꿔 생각해 봐!

핵심 문법 점검 Review on Core Grammar

□ 자, 이제 본격적으로 준동사를 공부하겠습니다! 제 학습법에 있어 준동사가 워낙 중요하게 취급해서 교재의 앞 도입부에 이미 이 준동사들에 대해 1차 설명을 드렸습니다. <u>준동사에는 5가지가 있죠. 바로 ①현재분사, ②동명사, ③to부정사, ④원형부정사, ⑤과거분사의 5가지입니다.</u>

☞ 현재분사와 동명사가 외형이 같아서 예전 문법학자들이 본 모듈에 통합 분류했고 저도 그 분류 체계를 따르고 있습니다. 그러나 기능면에서 서로 완전히 서로 다른 존재입니다. 따라서 '준동사 4인방'이 아니라 '준동사 5인방'으로 부르는 것이 맞습니다만 전통 분류 체계를 따라 그렇게 부르는 점 양해바랍니다.

□ 준동사는 동사의 핏줄에서 태어났기 때문에 '**동사**의 유전자'를 여전히 갖고 있습니다. 그래서 '의미상의 주어'를 가질 수 있고 '시제'를 나타낼 수 있습니다. 뿐만 아니라 '능동/수동'을 표현할 수 있고 '**목적어**', '**보어**', '**부사구**'를 취합니다.

□ 여러분의 기억을 돕기 위해 다시 말씀드리면, '동명사'는 대체로 **과거지향적**이고, 'to 부정사'는 **'미래'**를 표현하는 경향이 많다고 했습니다. 예를 들어, forget to send는 '전할 것을 잊어 버린 경우'이고 forget sending은 '(과거에) 소식을 전한 사실을 잊어버린 것'이어서 두 문장이 아주 다른 의미임에 유의하시기 바랍니다

I forget **to send** a message to him. 나는 그에게 소식 전할 것을 잊어버렸다.
I forgot **sending** a message to him. 나는 그에게 (이미) 소식을 전했다는 사실을 잊었다.

이런 종류의 동사에는 위 forget 이외에도 remember, regret, try가 있습니다.

□ 현재분사와 동명사의 차이점은 다음과 같습니다.

①본 동사 뒤에 '**현재분사**'로서 주어의 행위나 상태를 설명하는 **보어의** 역할을 담당합니다.
예 Tom stood *leaning* against the wall. 톰이 벽에 기댄 채 서 있었다.
☞ "톰이 서 있다는데 어떻게 서 있다구?" "응. 기대어 서 있어~"

②타동사 뒤에 **동명사(동사~ing)** 로서 이 동명사가 동사의 '**목적어**'가 됩니다.
예 He stopped **eating**, and started **talking** to his family. 식사를 멈추고는 식구에게 말을 시작했다.

□ **분사participle**에서 '**分分**'자는 어디로부터 분리되어서 나왔다는 말인데, 그것은 바로 '동사'에서 분리되어 나왔다는 의미입니다. 이 분사에는 동사에 -ing를 붙여 만든 **현재분사present particle**와 -ed/-en등을 붙여 만든 **과거분사past particle** 두 가지가 있습니다.

현재 분사

①형용사로 사용되어 명사의 앞뒤에서 명사를 '**꾸미는 역할**'을 담당하거나 '**보어**'로 쓰입니다.
예 A **crying** baby wants milk. 우는 아이가 젖을 달라 한다.
예 A baby *crying for want of milk* 젖 달라고 울고 있는 아기
②본동사 바로 뒤에서 '동시 동작'을 표현하며 주어를 설명하는 '보어'로 쓰이는 경우입니다.
예 They came *hurrying*. 그들은 서둘러 왔다.
③아래 예문처럼 be동사와 함께 **진행형시제**를 만들며 '**능동**'의 의미를 갖습니다.
예 Paul is/was **reading** a book on the sofa. 폴은 소파에서 책을 읽고 있다. (있었다)
④관용어 표현으로서 go+[fishing/hunting/skating/skiing] 표현이 있습니다. 이때 '동사⊞-ing'를 동명사로 보기도 합니다만 현대 영어에서는 대체로 현재분사로 분류합니다.

과거 분사

① 현재분사와 마찬가지로 '**형용사**'의 역할을 합니다.

예 This position wants a highly <u>trained</u> staff. 그 자리에는 고도로 훈련된 직원을 필요로 합니다.

② 목적어(아래 it) 뒤에서 '**보어**'(아래 문장에서 unsaid)로 사용되는 경우입니다.

예 You had better leave it *unsaid*. 말하지 않고 가만히 있는 것이 낫다.

③ be동사와 결합해서 **수동태 (be⊞-ed)** 표현을 만들 수 있습니다.

예 This machine is <u>controlled by</u> computer. 이 기계는 컴퓨터에 의해 통제됩니다.

④ have동사와 결합해서 **완료형(have⊞-ed/-en)**을 표현할 수 있습니다.

예 I have **washed** the car, so it looks very clean at the moment.

12-1 자동사 + 현재분사

12-1 기본 예문 Basic

They went **shopping.** 그들은 쇼핑하러 갔다.

Spike enters *panting.* 스파이크가 숨을 헐떡이며 들어온다.

He sat *watching* television. 그는 TV를 보면서 앉아 있다.

He <u>came in</u> *looking* anxious. 그는 근심스러운 얼굴을 한 채 들어왔다.

Let's go **swimming**, *shall we*? 우리 같이 수영 갈까요? (☞ 부가 의문문)

→ 유사 He went **hiking(skiing, skating, snowboarding).** 그는 하이킹(스키,스케이팅,스노우보딩) 갔다.

He came *running* to meet <u>her</u>. 그는 그녀를 만나기 위해 뛰어왔다.

It's fun *picking* <u>out</u> **my favorite**. 자기가 좋아하는 걸 골라 먹는 재미가 있습니다.

Paul was caught *peddling* drugs. 폴은 마약을 팔다가 체포되었다.

He waved *acknowledging* **his fans**. 그는 팬들을 알아보고는 팔을 흔들었다.

It's been good **talking** to (with) you. 얘기하는 동안 즐거웠습니다.

She went **sloshing** through the mud. 그녀는 진창 속 흙탕물을 튀기며 나아갔다.

He makes a living *doing* manual labor. 육체노동을 해서 생계를 꾸려 간다. (☞ make a living 살림하다)

The rain came *pelting (pouring)* down. 비가 억수로 내렸다.

<u>A large part of my time</u> is spent *reading*. 내 상당 부분 시간이 책을 읽는 데 사용된다.

Hens *are busy pecking* about in the yard. 닭들이 뜰 안에서 모이를 쪼느라 분주하게 움직인다.

(☞ be busy -ing ~하느라 바쁘다)

It was strange *seeing* ourselves on television. 우리들 자신을 TV에서 보니 이상한 느낌이 들었다.

My grandpa and I go **fishing** once in a while. 아버지와 나는 때때로 낚시를 간다.

I was desperate **to go hiking** with my family. 가족과 함께 등산가고 싶어 죽을 지경이었다.

[☞ be desperate(형용사) + to do ~하고 싶어 안달이 나다]

Mike stood abreast, *holding* scissors to cut a ribbon.

마이클은 리본 커팅을 하려고 가위를 든 채 (옆으로) 나란히 섰다.

He *was up* a ladder *sawing* the tops of the pine trees **off**

그는 사다리 위에 올라가서 소나무의 꼭대기를 톱으로 자르고 있다.

He pounced on my back, *forcing* me **down** to the ground.

그가 내 등에 갑자기 덤벼 들어 나를 땅 바닥에 쓰러트렸다.

12-1 발전-심화 Intermediate-Advanced

Our business ended up *losing* huge money. 우리 사업은 막대한 손해를 보며 끝이 났다.

He *was caught **driving** under the influence*. 그는 음주 운전하다 체포되었다.

I told you it's a waste of time *talking* to him. 내가 뭐랬어, 그 사람과 얘기하는 거 시간낭비라고 했지~

The two women lay **on their backs, *not stirring***. 두 여인이 꼼짝 않고 바닥에 등을 대고 누워 있었다.

They all **stood there *staring* as if *frozen* to** the spot. 그 자리에 얼어붙은 양 서서 쳐다보고 있었다.

He speaks very slowly, *weighing* **[what he would say].** 무슨 말을 할까 재 가면서 아주 천천히 말한다.

The countryside of Scotland **went on rolling** miles and miles. (☞ go on – ing 계속 ~하다)

스코틀랜드의 시골지역은 몇 마일을 가도가도 평편한 지형이 계속됐다.

Scotland, U.K.

She **stood** *preening* in their midst, **(being)** *delighted* with the attention.
그녀는 사람들의 시선에 기분이 들떠 그들 가운데 우쭐대며 서 있었다.

The courses are based on a weekly two-hour class, **extending** over a period of 25 weeks.
그 과정은 일주일에 두 시간으로 되어 있고 25주까지 진행됩니다.

[☞ 앞서도 이런 종류의 수치 예문을 공부한 적이 있습니다. 쉬워 보여도 내가 직접 하려면 생각보다 쉽지 않습니다. 일단 기본형으로 기억해 두시면 유사한 상황이 닥칠 때 바로 대응할 수 있게 합니다.]

The government strengthened the enlightenment campaigns **stressing the breast feeding.**
정부는 모유 수유를 강조하며 계몽 운동을 강화했다.

Imagine you're lying on a beach, *listening* to the steady rhythm of waves [*lapping* the shore].
당신이 해변으로 쉴 사이 없이 밀려드는 파도의 소리를 들으면서 해변에 누워 있다 상상해 봐요.

She **spent** years *completing* her education and *acquiring* the necessary skills [**to become a** surgeon]. 그녀는 수년 간에 걸쳐 이론 수업과 필요한 실기 훈련을 마친 후 외과의사가 되었다.

50% of men under 35 spend at least 20 minutes *preening* themselves every morning in the bathroom. 35세 미만 남성의 절반이 매일 아침 화장실 안에서 적어도 20분 정도 멋 부리며 시간을 보낸다.

The education ministry has decided to abolish **after-school English classes in** elementary school **for** first and second graders, *starting* in March 2018.
교육부는 2018년 3월 1학년과 2학년의 방과 후 영어 수업을 폐지하기로 결정했다.

□ 바로 앞 모듈12-1에서는 '**~을 하면서**' 또는 '**~하는**'의 의미를 가진 **현재분사**에 대해 살펴봤습니다. 이제부터는 **동명사**를 공부합니다. 동명사란 동사에 -ing를 붙여 동사를 '명사화' 했다는 의미입니다. '~하는 것', '~하기'로 해석되며 문장에서 '**주어**', '**목적어**', '**보어**'로 쓰이는데 여기서는 목적어로 쓰이는 경우를 공부하겠습니다.

주어 - **Smoking** is not permitted here. 여기서는 담배를 피울 수 없습니다.
보어 - My aim is [winning the gold medal]. 내 목표는 금메달을 따는 것이다.
목적어 - 타동사의 목적어 Jack likes **swimming**. 잭은 수영하는 것을 좋아한다.
　　　　 - 전치사to의 목적어 I *look forward to* **hearing** from you soon. 꼭 소식을 속히 전해 주세요.

□ 동명사 또한 동사의 특성과 명사의 특성을 둘 다 가집니다. 따라서 동명사는 복수 표시가 가능합니다. 또한 부사구의 수식을 받으며 목적어를 취할 수 있습니다.

㉘ We are being exposed to weary situation of the automatic bombings from the North Korea.
우리는 북한 핵폭탄으로부터 위협받는 지긋지긋한 상황에 노출되어 있다.
㉘ I was arrested for **driving my car at over 120 miles per hour**.
나는 시속 120마일이 넘는 속도로 운전하다 체포되었다.

□ 동명사도 의미상의 주어를 가집니다. 이때 주절의 주어와 동명사구의 주어가 같으면 그저 -ing형을 쓰면 됩니다. 그러나 주절의 주어와 다르면 의미상의 주어를 '**목적격**' 또는 '**소유격**'으로 표시합니다. 이 개념은 아주 중요하니 잘 기억해 두시기 바랍니다.

He is proud of [being rich]. 그는 부자인 것을 자랑스럽게 여긴다.
→ I'm proud of him [being rich]. 나는 그가 부자인 것이 자랑스럽다.
→ I'm proud of his [being rich]. 나는 그가 부자인 것이 부럽다.

> ▣ 동명사 -ing만을 목적어로 취하는 동사

아래 동사들은 '동명사'만을 목적어로 취하는 특성이 있습니다. 그런데 이 동사들을 살펴보면 대개 (*대체로* 그렇고, 100% 그렇다는 것은 아님) 과거의 사건이나 경험을 바탕으로 판단하는 의미의 동사들이 많이 들어 있습니다. 또는 좋지 않았던 경험 결과 부정적인 냄새가 나는 동사들도 있습니다. 그런 이유로 과거를 나타내는 동명사 (↔ 밝은 미래를 나타내는 to 부정사와 반대)와 궁합이 잘 맞을 수밖에 없겠지요?

①인정과 부인 - 과거의 사건이나 경험을 기준으로 인정하거나 판단하는..

Admit, avoid, consider, deny, detest, dislike, endure, confess (죄를) 고백하다, enjoy

②호불호 – 마찬가지로 과거의 경험을 바탕으로 판단하는

Adore 숭배하다, anticipate, detest, dread 무서워하다, like 좋아하다, dislike, loathe 몹시 싫어하다, look forward to 학수고대하다, mind 꺼리다, resent, fancy 상상하다, resist 억누르다, risk 감행하다

③금지 회피 – 금지, 포기 등 부정적 이미지

Refrain from -ing, be barred from -ing, prohibit from -ing, resist, stop, give up,

④시작, 지연, 중단, 종료 – 시작, 종료, 중단된 일, 놓친 일, 지연되는 일, 지속하고 있는 일 등
Commence, defer, delay, discontinue, escape, finish, keep (on), miss, quit, postpone, put off, practice,

⑤기타 mention, discuss, imagine, suggest, report 말하다

> ◼ to부정사만을 목적어로 취하는 동사

위 '-ing' 경우와 비교해서 'to 부정사'는 미래에 일어날 일, 미래에 해야 할 일 그래서 대체로 적극적이고 긍정적인 느낌이 드는 동사들입니다. (☞ to 부정사는 전치사 to와 동사가 합쳐진 것인데 전치사 to 자체가 '앞쪽을 향하여', '미래를 향하여'라는 밝고 긍정적인 느낌을 주는 단어입니다.)

desire, hope, wish, want, decide, plan, agree, choose, promise, need, expect, manage, refuse, fail, hesitate (미래의 일을 놓고 망설이는 것)

> ◼ to부정사와 -ing 둘 다 사용 가능한 동사

아래 동사들은 부정사와 동명사를 다 취하는 동사들인데 100% 정확하게 규정할 수는 없지만 대개 시도, 개시, 시작, 의도함, 호불호 등을 표현합니다.

Attempt/begin/start/deserve/hate/intend/like/dislike/love/need/prefer

여러분, 위에 거론된 단어들 그 자체를 마구 외우지 마시고 위 설명드린 구분 요령을 기억하시면서 제공된 예문들과 함께 자주 읽어 여러분의 뇌와 입 근육이 자연스럽게 기억하게 해야 합니다. 저 같은 경우 어떤 동사가 나오든 to부정사, 동명사, 현재분사를 구분해서 적용하는데 아무런 어려움이 없습니다. 그것은 오랜 시간 많은 문장들을 읽어 입에 익은 결과일 것입니다. 저와 같은 상태에까지 도달해야 하는 것이 꼭 필요한 것은 글을 쓸 때는 이리저리 생각하고 기억을 더듬어 표현할 수 있는 시간 여유가 있지만 말을 할 때는 "이건 to부정사, 요건 동명사, 저건 현재분사." 그렇게 일일이 따질 시간이 없기 때문입니다. 입에 익은 대로 즉시 튀어나와야 합니다. 그러려면 5가지 준동사의 틀과 구조를 훤히 꿰차고 또 많은 예문들이 입력되어 있어야 가능합니다.

12-2 기본 예문 Basic

Keep going. 계속 가세요.
Stop sulking. 그만 좀 삐쳐라!
Stop fooling! 농담 그만하게!

Get cracking! 멍청히 서 있지 말고 좀 움직여!
Keep smiling! 기운 내고 마음 편히 해!
Let's **get going**! 자, 갑시다! (☞ get + -ing ~하기 시작하다)
Stop <u>bulling me</u>! 날 그만 좀 괴롭혀!

He **quit smoking.** 담배를 끊었다.
Stop **complaining**! 불평 좀 그만하세요! → 유사 Stop **exaggerating**! 그만 뻥치고!
→ Oh, stop [**showing off**]! 잘난 척 좀 그만해라! (☞ show off 과시하다, 뻐기다)
He <u>went on</u> **talking.** 그는 계속 말을 했다. (☞ go on -ing 계속하다)
He <u>insisted on</u> **going.** 그는 간다고 계속 우겼다. (☞ insist on -ing 자동사, ~을 강력 주장하다)

I **feel like** [**throwing up**]. 토할 것 같다.

I **like playing** the guitar. 나는 기타 연주하는 것을 좋아한다.

→ He **likes playing** (~~the~~) soccer. [☞ 운동 경기에는 무 관사; 악기류는 위 예문처럼 관사 필수]

Your car **needs washing**. 네 차 세차해야 하겠다.

Stop **dirtying** our image. 물 흐리는 짓 그만둬! (☞ dirty 타동사 ~을 더럽히다)

He **risked losing** himself. 그는 자기 목숨을 걸었다.

I am **meditating retiring**. 나는 은퇴를 깊이 고심하는 중이다.

I don't **recall meeting** her. 그녀를 만났는지 기억이 없다.

Quit [**worrying** about me]. 내 걱정은 그만해!

Stop **harping** on that point. 그 일에 대해 그만 좀 징징거려라.

Stop **beating a dead horse**! 이미 지난 얘기 갖고 자꾸 되씹어 말하지 마라.

I hate [**being _treated_ as a liar**]. 거짓말쟁이로 취급받는 것 싫다. (☞ 주의 - 수동태 문장 being treated)

They feared [**being _overheard_**]. (누가) 엿듣지 않을까 무서웠다. (☞ 주의 - 수동태 being overheard)

I prefer [**working**] to [**being idle**]. 빈둥거리는 것보다 일하는 것을 더 좋아합니다. (☞ prefer A to B)

Let's **stop playing word games!** 말 장난 그만합시다!

Stop [**beating around the bush**]. 빙빙 돌리지 말고 (숨김없이 얘기해~)

→ 동일 Stop **circumventing the issue**. 빙빙 돌리지 말고 얘기해. → 동일 Stop **speaking** in circles!

We must **prevent** *their* **coming**. 우리는 그들이 오는 것을 막아야 한다.

I **missed** **seeing** the final match. 나는 결승전 보는 것을 놓쳤다.

How do you like living in Seoul? 서울 생활이 어떻습니까?

She **started having** sleeping pills. 그녀는 수면제를 복용하기 시작했다.

Major banks **shun hiring** spinsters. 대형은행들은 노처녀 채용을 꺼려합니다. (☞ spinster 노처녀)

They **denied** ever **having seen her**. 그들은 한 번도 그녀를 본 적이 없다고 부인했다.

What do I do if I **start missing** you? 네가 보고 싶어지기 시작하면 어쩌지?

He **dodged making** a full confession. 그는 다 털어 놓지 않으면서 모면해 나갔다. (☞ dodge -ing)

A witness **is undergoing questioning.** 한 증인이 조사를 받고 있다.

She **started** [**nagging at** her husband]. 그녀는 남편에게 바가지를 긁기 시작했다.

I **suggest you trying** the main car park. 나는 당신이 중앙 주차장을 이용하도록 권합니다.

You should **stop eating snacks** at night. 그는 매일 밤 간식 먹는 것을 그만 두어야 한다.

He **mentioned having committed fraud**. 그는 사기 쳤다고 말했다.

I can't help **giving you** a piece of advice. 당신에게 충고하지 않을 수 없습니다. (☞ can't help -ing)

He **practiced murmuring** English in the toilet. 그는 화장실에서 영어로 중얼거리며 연습을 했다.

Some love **travelling**, but others don't love **it**. 어떤 이들은 여행을 좋아하고 다른 이들은 아니다.

I have **neglected doing** my homework all week. 일주일 내내 숙제를 게을리했다.

I didn't **imagine seeing** you in this kind of place. 이런 장소에서 만날 줄 상상하지 못했다.

"Is anything the matter?", "I **feel like** [**throwing up**]." 무슨 문제 있어? 응, 나 토할 것 같아.

He **admitted having committed** the same mistakes. 그는 꼭 같은 실수를 반복했음을 인정했다.

The project **involves** [[**studying** [people with cancer]]. 그 계획은 암 환자에 대한 연구가 포함된다.

I intended **returning** home by seven, but I missed the train.
7시까지 꼭 귀가하려 했으나 그만 열차를 놓쳐 버렸다.

Stop [obsessing about your weight]. You already look great.
네 체중 관리에 너무 집착하지 마라. 너 이미 아주 멋져 보이거든~

12-2 발전 예문 Intermediate

I **grudge** **his going.** 나는 그를 보내고 싶지 않다. (☞ grudge ing ~을 주기 싫어하다 n. 원한, 악의)

I hate **being *mistaken*.** 내 말이 오해받는 건 딱 질색이다. (☞ hate+수동태 being mistaken)

I hate [being *called* a spinster]. 나를 노처녀라 부르는 게 너무 싫다. (☞ 수동태 표현 being called)

He just has **missed** [being *killed*] 그는 하마터면 죽을 뻔했다. (수동태 표현)

I **resent** [his being too arrogant]. 그가 너무 건방져서 불쾌하다. (☞arrogant 거만한, 거드름 피우는)

He **regretted** [not having done it]. 그것을 하지 않은 것을 후회했다. (☞ 부정문 not의 위치 주의)

I don't **chance** **driving** in this blizzard. 이런 눈보라에 차를 (요행에 맡기고) 운전할 수 없다.

Would you **mind** **opening** the window? **당신이** 창을 좀 열어 주시겠습니까?

→ 비교 Would you mind [my opening the window]? **내가** 창문을 열어도 괜찮겠습니까?

She got *irritated* by [being *kept* waiting]. 그녀는 기다릴 수밖에 없게 되자 안달복달했다.

[☞ 준동사가 복합적으로 들어 있는 좋은 예문입니다. 수동태 표현 ①got irritated, ②being kept, 그리고 동명사 (keep) waiting까지 종합세트 예문입니다. 교재 앞부분에 이미 올렸으나 다시 올립니다!]

He did not **admit** **having *been* defeated.** 그는 자기가 패배했음을 받아들이지 않았다. (수동태 표현)

His child **keeps** **badgering him** for a new car. 그 친구 아이가 새 차를 사 달라며 계속 조른다.

If you don't **get** **moving**, you will miss the bus. 서둘러 움직이지 않으면 버스를 놓칠 것이다.

Please **stop** [[making up [an excuse for being late]]. 지각에 대한 변명거리를 지어 내지 마세요.

I **regret** [not **having worked**] hard in my young days. 젊은 시절 열심히 일하지 않은 것을 후회한다.
I wish you wouldn't **keep butting in** on our conversation. 우리 얘기에 끼어들지 않았으면 좋겠다.
I **kept** [**meaning to drop** *by*], but I could never get a chance. (☞ mean to do ~하기로 되어 있다)
지나는 길에 방문하려 했는데 도저히 기회가 나지 않았습니다. [☞ keep+(-ing) ⊞ mean to do; drop by]

I **like to enjoy** Saturday evening, but I don't **like** [**staying up**] late.
토요일 밤을 즐기는 것은 좋아하지만 늦게까지 죽치는 것은 좋아하지 않는다.
I **practiced playing** the piano so that I can **confess** my love for her.
그녀를 향한 내 사랑을 고백할 수 있도록 피아노 연습을 계속했다.
They're **considering** [**limiting** the use of plastic bags] to protect environment.
그들은 환경보호를 위해 비닐 봉투 사용을 금지할 것을 고려하고 있다.

Stop fooling around, and **keep digging** (in order) to achieve **what you aim.**
빈둥거리지 말고 네가 목표로 하고 있는 것에 몰두해라.
He **regrets** [**having spent** too much time] in **playing** computer games in his young school days.
그는 학창시절 컴퓨터 게임을 너무 많이 한 것을 후회했다.

12-2 심화 예문 Advanced

Stop **acting like you're all that.** 제발 잘난 척 좀 그만해. (☞ like 접속사, 마치 ~인 양 as if)
→ I can't **stand watching** him *acting* like he is something special. 쟤 잘난 체하는 거 못 봐 주겠네!
He proposed **asking her** to the luncheon. 그는 그녀를 점심에 초대하자고 제의했다.
Children tend **to dread** [*being left* alone]. 아이들은 홀로 남겨지는 것을 무서워하는 경향이 있다.

Do you **want** to **delay** [[**finishing** [**writing** the essay]]]? 그 수필을 미완성인 채로 놔두기를 원하십니까?
[☞ **준 동사 2개** 예문입니다. delay -ing ⊞ finish -ing]
He **continued** [[**attempting** [**climbing** uncovered peaks]]]. 정복되지 않은 산 정복을 계속 시도했다.
[☞ 마찬가지로 **2중 준 동사** 예문입니다. continue -ing ⊞ attempt -ing]

Mt. Everest

Wisdom does not <u>consist in</u> [simply **knowing the facts**]. 단지 사실을 안다고 지혜가 생기지는 않는다.

He **denies** [<u>ever obtaining</u> a pecuniary advantage] by deception. [☞ pecuniary 재정(금전)상의]
그는 남을 속여 금전적 이득을 취해 본 적이 한 번도 없었다고 부인한다.

She <u>managed **to stop** drinking</u>, but **began obsessing about** her weight. 그녀는 가까스로 술을 끊더
니 체중에 집착했다. [☞ manage to do 가까스로 ~하다, stop+(-ing), begin+(-ing)]

She was so nervous, and just **started** [<u>murmuring **whatever came to mind**</u>].
그녀는 너무 신경이 곤두서서 생각나는 대로 지껄이기 시작했다.

Their teacher **keeps** [<u>encouraging the students</u>] to express their personality through art.
선생님은 학생들에게 예술을 통해 자기를 표현하라고 계속해서 용기를 불어넣어 준다.

기타 동명사나 현재분사가 포함된 숙어 표현들

Please <u>**refrain from** smoking</u>. 담배를 삼가해 주시기 바랍니다. (☞ refrain from -ing 삼가다)
I _**got used to**_ **living** in the city. 난 도시에 사는 데 익숙해졌다. (☞ get used to -ing ~익숙해지다)

→ He **gets used to** **eating** food alone. 그는 혼밥에 익숙해져 간다. (☞get used to+-ing 익숙해지다)

I've trouble *waking* up too early. 나는 아주 일찍 일어나는 일에 어려움이 있다. (☞ have trouble+-ing)
He **came near to** [***being run*** over]. 거의 차에 치일 뻔했다. (수동) (☞ come near to -ing 거의 ~뻔하다)

I **look forward to** [seeing you] again. 다시 뵙기를 고대합니다. (☞ look forward to 학수 고대하다)
*There is no **accounting*** *for* the taste. 취미(입 맛) 다 제각각. (직역 - 입맛에 대해 설명할 수 없다)
[☞ account for 설명하다, 책임을 지다, There is no -ing ~할 수 없다]

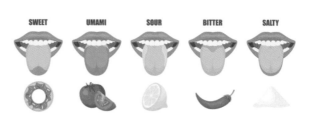

I **object to** [**being** *spoken* **to**] like that. (☞ 수동태 유의) (☞object to+-ing ~에 반대하다, 싫어하다)
난 누군가 내게 그런 식으로 말을 걸어 오는 것을 싫어한다.
*It's **no use** **crying*** over the spilt milk. 사후 약방문 (☞ It's no use ~ing ~해도 소용없다)

*It's **no picnic** **finishing*** the work in a day. 그 일을 하루에 끝내는 건 쉽지 않다. (☞ It's no picnic ~ing)
Paul *is **fearful** of* **failing in** the debut show. 폴은 데뷰 무대가 잘못될까 두려워한다. (be fearful of -ing)
*There is no (not much) **point in*** doing that. 저렇게 해도 아무 (별) 의미가 없다.

She is not **used** to **expressing** her emotions. 그녀는 자기 감정을 드러내는 일에 익숙하지 않다.
[☞ be used to -ing, be accustomed to -ing, get used to -ing ~에 익숙하다, 익숙해지다]
My father **opposed to** [**my getting** *married*]. 아버지는 내가 결혼하는 것이 반대했다. (oppose to -ing)
*I make a point of **taking*** a walk after dinner. 저녁 먹고 규칙적으로 산책을 한다. (☞ make a point of)

There's nothing like **meeting up** with old friends. 옛 친구를 만나는 것만큼 좋은 게 있을까?

He deeply **apologizes for** [**being late for** the date]. 데이트에 늦어 깊이 사과했다. (☞ apologize for)

He *is responsible for* **taking** care of his old mother. 그는 노모를 모실 책임이 있다. (be responsible for)

I **succeeded in** [**teasing** secret recipe] out of the chef. 주방장의 조리 비법을 캐내는 데 성공했다.

Companies *are busy* **listening** to the voice of customers. 기업은 고객의 소리VOC를 듣느라 분주하다.
[☞ be busy -ing ~하느라 바쁘다]

She decided **to put off** [**having a baby**] **due to** her career. 직장 때문에 아기 갖는 것을 미루기로 했다.
[☞ decide to do ⊞ put off (postpone)+-ing]

To be honest with you, I don't *feel like* **going** out with you. (☞ feel like -ing ~하고 싶다)
솔직히 당신과 데이트하고픈 맘이 없다.

The Green Party *is dedicated to* **protecting** the environment. 녹색당은 환경 보호에 전념하고 있다.

We will never **give up practicing finishing doing** this puzzle.
이 퍼즐 문제를 성공적으로 풀도록 연습하는 것을 결코 포기할 수 없다.
[※ **귀한 3중 준동사 문장입니다!** give up -ing ⊞ practice -ing ⊞ finish -ing]

It is worth **going** to Jeju Island this spring **if you have time.** 시간 있으면 봄에 제주에 가 볼 만하다.
[☞ be worth ~ ing ~할 가치가 있다; 동일 → It's worthwhile to go to Jeju Island~]

I cannot help worrying obsessively about **what would happen**. (☞ cannot help -ing 멈출 수 없다)
나는 무슨 일이 일어날지 강박적으로 걱정하는 것을 그칠 수 없다.

→ 유사 I **cannot but protest** against injustice. 불의에 저항하지 않을 수 없다.(☞cannot but+원형동사)

I *got bored* **doing** the same thing over and over again every day. 같은 걸 매일 해야 하는 것 질렸다.

Footballers **are accustomed to** **profiting** handsomely from bonuses.
축구선수들을 보너스를 챙겨 큰 돈을 챙기는 데 이골이 나 있다. (☞ be accustomed to -ing ~에 익숙하다)

Despite the promise [to bring down the inflation], prices have **gone on** **rising**.
물가를 끌어내리겠다는 약속에도 불구하고 물가는 지속해서 오르고 있다. [☞ go(keep) on -ing 계속 ~하다]

The students *were barred from* **holding a picket** outside the campus' headquarters. (☞ bar from -ing) 학생들은 자기 그룹 본부 이외의 장소에서는 시위 피켓을 들고 시위하는 것이 금지되어 있었다.

The stores will inevitably **end up competing** with each other in their push for increased market shares. 그 상점들은 시장 점유율을 올리려고 서로 경쟁하는 것을 어쩔 수 없이 중단해야 할 거다.

The newly-married couple decided to **put off** inviting guests for their housewarming party due to Corona virus. 신혼 부부는 코로나바이러스 때문에 집들이 파티에 손님들을 초대하는 것을 늦추기로 했다.

Coronavirus Precaution Tips

1. Wear a mask   2. Wash your hands   3. Cough etiquette
              frequently   (Cover your mouth
                                        with sleeve or elbow.)

Our team is dedicated to **meeting** commitments [**delivering** quality products and **serving** our customers] in the best way *possible*. 우리 팀은 가능한 한 최대한 약속을 지키고 좋은 품질의 제품을 제공하고 고객을 존중하는 데 전력을 다하고 있다.

Module 13

 동사 **+** To do (to부정사)

특명, 『준동사 4인방』을 확실히 정복하라!

1. 현재분사/동명사 (모듈12 & 18)
2. to부정사 (모듈13 & 14)
3. 원형동사 (모듈17)
4. 과거분사 (모듈9 & 모듈19)

두 번째 준동사 - to 부정사

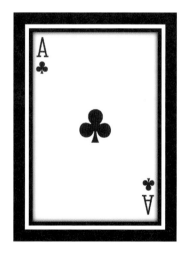

□ 앞 준동사 '모듈12' 『동사⊞-ing』에 이어 이번에는 **두 번째** (앞 설명대로 실질적으로는 세 번째) 준동사 『동사⊞to do』 문형입니다. 본 '모듈13'의 to부정사 표현은 빈도수와 중요성에서 5개 '준동사' 중 가장 핵심입니다. 본 모듈의 'to 부정사'는 문장에서 **목적어**나 **보어**의 역할을 맡습니다.

□ 이것 저것 말고 한 권으로 영어 끝내자! 그것을 위하여 **각 모듈마다** 과하다 싶을 정도로 많은 양의 예문을 제공해 드렸습니다. 우리 학습자들이 각 모듈의 특성을 깊이 이해하게 할 뿐만 아니라 **『영어의 맛과 멋 그리고 결과 격』**까지 두루 체득할 수 있도록 다른 교재에서는 만날 수 없는 최고 수준의 예문들을 엄선해서 올렸습니다. 학습자들이 이 정도 양의 다양한 표현들을 자기 것으로 만들기만 하면 독해 능력은 물론이고 우리 영어학습자들이 그토록 힘들어하는 바, 말과 글로써 자유롭게 표현하는 능력 또한 급신장하게 될 것이 확실하기 때문입니다.

예 I love **to go browsing.** 아이쇼핑 가는 걸 아주 좋아한다.

예 I've got **to be moving.** 이제 가야만 합니다.

예 My head **is about to split!** 머리 뚜껑이 막 열리려고 한다! (열 받는다!)

예 You have **to learn** to say **no.** 넌 거절하는 법을 배워야 해~

예 The door needs **to be repaired.** 문을 수리할 필요가 있다.

예 He didn't think **to lock the door.** 문을 잠그는 것을 미처 생각하지 못했다.

예 We've got **to cement our relationship.** 우리 관계를 공고히 해야만 합니다.

예 **Americans** want **to be free to be stupid.** 미국인들은 멍청해 질 자유까지 원한다.

예 He requested **to be awakened** at 7:30 a.m. 그는 아침 7시 30분에 깨워 달라고 요청했다.

예 He pushed **to get his English study book** *published.* 그는 영어교재가 발간되도록 밀고 나갔다.

내 인생 최고의 시간은 아직 오지 않았다!

To 부정사에 대한 기본적 사항은 앞 '모듈8'에서 개략 다 설명을 드렸습니다. 나머지 몇 가지 더 정리하겠습니다.

□ to부정사의 세가지 용법

1. to부정사의 명사적 용법 - to 부정사가 문장에서 '**주어**', '**목적어**', '**보어**' 역할을 합니다.

- **주어 To master English grammar** is difficult.
- **목적어** I want **to master English grammar.**
- **의문사+to 부정사** I don't know **how to master English.**

2. to 부정사의 형용사적 용법

①한정적 용법 – 명사 뒤에서 설명하는 역할
- Social media is **a great way [to keep** in touch with friends].
  SNS는 친구 간 연락을 유지할 수 있도록 해 주는 훌륭한 방법이다.
- You have **the right [to remain silent]**. 당신은 묵비권을 행사할 권리가 있다.

②서술적 용법 – 주어를 설명하는 '보어' 역할
- Ted seems **to be very intelligent**. 테드는 매우 지적인 것 같다. (☞ **주격 보어**)
- They are about **to give speech** here at 3 o'clock. 3시에 이곳에서 연설을 할 예정이다. (☞ **예정**)
- You are **to be polite** in front of the elders. 노인들 앞에서는 공손해야 한다. (☞ **의무**)
- Not a soul was **to be seen** 한 사람도 눈에 띄지 않았다. (☞ **가능성**)

3. to 부정사의 부사적 용법

- **목적**: I moved my seat **to get closer** to the speaker. (← 연사에게 다가가기 위해서)
- **결과**: Sarah lived **to be 127 years old**. ← 사라가 (살다 보니 결과적으로) 127살까지 살았다.
- **원인**: I'm very glad **to see you** again. ← 널 다시 만나게 되서 아주 기쁘다
- **판단 근거**: You must be a fool **to say** such a thing. 그런 말하는 걸 (판단해) 보니 어리석다.
- **조건**: **To hear** him speak English, you would be mistaken him for an English.
  네가 그 사람이 말하는 것을 들어 보면, 아마도 영국인으로 착각하게 될걸세. (☞ mistake A for B)

4. 독립부정사: **To be frank** with you, I do not have money in hand.

5. 기타 용법

- **부정사의 부정否定**: I worked hard not **to fall** behind.
- **대대부정사**: Do you want to go there? Yes, I want **to.**
  I have *never* read it *nor* yet intend **to (read)**. 그것을 아직 읽지 않았고 읽을 생각도 없다.
- **의문사+to 부정사**: I don't know **how to thank you** enough.
- **원형부정사:** 조동사 뒤 I can **smell** well.
  지각동사 뒤 I **heard** her **sing** a song. (뒤 '모듈17' 참조)
  사역동사 뒤 Don't **let** children **make** noise or jump around. (뒤 '모듈17' 참조)
  관용어   You'**d better go** home now.
           I **can't but admire** his loyalty for the country.
           She **did nothing but cry.**

□ **To 부정사만 목적어로 취하는 동사 –**

앞에서 이미 설명을 드렸듯 대체로 '**미래적이고 긍정적인 느낌**'을 주는 동사들입니다.

Afford/agree/appear/arrange/ask/attempt/beg/care/choose/consent/dare/decide/determine/
expect/fail/forget/happen/hesitate/hope/intend/learn/love/manage/mean/offer/plan/prepare
/pretend/propose/promise/refuse/regret/seem/swear/try/want/wish

□ **To 부정사의 시제**

She seem**s** to have forgotten it → It **seems** that she **forgot** it.
She seem**ed** to have forgotten it → It **seemed** that she **had forgotten** it.

중고등학교 시절 저도 to부정사가 '왜' 만들어졌는지, '왜' 필요한지, 그 의미와 배경을 잘 알지 못한 채 그저 'to부정사의 세 가지 용법'이라며 죽어라 외웠던 기억이 납니다. 동사를 전혀 다른 성격의 품사로 전환시켜 주는 이 기막힌 문법적 장치를 그저 외우려 하지 말고 여기 많은 예문들을 통해서 명사화, 형용사화, 부사화의 원리를 이해하면서 이번 기회에 완벽하게 내 것으로 만들어 가기 바랍니다.

□ to 부정사는 동사는 아니지만 말 그대로 동사에 준하는 '준동사'여서 동사의 기질이 아직 살아 있습니다. 이런 현상은 방금 앞서 동명사에서도 살펴봤던 현상인데 아래 예문처럼 목적어를 취할 수 있고 부사, 부사구, 동명사, 현재분사, 수동태와 완료형까지 마치 일반 동사처럼 다 취할 수 있습니다.

예 Vecinjo **failed to spot** the error. 베신저는 실수를 알아차리지 못했다. (☞ **spot** 탐지하다, 간파하다)
예 I **managed to get** there in time. 가까스로 시간에 맞춰 도착했다. (☞ manage to do 가까스로~하다)
예 We **seem to keep** running into each other. 자주 뵙게 되는 것 같군요~ (☞ run into 마주치다)

13-1 자동사 + to be 보어

□ 본 모듈의 동사는 be동사를 포함한 자동사가 to부정사가 만나는 경우인데 to do가 자동사의 **보어**, 또는 **부수적 수식어**를 이루며 **예정, 의무, 가능성** 등의 의미를 표현합니다.

예 We are **to meet** at the airport. 우리는 공항에서 만날 예정이다. (☞ **to meet** – '형용사 보어' - 예정)

예 His ambition is **to become a top notched architect.** 그의 야심은 최고의 건축가가 되는 것이다.

□ 아래 예문처럼 주어로 사용될 부정사 문장의 길어질 때, 『가주어 it』를 이용, to부정사구를 뒤로 보내어 표현합니다.

예 [**To become** a guru in one sector] is not easy. 한 분야에서 대가가 되는 것이 쉽지 않다.
→ It's <u>not easy</u> **to become** a guru in one sector. (☞ guru 대가, 거장, 마스터 – 인도에서 차입한 단어)

13-1 기본 예문 Basic

When am I **to start?** 내가 언제 출발해야 하지요? (형용사적 보어 – '예정')
<u>To see</u> is **to believe**. 백문이 불여일견. (주격 보어)

I was right **to be picky**. 꼼꼼히 따져 보길 잘했다. [(형용사적 보어 – '결과'); picky 가탈스런, 까칠한]
The worst is <u>yet to come</u>. 최악의 사태는 아직 오지 않았다. (형용사적 보어 - 예정)

<u>To save water</u> is **to save the earth**. 물을 아끼는 것이 곧 지구를 살리는 것이다. (주격 보어)
This issue is <u>too</u> critical *not* **to share**. 그 문제는 덮고 가기엔 너무나 중요하다. (☞ 부사적용법- 판단)

Not a soul was **to be seen** on the street. 거리에는 개미 새끼 하나 볼 수 없었다. (형용사적-가능)
I <u>am so</u> **glad** **to see you** [**looking** so nice]. 멋진 당신을 만나서 기쁩니다. (부사적- 결과)
She <u>was wise enough</u> **not to say it publicly**. 그걸 공개적으로 말하지 않을 만큼 영리했다. (부사적-결과)

The press conference <u>is</u> **to be held** next week. 다음 주에 기자회견이 열릴 예정이다. (형용사적- 예정)
The driver <u>seems</u> **not to yield** to the following truck. 운전자는 뒤따르는 트럭에 양보할 것 같지 않다.
Salaries **tend** <u>to be higher</u> in metropolitan area**s** **than** in smaller towns. (☞ 형용사 보어)
대도시의 임금이 소규모도시들보다 높은 경향을 보인다.

These new rules are meant [**to prevent** mayhem] on school enrollment day. (☞ be meant to do)
이 새 규정은 학교 등록일에 소동을 예방하기 위한 것이다. (☞ mayhem 신체 상해, 소동)

13-1 발전 예문 Intermediate

I'm sorry **to have kept** you *waiting.* 널 계속 기다리게 해서 미안! (부사적 용법– 원인)
There's **nothing [to be sorry about]**. 미안해할 것까진 없어. (형용사적 용법)
→ 동일 You don't have to apologize.

[**All you have to do**] is [**to wait** for her]. 넌 그녀를 기다리기만 하면 돼. (☞ 주격 보어)
My goal is **to become** *well **connected*** here. 내 목표는 이곳에 인맥을 잘 구축하는 겁니다. (형용사보어)

My purpose [in **writing** to you] is [**to see** *whether you could come*]. (주격 보어)
당신에게 편지를 쓰는 목적은 당신이 오실 수 있는지를 알아보려는 것입니다.
Anyone [not appearing] *is presumed **to** have given up* their claims. (부사적용법- 판단,결과)
출석하지 않는 사람은 이의 제기를 포기한 사람으로 간주됩니다.
Hunan beings **appear to have reached** Australia about 50,000 years ago. (부사적용법-결과)
인류가 약 오만 년 전에 호주에 처음 당도한 것처럼 보입니다.

Sydney, Australia

Many young people seem **to prefer** **surfing** internet **to reading** books. (☞ prefer A to B)
많은 젊은 사람들이 독서보다는 인터넷 검색을 더 좋아하는 것 같다.
Her **sparing** use of make-up only seemed **to enhance** her classically beautiful features.
그녀의 절제된 화장make-up이 그녀의 고전적인 아름다운 모습을 심히 높이는 것 같았다.
His comments appeared **to contradict** remarks [made earlier in the day by the chairman].
그의 발언은 그날 회장께서 한 발언과 상충되는 것처럼 비쳐졌다.

controversy

Children **seem to be** *well programmed* **to learn** language. 아이들은 언어를 배우는 프로그램을 잘 갖고 있는 듯하다. [☞ (구)동사 3개 문장 – seen ⊞ to be programmed ⊞ to learn]

I'm sorry to impose, but could you help me move this box?
일을 시키는 것 같아 미안하지만 이 상자 좀 옮겨 주시겠습니까?

Many women **tend to spend** much money (**in**) **buying** luxurious bags.
많은 여성은 명품 가방을 사는 데 큰 돈을 지불한다.

British society **tended to close and ossify** ranks as the 1930's drew to their close then. 영국 사회는 1930년대가 저물어 가면서 당시 형성된 계층간 서열 그대로 하고 고착화시키려는 경향을 보였다.

The U.N. **seems to have abandoned** all hope [**of finding** a peaceful solution **to** the conflict].
UN은 그 갈등의 평화적 해결에 대한 희망을 포기한 듯하다.

The offer was **to start** a new research laboratory **at double** the annual salary [**he was getting then**].
그 제안은 그가 그 당시 받고 있던 당시 연봉의 두 배를 받고 새 연구소를 발족시키는 것이었다.

A key task is **to get** pupils **to perceive** *for themselves* the relationship between **success** and **effort**.
중점 과제는 학생들로 하여금 성공과 노력과의 관계에 대해 그들 스스로 이해하도록 하는 것이다.

The technology is available today **to allow** us **to stream** everything [(that) **we want**] *using* an internet connection. 오늘날에는 인터넷 접속을 통해 원하는 모든 데이터들을 구현할 수 있는 기술이 존재합니다.

13-2 타동사 + to do

□ To 부정사가 동사의 '**목적어**'로 쓰이는 경우입니다.

13-2 기본 예문 Basic

He **willed to succeed**. 그는 성공하기를 원했다. (☞will to do)
It doesn't **hurt to try**. 밑져 봐야 본전이다.

Don't **try to act** tough. 무게 잡지 마~ (☞ try do do)
I asked **to be** *admitted*. 내 입장(입학) 허가를 신청했다. (☞ 수동태 표현 유의)(☞ ask to do)

I want **to hear** from you. 당신 근황을 좀 알려 주세요! (☞ want to do)
I want **to go hiking**. 하이킹 가고 싶다. (☞ 높은 산일 경우엔 go **mount-climbing**)
→ She loves **to go skiing**. 그녀는 스키 타러 가기를 몹시 좋아한다. → He loves **going** skiing. (O)

Don't **try to get** out of it. 빠져나갈 생각하지 마! 오리발 내밀지 마!

I resolved **to lose** weight. 난 체중을 줄이기로 결심했다. (☞ lose weight ↔ gain weight)(resolve to do)

Do I really **have to say it**? 그걸 꼭 말로 해야 하니? (☞ have to do)

He **deserves to be a genius**. 그는 과연 천재로 불릴 만하다. (☞ deserve to do, deserve doing)

Do you **happen to know** her? 혹시 그녀를 아시나요? (☞ **happen to** 조심스런 느낌) (☞ happen to do)

Money **continued to pile** up. 돈이 계속 모여 갔다. (☞ continue to do, continue doing)

Nobody likes **to be stared** at. 누구든 자신에게 시선이 쏠리는 것을 좋아하지 않는다. (☞ 수동태 표현)

You never **cease to amaze** me. 넌 언제나 날 놀라게 하는구나. (☞ cease to do ~을 멈추다)

I **need to cram** for a final exam. 학기 말 시험 벼락치기를 해야 하겠다. (☞ **cram for** 벼락치기 하다)

I **would like to propose a toast**. 건배 제의를 드립니다. (☞ would like to do)

I **look to hear** from you soonest. 빠른 시간 안에 당신 소식을 듣고 싶습니다. (☞ look to do)

She **pretended not to know me**. 그는 날 모르는 척했다. (☞ pretend to do)

The green wood **refuses to burn**. 생나무는 불이 잘 붙지 않는다. (☞ refuse to do)

He always **tries to put up a bluff**. 그는 늘 허세를 부리려 한다. (☞ try to do)

I **forgot to answer** your letters. 당신의 편지에 답장하는 것을 잊었다. (☞ forget to do)

→ ⑩ I forgot **answering** your letter. 귀하의 편지에 (이미) 답장한 사실을 잊었다.

I did not **think to find** you at home. 네가 집에 있으리라 생각하지 못했다. (☞ think to do)

Children **like to play** cooking dinner. 아이들은 소꿉장난 (요리하는) 놀이를 좋아한다.

You're always disagreeing **to disagree**. 넌 반대를 위한 반대를 하는구나.

We've **got to cement** our relationship. 우리 관계를 공고히 해야 하겠습니다. (☞ cement 동사)

I pledged **never to break** my promise. 나는 결코 약속을 어기지 않겠다고 맹세했다. (☞ never 위치)

We want **to explore** all the possibility. 우리는 모든 가능성을 점검하기 원한다.

He may afford **not to work** for a while. 얼마간 일을 안 해도 생계에 지장 없을 듯하다. (☞ afford to do)

I'd love **to eat** a refreshing crunchy apple. 신선하고 사각사각한 사과 먹었으면 너무 좋겠다.

My father promised **to buy** me a new toy. 아버지께서 내게 새 장난감을 사 주기로 약속했다.

They decided **to put** the proposal to a vote. 그들은 그 안을 투표에 붙이기로 했다.

The new tax law tends **to benefit** large business. 새 세법은 대기업에 유리한 경향이다. (☞ tend to do)

France has agreed **to grant** him political asylum. 프랑스는 그에게 정치적 망명을 허락했다.

My sister decided **to go** to Paris for several reasons. 여동생은 여러 이유로 파리에 가려고 결심했다.

Paris, France

Would you like **to go to see** the movie tonight, **love**? 여보, 오늘 밤 영화 보러 안 갈래요?

He deserves **to win**, and luck **has nothing to do with it**. 그는 이길 자격이 충분하다. 운이 아니다.

[☞ deserve to do(doing); have nothing to do with ~과 아무 관계가 없다.]

I **get to go** [with her][to Milan][for Fashion Week][in this fall]. 이 가을 밀라노 패션쇼에 가야 한다.

[☞ get to go → 법률이나 규칙을 표현하는 must와 달리 가야 할 '당위성'을 표현한다, have to]

Milan, Italy

The team plotted **to smuggle explosives** into the country. 그 팀은 폭발물을 반입하려 모의했다.

We are **trying to save** enough money for a trip to Europe.

유럽여행을 위해 충분한 돈을 모으려 노력하고 있다.

13-2 발전 예문 Intermediate

I hoped **to be** *paired up* with her. 나는 그녀와 짝이 되어 춤추기를 원했다. (☞ 수동태 표현)

Don't **try to take** the easy way out! 잔머리 굴리지 마!

How many times do I have **to tell** you? (도대체) 몇 번을 더 말해야 알아듣겠냐?

I don't **want to hear a peep** out of you. 네 입에서 한 마디도 나오지 않게 해라! (입 닥쳐!)

He claimed **to have been working** late. 그는 늦게까지 계속해서 일했다고 주장했다.

Most women would **kill to look** like you. 모든 여자들이 너처럼 보이기 위해 뭐든 다 할 거다.

He managed **to get** his business **rolling**. 그는 사업을 가까스로 꾸려 나갔다. (☞ managed to do)

I demand **to know what's** going on here. 여기서 무슨 일이 일어나는지 꼭 알아야 하겠다.

I would prefer **to speak to you** in private. 자네와 단 둘이 얘기하고 싶은데.. (☞ in private 남몰래)

You are trying **to get blood from a stone**. 벼룩이 간을 내먹어라!

Don't **try to get** on or off a moving train. 달리는 열차에 뛰어오르거나 내리지 말아라.

We're **trying to assess [what** went wrong**].** 무엇이 잘못되었는지 알아내려고 노력하고 있다.

She might **have forgotten to call** me back. 그녀는 나에게 전화해야 한단 걸 잊었던 것 같아~

He **threatened to sack** me, but it's all **a bluff.** 날 해고하겠다고 협박했지만 그건 엄포일 뿐이다.

We **decided to hush up** a scandal around her. 우린 그녀를 둘러싼 추문에 대해 함구하기로 했다.

He **likes to parade** his knowledge to everyone. 그는 누구에게나 자기 지식을 자랑하고 싶어 한다.

Two parties **agreed to halve** the expense 50:50. 양 측은 비용을 반반씩 부담하기로 합의했다.

Part of me wanted to go, but I knew I couldn't. 가고 싶은 마음도 있었지만 갈 수 없다는 걸 알았다.

He **intended to have them ordered** from Dubai. 그는 Dubai에 주문하려고 했다. (☞ 대과거 시제)

Dubai, Arab Emirate

I've **tried to be patient, but this is going too far.** 내가 참으려 했는데 이건 해도해도 너무 하는군.

Companies want **to avoid** [hiring feckless workers]. 회사는 무기력한 직원 채용을 피하고 싶어 한다.

Russian banks **rushed to buy** [as many as dollars *as they could*].
러시아은행들이 최대한 많은 달러를 서둘러 사들였다.

The firm **promised to pay** all **wage arrears** promptly and in full. (☞ **arrears** 체납금, 지불지연)
그 회사는 밀린 임금을 즉각적으로 그리고 전액 지불을 약속했다.

Corporations should **learn to care** about ethics as much as profit.
기업들은 이익만큼이나 경영 윤리도 살펴야 한다는 것을 알아야 한다.

To make long story short, we managed **to arrive** at the conclusion.
간단히 말하자면 우리는 간신히 결론에 도달할 수 있었던 겁니다.
I tried **to get** in touch with **you** yesterday, but I thought you were out.
어제 당신을 접촉하려 했는데 외출 중이었던 것으로 생각됩니다. (☞ get in touch with ~와 접촉하다)

They **struggled** **to limit** the cost **by enforcing** a high-tech specification. (☞ struggle to do)
그들은 고기술 사양을 강제로 적용하게 해서라도 원가 상승을 막으려 몸부림쳤다.
The military government **decided** **to crack down** on all political activities.
군사 정권은 모든 정치 활동을 엄중 단속 crack down하기로 결정했다. (☞ crack down on 일제 단속하다)

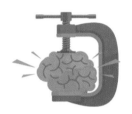

They **promised** **to finish** that project on time **or even** ahead of schedule.
그들은 프로젝트를 정시에 혹은 예정보다 앞당겨 마칠 것을 약속했다.
We've **started** **to get (be getting)** *invited* to some of the neighbors' parties.
우리는 이웃들의 파티에 초대받기 시작했다.

The program **aims** **to prevent** teenagers from **committing juvenile delinquencies.**
그 프로그램의 목적은 10대들로 하여금 청소년 범죄(비행)을 방지하는 데 두고 있다.

13-2 심화 예문 Advanced

I'd **love to do** so if it's not imposing on you. 당신에게 폐가 되지 안된다면 꼭 그렇게 하고 싶습니다.
I hoped **to have finished it** by this time tomorrow. 그것을 내일 이맘때까지 끝냈으면 희망합니다.

I **prayed** to *be given* the ability [to finish the project]. 계획을 완성시킬 능력이 생겨나길 기도했다.
We've **got** **to stop** him from **making a fool of himself** any longer. (make a fool of 바보 짓을 하다)
우리는 그가 더 이상 바보짓을 못하게 해야만 한다.

You have <u>no</u> other choice **but to buy** a ladder to reach that height. (☞ no other choice but to do)
높이에 도달하기 위해서는 사다리를 사는 수밖에 없다. (☞ have no other choice but to do 오직 ~뿐)

The Senator John **helped to procure** funding **to build** the new library.
존 상원의원은 새 도서관 건립에 필요한 기금을 확보하는 일에 도움을 주었다.
<u>Even the very worst among us</u> **deserve to** *be fairly tried* and *lawfully punished*.
우리 중 아무리 천인공노할 자라도 공평하게 그리고 법에 따라 재판받을 권리가 있다.
[☞ 2020년 8월 미연방 항소법원 판사가 Boston 마라톤 폭탄 테러범 재판을 하급법원으로 돌려보내며 한 말]

Scientists **prefer to make judgement** about things [**they can objectively measure**].
과학자들은 자기들이 객관적으로 측정할 수 있는 사실들에 대해서 판단을 내리는 것을 선호한다.
If you'll be going home **any time soon**, please **make sure to let** us **know** in advance.
네가 언제든 일찍 귀가하려거든 내게 필히 사정에 알려야 합니다.

> ▣ to부정사와 -ing를 동시에 사용 가능한 동사

Everyone **prefers to go (going)** to gym **to lose** weight.
모든 사람들은 체중 감량을 위해 체육관에 가고 싶어 한다.
You **need to take(taking)** a deep breath **before running**. 뛰기 전 깊은 호흡을 하는 것 필요하다.
Her novel **deserves to enjoy (enjoying)** such a popularity. 그녀의 소설은 그같은 인기에 합당하다.

Everybody **hates to go (going)** to hell **when** he/she dies. 누구나 죽어 지옥에 가는 것 싫어 한다.
President Trump **loves to play (playing)** golf every Saturday.
트럼프 대통령은 매주 토요일 골프치는 것을 좋아한다.

Pebble Beach Golf Course, California (전 세계 평가 랭킹 1위의 골프장)

Module 14

특명, 『준동사 4인방』을 확실히 정복하라!

목적격 뒤 to 부정사

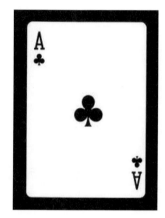

□ 앞 모듈13 『동사+to do』에 목적어만 추가해서 만든 sub-Module입니다.

□ '모듈14-19'까지는 동사 뒤에 목적어가 나오고 그 뒤에 목적어의 **행동**이나 **상태**를 설명하는 6가지의 각기 다른 형태의 준동사들이 뒤따르는 구조입니다.

□ 각 모듈에 적합한 동사는 이미 다 정해져 있는데 그 숫자가 아주 많은 것은 아닙니다. 그런 동사를 외우려 하지 말고 교재에 올려드린 많은 예문 연습을 통해서 익혀 가는 사이 상황에 맞는 동사를 골라 문장을 만들어 가는 능력이 생깁니다.

표준 예문 Standard

예 **I got** him **to wash** my car. 그에게 내 차를 세차하도록 시켰다.

예 **I need** someone **to talk to.** 난 얘기할 누군가가 필요하다.

예 **He left** law **to study music.** 그는 음악을 공부하기 위해 법 공부를 그만 두었다.

예 **So, what do you** want me **to do**? 그래서, 내가 어떻게 하길 바라니?

예 **They asked** me <u>not to talk</u> to her. 그들은 내가 그녀에게 말을 걸지 않도록 요청했다.

예 **What has made** you <u>to come</u> here? 여긴 어떻게 오게 되었나요?

예 **I really want** it **to happen** this time. 이번에는 정말 잘됐으면 좋겠습니다.

예 **I'm so glad you** <u>took the trouble to look</u> me up. 저를 보기 위해 힘든 걸음 해 주셔서 기쁩니다.

핵심 문법 점검 Review on Core Grammar

앞서 살핀 대로 본 문형에는 to부정사의 역할에 따라 3가지 다른 유형이 있습니다. 아래 순서대로 예문을 전개하겠습니다.

1. to부정사가 '목적격 보어'로 쓰인 경우 → 『**명사적 용법**』
2. to부정사가 앞 명사를 수식하는 경우 → 『**형용사적 용법**』
3. to부정사가 '~하기 위해서'라는 이유, 원인, 목적 등 『**부사적 용법**』으로 쓰이는 경우입니다.

14-1 To부정사가 목적어를 보충하는 말(보어)로 쓰이는 경우

□ 앞 모듈13의 '동사'와 'to부정사' 사이에 목적어를 넣은 형태입니다.

I told **him** **to wait** at the gate. 난 그에게 (그가) 출입구에서 기다리라고 말했다.

☞ 여기에서 to wait를 명사구(명사적용법)로서 목적어 him의 행동이나 상태를 설명하는 **보어** 역할을 합니다. 다만 사실 너무 문법적 관점에서의 설명이어서 학습자들의 이해가 쉽지 않습니다. 그래서 앞 '모듈8'처럼 '목적어 him이 to부정사(to wait)의 의미상 주어 역할을 한다.' 식으로 설명하는 것이 일반적입니다.

14-1 기본 예문 Basic

I defy <u>you</u> **to do** <u>so</u>. (도발하듯) 자네가 그렇게 할 수 있으면 해 보시게~
I beg <u>you</u> **to sit** <u>down</u>. 제발 자리에 앉아 주세요.

He dared <u>me</u> **to hit** <u>him</u>. 그는 자기를 때려 보라고 날 도발했다.
She motioned <u>me</u> **to go** <u>out</u>. 그녀는 나에게 나가라며 몸짓으로 신호를 보냈다.

I don't **like** woman **to smoke**. 여성이 담배 피우는 것 못마땅하다. → I don't like woman **smoking**. (O)

What do you **want** me **to do**? 내가 널 위해 무엇을 해 줄까?

I couldn't **force** myself **to sleep**. 아무리 해도 잠을 이룰 수 없었다.

Harry **warned** me **not to interfere**. 해리는 나에게 간섭하지 말라고 경고했다.

Do you **expect** me **to believe** that? 날 더러 그걸 믿으라고?

Money **enables** one **to do** a lot of things. 돈이 있으면 많은 일을 할 수 있다.

The law **compels** cyclists **to wear** a helmet. 모든 자전거 타는 사람들은 헬멧을 착용해야 한다.

Mother **coaxed** his son **to take** the medicine. 엄마가 아들이 약을 먹도록 꼬셨다.

My mother always **nagged** me **to clean** my room. 엄마는 내 방을 치우라고 늘 잔소리를 하셨다.

I **want** the project **to be** *finished* by this morning. 프로젝트가 오늘 아침까지 끝마치기를 원한다. (수동)

God **condemned** Adam **to lead a life of hardship**.

하나님은 아담으로 하여금 수고스러운 삶을 살도록 운명 지으셨다.

How long did it **take** you **to collect** those stamps? 그 우표를 모으는 데 얼마나 걸렸냐?

These little islands **allure** the tourist **to come** again.

작은 섬들은 여행객들을 유혹하여 다시 불러들인다.

My mother never **allowed** me **to ride** a motorcycle. 엄마는 오토바이 타는 것을 절대 허락지 않으셨다.

He **assisted** me **to tide** over the financial difficulties. 그는 내가 재정적 곤란을 극복하도록 도왔다.

[**Taking** long, deep, regular breath] can **help** you **to relax**. 길고 깊게 정기적인 호흡은 편안하게 한다.

How do you **motivate** people **to work** hard and efficiently? (☞ ~~hardly~~)
당신은 어떻게 사람들이 일을 열심히 또 효율적으로 하도록 동기를 부여합니까?

The mother **lulled** (**lulled, hummed**)(**sang**) her baby **to sleep**.
아기 엄마가 아기를 얼러서(노래를 들려줘) 재웠다.

I **want** my parents **not to meddle in** my private affairs anymore.
나는 부모님께서 내 사적인 일에 더 이상 참견하지 않으셨으면 한다.

I **recommend** you **to dispose** furniture tastefully around the room.
난 당신이 가구를 기호에 맞게 배치해 보라고 권해 드립니다.

Despite myself, Harry's remarks have **caused** me **to stop and reflect**.
그럴 생각은 아니었지만 해리가 한 말은 나로 하여금 멈춰 서서 되돌아보게 했다.

I've **asked** my mon **to buy** some bread and milk **on her way home**.
난 엄마에게 집에 돌아오실 때 빵과 우유를 조금 사다 달라 했다.

An abrupt change in weather **forced** many boats **to pull** out of race.
날씨가 급작스레 변해서 많은 배들이 경주에서 이탈할 수밖에 없었다.

14-1 발전 예문 Intermediate

I **helped** her **(to) get** into the car. 나는 그녀가 차에 타도록 도와주었다.

What actuated him **to kill** himself? 무엇이 그 사람으로 하여금 자살하도록 몰고 갔을까?

I don't **want** you **to get** *hurt* again. 난 네가 다시 상처받는 걸 원치 않아~ (☞ get hurt 수동 표현)

Let's **leave** him **to do** as he pleases. 그가 자기가 좋을 대로 하게 내버려 둡시다.

He **counselled** them **to avoid** rash action. 그들에게 경거망동하지 말도록 자문했다.

What do you **want** us **to know** for the test? 시험에 뭐가 출제되나요? → 동일 What's **on** the test?

How about getting your family **to help you**? 당신 가족에게 도와 달라고 하지 않나요? (☞ 권유문)
→ 동일 **Why don't you** ask your family **to help** you?

I **asked** her **to stop** [**wearing** strong perfume]. 그녀가 강한 향수를 뿌리지 않도록 부탁했다.

The sun **causes** your skin **to age** prematurely. 해가 당신의 피부를 빨리 나이 들게 만든다.

I **teased** my father **to send** me some money. 나는 아버지에게 돈을 조금 보내 달라고 졸랐다.

Would you **like me to bring** some more wine? 제가 와인 좀 더 갖다 드릴까요?

How many times have I **told** you **to stop** that? 그런 짓 하지 말라고 몇 번이나 말했냐?

The dentist **told** him **to open** his mouse wide. 치과의사는 그에게 입을 크게 벌리라고 얘기했다.

His behavior never **inclines** me **to respect** him. 그의 행동을 보면 존경할 마음이 내키질 않는다.

Tim **forced** himself **to play it cool** with the press.

팀은 언론과 냉정히 대처해 나가도록 스스로를 조절해 나갔다.

It **upsets me to hear** people *arguing* all the time.

사람들이 늘 논쟁만 일삼는 것을 듣고 있으려 하니 화가 치민다.

The aggression **occasioned** them **to take up** arms. 그 침략이 그 들로 하여금 무장봉기하게 했다.

Urgent need of money **propelled** him **to commit** a theft. 급전이 필요하자 도둑질하도록 내몰렸다.

They **expect** me **to come up with** new ideas for product. [☞ come up with 제안(제출)하다]

그들은 내가 제품에 대한 새로운 아이디어를 제출해 주기를 기대했다.

He **is under** an obligation [to help us] [**whenever (he is)** asked to].

그는 언제든 도와 달라는 요청을 받기만 하면 우리를 도울 의무가 있다.

It **took** me a while **to become attuned** to the strong southern accent. (☞ attune to ~에 적응하다)

내가 강한 남부 사투리에 적응해 나가는 데 시간이 잠시 필요했다.

An electrical fault **caused** the launch of the space shuttle **to be aborted**. (수동 표현)

전기 장치 고장으로 말미암아 우주비행선 발사계획이 무산되었다.

We've **invited** the ex-president **to give** us a speech at the all hands meeting.

우리는 전임 사장에게 전체 조회 때 연설을 해 달라고 초대했다.

The Mayor **wants** all the abandoned buildings in the downtown **to be demolished**. (*knocked down*)
시장은 시내 중심가의 버려진 건물들이 철거되기를 원했다.

Re your letter of March 10, I would advise you **to refer** the matter to an accountant.
3월 10일 자 서한에 대해 네가 그 일에 관련되어 회계사와 의논을 하도록 권해 드립니다.

14-1 심화 예문 Advanced

I **want** you **to take out** the rubbish **on** your way out. 나가는 길에 쓰레기 좀 밖에 내다놔 줘~
Stress can **cause** you **to lose** your ability [to fight off diseases].
스트레스는 질병과 싸워 이길 힘을 잃게 만든다.

It was her fortune, not her, that **induced him to wish to marry** her.
그가 그녀와 결혼하고 싶도록 마음이 이끌리는 것은 그녀 자신이 아니라 그녀의 재산 때문이었다.
Doctors **warned** parents **to play it safe by immunizing** their children.
의사는 아이들을 예방 접종해서 안전하게 해놓도록 경고했다.

The building manager will **tell** people **to leave it** at once **if** there's a fire.
건물 관리인은 화재가 발생하면 사람들이 건물을 즉시 떠나도록 연락할 것이다.
We **want** you **to star** in the movie and we won't take 'no' **for an answer**.
이번 새 영화에 주연으로 모시고 싶으니 제발 거절하지 마십시오.

[Anyone **who has tasted this life**] wants it **to carry** on for as long as possible.
누구든 이 생활을 맛본 사람은 그것이 될 수 있는 한 오랫 동안 지속할 수 있기를 바란다.
Slow music **encourages** supermarket-shoppers **to browse** longer and spend more.
느린 음악은 슈퍼마켓 손님들로 하여금 매장을 둘러보게 하여 돈을 더 쓰도록 북돋운다.

I **got** the fishmonger **to skin** the fish **which** *helped* **save** a lot **on** the preparation time. (☞skin동사)
난 생선장사에게 생선 껍질을 벗겨 달라고 했는데 그렇게 해서 준비 시간을 대폭 줄일 수 있었다.

[Simply **marking** an answer **wrong**] will not **help** the pupil **to get** future cases **correct**.
틀린 답에 표시해 주는 정도로 학생들이 다음 경우에 바른 답하도록 하지는 않을 것입니다.

We **expect** our sales staff **to keep** abreast of all the latest developments in computer technology.
우리는 영업직원들이 컴퓨터 최신 기술들을 꿰차고 있기를 바란다. (☞ keep abreast of)

14-2 To부정사가 앞 단어를 수식하는 형용사적 용법으로 쓰이는 경우

본 문형의 두 번째 형태로서 to부정사가 바로 앞에 있는 '**명사**'를 수식하는 형태의 문장입니다.

14-2 기본 예문 Basic

I like something [**to drink**]. 마실 것 좀 주시겠습니까? (☞ to drink가 something를 뒤에서 수식)
We've got nothing [**to lose**]. 밑져 봐야 본전 → 동일 It doesn't hurt to try.

I have a favor [**to ask of** you]. 당신에게 드릴 부탁이 하나 있습니다.
There's no need [**to thank me**]. 내게 고마워할 것까지는 없어~
She has no talent [**to speak of**]. 그녀에겐 이렇다 할 소질이 없다.

That has nothing [**to do with** it]! 저건 그것과 아무 상관없습니다. (☞ have nothing to do with ~관계없다)
I'm not the one [**to kiss and tell**]. 난 비밀을 남에게 까발리고 다니는 사람 아니야!
I **scarcely** have time [**to breathe**]. 난 거의 숨 쉴 새도 없이 바쁘다. [☞ scarcely (부정)~가 거의 아니다]

Have you got a minute [**to spare**]? 잠깐만 시간 좀 내 주실 수 있으세요?
Do you have **anything** [**to declare**]? (공항 입국장 세관에서) 세관 신고할 것이 있습니까?
She wanted two sandwiches [**to go**]. 그녀는 샌드위치 두 개를 포장해 달라고 주문했다.

I have a few more phone calls [**to make**]. 나는 전화 걸어야 할 곳이 몇 군데 더 있다.

He has the courage [**to run** after the thief]. 그는 용감하게도 도둑을 추격했다.

The patient has the right [**to refuse treatment**]. 환자에게 치료를 거부할 권리가 있다.

We should take **steps** [**to help** starving children]. 굶주린 아이들을 돕기 위한 조치를 취해야만 한다.

He had **the audacity** [**to question** my innocence]. 그는 감히 내 결백을 의심했다.

[☞ have the courage to do 용기를 내어 ~하다; have the audacity to do 감히 ~하다]

He had **no disposition** [**to finish the work** in time]. 그는 일을 시간 내 끝낼 **생각(의향)**이 없다.

I'm looking for some formal **shoes** [**to go** with this suit]. 이 양복과 어울리는 정장구두를 찾습니다.

The Government made no move at all [**to end** the conflict].
정부는 갈등을 종식시키기 위한 어떤 조치도 취하지 않았다.

I need one more person [**to make up** the assigned number].
할당된 숫자를 채우려면 1명이 더 필요하다.

He had **the guts(balls)** [**to come** over here and (to) **tell** the truth]. **배짱** 있게 와서 진실을 말했다.

14-2 발전-심화 예문 Intermediate-Advanced

It takes **two to tango.** (속담) 손뼉도 마주쳐야 소리가 난다. (목적, ~하기 위해서는)

→ 동일 의미 It takes **two to make a quarrel**.

I want something [**to tie to**]. 나는 무엇인가 의지할 것이 필요하다.

There's nothing [**to be sorry about**]. 미안할 것까진 없어.

He took an oath [**to give up smoking**]. 담배를 끊겠다고 맹세했다. (☞ take an oath 맹세하다)

They are looking for a chair [**to sit on**]. 그들은 앉을 의자를 찾고 있습니다.

She has the patience [**to hear** me out]. 그녀는 참을성 있게 내 얘기를 끝까지 들어 준다.

He made a good pass [**to help** *score* the goal]. 그는 득점을 돕는 멋진 패스를 했다.

Let me tell you a funny story [**to cheer** you **up**]. 재미난 얘기를 해 주면 자네 기분이 좋아질 거야~

Illegal immigrants have the right **to get** *married*. 불법 이주자도 결혼할 권리가 있다.

Dad needs a vacation [**to take** his mind off work]. 아빠는 일에서 떨어져 있을 휴가가 필요하다.

You have no cause [**to have** a grudge against him]. 그에게 앙심(원한)을 품을 이유가 없다.

What do you think is the best way [**to relieve stress**]? 스트레스를 날려 버릴 가장 좋은 방법이 뭘까?

His action **spoke** volumes **of his hope** [**to meet** her].

그의 행동은 그녀를 만나려는 소망을 웅변적으로 말해 준다.

She kept her campaign **promise** [**to get** the law *passed*].

그녀는 그 법안이 통과되도록 하겠다는 선거공약을 지켰다.

We'll only have **time** [**to drop in**] for a moment at his party. (☞ drop in 잠시 들르다]

우린 그의 파티에 잠시 얼굴을 내밀 정도의 시간밖에 없습니다.

Would you have the kindness **to watch** things for a moment? 잠시 짐을 맡아 주겠습니까?

The shop used free gifts as a **bait** [**to attract** new customers].

그 상점은 신규 고객을 끌어 들이기 위한 미끼상품을 증정했다.

Does this have **anything** [**to do with her being** at the bank today]?(☞ have something to do with)

이것이 그 여자가 오늘 은행에 있던 것과 어떤 연관이 있습니까?

Tom knows enough of Jack's **behaviors** [**to judge** him **to be** a swindler].

톰은 잭을 사기꾼이라고 판단하기에 충분할 만큼 그의 행동에 대해 알고 있다.

As for racism, much progress *has been made*, but there is still **much** [**to do**]. (☞as for `에 관해서)

인종 차별에 관해 많은 진전이 있어 왔지만 아직도 할 일이 많다.

14-3 To부정사가 수식하는 부사적 용법으로 쓰이는 경우

세 번째 형태로서 '~하기 위해서'의 의미를 갖는 소위 'to부정사의 부사적 용법'입니다.

14-3 발전 예문 Intermediate

It will take a lot **to silence** the criticism. 그 비난을 잠재우려면 시간이 많이 걸릴 겁니다.
The women pounded the grain **to make** flour. 여인들이 밀가루를 만들기 위해 알곡을 빻았다.

The boy **risked** his life **to save** the *drowned* girl. 소년은 물에 빠진 소녀를 구하기 위해 목숨을 걸었다.
I'm tasting the soup **to see** **if it has enough salt.** 난 스프에 간이 맞는지 알기 위해 간을 보고 있다.

The U.N. is continuing the fight **to reduce** world poverty. UN은 전 세계 빈곤퇴치를 위해 싸우고 있다.
He looks quickly **through** his notes **to refresh** his memory. 기억을 새롭게 하려 노트를 휙 훑어본다.

He has hired a lawyer **to defend** him against the allegations. 혐의 방어를 위해 변호사를 고용했다.
They **used** his left hand **to shield** against the **dazzling** sunlight. 왼손으로 작렬하는 빛을 가렸다.

More and more people **are using** vitamin supplements **to complement** their diet.
점점 더 많은 사람들이 일상 식단을 보완하기 위해 비타민 보조제들을 섭취하고 있다.
They **inflated** client's medical treatment cost **to defraud** the insurance companies.
그들은 환자에 대한 의료 처치비를 부풀려 보험회사의 돈을 사취했다.

14-3 심화 예문 Advanced

He quit his hometown, **never to return**. 그는 고향을 나온 후 다시는 돌아가지 않았다. (결과)

Pull the bucket **on the rope** **to get** some **water [to drink]** 마실 물을 좀 구하기 위해 두레박을 당기자.

Allow twenty minutes **to get through** Passport Control and Customs.

여권 검색과 세관을 통과하는 데 20분 정도 고려하세요.

An angel with a sword **stood** guard **to stop** them **from coming** back. (☞ stand guard 망보다)

칼을 가진 천사가 그들이 돌아오지 못하도록 망을 봤다. [Children's Bible에서]

We **want** the maximum number of people **to attend** **to help** us **cover** our cost.

우리는 최대한 많은 사람들이 참석해서 우리 비용이 충당되는 것을 도와줄 수 있기를 바랍니다.

[☞ 동사(준동사)가 4개(want, to attend, to help, cover)나 들어 있는 문장입니다.]

Module 15

타동사 + **목적어** + **목적격 보어**

영어는 왜 '순서의 언어'인가?

□ 본 모듈은 문장의 형식 구분상 흔히 **5형식** 문장으로 부릅니다. 목적어 뒤에 목적어를 설명하는 **'보어'** 까지 오는 문장입니다.

□ 영어는 우리 말과 달리 '문장의 성분 뒤에 붙는 **'조사postposition'**가 없습니다. 그 대신 각 문장 성분들이 자기가 있을 자리에 정확하게 있어야 통용되는 특징을 가진 언어입니다. 그래서 영어를 '순서의 언어'라 부릅니다. 문장의 성분들이 각자 있어야 할 자리에 있도록 규정해 놓은 것이 바로 '문법' 입니다. 이 문법은 아주 체계적이고 논리적입니다.

□ 영어 문법을 공부한다는 것은 문장 요소(성분)의 자리마다 어떤 단어/구/절이 올 수 있고 어떤 것이 오면 안 되는지를 익히는 과정입니다. 특히 동사와 준동사가 문장 곳곳에 들어 있어 문장 요소(성분)들의 배열 위치를 지휘 통제하기 때문에 우리들이 동사에 집중해서 공부해야 하는 것입니다. 결론적으로 본 33 모듈학습 과정은 어떤 본동사와 준동사를 고르고 그 동사 뒤 각 문장 성분 자리마다 어떤 『명사/형용사/부사 또는 그 구와 절』로 채워 갈까 그 원리를 익히고 숙달해 가는 과정이라 말할 수 있습니다.

제가 모든 예문에 색채 작업과 볼드체나 누임체 표시를 해 드리고 있습니다. 여러분도 예문을 볼 때마다 이 문장은 어떤 동사와 어떤 구와 절로 채워져 있는지 늘 생각하며 들여 다 보시기 바랍니다. 여러분, 앞으로 점점 더 느끼게 되겠지만 영어 문장의 생성 원리와 구조를 체득하는 것은 사실 그렇게 어려운 것만은 아닙니다. 본 과정의 맨 끝 33문형에까지 이르면 아무리 복잡하고 긴 문장도 훤히 보이는 시간이 반드시 찾아오게 되어 있습니다. 지금은 힘들고 또 지루해도 좀 더 참고 계속 앞으로 달려가시기 바랍니다!

예 **I want them** 5X7. 5X7(five by seven)사이즈로 뽑아 주세요!

예 **He's got it** all wrong. 그는 크게 잘못 알고 있다. (착각하고 있다.)

예 **Have it** your own way! 네 맘대로 하세요!

예 **Horror struck me** dumb. 겁에 질려 나는 말이 나오지 않았다.

예 **She shook the rug** clean. 그녀는 융단을 흔들어 털어 냈다.

예 **You are driving me** crazy. 너 때문에 돌아버리겠다.

예 **Alcohol makes him** talkative. 그는 술을 마시면 수다스러워진다.

예 **Do I have to make it** explicit? 그걸 꼭 말로 해야 하겠냐?

예 **They nicknamed him** Shorty (Fatty). 그들은 그에게 땅꼬마(땅딸보)라는 별명을 붙였다.

예 **Let's make the impossible** possible! 불가능한 것을 가능하게 해 봅시다!

예 **They tagged him** (as) troublemaker. 그에게 말썽꾸러기란 딱지가 붙었다.

예 **That joke leaves me** absolutely cold. 그 농담 참으로 썰렁하군~

예 **The singer knocked the audience** dead. 그 가수는 청중들을 뻑 가게 만들었다.

핵심 문법 점검 Review on Core Grammar

□ 본 문형에 적용될 수 있는 동사는 소위 '**불완전 타동사**'입니다. 불완전 타동사는 **목적어**도 필요하고 또 **목적격 보어**도 필요한 동사입니다. 동사 중에서 보어가 있어야만 문장이 성립될 때 그 문장에 쓰인 첫 동사를 문법학자들은 '**불완전 타동사**'라는 거창한 이름을 붙여 주었습니다.

- Everybody likes Jamy. 모두 다 제이미를 좋아한다. (**완전 타동사**)
- The bad news made her sick. 나쁜 소식을 듣고 그녀는 병이 났다. (**불완전 타동사**)

□ 앞 '**모듈3**'에 있는 '보어' 경우 주어를 설명해 주는 말이어서 '**주격 보어**'라 불렀는데 여기 불완전 타동사에 붙는 보어는 바로 앞에 있는 목적어를 보충 설명하는 말이어서 '**목적격 보어**'라 구분해서 부릅니다. 즉, **Mom made** me a nurse. 에서 'me=nurse'의 관계가 성립합니다.

□ **목적 보어는**(objective compliment: OC)는 목적어의 성질이나 상태를 설명해 주는 말인데 명사가 오면 목적어와 동일하다는 것을 말해 주고, 형용사나 형용사 상당어구가 오면 바로 앞 '목적어의 상태나 성질'을 나타냅니다. 목적격 보어의 자리에 놓일 단어나 구句의 형태가 아주 다양한데 '모듈14'부터 '모듈19'에 걸쳐 무려 **6개 모듈**들이 바로 이 『목적어+목적 보어』와 관련해서 마련되었을 정도입니다.

1. 형용사, 명사, 명사절, 대명사 보어

She made me **a doctor** 그녀는 나를 의사로 만들었다. (명사)

She considered me **much.** 그녀는 날 많이 배려해 주었다. (☞ much는 명사 or 형용사 둘 다로 분류 가능)

He colored **the wall** green. 그는 벽을 녹색으로 칠했다. (형용사)

The pot calls **the kettle** black. 숯이 연탄보고 검다 한다. 똥 묻은 개가 겨 묻은 개 나무란다.

She made me **what I am now.** 그녀는 현재의 나를 만들었다. (명사절)

2. 준 동사 (동명사, to부정사, 원형부정사) 보어

㉠ She allowed me **to go**. 그녀는 내가 가도록 했다. [→ 앞 **모듈14에서 다뤘습니다.**]

㉠ We call it **cheating.** 우리는 그것을 사기라고 한다. [→ 뒤 **모듈18에서 다룹니다**]

㉠ She saw me **sing (singing).** 그녀는 내가 노래하는 것을 쳐다봤다. [→ **모듈17과 18에서 다룹니다**]

3. 수동태 보어 및 기타 보어 (과거분사, 부사, 전치사구)

㉠ This kind of talk will **get you** nowhere. 이런 대화는 아무런 도움이 되지 않는다. [→ 앞 **모듈11**]

㉠ She won't **let us (be)** out after 9 o'clock. 우리가 9시 이후로 외출하는 것을 금했다. [→ **모듈11**]

㉠ Don't let **it be done.** 그렇게 되도록 그냥 놔두지 마세요. [→ 뒤 **모듈19에서 다룹니다**]

㉠ She found **her baby** in the cradle. 아기가 요람에 있는 것을 발견했다. [→ **모듈28에서 다룹니다**]

→ 위 세 가지 보어 중, 본 '모듈15'에서는 1번의 '명사'와 '형용사' 보어만 다룰 예정입니다.

□ 본 '**모듈15**'는 문장의 형식에서 최고 등급인 '**5형식**'으로 분류되는 문장입니다. 그런데 본 문형과 뒤쪽에 나오는 '**모듈26**', 즉, 『주어+동사+'간접 목적어'+'직접 목적어'』, 소위 '**4형식**' 문장과 많이 헷갈려 합니다. 헷갈릴 것 없습니다. 예를 들어 설명드리겠습니다.

예 I made <u>my grandkids</u> **some cookies**. 나는 손자들에게 약간의 쿠키를 만들어 주었다. [4형식]

예 The movie 'Parasite' made <u>the director</u> **Bong a global star.** [5형식]
'기생충' 영화는 봉감독을 세계적인 스타로 만들었다.

위 문장을 보면 my grandkids와 쿠키는 별개의 명사 2개 나열되어 있는 것에 불과합니다. 반면 봉 감독the director Mr. Bong은 황금종려상과 아카데미상을 수상한 후 'a global star'의 반열에 오른 봉감독의 상태를 설명하고 있지요?

기본 예문 Basic

Take it **easy**! 침착해라! 염려 마! → 응용 Take it easy <u>on John</u>. (존에게) 관대하게 대하거라!

Make it **snappy**! 서둘러 줘! (☞ snappy 비 격식, 팔팔한, 성급한)

Let's call it **a day**! 오늘은 이쯤 합시다! (그만 퇴근합시다!)

I'd like that **to go.** (음식 시킬 때) 가지고 갈 겁니다. (☞ 여기 '**to go**'는 일반 명사, 'take-out')

I give it **four stars**! 정말 만족스러워!

It serves him **right**. 그것 참 잘됐네~, 쌤통이다. → 동일 **He deserves it!**

Keep me **company.** 내 곁에 있어 줘. → 동일 Stay with me, please!

We ate oysters **raw**. 우리는 날 굴을 먹었다.

It will do me **proud.** 그것으로 족합니다. (내게 기쁨이 됩니다. 내 면이 섭니다)

Keep it **confidential.** 비밀로 해 주시기 바랍니다.

Don't get me **wrong!** (나에 대해) 오해 마세요! ← You've **got me wrong.** 너, 내 말을 오해했구나!

Make mine **well done.(rare)** (스테이크 주문할 때) well done(↔ rare)으로 해 주세요.

You can't win them **all.** 어떻게 매번 다 잘할 수 있겠나~ 괜찮으니 힘내고~

Make that **two,** please. 나도 같은 것으로 (주문)해 주세요.

She <u>looks at</u> him **deep**. (~~deeply~~) 그녀는 그를 심각한 얼굴로 바라본다.

Have it **your own way!** 네 맘대로 해!

What made her so **sad**? 뭐가 그녀를 그처럼 슬프게 했나요? (☞ what 의문사)

He **licked** the dish **clean.** 그 사람 접시를 바닥까지 깨끗이 핥아 먹었다.

People crowned him **king.** 사람들이 그를 왕으로 추대했다.

Please boil the eggs **hard. (half-done, half-boiled)** 달걀을 완숙(반숙)으로 해 주세요.
Didn't I make myself **clear?** 제 입장을 분명하게 밝히지 않았던가요?
I wish you **the best of luck.** 당신에게 큰 행운이 임하기 기원합니다.

I knocked him **unconscious. (flat, on the ground)** 나는 그를 때려 기절시켰다.
My daughter worries me **sick.** 딸 걱정하다 병이 날 지경이다.
We **rank** his ability **very high.** 우린 그의 능력을 높아 평가한다.

The story turned my blood **cold.** 그 이야기를 듣자 내 피가 얼어붙었다.
If you're going to do, do **it right!** 일하려면 제대로 해라!
The **roll** of the boat made me **sick.** 배가 (좌우로) 일렁거려 멀미가 났다. (cf. pitching 앞뒤 요동)
His stupid comments drive me **nuts.** 그의 멍청한 말이 나를 돌아 버리게 한다.

Rescuers presumed the climber **dead.** 구조대는 그 등반가가 사망한 것으로 추정했다.
I consider **Andy** worthy of confidence. 나는 앤디가 신뢰할 만한 가치가 있는 사람이라 생각한다.
Company in distress makes sorrow **less.** 함께 고민하면 슬픔도 덜하다.
The whale swallowed the small fish **whole.** 고래가 작은 물고기들을 통째로 삼켰다.

The life buoy keeps our body afloat in the sea. 구명동의는 바다에서 우리의 생명을 지켜 준다.
Frozen rain made **driving extremely dangerous.** 비가 얼어붙어 운전이 아주 위험했다.
Investors are playing **it cautious,** and also they're playing **it smart.**
투자자들은 매우 조심스럽게 또 영리하게 다룬다.
He took the abstract ideas of political reform and made them **reality.**
그는 정치 개혁에 관한 막연한 생각을 가져와서는 그것들을 실현해 갔다.

The dog <u>nosed</u> the door **open**. 개가 문을 코로 열었다. (☞ open을 원형동사로 볼 수도 있습니다.)

He proved himself **equal to the task** 그는 그 일에 적임자임을 입증했다.

The owl thinks <u>her own young</u> **fairest**. (속담) 고슴도치(영어에선 올빼미)가 자기 새끼보고 함함하다 한다.

Let's get everything **ready [to depart]**. 출발 준비를 모두 갖추도록 합시다.

Her beauty held <u>the king's mind</u> **captive**. 그녀의 아름다움이 왕을 (사랑의 포로로) 사로잡았다.

He put health **high on** his list of priorities. 그는 건강을 그의 우선 순위표의 높은 자리에 두었다.

She wiped the table **dry** with a dish towel. 그녀는 행주로 테이블을 닦아 말렸다.

I make **it a rule [to have a bath every day]**. 난 하루도 빠짐없이 목욕하기로 했다.

(☞make it a rule to do ~하는 것을 원칙으로 삼다)

Airlines consider <u>business travelers</u> **a captive market**.

항공사는 출장 여행자들을 (선택권이 없는) 자사 고객으로 간주한다.

His high position **renders** him **immune** from any criticism.

그는 높은 지위로 인해 어떤 비판도 받지 않았다. (☞ render 되게 하다, immune 면역이 된, 면제된)

Why don't you take off your coat and make **yourself comfortable**? 외투를 벗고 편히 하세요.

You must not **get** your bandage **wet**, **or** your leg might not heal properly.

밴드를 적시면 안 되요. 안 그러면 다리가 잘 낫지 않을 겁니다.

Traveling – it leaves me **speechless**, and then turns me **into** a storyteller.

여행은 여행 도중 우리를 과묵하게 만들지만 여행 후에는 이야기꾼이 되게 한다.

심화 예문 Advanced

A sudden pull **threw** Paul **off balanced**. 갑자기 당기자 폴이 균형을 잃고 넘어졌다.

City officials are anticipating problems if the jury **finds** the officer **not guilty**.

시 관계자들은 배심원들이 그 공직자(경찰관)에 대해 무죄 평결을 내리면 문제가 되리라 예상한다.

Language and the capability for abstract thought makes **human unique and separate** from other animals. 언어와 추상적으로 생각할 수 있는 능력은 인간을 다른 동물로부터 구별되게 한다.

The waste disposal industry is finding **it difficult** [**to convince** the public **that** its operations are safe]. 폐기물 처리산업은 국민들에게 처리방식이 안전하다는 확신을 주는 데 어려움이 있음을 알게 되었다.

We made **it a rule of thumb** [never **to look back** anything *already done* wrong] as it's just a waste of time. [☞ rule of thumb 경험 법칙] 이미 잘못돼 버린 것에 대해 후회한들 시간 낭비일 뿐이어서 예전의 경험에서 얻은 지혜에서 다시는 되돌아보지 않기로 했다.

Module 16

TO BE over troubled water (2)
'험한 세상 다리가 되어'

Istanbul, Turkey

□ 타동사에서 '**3번째 목적격 보어**'입니다.

□ '**모듈6**'에서 '자동사+to be' 구조를 공부하셨죠? '문형6'에서 'to be+보어'는 주어를 설명하는 보어였습니다. 그러나 본 '모듈16'은 'to be+보어'가 바로 앞에 있는 목적어를 설명하는 소위 '목적격 보어'가 됩니다.

□ 영어라는 언어의 전체 구조를 설명하려면 최소 몇 백 혹은 많게는 수천 개의 원리와 분류 체계가 필요하고 그것을 '어법usage' 또는 '문법grammar'이라 부릅니다. 그러니 어법과 문법은 상대하기 버거운 존재인 것은 맞습니다. 그러나 비영어권에서 태어나고 자라난 우리들은 여러 현실적인 제약들을 고려할 때 문법을 통해서 영어를 배우는 것이 현실적으로 가장 무난합니다. 게다가 정확한 영어 또 고급 영어를 지향한다면 더욱더 그렇습니다.

영어를 모국어로 말하는 사람들은 갓난 아이 때부터 대개 13-14세의 나이까지 가족이나 친구들과 어울려 지내는 사이 수천 개(혹시 수만 개?)나 되는 그 복잡다단한 원리와 규칙들을 힘들이지 않고 자연스럽게 터득하게 됩니다. 그 관점에서 보자면 영어라는 언어 또한 우리들이 너무 이론적으로 또 너무 학문적으로 따져 가면서 접근할 대상은 아닐 것입니다. 수영을 배우듯 자전거를 배우듯 많은 문장들을 경험하고 상대하는 가운데 자연스럽게 우리 뇌와 입에 입력되게 하는 것이 가장 바람직합니다. 그래서 영어를 잘하고 싶다면 우리도 머리가 아닌 '연습practice'이고 '훈련 exercise'을 통해서 접근해야 합니다. 제가 한 권의 영문법 책을 15여 년 동안 읽고 또 읽어 영어의 대강과 구조를 깨칠 수 있었듯 여러분들도 이 교재를 늘 곁에 놓고 읽고 또 읽고 흥얼흥얼 공부하는 분들이 결국에는 영어를 이기게 되어 있습니다!

표준 예문 Standard

例 **I consider** him **to be a fool.** 나는 그가 바보라고 생각한다.

例 **We** know him **to have been a spy.** 우린 그가 간첩이었다는 것을 알고 있다.

例 **His father** meant him **to be a lawyer.** 그의 아버지는 그를 변호사를 시킬 작정이었다.

例 **How did you** know **him to be a doctor?** 그 사람이 의사라는 걸 어떻게 알았지?

例 **Life is tougher than we** assume it **to be.** 인생은 우리가 생각하는 것보다 만만치 않습니다.

例 **When I first met him, I** perceived him **to be an odd ball.**
그를 처음 봤을 때 난 그가 괴짜라는 사실을 알아 차릴 수 있었다.

핵심 문법 점검 Review on Core Grammar

□ 제가 본 교재 앞 부분에서, 33가지 모듈이 각자 따로 노는 것이 아니라 조금씩 다르게 그러나 유기적으로 연결되어 확산되어가는 구조라 말씀드렸지요? 그렇습니다. 이런 원리로 33가지 동사 문형이 공부를 시작한 지 1-2달 정도 뒤면 모듈의 전체 윤곽이 여러분 앞에 서서히 모습을 드러낼 것입니다. 미리 서두르거나 조급해 할 것 없습니다.

초등학교 시절 산수 '구구단' 공부할 때를 생각해 보세요. 그저 읊조리고 되뇌다 보니 어느 날 갑자기 숫자들의 조합과 전체 구조가 이해되고 그 다음부터는 구구단 공식이 입에서 술술 흘러나온 경험을 했지요? 바로 그와 같은 원리로 공부해 보세요! 여러분이 영어의 전체를 깨달을 날이 곧 올 것입니다.

□ 본 모듈에 해당하는 동사는 주로 '생각'과 '판단'을 나타내는 소위 『**인지 동사**』들입니다.

Acknowledge 인정하다, **admit** 받아 들이다, **assume** 생각하다, **believe** 생각하다, **consider** 간주하다, **declare** 선언하다, **feel** 느끼다, **judge** 판단하다, **know** 알다, **presume** 추정하다, **report** 보고하다, **Suppose** 생각하다, **think** 생각하다

□ 구어체에서는 본 모듈16 문어체 문장보다 뒤 '**모듈20**'의 구어체 형태로 더 많이 사용됩니다.

I admit **him to be a genius**. 그는 과연 천재라는 걸 인정한다. (문어체)
→ '모듈20'이란? I admit **that he is a genius**. (구어체 문장)

16-1 타동사 + 목적어 + to be 보어

16-1 통합 예문 Combined

I thought it **to be her**. 나는 그녀일 것이라고 생각했다.

It proved him **to be a villain**. 그것으로써 그가 악당이란 사실이 입증되었다.

Calvinists believe sex **to be evil**. (기독교) 칼뱅주의 신자는 섹스는 악한 것이라 믿는다.

The U.S. military expects the matter **to be resolved** peacefully.
미군은 사태가 평화롭게 해결되기 기대한다.

Every teacher knows Jack **to be** the smartest boy in this classroom.
모든 학생들은 잭이 이 반에서 제일 똑똑한 아이라는 것을 알고 있다.

You should not assume his remarks **to be fair** simply *because of* his name value.
당신은 그 사람의 명성 때문에 그의 말이 정당하다고 여겨서는 안 된다.

Some people choose the fate of the priest **because** they **feel** themselves **to be *chosen*** by the God.
어떤 사람들은 자신들이 하나님으로부터 선택 받은 사람이라 느껴서 성직자의 운명을 선택한다.

16-2 타동사 + 목적어 + (to be) 보어

언제 'to be'를 생략할 수 있는 걸까요? 우리는 앞 '**모듈6**'에서 이미 공부했던 내용입니다. 여러 분의 기억이 필요해서 제가 짧게 다시 한번 설명을 드리도록 하겠습니다.

1. 제1원칙, 보어 자리에 아래처럼 정도를 나타내는 형용사가 올 경우 to be 생략할 수 있다.

예 I felt this (to be) **necessary**. 나는 이게 필요할 것 같다는 느낌이 들었다.
예 I believe him (to be) extremely **cruel**. 난 그가 몹시 잔인하다 생각한다.

2. 제2원칙은 아래 통합 예문에 있는 대로, 보어 자리에 ① **부사적 소사**, ②**부사구**, ③**명사**, ④**과거분사** 등이 올 경우 to be가 생략될 수 있습니다.

□ 본 모듈의 문장에서 to be가 생략되고 나면 결국 '모듈11' 또는 바로 앞 '모듈15' 즉, 5형식 문장이 된다는 사실을 알 수 있습니다. 그래서 33개 모듈이 서로 연계되어 있다고 한 이유입니다.

통합 예문 Combined

He motioned me (to be) <u>out</u>. 그는 내게 나가 있으라 몸짓을 했다.

He feigned himself (to be) **mad** 그는 미친 사람으로 가장했다.

I observed him (to be) **trustworthy.** 그를 관찰한 결과 그는 신뢰할 만한 사람이다.

He conceited himself (to be) a poet. 그는 시인이라고 우쭐댄다. (☞ conceit oneself ~라 우쭐대다)

I account him (to be) **a man of sense.** 나는 그가 상식을 가진 사람이라고 생각한다.

People proclaimed him (to be) a traitor. 사람들은 그를 반역자라고 선언했다.

Let's **assume** <u>what he said</u> **(to be) true!** 그가 말한 것이 진실이라고 가정합시다!

He admitted the charge (to be) **groundless.** 그는 그 고소가 사실 무근이라고 받아들였다.

I prefer this work <u>(to be)</u> *__finished__* in an hour. 난 이 일이 한 시간 안에 마무리되면 좋겠다. (수동태 표현)

I found the bicycle <u>very **comfortable** [**to ride**]</u>. 나는 그 자전거가 타기에 편하다는 걸 알게 되었다.

Do you consider **me** <u>**(to be) a nuisance**</u> to you? 내가 너에게 성가신 존재라고 생각되니?

His accent proclaimed him (to be) **an Australian**. 그의 억양으로 봐서 그는 호주사람이다.

He can make himself <u>understood</u> <u>in five languages</u>. 그는 5개 국어를 알고 있다. (☞ 과거분사 보어)

Lincoln felt it (to be) **his duty** [to emancipate slaves]. (☞ emancipate 노예를 해방하다)

링컨대통령은 노예를 해방시키는 것이 자기 의무라고 생각했다.

Lincoln Memorial, Washington D.C.

Can't you <u>make an attempt</u> **(to be) nice** to your wife? 부인을 잘 대해 주려 시도해 볼 수 없을까요?

The doctor pronounced the baby **(to have been)** *cured*. 의사는 아기가 완치되었다고 선언했다.

The testers found the bicycle **(to be)** <u>the best value for money</u>.

실험자들은 그 자전거가 가성비에서 최고의 가치를 지닌 자전거라는 것을 알게 되었다.

Nobody judges that veteran politician (to be) **a trustworthy man.** [☞ politician (모리배) 정치인]

누구도 그 노회한 정치인을 믿을 만한 사람이라고 생각하지 않는다. (cf. statesman 양식 있는 정치가)

Those who had decided to remain ***unbiased*** in the struggle now found themselves (to be) **required to take** sides. 그 싸움에서 경쟁에서 중립적 입장을 지키기로 했던 사람들이 이제는 어느 한쪽 편을 들지 않으면 안 된다는 사실을 깨닫게 되었다. [☞ unbiased 편견이나 선입관이 없는); (표본이) 무작위의]

『讀書 100 遍意自現』
독 서 백 편 의 자 현

Every book reveals itself
when it's being read over and over!

어떤 책이든 백 번 읽는 동안 그 뜻을 스스로 드러낸다!

Module 17

특명, 『준동사 4인방』을 확실하게 정복하라!

1. 현재분사/동명사 (모듈12 & 18)
2. to 부정사 (모듈13 & 14)
3. 원형동사 (모듈17)
4. 과거분사 (모듈9 & 문형19)

세 번째, 준동사 - 원형동사

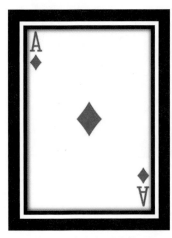

□ 이번 '모듈17'은 『동사+목+원형 부정사do』입니다. '모듈14'에서부터 시작된 타동사의 **네 번째 '목적격 보어'**입니다.

□ 자, 세 번째 (실질적으로는 네 번째) 준동사인 원형동사 표현입니다. 말씀드린 대로 영어 어법에서 가장 핵심적 영역들입니다. 계속 집중하세요!

□ 33문형 중에 벌써 절반을 넘어섰습니다. 빠르죠? 교재 앞과 뒤에 제공해 드린 '모듈 종합표'를 수시로 들여다보기 바랍니다. 개략적인 모듈 순서와 샘플 예문들을 떠올려 보세요!

□ 언어는 소리내서 발음할 때 소리가 입 근육과 뇌에 기억됩니다. 그런 훈련의 양이 많아야 입이 자연스럽게 트이게 됩니다. 영어를 빠르게 배우기 위해서는 수다스러워질수록 좋습니다! 말하는 발화훈련이 충분히 되어 있지 않을 경우 머리 속에서만 맴돌 뿐 정작 입으로 소리를 내지 못합니다. 즉, 지식이 내 몸과 하나되어 고도화되어 있어야 합니다. 암기한 것을 안 보고 자꾸 되뇌

어 보세요! 틀리면 어떻습니까? 애쓰고 노력하는 모습이 더 귀하고 아름답습니다!

표준 예문 Standard

예 **Let me get you a drink!** 내가 한잔 살게!

예 **I saw him cross the street.** 그가 길을 건너는 것을 봤다.

예 **I won't let it happen again.** 다시는 그런 일이 생기지 않도록 하겠습니다.

예 **Have you heard Jessica sing?** 제시카가 노래하는 걸 들은 적 있나요?

예 **Let me live my own life, please!** 내 인생 내 맘대로 살다 가게 놔둬, 제발!

예 **Cold weather made my nose run.** 공기가 차서 콧물이 흘렀다.

예 **I'm gonna let it slide only this time.** 딱 이번 한 번만 봐 준다. 앞으로 똑바로 해!

예 **Let not the sun go down upon your wrath.** 해가 지도록 분을 품지 마라 (성경 에베소서 4:26)

예 **It's like having the fox guard the henhouse.** 고양이한데 생선 맡기는 격이지 뭐~

예 **You can't make me believe that black is white.** 흑을 백이라는 네 말을 내가 믿을 것 같냐?

> "I thought I might have offended you."
> "Not in the least. Sorry if I made you think that way.
>
> 난 내가 당신에게 무례했나 생각했어요.
> 전혀 아닙니다. 그렇게 생각하셨다면 제가 되려 죄송스럽습니다.

핵심 문법 점검 Review on Core Grammar

☐ 『원형 부정사root infinitive』는 'to 부정사'에서 전치사 to를 제거한 준동사인데 이 원형 부정사 또한 목적 보어로서 바로 앞에 나오는 목적어의 동작이나 상황을 보충해서 설명합니다. 그럼 어떤 경우에 굳이 원형동사로 구분해서 표현할까요? 바로 다음의 두 가지 경우입니다.

①**지각(감각)동사** see, hear, feel, watch, observe, notice, behold(보다), listen to
②**사역동사** make, let, bid, have, make 등이 있다.

☐ 그런데 '준 사역동사'인 **help**와 '준 조동사'인 **dare**의 경우 'to부정사'나 '원형부정사'를 모두 취할 수 있습니다. 반면 **get**(얻다) 동사는 미래에 그 일을 하게 한다는 의미가 들어 있어서 to부정

사를 취하는 것이 무난합니다.

예 If he **dares** (to) leave the job, I'll get you **another**. (☞ dare 동사는 조동사로 분류되기도 합니다.)
네가 그 직장을 감히 그만 둘 수 있다면 내가 다른 직장을 구해 주겠다.
예 Kane made a freaking gorgeous, fabulous, pass **to help** Sony (to) **score** the goal.
케인은 손흥민의 득점 돕는 정말 기똥찬 패스를 했다.

기본 예문 Basic

Let it **be**. 그냥 그대로 놔두세요.
Let me **do** it. 내가 할게!
Let us **do** or **die**. 죽기 살기로 해 봅시다.

She **had** her **cry out.** 그녀는 마음껏 울어 제꼈다.
He **let** the soup **simmer**. 그가 수프가 천천히 끓도록 내버려 뒀다.
I **saw her help the elderly.** 나는 그녀가 노인들을 도와주는 것을 봤다

What **makes** you **say** that? 무슨 근거로 그렇게 얘기하시죠?
What **makes** you **think** so? 왜 그렇게 생각해?
I'll **let** you **know** the result. 결과를 알려 주겠다.
Money **makes the mare go**. 돈만 있으면 귀신도 부릴 수 있다. (☞ mare 암말, 암 당나귀/노새)

To get rich, you have to be making money while you're asleep!

돈은 억지로 따라 다녀 부자가 되는 것 아니라는 말이지요?

This heat **makes** me **feel** languid. 더위로 인해 몸이 축 늘어진다. (☞ languid 축 늘어진, 나른한)
Let me **introduce** Mr. Jones to you. 존스씨를 소개합니다.
All **listened to** Mike finish the song. 모든 이들은 마이클이 그 노래를 끝까지 부르는 것을 다 들었다.
Don't **let a good crisis go to waste**. 좋은 위기를 헛되이 만들지 마라. (美 속담, 위기를 역전의 기회로~)

I will **have** Ted **do the dishes** tonight. 오늘 밤에는 테드를 시켜 설거지를 하게 할 것이다.
I**'d** my hair **cut short** and (had) **a perm.** 머리를 짧게 자르고 파마머리를 했다.
My wife **helped** me (to) **pack** the baggage. 집사람이 내 가방 싸는 것을 도와주었다.

Her mother's harsh criticism **made** her **cry.** 엄마의 심한 꾸중을 듣고는 울어 버렸다.
The illness can **make** you **lose your appetite.** 병에 걸리면 당신의 식욕을 잃을 수 있습니다.
Willy **watches** her **undress** through the mirror. 윌리가 거울을 통해 그녀가 옷 벗는 모습을 본다.

Why don't you **let** them **have their own free time?** 왜 그 사람들에게 자유시간을 주지 않나요?
The judge **made** him **apologize for** his wrong doings. 판사는 그가 저지른 악행들을 사과하게 했다.
Before I forget, **let** me **tell** *you* *my new home address.* 잊기 전에 내 새 집 주소 알려 줄게.

발전-심화 예문 Intermediate–Advanced

Let it go at that! 그쯤 해 둡시다!
I'll never **let** it **go!** 난 결코 그것을 놓칠 수 없습니다!

Let's **get on with** it. 그냥 무시하고 지나칩시다.
[☞ 우리 말 **"패스! 패스!(콩글리시)"**에 해당하는 표현, **get on with** 제멋대로(마음 내키는 대로) 하게 하다]
Let's just **be friends.** 그냥 친구로 지내자.

Let me **give** *it a try*! 내가 한번 해 볼게!
Please **let** me **get out!** (엘리베이터, 지하철, 버스에서) 좀 나가겠습니다! (내리겠습니다!)
Let's **do the wave thing**! (경기장에서) 우리 모두 파도타기하자!

I **let it go**, but he went too far. 그 친구 보자보자 하니까 해도 너무한다. (너무 막 나가네~)
Let's all **get on the same page.** 우리 모두 입장 정리 좀 합시다.
It just **made** me **look irresponsible.** 공연히 나만 실없는 사람이 되어 버렸잖아!

Having her stay here is out of question. 그녀를 여기 머물도록 하는 건 불가능하다.

There's nothing for it but to **let** it **run** its course. 되어가는 대로 맡기는 수밖에 달리 도리가 없다.

[☞ There's nothing for it but to do ~ 관용어 표현]

He **watched** Andy **run** <u>across the street to Jessica</u>.
그는 앤디가 길을 가로질러 제시카에게 가는 것을 지켜봤다.

Amy Chua didn't **let** her daughter <u>go to the prom</u>.
에이미는 자기 딸이 졸업식 파티에 가는 것을 허락하지 않았다.

[☞ prom - promenade의 줄임 말 – 미국의 학년 말 졸업 댄스파티, 영화에 많이 등장하는 성년식 파티]

I was playing golf, when I **felt** my heart **beat** abnormally fast.
나는 골프를 하는 도중 심장이 비정상적으로 빨리 뛰는 것을 느꼈다.

<u>The program's bleak realism</u> rather **made** it **seem** very authentic.
그 프로의 처참한 사실 묘사가 오히려 그 프로를 아주 진실되게 보이게 했다.

She wants **to have** her children **brush** teeth *before* **going** to bed.
그녀는 아기 아이들이 잠자리에 들기 전 이들 닦게 시키도록 원합니다.

Jason **watched** the bartender **prepare** the cocktails **[he had ordered]**.
제이슨은 자기가 주문한 칵테일이 준비되는 것을 지켜보았다.

[**Talking** about **what has made you sad**] **helps** the sad feeling **melt** away.
무엇이 당신을 슬프게 만들었는지를 얘기하면 슬픈 감정이 사라지게 하는 데 도움이 된다.

[The fact that she is not coming today] **makes** her grandmother **feel** very lonely and *neglected*.
그녀가 오지 않는다는 소식은 그녀의 할머니로 하여금 외롭고 방치된 느낌을 갖게 했다.

Hot bath **makes** the blood **rush** to our skin, and the cool shower **makes it rush** back to our organs.
뜨거운 물로 목욕을 하면 혈액이 피부로 몰리고 냉수욕을 하면 체내 기관으로 다시 돌아가게 한다.

□ Survival English!

외국에 나가 있는데 갑자기 응급상황이 발생하기도 합니다. 저는 오래전 캄보디아 출장 중 식중독에 걸려 현지에서 크게 고생한 적이 있었습니다. 의사와 증세에 대해 대화가 가능하도록 준비되어 있으면 말할 나위 없겠죠? 교재에도 부분적으로 올렸지만 아래와 같은 기본적인 인체의 장기명칭 정도는 기억해 두면 매우 유용하게 쓰게 됩니다. 그 외에도 음식과 요리법, 간단한 법률 용어 등이 Survical English 영역에 포함됩니다.

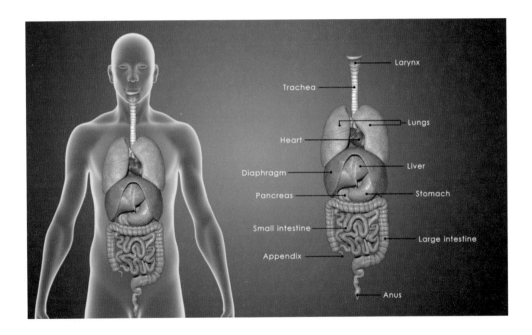

앞서 설명드린대로 여러분의 어휘력 향상과 문화적 해석력을 높이기 위해서 www.bing.com나 www.wikipedia.com 사이트에 들어 있는 화면들을 적극적으로 활용하시기 바랍니다.

Module 18

타동사 + 목적어 + 현재분사

특명, 『준동사 4인방』을 확실하게 정복하라!

□ 이번에는 앞 **모듈12**에 목적어가 추가되는 서브 모듈sub-module입니다. 이때 『동사+ing』는 현재분사present participle로서 앞에 있는 '목적어'의 상태나 성질을 설명하는 **목적격 보어補語** 역할을 합니다. '**모듈14**'에서부터 시작된 타동사의 **다섯 번째 '목적격 보어'**입니다.

□ 또는 본 문장의 형태가 앞 모듈 '**모듈17**'에서 원형동사가 '현재분사'로 바뀐 경우라고도 볼 수 있습니다. 굳이 현재분사를 넣는 이유는 목적어의 '역동적인 움직임'을 강조해서 표현하고자 함입니다.

□ 영어가 내 친구가 되어 준다면 알라딘 램프 지니Genie처럼 한평생 나와 함께 하며 나를 도와줍니다. 영어는 나의 영혼을 자유롭게 합니다. 나를 당당하게 만들어 주고 품격을 높여 줍니다. 내가 부자가 되도록 도와줍니다. 이 세상 어디에 가더라도 주눅들지 않고 당당한 삶을 누리게 합니다. 그리고 외국인과 1:1 밀당하며 깊은 얘기, 비밀스러운 얘기들을 할 수 있게 해 줍니다. 큰 협상에는 둘만의 속 깊은 대화가 필요합니다. 그럴 때는 통역을 쓰면 안 되겠지요?

예 I found **my car** missing. 차가 없어진 것을 알았다.

예 I saw **her** nursing **her baby.** 그녀가 아이에게 젖먹이는 것을 봤다.

예 I can smell **the bread** baking. 빵 굽는 냄새가 난다.

English breakfast (영국식 조식)

Continental breakfast 유럽 조식엔 베이컨, 햄 등이 안 보이죠?

예 We had **great fun just** *chatting.* 그저 잡담을 해 가며 아주 즐거운 시간을 보냈습니다.

예 I feel like **a needle** poking (at) me. 가시 방석에 앉은 기분이야~

예 Gradually she felt **herself** unwinding. 서서히 그녀는 긴장이 풀리는 것을 느꼈다.

예 Andy felt **many people** gazing at him. 앤디는 많은 사람들이 자기를 주시하고 있음을 느꼈다.

예 I will not have **you** prying into my affairs. 내 일에 깊이 관여하려는 것 용납하지 않을 겁니다.

예 They caught **a student** cheating in the exam. 시험 중 부정행위를 하는 한 학생을 잡아냈다.

예 We heard **the drums** beating in time to the march. 행진에 때 맞춰 두드리는 북소리를 들었다.

핵심 문법 점검 Review on Core Grammar

본 모듈에 해당하는 동사는 '동사+-ing'가 『**현재 분사 present participle**』로서 목적어를 설명하는 보어로 쓰이는 경우입니다. 앞 '모듈17'의 지각 동사 see, hear, smell, watch, feel 이외에 observe, notice, find, catch, keep, leave, have, set 등의 동사도 본 모듈에 함께 쓰입니다.

기본 예문 basic

I felt **my face** <u>turning red.</u> 난 얼굴이 붉게 변하는 것을 느꼈다.

He **left** the motor **running**. 그는 시동을 건 채로 내버려 두었다.

I **saw** him, **crossing the road**. 그가 길을 건너는 것을 봤다. (☞ 원형 cross보다 움직임을 강조할 때)

Don't **leave** the baby **crying**. 아이를 울도록 내버려 두지 마세요.

His comments **set** me **thinking**. 나는 그가 하는 말을 듣고 생각에 잠겼다.

He **heard** her **playing the piano**. 그녀의 피아노 연주를 들었다.

I **noted** her eyes **filling with tears**. 그녀의 눈에 눈물이 가득 채워지는 것을 보았다.

I don't **want** anybody **quoting me**. 아무도 나를 (자기들 얘기에) 끌어들이지 말기 바랍니다.

He **pissed(peed)** himself **laughing**. 그는 오줌이 나올 정도로 웃었다.

The monitor **caught** him **shoplifting**. 그가 가게에서 물건을 훔치는 것이 모니터에 찍혔다.

shoplift 가게 물건을 슬쩍하다

I **felt** something **crawling up my arm**. 난 뭔가 내 팔을 기어오르는 것이 있음을 느꼈다.

Don't even **bother** yourself **coming back**. 일부러 굳이 돌아올 생각을 안 해도 됩니다.

I don't **mind** you(your) **opening the gate**. 네가 문을 열든 말든 난 상관없습니다.

He **had** us **laughing** all through the meal. 그는 식사 내내 우리들을 웃겼다.

I **missed** you **serving** tea at coffee breaks. 휴식 시간에 차tea를 대접하지 못했습니다

He **walked** the street **looking for** a mailbox. 그는 우체통을 찾아 거리를 걸었다.

I **overheard** two doctors **discussing my case**. 두 의사가 내 병에 대해 의논하는 것을 듣게 되었다.

See the dust particles **swimming** in the light. 빛 속에 떠다니는 먼지 입자를 봐라.

I **saw** him **creeping** after *being hit* on the head. 나는 그가 머리를 맞은 후 기어가는 것을 봤다.

☞ 동사 3개 즉, saw, creeping, (after) being hit가 문장의 구조물 역할을 하고 나머지 단어들 즉, I, him, on the head 같은 (대)명사와 전치사구가 이들 동사들이 마련해 준 공간에 들어 앉아 있는 것 같은 형상입니다.

Did you <u>hear about</u> him(his) getting *promoted*? 그가 승진한 소식을 들었냐? (☞ hear about/of)

The boys **heard** the sound of truck **approaching**. 아이들은 트럭이 다가오는 소리를 들었다.

He **spends** every winter **snowboarding** in the Alps. 피터는 매 겨울 알프스에서 스노보드를 탄다.

the Alps

The police ransacked the house **looking for** drugs. 경찰이 마약을 찾아온 집을 샅샅이 뒤졌다. (look for)

Richard's rude attitude really **started** me **going nuts**.
리차드의 무례한 태도가 정말로 나를 미치게 하기 시작했다.

Above the noise of the train, he **heard** him **trumpeting**.
기차 소음 넘어 그가 트럼펫 부는 소리를 들었다.

Glenfinnan Viaduct, Scotland
스코트랜드의 글렌피난 고가교
Harry Porter에 등장하는 Jacobite 열차

발전-심화 예문 Intermediate – Advanced

Have you ever <u>caught</u> the kids <u>stealing</u> red *handed*? (☞ red-handed 현행 범으로)
꼬마 아이들이 도둑질하는 현장을 본 적 있습니까?

A car **passed** us <u>doing</u> at least 150 kilometer per hour. 한 차가 최저 시속 150km로 지나갔다.

I shall **find** myself 30 years from now **sitting** on this sofa.지금부터 30년 후에도 이 소파에 앉아 있겠군.

The comedian **had** the attendance **laughing** uncontrollably. (클럽 무대 코미디언 무대에서)
그 코미디언 참석자들을 주체할 수 없는 웃음바다로 만들었다.

I **heard** them **talking** upstairs, but I didn't really listen to their conversation.
나는 그들이 위층에서 말하는 소리가 들렸지만 정말 그들의 대화를 엿듣지는 않았다.

We well **know** <u>English convention</u> [**not** **showing** their feeling even to **the nearest and dearest**].
우리는 영국 사람들이 자기 감정을 가장 가까운 사람들에게조차 드러내지 않는다는 풍습을 잘 알고 있다.

영국 이야기

☞ 영국의 전형적인 일렬식 가옥들. 석탄으로 난방을 하던 시절에 지어진 집들이라 굴뚝이 참 이 채롭습니다. 영국 소설이나 영화에 굴뚝 청소부들 이야기가 유독 자주 등장하는 이유이기도 합니다. 이런 가옥들은 2차 세계대전 후 영국 전역에 걸쳐 대규모로 지어진 경우가 대부분이지만 옛 도시에 가보면 훨씬 그 이전인 100-200년 전에 지어진 구축 가옥들이 아직도 잘 관리되어 사람들이 살고 있는 모습을 볼 수 있습니다.

영국이나 미국에서 왜 Home Depot와 같은 집수리용 DIY 제품들이 많이 팔리는지 그 이유를 이해하시겠지요? 개인주택을 소유하는 가정의 가장들은 대부분 주말마다 늘 집을 수리하며 잔디를 깎으며 긴 시간을 보내야만 합니다. 상당히 오래된 집인데도 늘 잘 수리해서 아주 깨끗하게 오래 잘 보전해서 사용하는 것을 보게 됩니다. 그래서 영국이나 미국의 남자 가장들이 가정적인 이유가 되었습니다.

Module 19

타동사 + 목적어 + 과거분사

특명, 『준동사 4인방』을 반드시 정복하라!

1. 현재분사/동명사 (문형12 & 18)
2. To부정사 (문형13 & 14)
3. 원형동사 (문형17)
4. 과거분사 ((자동사 문형9) & 문형19))

마지막 준동사 - Done 과거분사

□ 이번 '모듈19'는 『동사+囯+done과거분사』 문형입니다. 이때 과거분사가 앞에 있는 목적어의 상태나 성질을 설명하는 목적격 보어補語 역할을 합니다.

□ '모듈14'부터 시작된 '목적격 보어' 표현의 마지막 **여섯 번째**이면서 동시에 마지막 준동사입니다. 다시 강조하지만 준동사는 영어 어법에서 가장 중요하고 핵심적 영역들입니다. 어렴풋하게 알 것이 아니고 이번 기회를 살려 완전하게 숙달하기 바랍니다.

□ 영어, 한 권으로 승부하자!

영어가 유창성에 이른 사람은 굳이 우리 말의 개입없이 영어가 입에서 자연스럽게 흘러나오는 사람을 가리킵니다. 발표 주제가 정해지면 특별한 준비 없이도 한두 시간 PT와 Q&A를 이끌어 나갈 수 있는 사람입니다. 그 경지에 도달하는 것이 쉽지 않지만 그렇다고 정말 못 오를 정도의 험산 준령이냐? 결코 그렇지 않습니다.

수많은 종류의 영어 학습 방식과 교재가 있습니다만 본 교재 한 권만 갖고도 초보부터 중상급 수준에 능히 이를 수 있습니다. 영어의 고수가 된 분들은 이미 수없이 많은 문장들을 읽고 기억하기 위해 몸부림친 분들입니다. 본 교재에 실린 예문만이라도 수십 번 깊이 소리 내어 읽는 가운데 그 경지가 여러분에게도 찾아오게 되어 있습니다.

옛 사법고시 시절 전해져 오는 합격의 비밀이 있습니다. 어느 과목이든 제일 좋은 책 한 권을 선택한 다음 수도 없이 읽고 또 읽는 가운데 예를 들어, '형사소송법' 과목에 대한 깊은 '안목의 눈'이 열려 시험 당일 어떤 문제가 출제되더라도 문제를 받자 마자 즉시 답을 써 내려갈 수 있게 된다는 겁니다. 문제를 받고 머뭇대며 어떻게 쓸까 궁리해야 하는 상황이 되면 그날 그 시험은 경험적으로 불합격이 100% 확실하다고 합니다. 영어도 머뭇거리면 실패한 겁니다. 어떤 표현도 생각과 동시에 영어로 즉시 튀어 나와야 합니다. 그동안 여러 학습 방법을 시도했는데도 지금까지 안 되었다면 저를 믿고 이 한 권에 올인해 보기 바랍니다.

표준 예문 Standard

예 Keep **the curtain** *closed.* 커튼을 닫은 채 두세요.

예 He had **his hair** *trimmed.* 그는 자기 머리를 다듬게 했다.

예 He had **the heat** *turned* on. 그는 난방을 켠 채로 뒀다.

예 I found **the theater** *crowded.* 극장에 가 보니 사람들로 붐비고 있었다.

예 Keep **your fingers** *crossed* for me. 행운을 빌어 줘! (→ I'll wish you good luck!)

예 He had **his only son** *killed* in the war. 그는 하나뿐인 아들이 전사했다.

예 **You should** have it *checked* by a doctor. 너 그거 꼭 의사의 진찰을 받도록 해야 한다~

예 I paid the bill and have **20 dollars or so** <u>left over</u>. 셈을 하고 나니 남은 돈이 20달러 남짓했다.

예 **He can** make himself *understood* in five languages. 그는 5개 국어를 알고 있다.

예 **Please** keep me *updated* of your further travel plans. 추가 여행계획을 지속적으로 알려 주세요.

예 **The survivors** reached safely, *ragged*, *half-starved*, and *exhausted*.
생존자들은 누더기에, 반 죽음, 기진맥진한 상태가 되어서 비로소 안전한 곳에 이르렀다.

핵심 문법 점검 Review on Core Grammar

□ 자, 다섯 번째 준동사인 **과거 분사(past particle, pp)**는 무엇이고 문장에서 어떻게 쓰이는가? 동사가 변형된 **분사分詞**'에는 ①『동사+ing』 형태를 가지고 **'능동'**과 **'진행'**의 의미를 가진 '현재분사'와, ②『동사+-ed/-en』 형태를 가지고 **'완료'**와 **'수동'**의 의미를 가진 '과거분사'가 있습니다. 이

때 '수동'이란 말 자체가 의미하듯 과거분사는 '~된' 이란 뜻을 갖습니다.

□ 영어에서 **'과거분사'**는 다음 네 가지 형태로 사용됩니다.

1. 문장 안에서, 명사의 앞과 뒤에서 명사를 수식하는 경우
예 A driver (who's) **injured** in a car accident 자동차 사고로 부상입은 운전자 ← **driver를 뒤에서 수식**
예 We have to replace the broken parts with new ones. ← **parts 앞에서 수식**
깨진 부품을 교체해야 한다.

2. be동사와 결합해서 수동태 표현에 쓰이는 경우 (← '모듈4')
예 The musical 'Phantom of the Opera' was composed by Andrew L. Webber.
뮤지컬 '유령의 오페라'는 A. L. Webber (1948-2020)가 작곡했다.

Broadway, New York

Andrew Lloyd Webber

3. have와 함께 완료시제로 쓰입니다.
예 I've really enjoyed the tour to Turkey 나는 터키 여행을 진짜 잘 즐겼다. **(현재완료 시제)**
예 Have you **done** with your paper? 신문 다 봤니? (나 좀 볼 수 있을까?)

4. 본 모듈19의 표현 방식인 『동사+목적어+과거분사』로 쓰이는 경우입니다.

이때 과거분사는 문장에서 목적어의 상태를 기술하는 **'목적격 보어'**로 쓰입니다. **사역동사** have, get, **지각동사** feel, hear, see, find, 그 외에 like, keep, make, want, wish, leave 등과 같은 동사가 본 모듈에 사용될 수 있는데 주어와 목적어와의 사이에는 **피동被動관계**가 성립되고 다음 세 가지 표현에 주로 사용됩니다.

① I **had** my photograph **(be) taken.** 나는 사진을 찍었다.

→ 여기 '사역동사' have동사는 '~를 시키다'라는 의미를 갖습니다. 그리고 과거분사 taken은 수동의 의미로서 내가 스스로 찍은 것이 아니라 '내가 (사진에) 나오도록 (누군가를) 시켰다'가 됩니다. 자연스런 우리말로 바꾸면 '나는 (어떤 사람에게 부탁해서) 사진을 찍었다.'로 정리됩니다. 전문가에게 의뢰하고 그 수고에 대한 대가를 지불하는 경우입니다.

예 I **have** my hair *cut.* (이발사로 하여금) 머리를 깎게 했다. (→ 나는 머리를 깎았다)

예 I **had** my house *painted.* (페인트공을 시켜) 페인트 칠하게 했다. (→ 집에 페인트 칠을 했다)

예 **Have (Get)** your belongings *deposited* right away.
당신의 소지품이 즉시 보관소에 맡겨지게 하세요. → 당신의 소지품을 즉시 맡기세요!

② 예 I **had** my watch *snatched.* 내 시계를 날치기 당했다.

→ 여기서 have는 '**피해를 입다**' 의미로서 '내가 시계를 날치기 당하는 피해를 입었다.'입니다.

예 He had his only son killed in the war. 그는 하나뿐인 아들을 전쟁에서 잃었다.

③ 예 I **heard** my name *called.* 누군가 내 이름을 부르는 소리를 들었다.

예 You had better **leave** it *unsaid.* 말하지 말고 조용히 있는 것이 더 낫다.

→ hear 같은 '**지각동사**', 또는 leave 같은 '**방임 동사**'가 사용되는 경우입니다.

우리 말은 수동태를 명확하게 표현하지 않습니다. 따라서 수동태를 분명하게 표현하는 영어가 어렵게 느껴집니다., 만약 여러분 중 아래 수동태 표현들이 쉽게 느껴지고 또한 맘껏 부릴 줄 아는 분이 계시다면 그분의 영어는 이미 상당한 경지에 올라 있다 말할 수 있습니다. **축하합니다!**

기본 예문 Basic

I **had** my hair *cut.* 난 이발을 했다. (☞ cut-cut-cut)
→ I had my hair *cut* short. 난 머리를 짧게 잘랐다. (☞ short란 형용사 보어를 추가한 문장입니다.)
I **felt** myself *lifted* **up.** 내 몸이 들리는 것을 느꼈다.

Leave nothing *undone* ! 하다가 남겨 두지 마라. 무엇이든 끝까지 해라!
She **had** her hair *waved. (permed)* 그녀는 파마 머리를 했다.

Can I **get** it *gift-wrapped*? 선물용으로 포장해 주시겠습니까?
She **had** her purse *stolen.* 그녀는 지갑을 도둑 맞았다.
I have to **get** the TV *fixed.* 난 TV 수리를 시켰다.

I **had** two teeth *taken* out. 이빨 두 개를 발치했다.

→ 유사 She has to **have** her wisdom teeth *pulled*. 그녀는 사랑니를 빼야만 한다.

She **woke to find** him *gone*. 깨어 보니 그가 떠난 뒤였다. (☞ to find → 결과적 용법)

Do you **want** the milk *bagged*? 우유를 봉투에 넣어 드릴까요?

You'll never **get** this *done* today. 오늘 이걸 결코 끝내지 못할 거야.

Susan's **getting** her ears *pierced*. 수전은 그녀의 귀걸이 구멍을 내고 있다.

Henry **made** his pants *shortened*. 헨리는 바지 길이를 줄였다.

You must **leave** your room *locked*. 문을 꼭 닫아 주세요. (나가면서 닫아 주세요!)

On my arrival, I **found** my kitchen *flooded*. 집에 도착해 보니 부엌이 물에 잠겨 있었다.

I'd **like** my steak *well-done* (rare, medium). 스테이크를 완전히(살짝만, 중간 정도로) 익혀 주세요.

I need to **have** this suit *cleaned and pressed*. 이 옷을 세탁 후 다려 주세요.

Would you **like** your egg *scrambled or fried*? 달걀을 스크램블로 할까요? 프라이로 할까요?

Arriving at Seoul station, she **found** her train *gone.*

서울 역에 도착해 보니 그녀는 자기가 탈 열차가 떠나 버린 것을 알았다.

Please make sure to **get** your blood pressure *checked* before you see the doctor.

의사를 만나기 전 당신 혈압을 체크해 두기 바랍니다.

발전 예문 Intermediate

We **had** our cupboard *built* in. 우리는 찬장을 붙박이로 했다. (☞ 부사 in까지 붙였죠?)

He **acknowledged** himself *beaten*. 그는 패배를 인정했다.

I **felt** my shoulder *touched* by someone. 누군가 내 어깨를 건드리는 것을 느꼈다. (☞수동태 표현)

The dog was **staring at** me *open-mouthed*. 개는 입을 벌린 채 나를 주시하고 있었다.

I went to the doctor **to get** my cast *taken off*. 깁스를 풀기 위해서 병원에 갔다.

☞ cast 단어는 다양한 의미로 쓰입니다. Cast는 깁스(하다), 투표하다 cast a vote, 낚시대를 던지다, 배우 역을 맡기
다, 주조 틀에 쇳물을 붓다 등등으로 넓게 쓰입니다. 최대한 폭넓게 단어를 공부하시기 바랍니다.

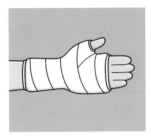   

I've **had** my hat **blown up**, and began to chase it. 내 모자가 날아가는 바람에 그것을 쫓기 시작했다.
→ 응용 Be careful not to **get** your hat *swept* off. 모자가 바람에 날아가지 않도록 조심해라.

심화 예문 Advanced

Godwin tried to **have** the court ruling *overturned*. 고드윈은 법정 판결이 뒤집으로 시도했다.
Grow out your hair a bit **so that you can have it** *styled*. 머리 스타일을 낼 수 있게 좀 기르도록 해라.
Daniel tried to **make what he did** known to the others. (☞ what 명사절이 목적어로 쓰였습니다!)
다니엘은 그가 행한 일을 남들에게 알리려 노력했다.

You should **keep** your mouth **closed** *while you're eating*. 식사할 때 입을 다물고 먹도록 하세요.
Can anyone read this **without having** their emotion *stirred*?
이것을 읽을 때 마음에 감동이 일어나지 않을 사람이 있을까요?
The policeman successfully **caught** a pickpocket *red-handed*. (☞ red-handed 현장에서)
경찰은 성공적으로 소매치기를 **현행범으로** 체포했다.

Nobody knows what **made** such a naughty boy well *grown up*.
어떤 이유로 한 그토록 못된 개구장이 녀석이 반듯하게 성장하게 되었는지 아무도 모릅니다.
The Sahara Desert **kept** Egypt *isolated* from the rest of the world.
사하라 사막은 이집트를 계속해서 다른 나라들에게서 고립된 상태로 있도록 했다.

I said I would *take responsibility for* getting the project *finished* in time. (☞ take responsibility for)
나는 그 프로젝트가 시간에 맞춰 끝날 수 있도록 책임지겠다고 말했다.

I've got a flat tire, so I'll have to find a garage and **get** it *mended* and *blown* up.
자동차 타이어가 펑크 났고 정비소에 가서 수리 후 바람을 채워야 한다. (☞ 구어체 문장의 흐름이죠?)

People learn many words **by seeing** them *in print*, rather than **hearing** them *said*.
사람들은 단어 어휘들을 귀로 듣기보다는 출력물 상태로 봄으로써 더 많이 배우게 된다.

The teachers **confessed** themselves *puzzled* by recent children's attitude in the class.
그 선생님들은 최근의 아이들이 보이는 수업 중 태도에 곤혹스럽다고 털어놓았다.

☞ 위 우측 그림은 Attitude Tree인데 '태도'와 연관된 단어들이 12개나 나열되어 있는 것을 볼 수 있습니다. 다시 강조합니다만 이 방식으로 접근하면 어휘 수 증가는 말할 것도 없고 난이도 있는 단어들에 대한 기억이 오래 지속됩니다. 멋진 1석 12조 공략법입니다!

Module 20

 타동사 + That 접속사절

구구句句-절절節節 말해 봅시다!

□ 지금까지 모든 모듈은 전부 **구phrase**에 관한 사항들이었는데 이제 처음으로 **절節clause**이 등장합니다. 절은 '주어+동사'를 기본 구조로 하기 때문에 아무래도 지금껏 공부한 구phrase 표현보다는 표현 길이가 길어질 수밖에 없습니다.

아무리 길어진들 문장의 구조와 생성-확장의 원리만 꿰뚫고 있으면 하등 문제될 것 없습니다. 여러분, 너무 긴장할 필요는 없지만 조금 마음의 준비는 하세요. 이제 여러분의 말과 글의 수준이 본격적으로 멋지고 풍성해지기 시작합니다.!

□ 본 '모듈20'에서는 **'종속 접속사 that'**만 다룹니다. **'관계대명사 that'**은 **'모듈26'**에서 별도로 다루겠습니다.

표준 예문 Standard

예 **I'm sorry (that) your name escaped me.** 미안하지만 당신의 이름이 생각나지 않네요.

예 **Do you really think (that) I'm pathetic?** 넌 정말 내가 한심하다 생각하는 거니?

예 **Gotch~ You thought (that) I was serious!** 속았지롱~ 내가 장난치는 줄 몰랐지롱!

예 **I know (that) I can rely on you to sort it out.** 그것을 파악하는 데 당신의 도움이 필요합니다.

예 **I was told that you'll marry Jessica this spring.** 이번 봄에 제시카와 결혼한다고 들었습니다.

예 **It's possible but not probable that he will succeed.** 성공하는 것은 가능하지만 그럴 것 같진 않다.

예 **He had improved so much (that) the doctor had cut his dosage.**
그의 건강이 아주 좋아져서 그 의사는 약 복용 양을 줄여 주었다.

□ 절clause은 '주어와 술어의 형식을 갖춘 문장'으로서 『명사절, 형용사절, 부사절』 등과 같은 **'종속절'**과 등위 접속사(and, but, or, for)로 연결되어 문장 간 대등한 관계를 갖는 **'대등절'** 두 가지가 있습니다. 또한 절이 문장에서 관계사, 의문사, 접속사에 의해 시작되는 **'종속절'**과 그렇지 않고 단독적 주어와 술부를 갖춘 **'주절'**로 구분되기도 합니다.

□ 접속사 that에는 아래와 같이 ① **'명사절'**, ② **'부사절'**을 이끄는 종속접속사 두 가지가 있습니다. 본 교재의 앞 부분에서 강조했듯 영어는 끊임없이 명사화, 형용사화, 그리고 부사화를 추구하는 언어라는 사실을 알고 계시지요? ③ 그 밖에 관용적 표현인 『It ~ that』 용법이 있습니다.

①명사절 - 주어, 보어, 목적어, 동격 **구실을 하는 명사절**

예 **That she got pregnant** was beyond doubt. 그녀가 임신한 것은 의심의 여지가 없었다. [주어]

예 The fact is **that I know nothing of it**. 사실은 내가 그것에 대해 아무것도 모른다. [주격 보어]

예 I recall **that I met her.** 그를 만난 것을 기억한다. [목적어]

예 It's an illusion **that man is predominant over other species.** [동격절]
인간이 다른 종보다 우월하다 하는 것은 착각이다.

②부사절 - 목적이나 결과, 원인, 조건을 표현하는 부사절

예 I was <u>so</u> tense the night beofore my exams **that** I couldn't sleep. [결과]
나는 시험 전날 밤 몹시 긴장한 나머지 잠을 이룰 수 없었다.

예 You may go out for a rest *providing that* you finish your homework. [조건]
숙제를 끝내면 휴식을 위해 외출해도 좋다.

예 She turned away **so that** no one **can see** **that her eyes were filled with tears**. [목적]
그녀는 다른 사람에게 눈물을 보이지 않으려고 고개를 돌렸다.

[☞ 앞 so that은 부사절로 쓰였고 뒤 that은 목적절입니다. That이 한 문장에 두 개 나온 좋은 예문입니다.]

예 **Now that** we have so many things to achieve, we should decide **what to do first.**
성취해야 할 일이 아주 많아서 우리는 무엇을 먼저 할지 결정해야 했다. [원인]

③ 끝으로 '보어절'을 이끄는 『It~ that』 관용어들입니다. 『It is/seems/appears/happens/chances that~』처럼 that절의 내용이 긴 경우 『가주어It +자동사+that절』의 형태로 표현합니다. 이때 that 절은 명사절로서 **'보어補語'** 역할을 합니다. 자주 사용하는 표현이니 잘 익혀 두시기 바랍니다.

It's true **that** a picture can be worth a thousand words.
한 장의 사진이 일천 마디 말에 필적한다는 것은 사실입니다.
It seems **that** investment **in** travel is investment **in** myself.
여행에 투자하는 것이야 말로 나 자신에게 투자하는 것이 아닐까 생각됩니다.

*It goes without saying **that** our plans depend on the weather.* (☞ It goes without saying that~)
우리 계획이 날씨에 달려 있다는 것은 <u>더 말할 나위 없다</u>.
It sounds obvious **that** you should *be sure to drink* sufficient water before and after the race.
경주 전후로 충분한 물을 섭취해야 한다는 것은 분명하다.

It's *because he is cruel* **that** I dislike him. 내가 그를 싫어하는 것은 그가 잔인하기 때문이다.
[☞ 부사절 because he is cruel을 강조합니다. 쉽지 않은, 그렇지만 좋은 문장이지요?]
→ 유사 It's not **that** I don't like this, but **(that)** I like that better.
난 이것을 좋아하지 않는 것이 아니라 저것을 더 좋아하는 것이다.

*It chanced **that** we were out* when you called. 네가 전화했을 때 우리는 마침 외출 중이었다.
*It happened **that** he was too busy* when I called. 내가 전화했을 때 그가 마침 너무 바빴다.
It was Peter **that** my cousin took to Norway, **not Robert.** (☞ Peter 강조 접속사)
어제 내 삼촌이 런던으로 데리고 간 사람은 로버트가 아니라 피터였다.

It's generally agreed **that** people must meet frequently, and **that** it is agreeable to talk, and **further that** it is a matter of common courtesy to say something even **when** there is hardly anything to say.

사람들이 자주 만나야 하고 또 서로 이야기를 나눈다는 것은 유쾌한 일이라는 것, 그리고 할 말이 비록 없을지라도 무슨 말이든 하는 것이 누구나 지켜야 할 예의라는 것 – 사람들은 이것들을 일반적으로 받아들입니다.

가假목적어 preparatory object인 'it'가 사용되는 경우

Think about it!

한국인이 영어를 힘들어하는 여러 항목들 중에서 이 가假목적어도 그중 하나로 꼽힙니다.

아래 예문들처럼 to부정사구나 that 절이 여러 단어가 들어가 긴 형태를 띈 목적어로 쓰일 때 영어의 특징, 즉 설명하는 것을 뒤쪽에 놓는 특성대로, it 를 가 목적어로 기용하는 문장들입니다.

예 He thought it best [**to say nothing** about the matter].
그 일에 대해 함구하는 것이 최선이라고 생각했다.

☞ 원래 He thought **to say nothing about the matter** best.의 문장에서 '목적어 명사구 to say nothing about the matter'가 너무 길어지게 될 경우 '**형식(가짜) 목적어 it**'를 기용한 후 진 목적어 'to say ~ the matter'는 문장 맨 뒤에 배치하는 구조입니다.

예 We found it much tiring [to listen to her]. 그녀 이야기를 듣는 게 몹시 지루하다는 걸 알게 되었다.
예 I made it a rule [never **to borrow money from friends**].
난 절대 친구에게서 돈을 빌리지 않는 것을 원칙으로 삼았다.
예 He made it clear [**that he was not in the least** interested]. 그는 아예 관심 없음을 분명히 했다.
[☞ not in the least 조금도 ~아니다, 전혀 ~가 아니다]

이번에는 that절이 들어가되 아예 **관용어**로 정착된 난이도 있는 표현들도 있습니다.

예 *How is it **that** I can't find it?* 내가 그것을 찾을 수 없는 건 어떤 일이지?
→ 유사 *How is it **that** you're always behind time?* 맨날 지각하는 까닭이 무엇이냐?
→ 응용 *How can it be **that** my popularity never goes **down**?* 이 식을 줄 모르는 인기는 대체 뭘까?
예 *Rumor has it **that** they're getting divorced.* 그들이 이혼할 것이란 소문이 퍼져 있다.
→ 유사 *Rumor goes around **that** they're getting divorced.* (☞ go 자동사를 넣어 문장을 만들 경우)

예 *What was it **that** finally make you give up your job?*
직장을 그만 두기로 결심한 결정적 이유가 무엇인가요? → 위와 마찬가지로 설명됩니다.

예 *You may depend on it **that** it won't happen again.* 그 일이 다시 일어나지 않을 것을 믿어도 좋다.

예 *I took it for granted **(that)** people are borne honest.* 사람들이 정직하게 태어난다는 것을 당연하게 받아들인다. → 『take **it** for granted that』 ~을 당연한 것으로 받아들이다.

예 *Never let it be said **that** the manager doesn'tt know [**how** to motivate his players].*
감독이 자기 선수들에게 동기 부여하는 방법을 모른다는 말이 절대 나오지 않도록 해라.

□ 자, 이제부터 접속사 that절이 문장에서 어떻게 쓰이는가를 4가지로 나누어 설명을 할 겁니다. 또 다시 당부드릴 것은 이 4가지의 종류에 어떤 것들이 있는지 그 종류를 기억하려고 애쓰지 말기 바랍니다. 우리 학습자들이 한자어 투성인 문법 용어에 지쳐 문법을 포기하는 경우를 너무 많이 봅니다. 복잡한 문법 용어나 너무 외지고 자잘한 문법까지 공부하다 낙오하지 말고 이제부터는 본 교재에 설명 드린 정도의 문법만 이해해도 충분하니 그 대신 영어의 큰 구조를 볼 수 있도록 노력하고 늘 예문 위주로 학습해 가시기 바랍니다!

20-1 주어절을 만드는 that 접속사

[**That he committed an error**] was beyond doubt. 그가 실수했다는 것은 의심의 여지가 없었다.
[**The idea that shops have to open on every Sundays**] led to heated debates. (동격 및 주격that절)
상점을 매주 일요일마다 열어야 한다는 방안은 열띤 논쟁을 불러왔다.

20-2 보어절을 만드는 that 접속사

기본 예문 Basic

I was persuaded **that he is innocent**. 그가 무죄라고 확신했다.
→ 동일 I persuaded myself **that he was innocent**.
Is quantity all **(that) you think about**? 자네에겐 양quantity이 그렇게 중요하니?
Men differ from animal in **that they can think and talk.**
사람은 생각하고 말을 할 수 있다는 점에서 짐승과 다르다.

발전-심화 예문 Intermediate – Advanced

Word on the street is ***that*** **you'll go to Israel for a post doc.**
너 포스닥 (박사 후 과정)하러 이스라엘로 간다고 주변에 소문이 자자하다.

Jerusalem, Israel

Many people were amazed to hear **that he had grown up** poor.
많은 사람들이 그가 가난하게 자랐다는 얘기를 듣고 놀랐다.
It was not until 1911 ***that*** **the first of the vitamin was identified.**
1911년이 되어서 비로소 첫 번째 비타민의 존재가 밝혀졌다.

A problem for car manufacturer is **that lighter cars tend to be noisy.**
제조업체의 입장에서 문제점은 중량이 가벼운 차는 소음이 많은 경향이 있다는 점이다.
[The biggest fear of parents [**thinking of** using the Internet at home]] is **that their children will be
exposed to pornography.** 가정에서 인터넷 사용을 고려하고 있는 부모들의 가장 큰 걱정거리는 자기 아
이들이 포르노에 노출되는 것이다.

20-3 동격절을 만드는 that 접속사

기본-발전 예문 Basic - Intermediate

The odds are about 1 in 12 **that** the boy will be colorblind. 사내 아이가 색맹일 가능성은 1/12이다.
I had a hunch ***that*** something unpleasant was going to happen.
뭔가 좋지 않은 일이 일어날 것 같은 예감이 들었다.

There is a rumor going around **that** you received a bounty bonus. 큰 보너스 받았다는 소문이 돈다.
There goes an argument ***that*** the policy discriminates against women.
그 정책이 여성을 차별한다는 논란이 떠돌고 있다.
There's a strong likelihood (likeliness) ***that*** the matter will soon be settled.
그 사태가 곧 해결될 가능성이 높다.

There is **no proof (alibi) that** the suspect was home **when** *he said* **he was.**
범인이 집에 있었다고 말한 그때에 그가 집에 있었다는 증거가 없다.

There have been **numerous studies showing that** obese people do not necessarily overeat.
비만한 사람들이 음식을 반드시 과잉 섭취하는 것 아닌 것을 보여 주는 다수 연구 결과가 있다.

There is **no way that** we can finish this project **without pulling** a few strings from outside.
일부 외부 인맥을 동원하지 않고는 이 일을 마무리할 수 있는 방법이 없다. (☞ string 연줄, 인맥)

The experiment confirmed **Einstein's prediction [that** light from star is bent by the Sun's gravity].
그 시험은 아이스타인이 예견한 바 태양의 중력에 의해 빛이 굴절됨을 입증했다.

20-4 목적절 역할을 하는 that 접속사

『주어+타동사+that목적절』의 형태를 취하는데 아래에 있는 동사만 확실히 알아도 표현 영역별로 높은 수준의 영어를 구사할 수 있게 됩니다. 이번 기회에 사전을 찾아가면서 꼭 내 것으로 만들어 보시기 바랍니다.

발언

add, announce, answer, bear, comment, explain, imply, inform, mention, note, notify, observe, promise, remark 말하다, repeat, reply, report, reveal, say, state 진술하다

주장, 제안

pledge 단언하다, argue, assert, claim, complain, contend 주장하다, convince 납득시키다, guarantee, insist, maintain, pledge 맹세하다, persuade, suggest 암시하다, swear 맹세하다, threaten 위협하다, vow 맹세코 ~하겠다고 하다, warn 경고하다

인정, 부인, 동의

acknowledge 인정하다, admit, agree, concede 마지 못해 인정하다, confirm, deny 부인하다, resolve 결의하다

생각, 인지

assume, believe, consider, determine, doubt, fear 걱정하다, feel, figure 생각하다, find, forget, gather 추측하다, guess, hear, hold 생각하다, imagine, judge, know, learn, mean, perceive 이해하다, realize 깨닫다, reason 판단하다, reckon, 생각하다, remember, see 발견하다, suppose 가정하다, think, understand, write ~라고 쓰다

기대, 예상

estimate, dream, expect, foresee 예상하다, hope 바라다, predict 예상하다, prophesy 예언하다, wish ~을 바라다

□ recommend 동사는 to부정사를 취하지 않고 that절을 취합니다. 그 규칙을 잘 몰라 흔히 다음과 같은 실수를 하게 됩니다. 각 동사마다 요구되는 기본 조건들이 지켜져야 바른 영어가 됩니다.

He recommends me to see that. (X)
He recommends that I see that. (O)

기본 예문 Basic

I fully **agree that** he's **the ablest of us**. 그가 가장 유능하다는 것에 전적으로 동의한다.
I firmly **believe that** the blood will tell. 피는 못 속인다는 사실을 확실히 믿는다.

He **recognized that** he had **been beaten**. 그는 자기가 졌다고 인정했다.
He **professed that** he had **no taste for** music. 그는 음악에 취미가 없다고 고백했다. (☞ have taste for)

I **anticipated that** the situation will **get worse**. 나는 상황이 더 나빠지리라 기대했다.
He **accused that** the officer had taken **the bribes**. 그가 그 공무원이 뇌물을 받았다고 고발했다.

He **complained** **that** the election had been **rigged**. 그는 선거가 조작되었다고 불평했다.
Prosecutor's Office **published** **that** he was a suspect. 검찰청은 그가 피의자라는 사실을 공표했다.
We **perceived** by his face **that** he failed in the exam. 얼굴에서 그가 시험에 떨어진 것을 알아차렸다.

발전 예문 Intermediate

I **regret** **that** you've been caused inconvenience. 불편을 끼쳐드려 유감으로 생각합니다. (수동태 표현)
She **professed** **that** she could do nothing *unaided*. 도움 없이는 아무것도 할 수 없다고 고백했다.

He **pretends** **that** things are okay (even) when they're not. 사실 안 그런데 아무 문제가 없는 척한다.
The defendant **protested** **that** he was innocent of the crime. 피고는 그 범죄와 무관함을 주장했다.

The rules **provides** **that** a driver (should) be fined **for speeding.** 법규상, 과속에 벌금이 부과된다.
I shall **demonstrate** **that** language learning is based on **repetition.** 언어 학습은 반복임을 입증하겠다.
An airline strike **meant** **that** he got *stuck* in Athens for another week.
그는 항공사 파업으로 아테네공항에 한 주 더 갇혀 있게got stuck 되었다.

Athene, Greece

He confessed **that** he fell in love with her from the moment (**that**) he saw her.
그는 그녀를 보자 마자 사랑에 빠졌다고 고백했다.

The judge added **that** this case was one of [the worst ones (**that**) **he** had ever tried.
판사는 이 재판이 그가 지금껏 맡은 재판 중 가장 최악의 것이라 덧붙였다.

There is a growing recognition(consensus) **that** we should abolish the capital punishment.
사형제도를 없애야 한다는 인식(공감)이 점점 높아져 가고 있다.

심화 예문 Advanced

His injury requires **that** he (should) wear a neck brace. 그 사람 부상 상태가 목 깁스를 해야 한다.

He willed **that** his property in Moscow be divided equally among his sons. (☞ will 유언하다)
그는 모스크바에 있는 자기 재산을 아들들에게 균등하게 나누어 주도록 유언을 남겼다.

Kremlin, Moscow

I needn't **add** [**that** *if you fail to do as I ask*, you will suffer the consequences].
요청대로 이행하지 않을 경우 그 결과에 대한 책임을 져야 한다는 사실은 더 말할 나위 없다.

Jane **found out** **that** her husband was not [**the millionaire she thought he was**].
제인은 백만장자인 줄 알고 결혼한 사람이 사실은 그게 아니었다는 것을 알게 되었다.

부자처럼 생각하라, 빈털터리처럼 온 힘을 다해 노력하라!

I **fear** [**that**, *if I don't write now,* I shall never have another opportunity **to do so**].
만약 내가 지금 편지를 쓰지 않는다면 영영 그럴 기회가 없을 것이라는 두려움이 든다.

He **concluded** **that** he had *no other choice but to* **accept** Kohl's words **as the truth.**
그는 콜의 말이 맞다 인정하는 길 외에 딴 방도가 없다고 결론 내렸다. (☞ no other choice but to do)

Biden **warned** [**that** *to negate the result of election* would only make things **worse**].
바이든은 선거 결과를 부인하면 사태를 더 악화시킬 뿐이라고 경고했다. (☞ make it worse 악화되다)

Pythagoras **reasoned** **that** the Earth could **neither** be **flat nor cylindrical, but** only **spherical.**
피타고라스는 월식 때 달의 모양이 둥글다는 사실로부터 지구는 편평하거나 원통형이 아니고 단지 구형일
것이라고 추정했다.

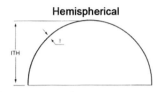

Women feel **that** *if a man do not look them* **in** the eye **when speaking**, **it means he is lying**. 여자들은 남자가 말을 할 때 눈을 마주치지 않으면 그는 거짓말을 한다고 생각한다.

Our survey **tells** **that** most people do not know ***how to manage their money***, and just muddle through. 우리가 조사한 바로는 대부분 사람들이 돈을 어떻게 관리할지 모른 채 대충 그럭저럭 대충 관리 하는 것으로 나타났다. (☞ muddle through 그럭저럭 해 나가다)

"부자들은 먼저 투자하고 남은 것을 쓰고 가난한 사람들은 먼저 쓰고 남은 것을 투자한다."

Scientists have **discovered** **that** mobile flowers are visited more often by pollinating insects **than static counter parts**. 과학자들은 꽃가루 매개 곤충들이 가만이 있는 꽃들보다 (바람에 의해) 움직이는 꽃 들을 더 찾는다는 사실을 발견했다.

20-5 접속사 that이 생략되는 경우

1. '**구어**'에서 자주 쓰이는 동사 hope, know, say, suppose, presume, reason, think, wish 등의 동 사 뒤에 오거나 afraid, glad, sorry, sure 등 '**심리**' 형용사 뒤에 오는 that을 생략할 수 있습니다.

I **think** you're overly optimistic. 난 네가 지나치게 낙관적이라는 생각이 든다.

2. 주절의 주어와 that절의 주어가 동일할 때 그리고 양쪽의 주어가 다 대명사일 때 생략 가능합

니다.

I think I'll go eat lunch. 나 점심 먹으러 가려 해.

I did the best I could. 나 나름대로 최선을 다했다.

기본 예문 Basic

Don't <u>say</u> (**that**) <u>I told you</u>. 내가 말했다고 하지 마.

I'm glad (**that**) <u>I caught you!</u> 너 마침 잘 만났다!

She <u>sensed</u> (**that**)<u>something was amiss</u>. 뭔가 잘못된 것을 감지했다. (☞ amiss 뭔가 잘못된)

Well, <u>say</u> (that) <u>it's true</u>, what then? 자, 그것이 사실이라고 하고, 그래서 어떻다는 건데?

I <u>think</u> <u>we've met somewhere before</u>. 우리가 전에 어디선가 만난 적이 있는 것 같습니다.

I <u>promise</u> I'll make sure **you pay for that**. 내가 그에 대한 대가를 반드시 치르게 하겠다.

Forensics says <u>there was another girl there</u>. 과학 수사팀에 의하면 그곳에 다른 여성이 있었다고 한다.

That's the funniest thing **I've ever heard of.** 그렇게 우스운 얘기는 처음 듣는다.

Don't you think **you're over-reacting a little?** 너 좀 너무 오버하는 거 아냐?

→ 유사 *Don't you think* **you're being too harsh on me?** 너 (내게) 너무 심한 것 아냐?

I <u>know</u> (**that**) <u>I</u> was closely watched.(monitored) 난 내가 엄히 감시받고 있었다는 것을 안다.

Don't think (that) **I am that easy!** 넌 내가 그렇게 만만하게 보여?

You think **(that) you're all that!** 넌 너밖에 없는 줄 아는구나! 너 공주 병(왕자 병)이로구나!

→ 동일 You think **you're special**, *don't you?* 너 공주 병이구나?

Do you think **I've aged uselessly**? 너는 내가 거저 나이먹은 거라 생각해?

Do you think **I was born yesterday**? 너 날 어린 아이로 아니? (날 우습게 보지 마라)

I wish **you would have called me.** 네가 전화했으면 좋았을 텐데. (☞ would have done 실현되지 않은)

Fred thinks <u>it's all about gut instinct.</u> 프레드는 모든 것을 다 직관이 결정하는 것이라고 생각한다.

   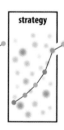 

I think **being grumpy** runs in this family. 짜증내는 것은 이 집안의 내력인 것 같다. (☞ grumpy 심술난)

You **mean (that)** she dyed her hair <u>red for real</u>? 그녀가 정말 머리를 빨갛게 물들였다는 말이야?

It's no wonder <u>suicide rates skyrocket this time of year.</u> (☞ skyrocket 급상승하다 ↔ plummet)
매년 이맘때쯤이면 자살률이 급등한다 해도 놀랄 만한 일이 아니다.

May I **suggest (that)** you run for the presidency this time? 이번 대통령 선거에 출마하시지요?

He **felt (that)** his house shook every time *when the trains passed by*.
그는 기차들이 지나쳐 갈 때마다 집이 흔들리는 것을 느낄 수 있었다.

I wish I hadn't overheard your conversation. 당신들 얘기를 안 들었으면 좋았을 텐데...

Leave it! I am sure **you didn't mean** any harm. (됐어요!) 악의적으로 그런 것 아니라는 걸 잘 압니다.

I **realized** it doesn't make sense **throwing** away all those months of hard work.
몇 달간 애써 한 일들을 내팽개치는 것은 말도 안 된다는 생각이 들었다.

We **think** (that) **[anyone who violates the laws]** should be punished accordingly.
누구든 법을 어기는 사람은 그에 상응하는 벌을 받아야 한다고 생각합니다.

20-6 복합 that 접속사절 (전치사 + that)

I know nothing *except **that*** he lives next door. 나는 그가 이웃에 산다는 것 이외에 아는 게 없다.

He *takes her part on the presumption **that*** she is innocent.
그는 그녀가 무죄라는 가정하에 그녀의 편을 들었다.

I will take the job only *providing **that*** I *am given* Sundays off. (수동태 표현)
일요일을 쉬는 날로 해 주기만 한다면 그 일을 하겠다.

The actress mentioned *in passing **that*** she once worked in this factory.
그 배우는 **말이 나온 김에** 자기가 이 공장에서 일한 적이 있다고 말했다.

We must prepare ourselves *on the premise **that*** the worst may happen.
최악의 상황이 일어날 수도 있다는 전제하에 우리 스스로 준비해야 한다.

He exercised hard *in the hope **that*** he would be able to lose weight in short time.
그는 짧은 시간 안에 체중 감량이 가능할까 하는 희망을 갖고 열심을 내어 운동을 했다.

He bought the car at last *notwithstanding **that*** the price was extremely expensive.
그 차가 어마어마하게 비쌌지만 그는 끝내 그 차를 사고 말았다.

We agree to your plan, *with the provision **that*** we *shall be informed* of further progress at regular
intervals. 우리가 정기적으로 추후 경과를 보고받는다는 조건으로 당신의 계획에 동의합니다. (수동태)

Module 21

스물한 번째 고개, 훌쩍 넘어 보세~ Easy Peasy!

□ 앞 '모듈20'의 동사와 that 절 사이에 단지 (간접)목적어만 추가된 sub-module입니다.

□ 본 모듈은 사실 '모듈20'과 별 차이가 없어 중요도 면에서 다소 떨어집니다.

이런 식으로 단순하게 목적어와 부사만 추가되는 문형이 33개 모듈 중 5개가 있습니다. 이런 sub-module들을 33개 모듈 안에 포함한 것은 사용빈도 면에서는 덜하지만 영어의 전체 구조를 파악하는 데 꼭 필요하기 때문입니다.

총 33개에서 이런 5개 모듈을 빼고 나면 28개가 남습니다. 그중에서 이래저래 모듈 간에 연결되어 이해가 쉽게 될 수 있는 모듈이 4개 정도 됩니다. 자, 그러면 24개가 남지요? 그중에서 모듈 31-33까지 3개 모듈은 '문장의 형태'여서 이해와 구분이 쉽습니다. 결국 33개 중 20개 정도 핵심 문형이 우리들이 집중할 모듈입니다. 20개 정도만 깊이 이해하면 영어가 훤히 보이게 됩니다. 5년, 아니 10년 영어를 공부해도 안 되었는데 영어를 꿰뚫어 볼 수 있다니 이보다 더 멋진 일이 있을까요? 자, 모두 힘내세요!

표준 예문 Standard

예 **I assure** myself **that he is honest.** 나는 그가 정직하다는 것을 확신한다.

예 **They warned** us **that the road was icy.** 그들은 도로가 미끄럽다고 경고했다.

예 **You may raise** any question **(that) you wish.** 질문하고 싶은 것 있으면 무엇이든 물어보세요.

예 **I will bet** a bottle of whisky **(that) he won't come.** 그녀 오지 않는 쪽에 위스키 한 병 걸게.

핵심 문법 점검 Review on Core Grammar

□ 본 모듈은 목적어가 '**간접 목적어**'이고 that절이 '**직접 목적어**'에 해당하는 '**명사절**'입니다. 결국에는 뒤에 나올 '**모듈27**'과 한 가족 모듈입니다.

□ 이때 that절은 '~것', '~하기'로 해석되며 본 모듈에 자주 사용되는 동사에는 예를 들어 show, teach, tell, promise 등의 동사가 있습니다.

□ 본 명사절에는 that 절 이외에도 **종속 접속사(whether, if)** 및 **의문부사(why, when, where, what)**가 **명사절**을 이끌 경우 직접 목적어로 쓰일 수 있습니다. 그러나 본 모듈에서는 that절에 집중하고 나머지들은 '**모듈25**'에서 다루겠습니다.

Mt. Everest, Himalaya

□ 벌써 33모듈 중에서 6부 능선, 21번째 모듈에 도달했습니다. 옛 시조에 "오르고 또 오르면 못오를 이 없건마는 제 아니 오르고 메만 높다 하더라."라는 시조처럼 세계 최고봉 에베레스트도 치밀한 등반 계획과 끊임없는 도전에는 자신을 흔쾌히 내어 줍니다. 도전하는 자만이 승리합니다.

He could bluff **nobody that** he is rich. 아무리 허풍을 쳐도 누구도 그가 부자라고 생각하지 않았다.

She convinced **me that** she was honest. 그녀는 내가 그녀를 정직하다 믿도록 신뢰감을 주었다.

Experience taught **me that** honesty pays. 경험상 정직하면 보응받는다는 사실을 배웠다.

She assured **me that** she has enough to live on. 그녀가 먹고살 것이 충분하다고 확신시켜 주었다.

He promised **me that** he would be home for dinner. 저녁을 집에서 같이하겠다고 약속했다.

A little bird told me **that** you caught the serial killer. 누가 그러던데 자네가 연쇄살인범을 잡았다며~

We must remind **him that** he has to be on duty tonight. 그가 오늘 야간 근무인 것을 알려 줘야 한다.

It concerned **her that** Betty was developing a crush on Max. (☞ crush 십대 속어, 홀딱 반함)
그녀는 베티가 맥스에 빠져들자 걱정되었다.

Many travels taught **me that** language is no barrier to friendship.
많은 여행 끝에 알게 된 것은 우정을 만들어 가는 데 언어가 문제되지 않는다는 점이었다.

Marshall told **the police that** he left *before the fight (had) started*.
마샬은 경찰에게 자기는 싸움이 나기 전 자리를 떴다 진술했다.

Let me call Smith to remind **him that** we'll be picking him up at 8:00 p.m.
스미스에게 우리가 그를 밤 8시에 픽업할 예정이라 전화를 해서 알리겠습니다.

He wanted to show **his mother that** he could achieve a good score in the exam.
그는 시험에서 좋은 점수를 맞을 수 있다는 것을 자기 엄마에게 보여 주고 싶었다.

Module 22

What-which-When-Where-Whether-How
언제 어디서 무엇이 되어 다시 만나랴?

□ 본 '모듈22'를 통해서 우리는 처음으로 wh-의 형태를 지닌 의문사interrogative를 만납니다. 본 모듈에서는 '의문사'가 보통의 경우처럼 절을 만들지 않고 'to부정사'와 결합해서 '명사구를 만듭니다. 이 의문사구는 주로 동사의 **목적어**로 사용되나 간혹 '보어' 또 '수식어구'로도 사용될 때도 있습니다.

□ 본 모듈에는 의문사 what, which, when, where, how가 쓰입니다. 그리고 'why'는 제외되나 대신 종속 접속사 **whether**가 포함됩니다.

□ '의문사절'과 '관계 부사절'은 뒤 문형24-25에서 공부하겠습니다.

표준 예문 Standard

예 **I have no idea** <u>how [to cook] it.</u> 그것을 어떻게 조리할지 모르겠다.

예 **She hesitated** <u>about what [to buy]</u>. 그들은 무엇을 살까 망설였다.

예 **He reflected** <u>how [to settle] the dispute.</u> 그는 그 분쟁을 어떻게 해결할까 곰곰 생각했다.

예 **I'm wondering** <u>where [to go] on vacation.</u> 휴가 때 어디로 가야 할지 모르겠다.

예 **Ask your mother** <u>when [to open] **the door**</u>. 언제 문을 열어야 하는지 어머니에게 여쭤보라.

예 **I can't decide** <u>whether to postpone or (to) cancel it.</u> 연기할지 취소할지 결정 못 하고 있다.

□ **의문사**interrogative는 아래 의문대명사와 의문부사를 합쳐서 부르는 이름입니다.

① 의문 부사

When(언제), **where** (어디에), **how**(어떻게), **why**의 의문문 앞에 위치하여 의문문을 이끕니다.

Where am I? 여기가 어디입니까? (길을 잃고)

How does it work? 어떻게 작동되나요?

How rich can you imagine **Paul is**? 너는 폴이 얼마나 부자인지 상상이 되니?

Where do you see yourself in five years? (입사면접 용어) 5년 후 당신이 무엇을 하고 있을까요?

Where do you stand on that that matter? 그 일에 대한 당신의 입장은 어떻습니까?

When did you graduate from high school? 언제 고등학교를 졸업했습니까?

② 의문 대명사

What(무엇), **which**(어느 것), [**who**(누구), **whose**(누구의), **whom**(누구를)] 등이 있는데 이것들은 의문문 앞에 나와 의문문을 이끌며 『명사(주어, 목적어, 보어)』역할을 한다.

What is the temperature of Tokyo? 동경의 기온은 얼마죠?

What do you think of him? 그 사람에 대해 어떻게 생각하십니까?

Who were you talking to? 너 누구하고 얘기하고 있었냐? → 동일 To **whom** were you talking?

Which do you prefer, classical or pop(popular) music? 고전음악과 대중음악 중 어떤 것을 선호합니까?

Write your names on the papers so I can tell **whose is whose.** (☞ 소유 대명사)

어느 것이 누구 것인지 알아볼 수 있도록 이름을 서류에 이름을 써 주기 바랍니다.

③ 의문 형용사

마치 형용사처럼 쓰이는 의문대명사를 의문형용사라 따로 부릅니다. **What**(무슨, 어떤), **which**(어느 쪽의, 어느), **whose**(누구의)가 있고 바로 뒤 명사를 수식한다.

Whose pen is this? 누구 펜입니까?

What club do you belong to? 어느 클럽 소속이십니까?

What kind of suit shall I wear to the party? 파티에 어떤 복장으로 입어야 할까요?

Which apartment do you live **in**? 어느 아파트에 사십니까?

□ 문장에서의 역할

주어 What's up in your mind? 당신 무슨 생각을 하는 건가요?

보어 How far is it from here? 여기서 얼마나 먼가요?

목적어 What do you prefer for dinner 저녁으로 뭘 먹을까?

통합 예문 Combined

I know **how [to use]** chopsticks. 나는 젓가락질하는 법을 알고 있다.

He doesn't know **what [to reply]**. 그는 어떤 답을 할지 모른다.

He pondered **how [to resolve] it**. 그는 그것을 어떻게 해결할지 고심했다.

I don't know **how [to play]** chess. 나는 체스 장기를 할 줄 모른다.

☞ Chess의 말 - **bishop** 주교의 모자 형상을 한 말은 대각선으로 이동, 기타 **rook** 車車, **pawn** 졸卒

I can only suggest **which [to buy]**. 난 어느 것을 살 것인가에 대한 제안할 수 있을 뿐입니다.

I don't know **how [to thank]** him **enough**. 그에게 어떻게 이루다 감사해야 할지 모르겠습니다.

I can't imagine **how [to get]** to her house. 그녀의 집에 어떻게 가면 되는지 떠오르지 않는다.

He plotted **how [to obtain]** the secret data. 그는 어떻하면 비밀 자료를 입수할까 모의했다.

Would you please tell me **which [to choose]**? 어떤 것을 골라야 할지 가르쳐 주시겠습니까?

He really knows **how [to take]** chances *given*. 어떻게 주어진 기회를 살릴 수 있는지 잘 알고 있다.

The two parties agreed about **what [to do]** next. 쌍방은 다음에 뭘 할 것인가 대해 합의했다.

I don't know **what [to make of]** his last remarks. (☞ make of 해석하다, 생각하다)

나는 그의 마지막 발언을 어떻게 해석해야 할지 모르겠다.

I've just remembered **how [to operate]** this machine. 나는 방금 그 기계 작동법을 기억해 냈다.

I don't know **what [to say]** *in answer to* your question. 당신 질문에 어떻게 답을 해야 할지 모르겠다.

How [to study] is more important **than when [to study]**.
언제 공부하느냐보다 어떻게 공부하느냐가 중요하다.

I've been commissioned to make decision **as to what [to do]**. 뭘 할까 결정하도록 위임받았다.

Most men don't know **what [to do] when** a baby starts to cry.
대부분의 남자들은 아기가 울기 시작하면 어찌할 바를 모른다.

기타 유사 형태의 문장들

의문사+명사+to do

I don't know **which survey method [to take].** 어떤 조사 방법을 취할지 모르겠다.

The kids were bickering about **what program [to watch].** 어떤 프로그램을 볼까 말다툼을 했다.

I must reflect on (upon) **which course of action [to take].**
어떤 쪽으로 행동을 취해야 할지 숙고해야 하겠다.

수동태 문장에서 보어로 사용된 경우

He *was puzzled* **what to do.** 그는 무엇을 해야 할지 몰라 당황했다.

The students *were being taught* **how [to write]** excellent essays. (진행형 과거 수동태)
학생들은 멋지게 글을 쓰는 방법을 수업받고 있었다.

Module 23

Bonus 코너!

□ 앞 '모듈22'에 목적어를 추가한 sub-Module입니다.

□ 물통에 물을 가득 채운 뒤 물이 넘쳐흐르듯 여러분의 영어의 물통도 가득 찬 후에야 비로소 넘쳐흐르기 시작합니다. 물통이 작으면 금세 차고 넘칩니다. 통이 크다면 시간도 제법 더 걸리겠지요?

예를 들어 어떤 분은 관광을 가서 사용할 정도의 기본적인 영어를 원합니다. 어떤 분은 외국인과 깊이 대화하고 싶어합니다. 어떤 분은 영어로 국제회의를 주재하고 싶어 하고 또 어떤 분은 2020년 영화 〈기생충〉이 아카데미상을 수상할 때 통역을 맡은 Sharon Choi 수준의 깊이 있고 순발력 있는 영어를 구사하고 싶어 합니다. 여러분, 본 과정을 깊이 체득하면 여러분들이 원하는 대로 다 가능해집니다!

참고로, 단어의 숫자를 기준으로 보통 300단어면 미국 일상 언어의 80%까지 말을 할 수 있다고 합니다. 그리고 3,000단어면 98%까지 가능합니다. 우리나라 중학생이 4,000-5,000단어, 고등학교 졸업생이 보통 8,000-9,000단어까지 배우게 되니 사실 중학교 과정만 충실히 공부해도 우리들은 높은 수준의 영어를 구사할 수 있는 능력을 갖고 있는 것입니다. 그러나 숙달 훈련이 안 되어 마음껏 사용하지 못하는 것뿐입니다.

□ 아무리 짧고 단순한 표현도 내 언어의 뇌 세포 속에 '체화體化'되어 있지 않으면 그 표현은 결코 내 것이 아닙니다. 절대 입이 열리지 않습니다. 언어는 반복 Repetition학습을

통해서만 완성됩니다. 자꾸 느끼면서 깊이 있게 『읽고 또 읽고 보고 또 보고』 하는 사이 우리 인간의 신비한 언어인지 능력이 스스로 알아서 작동하기 시작합니다. 여러분 영어의 통도 곧 끝까지 차고 넘쳐 곧 시원스럽게 넘쳐흐르게 될 것입니다.

표준 예문 Standard

- 예 **Ask** him <u>where to go</u>. 어디로 가야 할지 그에게 물어봐 줘.
- 예 **Ask** him <u>where to put it</u>. 어디에 놓을지 그에게 물어봐 줘.
- 예 **No one told** Tom <u>where to meet us</u>. 아무도 톰에게 어디서 우릴 만날지 얘기해 주지 않았다.
- 예 **He treated** me <u>as though to strike me</u>. 그는 마치 나를 때릴 듯이 굴었다.
- 예 **The teacher showed** the children <u>how to work the PC</u>.
선생님은 아이들에게 PC사용법을 가르쳤다.

핵심 문법 점검 Review on Core Grammar

본 모듈의 기본형인 『타동사+목적어+wh- to do』에서 '목적어'는 **간접 목적어**, 'wh-+to do'는 **직접 목적어**에 해당합니다. 그렇다면 두 개의 목적어를 갖는 '모듈27' 또는 '모듈25'와 유사한 구조인데 본 모듈에서는 직접 목적어를 '의문사+to do'로만 한정합니다. 본 모듈에 잘 사용되는 동사는 가르침, 충고, 조언을 의미하는 **advise, ask, inform, show, tell** 등이 있습니다.

화-이-팅! Here we go! Go for it!! Get moving!!!

통합 예문 Combined

Ask him **where to go**. 어디로 가야 할지 (그에게) 물어봐.

It puzzled him **what to do**. 그는 어찌하면 좋을지 난처했다.

I showed her **how to do it**. 난 그에게 어떻게 하는 것인지 보여 주었다.

She advised me **which to buy**. 그는 내가 어떤 것을 살지 조언해 주었다.

Let's **never** ask him **what to do**. 그에게 무얼 해야 좋을지 절대 묻지 말도록 하자.

Can you teach me **how to whistle**? 나에게 휘파람 부는 법을 가르쳐 줄 수 있나요?

No one told Tom **where to meet us**. 아무도 톰에게 어디에서 우리를 만날지 얘기해 주지 않았다.

Please inform me **where to get them**. 그것들을 어디서 구할지 알려 주세요.

She is not in her place to tell me **how to raise my kids.** (☞ be in a place to do ~할 위치에 있다)

그녀가 내 아이들 양육 방식에 대해 내게 이야기할 입장이 아니다.

Helen taught her **how to haggle with used furniture dealers.**

헬렌은 그녀에게 어떻게 중고 가구업자들과 흥정할 지 가르쳤다.

Please ask your mother **when to put the onions** while boiling stew.

찌게 끓일 때 언제 양파를 넣는지 엄마에게 물어보아라.

This book teaches you **how to analyze what's causing the stress in your life**

그 책은 당신의 삶 가운데 스트레스를 일으키는 원인이 무엇인지 분석하는 방법을 알려 준다.

Module 24

타동사 **+** 의문사절/관계부사절

언제 어디서 누가 무엇을 어떻게 왜?

□ 우리는 '**모듈20 & 21**'을 통해서 '접속사that절'을 공부했습니다. 또 바로 앞 '**모듈22 & 23**'에서 '**의문사**'에 진입했고 이제 '**의문사절**'과 '**관계부사절**'까지 다루려고 합니다.

□ 그동안 각 문형마다 많은 양의 예문들을 공부했습니다. 영어 문장에서 동사와 준동사가 얼마나 큰 역할을 하는지? 문장의 요소(성분)들이 어떻게 배치되는지? 그 규칙들이 조금씩 눈에 들어오기 시작하지요? 동사마다 각자 역할이 이미 정해져 있습니다. "아! 이 동사가 여기 이 모듈에 해당되어 이런 표현을 할 수 있구나!" 그렇게 확인하면서 계속 앞으로 나아가기 바랍니다.

본 학습법은 동사 용법을 깊이 다루고 있습니다. 이제 모든 동사와 그 동사들이 만드는 33개 모듈 전체를 시원스럽게 내려다볼 수 있는 정상을 향해 올라갑니다. 조금 더 힘을 내 주세요!

예 **That's not** <u>how it works.</u> 그렇게 작동되는 게 아니다.

예 **That's just** <u>how I was raised.</u> 난 바로 그런 식으로 자라났다.

예 **The car is not** <u>where I parked it.</u> 차가 내가 주차해 두었던 곳에 없다.

예 **I'll tell you later** <u>if I can find the time.</u> 시간이 날지 나중에 알려 주마.

예 **I wonder** <u>whether he will come or not.</u> 난 그가 올지 안 올지 모르겠다.

예 **This is** the time (when) I need you most. 지금은 내가 너를 가장 필요로 할 때다.

예 **The issue is** <u>if the plan is safe and secure.</u> 문제는 그 계획이 안전하고 확고한가 하는 것이다.

예 **That is** <u>the reason why I succeeded (failed).</u> 그게 내가 실패한 이유다.

예 **This is** the house where I lived when I first came to England.
이 집은 내가 처음 영국에 왔을 때 살던 그 집이다.

Mid-upper class' single house (중상류층 단독주택)　Traditional thatched roof house(영국 전통 초가집)

핵심 문법 점검 Review on Core Grammar

□ 본 모듈은 아래 세 가지 경우의 문장을 다룹니다.

1. 간접 의문문
① how, who, why, when, who로 시작되는 의문사절이 타동사의 **목적어**로 사용되는 경우
→ 해당 동사군 ask, decide, discuss, explain, guess, imagine, know, remember, say, suggest 등
② 종속접속사 whether, if가 이끄는 명사절이 타동사의 **목적어**로 사용되는 경우
→ 해당 동사군 ask, doubt, know, learn, see, wonder 등

2. 관계부사 why, where, when, how가 이끄는 부사절

3. 복합관계부사 wherever, whenever, however, whatever가 이끄는 부사절

→ 여러분, 위와 같이 이 문장의 유형에는 이런 동사가 쓰인다고 동사를 일일이 나열해 놓는데 그것에 너무 스트레스를 받지 마시기 바랍니다. 아! 대체로 이런 종류의 동사가 여기 필요하겠구나 이해하며 넘어가시기 바랍니다. 그냥 예문과 대화하면서 가능하면 그 상황을 기억하려 애쓰시기 바랍니다. 나중에 예문 그대로 기억되지 않아도 괜찮습니다. 앞에서 설명드렸죠? 왜 그런지?

24-1 간접 의문문

간접 의문문은 how나 'wh-'로 시작되는 의문사가 이끄는 명사절, 그리고 **whether, if** 접속사가 이끄는 명사절을 말합니다. 이때 Whether와 if 절은 '~인지 아닌지' 뜻입니다. 관계대명사 what이 만드는 명사절도 이 모듈에 해당하나 뒤 '모듈26' 관계대명사편에서 다시 다루도록 하겠습니다.

Can you guess **who that guy is**? 그 친구가 어떤 사람인지 아십니까?

He will let us **know when the boat will arrive.** 배가 언제 도착할지 그가 우리에게 알려 줄 것이다.

[☞ let us know, let me know 표현이 자주 등장합니다. 우리식 표현이 아니어서 부자연스럽게 느껴지지요? 하지만 영미인들이 아주 즐겨 사용하는 표현이니 자연스러워질 때까지 좀 더 훈련하세요!]

Please explain **why you're always behaving like that.** 언제나 그런 행동을 하는지 설명 좀 해 봐 줘.

Andy was vague **about whether he would marry her or not.** (⑳ marry ~~with~~ her)
앤디는 그녀와 결혼을 할 것인지에 대해 모호한 입장을 취했다.

There is **a bitter argument whether he is a hero or a war criminal.**
그가 영웅인지 전범인지에 대해 격렬한 논란이 있다.

Some economist disputes **whether** consumer spending **is as strong** *as the figure suggests.*
일부 경제학자들은 소비자 지출이 수치가 제시하는 것처럼 강한 것인지에 대해 논쟁을 벌인다.

I wonder **if you're kind enough to keep supplying** me with new information. (☞ supply A **with** B)

난 당신이 나에게 새로운 정보를 계속해서 공급해 주실 수 있는지 궁금합니다. (☞ be kind enough to do)

Would you please make a check **if all the lights** have been completely **turned off**?

완전하게 소등이 되었는지 점검해 주시겠습니까?

24-2 관계 부사절

□ '관계부사relative adverb'에서 'relative'는 '**관계를 나타내는**' 이란 말로서 앞 문장과 뒤 문장을 이어 준다는 뜻이고, 'adverb'는 문장에서 **부사**의 역할을 한다는 뜻입니다.

I like the house, + Ted lives in the house.

→ I like the house. + Ted lives in it (= here).

→ I like the house which Ted lives in.

→ I like the house in which Ted lives.

→ I like the house where Ted lives.

위 문장에서 관계부사 where는 '**부사 here**' 혹은 '**부사구 in it**'의 역할과, '**접속사 which**'의 역할을 동시에 수행하고 있음을 알 수 있습니다.

□ 관계부사절에는 관계부사 앞에 '**선행사**'가 있어 <u>시간, 장소, 이유, 방법</u>을 드러내고, 선행사를 설명하는 절이 『전치사+관계 대명사』로 시작할 때, 이것을 줄여 한 글자로 된 '**관계 부사**'로 바꿀 수 있게 함으로써 '언어의 간결성과 경제성'을 추구하려는 것입니다.

선행사	관계 부사	비 고
the time 등 시간 표시	at (on, in) **which** → when	
the place 등 장소 표시	in (at, on) **which** → where	전치사 간 미세한 차이 구분 요망
the way 등 방법 표시	in which → how	
The reason 등 이유 표시	for which → why	

관계부사 통합 예문 Combined

When/Whenever

1945 is the year **when** the World War Ⅱ ended. 1945년은 세계 2차대전이 종전된 해다.

It might still be raining tomorrow **when** we wake up. 내일 기상할 때 비가 여전히 내리고 있을 거다.

He <u>had been ill in bed</u> <u>for a week</u> **when** I **came** <u>back</u>. 내가 돌아왔을 때 그는 1주일째 병석에 있었다.

[☞ 주절이 완료 시제이고 종속절에 접속사 when이나 since가 올 경우 종속절 시제는 단순과거시제로 한다.]

She had been sick <u>for a week</u> **when** <u>the doctor</u> *was* ***sent*** <u>for</u>. (☞ 상동)

의사가 왕진왔을 때 그녀는 일주일 째 아파 누워 있었다.

I had been watching TV <u>for three hours</u> **when** he <del>(had)</del> **arrived**. (☞ 상동)

그가 도착했을 때 난 세 시간 동안 (계속해서) TV를 보고 있었다.

Average day, my glasses are everywhere – **everywhere** I look, there is a pair of glasses. But **when** I want to go to cinema, they've **vanished**. It's one of the life's real **cruelties**. 평상시에는 안경이 늘 있지요. 그런데 영화를 보러 가려 하면 안경이 사라진다니까. 정말 삶의 잔인함 중 하나이지...

Where/Wherever [☞ 자주 쓰이는 선 행사 place, room, stage, situation]

This is (the place) **where** <u>we came in</u>. 여기서부터 봤었지~ (여기까지 얘기했어~)

I'll take up the story **where** <u>you let off</u>. 당신이 그쳤던 데서부터 내가 이야기를 해 보겠습니다.

There are <u>many cases</u> **where** <u>you have to compromise</u>. 타협해야만 하는 경우가 많다.

→ 저도 그렇습니다만 우리나라 사람들 대부분 유머 감각이 전무합니다. 제가 서구인들을 만나면서 제일 부러워하는 것 하나가 있습니다. 바로 이 유머감각입니다. 유머는 사고의 구조가 여유롭고 삶이 풍성할 때 가능합니다. 각박할수록 긴장될수록 한 호흡을 끊고 들여다봅시다. 일이 훨씬 더 잘 풀려 나갈 겁니다.

I drove east to Reed **where** <u>my navigation led me astray</u>. (☞ astray 바른 길에서 벗어난, amiss)

동쪽으로 운전해서 리드에 가는데 그곳에서 내 내비게이션 지도가 잘못되어 그만 길을 잃고 말았다.

I went to the gym, **where** I *used to spend* 2-3 hours **working out**.

나는 보통 2-3시간 시간을 들여 운동을 하곤 하는 체육관으로 갔다.

Anne lives <u>about a dozen blocks **from**</u> **where** <u>the exhibition will be held</u>.

앤은 전시회가 열릴 곳에서 12블록 떨어진 곳에 살고 있다.

That reception room is <u>the place **(where)** they used to *idle away* their time **watching TV.**</u>
그 응접실은 그들이 시간을 TV를 보면서 시간을 죽이곤 하던 곳이었다.

He grew **up in one of** the city's worst slums **where** crime and deprivation were a fact of life.
그는 범죄와 빈곤이 일상화된 도시의 최악의 빈민가의 한 곳에서 성장했다.

Why

I see <u>no reason **why** you should say so.</u> 네가 그렇게 말하는 이유를 모르겠다.

There were many reasons **why** the war broke out in Vietnam. 월남전 일어난 이유는 여러 가지 있었다.

She gave <u>no explanation *as to* **why** she *had left* so suddenly.</u> (☞ explain → give an explanation)
그녀는 왜 그렇게 갑자기 떠났는지에 대해 아무런 설명도 하지 않았다. (☞ as to → about)

There's <u>a reason **why** women don't read this stuff</u>; it's not funny.
여성들이 이것을 읽지 않는 이유가 있는데 그건 바로 재미가 없기 때문이다.

<u>Unless you're ill</u>, there's no reason **why** you can't **get** those 15 minutes of **working out** daily.
만약 당신이 아프지 않다면 매일 15분 정도 시간 내어 운동하지 못할 이유가 없습니다.

※ 운동과 공부의 공통점! 그 누구도 날 대신해 줄 수 없다는 사실입니다!

<u>(The reason) **Why** they didn't go to see the house</u> is **that** they *prefer* **to live** in an apartment.
그들이 그 집을 보러 가지 않은 이유는 아파트에 사는 것을 더 좋아하기 때문이다.

How, However

I know **how** you feel. 네 기분 이해하겠다. → I know the way how you feel. (X)(∵ 둘 중 하나는 생략 규칙)
What matters is **how** we survive. 문제는 우리가 어떻게 살아남느냐이다.

Can you imagine **how** it will turn out? 어떤 결과가 나올지 상상이 되나요:?
I don't know **how** it could *have happened*. 어떻게 그런 일이 벌어질 수 있었는지 난 모르겠습니다.
That's **how** Sam got me to go out with him. 그건 샘이 나랑 데이트하기 위해 쓴 방법이었는데~
[☞ go sb out with ~와 데이트 나가다]

When *asked* **how he had survived**, he avoided the answer.
어떻게 살아 남았는가에 대한 질문을 들었을 때 그는 그 질문에 답을 회피했다.
More than 2,000 members of the One health club **were polled** to find out **how** they handle 2021
fitness plan. 2천 명 이상의 더-원-헬스클럽 회원들을 상대로 그들의 2021년 건강 계획에 대한 여론조사가
실시되었습니다.

의문부사 how 예문들 (how 뒤 형용사를 취하는 경우)

I was shocked **by how** old she looked. 나는 갑자기 늙어 버린 그녀의 모습에 충격을 받았다.
I want that car **however** much it may cost. 값이 얼마든지 간에 나는 저 차를 갖고 싶다.

You don't know **how** much she has missed you.
당신은 그녀가 얼마나 너를 그리워하는지 조금도 이해하지 못한다.
Andy has realized **how** happy he is **not being married**.
앤디는 독신으로 아직 남아 있는 것이 얼마나 행복한지 깨닫게 되었다.
I know well **how** much of the miracles are God-*related*. 난 기적이 신과 얼마나 관련되어 있는지 안다.

However humble it might be, there is no place like home. 아무리 궁색해도 집보다 편한 곳 없네~
No matter how hard she tried, she couldn't **get** the door **open**. 아무리 애써도 문을 열 수 없었다.

Medical opinion varies **on how many tablets** it takes to overdose.
몇 알을 복용하면 과잉 복용이 되는 것인지에 대해 의료계의 의견이 분분하다.

It's *not* **how many books you read** *but* **what you read that** really counts. (☞ 관계부사how, 관계대
명사절 what 혼재) 진짜 중요한 것은 당신이 얼마나 많은 책을 읽은 것이 아니라 '무엇을 읽었는가'이다.
If there's a chance of rain, **however small it would be**, I'll take an umbrella.
비 올 확률이 아무리 낮더라도 혹 가능성이 있다면 난 우산을 가져가겠다.

I know well from personal experiences **how difficult** this kind of mental work **would be.**
제 개인적 경험상 이런 정신적인 일이 얼마나 힘드는지 잘 알고 있다.
No matter how soft the sunlight is, it still plays havoc, **fading** carpet and curtains **in every room.**
아무리 엷은 햇빛이라도 여전히 방에 있는 카펫이나 커튼의 색을 바래게 하여 망가뜨린다.

[☞ play havoc with, make havoc of ~을 망가뜨린다, 해를 끼친다]

Module 25

 타동사 + 목적어 + 의문사절/관계부사절

Just Relax!
잠시 쉬어 갑시다!

□ 앞 '모듈24'에 목적어를 추가합니다. No more No less! 특별한 것 없습니다. 앞에서도 살펴봤듯 본 모듈을 포함해서 몇몇 모듈의 경우 사용 빈도가 상대적으로 낮습니다. 하지만 여러분들이 문장생성의 원리를 이해하기 위해서는 모든 모듈의 분류 체계를 이해해야 하기 때문에 필요합니다.

□ 벌써 25번째 문형입니다. 앞서 33개가 결코 그리 많은 숫자가 아니라는 사실, 이해가 되시나요? 모듈마다 서로 연결되어 있지요? 자주 앞에 있는 33개 종합표를 들여다보세요! 그 전개 순서에 관심을 가지세요! 가능하면 순서대로 기억하는 것이 더 쉽고 좋습니다. 그런데 본 학습법 모듈의 순서 체계가 대체로 영미 어린 아이들이 언어를 배워 가는 순서에 가깝다는 생각을 갖습니다. 여러분들이 33개를 1차 관통하면 여러분 앞에 예전엔 느끼지 못하고 알지 못했던 영어의 세계가 시원하게 펼쳐지기 시작할 것입니다.

표준 예문 Standard

예 **Ask** him <u>where he lives.</u> 그가 어디 사는지 물어보라.

예 **I want to remind** you <u>why I said so.</u> 내가 왜 그리 얘기했는지 상기시켜 주고 싶다.

예 **Please inform** me <u>where I can find her</u>. 어디에서 그녀를 찾을 수 있을지 알려 주세요.

예 **I saw** Hamlet <u>when it played in New York</u>. 햄릿이 뉴욕에서 공연될 때 관람했다.

통합 예문 Combined

목적어가 사람인 경우

I **have him when** it comes to endurance. 인내심에 대해 말하자면 내가 그보다 한 수 위다.
[☞ when it comes to ~에 관한 한, ~에 대해 굳이 말하자면]
Please inform **me where** I can find the book. 그 책을 어디서 구할 수 있는지 알려 주세요.

I will chance it **whatever** the outcome might be. 결과야 어찌되든 시도해 보려 한다.
Her boyfriend deserted **her when she** *got pregnant.* 그녀가 임신하자 남자친구가 그녀를 버렸다.

He advised **me [whether** I should make such a decision.]
그는 내가 그런 결정을 해야 할지 말지를 자문해 주었다.

I asked **my lawyer [if** this kind of highly controversial decision **make sense.]**
나는 이와 같이 논란의 여지가 아주 커 보이는 결정을 내려도 합당한지 변호사에게 물었다.

목적어가 사물인 경우

Please return **this book when** you have finished **reading** it. 이 책을 다 읽거든 돌려주십시오.
How can he **get high grades when** he *cuts classes* so often?
그 친구, 수업을 그렇게 자주 빼먹으면서 어떻게 좋은 점수를 받을 수 있을까?

He cut his own throat [**by volunteering to do** an extra project] **when** he'd already **got** *overloaded.*
그는 하는 일에 이미 과했음에도 불구하고 추가 프로젝트를 자청했고 그 결과 스스로 자멸했다.
[☞ cut one's own throat 스스로 자멸하다, 붕괴되다]

Module 26

고급 문장 연결고리 – 관계 대명사

□ 본 장에서는 문장과 문장을 연결하는 고급 연결어인 **관계대명사**에 대해 공부합니다! 앞 모듈의 관계부사 그리고 이번 관계대명사도 모두 '언어의 경제성' 즉, 불필요한 단어를 중복해서 쓰지 않도록 하기 위한 장치입니다.

영어의 또 다른 큰 특징, 언어의 경제성!

□ 제공되는 예문의 길이가 점차 길어져도 전혀 걱정할 필요 없습니다. 단문短文에 능하면 긴 장문長文이라 할지라도 하등 문제가 되지 않습니다. 게다가 제가 모든 예문에 색조 구분color highlighting, 볼드체 표시bold letters, 괄호처리bracketing, 또는 밑줄 표시underlining 등의 방법을 통해 여러분들이 문장의 구조를 빠르게 이해할 수 있도록 해 놓았습니다. 여러분들이 얼마든지 혼자 힘으로 공부할 수 있도록 해 드렸습니다.

□ 아주 유감스럽게도 영어의 유창성에 이르는 쉽고 간단한 방법은 없습니다! 한 권의 간단한 문법 책과 본 학습 교재를 3-5번 이상 심지어 100번까지라도 읽고 또 읽는 사이 영어가 여러분 앞에 자기의 모습을 스스로 드러내 보여 줄 것입니다. 여러 영어 책을 공부할 여건이 안 되는 분들은 본 교재에 있는 예문 문장만이라도 확실하게 이해한 다음 최대한 기억하려 애쓰는 사이 모든 영어의 문제가 해결됩니다. 예문마다 실린 메시지가 뚜렷할수록 학습자들의 기억에 남게 되고 누

적 학습 결과 영어 문장의 생성 원리와 구조를 스스로 깨치게 되기 때문입니다. 그것을 위해서 본 교재에 실린 예문 하나하나마다 최선을 다해 여러분의 영어 언어 지각과 감각을 깨우는 예문이 되도록 선별했습니다. 다른 교재에서 보는 기계적 표현들이 아닙니다. 살아 숨쉬는 예문, 독자들로 하여금 영어의 속을 들여다볼 수 있게 해 드릴 예문들입니다. 저는 저자로서 그것들에 대해 큰 자부심을 갖고 있습니다.

□ 영어 공부는 사실 지루합니다. 게다가 본 교재에 실린 많은 예문들이 여러분들을 질리게 할 수 있음을 인정합니다. 그러나 이전에는 지겹든 어떻든 한 권의 교재에만 집중하면 영어를 두루 잘할 수 있게 하는 학습방식이나 교재가 없었습니다. 현재 영어를 아주 잘하는 분들은 최소 10년 이상 정도 정말 오랜 시간 영어 정복을 위해 각자 알아서 긴 고행의 길을 걸어온 분들입니다. 그러니 단 6개월에 몰아쳐 고생하자는 이 기회조차 살리지 못하겠다면 영어는 이제 포기하시고 그만 하산하기 바랍니다.

□ 인간의 언어 능력은 신비롭습니다. 인간이 왜 또 어떤 경로로 이처럼 놀라운 언어적 가능을 갖추게 되었는지 이렇게 뇌과학이 발달한 시대에도 아직 과학적으로 확실하게 규명되어 있지 않고 있습니다만 다만 계속적인 반복 훈련의 산물이라는 데 이의를 제기하는 사람은 없습니다. 갓 난 아이부터 14-15세까지 1-2차 영미인의 유아 언어 형성기를 거치지 않은 우리나라 사람들은 오직 '**반복repetition**'만이 그 빈 시간을 메꾸는 유일한 대안입니다. 반복 훈련의 결과는 여러분이 생각하는 것보다 엄청나게 멋진 결과를 거둘 수 있게 할 것입니다.

표준 예문 Standard

예 **Show** <u>what</u> **you are made** <u>of</u>. 네 진가를 보여 줘!

예 **Anyone** <u>who</u> **wants to come** is welcome. 오고 싶은 사람은 누구나 환영합니다.

예 **Take the first opportunity** firm <u>that offers</u>. 처음 주어지는 기회를 확실하게 잡거라.

예 **Luck is** <u>something that comes in many ways</u>. 행운은 다양한 경로로 찾아오는 그런 존재다.

예 **Folks! What's immoral** is not always <u>what's illegal</u>. 여러분, 비도덕적이라고 다 불법은 아닙니다.

예 **She bought** a new hat <u>for which</u> **she paid quite a lot**. 그녀는 상당한 돈을 지불하고 모자를 샀다.

예 **What marks her off** <u>from her brother</u> is her concentration. 그녀가 오빠와 다른 건 집중력이다.

예 **I've** a pile of washing-up <u>that</u> **I don't know** how <u>I am going to do.</u>
설거지 거리가 잔뜩 쌓여 있는데 내가 어찌해야 할지 모르겠다.

☐ **관계대명사**는 문장과 문장을 연결하는 '**접속사**'와 '**대명사**' 역할을 동시에 감당하는 품사입니다.

I know <u>a man</u>. <u>He</u> speaks English fluently.
I know <u>a man</u> <u>**who**</u> speaks English fluently.

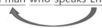

즉, 문장의 앞에 이미 선행사가 나와 있으니 뒤에서 굳이 반복할 필요없이 대명사로 표현하되 단지 대명사 역할에 그치지 않고 두 문장을 결합하는 역할을 하는 것, 그것이 바로 '관계 대명사'입니다. 이때 관계대명사절은 앞에 나온 단어(즉, 선행사)를 꾸며 주는 역할을 하므로 형용사절이 됩니다. 단, what은 유일하게 명사를 이미 포함하고 있는 관계사여서 형용사절이 아닌 **명사절**입니다.

관계 대명사 문장을 해석하는 방법 『**직독직해**』

He is <u>the only man</u> <u>that I love</u>. 내가 사랑하는 오직 한 사람입니다.

우리는 문장을 해석할 때 영어를 번역서처럼 잘 정리된 우리말 어순이 되도록 교육을 받았습니다. 그러나 기본적으로 영어와 우리 말은 완전히 반대 어순을 갖고 있고 우리 말과 언어적 정서가 달라서 100% 완전한 번역을 하는 것은 사실상 불가능합니다.

우리 말로 정식 번역해서 굳이 정식 글로 옮기는 경우가 아니라면 앞으로는 『**직독직해直讀直解**』즉, 문장 블록별로 끊어서 자연스럽게 해석하면서 이해해 가는 훈련을 하도록 합시다. 예를 들어, "그는 유일한 사람입니다." (마음속으로, 그래? 어떤 사람?) "내가 사랑하는 사람" 이렇게 말입니다! 영어는 앞에 있는 명사, 형용사나 동사를 설명하는 말을 뒤에 놓는 구조여서 그렇게 해석하는 것이 자연스럽습니다.

책을 읽을 때는 이해가 안되면 읽은 문장을 다시 읽어 그 의미를 완전하게 할 수 있지만 다른 사람의 말을 할 때는 들리는 대로 들으며 바로 해독해야 합니다. 여러분의 영어가 깊어 가면서 영어가 우리 말의 개입없이 들리는 그대로 영어로 이해하는 『**직청직해直廳直解**』능력이 생기게 됩니다. 자, 이제 오랜 습관부터 바꿔 나갑시다!

☐ 관계대명사의 생략

1.주격 관계대명사 『'who/which/that' + be동사+ -ing/과거분사』에서 주격 관계 대명사와 be동사는 생략할 수 있다.

The boy (**who** is) **playing** the guitar is my nephew.
The ball (**which** is) **kicked** by Paul is mine.

2. 목적격 관계대명사 whom, which, that이 앞에 있는 선행사를 수식하는 경우에도 생략합니다.

She is **the girl** [(**whom**) I met at the playing ground].
Tom is reading **a book** [(**that/which**) Dan gave to him].

1. That 관계대명사

□ 'That 관계대명사'는 **사람, 동물, 사물**에 모두 적용 가능합니다.

①특히 '**사람+사물**'이 선행사일 때
②선행사가 **최상급, the 서수, the only, all, any, no, little, much, every, -thing, the same, the last, the very** 등의 수식을 받을 때
③의문대명사 who로 시작하는 의문문에 관계대명사 that을 사용할 수 있습니다.

→ 사람과 사물에 다 쓸 수 있기 때문에 '구어체'에 많이 쓰입니다. 따라서 공식적인 자리이거나 격식있게 표현해야 할 때는 사람의 경우 인칭관계대명사 **who**를 사용하도록 권장합니다.

□ 앞 '**모듈20과 21**'에서 공부한 that은 **접속사**였습니다. 접속사와 관계대명사와의 차이는 관계대명사 앞에는 '**선행사**'가 있고 접속사에는 없고의 차이입니다. 그러나 선행사가 생략되어 문장에서 보이지 않는 경우도 종종 있습니다. 혼동하지 마시기 바랍니다.

기본 예문 Basic

I gave her all the money [**that I have**]. 내 수중에 있던 모든 돈을 그녀에게 주었다.
He is the tallest man [**that I've ever seen**]. 그는 내가 지금껏 본 사람 중 제일 키가 크다.
Sam picked up the same cell phone [**that I'v lost**]. 샘은 내가 잃어버린 것과 같은 폰을 집어들었다.
The protest [**that he had an alibi**] was rejected. 알리바이가 있다는 그의 주장은 받아들여지지 않았다.
He fixed almost anything [**that** needed repairing]. 그는 수리가 필요한 것은 거의 다 고쳐 놓았다.

This film is nothing to **the one** [**(that)** I saw yesterday]. 이 영화는 어제 것에 비하면 아무것도 아니다.

I was freghtened by **something** [**that** overwhelmed me]. 나는 나를 압도하는 그 무언가에 깜짝 놀랐다.

All the cars (that are) assembled here are exported to Europe.
이곳에서 조립된 차들은 잔량 유럽으로 수출된다.

Heart surgery is a major operation [**that** can take many hours].
심장 수술은 많은 시간이 걸리는 중증 수술 중 하나이다.

I made notes of **the people and places** [**that** excited my interest](☞ 사람과 사물에 동시, that 적용)
내 흥미를 끈 사람과 장소들에 대해 기록해 두었다.

This was **the first and last time** [**that** I dared to defy my mother].
이것이 내가 처음이자 마지막으로 감히 어머니의 말씀을 거역한 때였다.

There is a lesson [to be learned by **every mistake** [**(that)** one makes].
사람은 매번 범하는 실수를 통해서 교훈을 얻게 된다.

☞ 실패했다고 좌절하지 마세요! 실패는 성공으로 가기 위해 꼭 거쳐야 하는 과정일 뿐입니다.
실패없이 성공한 사람은 이 세상에 단 한 사람도 없습니다. 그 대신 내가 왜 실패했는지 실패할 때 잘 돌아
보세요! 실패를 더 크고 더 새로운 것을 성취하게 하는 축복의 통로로 만드시기 바랍니다.

Boogers are mucus, or thin, slippery material [**that** is found inside the nose].

코딱지는 코 안에서 발견되는 얇고 미끄러운 물질 혹은 점액이다. (☞ booger 코딱지, 눈곱)

The main square has five fountain [**that spouts water** *40 feet high in the air*].

주 광장에는 하늘로 40피트나 물을 뿜어 올리는 분수가 하나 있다.

Las Vegas, Nevada

발전 예문 Intermediate

He bet **everything** [**(that)** he had about him]. 그는 자기가 갖고 있는 것을 몽땅 걸었다.

You need a bed [**that's** large enough to **let you spread** yourself **out**].

당신에게 당신의 몸을 최대한 뻗어 누울 수 있을 정도로 큰 침대가 필요합니다.

There are those people [**that** / *thought* were going to buy our house].

우리 집을 살 것 같다고 생각했던 사람들이 거기에 있다.

There's **a rumor** *going* around [**that** the exam papers have been **leaked out**].

시험지가 유출되었다는 소문이 나돌고 있습니다.

Psychedelic drugs such as LSD make you see things [**that do not really exist**].

LSD같은 환각제는 실제 존재하지 않는 것들을 보게 만든다.

[The facts **that people are living longer**] is reflected in the latest census statistics.
사람들이 더 오래 산다는 사실은 최근 인구조사 통계에도 나와 있다.

The judge accepted her plead [**that** she was guilty of **manslaughter, not murder**].
판사는 고의적 살인이 아닌 우발적 살인이었다는 호소를 받아들였다.

심화 예문 Advanced

It was her fortune, not her, [**that induced** him to wish **to marry** her].
그가 그녀와 결혼하기 원하도록 이끈 것은 그녀가 아니라 그녀의 재산 때문이었다.
I have decided to **pick** his brains about his laptop **(that)** [I have been thinking of **buying**].
난 사려고 생각하는 노트북PC에 대해 그 친구의 지혜를 빌리기로 했다. (☞ think of 심사 숙고하다)

There was no e-mail [**(that)** arrived this morning] except the usual junk [*addressed* to the blind
recipient]. 익명의 수신자에게 보내지는 일상적인 쓰레기(정크) 메일 빼고는 도착한 이메일이 없었다.

Today women are ready to break through the so-called 'glass ceiling,' the invisible barrier [**that**
has kept them from the top positions in either field of management or production].
오늘날 여성들은 경영이든 생산 분야 든 그 분야에서 최고의 위치에 오르는 것을 막는 보이지 않는 장벽,
소위 '유리 장벽'을 깨어 혁파할 준비가 되어 있다.

English is the gateway to a new world of *knowledge, commerce and culture*, a world [**that people would** not otherwise **be able to access**] with fluency [only in one's a mother tongue].

영어는 세상 사람들이 각자의 모국어를 가지고는 원활하게 소통하며 접근할 수 없는 새로운 지식, 사업 그리고 문화의 세상으로 안내한다.

2. What/Whatever/No matter what 관계대명사

㊉ 관계대명사 what엔 the thing(s) which, all that, that which와 같은 선행사들이 감춰져 있고 '~한(인) 것으로 해석됩니다. what절은 **명사절**로서 문장에서 **주어, 목적어, 보어** 역할을 담당합니다.

기본 예문 Basic

He has **what it takes** 그는 필요한 자질을 갖추고 있다.
You know **what I mean.** 내가 무엇을 말하려는지 알겠지~

I repaid **what was owing.** 난 진 빚을 갚았다. (☞ repay 상환하여 갚다, **reimburse, pay off**)
That's **what you always do.** 네가 하는 일이 다 그렇지 뭐~ (늘 시원치 않군!)
He is **what we call a musician**. 그는 이른바 음악가라는 작자다. (☞ what we call 소위, 이른바)

Things are not **what they seem**. 사물은 겉에서 보는 모습과는 다르다.
Whatever he does, he prospers. 그가 하는 일마다 다 형통하리라. (the Bible Psalms 시편 1:3)
I will do **what is required of me**. 내가 해야 할 일이면 내가 하겠다.

I will go **no matter what you say.** 네가 뭐라고 하든지 나는 가겠다.
He knows **what's what in politics**. 그는 정치의 속사정을 속속들이 알고 있다.
I can't make it out **what she wants**. 그녀가 무엇을 원하는지 알아차리지 못하겠다. (→ make out)

I often wonder **what love feels** like. 사랑이 어떤 느낌일까 하고 종종 생각해 봅니다.

I can barely guess **what it relates to**. 난 그것이 무엇에 연관되어 있는지 상상조차 할 수 없다.

Let' see **what Andy brings** to the table. 앤디가 뭘 제안하는지 한번 두고 보자.

We cannot prophesy **what may happen.** 우리는 무슨 일이 일어날지 예측하기 어렵다.

You do **what** *your heart tells you* is right. 네 맘에 옳다고 생각되는 것을 행해라.

I wonder **what** is like to pilot a spaceship. 우주선을 조정하는 것은 어떤 기분일까?

[**What is essential**] is invisible to the eyes. 본질적인 것은 눈에 보이지 않는 법~ (☞ 어린 왕자 中에서)

[**What knocks me most**] was his ignorance. 내가 정말 놀란 것은 그가 무식하다는 사실이다.

[**What I suffer from**] is not **being able to sleep**. 내가 겪는 어려움은 잠을 잘 수 없다는 사실이다.

Stop playing games and tell me **what** you want. 빙빙 돌려 대지 말고 네가 원하는 것을 말해라.

I'll go on a vacation, **whatever the weather's like**. 날씨가 어떻든 간에 휴가를 떠날 것이다.

[**What happens afterwards**] was **of no concern** to me. 이후에 일어나는 일은 내가 걱정할 바 아니다.

The market dominance of that company is not **what it was.** 그 회사 시장 점유율이 예전만 못하다.

발전 예문 Intermediate

Studying is **what college life is** all about. 학문은 대학 생활의 전부이다.

He has **what it** *takes to succeed* **in business.** 그는 사업에 성공하는 데 갖추어야할 요건을 갖추고 있다.

They did not **reck what may** become of him. 그가 어찌되든 상관하지 않았다. (☞ reck ~을 염려하다)

He said **what** *everybody expected* he would. 그는 모든 사람들이 그에게서 기대하고 있던 말을 했다.

The play was not **what** *I thought* it would be. 그 연극은 내가 생각했던 그런 정도는 아니었다.

From next time you will do **what you are** *told*. 다음부터는 지시받은 것만 하세요.

[**What is worth doing** at all] is worth **doing** well. 조금이라도 할 가치가 있는 일이면 잘할 필요가 있다.

I am not certain (of) **what** I *am supposed to do*. 내가 무엇을 해야 하는 것인지 확신이 서지 않는다.

He does **what** he wants regardless of **what** I say. 무슨 말을 해도 자기 하고 싶은 대로 다한다.

Don't **put off** till tomorrow **what** you can do today. 오늘 할 수 있는 일을 내일로 미루지 마라.

Do **whatever it** takes *to be relaxed* in the interview.

인터뷰하는 할 때 뭐든 마음을 안정시킬 수 있는 것들을 해 보세요.

There is **no knowing** [what troubles **we shall have**]. 어떤 일이 일어날지 알 도리가 없다.

It's always pleasant to do **what you'**re *good at* **doing**. 잘할 수 있는 것을 하는 것은 늘 즐겁다.

(☞ be good at -ing)

[**What marks her off** from her brother] is **her concentration**. 그녀가 오빠보다 못한 건 집중력이다.

I *cannot help* **worrying** obsessively **about** [**what** would happen].

나는 무슨 일이 일어날지 (강박적으로) 걱정하는 것을 그칠 수 없다. (☞ cannot help -ing ~치 않을 수 없다)

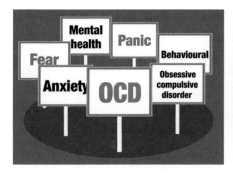

Your success depends **on** [what you do] and [how you do it].

당신의 성공은 '당신이 무엇을 하고 또 어떻게 하느냐'에 달렸다.

It's none of your business **whatever** I may do in my private time.

내 개인 시간에 내가 무엇을 하든지 그것들이 당신과 관계없으니 참견하지 마라.

I did not have **the foggiest (slightest, faintest) idea what he meant**. 무슨 소린지 도대체 모르겠다.

The article examines **what** the Bible says *with respect to* **marriage.**

그 글은 성경에서 결혼에 관해서 무엇을 말했는지를 점검한다.

심화 예문 Advance

No matter what people say, it's nevertheless the truth. 사람들이 뭐라하더라도 그것은 진실이다.

People may have different notions of **what** is right or good in a situation.
어떤 상황 가운데 무엇이 옳고 무엇이 좋은 건지, 사람들은 다른 생각을 가질 수 있다.

He did **what** *his professor told* him to do, and **not what** *he thought* best.
그는 자기 교수께서 하라고 한 것을 한 것이지 그가 가장 좋다고 생각한 것을 한 것은 아니었다.

I will appreciate **it** *if you can pinpoint out exactly* **what the anger is** about.
그의 분노가 무엇인지 꼭 집어 말씀해 주면 감사하겠습니다. (☞ I will appreciate it if ~ 높은 사용 빈도어구)

I am not sure **what is the point of** spending hours and hours *discussing* with you.
당신과 이 문제를 의논하는 데 많은 시간을 허비해야 하는지 확신이 서지 않는다.

When we cannot get **[what we love]**, we'd better love **[what's within our reach]**.
우리가 원하는 것을 손에 넣을 수 없다면 손 닿을 수 있는 곳에 있는 것을 사랑하는 것이 낫다.

The practicality of raising children can be quite different **from** [**what the books say**].
실제 아이를 키우는 것은 책에 적혀 있는 것과는 아주 다를 수 있다.

"Ask **not** **what** your country can do **for you**; but ask **what** you can do **for your country**."
국가가 당신을 위해 무엇을 해 줄 수 있는지 묻지 말고 당신이 국가를 위해 무엇을 할 수 있을지 물어라.

so famous words from Kennedy's speech done on January 20, 1961

NGO, non-governmental organization, watch and influence **what** government do at home or abroad. 민간공익단체(NGO)들은 정부가 나라 안밖에서 하는 일들을 감시하고 영향을 미친다.

Clean water and sanitations!

The first step in the process is to set your objectives; [what you need to do], and [when it needs to be finished]. 우선 취할 조치는 당신의 목표를 설정하는 것이다. 즉, 당신이 무엇을 해야만 하는지 그것이 언제까지 완수되어야 하는지 등이다.

3. Which/전치사+which/whichever

기본 예문 Basic

That [which *is bought* cheap] is the dearest. 싼 게 비지떡이다. (☞ dear (英) 값비싼, 반어법 표현)
Dan has three pets, two [of which are puppy]. 댄의 3마리의 애완동물 중 둘은 강아지다.

Things [which seem to be like] may be different. 보기엔 닮은 것 같아도 다를 수가 있다.
I found a café [which serves excellent Irish coffee]. 멋진 Irish커피를 제공해 주는 커피점을 발견했다.

You can take taxi, or a bus [whichever comes first]. 택시든 버스든 먼저 오는 걸 이용하세요.
The latest time [at which we should arrive] is 9 p.m. 아무리 늦어도 밤 9시까지 도착해야 한다.

He bought a new suit [for which he paid quite a lot]. 양복 한 벌을 샀는데 큰 돈을 지불했다.
What was the name of the hotel [which you stayed at]? 네가 머물렀던 호텔 이름이 뭐였지?

Books [which sell well] are not necessarily good ones. 잘 팔린다고 다 좋은 책이라 할 수 없다.
The desk, [the top of which *was made of* metal], did not burn. 책상 표면이 금속이라 불붙지 않았다.
Timber is grown for wood pulp, [which *is used for* making paper].
목재는 나무펄프를 만들기 위해 길러지고 그것은 종이를 만드는 데 쓰인다.

발전-심화 예문 Intermediate-Advanced

We are all travelers <u>on the same road</u> [**which** <u>leads to the same end</u>].

우리는 모두 같은 목적지를 향해 가고 있는 길 위의 여행자들입니다. (장례식 고별사)

스페인 순례자의 길 (Camino de Santiago) 중

Santiago Compostela 스페인 순례자의 길 종착지

Today's been **a good day,** [**which** <u>in the circumstances is … </u>**unexpected**].

그런 일이 일어 나리라고는 … 생각도 안 했는데 오늘은 멋진 하루였어요. (☞ 일반 대화체 서술법 예입니다.)

The house [**of which the roof** *was damaged by* the wind] has been repaired.

바람에 의해 지붕이 손상된 그 집은 수리되었다.

A cataract is <u>a clouding of the lens in the eye</u> [**which** <u>leads to a decrease in vision</u>].

백내장이란 눈의 수정체가 뿌옇게 변해서 시야를 가리게 하는 것이다. (☞ cataract 백내장 노안)

 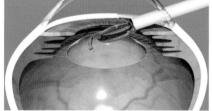

You'd better use **Plan B** at once **if Plan A**, [**which is your first plan**], deems not **working**.
만약 최초 계획 A가 통하지 않는다고 여기지면 즉시 대체 계획을 사용하는 것이 낫습니다.

The new medicine saved me from an illness, [**which** *might* otherwise *have been* hopeless].
그 신약이 나를 치료했다. 그렇지 않았다면 나는 절망적이었을 것이다.

[The two people (**that**) I was **with**] dislike each other, **which put** me in an awkward position.
내가 지지했던 두 사람이 서로 등을 돌려 그로 인해 내가 곤경에 빠졌다.

Most interestingly, on the island were some plants [**which** *were believed to* have become extinct].
대단히 흥미롭게도 그 섬에는 멸종된 것으로 믿어졌던 몇몇 종의 식물들이 있었다. (☞ 도치 문장)

The hunters tracked down the animal **by following** the trail of **bloodstains** [**which it had left behind**]. 사냥꾼들은 그 동물이 남긴 핏자국을 따라 그 동물을 추적해 나갔다.

We can see a momentous **flash of light** [from the screen **explode**], [(**which was**) **reflected** in his eyes]. 우리는 영화 스크린으로부터 흘러 나오는 불빛이 그의 눈에 순간적으로 반사되는 것을 볼 수 있다.

The **background-blind recruitment**, [**which** seeks to hire people *based on* skills rather than educational **background** and other **credentials**], is becoming a source of **hope and confidence** for many jobseekers.
학력이나 기타 자격 증명에 근거하지 않고 능력에 따라 채용하는 배경무시 채용 방식이 일자리를 찾고 있는 많은 실업자들에게 희망과 신뢰의 원천이 되고 있다.

4. (those)Who/Whom/Whoever

기본 예문 Basic

It is **I** [**who am** wrong]. 잘못한 것은 바로 접니다.

He [**who** hesitates] is lost! 망설이는 자는 실패한다. (英 속담→ 동일 Hesitation will get you nowhere!)

Look [**who you're joking with**]. (비 격식) 농담(장난)도 사람 봐 가며 해라!

He wasn't (**the person**) [**who he is now**]. 지금의 그 사람은 예전의 그가 아니었다.

He [**who knows nothing**] doubts nothing. 무식한 사람은 아무것도 의심하지 않는다.

Anyone [**who wants to come**] is **welcome**. 누구나 오고 싶은 사람은 환영한다. (☞ who → that 가능)

All [**who once loved her**] have deserted her. 그녀를 한때 사랑했던 모든 사람들이 버리고 떠나갔다.

The girl [(**who is**) **playing the guitar**] is my sister. 기타를 치고 있는 저 여자 아이는 내 동생이다.

She's **a pianist than** [**whom can be ranked higher**]. (☞ 여기서 than은 전치사)
그녀는 그 누구와 비길 데 없는 뛰어난 피아노 연주자다.
This is **the lawyer** [**whose client** lied in the court]. 이 변호사의 의뢰인이 법정에서 거짓 진술을 했다.

He is not **the type** [**who** mixes with other people]. 그는 사람들과 잘 어울리는 타입이 아닙니다.
I teach **many students,** [**all of whom** are very smart]. 많은 학생을 가르치는 데 모두 다 영리하다.

This is **the woman** [**who** *Anna said* could show us the church].
이 여자분이 우리에게 교회를 소개해 줄지 모른다고 애나가 얘기했던 사람이다. (☞ could 다소의 불확실성)
This is **Tim** [**who (격식체 whom)** we were talking about earlier]. 우리가 앞서 얘기한 팀이란 사람이다.

[**Whoever invented** the compass] must be a very clever person.
나침반을 발명한 사람이 누구였든 아주 영리한 사람임이 틀림이 없다.
The police arrested **the man** [**who** *was suspected of* **selling** drugs]. (☞ **drug** 마약)
경찰이 마약을 판매한 것으로 의심받는 그 남자를 체포했다.
In Cape Town, he first met **the girl** [**whom** he would one day marry].
그는 케이프 타운에서 나중에 자신과 결혼하게 된 소녀를 만났다. (☞ **would** 과거 시점에서 일어나게 된 일)

Cape Town, South Africa

I have no objection to comedians [(**who are**) **making fun of politicians**].
나는 정치인들을 골려 먹는 코미디언들을 싫어하지 않는다. (☞ have no objection to 반대 않는다)
A lot of gamers [**many of whom are famous**], will be (contending) **at the contest.**
그 시합에서 아주 많은 게이머들이 참여(경쟁)할 텐데 그들 중 상당 수가 유명한 사람들이다.

발전 예문 Intermediate

I know **people** [**who** think **it** practically impossible **to quit smoking**]. [☞ it 가(짜) 목적어, to quit smoking 진(짜) 목적어] 나는 담배를 끊는 것이 실제적으로 불가능하다 생각하는 사람들을 알고 있다.

> A cigarette is the only
> consumer product which,
> when used as directed,
> kills its customer.

> The best way to stop
> smoking is to just stop,
> no **ifs,** and or **buts**.

The UK is **an example country** [**whose traffic regulations** are very strict]**.**
영국은 교통규제가 매우 엄격한 대표적인 나라이다.
I refuse to be friends with **anyone** [**who** associates himself with **the racists**].
인종차별주의자와 어울리는 사람과 친구가 되는 것을 거부합니다.

No one knows **the value** of **innocence and integrity** but **he** [**who has lost them**].
순결함과 고결함은 그것을 잃어 본 사람만이 그 진정한 가치를 안다. (☞ no one ~ but ~)
Mr. Williams is **a conservative** [**who** advocates fewer government control on business].
윌리엄스는 기업에 대해 정부가 적게 개입하는 것을 주장하는 보수 당원이다.
[**Someone** [**who has a lot of power**]] has a great **responsibility to use** that power **wisely**.
큰 권력을 가진 사람들은 그 권력을 지혜롭게 사용할 중대한 책임이 있다.

심화 예문 Advanced

It was **Paul** [**who** had cajoled Gibson into ***standing*** *against the president*].
깁슨을 부추겨서 사장에 맞서도록 꼬득인 건 바로 폴이다.
[☞ cajole sb into -ing 감언으로 ~하게 꼬시다, stand against]
The store requires **a proof of age** from **people** [**(who's)** wanting to buy alcohol or cigarettes].
그 가게는 담배나 주류를 사려는 사람들에게 나이 증빙을 요구한다.

Kim & Chang, [**whose success rate is exceptionally high**], is one of the most prominent law-firm in Korea. 승소율이 탁월한 김앤장은 한국에서 가장 뛰어난 법률회사 중 하나이다.
Paul married **a very charming young lady** from Seoul, [**whom** he met on the airplane back to Los Angeles]. 폴은 LA로 돌아가는 비행기 안에서 만난 서울에서 온 한 매력적이고 아름다운 여인과 결혼했다.

Los Angeles, California

Children [**who live near the school**] *are given* **priority of enrollment** over **those** [**who live farther away**]. 아이들 가운데 학교로부터 더 먼 곳에 사는 아이들보다 학교 근방에 사는 아이들에게 등록에 있어 우선권이 주어진다. [☞ priority over ~대비 우선권, far-farther-farthest]

That's <u>Tony, architect-turned-chef</u>, [**who** recently invested <u>all the money</u> *he ever earned* in a new restaurant]. 건축가에서 요리사로 변신한 토니는 자신이 지금껏 번 전액을 새 식당에 투자했습니다.

기타 유사 관계대명사

As

I use <u>the same format</u> **as you do.** 나는 네가 사용하는 것과 같은 포맷을 사용한다. (☞ the same ~ as)
I have the same trouble **as they had**. 그들이 안고 있던 문제를 나도 갖고 있다.

Choose such friends **as will benefit you.** 너에게 이로운 친구를 골라라.
[**Such** information **as he was given**] has proved absolutely (to be) **bullshit.** (☞such ~ as)
그가 받은 정보라는 것들이 완전히 개판인 것으로 판명되었다.

But

☞ but 관계대명사는 아래 예문처럼 no, none 등 부정하는 선행사 다음에 사용됩니다. 이때 but이 이끄는 절은 긍정문의 모양을 갖고 있지만 부정의 의미로 해석합니다!

There is **no** rule **but has exceptions**. 예외 없는 법칙은 없다.
He is **not such** a fool **but he knows it.** 그가 그것을 모를 만큼 바보가 아니다.
There are **none of us but respect** his trustfulness.
그의 믿음직함을 우러러보지 않는 사람은 우리 중 아무도 없다.

Than

She worries *more **than** is necessary.* 그녀는 필요 이상으로 걱정을 한다.

There is *more* to it ***than** meets the eye.* 보이는 것이 다가 아니다.

Film directors shoot *more* scene ***than** is actually needed.*

영화감독들은 실제 필요한 것보다 더 많은 장면을 촬영한다.

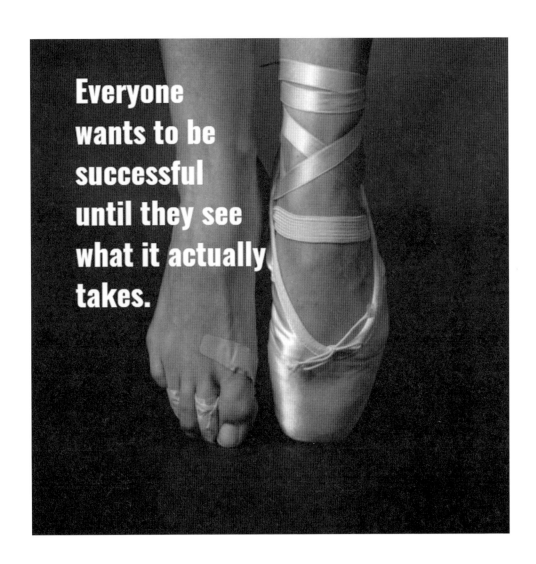

Everyone
wants to be
successful
until they see
what it actually
takes.

『성공한 사람들이 지나온 길을 알게 된다면

성공을 그저 바라지는 못할 것이다!』

Module 27

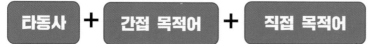

IO 간 목, DO 직 목, 둘 다 필요해!

□ 우린 앞서 **'모듈10'**을 통해 한 문장 안에 목적어가 한 개 들어가는 문장을 공부했습니다. 본 장에서는 한 문장 안에 목적어가 2개 연이어 들어가는 모듈을 살펴보겠습니다.

□ 흔히 **'4형식 문장'**이라 부릅니다. 앞서 **'모듈15'**를 통해 본 문형과 유사한 이른바 **'5형식 문장'**을 공부했습니다.

□ 모든 동사가 다 목적어를 2개 가질 수 있는 건 아닙니다. 수여동사 및 몇몇 동사만 가능 합니다.

표준 예문 Standard

예 **Give** it **a try!** 한번 해 봐! → 유사 **Go for it**!

예 **She sang** him **a song.** 그녀는 그에게 노래를 불러 줬다.

예 **See,** what **did I tell** you? **거 봐,** 내가 뭐라고 그랬지?

예 **He gave** me **a useful tip.** 그는 내게 유용한 정보를 주었다.

예 **He will return** you **a call.** 그가 당신에게 전화를 드릴 겁니다.

예 **Will you pass** me **the salt?** 소금 좀 건네 주시겠습니까?

예 **He tipped** a barber **a dollar.** 그는 이발사에게 1달러 팁을 줬다.

예 **Don't give** me **that baloney!** 그런 허튼 소리하지 마라. (☞ baloney 허튼 소리)

예 **He gives** his family **a bad name.** 그 사람 가문에 먹칠하는 군~

예 **The chef gave** a hamburger **a flip.** 그녀는 햄버거를 한번 뒤집었다.

예 **You nearly gave** me **a heart attack.** 심장마비 걸리는 줄 알았어요!

예 **Could you tell** me <u>what you have in mind</u>? 네가 생각을 내게 말해 줄 수 있겠냐?

예 **The raged fighting bull gave** him **a wedgie.** 사납게 날뛰던 투우 소가 투우사에게 똥 침을 놨다.

핵심 문법 점검 Review on Core Grammar

□ 앞쪽에 '**간접 목적어 IO(Indirect Object)**'로서 주로 '사람'이 오고 그 뒤 '**직접 목적어 DO (Direct Object)**'에는 주로 '사물'이 옵니다.

□ 본 '모듈27'을 소위 『4형식 문장』으로 부르는데 다음과 같은 동사들이 본 문형에 해당합니다.

① **수여 동사:** give, deliver, allow, promise, pay, recommend, teach, tell, wish, write
② **대가성 동사:** build, buy, choose, cook, find, fix, get, make, prepare, sing
③ **요구, 요청:** ask, demand, inquire, request, require
④ **부담, 집중:** play, impose, bestow, confer, bear

□ 간접목적어가 강조될 때나 그 길이가 긴 경우 문장의 균형상 직접 목적어가 먼저 나오고 간접 목적어에는 전치사前置詞 to나 for 등의 전치사를 붙여 뒤에 놓을 수 있습니다. 이 경우 뒤 '**모듈 29**'과 같은 형태의 문장이 되는 결과가 됩니다. 이 대체 표현 방식에 대해 이번 기회에 확실하게 익혀 두세요. 특히 '전치사'에 유의하면서 양쪽 표현을 다 쓸 수 있는 능력을 갖추기 바랍니다.

① **수여 동사** 경우

㉠ She **gave** me **some money**. → She gave some money [to] me.

② **대가성 동사** 경우

㉠ She **bought** me **a souvenir**. → She bought a souvenir [for] me.

③ **요구, 요청 동사** 경우

㉠ She **asked** me **one favor**. → She asked one favor [of] me.

④ **부담, 집중 동사** 경우

㉠ The police **imposed** me **a speeding ticket**. → The police imposed a speeding ticket [on] me.

기본 예문 Basic

Give me **a call**! 전화해!

Give me **a rest**! 나 좀 그만 괴롭혀!

I'll tell you **what**! 이봐, 내 얘기 좀 들어 보시게!

Give me **a break**! 그만 해!, 한 번만 봐주세요.

Buy yourself <u>a hat</u>. (뇌물bribery을 건네면서) 요긴한 데 쓰세요.

Can I **give** you **a lift?** 제가 태워다 드릴까요?

He **gave** me **a pinch**. 그는 나를 꼬집었다.

Give me **all twenties**. 전부 20달러짜리로 주세요!

I'll give you <u>what for.</u> 너 혼 좀 나야 하겠다. (☞ **what for** 꾸지람, 벌)

I **owe** John **ten euros**. 나는 존에게 10유로의 빚이 있다. → I owe ten euros to John.

I **wish** you **happiness**. 행복하기를 빕니다, (신부에게) 결혼을 축하합니다.

I **grudge** you **nothing**. 너에게 무엇을 주어도 아깝지 않다. (☞ **grudge** ~을 꺼리다, 아까워하다)

It **profited** me **nothing.** 그것은 나에게 아무런 이득이 되지 않았다.

It may **cost** him **his life.** 그의 목숨을 걸 일인지 모른다.

I **owe** you **a great deal.** 큰 신세를 졌습니다.

I **waved** him **a farewell.** 나는 그에게 손을 흔들어 작별 인사를 했다.

I **pledge** you **my honor.** 명예를 걸고 맹세합니다.

Please **peel** me **a peach.** 복숭아 껍질을 벗겨 주세요.

He **gave** me **a rude stare.** 그는 건방지게 날 빤히 쳐다봤다.

Bring me **a menu,** please. 메뉴 부탁합니다.

Will you **play** me **a waltz?** 왈츠 곡을 연주해 주시겠습니까?

I **owe** you **many thanks.** (for your help). (당신이 도움 주셔서) 큰 신세를 졌습니다.

Please **give** the pot **a stir.** 냄비 요리를 한번 휘 저으세요.

He **bought** me **a big lunch.** 그가 내게 푸짐한 점심을 샀다.

I'll **get** you **a pillow** shortly. 제가 금방 베개를 갖다 드리겠습니다.

Don't **give** me **any excuses.** 내게 그런 핑계 대지 마.

He **hands** William **$20 note.** 그는 윌리엄에게 20달러 지폐를 건넨다.

Why don't you **give** it **a try?** 왜 한번 시도해 보지 않니?

Don't **give** me **that rubbish!** 그런 쓰레기 같은 소리하지 마! 그건 말도 안돼~

Can you **match** me **this dress?** 이 옷에 어울리는 것 있나요?→ 동일 Can you match this dress **for** me?

He **pitched** a beggar **a penny.** 거지에게 1페니를 툭 던져 주었다.(☞ beggar와 penny 운율이 좋군요!)

She **gave** him **a look of scorn.** 그녀는 경멸의 눈초리로 그를 쳐다봤다.

She **gave** me **her cheek** to kiss. 그녀는 내가 키스하도록 뺨을 내밀었다.

I **made** myself **a cup of coffee.** 나는 손수 커피 한 잔을 끓였다.

I **gave** him **a ride** to the station. 나는 그를 역까지 태워다줬다.

I **grudge giving** him **my money.** 난 그에게 돈을 주고 싶지 않다. (☞ grudge -ing ~을 꺼려하다)

I **gave** the fence **a coat of paint.** 울타리에 페인트를 칠했다. (☞ a coat of ~페인트 한번 칠하기의)

We **offered** her **a better position.** 우리는 그녀에게 더 나은 자리를 주겠다고 제안했다.

You should **give** it **some thought.** 자네 그것 좀 생각을 해 봐~

They **gave** him **a thumbs-up sign.** 그들은 그에게 엄지 척 신호를 보냈다.

Give me **a feel on** your forehead. 네 이마 좀 만져 보자꾸나!

Please **give** them **my best regard**. 그분들에게 제 안부를 전해 주세요.

He **hummed** her **a pretty melody**. 그는 그녀에게 아름다운 멜로디를 콧노래로 불러 주었다.

This will **save** you **a lot of trouble**. 이것으로 많은 수고를 덜 수 있을 것입니다.

We **allotted** each speaker **an hour**. 각 발표자에게 한 시간씩 할당했다.

I didn't **charge** you **extra** for them. 그것들에 대한 추가 비용은 청구하지 않았습니다.

She **flicked** him **a slap** on the face. 그는 그의 얼굴을 찰싹 때렸다. (☞ 신체 접촉 표현)

She **gave** her **make-up**, **a final pat**. 그녀는 얼굴 화장에 마지막 손질을 했다.

Please don't **cause** me **any trouble**. 제발 나를 난처하게 만들지 마세요.

She was polite to **offer** me **her seat**. 그녀는 자기 자리를 내게 양보할 정도로 친절했다.

Please **quote** me <u>your lowest price</u>. 최저 가격을 제시해 주기 바랍니다.

Can I **get** you <u>something [to drink]</u>? 마실 것 좀 갖다 드릴까요?

He **gave** a coin <u>a flick</u> with his finger. 그는 동전을 손가락으로 탁 쳤다. (☞ **쉽지 않은 좋은 표현입니다!**)

He **quoted** me <u>some nice examples</u>. 그는 나에게 좋은 예를 들어주었다.

The doctor **forbade** a patient **sweets**. 의사는 환자에게 단 것을 금했다. (☞forbid-forbade-forbidden)

Mary **taught** her children **swimming.** 메리는 아이들에게 수영을 가르쳤다.

Please **show** me **your driver's license.** 운전 면허증 좀 보여 주세요.

He **gave** her <u>an affectionate squeeze</u>. 그는 그녀를 사랑스럽게 꽉 껴안았다.

My mother never **grudges** me **money.** 엄마는 내게 돈 주는 걸 아끼는 일이 없었다.

We can't **teach** an old dog **new tricks.** 늙은 개에게 새로운 것을 가르칠 수 없다.

Doctor **ordered** his patient **a long rest.** 의사는 자기 환자에게 장기 요양을 지시했다.

My conscience **reproaches** me **nothing.** 내 양심상 꺼릴 것이 없다...

Would you **recommend** me **a good hotel?** 좋은 호텔을 소개해 주시겠습니까?

She **packed** me **some sandwich for lunch**. 그녀는 내게 점심 샌드위치를 싸 주었다.

A veiled woman **gave** me **a bashful smile**. 베일로 가린 여인이 내게 수줍은 미소를 보였다.

I'll **buy** Frank **a surfboard for his birthday**. 프랭크 생일에 선물로 서핑 보드를 사 주려 한다.

I'll **apportion** <u>each of you</u> **a different task**. 여러분에게 각각 다른 임무를 부여하겠습니다.

Why don't you **give** him **a piece of advice**? 자네, 그 사람에게 충고 한 마디 해 주지 그래?

Anne **gave** <u>her daughter</u> **a sound spanking**. 아들 엉덩이를 찰싹 소리가 나게 때렸다.(☞sound가차없는)

That small boat **gave** the rope **a mighty tug**. 그 작은 배가 밧줄을 엄청 세게 잡아당겼다.

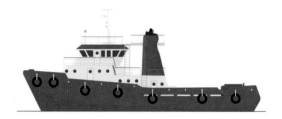

Would you **direct** <u>me</u> **the immigration Office**? 출입국사무소 가는 길 좀 알려 주시겠습니까?

The company **advanced** him **a month's salary**. 회사는 그에게 한 달치 월급을 가불해 주었다.

→ 유사 Could you **advance** me **100 dollars** till payday? 봉급 날까지 100달러만 가불해 주시겠습니까?

This tastes great. Would you **tell** me **the recipe**? 이거 정말 맛있네! 조리법 좀 가르쳐 주시겠습니까?

가장 인기 높은 두 음료 – Lemonade와 Mojito ('모히토' 약 알코올성 음료) 레시피

The bookshop **charged** the student **$90 for the books**. 서점은 학생에게 책값으로 $90를 청구했다.

New Zealand is the first country [**to give** women **the vote**].
뉴질랜드는 여성에게 투표권을 부여한 최초의 나라다.

발전 예문 Intermediate

Tell me **what it's about**. 무슨 일인지 내게 설명해 줘.
(☞ 이번에는 직접 목적어 자리에 단어가 아닌 명사절이 왔습니다)

I **owe** my mother **what I am**. 오늘의 내가 있게 된 것은 어머니 덕분이다.

I gave him [**what little money I had**]. 얼마 안 되는 돈을 전부 그에게 주었다. (☞ what 관계형용사)

He gave her **a hand with the dishes**. 그는 그녀가 접시 닦는 것을 거들었다.

It cost him **5 pounds** [to buy it back]. 그가 그것을 다시 사들이는 데 5파운드가 들었다.

Give me **an account of your behavior**. 왜 그런 행동을 했는지 설명해 주기 바랍니다.

The company gave the staff **a week** *off.* 회사는 그 직원에게 일주일 휴가를 주었다.

It gives me **nausea** [even to see that guy]. 저 녀석, 보기만 해도 속이 뒤집힌다(☞nausea구역질, 혐오)

We have enough to give everyone **a drink**. 모든 분들께 마실 것을 한 잔씩 드릴 준비가 되어 있습니다.

I will **wager** you **a dollar** if it will rain tomorrow. 내일 비가 온다는 쪽에 1달러를 걸겠다.

Let me tell you **a funny story [to cheer you up]**. 네가 기운이 날 재미난 이야기 하나 해 줄게.
He gave us **a helping hand** in our time of need. 필요할 때 마침 그가 도움의 손길을 주었다.

I will **deem** it **a favor if** you accept my invitation. 초대를 받아들여 주시면 영광이겠습니다.
Merkel has agreed to **grant** him **political asylum**. 메르켈 수상은 그의 정치적 망명에 동의했다.

Do me **the courtesy of calling before** you drop in. 집에 들를 때는 미리 전화하는 예의를 지켜주세요.
→ Would you at least do me **the courtesy of saying hello?** 최소한 인사 예의쯤 지켜 주시겠습니까?
It **took** me **three hours [to read the book through]**. 이 책을 다 읽는 데 세 시간 소요되었다.

He gave me **a brief outline [of what had happened]**. 그는 어떤 일이 있었는지 간략하게 설명했다.
I will give you **treble the original value of that book**. 그 책 원래 값의 3배을 쳐 주겠다!
Give me **a ballpark figure on the price of this diamond**. 다이아몬드 어림 가격이라도 알려 주라.

[☞ **ballpark** ①야구장 ②대략의 범위 (형)대략의]

어림셈

심화 예문 Advanced

She gave the list **only perfunctory glance**. 그녀는 명단을 짐짓 무심하게 쳐다봤다.

We offered (bid) him **the house** for one million dollars. 백만 달러에 그 집을 팔(사)겠다고 제의했다.

Please show me **the way** to the nearest way to the station. 역까지 가장 가까운 길을 알려 주세요.

We need something to give the ad campaign **some punch**. 광고에 뭔가 강력한 한 방이 필요하다.

The possibility of a bonus gave me **an urge** [**to work** harder].
보너스가 나올 가망성에 나는 열심히 일할 의욕이 생겨났다.

Only *actions* give life **strength**; only *moderation* gives it **a charm**.
행동만이 삶에 힘을 주고 절제만이 삶을 매력 있게 해 준다.

The ID card gives the students **free access** to the library and gym.
ID카드를 갖고 도서관과 체육시설에 자유롭게 출입할 수 있다.

We have taught her **manners since** she was in **a high chair**. That's it.
우리는 아이 때 예절을 가르쳐 왔습니다만 그런데 그 결과가 저 모양 저 꼴이란 말입니다...

Spoiled Brat 망나니

high chair

One advertising company offered her **a job**, but she **turned** it **down**.
한 광고회사가 그녀에게 일자리를 제안했지만 그녀는 거절했다.

Dad **handed** me **a big box** [wrapped in gold foil], and tied it with a red ribbon.
아빠는 내게 금박 포장지로 싼 큰 상자를 건네주시고는 그것을 붉은색 리본으로 묶었다.

A highly placed source in government gave (leaked) the newspaper **secret information**.
정부의 고위 소식통이 그 신문사에 비밀 정보를 제공했다(흘렸다).

Reviewing for exams gives you **a chance** [to bring together all the individual parts of the course].
시험 문제들을 복습하면 학습 과정의 전 개별 파트들을 통합하는 기회를 줄 것이다.

When we move to a new neighborhood, it **takes** the children **a long time** [to adjust themselves].
새 이웃에게 이사를 가면 아이들이 적응하는 데 오랜 시간이 걸린다.

Module 28

멋쟁이 부사야, 다시 만나 반갑다!

□ 앞 '**모듈27**'를 발전시켜 선행 간접 목적어 뒤에 부사를 추가한 모듈입니다. 이때 오는 부사들은 이미 우리들이 앞서 공부한 구동사처럼 동사와 연결되어 있는 '부사적 소사'가 들어간 관용적 표현들입니다.

예 **Bring back** 가져오다, **give back** 되돌려주다, **make up** 준비하다, 화장하다, **send back** 돌려주다.

표준 예문 Standard

예 **Will you bring** me <u>back</u> **my laptop?** 제 PC를 돌려주시겠습니까?

예 **He made** me <u>up</u> **a parcel of books.** 그는 책을 한 꾸러미 만들어 내게 주었다.

예 **I would like you to bring** me <u>back</u> **the papers.** 내게 서류를 반환해 주시기 바랍니다.

영어 학습 관련

공부도, 사업도, 세상 어떤 일도 한 번에 되는 법은 없습니다. 한 분야에서 대가大家가 된 사람들은 거기에 도달하기까지 수없이 많은 실패와 좌절을 딛고 일어선 사람들입니다. 망설이고 주저주저하는 사람이 성공하는 경우를 본 적 없습니다. 최소 3-5번 본 과정을 반복해 주세요. 회수가 거듭되면서 영어의 구조가 훤히 보이기 시작하고 여러분의 입까지 열리면서 유창성fluency이 이르게 됩니다. 본 과정을 마친 후 여러분들이 각자 더 깊어지고 싶은 영어의 영역, 그리고 각자 추구하는 전문 분야로 나아가세요.

여러분! 삶은 한 번도 가 보지 않은 곳을 향해 가는 미지의 여행과 같습니다. 그 여정 가운데 때로 나를 벼랑 끝까지 몰고 가야 할 때가 있습니다. 해야 할 때 주저함없이 세게 밀어 끝까지 가

보세요! 다음 모퉁이를 도는 순간 지금까지 한 번도 듣지도 보지도 못한 것들을 만나게 될지 모릅니다. 내가 꿈꿔 온 모든 것들이 날 위해 이미 다 준비되어 있는지 모릅니다.

Happiness is just around the corner!

조금만 더 고생하세요! 저 너머 당신의 멋진 미래가 펼쳐집니다!

통합 예문 Combined

You should **send him** <u>back</u> **the book** [you borrowed from him].
당신은 그 사람에게서 빌린 그 책을 돌려주어야 한다.

The first civilian president **gave their people** <u>back</u> **the freedom.**
최초 민선 대통령은 국민들에게 자유를 갖다 주었다.

My mother **made me** <u>up</u> **a parcel of clothes as** I prepared for a trip.
내가 여행 준비를 하자 어머니는 나에게 옷을 꾸려 주었다.

Module 29

타동사 + **목적어** + **전치사구(전치사 + 명사)**

사용 빈도 2위 모듈

팔방미인 전치사야, 네 모든 걸 한 번 더 보여 줘!

□ 우리는 '**모듈7**'에서 이미 『자동사+전치사구』가 만들어내는 아주 다양한 문장들을 다뤘습니다. 본 '모듈29'에서는 '모듈7'의 자동사 대신 타동사가 전치사구와 만나 또 다시 펼치는 멋진 퍼레이드의 장입니다. 전치사구(전치사+명사) 용법 설명은 앞 '모듈7'을 참조하시기 바랍니다.

□ 부사나 전치사구(부사구) 수식어구가 들어 있는 모듈은 전체 33개 모듈 중에서 5개(**모듈 2, 7, 11, 28, 29**)나 있습니다.

□ 본 문장 유형은 영어문장의 전체 모듈 중에서 **10%** 정도 비중을 차지해서 **15%**를 차지하는 '**모듈7**'에 이어 두 번째로 사용 빈도가 많은 표현입니다. 33개 전체 문형의 단순 평균치는 각각 3%에 불과합니다. 따라서 본 문형이 10% 비중이라는 것은 평균 대비 3배 이상 사용된다는 의미입니다. '**모듈7**'과 본 '**모듈29**' 문장 형태를 제대로 **구사할 줄 알면 전체 문장의 25%가 당신의 것이**

됩니다. 당신의 문장 생성능력이 획기적으로 늘어나게 되는 것입니다.

□ 이제 정상을 목전에 두고 있습니다. 예문 수 때문에 많아 힘이 들 수밖에 없습니다. 누가 대신 갈 길이 아닙니다. 몹시 지치고 힘들어도 좀 더 힘을 내서 꼭 정상에 오르기 바랍니다. 어떤 책이든 일단 끝까지 완독하고 나면 그 쾌감은 말할 것도 없고 지금은 여러분들이 짐작조차 하기 어려운 여러 **관통의 후덕厚德함**을 베풀어 줄 것입니다. 영어의 '**덕후mania**'의 반열에 들어가는 되는 첫 관문입니다. 여러분은 앞으로 지금보다 수 십, 수 백 배 빠르게 변하는 세상을 살아가게 될 것입니다. 그 시대에는 뭐든 대충대충 잘하는 Generalist로서는 그 빠른 세상의 광풍을 견뎌 내기 힘들 것 같습니다. 어떤 방면이든 덕후가 되어 남이 감히 넘볼 수 없는 높은 경지에 도달하도록 하세요! 몇 마일만 더 나아 가세요! 그곳은 절대 붐비지 않습니다!

표준 예문 Standard

예 **Don't blame** it on me. 그것을 내 탓이라고 비난하지 마라.

예 **May I have** a word with you? 잠깐 당신과 얘기 좀 나눌 수 있을까요?

예 **Won't you join** us for dinner? 저희들과 저녁 같이하시겠습니까?

예 **I can do** it in two hours, **tops**. 서두르면 길어야 2시간이면 끝낼 수 있어. (☞ tops 최대로)

예 **May I assist** you with anything? 무얼 좀 도와 드릴까요?

예 **We will keep** you in our prayers. 우리들은 당신을 위해 계속 기도하겠습니다.

예 **He lit** a cigarette by force of habit. 그는 습관적으로 담배에 불을 붙였다.

예 **I have no stomach** for violent movies. 폭력 영화는 내 취향이 아닙니다.

예 **You can always get** me on the phone. 전화 주시면 언제나 저와 연락할 수 있습니다.

예 **Many people talk** trash on the internet. 많은 사람들이 인터넷에서 욕을 한다.

예 **Please send** my best regards on my behalf. 내 대신 안부 전해 줘.

예 **He won** the first prize in spite of **being** *injured*. 그는 부상을 당했음에도 1등 상을 차지했다.

핵심 문법 점검 Review on Core Grammar

□ 영어 문장에서 전차사구를 이용한 동작의 진행 흐름 표현

He **ran** his hand over his head in frustration. 그는 낙담한 채 손으로 머리를 쓸어 넘겼다.

두 개의 동작을 보여 주는 그리 길지 않은 문장입니다만 이런 정도의 표현을 정확하게 해내는 것

조차 그렇게 녹녹치 않습니다. 한 유명 강사가 위와 같은 전치사구 표현의 순서와 흐름만을 주제로 해서 한 권의 책을 낸 것을 봤습니다. 그만큼 쉽지 않다는 증거입니다. 여러분 제가 앞서 부사와 전치사구가 5개까지 들어 있는 문장을 이미 소개해 드렸습니다. 본 '모듈29'에서는 전치사구만 3개까지 들어간 예문들을 올려 놨으니 그 예문들을 자주 입에 올려 여러분의 것으로 만들기 바랍니다. 그리고 그 예문들을 응용해서 스스로 표현해 보는 혼상 대화 훈련도 게을리 마세요!

> ### 『동사+목적어+of』 표현

우리는 앞서 **모듈7**에서 『자동사+전치사of』의 용법에 대해 많은 예문을 동원해서 꼼꼼히 살펴본 바 있습니다. 본 모듈의 『타동사+목적어+전치사+of』의 관용어적 결합은 모듈7(자동사+of) 경우보다 좀 더 까다롭습니다. 이번 기회에 이 of 표현들을 확실하게 체득하는 기회로 삼기 바랍니다.

That suspect stole my wallet. 『저 용의자가 내 지갑을 훔쳤다』
→ That suspect **robbed me** of **my wallet**.
→ I had **my wallet robbed** by that suspect.
→ I had **myself robbed** of **wallet** by that suspect.

---

①통지, 일깨움, 확신, 설득 assure, convince, inform, remind, satisfy, warn

---

I ask (beg) a favor of you. 부탁 좀 들어주시겠습니까? → 동일 May I ask you a favor?

Hitchhiker

They **suspect** her of **lying**. 그들은 그녀가 거짓말을 하고 있다고 의심한다.
She **reminds** me of **my mother**. 그녀는 내 어머니를 생각나게 한다.

He **informed** me of **his decision**. 그는 그가 결정한 내용을 내게 알려 주었다.
I was unable to **assure** her of **my love**. 그녀에게 나의 사랑을 확신시켜 줄 수 없었다.

He tried to **convince** me **of his innocence.** 그는 자기 결백을 내게 확신시켜 주려 했다.

He **informed** us **of his willingness [to help].** 그가 기꺼이 돕겠다는 뜻을 전해 왔다.

He **notified** the Russian authorities **of the fact.** 그는 러시아 당국에 그 사실을 알렸다.

Red Square Moscow, Russia 붉은 광장

The doctor **warned** me **of the dangers of smoking.** 의사는 내게 흡연의 위험성을 경고했다.

You'd better **inform** the embassy **of the current situation.** 대사관에 현재 상황을 알리는 게 낫겠다.

How can I **persuade** you **of my sincerity [than** I'm sincere]?
제가 어떻게 하면 내 이 절절한 진실함을 당신에게 확신시켜 드릴 수 있을까요?

Employees should **notify** the company **of leaves** in advance. 직원은 회사에 휴가를 미리 알려야 한다.

The speech **assured** the voters **of the senator's continued commitment to health care programs.**
그 연설은 유권자들에게 상원의원이 건강보험에 대해 약속을 계속 지키리라는 확신을 주었다.

the Capitol, Washington D.C. USA 미 국회의사당

Although I **convinced** him **of my innocence**, I think he still has serious doubts **about** **my sanity**. 비록 내가 그에게 내 결백을 확신시켜 주었지만 그는 여전히 내가 제정신이었는지 의심한다.

Holidays are an excellent time to **remind** ourselves **of who we are**, **where we come from**, and **what sort of vision we want** for our future. 휴가는 우리 자신에게 우리가 누구인지, 어디서 왔는지, 또 미래 어떤 종류의 비전을 추구할지를 일깨워 주는 멋진 시간이다.

---

②박탈, 해방, 약탈, 제거 deprive, clear, cure, ease, relieve, rid, rob A of B, relieve A of B

Clear your mind **of such notions.** 그 따위 생각은 잊어버려라.

I **washed** my hands **of the matter.** 나는 그 일에서 손을 뗐다.

A thief **deprived** him **of his money**. 한 강도가 그의 돈을 빼앗았다.

They **plundered** the town **of its gold**. 그들은 도시에서 금을 약탈했다.

The hustler **cheated** him (out) **of his money**. 한 사기꾼이 그의 돈을 속여 갈취했다.

The law firm **cleared** the defendant **of a charge**. 그 법무법인이 그 피고에게 죄 없음을 밝혀냈다.

The last goal **robbed** them **of** *almost certain* **victory**. 막판 골이 그들의 확실했던 승리를 앗아 갔다.

The new government policy **acquitted** him **of his heavy duty.**
새 정부의 정책이 그 사람의 막중한 의무를 덜어 주었다.

Many newly invented vaccines **freed** many patients **of Covid-19.**
새로 개발된 여러 면역제들이 많은 코로나바이러스 환자들을 치유했다.

---

③기타 - 비난, 기대, 자격, 부족

He **accused** me **of cheating** at cards. 내가 카드 게임할 때 속임수를 썼다고 비난했다.

You **expected** too much **of(from) her.** 당신은 그녀에게서 너무 많은 것을 기대한다.

It **lacks** 10 cents **of being 100 dollars.** 100달러에서 10센트가 부족했다.

The vote **lacked** three **of (being) a majority.** 투표는 과반수에 세 표가 부족했다.

He openly **accused** his opponent **of cowardice.** 그는 반대자들을 겁쟁이라고 공공연하게 비난했다.

The prosecutor **accused** him **of committing a fraud.** 검사는 그를 사기범으로 기소했다.

29-1 타동사 + 목적어 + [전치사 + 명사]

앞 '모듈7'에 이어 본 '모듈29'를 통해 **전치사구**('부사구') 가 영어의 문장을 얼마나 풍성하게 하고 표현 영역을 확장해 주는지 잘 터득하기 바랍니다. 여기서는 부사구가 한 개일 경우를 다루고 이어 29-2에서는 부사구가 두 개 이상일 경우의 문장들을 다루겠습니다.

About ~에 대하여, ~의 신변에는, ~의 경에, ~의 둘레에, ~의 신분에, ~의 여기저기를

Keep your **wits** <u>about you</u>. (격식) 항상 정신을 차라고 있어야 한다.
I have **a beef** <u>about that.</u> 난 그것에 대해 불만이 있다. [☞ beef (비 격식) 씹기, 불평, 말다툼]

He hid a pistol <u>about his person</u>. 그는 몸 어딘가에 총 한 자루를 숨겼다. (장소)
I would rather **not** tell you <u>about it.</u> 그것에 대해 말하지 않도록 하겠다. (☞ would rather+원형)

You don't know **the first thing** <u>about it</u>! 넌 그것에 대해 낫 놓고 기억자도 모른다.
What's the best thing <u>about the electrical car</u>? 전기차에 대해서 어떤 점이 가장 좋습니까?
There's **something** *hidden* <u>about him</u> that I like. 그에게는 내가 좋아하는 뭔가가 있다.

Above ~보다 위로, ~보다 북쪽에, ~보다 이상인, 비난 받지 않는, 초월해서, ~보다는 차라리

He lifted his hand <u>above his head.</u> 그는 머리 위로 손을 쳐들었다.
Hang the signboard <u>above the door</u>. 문 위쪽에 이 게시판을 거세요.
He always tries to attempt tasks <u>above his ability</u>. 그는 늘 자기 능력 이상의 일을 해 보려 한다.

She threw a bag **across her shoulder**. 그녀는 어깨에 가방을 휙 둘러멨다. (신체 일부에 걸쳐서)

They faced each other **across the dining table**. 그들은 식탁을 가운데 두고 마주 앉아 있었다.

When I saw you **across the road**, I knew we**'d met** once before.

당신을 길 건너에서 봤을 때 우리가 예전에 한 번 만났단 사실을 알게 되었다.

Put the object **after the verb**. 목적어를 동사 뒤에 두어라.

I wrote my name **after Danny's**. 대니 뒤에 내 이름을 썼다.

We named the baby **Henry after his grandfather**. 할아버지 이름을 따서 헨리라 이름 지었다.

Take the prescription once **after each meal** and **before going to bed**.

이 약을 식후와 자기 전에 한 번씩 복용하세요.

I raced my dog **against his.** 나는 내 개와 그의 개를 뛰는 시합을 시켰다.

He warned his brother **against driving too fast**. 과속 운전을 하지 말도록 동생에게 경고했다.

The review has **prejudiced** me **against the book**. 서평이 그 책에 대해 나쁜 편견을 갖게 했다.

Korea will play football **against Japan** this Sunday. 한국은 이번 일요일 일본과 축구 시합을 한다.

I want to *raise an objection* **against starting** work too early.

나는 일을 너무 일찍 시작하는 것에 대해 이의를 제기하고 싶다.

Sam pushed his feet **against the wall, making** his chair slide across the room.

샘은 벽을 발로 밀었고 앉고 있던 의자가 방을 가로질러 미끄러져 갔다.

You have to well balance **the advantages** of living in a big city **against** *the disadvantages*.
당신은 대도시 생활의 나쁜 점과 좋은 점 간 균형을 잘 잡아야 한다.

Aerial view of the 5th Street, New York

Along ~을 따라, ~을 끼고, ~의 끝까지 쭉, ~사이에, ~도중에, (방향, 방침에)따라서

He rubbed his fingers slowly <u>along the cheek</u>. 그는 손가락으로 그의 볼을 따라 천천히 쓰다듬었다.

→ 유사 He rubbed the back of his hand <u>against his mouth</u>. 그는 손등으로 입을 문질렀다.

I dropped my wallet <u>somewhere along the trip</u>. 나는 여행 도중 어디선가 지갑을 잃어버렸다.

The young man led Mark **along the lean corridor**. 젊은 친구가 좁은 회랑을 따라 마크를 인도했다.

The U.S.A. joins Canada **along an immense border line**. 미국은 캐나다와 긴 국경선을 맞대고 있다.

There's no way **around it**. 그것을 피해갈 길이 없다. (곤란을 피하여, 빙 둘러)

She wore a belt **around her waist**. 그녀는 허리 주위에 띠를 매고 있었다. (빙 둘러)

She rolled a candy **around (on) her tongue**. 그녀는 사탕을 혓바닥 위에 굴려 먹었다.

She guided tourists **around the Piccadilly Circus** in London.
그녀는 관광객들을 런던의 피카디리 서커스로 안내했다.

Piccadilly Circus, London

She wrapped a blanket **around her sleeping baby**. 그녀는 잠든 갓난 아이를 담요로 감쌌다.

There always goes a malicious rumor **around him.** 그의 주변에는 항상 악의적인 소문들이 떠돈다.

To get to Point B from Point A, you will have to **go half around the pond**.
포인트 A에서 B에 가려면 연못의 반을 돌아가야 한다.

기본 예문 Basic

Please read $500 **as ₩500**. 500달러를 500원으로 정정해서 읽으세요.

I **prize** a ring **as a keepsake**. 나는 반지를 유품으로 소중히 여긴다. (☞ **keepsake** 유품遺品)

I recall you **as a naughty boy**. 나는 네가 못된 장난꾸러기였던 것으로 기억한다.

I spotted him **as an American**. 나는 그가 미국인임을 알아차렸다.

She adopted a girl **as her heir**. 그녀는 한 여자 애를 상속녀로 삼았다. (☞ adopt 양자 삼다; heir 에어)

They looked upon him **as a fool**. 그들은 그를 바보로 여기고 있다. (☞ look upon A as B)

I can't picture myself **as a father**. 난 아버지가 된 나를 상상할 수 없다.

He used woods chip **as kindling**. 그는 나무 부스러기를 불쏘시개로 썼다.

They accused him **as a murderer**. 그들은 그를 살인범으로 고발했다.

I will **leave it as an open question**. 그 문제는 보류해 놓겠습니다.

He dismisses the proposal **as trivial**. 그는 그 제안이 하찮다며 무시한다.

I **regard** his theory **as of little value**. 난 그의 이론이 가치가 없다고 생각합니다.

She **has** a great ability **as an actress**. 그녀는 여배우로서 대단한 능력을 지녔다.

- She shows a lot of promise **as a writer**. 그녀는 작가로서 전도 유망하다.

- She won (gained) world-wide repute **as a singer**. 그녀는 가수로서 세계적인 평판을 얻었다.

Would you describe her **as *reserved***? 그녀가 조심성 있는 사람이라 말할 수 있습니까?

Do you really **think of** me **as a friend**? 네가 날 진짜 친구로 생각하기는 하는 거냐?

They **repute** her **as an enchanting girl**. 사람들은 그녀를 매력이 넘치는 소녀라 생각한다.

Don't **interpret** his silence **as consent**. 그의 침묵을 동조하는 것으로 해석하지 마라.

The media **portrays** the young **as lazy**. 언론 매체들은 젊은이들을 게으르다 묘사한다.

Who **preceded** Barack Obama **as President**? 버락 오바마 전임 대통령이 누구였지? (☞ 관직- 무無관사)

They **tagged** (branded) him **as a trouble maker**. 그들은 그를 말썽꾼으로 꼬리표를 붙였다. (낙인 찍다)

The professor praised my paper **as highly original.** 그 교수는 내 논문이 독창성이 높다 칭찬했다.

Urban dwellers often accept noise **as part of city life.**
도시 거주자들은 소음을 도시 생활의 일부로 받아들인다.

The ministry official described the report **as groundless.**
정부 관리는 그 보고서가 근거 없는 것이라고 말했다.

발전 예문 Intermediate

We need to accept things **as they are.** 우리는 현실을 있는 그대로 받아들일 필요가 있다. (☞ as 절)

The police accused her **as an accomplice.** 경찰은 그녀를 공범으로 고발했다. (☞ accomplice 공범)

The bank wrote off a debt **as irrecoverable.** 그 은행은 빌려준 돈을 부실채권으로 손실 처리했다.

I regard **creativity** both **as a gift** and **as a skill.** 창의성은 재능이면서 기술이라 생각한다.

We cannot write off this incident **as mere bad luck.** 이 사고를 그저 불운한 것으로 치부할 수 없다.

He establishes himself **as a pivotal figure [in politics].** 그는 정계의 중추 인물로 자리 잡았다.

pivot 중심 축, kingpin, linchpin

He commands a great deal of respect **as a surgeon.** 그는 외과의사로서 대단한 존경을 받고 있다.

I don't regard the matter as *clarified* by any means.
어떻게 보더라도 문제가 규명되었다고 생각하지 않는다.

You can translate the statement **as an admission of guilt**.
그 진술은 죄를 인정하는 것으로 해석할 수 있다.

Police have **ruled out** robbery **as a motive [for the killing]**.
경찰은 살인한 원인이 강도일 가능성을 배제했다.

Nobody reckons him **as a role model** *as he's too aggressive*.
그는 너무 공격적이어서 아무도 그를 롤모델로 생각하지 않는다.

Police say they're **treating it as a case of attempted murder**.
경찰은 그것이 고의적 살인으로 보고 수사하고 있다고 말했다.

심화 예문 Advanced

We abuse land **as** we regard it **as a commodity** *belonging* to us. (☞ regard A as B, A를 B로 여기다)
우리는 토지를 우리에게 속한 소유물로 여기기 때문에 그것을 오용한다.

  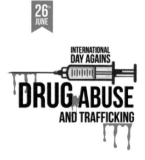

The minority party has **branded the major party as untrustworthy**.
소수당은 다수당을 신뢰할 수 없다고 낙인 찍었다.

The board of directors picked Smith **as the man [to run the company]**.
이사회BOD는 스미스씨가 회사를 운영해 나갈 사람으로 발탁했다.

The governor continued his term as **police officer** for two more years.
주지사는 그가 경찰서장으로서 2년 더 계속해서 직무를 맡도록 했다.

He preached economy as **the best means** [of **protecting** the environment].
그는 절약이 환경을 보호하는 첩경이라고 설파했다.

Evans has issued **a report** [**that** condemns sexism as **a moral and social evil**].
에반스는 성 차별을 도덕적, 사회적 악이라고 비난하는 보고서를 발행했다.

[**All** the people **who know her**] describe her as **having a gorgeous personality**.
그녀를 아는 사람들은 그녀가 아주 매력적인 성격의 소유자라고 말한다.

Collins dictionary defines **a workaholic as a person** [obsessively *addicted to* work].
콜린스 사전은 workaholic을 '일에 지나치게 중독된 사람'으로 정의한다.

David *is* almost *certain to succeed* him as **chairman** as of January 01 of next year.
데이빗은 내년 1월 1일자로 회장직을 승계 받을 것이 거의 확실하다.

Students used the death of political activists as **a rallying point for anti-government protests**.
학생들은 정치 운동가들의 죽음을 반정부 저항을 결집하는 요소로 이용했다.

The man [**who** views the world at fifty *the same as he did* at twenty] has wasted thirty years of life. 쉰 살이 되어서도 세상을 보는 눈이 스무 살 때와 같다면 삼십 년을 허송세월 한 것이다.

> **At** ~의 (장소, 시간, 때)에, (능력, 성질)~의 곳에서, (정도, 비율, 방법, 양태) ~으로, (목적, 목표)~을 향하여, 소속, ~에서 활동하여, ~의 상태(상황, 입장)에, (원인, 이유, 근원)~을 보고(듣고 알고)

Have **a go** at it! 한번 (도전)해 봐!
Open your book **at page 20.** 페이지 20을 펴세요.
He popped a question **at her.** 그는 불쑥 그녀에게 물었다.
The robber **waved** a knife **at us**. 강도는 우릴 향해 칼을 휘둘렀다.

I **put** the woman **down at thirty**. 난 그녀 나이를 30살 이하로 봤다.

He made a grade **at the 5th trial**. 그는 다섯 번 만에 학점을 땄다.

What paper do you **get** **at home**? 집에서 무슨 신문을 구독하시나요? (☞ home-명사, 부사로 다 쓰인다)

They estimated the crowd **at 500.** 그들은 군중수를 500명으로 짐작했다.

He purchased a book **at(for) ten dollars**. 10달러를 주고 책을 샀다.

The plane will **stop** one hour **at Chicago.** 그 비행기는 한 시간 시카고에 머물 겁니다. (장소)

You're putting every single one of us **at risk**. 너는 우리 전부를 위기에 빠뜨리고 있다.

He **assessed** my house **at five million dollars**. 그는 내 집을 5백만 달러로 평가했다.

The antique dealer has **dated** the vase **at 1730.** 골동품상은 그 화병을 1730년 산으로 추정했다.

The man **drew** a gun **at them,** and **pulled the trigger.**
그 남자는 그들을 향해 총을 겨누고 방아쇠를 당겼다.

We can't afford to pay the rent [**at the rate of 300 dollars a month**]. 월세 300달러 감당할 수 없다.

Young protesters threw eggs and empty bottles **at the police** [**who replied with tear gas**].
젊은 시위자들은 경찰을 향해 계란과 빈 병을 던졌고 경찰은 최루탄으로 응답했다.

> **Before** ~의 앞을, ~앞에서, (시간)~전에, ~의 장래에, ~에 우선해서, (폭력 등에) 밀려, 미포함 금액

Tom **put** his family before his career. 톰은 가족을 자기 일보다 더 중요시했다.

Please keep in mind **to give** a good wash before eating it. 그것을 먹기 전 씻도록 유념해라.

She sems to have every chance of success as **an actress** before her.
그녀는 여배우로서 앞으로 성공할 충분한 기회를 갖게 될 듯하다.

Police **questioned** the man for several hours before letting him go.
경찰은 석방하기 전에 그를 몇 시간 취조했다.

| **Behind** ~의 뒤 쪽의, ~의 너머에, 사람의 등 뒤에서, 시간에 늦어, 능력이 뒤쳐져서, 후원(지지)하여 |

He is the third behind me. 그는 내 뒤로 세 번째다.
He left a trail of footprint behind him. 그는 지나간 길에 발자국을 남겼다. (☞ a trail of ~의 흔적)
He does something behind people's backs. 그는 뒤에서 호박씨 깐다.

| **Beyond** ~의 저편 너머로, (시간)~을 지나서, (범위, 한도)~을 넘어서, (우월)~보다 뛰어난, ~이외는 |

Put the candle beyond the children's reach. 그 촛불을 아이들 손이 닿지 않는 곳에 두세요.
I know nothing beyond a few random facts. 몇 가지 마구잡이로 아는 사실 외엔 모른다.

We continued the meeting beyond midnight. 우리는 자정을 넘겨서까지 회의를 계속했다.
I had gone two stops beyond my destination. 나는 목적지보다 두 정거장을 지나쳤다.

Few jockeys continue race-riding beyond the age 40. 기수들은 40세 이후에는 경주마를 타지 않는다.
I don't know anything about him beyond what I've told you.
내가 너에게 얘기한 것이 외에 전혀 아는 것이 없다.

| **By** ~의 곁에서, (경유, 운수 수단)~을 통과하여, (기간)동안에, ~까지는, (정도 차이)~만큼, (근거) ~에 의해서, (관계)~에 관해서는, (연속)연속해서, (수단, 방법, 원인), (매개)~로 인해, (수동태 동작)~에 의해, 단위, (come, drop, stop과 함께), (견해)~의 생각으로는 |

Multiply 5 by 8. 5에 8을 곱해라.
Divide 20 by 5. 20을 5로 나누어라.

I know her by her walk. 걸음걸이만 들어도 그녀임을 안다.
What do you mean by that? 그것이 무엇을 의미하나요?
He pulled his son by the ear. 그는 자기 아들 귀를 잡아당겼다. (☞ 신체 접촉 표현)

He caught me by the sleeves. 그는 내 옷 소매를 잡았다.
He has one child by his ex-wife. 전 처로부터 아이가 하나 있다.
Don't judge a book by its cover. 사람을 외모로만 판단하지 마라.

Can I reach her **by mobile phone?** 그녀가 휴대전화로 연락이 될까요?

He missed the bus **by two minutes.** 그는 2분 차이로 버스를 놓쳤다.

They <u>upped</u> the price **by 5 percent**. 그들은 가격을 5% 인상했다. (☞ 동사 up)

→ He <u>downed</u> a glass of beer. 그는 맥주를 한잔 비웠다. (☞ down이 동사로 쓰이고 있죠?)

→ The boxer <u>downed</u> his opponent in the third round. 복서는 상대선수를 3회에 다운 시켰다.

I haven't **got it by me** at the moment. 그것은 지금 내 수중에 없다.

She **outlived** her husband **by ten years**. 그녀는 남편보다 10년을 더 살았다.

They *will have reached* Hochinin **by the same time tomorrow**.
그들은 내일 이 시간에 호치민 시에 도착해 있을 것이다. (※ *미래 완료시제*)

Hochimin, Vietnam

He disappointed them **by falling short of their expectations**. 그들의 기대에 못 미쳐 실망시켰다.

The developer improved the land **by putting in roads and electricity.**
개발업자는 도로와 전기를 들여 놓음으로써 땅의 가치를 상승시킨다.

We tried to accelerate the reaction process **by _heating the chemicals._**

우리들은 화학물질들을 덥혀 반응 과정을 촉진하려 했다.

For (이익 방향)~하기 위해, 목적지, 대리, 목표, 추구의 대상, 획득 기대, 소망, 용도, 보전, 방지, 모방, 원인/동기, 지지, 취미 특성 성향, 교환 보상 보답 보복, 거리, (시간) ~동안, ~위해, ~앞으로, 지정된 시간, (수량 금액) ~만큼, ~에 관해선, (기준 관점) ~로서는, ~치고는, 대비, 비율

㊟ 전치사 for가 다른 전치사 비교해서 사용 반도가 제일 많고 까다로우니 꼼꼼히 점검 바랍니다.

기본 예문 Basic

Say hello _for me_. 내 대신 안부 전해 주세요. (대리, ~를 위해서)

I'll **get** you _for that._ (네가 한 짓에 대해) 혼내 줄 거다. (원인, 동기)

Take my word _for that_ 그건 내 말을 한번 믿어 봐. (추구의 대상)

Thank you _for **coming**_. 와 주셔서 감사합니다. (원인, 동기)

- Thank you _for the ride._ 차를 태워줘 고맙습니다. (원인, 동기)

- Thank you _for **having me**_ tonight. 이 밤 저를 초대해 주셔서 감사합니다. (원인)

This book **sells** _for $30._ 이 책은 30달러에 팔린다.

He crushed nuts _for oil._ 그는 호두를 빻아 기름을 냈다. (획득, 추구의 대상)

I'll take the blame _for it_. 내가 그것으로 인한 비난을 감수할 것이다. (원인, 동기)

What do you **take** me _for_? 네가 날 뭘로 보는 거냐? (☞ what 대명사)(용도, 특성)

I feel sorry _for my mishaps_. 제 실수에 대해 미안하게 생각합니다. (원인, 동기)

You'll feel much better _for it._ 그렇게 하면 한결 더 좋아질 겁니다. (이유, 원인)

I rang the bell _for the maid_. 나는 종을 울려 종업원을 불렀다. (목표, 추구의 대상)

Could you join us _for dinner?_ 저녁 같이하시겠습니까? (추구의 대상)

I stayed in Paris _for the summer_. 나는 여름 내내 파리에 머물렀다.

I've got _mixed feelings for her._ 그녀와 미운 정 고운 정 다 들었다. (대상)

He **incurred** much blame _for it_. 그는 그 일로 크게 비난을 받았다. (원인)(☞ incur 초래하다)

He arranged a table _for supper_. 그는 저녁상을 차렸다. (추구의 대상, 목표)

I **meant** my son _for an architect._ 난 아들을 건축가가 되게 할 생각이었다. (추구의 대상, 소망)

→ 동일 I meant (that) my son **should** be an architect. → 동일 I meant my son **to be an architect.**

I mistook <u>the cloud</u> for **an island** 나는 구름을 섬으로 잘못 알았다. (☞ mistake A for B) (교환)

He ransacked Seoul <u>for the book</u>. 그는 그 책을 찾아 서울을 이 잡듯 샅샅이 뒤졌다. (목표 추구의 대상)

I feel sorry <u>for **not being**</u> on time. 제 시간에 오지 못해 죄송합니다. (이유 원인)

→ 응용 I feel sorry <u>for your inconvenience</u>. 불편을 드려 죄송합니다. (이유 원인)

Let's **put** the furniture <u>for auction</u>. 그 가구를 경매에 올립시다. (추구의 대상, 목표)

He meant those words <u>for all of us</u>. 그가 한 말은 우리 모두를 빗대어 한 말이었다. (대상)

She examined the tea pot <u>for flaws</u>. 그녀는 차 주전자에 **흠집**이 있나 살펴봤다. (추구 대상)

Let's flip a coin <u>for it</u>, **heads** or **tails**? 그거 동전던지기로 결정하자. <u>앞 면인지 뒤 면인지</u>? (추구의 대상)

He <u>looked at</u> me <u>for **an explanation.**</u> 그는 내 얼굴을 쳐다보면서 설명을 해 달라고 요구했다. (기대소망)

Let's **raise** our glass <u>for **Mr. Marshall.**</u> 마샬의 건강을 위해 건배합시다. (동기, 지지)

You should have respect <u>for the aged</u>. 노인을 존경합시다. (목표 추구의 대상)

I prize him <u>for **his good ethical sense**</u> 그의 선한 윤리관념 때문에 그를 좋게 평가한다. (원인, 동기)

They **set** their attack <u>for **the midnight**</u>. 그들은 공격시간을 자정 0시로 결정했다. (지정된 시간)

The food will **last** them <u>for three days</u>. 이 식량이면 그들이 3일간 버틸 수 있는 양이다. (시간 ~동안)

I applaud you **for your quick decision**. 빠른 결정 잘하셨습니다. (찬성, 지지)

We gave up the plan **for lack of funds.** 우리는 자금 부족 때문에 그 계획을 포기했다. (이유)

I **have a craving for chocolate** tonight. 오늘 밤 초콜릿이 유난히 먹고 싶네~. (추구의 대상)

She **nagged** his husband **for a new car.** 그녀는 남편에게 새 차를 사 달라고 졸랐다. (추구 대상)

He broke the record **for the high jump.** 그는 높이뛰기에서 기록을 갱신했다. (추구의 대상)

She asked me **for a pen [to write with].** 그녀는 쓸 펜을 하나 달라고 했다. (획득, 기대)

Do you have any plans **for this evening**? 오늘 밤 어떤 계획들이 있나요? (지정된 시간) (※ plans 복수)

They abandon the plan **for another one.** 그들은 그 계획을 단념하고 다른 계획을 세웠다. (교환)

She blamed herself **for lack of foresight.** 그녀는 자기에게 선경지명이 부족했다며 자책했다. (이유)

Please **push** the button **for the 5th floor.** 5층 좀 눌러 주세요. (추구 대상)

He refused my offer **for no good reason.** 그는 아무런 이유 없이 내 제의를 거절했다. (이유, 원인)

He rebuked the workers **for carelessness.** 그는 작업자들의 부주의를 나무랐다. (원인 동기)

He **arranged** a piece of Sonata **for piano.** 그는 소나타 한 곡을 피아노 용으로 편곡했다. (교환)

Pop music has no appeal (a taste) **for me.** 난 대중 음악에 큰 흥미가 없다. (기준 관점)

→ I have **a dislike for Korean dishes.** 난 한국 음식을 싫어한다.

→ 유사 He doesn't have **the stuff for that kind of work.** 그는 그런 일에 적합치 않다. (☞ stuff 특성)

He **faulted** his son **for not doing his duty.** 자기 아들이 책임을 다하지 않는다며 나무랐다. (원인)

The prosecutor pushed him **for an answer.** 검사가 그에게 자백을 종용했다. (목표, 추구의 대상)

You might ask that policeman **for direction.** 저 경찰관에게 길을 물어보세요. (추구 대상)

Many people criticize us **for going on strike.** 많은 사람들이 우리가 파업 강행하는 것에 대해 비판한다.

She **measured** her client **for** her new clothes. 그녀는 자기 손님의 새 옷 치수를 쟀다. (추구 대상)
He labelled his trunk **for** JF Kennedy Airport. 그는 트렁크에 JFK행 라벨을 붙였다. (목적지)

The people **pressed** the king **for the reform**. 국민은 왕에게 개혁하도록 압박했다. (추구 대상)
You'll have to wait **an hour** [**for** the next bus]. 당신은 다음 버스를 한 시간 기다려야 할 겁니다.

His boss **denounced** him **for neglect of duty**. 그의 상사는 그를 근무 태만이라며 나무랐다. (원인)
We had **hotdogs** (**corn dogs**) **for lunch** today. 점심으로 핫도그 (막대 핫도그)를 먹었다. (추구 대상)

Did you **mean** that phrase **for(as) a compliment**? 그 문구가 칭찬하는 뜻으로 한 말입니까? (추구)
The ability to read **opened up** a new world **for him**. 읽는 능력이 생기자 그에게 새 세상이 열렸다.

I **meant** this i-phone **for John**, but I'll give **it to you.** 이 아이폰을 존을 주려 생각했는데 널 주겠다.
How much will you **charge** me **for repairing this car**? 이 차 수리비가 얼마나 됩니까? (보상 교환)
The police searched the town **for the suspected killer.** 살인 용의자를 찾아 시내를 수색했다.(목표)

발전-심화 예문 Intermediate-Advanced

I **admire** him **for having the courage** [**to tell** the truth]. 진실을 말할 용기를 가졌기에 그를 존경한다.
We still **have** one position [open for an English teacher]. 아직도 영어교사 자리가 하나 비어 있다.

Taste the soup **for salt** and add a little more **if it needs it.**
소금이 적당한지 간을 보고 필요하면 조금 더 넣어라. (추구의 대상)
Congress appropriated $33 million **for anti-drug campaigns**. (☞ appropriate 특정 목적에 충당하다)
의회가 마약퇴치운동을 지원하기 위해 330억 달러의 지출을 승인했다. (금액, 수량)

I attach a copy of spreadsheet with this e-mail **for your record.** (용도 보전)
당신이 보관할 수 있도록 본 메일에 스프레드시트 한 부 붙여 보냅니다.
If a man pays back evil **for good**, evil will never leave his house. (~대신)
누구든지 선을 악으로 갚으면 악이 그의 집을 떠나지 아니하리라.

She celebrates the surrounding mountains **for their size and beauty.** (이유, 원인)
그녀는 그 규모와 아름다움으로 인해 주변의 산들을 칭송했다.
Writers are always searching their memories **for more perfect words.** (추구의 대상, 획득)
작가들은 항상 자기 기억을 더듬어 가장 잘 들어맞는 말을 찾아다닌다.

Everyone in the company **takes it for *granted that* he is a gentleman**. (성향, 지지)
회사 내 모든 사람들은 그가 신사라고 쾌히 받아들인다. (☞ take it for granted 당연히 받아들이다)
She **thanks** her parents **for keeping** her in school, and **pushing** her **to study.** (원인 동기)
그녀는 부모님이 자기를 학교에 보내 주고 공부하도록 독려해 준 것에 대해 감사한다.

Hemophiliacs are seeking compensation **for *being given* contaminated blood.** (원인)
혈우병 환자들은 오염된 혈액을 수혈 받은 것에 대한 보상을 요구하는 중이다.
An underground organization has claimed responsibility **for the bomb explosion.** (대리 지지)
한 지하단체는 그 폭탄 폭발은 자기들이 한 소행이라고 주장했다.

> **From** (시간, 장소, 수량, 기점)~에서, (유래, 기원)~로부터, (선택의)범위, 차별 구별, ~에서 떨어져서, 분리, 해방, 억제, 차이, 구별, 원료 재료, 원인 동기 판단의 근거, (시점, 관점, 판단 근거)~로 봐서

You can take it **from me.** 내 말이니 한번 믿어 보세요.
I got **bad vibes from those guys.**
나는 그 친구들에게서 좋지 않은 느낌을 받았다.(☞ vibe 느낌, 감)

Wipe **the crumbs from the table.** 탁자 위에서 빵 부스러기를 닦아 내어라.
He **quoted** a verse **from the Bible** 그는 성경에서 한 절을 인용했다.
He **drew** money **from his account.** 그는 자기 계좌에서 돈을 인출했다.
→ cf. She **drew** water **from** a well. 그녀는 한 우물에서 물을 퍼 올렸다.

Didn't I know you **from_somewhere**? 우리 어디서 만난 적이 있지 않나요?

A small bribe **allured** him **from_his_duty**. 한 작은 뇌물이 그가 직무를 팽개치도록 유혹했다.

You're trying to **get** blood **from_a_stone**! 벼룩의 간을 내먹어라!

He wiped the traces of tears **from** her eyes. 그는 그녀의 눈물 자국을 닦아 주었다.

Squeeze the toothpaste tube **from_the_bottom**. 치약을 끝 단부터 짜 써라.

He pulled the stub of pencil **from_behind_his_ear**. 그는 귀 뒤쪽에서 몽당연필을 당겨 왔다.

He **measured** Mrs. Thomson **from_top_to_bottom**. 톰슨 부인의 머리부터 발끝까지 훑어봤다.

Vaccination perfectly immunizes our babies **from_polio**. 백신접종을 맞으면 소아마비 면역이 된다.

He accumulated large fortune **from_an_investment_[in_real_estate]**. 부동산 투자로 큰 돈을 벌었다.

금지 & 방지 표현 from+ 동사-ing

He **dissuade** his son **from_quitting** the school. 아들을 설득해서 학교를 자퇴하지 않도록 단념시켰다.

→ He **dissuaded** his colleagues **from_setting** too aggressive sales target.

그는 자기 동료들이 너무 공격적인 영업 목표를 세우는 것을 하지 못하도록 단념시켰다.

A sore back **hindered** her **from_going** to gym. 등이 아파서 체육관에 갈 수 없었다.

Dad strictly **prevents** me **from_having_junk_foods**. 아빠는 내가 인스턴트음식 먹는 것을 금하신다.

The sudden downpour **deterred** us **from playing golf.** 갑작스러운 폭우로 골프를 그만두었다.

Nothing can **prevent** the salmons **from swimming** upstream.
연어가 물을 거슬러 상류 쪽으로 헤엄쳐 가는 것을 막을 길 없다.

The woman gripped the shoulder of her man **to stop** herself **from falling.**
그 여자는 넘어지지 않으려고 남자의 어깨를 꽉 잡았다.

In ~안에(서), (운동방향) ~안으로, (환경 처지)~안에, ~한 상태로, ~을 착용하고, (종사 활동 한정 범위)~에 관해서, (비율)~중에, (정도)~만큼, ~에 종사하여, (대상)~에 대하여, (표현의 도구 방식)~으로, (때)~동안에 ~후에, ~의 목적으로, (능력, 성격)~에 갖추어져, (형상 순서 배치)~을 이루어

통합 예문 Combined

He cut an apple **in two.** 그는 사과를 둘로 잘랐다.

He **lost** himself **in anger.** 그는 분노로 자제력을 잃었다.

→ He pounded his desk **in a rage. (in a fit of anger)** 그는 화가 나서 책상을 내리쳤다.

Do you have this **in blue?** 이거 파란색 (제품이) 있나요?

I can see **his hand in this.** 이것이 그의 솜씨라는 걸 난 알아차릴 수 있다.

Put yourself **in my shoes.** 너도 내 입장이 되어 봐~

Don't **put** her **in a corner!** 그녀를 너무 다그치지 마라! → 동일 Don't drive her to a corner!

You've got **an ace in the hole.** 뭔가 믿는 구석이 있군~ (☞ ace in the hole 비격식 비장의 술수,히든카드)

He has **no parallel in this field.** 그는 이 분야에서 대적할 사람이 없다.

Do you have someone **in mind?** 누구, 마음에 둔 사람 있습니까?

Can I have this **in a smaller size?** 이거 좀 더 작은 사이즈 있나요?

He **baked** himself **in the broiling sun.** 쨍쨍 내리쬐는 햇빛에 살을 태웠다.

He **looked** the word **in the dictionary.** 그는 사전에서 그 단어를 찾아보았다. (☞ look 타동사, 자동사)

No one can **match** him **in golf(at cards)** 골프(카드놀이)에서 아무도 그를 당하지 못한다.

Nervously he **snapped** the pencil **in two.** 그는 신경질적으로 연필을 둘로 탁 부러뜨렸다.

The brush has **a break (flaw) in the hand.** 그 솔은 손잡이에 금(흠집)이 나 있다. (☞ flawless 결점없는)

He's planning to **make** his career **in music.** 그는 음악계에 종사할 계획을 세우고 있다.

Please put the names **in alphabetical order.** 이름을 알파벳 순으로 배열하세요.

→ The teacher <u>ranks</u> her children <u>in **order of height**</u>. 선생님은 아이들을 키 크기로 순서를 매겼다.
He has good(bad) luck <u>in **all** (**that**) **he does.**</u> 그는 하는 일마다 재수가 있다 (없다)

She has <u>a lot of **pull** in the social media circle</u>. SNS쪽에 막강한 **영향력** influence, connections을 가지고 있다. → He used **his connections** to get a promotion. 승진을 위해 연줄을 이용했다.
She spent lots of money <u>in **buying stylish clothes**</u>. 그녀는 멋진 옷을 사는 데 많은 돈을 쓴다.
No one can **touch (exceed, prevail)** him <u>in English</u>. 누구도 영어에서 그를 앞설 자가 없다.

영국 중산층 구형 단독주택   중산층 신형 연립주택   전통 초가가옥 thatched house

You'd better ask <u>someone [in a position of authority]</u>. 책임자 위치에 있는 자에게 요청하는 게 낫다.
→ 동일 You'd better ask <u>a person in charge</u>. 책임자(약어 PIC)에게 물으세요. (☞ ask t̶o̶)
They really **screwed** you <u>in the club</u>, charging $10 a drink.
음료수 1잔에 10달러라니, 그 클럽이 바가지를 왕창 씌웠군.

신체 접촉이나 손상 표현 1/2

☐ '**The ball hit** his eyes.', '공에 그의 눈이 맞았다.'는 표현은 맞은 '**신체 부위**'가 강조된 표현입니다. 반면에 '**I hit** him **in the eyes.**' 난 그의 눈을 때렸다.'는 신체 부위보다는 '**때린 행위**'가 더 강조되어 이 두 표현에는 엄연히 차이가 존재합니다. 이와 같은 신체손상 표현은 논리적인 서구인들의 사고 구조를 엿볼 수 있어 흥미롭습니다. 영어엔 영어만의 고유한 표현특징들이 많이 있는데 이렇게 한 가지 씩 알아가노라면 어느 날 영어의 전체의 모습을 다 이해하게 될 것입니다.

☐ 신체 손상 관련 전치사 in은 몸 속 '**장기**' 또는 '**신체 외부 부위 중 편편한 부위**'를 표현합니다.

I **felt** a pain <u>in the stomach.</u> 나는 위에 통증을 느꼈다.
The bullet <u>got</u> him <u>in the arm.</u> 총알이 그의 팔에 맞았다.
The thorn **stuck** me <u>in the hand.</u> 손이 가시에 찔렸다.
The policeman **butted** the thief <u>in the stomach.</u> 그 경찰이 도둑놈의 배를 들이받았다.

He **pulled** a muscle **in the left shoulder**. 그는 왼쪽 어깨 근육을 접질렸다. (☞ pull a muscle)

Into (장소 방향)~의 안 방향으로, (충돌, 만남)~에 부딪혀, (삽입)~에, (입회, 참가, 포함, 직업, 행위, 소유, 수락)~에, (상태, 형상의 추이변화)~으로, (시간 공간)~까지, 나눗셈

통합 예문 Combined

I **put** everything **into it**. 난 그것에 내 모든 것을 다 걸었다.

I **helped** him **into his coat**. 나는 그가 코트 입는 것을 도와주었다.

He **fooled** me **into coming.** 그는 나를 속여서 오게 했다.

She **ladles** soup **into a plate.** 그녀는 국자로 스프를 퍼 접시에 담는다.

She **tied** a string **into a knot**. 그녀는 끈을 매듭으로 묶었다.

It **galvanized** her **into action**. 그녀는 그것에 자극받아 행동을 시작했다. (☞ galvanize 자극하다)

He **pumped** an air **into a tire**. 타이어에 바람을 넣다.

She **screwed** letters **into a ball**. 그는 편지를 구겨서 뭉쳤다.

He **shoveled** food **into his mouth**. 그는 음식을 입에 퍼 넣었다.

shovel 삽, 삽질하다

He **put** his experience **into a novel.** 그는 자기 체험을 소설로 썼다.

The children **rolled** snow **into a ball.** 아이들이 눈을 굴려 둥글게 만들었다. (☞ roll 타동사)

→ 유사 She **rolled** a baby **into a blanket**. 그녀는 아기를 담요에 둘둘 쌌다.

He **sticks** his hands <u>into his pockets</u>. 그는 호주머니에 양손을 찔러 넣었다.

She **screwed** the bulb <u>into the socket</u>. 전등을 돌려 소켓에 끼웠다.

The wizard changed himself **into a cat.** 마법사는 자신을 고양이로 둔갑시켰다. (☞ wizard ↔ witch)

witch **wizard**

They **patted** the dough <u>into a flat cake</u>. 반죽을 톡톡 두드려서 납작한 모양의 빵을 만들었다.

He **dragged** me <u>into fruitless discussion</u>. 그는 나를 무익한 토론으로 끌어들였다.

He **wheeled** a wheelbarrow <u>into the yard</u>. 그는 손수레를 작업장까지 밀고 갔다.

She always <u>reasons</u> her husband <u>into compliance</u>. 그녀는 항상 남편을 설득해서 자기 말을 듣게 했다.

→ He **scowled (frowned, looked, stared, scared)** his boys <u>into silence</u>.
무서운 얼굴을 해서 아들들을 침묵시켰다.

He **bluffed** me into <u>**thinking that** he was a detective</u>. 그가 엄포를 놔서 자기를 형사로 믿게 만들었다.

The teacher <u>drove</u> the lesson <u>into the students' head</u>. 선생님은 학생머리 속에 학과를 주입시켰다.

→ The school **pump** knowledge <u>into the head of their pupil</u>. 학생 머리에 지식을 퍼부어 넣는다.

The government **bulldoze(s)** his people <u>into taking a risk.</u> 정부가 국민들이 위험을 지도록 몰아간다.

Wine can **transform** even a simple meal <u>**into an elegant dinner.**</u>
포도주는 단출한 식사도 멋진 성찬으로 바꿀 수 있다.

The desire for quick profits lured them into questionable dealings.
그들이 빠르게 돈을 버는 데 눈이 멀어 수상쩍은 거래를 하도록 유혹했다.

Of (지점 방향 거리 시간 위치)~으로부터, 분리 제거 박탈, (유래 기원, 출처 요구의 상대)~출신의, (동기 이유 원인)~때문에, (재료 구성 요소) ~로 된, (부분 선택) ~가운데, 수식 비유, 주격 관계, (소유 소속)~에 속하는, 목적격 관계, 동격 관계, (관련 한정) ~의 점에서, (성질 특성)~이 있는

[Note] 본 모듈 앞 부분에 전치사 of 의 중요 용례에 대해 이미 설명을 다 드렸습니다. 아래는 나머지 일반적 용법과 명사구 표현만 추가했습니다.

통합 예문 Combined

Get **a hold of yourself**. 정신줄 놓지 말고!
→ 비교 How can I get **a hold of you**? 당신과 연락을 계속하려면 어떡해야 하지요?
Don't **make a habit of it**. 그것이 습관이 되지 않도록 해라. (☞ make a habit of 명사/-ing ~ 습관화하다)
He **felt the pricks of conscience**. 그는 양심의 가책을 받았다. (☞ prick 찌르기, 아픔)

I'll take care of my own business. 내 일은 내가 알아서 할 거야.
She is a woman of enviable beauty. 샘이 날 정도로 아름다운 여인이다. (☞ envy → enviable)
Tell me **the dos and don'ts of** this business. 이 일에서 해야 할 것과 하지 말아야 할 것을 말해 주세요.

I couldn't find any evidence of *forced* entry. 나는 강제로 침입한 흔적을 발견할 수 없었다.
God has the supreme disposition of **all things**. 하나님이 만물에 대한 전적인 지배권을 갖고 있다.
The book studies the psychology of **a series killer**. 그 책은 연쇄살인범의 심리를 연구한다.

The shop handles home appliances of **all descriptions**. 상점은 모든 종류의 가사 제품을 취급한다.
I've no **notion of venturing out in** this kind of weather. 이런 날씨에 무모하게 외출할 생각이 없다.
We **accomplish** our goal of **raising two million dollars**. 우린 2백만 달러 모금 목표를 달성했다.
We would **appreciate** your immediate return **of the book.** 책을 바로 반납하시면 감사하겠습니다.

Thank you, but I don't want to **make a nuisance of myself**. 고맙지만 폐 끼치고 싶지 않습니다.
Education **comprises** two-thirds of all local council spending. 교육이 지자체 지출의 2/3을 차지한다.
I have not the faintest notion [**of what you're talking about**]. 무슨 말하고 있는지 도대체 모르겠다.
Such arguments **ignore** the questions of [**where** ultimate responsibility lays].
그와 같은 논쟁은 "궁극적인 책임이 어디에 있는가?"라는 질문을 도외시하는 것이 된다.

Take the pan **off the fire**. 냄비를 불에서 내려 놓아라.

Get your feet **off the coach**. 소파에서 발을 내려라.

I can't **take** my eyes **off you.** 너에게서 눈을 뗄 수가 없어~

He **took** a load **off his mind** 마음의 무거운 짐을 덜었다.

Wipe that grin **off your face**. 그렇게 히죽히죽 웃지 말아라. (☞ grin 히죽, 빙긋. 피죽 웃다)

Get your elbows **off the table**. 식탁에 팔꿈치를 올려 놓지 말아라. (☞ Table manner 중)

I **scraped** the mud **off my shoes**. 나는 신발에서 진흙을 문질러 없앴다.

Keep your eyes **off other women!** 딴 여자들에게 한눈 팔지 마!

They **hissed** the actor **off the stage**. 야유해서 배우를 무대에서 끌어내렸다. [hiss 비난, 경멸로 '시'하다]

I **took** the key **off a rack** [above his head]. 나는 그 사람 머리 위 선반에서 열쇠를 꺼냈다.

기본 예문 Basic

He **bought it on credit**. 그는 외상으로 물건을 샀다.

Let him **do** it **on his own**. 본인이 알아서 하도록 내버려 둬라.

He **nailed** a lid **on the box**. 그는 상자 뚜껑을 못질해서 고정시켰다.

→ 비교 I **hammered** a nail **through the lid of a box**. 나는 한 상자 뚜껑에 못을 단단히 박았다.

He **pressed** his ideas <u>on us.</u> 그는 자기 생각을 우리에게 억지로 강요했다.

He **throws** all blame <u>on her.</u> 그는 모든 비난을 그녀에게 덮어씌웠다.

<u>Keep an eye on</u> this, <u>will you?</u> 이것 좀 챙겨 주세요. 그럴거지? (☞ keep an eye on)

A person writes a book <u>on it.</u> (구어) **소설을 쓰고 있네~**

They **quizzed** a boy <u>on English</u> 그들은 그 소년에게 영어 퀴즈 테스트를 했다.

He <u>showered</u> questions <u>on her.</u> 그녀에게 질문을 퍼부었다. → He showered **her** <u>with</u> questions.

He **played** a tune <u>on the guitar.</u> 기타로 한 곡을 연주했다.

Don't **waste** your words <u>on him.</u> 그 친구에게 말해 봤자 소용없어~, 소 귀에 경읽기, 마이동풍

She **models** herself <u>on her sister.</u> 그녀는 자기 언니를 그대로 따라 한다.

She **turned** her back <u>on the man.</u> 그녀는 그 남자를 배신했다.

I **saw** her <u>quite a bit</u> <u>on page six.</u> 난 그녀를 신문 가십란에서 꽤 봤거든. (☞ page six 신문 가십란)

Would you <u>put</u> it <u>on my account?</u> 내 장부에 (외상으로) 달아 주시겠습니까?

They **bound** bandage <u>on her face.</u> 그들은 그녀의 얼굴에 붕대를 감았다. (☞ bind -bound-bound)

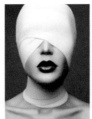

U.S **raised** an oil embargo <u>on Iran.</u> 미국은 이란에 대한 석유금수조치를 해제했다.

The judge **imposed** a fine <u>on him.</u> 판사는 그에게 벌금을 부과했다.

His farm <u>touches</u> ours <u>on the east.</u> 그의 농장은 동쪽이 우리 농장과 맞닿아 있다.

The boy <u>played a trick on his sister</u>. 그 소년은 누이에게 짓궂은 장난을 쳤다. (→ play a trick on)
→ 유사 He always <u>plays the joke on the others</u>. 그는 늘 남들을 놀려 댄다. (☞ make fun of)

She <u>put</u> some rouge <u>on her cheeks</u>. 그녀는 두 볼에 연지를 발랐다.
I **congratulated** him <u>on his success.</u> 나는 그의 성공을 축하했다.

He wrote a book <u>on **macroeconomics**</u>. 그는 거시경제학 책을 썼다.(☞ microeconomics 미시경제)
He hanged(혹hung) the coat <u>on a hook.</u> 그는 코트를 옷걸이에 걸었다.

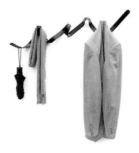 

They **charge** tax <u>on liquor</u> in this country. 이 나라에서는 주류에 세금을 부과합니다.
He **weighed** himself <u>on a bathroom scale.</u> 그는 목욕탕 저울로 체중을 쟀다.

He always <u>**prides** himself **on his good English.**</u> 그는 항상 자기 영어 실력을 뻐긴다.(☞ pride oneself on)
He **phrased** his literary criticism <u>on Lan's</u> carefully. 랜의 작품에 대해 조심스레 문예비평 글을 썼다.

발전 예문 Intermediate

He <u>stuck</u> his finger <u>on a needle</u>. 그는 (무심코) 바늘로 손가락을 찔렀다. (☞ stick-stuck-stuck)
He <u>cut</u> his fingers <u>on a piece of glass.</u> 그는 유리 조각에 손을 베였다.

You should <u>base</u> your opinion <u>on facts.</u> 여러분은 의견은 사실에 근거해야 합니다.
You can <u>get</u> me any time <u>on the phone</u>. 언제든 내게 전화로 연락하면 됩니다.

Don't try to <u>put</u> your mistakes <u>on others</u>. 너의 잘못을 남에게 떠넘기지 마!
He **tapped** his pen <u>nervously on the table</u>. 그는 펜을 신경질적을 테이블에 탁탁 두드렸다.
The heat <u>blistered</u> <u>the paint</u> <u>on the building.</u> 열 때문에 건물에 칠한 페인트에 기포가 생겼다.

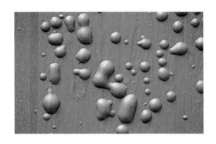

blister

May I **stop by** your office **on my way home**? 퇴근 하는 길에 사무실에 잠깐 들러도 될까요?

He **advanced** the minute hand [on the clock]. 시계 분침分針을 앞쪽으로 돌렸다. (☞ hand 시계 분침)

My friends are **sunning** themselves **on the beach**. 내 친구들이 해변가에서 일광욕을 즐기고 있다.

Shall we discuss the matter **further on your return**? 당신이 돌아오는 대로 그 문제를 더 의논합시다.

She **scraped** her knee **on the pavement** when she fell. 포장도로에서 넘어져 무릎이 까졌다.

Republican challenged him **on issues** [ranging from abortion to taxes].
공화당은 그에게 낙태부터 세금 문제에 이르기까지 공격을 했다.

The military government **imposed strict controls on the freedom of assembly**.
군사정권은 집회의 자유에 철저한 통제를 가했다. (☞ impose control on ~에 대해 통제하다)
After what she said to me, I'd never **put** any importance **on whatever she said**.
(☞ put importance on ~를 중요하게 여기다)
그녀가 내게 그런 말을 한 이후로는 난 그녀가 어떤 말을 해도 결코 의미를 두지 않았다.
The international agreement included the ban **on chemicals** [that may destroy the ozone layer].
국제 협약은 오존층을 파괴할 수 있는 화학물질의 사용을 금지하는 내용을 포함하고 있다.

신체 접촉이나 손상 표현 **2/2**

앞서 전치사 in을 가지고 신체 접촉이나 손상표시 문장에 대해 살펴봤고 이번에는 on 전치사 차례입니다. In 전치사는 신체 내부 혹은 신체 표면 중 편평한 부분에 사용했다면, on 전치사는 타격을 가하는 부위가 다소 돌출된 신체부위 표현 때 사용합니다! 영어, 꽤 논리적 언어이죠?

He **punched** me **on the nose**. 그는 내 코를 주먹으로 쳤다.

He **tapped** her **on the shoulder**. 그는 그녀의 어깨를 톡톡 두드렸다.

I **received** a weight **on the back**. 나는 등으로 무거운 것을 받쳤다.

Karl kissed her **on the cheek**, and then left. 칼이 그녀의 볼에 입 맞춘 후 떠났다.

He **thumped** (patted) him <u>on the back</u>. 그는 등을 세게 때렸다. (토닥거렸다)

Onto ~위에

She **threw** a bag <u>onto the table</u>. 그녀는 가방을 테이블 위에 집어던졌다.

Don't <u>force</u> your way <u>onto the subway</u>. 문을 강제로 열고 (지하철 열차에) 오르지 마세요.

The singer **tagged** an anti-racism slogan <u>onto the end of his sing</u>.
그 가수는 자기 노래 말미에 인종차별 구호를 외치며 노래를 마쳤다.

Out of (운동) ~의 안에서 밖으로, (위치) ~을 떠나서, (원전, 출처) ~로부터, (원인, 동기) ~에서, (재료) ~을 재료로 해서, (어떤 상태를) 벗어나서, (직업, 성질, 상태를) 잃고

They **pumped** water <u>out of a cellar</u>. 지하실에서 물을 퍼냈다. (~의 안에서 밖으로)

He **shook** the dust <u>out of the blanket</u>. 그는 흔들어서 모포의 먼지를 털었다. (출처)

The waiter **got** <u>the drunk</u> <u>out of the bar</u>. 웨이터는 <u>술 취한 사람</u>을 바에서 끌어냈다. (~밖으로)

He **thumped** the rhythm <u>out of the table</u>. 그는 손으로 탁자를 쿵쿵 치며 박자를 맞췄다. (출처)

You **took** the words <u>right out of my mouth</u>. 자네가 내가 꼭 하고 싶었던 말을 했네! (원전, 출처)

She **reasoned** her children <u>out of doing mischief</u>. 아이들이 개구장이 장난을 못 치도록 타일렀다.

It **has** a *subtle* flavor of peach <u>out of the ordinary</u>. <u>그건 생각 이상으로 *은은한*</u> 복숭아 향이 난다.

Over ~너머로, ~을 가로질러서, ~에 걸려서; 기간 내내, (수단)~을 매체로 해서; 떨어져서 위를; (지배, 우월)~의 상위에, ~에 우선하여; 접촉 면을 덮어서, ~의 여기저기에, (관련)~에 관해서, (종사)~하면서; ~의 저편으로, ~의 위까지 차서, 곤란을 극복하고, (수량, 정도)~을 넘어서

He **broiled** a fish <u>over the fire</u>. 그는 불 위에 한 마리 생선을 구웠다.

He **pulled** the hat <u>over his eyes</u>. 그는 모자를 눈 위까지 푹 눌러썼다.

She **puts** her hands <u>over the ears</u>. 그녀는 손으로 귀를 막았다. (~을 덮어)

He **handed** a glass <u>over the table</u>. 그는 식탁 너머로 컵을 건넸다.

The guide showed us <u>over the palace</u>. 그 안내원이 위에게 궁의 전부를 보여 주었다.

The Buckingham Palace, London

He **hit** me <u>over the head</u> <u>with his fist</u>. 그는 주먹으로 내 머리 위를 내리쳤다.

The boys scattered the books <u>over the floor</u>. 사내아이들이 책을 마루 위에 죽 흩뜨려 놓았다.

I shall **hold** this bill <u>over until next Monday</u>. 이 청구서 지불을 내주 월요일까지 (내내) 보류할 것이다.

Let's discuss (the matter) <u>**over a cup of coffee**</u>. 차를 마시면서 (그 일에 대해) 의논합시다.

[☞ 1974년 서울대학교 영작시험 문제 – 예전엔 본고사에 있었고 영작 문제가 출제되었습니다. discuss ~~about~~]

She told <u>his mother</u> **some news** <u>over the phone</u>. 그녀는 전화를 통해 엄마에게 몇 소식을 알렸다.

The jockey spurred a horse (to jump) <u>over hurdles.</u>   기수가 말에 박차를 가해 장애물을 넘게 했다.

Defectors chose the third counties <u>over South Korea</u>. 탈북자들은 한국행 대신 제3국을 택했다.

The move **follows** <u>growing public concern</u> <u>**over the spread of Corona virus.**</u>
코로나 바이러스 확산에 대한 국민들의 우려가 거세지면서 그 조치가 뒤따랐다.

Through (관통 통과) ~을 통과하여, ~을 뚫고, (공간)~을 두루 샅샅이, (시간)내내, (수단 매개)~에 의하여, (기간)~의 끝까지, (종료, 경험)~을 끝내고, (원인 동기 이유)~때문에, ~의 이유로

He **passes** a thread _through a hole_. 실을 바늘 구멍을 통해 넣었다.

Rats gnawed a hole _through the wall_. 쥐들이 이빨로 쏠아서 벽에 구멍을 냈다.

He **struggled** his way _through the crowd_. 그는 군중 속을 뚫고 나아갔다.

The rabbit **nibbled** a hole _through the fence_. 토끼가 울타리를 갉아 구멍을 냈다.

I _made a way_ **through** the crowd _to_ the river. 난 군중을 뚫고 강까지 나아갔다. (☞ make a way)

He caught **a slew of bullets** _through the head and back_. 그는 머리와 등에 다발 총상을 입었다.

> **To** 1. 방향: (도착점)으로, ~쪽으로, (호의, 권리, 대상)~에 대한, (목적)~위하여, (반응)~에게 있어
> 2. 접촉: (상태 환경 변화의 방향)~에, (작용 효과)그 결과, (도달점, 범위 정도)~에 이르는, (부가 부속)~에 속한, (집착 고수)~에게, (적합, 일치, 반주)~에 맞게
> 3. 접촉+방향: (접촉)~에 대고, (시간)~의 끝
> 4. 대비: (비교, 대비)~에 비하여, ~보다, (상대 대립)~에 대하여, (비율, 구성)~에 대하여

기본 예문 Basic

Keep **it** _to yourself._ 혼자서만 알고 계세요.

Give **it** _to me_ straight. 있는 그대로 얘기해 주세요.

I **have** an allergy _to eggs._ 난 계란 알레르기가 있다.

He **pointed** her _to the seat_. 그녀가 앉을 자리를 손가락으로 가리켰다.

Don't _forget_ me _to your wife_. 부인에게 안부를 전해 주세요. → 동일 **Remember** me _to your wife._

→ 유사 Mother sends **her love** _to you_. 어머니께서 당신에게 안부를 전해 달라고 합니다.

I _motored_ my mum _to church_. 어머니를 교회까지 차로 모셔다드렸다.

How could you **do** that _to me?_ 너 나에게 어떻게 그럴 수 있어?

He **opposes** violence _to violence._ 그는 폭력에 폭력으로 맞섰다.

→ 유사 He opposed truth _to falsehood._ 그는 거짓에 대해 진실로 맞섰다.

The story **touched** them **to tears.** 그 이야기에 감격해서 그들은 눈물을 흘렸다.

The gang **clubbed** them **to death.** 곤봉으로 때려서 죽이다. (☞ club 곤봉으로 때리다)

They **razed** a house **to the ground.** 그들은 한 집을 싹 밀어 버렸다.

He **anchored** a tent **to the ground.** 그는 텐트를 땅에 고정시켰다.

He **muttered** something **to himself.** 그는 무언가 혼자 투덜거렸다.

He **willed** the real estate **to his son.** 그는 부동산을 아들에게 주도록 유증했다. (☞ will 유증하다)

He **ascribed** his success **to good luck.** 그는 자기의 성공을 행운으로 돌렸다. (☞ ascribe, attribute)

Which street will **lead** us **to Hyde Park**? 어느 길로 가야 (런던) 하이드 공원에 갈 수 있나요?

Hyde Park, London   **The Wellington Arch, Hyde Park**

Do you always say 'no' **to everything?** 당신은 언제나 '아니요'라고 하나요?

Bob is **trying the ribbon to the balloon.** 밥은 풍선에 리본을 달려 하고 있다.

Farmers **feed** the chicken **to the market.** 농부들은 시장에 내다 팔기 위해 병아리를 키운다.

The chauffeur **tipped** his hat **to his boss.** 운전기사는 사장에게 모자에 손을 대어 인사했다.

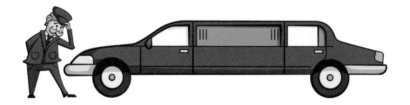

He **accompanied** the guest <u>to the station</u>. 그는 그 손님을 역까지 바래다주었다.

My wife **drives** me <u>to work</u> every morning. 아내는 매일 아침 나를 직장까지 태워다준다.

The caregiver **assisted** the patient <u>to the bed</u>. 간병인이 환자를 병상까지 부축해 주었다.

10 minutes' walk brought me <u>to a strange place</u>. 10분 간 걸으니 이상한 곳에 도달했다.

The Ritz hotel <u>offers easy access</u> <u>to central London</u>. 리츠호텔에서 런던 중심에 쉽게 접근할 수 있다.

She **put** her hands <u>to her mouth</u> **to muffle a giggle**. 낄낄 웃음소리를 막으려 손으로 입을 막았다.

<u>Creators of artistic works</u> have a legal right <u>to copyright.</u>
예술작품의 창작자는 저작권에 대한 법적 권리가 있다.

숙어 표현

The king <u>put an end to</u> **war.** 왕은 전쟁을 끝냈다. (☞ put an end to ~을 끝내다)

He <u>devoted his life to</u> **music.** 그는 음악에 일생을 바쳤다. (☞ devote oneself to 헌신하다)

He <u>paid attention to</u> **my advice.** 내 충고에 귀를 기울였다. (☞ pay attention to ~에 주의 기울이다)

He <u>abandoned himself to</u> **drinking.** 그는 자포자기한 채 술독에 빠졌다. (☞ abandon oneself to)

Let's <u>put a stop to</u> **the complaining!** 불평하는 것을 멈추자! (☞ put a stop to ~을 멈추게 하다)

The mother <u>gave a birth to</u> **her baby.** 엄마가 아기를 낳았다. (☞ give a birth to 아이를 출산하다)

He successfully <u>adjusted himself to</u> **the harsh environment**. 가혹한 환경에 성공적으로 적응했다.

The nation's history <u>bear witness to</u> **the strong character** of her people.(bear witness to입증하다)
그 나라의 역사가 그녀 국민의 강인한 성격을 입증한다.

발전 예문 Intermediate

The sight brought **the water** <u>to his mouse.</u> 그 광경에 그는 군침이 돌았다.

The professor **praised** the student <u>to the skies.</u> 교수는 그 학생을 침이 마르도록 칭찬했다.

He **dedicated** the book **to the memory of his friend.** 그는 그 책을 고인이 된 친구에게 헌정했다.

He **complimented** us **by offering** a toast **to our health.** 건강을 위한 건배를 제의하며 호의를 표했다.

They opened **once all-white schools to black children.**
한때 백인만 다니던 학교를 흑인 아동에게 개방했다.

The company **narrowed** the (number of) applicants **to 10.** 회사는 지원자수를 10명으로 제한했다.

He has to tell his **contingency plan to the board of directors.**
그는 비상계획 (emergency plan, disaster plan)을 이사회(BOD)에 보고해야만 한다.

Some commentators **compared** his work **to that of James Joyce.**
몇 평론가들은 그의 작품을 James Joyce의 작품에 비교한다.

Congress is trying to **find** an answer **to the illegal immigration crisis.**
의회는 불법 이민자 위기를 극복하기위한 답을 찾고 있다.

 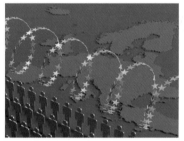

The attraction of more than 15 million YouTube viewers **catapulted** the young **Filipino to fame.**
15만 명이 넘는 시청자를 사로잡은 유튜브를 통해 젊은 필리핀 사람을 일약 유명 인사가 되었다.

catapult 투석기

Under ~의(바로) 아래, ~의 속에, ~을 받고, ~을 견디어, ~의 하(속)에, ~의 밑에 숨어

He **drew** a line **under the word.** 그는 단어에 밑줄을 그었다.

He always carries(keeps) book **under the arm pit.** 그는 늘 겨드랑이 밑에 책을 끼고 다닌다

The government tried to **keep** prices **under control**. 당국은 물가를 통제하기 위해 힘썼다.

She **put** the edge of the blanket **under the mattress**. 담요의 가장자리를 매트리스 밑에 넣었다.

He **cheated** his friend **under** the mask of **friendship**. 우정이라는 탈을 쓰고 친구를 속였다.

She **buried** her head **under the covers**, **pretending** to be asleep.
그녀는 잠자는 척하면서 머리를 베개 커버 밑으로 처박았다.

Up (up to) (산, 나무, 계단, 사다리) 높은 곳으로, (신분, 지위) 높은 곳으로, 강의 상류로

He **did a thumb** up to **William**. 그는 윌리엄에게 엄지척을 해 보였다. (☞ do a thumb up to ~)

He **walked** his bicycle **up a slope**. 그는 자전거를 밀면서 언덕길을 올라갔다.

Dad carried me **up the hill** **piggyback**. 아버지는 나를 무등 태워 고개를 오르셨다.

With (동반 동거)~와 함께, (일치)~에, 비례하여, ~과 동시에, (소유 휴대)~을 가지고, (부대 상황)~하는 상태로, (조건)~이 있으면, (양보)~에도 불구하고, (양태)~을 가지고, (대상)~와, ~에 맡겨, (도구 수단 재료)~을 사용해서, (원인 이유)~때문에, (입장)~로서는, (분리)~과 떨어져, ~에 반대하여

기본 예문 Basic

You can't take it **with you**. 죽을 때 가져갈 거야? 죽으면 아무 소용없어!

Don't **play games with me**! 나에게 수작 부릴 생각하지 마라! (☞ play games with 장난치다)

I **stuffed** myself **with grapes**. 나는 포도를 실컷 먹었다. (비 격식 표현)

She **piled** a sink **with dishes**. 싱크대를 접시로 가득 쌓았다.

How goes the world **with you**? 요즘 재미가 어때요?

→ 유사 How are things **going**? → 유사 How are you **getting on**? 잘 지내시지요?

I can do it **with my eyes** *closed*! 눈 감고도 할 수 있어요. 식은 죽 먹기죠!

You might **help** me **with that work**. 저 일을 좀 거들어 주시지 않겠습니까? (☞ help someone with)

He **picked** the ground **with a pickax**. 곡괭이로 땅을 팠다.

She astonished us **with bizarre ideas**. 그녀는 기묘한 아이디어로 우릴 깜짝 놀라게 했다.

They **loaded** the truck **with furniture**. 트럭에 가구를 가득 실었다. (☞ 트럭이 가구로 가득 찼다)

→ 비교 They loaded furniture **on the truck**. (☞ 차이점- 트럭이 가득 찼든 말든 관계없이 가구가 실림)

Don't use that impolite tone **with me**! 너 나에게 왜 반말하는 건데?

They treated him **with some coldness**. 그들은 그를 약간 차갑게 대했다.

[☞ 영어의 큰 특징 중 하나로서, 영미인들은 cold라는 형용사를 명사화해서 coldness와 같은 추상적인 단어를 대수롭지 않게 사용합니다. 동양 언어는 직관적이어서 이런 추상적 표현이 쉽지 않아 영어를 어렵게 느끼게 합니다.]

You should **take** the umbrella **with you**. 우산을 꼭 챙겨가거라.

He **painted** a wound **with an antiseptic**. 그는 상처에 항생제를 발랐다.

[☞ 연고를 바를 때 보통 apply, add 동사를 적용하지만 paint를 써서 두껍게 바른 것을 표현하려고 했습니다.]

The captain **manned** a ship **with sailors**. 선장은 배에 선원을 배치했다. (☞ man이 동사로 쓰였죠?)

We're going to **inject** you **with hepatitis A**. A형 간염주사를 놓을 겁니다.

Don't **load** the people **with over-compliments**. 사람들을 과한 칭찬으로 붕 띄우지 마라.

The speaker **prefaced** her remarks **with a joke**. 그 여성 연사는 농담으로 그녀의 말문을 열었다.

The crowd started **humming with anticipation**. 군중들은 기대에 차서 웅성거리기 시작했다.

The tourists wanted to **feed** a pigeon **with crisps**. 관광객들은 비둘기에게 튀김과자 주길 원했다.

He always **perplexed** them **with difficult questions**. 어려운 질문으로 그들을 곤란하게 했다.

The dentist **plugged** a cavity in a tooth **with cotton**. 충치 구멍에 솜을 메우다.

They **greeted** his announcement **with very harsh jeers**. 그가 발표할 때 아주 거친 야유로 응수했다.

The nation people **acquired freedom(victory) with blood**. 그 국민은 피 흘려 자유(승리)를 쟁취했다.

The politician **placarded** the town **with campaign posters**. 정치인은 시내를 선거벽보로 도배했다.

Reporters besieged him **with questions [hard to respond]**. (☞ besiege 포위하다, 몰아 대다)
기자들이 답하기 곤란한 질문으로 그를 몰아 댔다.

He always tries to **reconcile** his statement **with his conduct**. 그는 늘 언행을 일치시키려 노력한다.
(☞ reconcile A with B – A와 B를 조화(일치)시키다)

Terrorist **outfitted themselves with** guns and hand grenades. (☞ outfit 착용하다)
테러리스트들은 총과 수류탄으로 무장했다.

The rescue team **provided** the lost hikers **with** blankets and food. (☞ provide A with B)
구조대는 조난당한 등산객들에게 담요와 음식을 제공했다.

발전-심화 예문 Intermediate – Advanced

One must **second** one's words **with deeds**. 사람은 자기가 한 말을 행동으로 뒷받침해야 한다.

She **dressed** the salad **with olive oil and vinegar**. 그녀는 올리브 기름과 식초로 드레싱을 쳤다.

Would you please **greet** the guests **with a smile**? 손님을 웃음으로 맞아 주세요!

He **indicates** his willingness **with a nod of his head**.
그는 고개를 끄떡여서 흔쾌이 승낙하겠다는 뜻을 표시했다.

She complimented her mother **with an orchid corsage**. 그녀는 엄마에게 난 꽃다발을 선물했다.

orchid 난

My daughter is having a hard time with **her homework.** 딸 아이가 숙제를 힘들어한다.

→ How can I **help** my daughter **with** her homework? 어찌하면 딸 아이 숙제를 도와줄 수 있나요?

The cheese has **a crumbly texture** with a strong flavor. 치즈가 강한 향에 부드런 식감을 지녔다.

A girl **exits** the beauty parlor with a huge threaded **bouffant.**

한 여자가 푸르게 염색해서 한껏 (실타래처럼) 부풀려진 머리 모양을 하고 미장원에서 나온다.

I was going to **sand** down **the table** with a fine grade of sandpaper, and repainted them.

나는 미세한 샌드페이퍼로 탁자를 갈아 내고 다시 페인트 칠을 하고 있었습니다.

Without ~없이, 합당함이 없이

Andy had done this **without consulting** (**with**) his teacher. 앤디는 선생님과 상의 없이 일을 처리했다.

We **cannot** eat anything **without worrying** about calories. 나는 무엇을 먹거나 열량을 우려한다.

문법 탐구 - '상당어구' 종합

앞서 '모듈03' 말미에 '대명사 상당어구'에 대해 설명드렸죠? 상당어구란 어떤 어구가 올 것이 즉시 반사적으로 예상되는 구문을 말합니다. 상당어구는 문장의 구조를 이해하고 표현하는데 큰 도움을 줍니다. 대명사 상당어구를 포함해서 다시 한번 살펴보도록 하겠습니다.

①주어 혹은 가假목적어 상관어구

We need to make **it a rule of life never to let** anything immoral **pass though.**

[☞ make **it a rule** to do] 우리는 어떤 부도덕한 것도 허용하지 않는 '삶의 원칙'을 늘 지키도록 해야 합니다.

②상관접속사

To accomplish great things, we must *not only* act, **but also** dream; *not only* plan, **but also** believe.

위대한 것을 성취하려면 행동해야 할 뿐만 아니라 꿈을 꿔야 한다. 그리고 계획을 세울 뿐만 아니라 또한 신념을 가져야 한다. (☞ not only ~ **but also**)

③상관 대명사 – 이미 앞서 공부한 바 있었지요?

My sister has two hats. **One** is red, **and the other** is blue. (☞ one ~, the other ~'대명사 상당어구') 여동생에게 모자 2개가 있는데 그중 하나는 빨간색이고 또 다른 하나는 파란색이다.

We have ten students in this class. **Some** are boys, **and the others** are girls. (☞ 대명사 상당어구)
이 반에는 10명의 학생이 있는데 일부는 남학생이고 나머지는 여학생이다.

There's an inseparable relationship between curiosity and success. **The former** is *the cause*, and **the latter** is *the effect*. 호기심과 성공 사이엔 뗄 수 없는 관계가 있다. 전자는 원인이고 후자는 결과다.

④전치사구를 동반하는 동명사 상당어구

I **regard** the contract **as having been *broken***. 계약은 이미 파기되었다고 여겨졌다. (☞ regard ~ as)

He got **15 minutes of fame after winning** the contest. 우승 후 '반짝 유명세'를 탔다. (after +-ing)

Federal laws **prohibit** foreign airlines **from owning** more than 25% of any U.S. lines.
미 연방법은 미국적 항공사의 지분 25% 이상을 소유하는 것을 금지하고 있다.

문법 탐구 - 재귀 동사 reflexive verb

Make **yourself at home**. 내 집이다 생각하고 편히 하세요.

He **laid himself on his back**. 그는 등을 대고 누웠다. [☞ (자) lay-laid-laid; (타) lay-laid-laid]

↔ 비교 He laid **himself on the stomach**. 그는 (배를 깔고) 엎드려 누웠다.

Imagine **yourself to be** in my place. 너도 내 입장이 되어 봐.

He dedicated **himself to** cancer research. 그는 암 연구에 일생을 바쳤다. (☞ dedicate oneself to)

Avail yourself of every chance **to improve** your English.
당신의 영어를 향상시키기 위해 모든 기회를 다 활용하세요.

29-2 타동사 + 2개 전치사구(부사구)

앞 자동사편 '모듈7'에서 한 문장 안에 5개 전치사구(부사구)가 나열되는 경우를 살펴본 적이 있었는데 당시 올려드린 관련 예문 수가 아주 많았지요? 이번에는 '타동사'의 경우인데 예문 수가 앞 자동사에 비해 상대적으로 아주 적습니다. 그 이유는 타동사는 목적어를 반드시 취해야 하는 제약이 있어 동사와 목적어에 다 어울리는 전치사구 생성이 까다롭기 때문이 아닐까 생각됩니다.

He **pounded** his fists [on the desk] [in frustration]. 그는 절망감에 주먹으로 책상을 내리쳤다.

He grinded a cigarette butt [into the earth] [with his heel]. 뒤꿈치로 담배꽁초를 땅에 비벼 껐다.

cigarette butt

The robber **screwed** the money [out of him][with threats]. 강도가 협박해서 돈을 강탈해 갔다.

Children **badgered** me [into **taking** them] [to the cinema]. 아이들이 영화관에 데려가 달라 졸랐다.

A sharper **squeezed** him [out of his land][in his extremity]. (☞ sharper 사기꾼) (원전, 출처)
한 사기꾼이 극도로 곤궁에 빠진 그에게서 토지를 갈취했다.

He **has** a lot of skill [in dealing][with consumer complaints]. 고객불만을 다루는 데 수완이 대단하다.

Will you pick up something for dinner [on your way][home]? 집에 올 때 저녁거리 좀 가져오겠니?

She **mopped** the sweat [from her face][with a handkerchief]. 그녀는 손수건으로 얼굴을 닦았다.

The Browns have **given up** their little puppy [for *lost*][at last].
브라운 부부는 그들의 작은 강아지를 끝내 잃어버린 것으로 포기했다.

He reeled a little, and caught **himself** [with one hand][against the wall].
그는 약간 비틀거리다가 한 손으로 벽을 짚고 스스로 몸을 지탱했다.

Five Democrats have aligned **themselves** [with the Republican][on this issue].
5명의 민주당의원들이 이 건에 대해서 공화당의원들과 연합했다.

Divorce **releases** both the husband and wife (free) [from all marital obligations][to each other].
이혼은 남편과 아내 양쪽 모두를 결혼과 관련된 모든 책임으로부터 자유로워졌다.

[☞ maternal 어머니의 어머니다운, paternal 아버지의 아버지다운, parental 부모의, 부모다운 등의 단어를 기억해 두세요!]

29-3 타동사 + 3개 전치사구(부사구)

He got 100 points [in English][by **cheating**][on the test]. 영어시험에서 커닝해서 100점을 받았다.

He abused his position [as mayor][by **giving** jobs][to his relatives].

그는 시장 재직 시절 자기 친척들에게 일자리 특혜를 주는 권력 남용을 범했다.

Sports has a way [of **bringing** us][together][in joy and disappointment].

스포츠는 우리를 기쁘게도 하고 낙담하게도 하면서 한데 뭉치게 한다.

We chose this house [because of its proximity][to school] [for my children].

우리는 아이들이 다닐 학교와 가깝다는 이유로 이 집을 선택했다.

The boss **keeps** everyone [on their toes][by **checking** their work][thoroughly].

상사가 그들이 일하는 것 일일이 점검함으로써 모두 늘 긴장 상태에 있도록 했다.

Module 30

타동사 **+** 전치사 + 명사 **+** that절

아니 벌써?
동사 중심 모듈 30개는 여기까지입니다!

□ 우리는 '**모듈20**'에서 접속사 that절을 공부했습니다. 모듈20에 목적어를 넣어 표현하려 할 때 두 가지 형태가 가능합니다. '**모듈21**'처럼 타동사 다음에 전치사 없이 목적어가 바로 오는 경우가 있고 다음은 본 모듈처럼 '전치사+명사'의 형태를 갖는 두 가지입니다. 따라서 이해에 큰 어려움이 없는 모듈입니다.

□ 우리는 벌써 9부 능선, '**문형 30**'를 공부합니다. 본 문형이 동사를 기준으로 한 분류 중 마지막입니다. 나머지 '문형31-33'은 동사에 따른 분류가 아니라 문장의 형태에 따른 분류라서 동사 문장 모듈과는 직접 관계는 없지만 앞으로 장문을 이해하려면 문장의 형태(구조) 또한 잘 알고 있어야 하기 때문에 관련된 모듈3개를 추가했습니다.

□ 세상 주요 정보의 60%가 영어로 만들어집니다. 영어 없이 더 큰 세계로 나아갈 길이 없습니다. 삼성전자의 매출액이 연간 250조 원이 넘는 것은 전 세계를 상대로 판매하고 있기 때문입니다. 그중 85% 이상 외국에서 판매됩니다.

현대기아차는 연간 700만 대의 차를 판매하고 있지만 그중 국내 판매는 100만대가 채 안되고 나머지 600만대는 전 세계시장에서 판매합니다. 같은 원리로 여러분이 영어를 잘하면 성공 확률도 그만큼 올라갑니다. 영어는 당신을 전 세계 어디든 달려가게 합니다. 당당해집니다. 품격 있고 세련된 영어를 구사하는 당신의 개인 능력을 높이 평가하게 되어 추진하는 일마다 성공하게 됩니다.

영어, 그만치 중요합니다! 그런데 세상 이치는 내가 간절하게 바라고 온 몸을 불태워 덤비지 않는데 저절로 이루어지는 일은 절대 없습니다. 막연한 생각으로는 아무것도 이루어지지 않습니다. 그러나 간절하게 소망하고 힘들어도 그 길을 쉬지 않고 가노라면 꿈은 어느새 이루어져 있게 될 것입니다. 특별히 영어에 대한 간절한 소망을 갖고 준비해 가는 여러분에게 본 교재와 본 학습방식을 통해서 반드시 멋지고 좋은 일이 일어날 것입니다!

표준 예문 Standard

예 **I agree** with you **that he is innocent**. 그가 무죄하다는 점에 동감이다.

예 **It recall** to me **that I had been there before**. 내가 전에 거기에 간 것을 기억나게 했다.

예 **He mentioned** to me **that he was going to lunch**. 그는 점심을 먹으로 간다고 말했다.

예 **The gym trainer suggested** to me **that I should work out every day.**
체육 교습자는 내가 매일 운동을 해야 한다고 권했다.

핵심 문법 점검 Review on Core Grammar

☐ 본 모듈에서 that 절은 동사의 '직접 목적어'로, 그리고 『전치사+명사』는 '간접목적어'의 역할을 합니다. 이때 전치사로서 to가 대체로 많이 쓰입니다.

☐ 본 문형 해당 동사 예

agree, adnit, compalin, confess, expalin, mention, propose, say, suggest

통합 예문 Combined

It never occurs **to me that** she was his mother. 그녀가 그의 어머니라고 생각조차 하지 못했다.
Gorge admitted **to me that** he still loves Margaret. 조지는 아직도 마가렛을 사랑한다고 고백했다.

My doctor remarked **to me that** I should **go on a strict diet**. 주치의가 엄격히 식조절하라 말했다.
It has just occurred **to me that** I may have misunderstood you.
방금 생각이 났습니다만 아마도 당신을 오해하고 있었던 것 같습니다.
I propose **to my wife that** we go **on a tour to** La Mancha, Spain.
나는 아내에게 스페인 라만차지방으로 여행을 가자 제안했다.

Don Quxiote/Cervantes

La Mancha, Spain (스페인 중부 고원지대- 돈키호테의 무대)

He explains <u>to me</u> **that** she was late <u>on account of</u> the bus strike.
그녀는 버스 파업 때문에 지각했다고 변경했다.
Al confessed <u>to me</u> **that** he is considering an asylum <u>to a third country.</u> (☞asylum 보호시설;망명)
알은 제3국으로 망명을 고려 중이라고 고백했다. (☞ **asylum seeker** 망명자, **defector**)

The minister said <u>to us</u> **that** he felt sorry for **not finishing** the summon in time.
목사님은 자기가 제시간 내 설교를 끝내지 못해 미안하다고 말했다.
She explained <u>to her professor</u> **that** she was late for school <u>due to</u> a traffic jam.
그녀는 자기 교수에게 교통체증으로 길이 막혀 학교에 늦었다고 해명했다.
My son acknowledged <u>to me</u> **that** he bought a luxurious sports car **100% on credit.**

아들 녀석이 자기가 전액 외상으로 (신용카드로) 비싼 스포츠카를 샀다고 인정했다.

Part-timers complained **to me** **that** they are not fairly paid **for** **what they've worked.**
일용 근로자들은 자기들이 일한 것만큼 적정한 임금을 받지 못하고 있다고 나에게 불만을 토로했다.

David reveals **to Showbiz Tonight** some of the biggest behind-the-scenes secrets of **Reality Show**, like scenes **that** are staged and conversations **that** seem off-the-cuff but somewhat *scripted*.

데이빗은 Reality Show 프로그램의 숨겨진 비밀들, 예를 들어 사전에 연출된 무대, 혹은 즉석에서 말하는 듯 보이지만 실상은 상당 부분 대본으로 짜인 대로 말을 하는 진실을, Show Biz 프로그램에 출연해서 폭로할 것 입니다. (☞ **off-the-cuff** 준비없이 즉석에서 바로 하는)

본 모듈부터는 예문의 길이가 한 줄을 넘어가기 일쑤입니다. 문장이 길 어지는 것은 분명 문장이 어려워진다는 것을 의미합니다. 그러나 어떤 영어 문장도 여러분들이 지금껏 익혀 온 30가지 영어의 문장 안에 다 있으니 긴 문장을 보더라도 절대 당황하지 말고 지금껏 공부해 온 모듈 안에서 빠르게 분별해 내는 능력을 키워야 합니다.

여러분이 본 33 모듈을 완전하게 내 것으로 만들고 나면 긴 지문을 읽 을 때도 문장의 구조가 한눈에 파악하는 능력이 생기는 것은 물론이고 심지어 CNN이나 TED 같 은 것을 들을 때 앵커나 출연자가 말하는 문장이 본 33모듈 분류 중 몇 번 모듈에 해당하는지 구 분되어 들리는 때가 찾아옵니다. 여러분, 자신감을 가지세요! 자신감은 어떤 일이든 일을 쉽게 만 듭니다!! 아직 어려움이 있는 분이라도 3-5차례 반복학습을 하는 과정에서 영어가 완전히 여러분 의 것이 될 것입니다.

Module 31

현재분사 & 과거분사 구문

영어의 특징 - 언어의 경제성

□ 문법학자들은 원래 동사의 문장 형태를 29가지로 분류해서 제시했습니다. 그러나 저는 이것을 제 소견대로 30가지로 재편성했고 여러분들은 그 30가지 문장 모듈 공부를 이미 다 마쳤습니다. 잘 참고 따라와 주셔서 너무 감사하고 수고 많이 하셨습니다!

□ 이제 마지막 과정으로서 동사 모듈 30가지에다 문장의 형태를 기준으로 3가지를 추가합니다. 문장의 형태를 한눈에 판별해 낼 수 있는 능력은 매우 소중합니다. 이 3가지를 포함한 33가지 모듈로 영어 문장의 전부를 커버할 수 있습니다.

□ 우리나라 영어 학습자들이 다음 네 가지 문법 영역들을 어려워한다고 합니다.

①**수/능동태** [모듈4]
②**관계사** [관계부사-모듈24, 25][관계대명사-모듈26]
③**분사구문** [모듈31]
④**가정법** [모듈32]

본 분사구문은 그 중 하나인 만큼 본 **'모듈31'**을 통해서 분사구문을 확실하게 잡기 바랍니다. 나머지도 본 교재가 충분하게 다 커버하고 있으니 전혀 걱정하실 필요가 없습니다.

예 It being **fine**, I went hiking. 날씨가 화창해서 하이킹에 나섰다.

예 Having finished **the exam, he felt** *relaxed.* 시험을 끝내고 나서 긴장이 풀렸다.

예 With **night** coming on, **they started for home.** 밤이 이슥해지자 그들은 집을 향해 출발했다.

예 He came before a judge, (being) *accused* of stealing. 그는 절도 혐의로 판사 앞에 섰다.

예 After having visited **Rome, he was eager to continue going even to Milano.**
그는 로마를 방문한 후 Milano까지도 몹시 가기 원했다.

Rome, Italy

예 Allowing for **traffic delays, we should leave at 3:30 at the latest.**
교통체증을 감안해서 늦어도 3시 30분에는 출발해야 한다.

핵심 문법 점검 Review on Core Grammar

□ 분사구문은 ① **'언어의 경제성'**을 높이고, 동시에 ② 문장에 적당한 **'긴장감'**을 줍니다. 분사구문은 최대한 짧고 간결하게 표현하기 위해 접속사절에서 접속사와 주어가 중복되거나 뻔하면 과감하게 생략합니다. 그 다음 동사를 '현재분사'나 '과거분사'로 바꿔 분사가 **접속사**와 **주어**와 **동사**의 1인 3역을 담당하면서 **주절**을 보조하는 역할을 맡습니다.

□ 분사는 원래 태생이 '동사'이기 때문에 '부정사'와 '동명사'처럼 **'시제'**와 **'태(능동/수동)'**을 갖습니다. 다만, 시제는 주체적으로 갖지 못하고 주절의 동사 시제에 일치시켜 해석합니다. 그리고 수동태 문장의 경우, 'being+-ed', 'having been+-ed'에서 'being'과 'having been'까지 다 생략될 수 있고 결국 과거분사만 남게 됩니다.

□ 분사구문의 해석은 앞 뒤 문맥의 흐름상 그다지 어렵지 않게 파악할 수 있으며 다음 7가지 종류가 있습니다.

☑ **시간** – 해당 접속사 **when, after, before, while**

㉠ **When** he became eighteen years old, I was able to apply for a driver license.

→ **(Being)** Eighteen old, I was able to apply for a driver license.

18세가 되어 운전면허증을 신청할 수 있게 되었다.

☑ **원인** – **because, as, since**

㉠ **As** he was loved by the people nationwide, he decided to run for the presidency.

→ **(Being)** loved by the people nationwide, he decided to run for the presidency.

전 국민들에게 사랑을 받아 그는 대통령 선거에 출마했다.

☑ **조건** – **if, on the condition that**

㉠ **If** you go straight from here, you will soon reach the police station.

→ **Going** straight from here, you will soon reach the police station. 곧장 가면 경찰서에 이를 것이다.

☑ **양보** – **although, though**

㉠ **Although** he made a big mistake, he did not bother it.

→ **Making** a big mistake, he did not bother it. 큰 실수를 저질렀는 데도 개의치 않았다.

☑ **동시 동작** – **while**

㉠ **While** I walk along the river side, I dreamed about my future.

→ **Walking** along the river side, I dreamed about my future. 강가를 따라 내려가며 미래를 생각했다.

☑ **연속 동작** – **and**

㉠ Andy entered the room **and turned on the light**. 앤디는 방에 들어가서 불을 켰다.

→ Andy enter the room, **turning on the light**.

☑ **전치사가 들어 있는 분사구문** – 『**with**+목적어+분사(보어)』

㉠ She was standing with her arms *crossed*. 그녀는 팔짱을 끼고 서 있었다.

㉠ He **congratulates** her **on winning** the award. 그는 그녀의 수상을 축하했다.

㉠ She was sitting on the rocks with her hair *blowing* in the wind.

그녀는 바람에 머리를 휘날리며 바위에 앉아 있다.

☐ **독립분사 구문**

☑ 주절과 종속절의 주어가 다를 경우입니다.

㉠ **As it** was snowy outside the hill, **we** went skiing. 날씨가 추워서 스키 타러 갔다.

→ **It being snowy** outside the hill, **we** went skiing.

☑ 주절과 종속절 주어가 다르지만 주어를 굳이 밝히지 않아도 되는 경우입니다.

㉠ **If we** speak generally, **man** is stronger than woman. 일반적으로 말해서 남자가 여자가 더 세다.

→ **Generally speaking**, man is stronger than woman.

→ **Frankly speaking** 솔직히 말해서, **Providing that** 만약 ~라면, **Strictly speaking** 엄격히 말해서 **Judging from** ~을 판단할 때, **Given that** ~을 고려하면

☐ **완료(대과거) 분사 구문 → 주절과 종속절간 시제 차이 표현**

㉠ **As** he had failed twice, he decided to give up. 그는 두 번 실패하자 포기하기로 마음 먹었다.

→ **Having** failed twice, he decided to give up.

☐ **분사 구문의 부정**

㉠ **As** I didn't know, I kept silent. 정답을 몰랐기 때문에 나는 조용히 있었다.

→ **Not knowing** the answer, I kept silent.

기본 Basic 예문

Not knowing the solution, I rather kept silent. 해결책을 몰라 차라리 잠잠히 있었다.
Completely *lost*, the children walked **on and on**. 길을 완전히 잃고서 아이들은 걷고 또 걸었다.

Used economically, one tin will last for five weeks. (= If it is used economically, ~)
절약해서 사용하며 캔 하나를 닷새정도 쓸 수 있을 겁니다.
Even **allowing for** delays, we should finish it early. 지연이 허용되더라도 빨리 끝내야 한다.

Though **failing** *to get* her love, I didn't' give up **trying**. 구애에 실패했지만 난 시도를 멈추지 않았다.
With an election **looming,** he has little room for maneuver. 선거가 다가오면서 계략을 쓸 여지가 없다.

Once *opened*, the contents should be consumed within three days.
일단 개봉되면 삼 일 이내에 소비되어야 한다.
Driven in manual mode, the car will **do 20 kilos per a liter** of petrol.
수동 변속으로 운전하면 휘발유 1리터당 20키로를 띌 수 있다.
On completing the project, I went **for a vacation for a week to Venice**. (☞ on, upon, as soon as)
프로젝트를 끝내자마자 일주일 동안 베니스로 휴가를 갔다.

Venice, Italy

While playing soccer, Sony got his left arm *fractured*. 축구하는 동안 손(흥민)의 왼쪽 팔이 부러졌다.

When exercising, you have to be careful **not to overdo it**. 운동할 때 과하지 않게 유의해야 한다.

Wearing heavy make-up, you look **like** a totally different people.
화장을 짙게 하면 당신은 아예 딴 사람처럼 보인다.

Not having any cash, I could not but **pay for** it **with** my credit card.
현금이 전혀 없어 신용카드로 지불할 수밖에 없었습니다.

He hugged her **in** his arms, ***whispering*** words of courage **into** her ear.
그는 그녀를 끌어안고 용기를 내라고 속삭였다.

I wanna macerate the meat **in liquor for** a few minutes **[before serving]**.
나는 요리를 내기 전에 고기를 몇 분간만 술에 담가 두고 싶다. (☞ macerate ~액에 담그다)

Our family visited Seattle several times before **deciding to make** the move.
우리 식구들은 이사를 결정하기 전 몇 번이나 시애틀을 방문했다.

The Space Needle Tower & Seattle

The team had a great season, *matching* its own record of 27 wins **in a row.** (☞ 27 successive wins)
그 팀은 27연승의 과거 최고 기록과 타이 기록을 세우면서 멋지게 이번 시즌을 마쳤다.
I *was prepared* **to be** magnanimous, *being ready* **to feel** compassion **for** him.
나는 기꺼이 그에 대한 동정심을 느끼고 관대하게 대할 마음의 준비가 되어 있었다.

On entering his house, she at once perceived him (to be) **a methodical person.**
그의 집에 들어서자마자 그녀는 그가 아주 꼼꼼한 사람인 것을 즉시 알아차릴 수 있었다.
Given the bitter hostility between the two countries, this was a predictable reaction.
양국 간 골 깊은 적대감을 볼 때 이것은 예상 가능한 반응이었다.

The world perishes not from bandits, and fires ,
But from hatred, hostility and all these petty squabbles.

이 세상은 폭도들이나 화재 때문이 아니라 미움, 증오와 같은 하찮은 것들에 의해 멸망하게 될 것이다.

Using state-of-the-art technology, scientists were able to predict the path of the storm.
최첨단 기술을 사용해서 과학자들은 태풍의 경로를 예측할 수 있었다.
Exhausted by her current workloads, she has been wondering **whether to find** a new job.

지금의 과중한 일 분량에 지쳐 그녀는 새 직업을 찾아야 할지를 고심하고 있었다.

Frankly speaking, <u>if you don't **get control of** your drinking</u>, you're going to lose your job.
솔직히 말해서 자네가 술을 삼가지 않으면 너는 일자리를 잃게 될 거다.

<u>**After exploring** the old part of town</u>, there will be a guided tour of the Vatican Cathedral.
구 도심 탐방 후 가이드가 인솔자가 이끄는 Vatican 성당 관광이 있을 예정입니다. (☞ 명사상당어구)

St. Peter's tomb, Vatican Castle, Vatican

<u>**Not knowing what to do**</u>, we <u>made up a mind **to sincerely listen**</u> to the counselor's advice.
우리는 어찌할 바를 몰라 상담사의 자문을 깊이 구하기로 결심했다. (☞ make up a mind to do)

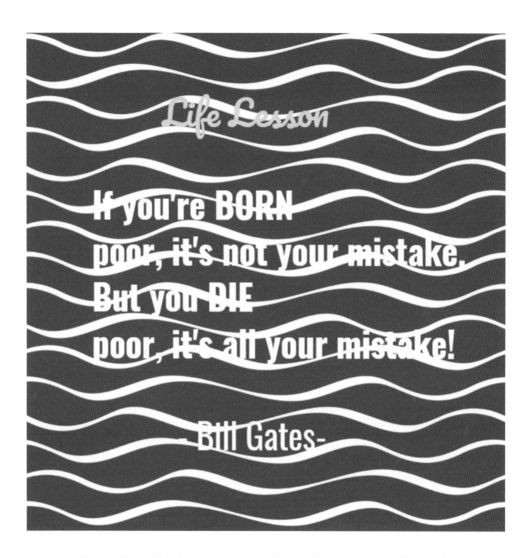

"당신이 가난하게 태어났다면 그것은 당신의 실수가 아닙니다.

그러나 당신이 가난하게 죽게 된다면 그것은 전적으로 당신의 잘못입니다!"

- Bill Gates -

Module 32

접속사 구문(중문Compound Sentence)

연결되면 살고 흩어지면 죽는다!
Connected we stand, divided we fall.

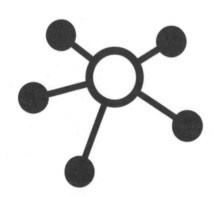

☐ 단어와 단어, 구나 절을 이어 주는 기능 품사에는 **관계사, 전치사,** 그리고 **접속사**가 있고 그중에서 우리는 이미 **that 접속사(모듈20, 21), 관계부사(모듈24, 25)**와 **관계대명사(모듈26)** 그리고 **전치사(모듈7, 29)** 공부를 모두 마쳤습니다.

☐ 이제 마지막으로 that을 제외한 나머지 '**접속사**'를 공부합니다.

표준 예문 Grammar Check

예 **If you want peace, prepare for** war. 평화를 원하거든 전쟁을 준비하라.

예 **You can room here** until you find a proper hotel!
적당한 호텔을 찾을 때까지 여기 머무를 수 있습니다.

예 **I can remember that spring day** as if it were yesterday. 그 봄날이 어제 일처럼 기억납니다.

예 **If you drive in the nail here, you can hang a picture on it.** 여기 못박으면 그림을 걸 수 있다.

예 **Don't just immediately give up,** <u>rather</u> think deep about ways round a problem.
즉시 그저 포기할 생각을 하지 말고 오히려 그 문제의 주변을 깊이 생각해 보도록 해라.

핵심 문법 점검 Review on Core Grammar

☐ **접속사는 단어와 단어, 구와 구, 절과 절을 연결시키는 역할을 하는 품사입니다.** 접속사의 기능에 따라 '**등위접속사**coordinate conjunction'와 '**종속접속사**subordinate conjunction'의 두 가지

지로 분류됩니다. 우리는 앞 모듈들에서 접속사 that, 그리고 if나 wheter와 같은 간접 의문문을 만드는 명사절을 이끄는 접속사를 다룬 바 있습니다만 이제 본 모듈32에서 그 나머지 접속사들을 총정리하겠습니다.

통합 예문 Combined

After ~의 뒤에, ~이 후에

I will go home **after** I finish this. 이걸 끝낸 후 집에 갈 겁니다.

After he glanced at the headlines, he went to work. 신문의 표제들을 휙 훑어본 다음 출근했다.

Some **doctored** the report (**up**) **after** it was sent in. 보고서가 도착한 후 누군가 조작을 했다.

→ The repairman **doctored** a leak in the roof. 지붕의 새는 곳을 고쳤다. (☞ doctor 변조하다, 손질하다)

What are you going to do **after** tutoring session **ends**? 학원 수업 끝나고 뭐 할 거니?

The decision has taken about 10 seconds **after** he'd read a market research report.
그 결정은 그가 시장 보고서를 읽고 난 후 10초 만에 내려졌다.

Even after all the fees and commissions **deducted**, we still made a tidy profit **when** we sold the house. 집을 팔고 나니 제 비용과 수수료를 제하고 나서 작은 이익이 남았다. (☞ make a profit)

Although(though) ~에도 불구하고, no matter what

He could not reach her **though** he attempted to. 그녀와 연락을 하려 했으나 불가능했다(→대代부정사)

Even though you do not like it, you have to do it. 비록 좋아하지 않더라도 해야 한다.

Although she had many lovers, she never married. 그녀는 애인은 많았지만 결혼은 하지 않았다.

You might clean up the mess **after** you've finished a job. 작업이 끝나면 어질러진 것을 정리해야 한다.

Before  *After*

No matter what the problem is, we will be able to handle it. 어떤 문제든지 우린 다 처리할 수 있다.

Millionaire **though** he was, he never **let** an opportunity for money **slip by.**
그는 백만장자였지만 돈 버는 기회를 결코 흘려 보내지 않았다.

Although he's sentenced to **death to life**, he will become eligible _for parole_ **after serving** 10 years.
그가 비록 종신형을 선고받았지만 10년 뒤부터 가석방이 법적으로 허용될 것이다. (☞ parole 가석방)

And

Be an angel, and hand me **the book.** 착하구나! 그 책 좀 내게 주겠니?

Scratch my back **and I'll scratch yours.** 오는 정이 있어야 가는 정이 있지~ (☞ 명령문+ and)

It was so **touching, and** I almost cried. 너무 감격해서 울 뻔했다.

You didn't' listen to me, **and so now look at** you! 내 말 안 듣더니, 꼴 좋다! (☞ sarcasm 비아냥 어투)

Talks of angels, and you'll hear **the flutter of their wings.** 호랑이도 제 말 하면 온다. (☞ **명령문**+and)

Take care of the pence (pennies), **and** the pounds will **take** _of themselves._
(속담) 푼돈을 아끼면 (그러면) 큰돈은 절로 모이게 된다.

Shake the rug well, **and hang** it _for a few hours_ **under** the sun **before replacing** on the floor.
양탄자를 잘 턴 다음 다시 바닥에 깔기 전에 몇 시간 햇볕에 걸어 두어라.

As ~하는 동안에 (시간 표현에 잘 쓰이고 while과 유사 의미로 쓰인다), ~대로, ~하기 때문에

기본 예문 Basic

Do **as** you like. 네 마음 내키는 대로 하라.

Do in Rome **as** the Roman do. 로마에서는 로마인이 하는 대로 해라.

Vatican Palace, Italy

An alley café, Rome, Italy

He is **as tall as** I am (me). 그녀는 나와 키가 같다.

She was as pale as could be. 그녀는 얼굴이 더 할 수 없이 창백했다.

As you sow, so shall you reap. 자업자득自業自得이다. 뿌린 대로 거두리라! (☞ 주절- 강조 도치문)

It's not as good as I expected. 생각했던 것보다 '별로'인데~

Her skirt swished as she walked. 그녀가 걸을 때 치마에서 쉭쉭 소리가 났다. (☞ swish 소리내는 동사~)

She is not as much mad as I am. 그녀는 내가 그녀를 좋아하는 것만큼 나를 좋아하지 않는다.

It's not as easy as it seems (looks). 그거 보이는 것처럼 쉽지 않다. 만만치 않다.

It sems not as good as it used to be. 그것이 예전만치 좋지 않은 것 같다.

He is not as mad about soccer as I am. 그는 나만큼 축구광狂은 아니다.

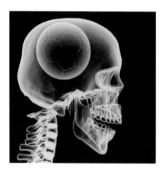

I'll never forget this day as long as I live. 내 눈에 흙이 들어가기 전에는 이날을 잊지 못할 거다.

A baby deer can stand as soon as it's born. 새끼 사슴은 태어나자마자 바로 설 수 있다.

As soon as I'd finished the tests, I was assailed by doubts. 시험이 끝나자 마자 의구심이 엄습했다.

As (was) mentioned in my email, I plan to arrive on the 20th. 메일에 말했듯 20일 도착 예정입니다.

Just as American love their cars, so does the French love their dogs.
미국 사람들이 자기 차를 사랑하듯 프랑스사람들은 자기 개를 사랑한다.

As many people as come will be *welcomed*. 아무리 많은 사람 분들이 와도 다 환영합니다.

Leave things as they are until the police come. 경찰이 올 때까지 물건을 그대로 두어라.

Daniel earns two times as much money as I do. 다니엘은 나보다 돈을 두 배 더 번다.

Love lasts only as long as the money holds out. (속담) 돈이 떨어지면 사랑도 계속될 수 없다.

She asked you to call her as soon as you got in.

그녀가 자네에게 부탁하던데 자네가 돌아오자 마자 전화해 달라던데~

He pictured the world as he would like to be instead of how it is.

그는 세계를 있는 그대로가 아닌 자기가 바라는 모습으로 그렸다.

My heart is torn as I must deliver bad news to those whom I love.

내가 사랑하는 사람에게 나쁜 소식을 전하려 하니 가슴이 찢어진다.

The soldiers parted into three columns as they approached the town.

군인들이 마을로 근접하면서 3열 종대縱隊로 분리되었다.

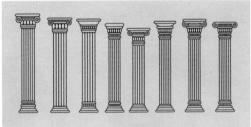

As if 마치 ~인 것처럼 (☞ 조금 뒤 if 접속사에 있는 가정법 설명을 참조하기 바랍니다.)

It seems **as if** it's going to rain. 비가 올 것 같다.

He talks **as if he were** an artist. 그는 자기가 마치 예술가인 양 말한다. (☞ 가정법 과거 표현)

She felt **as if she were** *coming down with* a cold. 그녀는 감기에 걸리는 듯한 느낌이 들었다.

[☞ 가정법 과거 표현; come down with ~으로 몸져눕다 cf. come up with ~을 앞지르다, ~을 생각해 내다]

→ How did you *come up with* such a brilliant idea? Actually I read it in a newspaper.

Because ~이기 때문에, since, as

He stayed home **because** he had **runs**. 설사가 나서 집에 머물렀다. (☞ have runs/trots 설사하다)

I was late **because** my car broke **down**. 차가 퍼져서 (고장 나서) 늦었다.

Don't lose **the key because** I don't have **another**. 여별의 차 키가 없으니 잃어버리면 안 됩니다.

Don't scold them, **because** they don't know **any better**. 철이 없어 그러니 꾸짖지 말거라.

We can't use the pool today **because** it's *being cleaned*. 수영장이 청소 중이라 오늘 이용할 수 없다.

Do not *look down upon* them just **because** they are poor. 그들이 가난하다고 깔보면 안 된다.

[☞ look down on(upon) ~을 깔보다 ↔ look up to ~를 존경하다, ~을 쳐다보다]

The traffic *was* bad **because** a car *had broken* down on the road. (주절과 종속절 시제 차이 주목)
한 차가 도로에 고장나 퍼져 있어 길이 막혔다.

I wish you **would have called** me **because** I've been really **worried**.
네가 너무 걱정이 되어 전화를 해 줬으면 하고 바랐다. (그러나 전화하지 않았다)

You are **pissed off because** you know **that everything** *I say* is **true**. (☞ be pissed off 짜증나다)
넌 내가 말하는 것이 전부 사실이라는 걸 알기 때문에 짜증이 나는 거다.

여인이 한을 품으면 오뉴월에도 서리발이 내린다!

Many people **fear** change **because** they do not **like** [the old ways **to be** *disrupted*].
많은 사람들은 변화를 싫어한다. 왜냐하면 옛 방식이 파괴되는 것이 싫기 때문이다.

The trial has been delayed until this May **because the defense** is not ready to proceed.
재판은 피고측이 아직 개시 준비가 안 되어 이번 5월까지 연기되었다.

I abased myself before the principal **because** / *figured* I had to behave like that **in order to** keep me **from** *being expelled*.
내가 퇴학당하는 것을 막기 위해서는 그렇게 해야만 한다는 생각이 들어 교장 앞에서 비굴하게 굴었다.

Before

We could**n't** travel any distance **before** night **fell.** 얼마 못 가서 해가 저물고 말았다.
(☞not ~ before ~해서야 비로소 ~했다)

Don't count your chicken **before** they *are* ***hatched***. (알을 깨고 나오기 전) 김칫국부터 마시지 마라.

I want to *take a trip* around the world **before** I die. 내가 죽기 전에 세계 일주를 하고 싶다.

He **had been studying** French for two years **before** he **went to** Paris.
그는 파리에 가기 전에 프랑스어 공부를 계속하고 있었다.

Bridge Alexandre Ⅲ, Paris

Notre Dame Cathedral, Paris (전소 되기 전 모습)

We **used to play** pool together **before** we moved out of the house. (☞ play pool 포켓볼을 치다)
우리들은 그 집에서 이사 나오기 전에는 함께 포켓볼을 치곤 했다.

But

Surreal **but**... um, it's so nice. 믿기지 않지만 너무 좋았습니다.
He waited for them, **but** none came. 그들을 기다렸으나 아무도 오지 않았다.

I wasn't actually sick, **but** I felt lousy. 난 진짜 병에 걸린 건 아니었지만 몸이 좋지 않았다. (☞ feel lousy)
I thought he was gentle, **but** he wasn't. 나는 그가 다정한 사람이라 생각했는데 그렇지 않았다.

I really would help you, **but** my hands *are tied*. 정말 돕고 싶은데 나도 너무 바빠 어쩔 수가 없네~
Not a day **goes by but** she thinks of her mother. 엄마를 생각 않는 날이 하루도 없었다. (☞ not ~ but)
Money is not **everything, but,** still, it's **something.** 돈이 전부는 아닌데 그래도 없으면 곤란해~

They have some food, **but** we don't have **any** *left.*
그 사람들에겐 식량이 조금 있으나 우리에겐 남은 게 하나도 없다.
That's **flattering, but** *I don't think* it's really necessary. 그럴 듯하게 들리지만 꼭 필요하다 생각진 않아.
The opera has already started, **but** I haven't arrived yet.

공연은 벌써 시작되었는데 난 아직 도착하지 못했다.

Jimmy will be upset for just a while, **but it too will pass**. 짐이 잠시 힘들겠지만 그 또한 지나가리라!

She tried to apologize, **but** that only made the matters worse.
그녀는 사과하려 애썼지만 그것이 사태를 더 악화시켰다.

We *used to play* tennis every day, **but** now we prefer swimming.
우린 전에 매일 테니스를 치곤 했는데 지금은 수영을 더 좋아합니다.

We have very few **material possessions, but** we have each other.
우리는 물질적으로 가진 것이 없었지만 우린 서로 의지하며 삽니다.

I'm sorry to *barge in* like this, **but** *I don't know* **who (whom) to turn** to.
이렇게 갑자기 몰려와 죄송하지만 제가 누구에게 도움을 청해야 할지 모르겠습니다.

Commoner' used to be commoner, **but 'more common' is** more common.
한때는 (비교급으로) commoner가 더 널리 쓰였지만 지금은 more common이 더 널리 쓰인다.

[☞ 형용사의 비교급을 만드는 방법에 대해 운율을 넣어 재미있게 만든 멋진 글입니다.]

Except

I'm not going **except** (that) you go with me. 네가 가지 않으면 나도 가지 않겠다.

I know **nothing** about him **except that** he lives next door. 그가 이웃인 것 외엔 아무것도 모른다.

Paul told me nothing **about what he was writing except that it was to be a Christmas play.**
폴은 크리스마스 연극이란 걸 빼고는 자기가 무엇을 쓰고 있는지 아무것도 얘기하지 않았다.

가정법 시제 별 표현

가정법은 영어학습자들이 가장 어려워하는 영역인데 그렇게 힘들어 할 이유가 없습니다! 왜일까요?

'가정법'은 '실제 사실이 아닌 것을 사실처럼 말하는 방법'을 말합니다. 다만 '조건문'과는 구별됩니다. '조건문'은 어떤 일에 대한 사실적 표현으로서 일정 조건만 충족되면 실현 가능한 일을 나타낼 때 사용하여 일반적 시제 방식대로 표현됩니다.

그에 반해서 가정법은 '~한다면, ~할 텐데'라고 추측해서 말하기 때문에 '불확실성'을 띄고 있습니다. 그런데 추측이나 약한 가능성, 불확실한 것 또는 공손하게 표현할 때는 동사 세제 중 약한 시제 즉, '과거시제'로 표현한다고 이미 앞에서 설명을 드렸지요? 그런 원칙이 있기 때문에 가정법의 문장은 주절과 종속적 모두 과거형으로 의도적으로 시제를 한 단계 낮춰 표시합니다. 그런 후 그 문장의 문법적 명칭은 if절에 쓰인 과거 동사를 따라 '가정법 과거'라 규정해서 부르되 '현재 사실의 반대 상황이나 현재 일어날 것 같지 않은 상황'을 가정해서 표현합니다.

가정법 시제들은 아래처럼 시제 순차적으로 설명될 수 있습니다. 우리들이 이런 가정법의의 기본적 개념을 이해하고 출발한다면 가정법 그까짓 것 어렵지 않게 이해할 수 있습니다.!

시제	구분	내　　　　　용
가정법 과거	개념	현재 사실의 반대나 현재에 일어날 것 같지 않은 상황을 가정할 때
	형태	If+주어+were or 과거시제, 주어+would/should/might+원형동사
	예문	If I were a millionaire, I would travel all around the world. 만약 내가 백만장자라면 전 세계를 여행할 텐데...
가정법 과거완료	개념	과거의 사실에 반대되는 상황이나 과거에 일어났을 리 없는 상황을 가정할 때
	형태	If+주어+had pp , 주어+would/should/might have+pp
	예문	If I had studied English harder, I would have read more books in English. 내가 영어를 더 열심히 공부했더라면 영어 책을 더 많이 읽었을 텐데...
가정법	개념	현재나 미래 시점에 일어날 가능성이 있는 일을 가정할 때
	형태	If+주어+현재시제 동사(원형동사), 주어+will/would+동사원형

현재	예문	**If** the weather's **(be)** fine, **I will go** surfing tomorrow. 만약 날씨가 좋다면 나는 내일 서핑을 하러 갈 것이다.
혼합형 가정법	개념	If 종속절과 주절이 각각 다른 시제를 표현할 때
	형태	① If+주어+had pp, 주어+would/should/might+원형동사 ② If+주어+were/과거시제, 주어+would/should/might have+pp
	예문	**If** I **had studied** harder, I **could pass** the bar examination this time. 내가 더 열심히 공부했다면 내가 이번 변호사 시험에 합격할 텐데... **If** I **knew** better about him, I **would have helped** him. 내가 그를 좀 더 알았더라면 내가 (그때) 그를 도왔었을 텐데...

"더 잘 살 수 있었는데..."

The Unfortunate 씨의 묘비입니다! 가정법의 멋진 예문입니다! 우리가 세상을 떠날 때도 마찬가지입니다...

기본 예문 Basic

조건문

If it's nice, (then) it's nice. 좋은 게 좋은 거지 뭐~
If you add 7 to 5, you **get** twelve. 7에 5를 더하면 12다.

If the traffic is bad, **cycle to work**. 교통이 혼잡하면 자전거로 출근해 봐. (☞ cycle 자전거를 타다)
If anybody **calls**, *tell him* I've **gone**. 누군가 전화 오거든 내가 떠났다고 말해 줘.

This cloth will **shrink** if (it's) *washed*. 이 천은 물세탁을 하면 줄 것이다.
Ask Ann if *she knows* **what time it is.** 지금 몇 시인지 아는지 앤에게 물어보세요.

If you're **all that**, **how big** could you be? 네가 잘났으면 얼마나 잘났냐?
→ 동일 If you're special, **how special** could you be?
He can recover from illness if he wills it. 그가 병을 이기려는 의지가 있으면 병을 극복할 수 있다.

If you know someone good, **hook** me **up**. 좋은 사람 있거든 날 좀 소개시켜 줘(☞ hook 유혹하다, 낚다)

You can't be **a bread winner if** you act like that! 그래 가지고 밥이나 제때 먹고살겠냐?

If I've **told** you **once**, I've **told** you **a hundred times**. 이번에 얘기하면 백 번째 얘기하는 거다!

The concession stand is over there, **if** you'd *care for* **something**.
매점이 저쪽에 있으니 필요하신 것 있으면 이용하세요. (☞ care for ~좋아하다, ~하고 싶다)

You're **off base if** *you think* "I'm going to do that much **overtime**." (☞off base 생각이 잘못된)
내가 시간 외 근무를 해서 그만치 더 작업하리라 생각하면 큰 오산이다.

You should take an umbrella **with you in case** it rains unexpectedly.
예상치 못하게 비가 올 경우에 대비해서 우산을 가져가야 한다.

가정법 예문

I'll be *hanged* **if** she buys it.
그녀가 그걸 산다면 내 손에 장을 지지겠다.
If it *were* easy, everybody **would** do it.
그게 쉽다면 누구나 다 그걸 할거다.
If you don't get **moving**, you will miss the bus.
서두르지 않으면 버스를 놓칠 것이다. (get-ing 시작하다)

I would appreciate it **if** you **keep** me *updated*.
계속 새 소식을 전해 주면 고맙겠습니다. (☞상업 영어)

If I **had drunk** coffee last night, I **wouldn't have slept** well. 어제 밤 커피 마셨다면 잠을 못 잤을 텐데

If we **eat out** every night like this, we'll go **broke in no time**. 이렇게 매일 외식하면 곧 파산할 거다.

If I **hadn't gone** to Bangkok, I **wouldn't have met** my husband.
내가 방콕에 가지 않았다면 내 남편을 만나지 못했을 것이다.

Bangkok, Thailand

If the sun **were to rise** in the west, I **would** change my mind. 해가 서쪽에서 뜨면 내 맘을 바꿀 텐데.

He **would** not **go out to** town *barefooted* if he could keep his mind.
그가 제정신이었다면 맨발로 시내에 나가지 않았을 텐데.

If you don't mind, could you **adios** these dirty dishes **and take out** that trash, too?
괜찮다면 접시를 가져가고 쓰레기 통도 좀 비워 주면 어때요.

발전 예문 Intermediate

If it's fine with you, I'll **be your date**. 당신이 괜찮다면 내가 당신 데이트 상대가 되어 드릴게요.

If we **had left** earlier, we **wouldn't have missed** the train.
우리가 조금 일찍 출발했다면 기차를 놓치지 않았을 텐데...

If he *presents himself* **as a radical**, he **risks scaring** off **the moderates**. [☞ radical 급진(극단)주의자]
그가 만약 급진주의자를 표방한다면 중도 층 사람들을 쫓아 버리는 위험을 지게 될 것이다.

Radicalism

If I had **my life [to live again]**, I'd make the same mistakes, **only sooner.**
내게 다시 생이 주어진다면 같은 실수를 하되 더 이른 때에 저지를 것이다. (☞ make mistakes 실수하다)

If I'm wrong about the whole book-down-the-trousers scenario, I really apologize.

(책 도둑에게) 만약 바지 속에 책이 들어 있다는 내 모든 짐작이 틀린다면 내가 정말로 사과하지.

If it had not been for (Had it not been for) his help, I would not be on earth now.
그의 도움이 없었다면 내가 지금 이 세상에 살아 있지 않을 것이다.

If Cleopatra's nose had been shorter, the fate of whole history **would have changed**.
만약 클레오파트라의 코가 조금만 낮았다면 세계 역사의 운명이 바뀌었을 텐데~

If a serious crisis **should** arise, the government **would** take immediate action **necessary**.
만약 심각한 위기가 발생하면 정부는 즉시 필요한 조치를 취할 것이다.

If you have some difficulties **(in) locating** a particular book, **ask** the librarian **for assistance**.
어떤 특정한 책을 찾는 데 어려움이 있거든 도사관 사서사에게 도움을 청해라.

심화 예문 Advanced

What shall it profit a man **if** he shall gain **the whole world, and** lose **his own soul**?
사람이 만일 온 천하를 얻고도 제 목숨을 잃으면 무엇이 유익하겠느냐. [성경 마태복음 Matthew 16:26]

If you *are accused* of a crime, it can destroy your reputation **even if** you are not guilty.
당신이 만약 어떤 범죄로 비난을 받게 된다면 비록 당신에게 죄가 없더라도 당신의 명성이 무너질 수 있다.

If you have been **thinking about buying shares**, now could be the very time **[to take the plunge]**.
네가 주식을 살 생각이 있다면 지금이 뛰어들 바로 그때일 수 있다. (☞ take the plunge 뛰어들다)

If they appear to be **under 18**, then the doorman is not allowed to permit them **entry to the club**.
만약 그들이 18세 이하로 보이면 그 문지기는 그들이 클럽에 들어가는 것을 허용해선 안 된다.

If all the coronary arteries are free of significant obstructions, all parts of the heart will receive equal amounts of oxygen.
관상동맥에 현저한 장애가 없다면 심장의 모든 부위에 동일한 양의 산소가 공급받게 될 것이다.

Angioplasty for Coronary Artery Disease

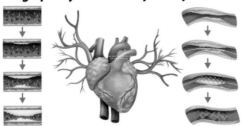 

[註: **Coronary angioplasty** 심장 동맥에 스텐트를 넣어 막힌 관상동맥을 뚫어 주는 심혈관 형성 시술]

If you could spend a couple of hours a day **with** learned scholars *discussing* current **events and** important **issues in** English, you would surely become **better** with the language **than you are now**.
하루에 두 시간을 훈련된 전문가들과 최신 뉴스와 중요 주제에 대해 영어로 토론하며 보낼 수 있다면, 당신은 영어를 지금보다 확실히 더 잘하게 될 것이다.

Lest (~should) ~하지 않도록 하다, ~하지 않을까 해서

Make haste **lest** we **should** be late. 우리가 늦지 않게 서두르자.
I'm scary **lest** you **might** be in danger. 자네가 위험에 빠질까 봐 겁이 난다.
She was dreadfully anxious **lest** his son **should** fail in the exam. (☞ **lest ~should** ~않도록 하다)
그녀는 아들이 시험에 떨어지지 않을까 지극히 노심초사했다.

Like

Use spoon **like** I do. 내가 하는 대로 스푼을 사용해 봐라.
Do I **look like** I'm easy? 내가 만만해 보여?

It's nice, just **like** you say. 말씀처럼 훌륭하네요~
Stop acting **like** you're **all that**. (네가 전부인 양) 잘난 척 좀 그만해!

It looks **like** his bed *wasn't slept* in. 그의 침대는 아무도 사용하지 않은 것처럼 보인다.

Why are you acting **like** you don't know me? 사람보면 아는 척 좀 해라!

Without you, I feel **like** something is missing. 네가 없으면 뭔가 허전한 기분이 든다.

My teacher looked at his watch **like** *he believed* **Tom might be late.**

선생님은 톰이 지각할 것이 확실하다 믿는 듯 시계를 들여다보셨다.

Or/Nor 혹은/~또한 아닌

He was **not present nor** was I. 그는 출석하지 않았고 나도 그랬다. (☞ nor 도치 강조 문장)

Do you want to **stay in or go out**? 너 안에 있을 거니 아님 밖에 나갈 거니?

I've **never** eaten horse meat, **nor did** I want **to**. 말고기를 먹어 본 적이 없고 먹고 싶지도 않았다. (도치)

There was **no** physical contact, **nor did** I want **any.** 신체 접촉 없었고 또한 원하지도 않았다.

Shall I **come** to **your house or** *would you like* to come to **mine?**

내가 당신 집으로 갈까요 아님 당신이 우리 집으로 와 주실 수 있을까요? (☞ would you~ 예의 바른 표현)

He has *never* (**seldom, rarely**) spoken an unfair word *to his staff* **nor** to *anyone else.*

그는 자기 직원들에게 또 다른 사람들에게도 부당한 말을 한번도 (좀처럼, 거의) 한 적 없다.

Since ①~한 이래[특정 시점 이후 걸쳐진 시간을 표시하며 주절에는 완료형 시제가 온다],②~이기 때문에

It **has been** five years **since** the war **ended.** 전쟁이 끝난 지 5년이 경과했다. (☞ since the war ~~had~~ ended)

I **have known** her **ever since** she was a child. 그녀가 아이 때부터 죽 알고 지내 왔다. (☞ she ~~had been~~)

Big improvement **has** *been made* **since** this century **began.** 금세기 이후 많은 개선이 이루어졌다.

You can see some part of **his bottom since** he is wearing his pants **very loose.**

그는 바지를 너무 헐렁하게 입고 있어서 그 사람 엉덩이가 보인다.

Since *it's likely to* snow in the afternoon, the performance will be moved **indoors**.

오후에 눈이 올 것 같아 공연이 실내로 변경될 겁니다.

So ~하도록, ~하기 위하여, 그 결과로, 그래서

Carefully check **so (that)** you won't **do any misspelling.** 오자를 쓰지 않도록 꼼꼼히 살펴봐라.

This is an open source computer program, **so** anybody can *have* **easy access** *to* it.

이 컴퓨터 프로그램은 오픈소스 방식이어서 누구나 쉽게 이 프로그램에 쉽게 접속할 수 있다.

Easier *said* than (it's) *done*. 말은 쉽지! (행동에 옮기는 것이 더 쉽지 않다.)

Teenagers today are more worldly than I ever was. (☞ worldly 세속적인, 속물의)
요즘 10대들은 내가 예전에 한때 그랬던 것보다 더 타산적이다.

People work better with air conditioning than without (it). 냉난방시설에서 일할 때 효율이 더 높다.

This year's output will be six percent lower than (it was) last year. 금년 산출이 작년보다 6%줄었다.

Indeed, it still burdens the Germans, albeit, differently than in the past. (☞ albeit 비록 although)
비록 예전과는 다르지만, 그것 (히틀러 범죄)은 아직도 진정 독일 사람들에게 부담이 되고 있다.

Jewish Holocaust Memorial, Berlin, Germany **Auschwitz, Poland**

She swam the 400 meters medley ten seconds slower than she did in 2017.
그녀는 400미터 혼영에서 2017년 기록보다 10초 늦은 기록을 보였다.

Women now have much greater access to the jobs than they had in the past.
여성들은 이제 과거 때보다도 더 나은 직업을 선택할 수 있는 기회를 갖게 되었다.

More people died of (from) flu in 1919 *than* were killed in the First Word War. (☞ die of; die from)
1919년 독감으로 죽은 사람이 세계1차대전 중 죽은 사람보다 많았다. (☞ more ~ than ~)

Export in May rose 3% despite the hard hit from Covid19, *implying* that the economy was stronger

than many investors **had realized.** 코로나 사태의 심대한 타격에도 불구하고 수출이 5월에 3% 증가했다. 그것은 경제가 투자자들이 인식했던 것 보다 더 강했음을 의미한다.

In a good mood people *are **more** likely to listen and agree* to **[what you are saying]** *than* if they *are in a bad mood.* 사람들은 좋은 분위기에 있을 때 당신이 얘기하는 것에 대해 그렇지 않을 때보다 경청하고 또 동의해 줄 가능성이 더 높습니다.

Unless (if ~ not) 만약 ~이 아니라면

Don't come **unless** I tell you to (come). 오라고 하지 않거든 오지 말거라.
You might **get stuck in** traffic **unless** you leave early. (☞ get stuck in ~안에 갇히다)
일찍 출발하지 않는다면 교통 체증에 갇힐지 모른다.

You'll never know *if you can write well*, **unless** you attempt it.
네가 글을 써보지 않고는 글을 잘 쓸 수 있는지 절대 알 수 없다.
Make sure to phone me next week **unless** you hear otherwise. 달리 연락 없거든 다음 주 꼭 전화 줘!
Unless you assume a God, the question of life's purpose is by far meaningless.
당신이 신을 받아들이지 않는다면 우리가 왜 사는가에 대한 질문은 전혀 의미가 없다.

Officials can only hold a **suspect** [in jail][for 48 hours] **unless** they find **evidence against** him or her. 수사관들은 남녀불문하고 피의자에 대한 증거를 찾지 못하면 48시간내 구속 상태에서 풀어줘야 한다.
Life on earth will become **unsustainable unless** continuing population growth *is **held*** well in check.
지속되는 인구 증가가 잘 억제되지 않는다면 지구상의 생명들은 그 삶을 지속할 수 없을 것이다.

Until; Till ~할 때까지, by the time (that)

I waited **until** it got dark. 날이 저물 때까지 기다렸다.
How many years **till** you're [in school]? 네가 몇 년 있으면 학교에 가게 되니?

He stretched the rubber band **until it broke**. 고무 줄이 끊어질 때까지 잡아당겼다.

We **held** the baloon **down** **till** we *are ready to* **let it go**.
우리가 기구를 띄워 보낼 준비가 될 때까지 (기구를) 잡아 당기고 있었다.

Stir **with** a metal spoon **until** the sugar has fully **dissolved**. 설탕이 녹을 때까지 스푼으로 저어라.

I did*n't* realize (that) I was speeding *until* I heard the siren. (☞ not ~ until ~이 되어서야 비로소 ~하다)
싸이렌 소리를 듣고 나서야 내가 과속하고 있었다는 사실을 알게 되었다.

I did*n't* **use to** **believe in** ghosts *until* I visited **a haunted house.**
한 흉가에 가 보기 전까지는 귀신의 존재를 믿는 편은 아니었다.

Creepy mansion 으시시한 폐저택   haunted house

It was *not until I left the school* **that** I realized the importance of study. (☞ not until ~ that~)
학교를 졸업하고 나서야 비로소 학업의 중요성을 깨닫게 되었다.

The shoppers were **crowded** at the entrance **until** they (*are*) **allowed** in.
쇼핑객들은 안으로 들어오세요 할 때까지 입구에 무리를 지어 있었다.

Why don't we just leave the statue here **until** we got all the other stuff in? (☞ why don't~ 권유)
다른 짐들이 다 들어올 때까지 그 조각彫像을 그냥 여기에 놔두면 어떨까?

The EU will **not lift** its sanction **until** that country **makes** appropriate political **reforms.**
EU는 그 나라가 적절한 정치적 개혁을 하지 않을 경우 제재 조치를 거두지 않을 것이다.

When(ever) ①할 때마다, everytime (that) ②~임에도 불구하고

기본 예문 Basic

My heart **melted** **when** I saw her **crying.** 그녀가 우는 것을 볼 때 가슴이 녹아 내렸다.

Whenever you come, you will *be welcome*. 네가 온다면 언제나 환영이지~

When it comes to painting, he's **all thumbs**. 그림에 관해 얘기하자면 그는 손이 무디다. (똥 손이다!)

[☞ when it comes to ~ 표현은 여러분들이 실전에서 유용하게 쓸 수 있는 표현이니 잘 기억하세요!]

When *used* properly, car airbags **save lives**. 적절하게 사용되면 차 에어백이 사람의 생명을 살린다.

Do you have to make that noise **when** you eat? 밥 먹을 때 그런 소리를 내야 하니? (☞ make noise)

He let out a whoop **when** he won the first prize. 그는 일등상을 탈 때 '와' 함성을 질렀다. (☞ let out)

He was five steps away **when** he *was* **called** back. 그가 다섯 발짝쯤 나아갔을 때 불려 돌아왔다.

The train **had left when** we **arrived** at the station. 역에 도착했을 때 기차는 이미 떠났다. (☞ 시제차이)

He is always cheerful except **when** he is penniless. 무일푼일 때를 빼고는 항상 명랑했다.

What's the use of looking nice **when** no one sees me? 아무도 안 보는데 예뻐 보여 무슨 소용?

It's **too** late **to shut** the stable door **when** the horse is stolen. 소 잃고 외양간 고치기

I'm terribly sorry to **interrupt** you **when** you're **having** dinner. 저녁 식사를 방해해서 너무 죄송합니다.

The watch keeps good time **when** we consider **how little** it costs.

시계 값이 아주 저렴하다는 점을 생각할 때 그 시계는 시간이 정확하다.

When I heard **what he had done,** I felt such admiration **for** him.

내가 그가 한 업적에 대해 듣게 되었을 때 그에 대한 대단한 존경심을 품게 되었다.

I recommend **that** you avoid processed foods **whenever (it's) possible.**

난 네가 가능하다면 언제나 가공식품을 먹지 않았으면 한다.

Small businesses **suffer when** big companies move **in on** their territory.

작은 기업들은 그들의 사업영역에 큰 기업들이 진입하면 어려움을 겪게 된다.

발전 예문 Intermediate

When it comes to talking, I have observed two basic **personality types.**

말하는 것에 관해서 난 두 가지의 기본적인 성격 유형을 관찰해 왔다. (※ **when it comes** to ~관해 말하자면)

[The thought of them *getting* her possessions **when she dies**] agitated her.

그녀가 죽으면 그녀의 재산을 차지하려는 그들의 생각이 그녀를 안절부절하게 했다.

When business **went bankrupt**, five years of hard work **went up in smoke**
사업이 부도나면서 5년 동안의 고생이 연기처럼 사라졌다. (☞ go bankrupt 파산하다)

Laura's mother **was** very much *disappointed* **when she dropped out of high school.**
로라의 아버지는 그녀가 고교를 중퇴하게 되자 대단히 실망했다. (☞ drop out of ~ 학교를 그만두다)

When something bad happens, most people don't know **what to do** for the next.
나쁜 일이 생기면 대부분 사람들은 그 다음 무슨 일을 해야 하는지 모른다.

Hong Kong was in a great position [back][in 2008], **when** the global financial crisis **hit**.
전 세계 금융위기가 덮쳤을 때 홍콩은 2008년 당시 엄청나게 좋은 위치에 있었다.

Hong Kong Island

You need to think about **comfort and practicality** <u>**when** (you are) **choosing** walking shoes</u>.
걷기용 신발을 고를 때는 안락함과 실용성을 고려해야 한다.

심화 예문 Advanced

<u>**When** we arrive at the stadium</u>, the game had already started. (☞ 주절과 종속절 시제 차이 주목)
우리들이 경기장에 도착했을 땐 이미 경기가 시작한 후였다.

Most often we procrastinate **when** *faced* with something [we do not want **to do**].
늘 대부분 뭔가 원치 않는 상황을 만나면 꾸물거리게 된다. (☞ procrastinate 미루다, 질질 끌다)

The restaurant got a bad reputation <u>**when** a few people **reported** *getting* sick after **eating** there</u>.
그 식당은 그곳에서 식사를 한 몇몇 사람이 식사 후 배탈이 났다 소문을 내자 평판에 손상을 입었다..

The Bible comes alive <u>**when** it is rewritten [in news-story style][**as if by** an eye-witnessed journalist]</u>.
성경은 마치 한 기자가 현장을 목격한 듯 뉴스 식으로 재구성하면 생생하게 바뀐다.

The first step is **to set** your objectives *in* [**what** you need **to do**], and *by* [when they need *to be done*]. 우선 취할 조치는 당신이 무엇을 할 필요가 있는 것인지 그리고 그것이 언제까지 완수되어야 하는 지에 대해 목표를 세우는 것이다. [☞ 관계대명사 what, 관계부사 how절이 혼재하는 문장입니다.]

Mother quietly <u>took dad's plate away</u> **when** he grumbled about [there being no decent side dishes]. 아빠가 맛있는 반찬이 없다며 투덜거리자 엄마는 아빠의 밥그릇을 슬그머니 치워 버렸다.

<u>**When eating** a whole cooked fish</u>, you should never turn it over **to get at** the flesh on the other

side. 통째로 조리된 생선을 먹을 때 다른 쪽의 살에 손대려고 생선을 뒤집어서는 절대 안 된다.(☞ 식사예의)

Where/Wherever

Paint the wall [**where** it has peeled]. 벽에 페인트가 벗겨진 곳을 칠하세요.

My eye puffed up **where** he hit me. 그가 때린 눈 부위가 부풀어 올랐다.
Where there is **a will**, three is **a way**. 뜻이 있는 곳에 길이 있다.

Let's **pick up where we left off** yesterday. 어제 중단했던 데부터 다시 얘기를 계속해 봅시다.
Children learn **incredibly fast**, **where** adults learn fairly slowly**. (☞ where, whereas, while 가능)
아이들은 믿지 못할 정도로 빠르게 배운다, 반면에 어른들은 꽤 느리게 배웁니다.
I'd like to leave as soon as possible and join my children, **wherever they are**.
아이들이 어디에 있든지 빨리 출발해서 아이들에게 가야 하겠습니다.

Whereas ~인 반면에, ~이지만

He is quite reserved, **whereas** his wife is very sociable.
그는 내성적introverted이나 아내는 아주 사교적amicable이다.

Some babies have white skin, **whereas others** have dark skin. (☞ 대명사 상당어구 some, ~others)
어떤 아이는 피부가 하얀데 다른 아이들은 검다.

Pensions *are linked to* inflation **whereas** they should *be linked to* the actual cost of living.
연금은 실생활비에 연동이 되어야 하지만 실제로는 물가 상승률에 연동되어 있다.

While ①~하는 동안 ②~인 반면에 **whereas** ③~일지라도 **although**

Do **it while** there's yet light. 아직 해가 있을 때 해라.
While there is life, there is hope. 살아 있는 한 희망은 있다.
Please do not enter **while** a lesson is in progress. 수업이 진행되는 동안 들어오지 마세요.

Would you please **care for** this pet **while** I'*m gone*? 내가 없는 동안 내 애완동물 좀 봐주시겠습니까?
While it has lost its **tranquility**, the area has gained its **liveliness**. (☞ tranquility 고요, 평안)
그 지역은 예전의 정적은 간데없고 활기를 되찾았다.
We're living **in** a trailer temporarily **while our house** is **being** *built*.
우리 집이 건축되는 동안 트레일러에서 임시로 생활하고 있다.
→ 유사 I went for lunch **while** my car *was **being fixed***. 차가 수리되는 동안 점심 식사를 하러 갔다.

While searching for a way [**to augment** the family income], she **began making** dolls.
가정의 수입을 늘릴 방법을 찾던 중 그녀는 인형을 만들기 시작했다.
Some *see* themselves **as** merely the provider of ideas, **while others** *view* their roles **as essentially**
managerial. (☞ **some, ~others** 대명사 상당어구) 어떤 이들은 자기들이 단지 아이디어의 제공자라고 생
각하는 반면 다른 이들은 그들의 역할을 핵심적 관리자라고 여긴다.

Yet 그럼에도 불구하고, ~이지만, 그래도 (**although**나 **though**와 상관적으로 쓰임)

[☞ yet의 용법이 까다롭습니다. 시간 끌지 말고 바로 앱 사전을 들여다보세요!]

접속사

I'm tired, **yet** I can't sleep. 피곤하다, 그렇지만 (☞ **however**) 잠은 오지 않는다.
It's clear today, **yet** Arnold is wearing a raincoat. 오늘 날씨가 좋은데 아놀드는 비옷을 입고 있다.

Love your neighbor, **yet** pull not down your fence.
이웃을 사랑하라, 그래도 (☞ **nevertheless**) 담장까지 낮추지는 마라.
Although we may lose heart, **yet** we must **persevere**. 낙망할 일이 생기더라도 견뎌야 한다.

부사

Aren't you ready <u>yet</u>? 아직 준비가 안 되었냐? (☞ 부정문에서의 부사 yet은 안타까움, 놀람)

Have you written your email <u>yet</u>? 이메일을 벌써 다 쓰셨습니까? (☞ 의문문의 부사 yet 벌써)

기타 접속사

<u>Drop by *anytime* you're in town</u>. 시내에 나오면 언제든 들러라. (☞ drop by 지나는 길에 들르다)

He ran off <u>*the minute* he saw me</u>. 그는 나를 보자마자 달아나 버렸다.

I arrived at <u>*the very moment* she was leaving</u>. 그녀가 막 떠나려 할 때 도착했다.

<u>*Every time* I feed my dog</u>, she jumps on my knees. 내가 개에게 밥을 줄 때마다 무릎에 올라온다.

<u>*By the time* Jessica arrived home from work</u>, she *had been driving* for two hours.
제시카가 직장에서 집에 도착했을 때까지 두 시간 계속 운전을 했다.

Module 33

Congratulations, All!
축하합니다. 여러분 더 이상 오를 산이 없습니다!

□ 그동안 참 수고 많으셨습니다 본 모듈33으로 우리의 33모듈 대장정의 끝에 와 있습니다. 본 모듈은 한 문장 안에 **관계사**와 **접속사**가 한꺼번에 들어 있는 표현, **'혼문混文'**을 공부합니다. 문장 구조적으로 혼문보다 더 고도의 영어 문장은 없습니다. 여러분, 이제 더 이상 오를 산이 남아 있지 않습니다!

□ 본 교재가 다루는 문법과 예문의 수준은 기초부터 중-상급intermediate-Advanced 난이도까지 폭넓습니다. 물론 난해한 철학이나 심오한 신학을 다루지는 않습니다. 그러나 여러분들이 해외여행을 할 때 필요한 간단한 대화부터 외국계 기업에서 근무하거나 연구나 투자에 필요한 외국의 정보를 수집 분석할 때, 그리고 무엇보다 외국인과 자기가 원하는 대로 마음껏 표현할 수 있는 능력을 갖출 수 있게 해드리는 데 주안점을 두고 만들었습니다.

뿐만 아니라, 본 교재 안에 있는 33문형을 완전하게 내 것으로 만든 뒤에는 이제 여러분의 관심 분야, 예를 들어 수능 또는 TOEIC, TOEFL, GRE, GMAT 등 독해능력 시험에서 말하기와 글쓰기 등 능동적 표현 분야까지 계속 추구해 가시기 바랍니다. 어학연수나 해외 유학도 본 교재를 마치고 떠나세요. 큰 비용이 드는 과정인데 본 과정이 그 성과를 열 배로 만들어 드릴 것입니다.

□ 본 교재 앞 부분에서 밝혔듯이 『영어는 '**순서**'와 '**위치**'의 언어입니다.』 우리 학습자들이 끈기 있게 문장 안에서 각 문장의 요소(성분)들이 어디에 어떻게 자리를 잡는 방식을 통달하고 상황별 표현들을 익히기만 하면 얼마든지 영어를 자유롭게 구사할 수 있게 됩니다. 다만 그곳에 도달하는 길은 **반복** 외엔 답이 없습니다. 머리가 아무리 좋아도 영어만큼은 반복 학습을 통한 암기 없이는 되지 않습니다. 본 교재를 끝내고 나면 책을 덮지 마시고 출발점이었던 '**모듈1**'로 다시 돌아가기 바랍니다. 기본적으로 최소 3-5회 정독精讀을 말씀드렸죠? 그래도 안 되면 될 때까지 심지어 100독까지 한번 붙어 보면 무조건 되게 되어 있습니다. 제가 간단한 영어 문법책 한 권을 곁에 두고 수시로 읽어 200-330번에 이를 때 영어만큼은 누구에게 뒤지지 않게 될 수 있었듯 여러분도 본 교재를 통해 영어를 체화-체득하는 경지에까지 이르기를 소망합니다.

□ 한때 고통은 다가올 큰 축복 앞에 아무것도 아닙니다. 그 어느 날 갑자기 영어가 여러분의 발 아래 환히 모습을 드러낼 날이 반드시 오게 되어 있습니다. Eureka!!! 영어를 가지고 멋진 미래를 가꾸어 가세요! 무엇이든 하고 싶은 것 다 도전해서 성공하세요!

□ 혼문의 경우는 종속절과 접속사까지 다 들어가 있는 문장이기 때문에 문장의 길이도 꽤 길어집니다. 그러나 문장의 길이가 길다고 무조건 어려운 건 아닙니다. 결코 당황할 필요 없습니다. 길어도 어려워도 아무리 난해한 문장도 지금까지 우리들이 공부해 온 33개 모듈 안 5,000여 개 예문의 표현 범위 안에 대부분 다 들어 있습니다!

표준 예문 Standard

예 **Look about** <u>and</u> **see if you can find it.** 찾아 낼 수 있을지 주변을 살펴봐라.

예 **He thinks** that **he's** somebody, **but he's really** nobody.
그는 자신을 대단한 사람으로 여기나 사실은 별 볼 일 없는 사람이다.

예 <u>When</u> **I asked him if I might leave, he said** that **I might not.**
떠나도 좋으냐 물었더니 그는 안 된다고 말했다.

예 **I was amazed to learn** <u>that</u> **she was the one** who **informed on(against) her husband.**
나는 그녀가 자기 남편을 고발한 사람이란 말을 듣고 몹시 놀랐다.

통합 예문 Combined

I didn't see **who** knocked on the door, **but** it might have been the mailman.
문을 두드리는 사람이 누구인지 보지는 않았지만 우편 배달부임이 틀림 없을 것이다.

Red wine would be good for people **who** prefer the meat (to be) *broiled* until it's well *done*.
적포도주는 잘 익혀진 고기를 좋아하는 사람에게 적합할 수 있다.

It's often said that **he who has little is** *not* poor, *but* is poor **that desires vigorously too much**.
가진 것이 적다고 가난한 사람이 아니라 탐욕스럽게 너무 많은 것을 탐하는 사람이 가난한 자라고 흔히 말한다.

My husband works **from** home, **and** the problem is **that** I end up **distracting** him, **and** he missed

his deadlines. (☞ end up 결국에는 ~이 되다)
남편은 재택근무를 한다. 문제는 내가 결국 남편을 산만하게 해서 그가 끝내 마감일을 놓치게 되는 것이다.

I'd like **a friendship** [**that** might lead to something deeper], **but** I wouldn't want to commit myself too soon. 깊은 우정에 이르는 것을 좋아하지만 그렇지만 나를 바로 드러내 보이지는 않을 것입니다.

My father had great admiration **for** his mother [**who raised six children** by herself] **after** her husband passed away. 아버지는 남편이 돌아가신 후 6명의 자녀를 키운 어머니에 대한 대단한 존경심을 갖고 있다.

Davis made **a gesture** [*spreading* out his hands], **as if he** *were* showing **that he had no explanation to make more.**
데이비스는 더 설명할 것이 없다는 것을 보여 주려는 듯 두 손을 펴는 몸짓을 해 보였다.

When Herod realized **that he had been** *outwitted* **by three Magi**, he got furious, **and** he gave orders to kill all the boys in Bethlehem.

헤롯이 세 동방 박사에게 속은 줄 알게 되었을 때 심히 노하여 사람을 보내 베들레헴에 있는 모든 사내 아이들을 죽이라 명령을 내렸다.

My husband and I actually honeymooned at **Santorini of Greek Island, but** tell me **more** [about there **we did not know**] **when** we'd vacationed there then. (☞ honeymooned at ~로 신혼여행을 가다. Honeymoon을 명사로만 알고 있지만 동사로 멋지게 활용할 수 있죠?)

사실 나와 남편도 그리스의 섬 산토리니로 신혼여행을 갔었는데요 우리가 그때 거기를 여행할 때 미처 알지 못한 것들에 관해 좀 더 말씀해 주세요.

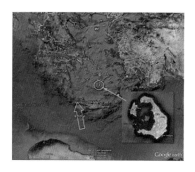

Hydrogen is the most plentiful element in the universe, **and**, once *isolated*, is <u>a clean combustion fuel</u> [**that** produces **neither** greenhouse gases **nor** toxic emissions].

수소는 우주에 가장 풍부하게 존재하는 물질인데 일단 유리되면 온실가스나 유해 가스를 배출하지 않는 청정 연소 연료가 된다.

<u>Over half of people</u> [**who speak English worldwide**] are native speakers of other languages, **yet** many of them are *as adept* *with English* *as* the best educated native English speakers **are**.

전 세계에서 영어를 쓰는 사람들의 절반은 (영어가 아닌) 다른 말을 모국어로 갖고 있는 사람들인데 그들 중 많은 사람들은 영어를 모국어로 고등교육을 받은 사람들만큼 영어를 잘 구사한다.

As retail fireworks companies <u>regain their **footing**</u>, <u>wholesale fireworks companies</u>, **which** put on <u>massive shows</u> [**you see at sporting events, music festivals and Fourth of July celebrations**], are ***being crushed***. (☞ footing 안전한 부동의 발판, 기초 토대)

소매 불꽃놀이 기업들이 그들 사업의 발판을 되찾는 동안 스포츠 행사, 음악 축제 그리고 7/4 독립기념일 행사 때 보게 되는 **도매 불꽃놀이 기획사들은** (covid19로 인하여) 지금 와해되는 과정에 있다.

What a tragic time it would be to have **a U.S. President who** devalues science and therefore has failed to lead the nation in **[both treating** COVID-19 accurately, **and reacting** properly to the reality of global warming**]!**

과학을 경시한 나머지 COVID-19에 대한 정밀한 대처와 전 세계적인 온난화의 실상에 적절하게 대응하는 데 실패한 대통령을 갖고 있는 이 시대는 얼마나 참담한 것인가!

COVID-19 SAFETY MEASURES

[set of 10 important do's and don'ts]

Wash Hands Thoroughly	**Use Soap or Hand Sanitizer**	**Keep Safe Distance from Other People**	**Stay at Home if Possible**	**Use Face Mask or Respirator**
Avoid Large Crowds	**Do Not Meet Infected or Sick People**	**Do Not Touch Your Face esp. Mouth, Eyes, Nose**	**Do Not Travel Unless Necessary**	**Do Not Touch The Front Part of a Mask**

→ 앞서 경우들과 마찬가지로 시사성 있는 topic을 이용해서 표현력을 키워 나가면 흥미롭게 영어를 배울 수 있습니다.

And so this is **where** I spend my days and years – in this small village in the middle of a city – in a house with a blue door **[that** my wife and I bought together**] before** she left me **for a man [who looked exactly like Harrison Ford].**

이곳에서 – 이 도시 한 가운데 이 작은 마을에서 – 그리고 아내와 내가 함께 구입한 파란 대문이 달린 집에서 – 그 **아내가** 해리슨 포드를 꼭 닮은 남자를 따라 내 곁을 떠나기 전까지 – 나는 여러 날, 여러 해를 살아왔다.

The case comes only nine months **after** a senior officer **[who** resided at the Korean Embassy in **Chile]** caused a public uproar **after** video footage of him sexually *abusing* a minor was broadcasted on local TV, **and** uploaded on YouTube. [(☞ footage (영화의 특별한) 장면)]

이번 사건은 주 칠레 대사관에 주재하던 고위직 직원이 미성년자 a minor를 성추행하는 모습이 현지 방송과 유튜브를 통해 알려져 공분公憤 a public uproar을 산 지 불과 9개월 만에 발생했다.

[Donald Trump's art-of the-deal approach to governing] has his fellow Republicans *cringing* **whenever** he makes **an unexpected move [that not only** puts his political interests above party's **but also** threatens its party's future existence]. [(☞ cringe   (겁이 나서) 위축되다)]

트럼프 대통령이 당의 이익 보다 자신의 이익을 앞세우고 또한 장차 자기 당의 앞날을 위협할 정도로 통치에 관해 예측불가 전대미문의 방식으로 일을 처리할 때마다 그의 공화당 동료들을 위축되게 합니다.

When 'Harvard Business Review' surveyed his readers in 1980 **about** the workplace sexual harassment, two-third of the men said **that** it was a "greatly exaggerated" **non-issue whipped-up by 'paranoid women and sensational journalists**. (☞ whipped up (고의적으로)~흥분 시키다)

1980년 하버드 비즈니스 리뷰가 직장 내 성희롱 the workplace sexual harassment에 대한 설문조사 결과 남성 응답자의 2/3이 직장 내 성희롱이 지나치게 과장되었고 또한 '과대 망상 여성들과 선정적 기사거리를 원하는 기자들이 과대 포장한 것일 뿐 아무 일도 아니라며 조사에 응답했습니다.

Eyes play a prominent role in our daily social encounters, **and** are sometimes metaphorically referred to as windows to our souls, **and** there now is compelling evidence to support **the notion [that** much information about another person's mind can *be gleaned* from his or her eyes].
[☑ play a role ~역할을 맡다, glean –이삭을 줍다; (사실, 정보를) 애서 조금씩 수집하다]

눈은 우리 일상에서 사회적 만남과 관련 매우 중요한 역할을 하고 때로 마음의 창 windows to our soul으로 비유됩니다. 그리고 최근 눈을 통해 상대의 마음을 읽을 수 있다는 의견을 뒷받침해 줄 수 있는 설득력 있는 증거 compelling evidence들이 나타나고 있습니다.

모듈 적용
실전 분석

우리는 지난 2-3개월 동안 "영어, 그까지 것 이번에 끝장내 보자!" 외치며 33개의 모듈로 이루어진 긴 마라톤 코스를 완주해 냈습니다. 처음 출발 당시 여러분 각자 갖고 있던 영어의 역량이 약간씩이라도 서로 달랐기 때문에 동사중심 33가지 문장 모듈 학습을 마치면서 갖게 되는 느낌이나 소회 또한 각자 다 다를 것입니다.

일독 후 **"아, 영어가 이런 모습과 구조를 가진 언어였어?", "영어가 정말 33가지 모듈로 빠짐없이 설명되는구나!", "아, 계속하면 뭔가 될 것 같은데?"** 그런 생각이 든다면 앞으로 영어의 유창성을 달성할 가능성이 높은 분들입니다. 절대 여기에서 멈추지 마시고 처음으로 돌아가서 또 다시 일독에 일독을 거듭해서 3-5회 정독 하는 사이 여러분들의 영어 능력이 마치 새가 하늘 높은 곳에서 세상을 내려보듯 한눈에 간파하는 능력이 생겨나게 됩니다.

이제 7가지 다양한 종류의 지문을 가지고 <u>어떤 영어 문장도 33가지 모듈로 다 설명될 수 있다는 사실을 여러분께 검증해 드리려고 합니다.</u> 한 가지, 대부분의 문장이 단 한 가지 모듈로 똑 떨어지게 구분이 되는 경우보다는 2-3개의 모듈 요소가 들어 있는 복합형인 경우가 많다는 점 참고바랍니다.

Example 1

[출처] 'About Vanilla' - **EBS 중학 영어 프리미엄 공개강의 중 발췌** (중 2-3 수준)

③ Vanilla was once <u>one of the rarest and most expensive</u> spices. 32②③ This was **because** vanilla grew [only][in the region][around Mexico.] 32㉙⑨ Many people brought vanilla plants **to** their own countries, **but** no insects *pollinated them. 32⑬① Scientists tried hard **to find** a solution to this problem, **but** unfortunately they all failed. ㉙ Finally in 1841, **a 12-year-old boy Edmond Albius** invented <u>a method **for pollinating**</u> vanilla plants. ②③ The boy was a slave [on a farm][on an island] [near Africa]. [☞ pollinate ~에 수정(수분)하다]

바닐라는 한때 가장 귀하고 값비싼 향신료 중 하나였다. 그 이유는 바닐라가 멕시코 인근 지역에서만 자랐기 때문이다. 많은 사람들이 바닐라를 자기 나라로 가져갔으나 어떤 곤충도 수분작업을 해 주지 않았다. 과학자들은 이 문제에 대한 해결책을 찾으려 무척 애썼지만 불행하게도 모두 실패하고 말았다. 결국에는 1841년 에드먼드 앨비우스라는 한 어린 아이가 바닐라 수정방법을 고안해 냈다. 그 소년은 아프리카 인근 한 섬의 논정에서 일을 하던 노예 소년이었다.

🈴🔟 The farmer owned some vanilla plants, **however**, they had never grown any fruit. ㉙ One day the farmer noticed a **fruit** on one of the plants. ⑳⑫ Albius proudly explained **that** he had successfully pollinated **using** his thumb and a stick. ⑲ **Amazed**, the farmer made Albius' idea shared with others. ⑤ Eventually, **thanks to** Albius' method, vanilla became **common** around the world. ③ **Without Albius**, so delicious chocolate, ice cream, and cola would have been **too** expensive **to buy**.

그 농부는 바닐라 식물을 갖고 있었으나 어떤 열매도 재배한 적이 없었다. 어느 날 그 농부는 한 식물에서 과실이 열린 것을 목격했다. 앨비우스는 자랑스럽게 자기 엄지 손가락과 막대기를 이용해서 수분작업을 했다고 말을 했다. 깜짝 놀란 그 농부는 앨비우스에게 그것을 다른 사람들과 공유하도록 조치했다. 만약 앨비우스가 없었다면 그토록 맛있는 초콜릿이나 아이스크림 그리고 콜라가 너무 비싸서 사 먹을 수 없었을 거다.

여러분, 우리 중학교 학생들이 배우는 영어의 수준이 결코 낮지 않은 것에 많이 놀랐습니다. 이 글에 있는 정도의 영어를 우리 독자 여러분께서 자유자재로 구사할 수 있다면 우리 영어 무슨 문제가 있겠습니까? 영어 학습에 있어 무엇을 진정 추구해야 하는지 많은 것을 생각하게 합니다.

Example 2

[출처] 『Le Petit Prince 어린 왕자』(1943)

🔢🔢 Once **when** I was six years old, I saw a magnificent picture <u>in a book</u> [**called** 'True Stories from Nature'][<u>about</u> the primeval forest]. 🔢 It shows **a picture of a boa constrictor** <u>in the act of</u> <u>swallow**ing** an animal.</u> In the book it said: 🔢 "Boa constrictors swallow their prey [<u>whole</u>][<u>without</u> chew**ing** it.] 🔢 After that they are not able to move, **and** they sleep **through** <u>the six months</u> **that** <u>they need for digestion."</u> 🔢 I pondered deeply, then, **over** the adventures of the jungle. 🔢 <u>And</u> <u>after some work with a colored pencil,</u> I <u>succeeded in</u> **making** my first drawing. 🔢 My Drawing Number One, it looked **like** this: [☞ primeval 원시의, a boa constrictor 먹이감을 감아 죽이는 보아 뱀]

내가 6살 때의 일이다. 나는 '체험 이야기'라는 처녀림에 대한 책에서 굉장한 그림을 보았다. 그것은 보아 뱀 한 마리가 어떤 동물을 삼키고 있는 그림이었다. 그 책에는 이런 말이 있었다. "보아 뱀은 먹이를 씹지 않고 통째로 삼킨다.

그런 뒤에는 몸을 움직일 수 없어서 소화될 때까지 여섯 달 동안 내리 잠만 잔다." 그때 나는 정글의 모험들에 대해서 깊이 생각해 보았다. 그리고 드디어 색연필로 내 첫 번째 그림을 그리는 데 성공했다. 나의 그림 제1호는 다음과 같다.

🔢🔢🔢 I showed my masterpiece **to** the grown-ups, **and** asked **them** **whether** <u>the drawing frightened them.</u> But they answered "Frightened? 🔢 Why should anyone be frightened by a hat?" 🔢 My drawing was not a piece of a hat. 🔢 It was a picture of a boa constrictor **digesting** an elephant. 🔢 But **since** <u>the grown-ups were not able to understand it,</u> I made another drawing: 🔢 🔢 I drew the inside the of the boa constrictor, **so that** the grown-ups could see it clearly. 🔢 They always need to have things **explained**. 🔢 My Drawing Number Two looked like this.

[☞ masterpiece 명작, 걸작품, the grown-up 성인 (adult보다 비 격식), cf. grown-up woman 성숙한 여인]

나는 내 걸작을 어른들에게 보여 주면서 그림이 무섭지 않은지 물었다. 그랬더니 어른들이 이렇게 대답했다. "무서워? 왜 모자가 무섭다는 거니?" 내 그림은 모자를 그린 것이 아니었다. 그건 코끼리를 소화시키는 보아 뱀을 그린 것이었다. 그런데 어른들은 그걸 이해하지 못했다. 그래서 나는 또 다른 그림을 그렸다. 어른들이 확실히 알아볼 수 있도록 보아 뱀의 속을 그린 것이다. 어른들은 항상 설명을 해 줘야만 한다니까. 내 그림 제 2호는 이것과 같다.

🔢🔢🔢 The grown-ups response was to advise me **to lay aside** <u>my drawings of boa constrictors,</u> [**whether** from the inside or the outside], **and** devote myself instead to geography, history, arithmetic and grammar. 🔢🔢 That's **why**, <u>at the age of six</u>, I gave up **what** <u>might have been a</u> <u>magnificent career as a painter.</u> 🔢 I had been disheartened by the failure of my Drawing Number One and my Drawing Number Two. 🔢🔢🔢 **Grown-up's** never understand anything by themselves, **and it** is tiresome <u>for</u> children **to be** always and forever **explaining** things to them.

[☞ lay aside 한쪽에 치워 놓다, magnificent 찬란한, 멋진]

어른들은 속이 보였다 안 보였다 하는 보아 뱀 그림 따위는 그만 두라고 내게 말하려고 했다. 그 대신에 지리나 역사, 수학, 혹은 문법에 전념해 보도록 권했다. 결국 나는 나이 6살 때, 화가라는 굉장한 직업을 포기하고 말았다. 내 그림 제1호와 제2호의 실패로 기가 죽어 버리고 만 것이다. 어른들은 스스로 아무것도 이해하지 못한다. 그렇다고 그들에게 매번 설명해 줘야 하는 것은 어린아이에게 상당히 피곤한 일이다.

Example 3

[출처] 신약성경 사도행전 Act 9장 1-9 (사도使徒 바울 Apostle Paul의 대 회심 사건)

㉙ Meanwhile, Saul was still breathing out murderous threats **against** the Lord's disciples. ㉝⑥He went to **the high priest**, ㉘⑳㉜ **and** asked him [**for** letters] [**to** the synagogues **in** Damascus], **so that, if** ㉙ he found any there **who** belonged to the Way [**whether men or women**], he might take them [**as** prisoners][**to** Jerusalem].

☞ disciple 사도使徒, the high priest 대제사장, synagogue 회당會堂 (유대인 모임 장소)]

사울이 주의 제자들에 대하여 여전히 위협과 살기가 등등하여 대제사장에게 가서 다메섹 여러 회당에 저갈 공문을 청하니 이는 만일 그 도(예수)를 따르는 사람을 만나면 남녀를 막론하고 결박하여 예루살렘으로 나아오려 함이라.

㉜㉙⑦ **As he neared Damascus on his journey**, suddenly a light from heaven flashed **around** him. ㉜⑱⑦ He fell **to** the ground, and **heard** a voice **say** *to* him "Saul, Saul, why do you persecute me?" ⑩ "Who are you, Lord?" Saul asked. ⑩㉖ "I am Jesus, **whom you are persecuting**," he replied. ㉝②⑦④ Now get up **and** go into the city, **and** you will be told **what you must do.** ㉜⑤ ⑩ The men [**traveling** with Saul] stood **speechless**; they heard the sound **but** did not see anyone.

사울이 길을 가다가 다메섹에 가까이 이르더니 홀연히 하늘로부터 빛이 그를 둘러 비추는지라 땅에 드러져 들으니 소리가 있어 이르시되 "사울아 사울아 네가 어찌하여 나를 박해하느냐?" 하시거늘 대답하되 주여 누구시니이까 이르시되 나는 네가 박해하는 예수라 너는 일어나 시내로 들어가라 네가 행할 것을 네게 이를 자가 있느니라 하시니 같이 가던 사람들은 소리만 듣고 아무도 보지 못하여 말을 못하고 서 있더라.

㉙ So they led him [by the hand][into Damascus]. ㉜⑩ For three days, he was blind, **and** did not eat **or** drink anything. ③ In Damascus, there was a disciple **named** Ananias. ⑦The Lord called **to** him **in** a vision, "Ananias!" "Yes, Lord," he answered. ㉜⑦㉙ The Lord told him, "Go [to the house of Judas][on the straight street], **and** ask for a man [from Tarsus][named Saul], **for** he is raying.

사울이 땅에서 일어나 눈은 떴으나 아무 것도 보지 못하고 사람의 손에 끌려 다메섹으로 들어 가서 사흘 동안 보지 못하고 먹지도 마시지도 아니 함이라. 그 때에 다메섹에 **아나니아**라 하는 제자가 있더니 주께서 환상 중에 불러 이르시 되 아나니아야 하시거늘 대답하되 주여 내가 여기 있나이다 하니 주께서 이르시되 일어나 직가라 하는 거리로 가서 유다의 집에서 다소 사람 사울이라 하는 사람을 찾으라 그가 기도하는 중이니라.

Example 4

[출처] 「The Devil wears Prada **악마는 프라다를 입는다**」 대사 중

Emily: ㉙ Miranda sacked the last two girls **after** only a few weeks. ⑬㉖ We need to find someone **who** can survive here. ① Do you understand? 미란다는 최근에 두 직원을 잘랐어요. 채용한 지 2, 3주 만에 말이야! 이런 분위기에선 버틸 수 있는 직원을 찾아야 된다는 말이지~ 이해가 돼요?

Andy: Yeah, of course. ③Whos' Miranda? 그거 야 당연하죠! 그런데 미란다가 누구인데요?

Emily: Oh, my God. ⑳ I will pretend (that) you did not just ask me that. ③ She's an editor in chief **of** Runway. Not to mention, a legend. ㉝⑩ **Work** a year for her, **and** you can get a job **at** any magazine (that) you want. ⑦ A million girls would kill **for this job**.
이 세상에... 다른 건 몰라도 그 질문은 안 했다 칠게요. Runway의 편집장이지 누구겠습니까? 천하가 다 아는 전설적 인물이지요. 그녀 아래에서 1년만 일을 하면 세상 어느 잡지사에서도 일자리를 얻을 수 있지요~. 수많은 여성들이 그녀 밑에서 일해 보려고 온통 난리죠!

Andy: ⑦ It sounds **like** a great opportunity. ⑥ I'd love **to be** considered.
엄청 좋은 기회네요. 저도 직원으로서 고려되었으면 참 좋겠습니다.

Emily: Andrea. ③㉜ Runway is a fashion magazine, **so** an interest in fashion is crucial.
이봐요, 안드리아 Runway는 패션잡지예요. 그러므로 패션에 대한 관심이 결정적이라는 걸 알아야 합니다.

Andy: 20 18 **What makes** you **think** (that) I'm not interested in fashion.
제가 지금 패션에 관심이 없어 보인다는 겁니까?

Example 5

[출처] First Moon - Kim talks – 『**the Korea Times**』

Both leaders should engage in **frank discussion** for **peace.**
두 정상은 평화를 위한 허심탄회한 대화를 하라!

7 The meeting [at '**the Truce village of Panmunjom**'][between President Moon and North Korean leader Kim] will focus on two crucial objectives – **denuclearization** and **establishing permanent peace** on the Korean Peninsula.

판문점에서 열린 문대통령과 북의 지도자 김위원장의 만남은 비핵화와 한반도 항구적 평화구축이라는 두 가지 목표에 중점을 둔 회담이 될 것입니다.

24 14 26 The entire world is intensely watching **whether** the rare inter-Korean summit, [only the third since the 1950-1953 Korean War], will produce tangible outcomes to significantly reduce military

tension between the Koreas, ⑥**which** has intensified **with** Pyonyang's obsessive nuclear and missile development.

1950-53년 한국전쟁 이후 불과 세 번째인 이번 남북 정상회담은 북한의 집요한 핵과 미사일 개발로 인한 악화된 남북간 군사적 긴장을 획기적으로 줄이기 위한 중대한 성과를 창출할 것인지 여부에 대해 전 세계가 주목하고 있다.

⑩ The two leaders should remember **the saying "well begun is half done."** ㉙ During their first meeting, they should embrace the rare chance [**for** frank discussions][**for** the common goal **of** bringing peace][**to** the Korean peninsula.]

두 정상은 '시작이 반'이라는 속담을 되새기기를 바란다. 첫 만남에서는 한반도 평화라는 공통된 목적을 위해 허심탄회한 대화를 나눌 수 있는 흔치 않은 기회를 살려야 한다.

㉜⑩㉙ Moon's peace initiative, however, does not have the support of all Koreans, **since** North Korea does have a history of [incessant provocations **and** going back on its word]. ③The opposition parties are still skeptical of Pyongyang's motives **for being** so forthcoming **about discussing** denuclearization. ㉜⑧㉗ It's time **for** the entire nation **to get** behind this peace-making effort, **and** wish President Moon all the best for a fruitful summit, **even though** President Moon has not been the perfect leader.
[☞ the opposition party 야당, incessant 끊임없는, forthcoming ~에 대해 적극 발언하는]

북한의 끊임없는 도발과 약속을 수 차례 어겼던 과거 때문에 문대통령의 평화구축 노력이 온 국민의 지지를 받는 것은 아니다. 야당은 아직도 비핵화 논의에 북한이 적극성을 띄는 동기에 대해 의심을 감추지 않고 있다. 문대통령이 완전한 지도자는 아니지만 이제는 온 국민이 문대통령의 평화 만들기를 지지하고 회담에서 좋은 성과를 얻도록 응원을 보낼 때다.

Example 6

[출처] **Job Interview Prep 면접 준비** - TOEIC 독해 기출 문제 중

[29] This week in " Your Corner", we would like to explain the process **of** preparing **for** a job interview. [3] The process is simple. [33] All **that we need** is to follow these steps, **and** you'll be on your way to **landing** your dream job.

First, [13] the most important aspect **of** preparing **for** a job interview is to be relaxed and confident. [32][19] If you go into a job interview *tensed* **up**, you are not to going to have much luck. [3] Be loose. [10][26] Do **whatever** it takes to be relaxed **in** the interview.

Secondly, [13] you need to be thoroughly informed about the company. [29] Know everything **from** their history **to** their most recent earnings information. [29] You can always find information at a company's website. [7]or[14] You can also search **through** magazines and newspaper records **to find** the latest information.

[26][13] A third thing **that** helps you at an interview is to know the interview style of a company. [12] [32] Be sure to know **if** there will be other candidates in the room. [10] Some companies assess things **such as** your **IQ, or** knowledge of current events. [13][26] Try to find out **who the interviewer will be.** [20] Make sure you can pronounce their names properly. [10] Or maybe you will have a panel interview. [20] These are **things you need to know.** [33][10][26] **If** it's **at all** possible, you should find a person **who has interviewed with the company in the past**, successfully or not. [27] They will be able to give you **valuable information.**

[12] A fourth part preparing involves conduct**ing** a mock interview. [17] **Have** someone **ask** you the question in an interview-like environment. [32][12] **If** this is not an option, you could just practice answer**ing** the questions [out][loud][in front of a mirror]. [20][9] But be sure **that** you don't **sound too** *rehearsed.*

[33][18][20] And **as you know**, you should always have a few questions (be) **ready that** you can ask the interviewer about the company. [29] Don't ask too many questions about salary and benefits. [3] Asking questions about the company's future is usually the best and safest idea.

[11][26] Well there you have it! All stuffs of **what** should be done to prepare for your next job interview. [29] **Following these guidelines** will help your chances of being hired.

[☞ aspect 국면, 양상, take a nap 낮잠을 자다, current events 시사문제, interviewer 면접관, panel 전문 위원회, mock 모조의 모의시험, rehearse 예행 연습]

이번 주 '당신의 코너'에서는 취업 면접 준비 과정에 대해 설명하려고 합니다. 과정은 단순합니다. 다음 단계를 따라 하시면 꿈에 그리던 직장을 구할 수 있을 것입니다.

첫 번째, 취업 면접을 할 때는 마음을 편안하게 하고 자신감을 갖는 것이 중요합니다. 긴장 상태로 면접을 보게 되면 행운을 놓칠 수 있습니다. 긴장을 푸세요. 호흡 연습을 하거나 헬스클럽에 가거나 혹은 낮잠을 청해 보세요. 면접 볼 때 긴장을 풀 수 있는 모든 방법을 취해 보세요.

두 번째, 지원하는 회사에 대해 철저하게 알아야 합니다. 회사 연혁부터 최근 수익까지 모든 것을 꿰뚫고 있어야 합니다. 회사 웹사이트에 이런 것들이 잘 나와 있습니다. 최신 정보는 잡지와 신문자료에서 구할 수 있습니다.

면접을 볼 때 도움이 되는 세 번째 사항은 지원하는 회사의 면접 형식을 알아야 한다는 점입니다. 면접실에 다른 지원자들이 있는지 반드시 알아야 합니다. IQ 테스트나 시사 상식을 평가하는 곳도 있습니다. 누가 면접관이 될지 알아보세요. 이름을 정확하게 발음할 수 있어야 합니다. 패널 면접을 볼 수도 있습니다. 이런 것들이 여러분들이 알고 있어야 할 사항입니다. 어찌하든 가능하면 면접에 붙었던 아니든 지원하는 회사에서 면접을 봤던 사람을 백방으로 알아보세요. 귀중한 정보를 얻게 될 것입니다.

면접에 필요한 네 번째 사항은 모의시험을 해 보는 것입니다. 면접 환경과 비슷한 곳에서 누군가 여러분에게 질문을 하게 하세요. 여건이 안 될 때는 거울 앞에서 큰 소리로 질문을 답하는 연습을 할 수도 있습니다. 하지만 면접시험에서 너무 준비한 티를 내면 안 됩니다.

알다시피 회사에 대해 면접관 에게 물어볼 질문을 준비해 두세요. 급여나 복지 혜택에 관한 질문을 너무 많이 하지 마세요. 회사 비전에 관한 질문이 대체로 가장 좋고 안전합니다.

자, 이제 여러분 준비가 됐습니다. 앞으로 있을 취업 면접 준비 노하우를 다 말씀드렸습니다. 위 방법을 따르면 취업가능성이 높아질 겁니다.

Example 7

[출처] Inside Barcelona's Unfinished Masterpiece – **Time**/July 08, 2019

많은 기고가들이 타임지에 글을 게재합니다. 그러나 타임 영어를 읽다 보면 일관된 흐름을 느끼게 됩니다. 첫째는 사용되는 단어가 가볍지 않으면서 모던하다는 느낌이 듭니다. 이건 타임지의 글만이 주는 매력입니다. 이것이 저로 하여금 십수 년 타임지를 계속 읽게 합니다. 그리고 바로 앞 한국인 중 최고 영어의 고수들이 쓴 Korea Times의 글도 상당히 좋은 문장이라는 느낌을 갖습니다. 다만 아무래도 원어민이 아닌 우리나라 기자들이나 기고가들이 쓰는 글이기에 예를 들어 Time지 글이 주는 느낌과는 사뭇 다릅니다. 어쨌든 우리나라 사람 중 국내에 앉아 책으로 배운 영어로 이 정도 경지에 오른 분들은 존중되어야 합니다.

자, 글을 잘 쓴다는 것은 무엇을 말할까요? 영어는 한 문장의 틀 속에 여러 구와 절의 문장들을 어떻게 간결하면서 짜임새 있게 또 논리에 맞게, 어법에 맞게, 배열해 넣느냐 힘겨운 싸움이 아닐까요? 영어를 모국어로 쓰는 사람들조차 초중고를 거치는 동안 엄청난 양의 Essay 훈련을 받습니다. 이런 과정이 대학까지 수백 번 일어납니다. 그만큼 글을 제대로 잘 쓸 줄 아는 것이 힘든 일이고 많은 훈련이 필요하다는 사실을 말해 줍니다.

아래 Time 기사를 보실 때 이 글이 여기에 실리기까지 글쓴이가 얼마나 많은 밤낮을 보내며 고심했고 또 퇴고의 퇴고를 거듭한 끝에 이런 좋은 글이 나오게 되었을까 생각하면서 감상하면 예전과 다른 느낌이 들고 또 여러분에게 큰 도전이 될 줄 믿습니다!

③①⑩ **Clipped** [**to** the end][**of** a giant red crane], the 25-ton panel – a marvel of stone and steel – begin**s** its slow ascent. ③②**③** **For the tourists gawking from the Barcelona street below**, it's an astonishing sight, [**with** this massive, chiseled slab **dangling from** a cord] **as it rises up the side of one of the world best known monuments**].

[☞ ascent 오르기, 상승, gawk 넋 놓고 바라보다, dangling (귀 거리 등이) 매달려 대롱거리다, slab 폭이 넓고 두꺼운 널빤지 chiseled 끌로 조각한]

돌과 철로 만들어진 경이로운 25톤짜리 판넬이 거대한 빨강색 크레인 끝에 매달려 서서히 올라가기 시작했다. 그 아래 Barcelona 거리에서는 관광객들이 세계에서 가장 유명한 건물 중 하나인 이곳에서 끌로 다듬은 거대한 판이 끈에 매달려 올라가는 놀라운 모습을 넋 놓고 지켜보고 있었다.

③③④ [More than 130 years **after** the first stone was laid] and [**with** the proper building permits finally **in place**] – the end is in sight for the Barcelona basilica. ③③⑦ [**Thanks to** an influx of funding, some striking innovations and a lot of old-fashioned craftmanship], the famous unfinished church is now on schedule to be completed **in** 2026, the 100ᵗʰ anniversary of the death of its architect, Antoni Gaudi.

[☞ **Basilica** 끝 부분이 둥그렇고 내부에 기둥이 두 개로 서있는 큰 성당, influx 유입, striking 이목을 끄는, craftsmanship 솜씨, 손재주]

초석을 놓은 뒤로 130여 년이 넘게 지나 이제야 드디어 적합한 건축허가를 받게 된 이 성당이 완공되면 바

실리카의 모습을 갖추게 될 것이다. 미완성임에도 전 세계적으로 유명세를 떨치고 있는 이 성당은 엄청난 기금 모금과 놀라운 기술 혁신, 그리고 전통적인 방식의 세공 솜씨까지 더해지며 성당을 건축한 안톤 가우디의 사망 100주기를 맞는 2026년에 완공될 예정이다.

7️⃣ 4️⃣

  Today, more than two dozen architects are working on the project – most of them local Catalans – 200 workers in total are involved in construction. 🔟 But **making the dead line** will mean **overcoming** [technical complications],[theological doubts], and several blocks' worth of outraged residents]. 2️⃣4️⃣7️⃣2️⃣6️⃣1️⃣2️⃣ **At a time when Barcelona** is grappling with an unprecedented tourists influx **that** is challenging the idea **of what the city should be**, the plans for the church risk **deepening social and political divisions.** And 2️⃣9️⃣ [just like the reconstruction of Notre Dame in Paris], the project to finish the Sagrada Familia has triggered impassioned debates [over the proper role of historical buildings][in a modern city].

☞ complication 복잡성, outraged 무도한, 격분한, unprecedented 전례 없는, grapple with (난제를 극복하려고) 노력하다, impassioned 열렬한

현재 대부분 현지 카탈로니아 출신의 24명 이상의 건축가들이 이 프로젝트에 매달려 있으며, 총 200명이 넘는 인부들이 건축에 손을 보태고 있다. 하지만 성당의 완공은 곧 복잡한 기술과 신학적 해석에 대한 의문점들, 그리고 여러 블록에 걸친 거주민들의 분노를 극복했다는 의미가 될 것이다. 바르셀로나가 전에 없던 관광객의 유입으로 고심하고 있는 와중에 성당 완공 계획은 사회적, 정치적 분열을 심화시킬 위험이 있다. 파리의 노틀담 재건축과 마찬가지로 사그라다 파밀리아 완성프로젝트는 현대 도시에서 상징적이며 역사적인 건축물이 제대로 된 역할에 대한 논쟁에 불을 붙이는 도화선이 되고 있다.

동사 중심 33개 모듈 종합표 [휴대 복사용]

Module 유형	비중	예 문
1. 주어+(완전)자동사~	3%	①I googled. ②Who cares? ③What the boss says goes.
2. 자동사+부사	7%	①The plan promises well(ill.) ②I can't let a chance like this go by.
3. 자동사 be+ 보어	7%	①He is fearless. ②I am not what I was used be.
4. 자동사 be/get+과거분사 보어	3%	①I'm touched. ②When did you get married?
5. (연결)자동사+보어	2%	①Her makeup looks fabulous! ②Your idea sounds great.
6. ① 자동사+ to be 보어 ② 자동사+ (to be)보어	2%	①He chanced to be out then. ②He seems to be healthy for his age. ①She seems (to be) intelligent. ②The evidence proved (to be) insufficient.
7. 자동사+전치사+명사	15%	①London stands on the Thames. ②The ground packs after the rain.
8. 자동사+전치사+명사+to do	2%	①The weather is fit for us to go fishing. ②I have arranged for a taxi to pick you up at the airport.
9. 자동사+과거분사 보어	2%	①He stood amazed. ②I fell off balanced ③Her error passed unnoticed.
10. 타동사+목적어	8%	①She can't resist sweets. ②Do you know what she has done?
11. 타동사+목적어+부사	2%	①He took his shoes off. ②Please put me off at the next bus stop.
12. 동사+현재분사/동명사	5%	①He sat watching television. ②He quit smoking. ③Stop bulling me!
13. 동사+ to do	5%	①My goal is to become a famous singer. ②She loves to go skiing. ③Her novel deserves to enjoy such a popularity.
14. 타동사+목적어+to do	3%	①He motioned me to go out. ②I have a favor to ask of you. ③The women pounded the grain to make flour.
15. 타동사+목적어+보어	2%	①You are driving me nuts. ②What makes her so happy? ③She made me what I am now.
16.① 타동사+목적어+to be보어 ② 타동사+목적어+(to be)보어		①I admit him to be a genius. ②We know him to have been a spy. ③Let's assume what he said (to be) true. ④I felt this (to be) necessary.
17. 타동사+목적어 + do		①The smoke makes my eyes water. ②Let me introduce myself.
18. 타(동사+목적어+현재분사		①I noted her eyes filling with tears. ②I can smell something burning.
19. 타동사+목적어+과거분사		①I have my hair cut short. ②I had my photograph taken. ③Can I get my steak well done?
20. ① 동사+ that절 ② 동사+(that)절	4%	①It seems that she's fond of sweets. ②I recall that I met her. ①It's odd you don't know it. ②I think we'd met somewhere before.
21. 타동사+목적어+that절		The police man warned us that the roads were frozen and icy.
22. 타동사+의문사+to do		①I can only suggest which to buy. ②I can't imagine how to get to her house.
23. 타동사+목적어+의문사+to do		①She advised me which to buy. ②It puzzled him what to do.
24. 타동사+의문사절/관계부사절		①I don't recall where I met her. ②I doubt whether he will succeed.
25. 타동사+목적어+의문사절 or 관계부사절		①I want to remind you why I said so. ②I saw Hamlet when it played in New York.
26. 동사+(선행사)+관계대명사절	5%	①I gave her all the money that I have. ②The ladder on which I was standing began to slip.
27. 타동사+간접 목적어+직접 목적어	2%	①I owe you many thanks. ②He motioned me a seat. ③He gave a bug a flick with his finger. ④I gave him what little money I had.
28. 타동사+목적어+부사+목적어		I would like you to bring me back the papers.
29. 타동사+목적어+전치사+명사	10%	①I beg(ask) a favor of you. ②I raced my dog against his. ③I looked her into silence. ④I congratulate him on his new business launch.
30. 동사+전치사+명사+that절		The gym trainer suggested to me that I should work out every day.
31. 현재분사 & 과거분사 구문		①It being fine, I went hiking. ②Completely lost, the children walked on and on. ③He tackled a problem again, using a new pitch.
32. 접속사 구문 (중문) Compound Sentence		①Do in Rome as the Roman do. ②If the dog's hungry, feed him. ③Anne will be upset for a while, but it too will pass.
33. 혼 문 (복문+중문) Complex sentence		①Look about, and see if you can find it. ②He thinks that he's somebody, but he's really nobody. ③My father told me when he was arriving, but I've forgotten.

33 MODULE ENGLISH

ⓒ 이희원, 2021

초판 1쇄 발행 2021년 6월 10일

지은이   이희원
펴낸이   이기봉
편집   좋은땅 편집팀
펴낸곳   도서출판 좋은땅
주소   서울 마포구 성지길 25 보광빌딩 2층
전화   02)374-8616~7
팩스   02)374-8614
이메일   gworldbook@naver.com
홈페이지   www.g-world.co.kr

ISBN   979-11-6649-890-9 (13740)